BOB WOODWARD

Geheimcode
VEIL

VEIL: Das »top-secret« Codewort
für Geheimoperationen, die in den
letzten Jahren der Reagan-Administration
unternommen wurden, um auswärtige
Angelegenheiten zu beeinflussen.

BOB WOODWARD

Geheimcode VEIL

Reagan und die geheimen Kriege der CIA

Droemer/Knaur

Aus dem Amerikanischen von
Gabriele Burkhardt
Reiner Pfleiderer
Wolfram Ströle

Redaktion
Dr. Brigitta Neumeister-Taroni

© Copyright für die deutschsprachige Ausgabe
Droemersche Verlagsanstalt Th. Knaur Nachf., München 1987.
Titel der amerikanischen Originalausgabe
»VEIL. The Secret Wars of the CIA 1981–1987«
© 1987 by Robert Woodward
Das Werk einschließlich aller seiner Teile ist urheberrechtlich geschützt.
Jede Verwertung außerhalb der engen Grenzen des Urheberrechtsgesetzes ist ohne
Zustimmung des Verlags unzulässig und strafbar. Das gilt insbesondere für Vervielfältigungen, Übersetzungen, Mikroverfilmungen und die Einspeicherung und Verarbeitung in elektronischen Systemen.
Umschlaggestaltung: Wilfried Becker
Satzarbeiten: Compusatz GmbH, München
Druck und Bindearbeiten: Clausen & Bosse, Leck
Printed in Germany
ISBN 3-426-26340-8

2 4 5 3 1

Inhalt

Anmerkung des Autors 6

Anmerkung zu den Quellen 7

Abkürzungen, Bezeichnungen und
    Erklärungen 11

Die handelnden Personen 15

Prolog 17

Die verdeckten Aktionen der
    USA in Zentralamerika 659

Dank 661

Anmerkungen 663

Anmerkung des Autors

Dieses Buch hätte nicht geschrieben werden können ohne den unermüdlichen Fleiß, mit dem Barbara Feinman, Absolventin der University of California in Berkeley (1982), sein Entstehen in jeder Phase begleitet hat. Sie hat Interviews geführt, Personen ausfindig gemacht, Fakten gesichtet und überprüft, mitgedacht, geschrieben, redigiert, organisiert, falsche Schlußfolgerungen korrigiert und Tippfehler verbessert. Die tägliche Arbeit war von ihrer Freundschaft und kameradschaftlichen Zusammenarbeit geprägt; das Buch ist ebenso ihres wie meines.

Anmerkung zu den Quellen

Das Material zu diesem Buch geht größtenteils auf Interviews mit über zweihundertfünfzig Personen zurück, die entweder selbst für den Nachrichtendienst arbeiten oder mit ihm in enger Verbindung stehen. Mehr als hundert dieser Personen habe ich mehrmals interviewt; etwa fünfzehn der wichtigsten Quellen wurden jeweils ein halbes dutzendmal und öfter interviewt. Gerne hätte ich dem Leser Namen und Stellung jeder Quelle mitgeteilt. Angesichts des brisanten Themas wurden jedoch fast alle Interviews im »Hintergrund« geführt, das heißt, ich habe versprochen, meine Quellen nicht namentlich zu nennen. Ohne diese Zusicherung wäre keiner meiner Gesprächspartner bereit gewesen, über Themen zu sprechen, die den Nachrichtendienst und die Sicherheit betreffen. Einige haben mir darüber hinaus Dokumente, Memoranden, Notizen, Sitzungsprotokolle, andere chronologische Übersichten, Briefe, Transkripte und Tagebücher zugänglich gemacht. Wo wörtlich zitiert wird, ist die Quelle im Text genannt. Ich habe allerdings festgestellt, daß Gespräche mit Personen in den entsprechenden Stellungen viel erhellender waren als das Lesen dicker Akten.

Die Ermittlungen in der Iran-Contra-Affäre, durchgeführt vom Senatsausschuß für den Nachrichtendienst, der Tower-Kommission, den aus Vertretern von Senat und Repräsentantenhaus gebildeten Sonderausschüssen und dem unabhängigen Rechtsberater Lawrence Walsh, erbrachten zusätzliches Informationsmaterial, besonders für die Jahre 1985 und 1986.

Der für die Beschreibung mancher Sitzungen und Gespräche verwendete Dialog geht auf mindestens einen der Beteiligten, auf schriftliche Protokolle oder während des Gesprächs festgehaltene Notizen zurück. Durch Formulierungen wie »war davon überzeugt« oder »war der Meinung« weise ich darauf hin, daß die jeweils folgende Aussage mir entweder von der betreffenden Person selbst oder von jemandem, der ihre Ansicht in einem Gespräch erfahren hat, mitgeteilt wurde. Ich habe mich bemüht, so nah wie möglich an Stil und Wortwahl meiner Gesprächspartner und Quellen zu bleiben, und zwar auch dann, wenn ich sie nicht wörtlich zitiere. Wenn mich meine Erinnerung oder die Quellen und Unterlagen im Stich ließen, habe ich auf wörtliche Wiedergabe grundsätzlich verzichtet.

Ken Auletta hat jüngst in einem seiner Bücher geschrieben: »Kein Journalist kann mit hundertprozentiger Genauigkeit Ereignisse rekonstruieren, die schon einige Zeit zurückliegen. Die Erinnerung spielt den damals Beteiligten Streiche, vor allem, wenn das Ergebnis einer Entwicklung inzwischen feststeht. Ein Journalist versucht sich gegen Ungenauigkeiten zu schützen, indem er seine Schlußfolgerungen an mehreren Quellen überprüft; trotzdem sollten Leser wie Autor diese Grenzen des Journalismus nicht vergessen.« Dieser wichtigen Bemerkung möchte ich mich voll und ganz anschließen.

Ich habe mit der Arbeit an diesem Buch in den letzten Monaten des Jahres 1984 begonnen mit dem Ziel, lediglich die ersten vier Jahre der CIA unter Reagan und Casey darzustellen. Gleichzeitig jedoch war ich weiterhin täglich als Journalist und Redakteur der *Washington Post* tätig, und die Ereignisse in und um Nicaragua, Libyen und Iran machten bald klar, daß ich die Geschichte der CIA über die Jahre 1985 und 1986 hinaus bis 1987 verfolgen mußte. Da dieses Buch die erste zusammenhängende Darstellung dieser Ereignisse ist, wird es auf keinen Fall das letzte Wort darüber sein. Sein Inhalt ist mehr dem Journalismus verpflichtet als der geschichtlichen Analyse, dies vor allem auch deshalb, da die Anhörungen und Untersuchungen zur Iran-Contra-Affäre noch nicht endgültig ausgewertet sind.

Ich habe versucht, die Geschichte des Nachrichtendienstes im wesentlichen aus drei Perspektiven zu erzählen: aus der Sicht des Direktors der Nachrichtendienste William J. Casey, aus der Sicht des Weißen Hauses sowie aus der Sicht des Senatsausschusses für den Nachrichtendienst.

In der Zeit von 1983 bis 1987 habe ich rund fünfzig Interviews oder längere Gespräche mit Casey geführt. Die Gespräche fanden abwechselnd bei ihm zu Hause, in seinem Büro, im Flugzeug, auf Parties oder am Telefon statt. Manchmal war Casey zu ausführlichen Kommentaren und Erklärungen bereit, dann wieder lehnte er jede Stellungnahme ab. Insgesamt war ich jedoch in der Lage, mir ein Bild über seine Sicht der wichtigsten in diesem Buch abgehandelten Themen zu verschaffen.

Casey schien nichts Menschliches fremd, und er sagte einmal: »Man redet immer mehr, als man sollte.« Er hatte sich damit abgefunden, daß es bei anderen und auch bei ihm selbst so war. Er willigte nur selten ein, in meinen Berichten für die Zeitung als Name oder Quelle genannt zu werden. Er wußte, daß ich Material für dieses Buch über die CIA sammelte, und einige Male machte er zur Bedingung, daß die eine oder andere Information nicht am nächsten Tag in der Zeitung erscheinen dürfe, sondern dem Buch vorbehalten bleiben sollte. Casey betrachtete sich unter anderem auch als Historiker. Aus Fairness ihm gegenüber sei gesagt, daß er eine ganz andere Geschichte geschrieben hätte, wäre es dazu gekommen. Er wäre heute und war damals in manchen Punkten entschieden anderer Meinung als ich. Ich bin aber davon überzeugt, daß er alle oder den größten Teil der hier beschriebenen Ereignisse wiedererkennen würde. Das Buch ist in keiner Weise eine von ihm autorisierte Version seiner Jahre bei der CIA; trotzdem hat Casey daran mitgearbeitet, sei es, um sich verteidigen zu können, der Geschichte seinen Stempel aufzudrücken oder einfach aus Neugier. Casey war stolz darauf, keiner Herausforderung auszuweichen.

Das Weiße Haus und die Nationale Sicherheitsbehörde sind die wichtigsten Empfänger des Nachrichtenmaterials. Dutzende von Mitgliedern aus dem Stab Präsident Reagans unterstützten mich bei meiner Arbeit. Der Präsident selbst wurde nicht interviewt.

Senator John C. Stennis, ein überzeugter Befürworter der CIA, sagte 1971 vor dem Senat: »Spionage ist Spionage ... Sie müssen sich entscheiden, ob Sie einen Nachrichtendienst haben wollen, und dann auch dazu stehen, manchmal beide Augen zudrücken und nehmen, was kommt.« In den 70er Jahren wurde der Mißbrauch von Nachrichtenmaterial aufgedeckt, und in der Folge war der Senatsausschuß für den Nachrichtendienst die Institution des Kongresses, die für die Öffentlichkeit am deutlichsten die geheimdienstlichen Aktivitäten beaufsichtigte und überwachte. Nach dem Gesetz sollten der Senatsausschuß und seine Entsprechung im Repräsentantenhaus dafür sorgen, daß der Kongreß wachsam blieb. In den Jahren der Reagan-Administration allerdings wurde die Aufsicht der Legislative immer schwächer und scheiterte schließlich ganz. Viele Mitglieder des Senatsausschusses und ihre Mitarbeiter haben mir dabei geholfen, die Geschichte dieses Scheiterns zu erzählen.

Noch ein Wort zum Problem der Geheimhaltung. Es ist leicht, die vorgesehene Geheimhaltung bestimmten Materials einerseits respektvoll als notwendig hinzunehmen und anzunehmen, daß derjenige, der ein Dokument als GEHEIM oder STRENG GEHEIM klassifiziert, das auch ernst meint und weiß, was er tut. Andererseits kann man ebenso leicht sehr skeptisch werden, bis man die Überzeugung vertritt, Geheimhaltung bedeute überhaupt nichts, sie sei nicht mehr als ein Ritual, mit dem die Verlegenheit über eine schlechte Politik vertuscht werden soll. Ich habe, gestützt auf meine Quellen, versucht, eine mittlere Haltung zu vertreten. Es ist jedoch unmöglich, eine neutrale Version dieser Geschichte zu schreiben, und dieses Buch will auch keine sein.

BOB WOODWARD

Abkürzungen, Bezeichnungen und Erklärungen

BIGOT-Liste (BIGOT List): ein enger Kreis ausgewählter Personen mit Zugang zu besonders brisanten Berichten eines Agenten oder Agententeams.

CIA (Central Intelligence Agency): amerikanischer Nachrichtendienst, führt geheimdienstliche Operationen im Ausland durch; darf nicht im Inland arbeiten und hat nicht das Recht, Verhaftungen vorzunehmen.

DCI (Director of Central Intelligence): Direktor der Nachrichtendienste, höchster Beamter und Koordinator aller US-Geheimdienste und gleichzeitig Direktor der CIA; außerdem wichtigster Berater des Präsidenten in allen Angelegenheiten, die den Geheimdienst betreffen.

DDCI (Deputy Director of Central Intelligence): Stellvertretender Direktor der Nachrichtendienste und der zweite Mann in der CIA.

DDI (Deputy Director for Intelligence): Abteilungsleiter der Analytischen Abteilung, Chef der für die Auswertung, Gewichtung und Zusammenfassung des hereinkommenden Materials zuständigen Abteilung der CIA.

DDO (Deputy Director of Operations): Abteilungsleiter der Planungszentrale für geheime Operationen, Chef der Spionageabteilung der CIA, des sogenannten Directorate of Operations (DO), das die CIA-Stationen im Ausland betreut, verdeckte Aktionen durchführt, Informanten anwirbt und betreut und bei anderen nachrichtendienstlichen Operationen im Ausland Unterstützung leistet.

DIA (Defense Intelligence Agency): Militärischer Nachrichtendienst; koordiniert die Arbeit der Nachrichtendienste des Pentagon, ist dem Verteidigungsminister unterstellt, untersteht aber zugleich der koordinierenden Verfügungsgewalt des DCI.

DO: siehe DDO

DIREKTIVE: schriftliche Anweisung des Präsidenten an seine wichtigsten Berater und Minister (siehe auch NSDD); hier insbesondere verwendet für die kurze Direktive, mit der der Präsident verdeckte Aktionen genehmigt, im Amerikanischen »Finding« genannt: Der Präsident »findet« (»finds«), daß eine bestimmte verdeckte Aktion seiner Einschätzung nach zur Gewährleistung der nationalen Sicherheit notwendig ist.

GEHEIMHALTUNGSSTUFEN: Klassifizierung von sensitivem militärischem Nachrichtenmaterial oder politischen Informationen:
VERTRAULICH (»confidential«) ist die niedrigste Stufe; darunter fällt Material, dessen Bekanntwerden als sicherheitsgefährdend gilt;
GEHEIM (»secret«) ist die zweite Stufe; ihr unterliegt Material, dessen Bekanntwerden als »ernsthafter Schaden« für die nationale Sicherheit gilt;
STRENG GEHEIM (»top secret«) ist die dritte Stufe; ihr unterliegt Material, dessen Bekanntwerden als »außerordentlicher Schaden« für die nationale Sicherheit gilt.

INR (Bureau of Intelligence and Research): Nachrichtendienst des Außenministeriums.

INTELLIGENCE OVERSIGHT ACT: Gesetz zur Überwachung der Nachrichtendienste.

JOINT CHIEFS OF STAFF: Oberkommando der Streitkräfte.

NFIB (National Foreign Intelligence Board): Gremium der Direktoren aller Nachrichtendienste, eine Kommission, die ihr Plazet zu den schriftlich ausgearbeiteten Analysen und Prognosen (siehe NIE und SNIE) gibt. Vorsitzender der Kommission ist der DCI, Mitglieder sind Vertreter von CIA, NSA, DIA, NRO, den Nachrichtendiensten von Marine, Heer, Luftwaffe und Marineinfanterie, vom FBI, Außenministerium, Energieministerium und Finanzministerium.

NID (National Intelligence Daily): Bulletin der Nachrichtendienste; täglich erscheinende, streng geheime (Kodewort UMBRA) Zusammenfassung der wichtigsten geheimdienstlichen Nachrichten vom Vortag; wird in einer Auflage von etwa 150 Exemplaren an verschiedene Abteilungen der Administration verteilt.

NIE (National Intelligence Estimate): Lagebericht und -beurteilung der Nachrichtendienste; Analyse oder Prognose in schriftlicher Form, versucht Entwicklungen im Ausland einzuschätzen, erstellt Profile ausländischer Politiker und analysiert nachrichtendienstliche, militärische oder wirtschaftliche Probleme; die Analyse ist jeweils eine Zusammenfassung der Schlußfolgerungen aller US-Nachrichtendienste und des DCI.

NIO (National Intelligence Officer): Nachrichtenoffizier; leitender Beamter der Analyse, zuständig für eine Region oder ein bestimmtes Nachrichtengebiet, der dem DCI direkt unterstellt ist.

NRO (National Reconnaissance Office): Nationale Aufklärungsbehörde; für die Beschaffung von Satellitensignalen und anderen Daten aus dem Luftraum verantwortlich; wie die DIA dem Verteidigungsminister unterstellt, während die einzelnen Operationen vom DCI koordiniert werden.

NSA (National Security Agency): Nationale Sicherheitsbehörde; der größte und geheimste der US-Nachrichtendienste; fängt auf der ganzen Welt Nachrichtensignale auf und führt im Ausland Lauschoperationen mit Hilfe von Horchposten, Satelliten und anderen hochentwickelten Technologien durch. In der NSA werden militärische und diplomatische Kodes anderer Länder entschlüsselt; die NSA ist außerdem mit dem Schutz der Kommunikationssysteme und der Geheimschriften und Kodes der Vereinigten Staaten beauftragt.

NSC (National Security Council): Nationaler Sicherheitsrat, zu dem der Präsident und die für die Außenpolitik verantwortlichen Kabinettsmitglieder, darunter der Vizepräsident, der Außenminister und der Verteidigungsminister, gehören. Der DCI und der Vorsitzende der Joint Chiefs of Staff haben beratende Funktion. Der Stab des NSC wird vom Sicherheitsberater des Präsidenten geleitet, der dem Präsidenten Bericht erstattet.

NSDD (National Security Decision Directive): schriftliche Anweisung oder Direktive des Präsidenten an seine wichtigsten Berater und Minister, die in wichtigen außenpolitischen Fragen eine gemeinsame Linie festlegen soll; die Weisungen werden normalerweise geheimgehalten und in ihrer Reihenfolge numeriert.

NSPG (National Security Planning Group): Planungsgruppe für Nationale Sicherheit, Spitzengremium der Reagan-Administration, setzt sich zusammen aus dem Präsidenten und seinen wichtigsten außenpolitischen Beratern einschließlich des Vizepräsidenten, Außenministers, Verteidigungsministers und des DCI; die NSPG hat in der Reagan-Administration praktisch den NSC, das wichtigste entscheidungstragende Gremium, ersetzt.

OSS (Office of Strategic Services): Büro für strategische Angelegenheiten; der amerikanische Geheimdienst im Zweiten Weltkrieg unter Leitung von William »Wild Bill« Donovan und Vorläufer der CIA.

PDB (President's Daily Brief): tägliche Information des Präsidenten; kurze Zusammenfassung der allerwichtigsten geheimen Nachrichten; geht an den Präsidenten, den Vizepräsidenten, den Außenminister, den Verteidigungsminister, den DCI, den Sicherheitsberater und wenige weitere wichtige Stabsbeamte im Weißen Haus.

PFIAB (President's Foreign Intelligence Advisory Board): Beraterausschuß des Präsidenten für Auslandsnachrichten; eine parteiunabhängige Kommission aus vierzehn einflußreichen amerikanischen Staatsbürgern, die im Auftrag des Präsidenten die Tätigkeit der Nachrichtendienste überwachen; die Arbeit der Kommission ist überwiegend ehrenamtlich, manchmal greift die Kommission allerdings auch in Kontroversen der Nachrichtendienste ein.

SCI (Sensitive Compartmented Information): System, mit dem die geheimsten Nachrichten klassifiziert und mit Kodewörtern belegt werden. Es beschränkt den Zugang zu diesen besonders sicherheitsgefährdenden Informationen durch besondere Kontrollen und Handhaben. Informationen zu einer bestimmten Operation, einer gefährdeten Quelle oder zu Methoden der Nachrichtenbeschaffung werden in Sektoren (»compartments«) aufgeteilt, und jeder dieser Sektoren erhält ein Kodewort. Regierungsbeamte vom Präsidenten an abwärts erhalten über spezielle Kodewörter Zugang zu den Sektoren. Solche Kodewörter werden willkürlich ausgewählt. Die NSA benutzte für Signalmaterial Kodewörter wie RUFF (Halskrause), ZARF (Zarf), SPOKE (Speiche) und MORAY (Grafschaft in Schottland); zwei Kodewörter für bereits entschlüsseltes Material, die strengste Zulassungsbeschränkung signalisieren, sind UMBRA und GAMMA.

SNIE (Special National Intelligence Estimate): Außerordentlicher Lagebericht der Nachrichtendienste (siehe auch NIE); kurze Analyse, die innerhalb weniger Wochen oder Tage zu überraschend aufgetauchten oder besonders dringlichen Themen erstellt wird, die für die Sicherheit der Nation von Belang sind.

VERDECKTE AKTION (»covert action«): geheime Operation, durch die auf die Politik fremder Länder Einfluß genommen werden soll, ohne daß die Beteiligung der Vereinigten Staaten oder der CIA bekannt wird. Solche Aktivitäten reichen von kleineren Propagandaaktionen bis zu direkten Versuchen, eine als nicht genehm eingestufte Regierung zu stürzen.

Die handelnden Personen

Direktor der Nachrichtendienste (DCI)
WILLIAM J. CASEY 28. Januar 1981 bis 29. Januar 1987

Stellvertretende Direktoren der Nachrichtendienste (DDCI)
BOBBY R. INMAN 12. Februar 1981 bis 10. Juni 1982
(NSA-Direktor 1977–1981)
JOHN N. MCMAHON 10. Juni 1982 bis 29. März 1986
(DDO 1978–1981)
ROBERT GATES ab 18. April 1986

Leiter der Planungszentrale für geheime Operationen (DDO)
MAX C. HUGEL 11. Mai 1981 bis 14. Juli 1981
JOHN H. STEIN Juli 1981 bis Juni 1984
CLAIR GEORGE ab Juni 1984

Rechtsberater der CIA
STANLEY SPORKIN 18. Mai 1981 bis 7. Februar 1986

Ehemalige DCIs
RICHARD M. HELMS 30. Juni 1966 bis 2. Februar 1973
JAMES R. SCHLESINGER 2. Februar 1973 bis 2. Juli 1973
WILLIAM E. COLBY 4. September 1973 bis 30. Januar 1976
GEORGE BUSH 30. Januar 1976 bis 20. Januar 1977
(Vizepräsident seit 20. Januar 1981)
STANSFIELD TURNER 9. März 1977 bis 20. Januar 1981

Präsident der Vereinigten Staaten
RONALD REAGAN ab 20. Januar 1981

Sicherheitsberater
RICHARD V. ALLEN 21. Januar 1981 bis 4. Januar 1982
WILLIAM CLARK 4. Januar 1982 bis 17. Oktober 1983

ROBERT C. MCFARLANE	17. Oktober 1983 bis 4. Dezember 1985
JOHN M. POINDEXTER	4. Dezember 1985 bis 25. November 1986
FRANK C. CARLUCCI III	ab 2. Januar 1987 (DDCI 1978–1981) (Stellvertretender Verteidigungsminister 1981–1982)

Berater des Präsidenten

JAMES A. BAKER III, STABSCHEF	21. Januar 1981 bis 2. Februar 1985 (Finanzminister ab 3. Februar 1985)
EDWIN MEESE III, BERATER	21. Januar 1981 bis 24. Februar 1985 (Justizminister ab 25. Februar 1985)
MICHAEL K. DEAVER, STELLVTR. STABSCHEF	21. Januar 1981 bis 10. Mai 1985
DONALD T. REGAN, STABSCHEF	4. Februar 1985 bis 27. Februar 1987

Außenminister

ALEXANDER M. HAIG JR.	22. Januar 1981 bis 25. Juni 1982
GEORGE P. SHULTZ	ab 16. Juli 1982

Assistant Secretary für interamerikanische Angelegenheiten

THOMAS O. ENDERS	23. Juni 1981 bis 27. Juni 1983
L. »TONY« MOTLEY	12. Juli 1983 bis 3. Juli 1985
ELLIOTT ABRAMS	ab 17. Juli 1985

Verteidigungsminister

CASPAR W. WEINBERGER	ab 21. Januar 1981

Senatsausschuß für den Nachrichtendienst

BARRY M. GOLDWATER	Vorsitzender 1981–1985
DAVID DURENBERGER	Vorsitzender 1985–1986
DANIEL P. MOYNIHAN	Stellvertretender Vorsitzender 1981 bis 1984
PATRICK J. LEAHY	Stellvertretender Vorsitzender 1985 bis 1986

Prolog

Der Wecker riß Admiral Stansfield Turner, den Direktor der Nachrichtendienste und der CIA, um 7 Uhr aus dem Schlaf. Er haßte diesen Morgen und hatte den Wecker deshalb auf die allerletzte Minute gestellt. Man schrieb den 383. Tag der iranischen Geiselaffäre. Die 52 Amerikaner, die noch immer in Teheran gefangengehalten wurden, hatten Jimmy Carters Stern zum Sinken gebracht und seiner Präsidentschaft zu Beginn des Monats ein Ende bereitet. An diesem Dienstag, dem 20. November 1980, sollte Turner dem neu gewählten Präsidenten Ronald Reagan über seinen Nachrichtendienst Bericht erstatten.
Noch vor einigen Monaten hatten Sicherheitsbeamte im Erdgeschoß von Turners Haus mehrere Wochen lang rund um die Uhr Wache geschoben, nachdem das Federal Bureau of Investigation (FBI) am Stadtrand von Washington einige Iraner bei Schießübungen mit Gewehren und hochrasanten Geschossen ertappt hatte. Inzwischen aber waren die Posten abgezogen, und im Haus war wieder Ruhe eingekehrt.
Turner war 56 Jahre alt und als ehemaliger Vier-Sterne-Admiral auf dem Höhepunkt seiner Karriere. Als Systemanalytiker, »Denker« der Navy und Rhodes-Stipendiat war er immer bemüht, über der Tagespolitik die globalen Zusammenhänge nicht aus den Augen zu verlieren. Aber er war auch nicht frei von Emotionen, und jetzt, im Vakuum zwischen alten und neuen Vorgesetzten, war er hin und her gerissen von widersprüchlichen Gefühlen.
Zuerst mußte er sich darüber klar werden, wann und auf welche Weise er Reagan in die wirklichen Geheimnisse einweihen wollte. Der neue Präsident mußte von den hochbrisanten und gefährlichen Operationen und Spionagetechniken erfahren, von denen nichts in die Nachrichtenmedien durchgesickert oder der sowjetischen Spionage in die Hände gefallen war. Doch solange Reagan nicht entschieden hatte, wen er ins Vertrauen ziehen würde, wollte Turner sein Wissen nur unter vier

Augen, im Gespräch von Mann zu Mann weitergeben. Er konnte diese geheimen Informationen unmöglich vor Reagans politischen Anhängern ausplaudern, die ihn während der vorangegangenen Besprechungen umlagert hatten und die aller Erwartung nach auch an der heutigen Sitzung teilnehmen würden. Schließlich stand bei einer der streng geheimen Operationen, über die Turner den neu gewählten Präsidenten früher oder später ins Bild würde setzen müssen, das Leben von mehr als hundert Leuten auf dem Spiel.

Außerdem mußte er Reagans Aufmerksamkeit in diesem Gespräch auf die grundsätzlichen Fragen lenken, die mit den Möglichkeiten und Risiken von Spionage und verdeckten Aktionen zusammenhingen. Hier konnte der Präsident entscheidende Weichen für die Zukunft stellen, und Reagan hatte ja eine Neubelebung versprochen.

Turner war durchaus bereit, das Bild, das er sich bei den ersten Besprechungen von Reagan gemacht hatte, zu revidieren. Reagan hatte sich scheinbar aufgeschlossen und kooperativ gezeigt, war aber letzten Endes unzugänglich geblieben. Die Gespräche waren in einer heiteren Atmosphäre verlaufen, im Grunde aber oberflächlich geblieben, als sei man ohnehin einer Meinung. Die Art, wie Reagan ihn aufforderte, zum nächsten Punkt zu kommen, hinterließ den Eindruck, als wolle er die weltpolitischen Probleme, die Turner ansprach, mit einem Lachen, einer Hollywood-Anekdote oder einem konservativen Glaubenssatz vom Tisch wischen. Welch ein Kontrast zu den kritischen, ja fast schon bohrenden Verhören, die Turner von seiten Carters über sich hatte ergehen lassen müssen! Je öfter er jetzt mit dem neuen Präsidenten zu tun hatte, desto stärker zweifelte er an der Fähigkeit dieses Mannes, den Dingen auf den Grund zu gehen. Im privaten Kreis hatte er Reagan als »dumm« bezeichnet.

Nicht zuletzt mußte Turner auch an seine eigene Zukunft denken. Er wollte seine Bereitschaft, mehr noch: seinen Wunsch signalisieren, als CIA-Direktor im Amt zu bleiben. Reagan und die Republikaner hatten Carter im Wahlkampf vorgeworfen, er habe der CIA Fesseln angelegt und ihr dadurch praktisch jede effektive Spionage unmöglich gemacht. Und Turner hatten die Republikaner angekreidet, er sei als Direktor des Nachrichtendienstes mehr als nötig auf Carters Menschenrechtskampagne eingeschwenkt. Außerdem sei er so vernarrt in die neueste Satelliten- und elektronische Abhörtechnologie (weil sie sauber, passiv und relativ gefahrlos arbeitete), daß er keine Risiken mehr eingehe. Das

Wort »schwächlich« machte die Runde, und es bezog sich auf die CIA. Turner war überzeugt, diesen Vorwurf widerlegen zu können. Voraussetzung war allerdings, daß ihm der neue Präsident Gehör schenkte. Seine CIA hatte einige Operationen angekurbelt – Ronald Reagan wäre von den Socken.

»Reagan will den Nachrichtendienst nicht politisieren und wird begreifen, daß wir auf dem richtigen Weg sind«, hatte Direktor Turner seinen leitenden Mitarbeitern entgegnet, die sich über ihn lustig gemacht hatten, weil er noch immer hoffte, im Amt zu bleiben. Herb Hetu, ein alter Kamerad aus der Navy, Kapitän zur See a.D. und Leiter der Presseabteilung des Nachrichtendienstes, war daraufhin der Ansicht, Turner brauche Nachhilfeunterricht in Sachen Realismus. »Sie werden Sie auf keinen Fall behalten«, hatte er Turner gesagt, »auf gar keinen Fall. Im Wahlkampf haben sie unentwegt mit Dreck nach Ihnen geworfen.«

Turner blieb optimistisch. Das war nicht immer leicht. So hatte er kurz vor der Präsidentschaftswahl seine fünfzehn Top-Mitarbeiter für ein Management-Seminar auf der »Farm« in Camp Peary versammelt, dem geheimen Ausbildungs- und Schulungszentrum des Nachrichtendienstes, draußen auf dem Land in Virginia. Halb im Spaß hatte er um eine geheime Probeabstimmung gebeten. Dann kam die kalte Dusche, als das Ergebnis an die Tafel geschrieben wurde: 2 Stimmen für Carter, 13 für Reagan. Unglücklicherweise nahm dieses Ergebnis in etwa Reagans späteren 489:44-Sieg bei der Wahlmännerabstimmung vorweg.

Der Morgen nach der Wahl war besonders unerfreulich gewesen. Die Freude auf den Gängen im CIA-Hauptquartier in Langley war mit Händen zu greifen. Zwar waren die Angestellten nicht soweit gegangen, Konfetti aus dem Fenster zu werfen, aber viele hatten Reagans Sieg wie die Befreiung von Paris empfunden.

Turner duschte und zog sich an. Dann setzte er sich hin, um ein paar Minuten zu lesen. Er nahm sich die wöchentliche Lektion der Christian Science vor. Er mußte die Gelegenheit, eine Ruhepause zu machen, jetzt nutzen, denn er würde den ganzen Tag über nicht mehr dazu kommen. Er gefiel sich bei dem Gedanken, dem intellektuellen Teil der Christenheit anzugehören, der Elite in Geist und Verstand.

In dem Text für den kommenden Sonntag hieß es: »... machen Sie Ihrem Patienten eindringlich klar, daß er zu sich kommen muß. Heilen Sie ihn von dem Glauben an die trügerische Beweiskraft der Sinne... « Geh in dich, lautete die Botschaft. Turner mußte zugeben, daß dies für den Kopf des größten und kompliziertesten Nachrichtendienstes der Welt ein merkwürdiger Rat war. Aber er hatte die Macht dieser Lehren am eigenen Leib erfahren. Seine Mutter hatte damit die 20er Jahre überlebt, als ihr Vater sein Vermögen an der Börse verloren und sich das Leben genommen hatte. Als dann später Turners einziger Bruder bei einem Autounfall ums Leben kam, hatte er sich ebenfalls in die Religion versenkt, um mit der unfaßbaren Tragödie und dem Schmerz fertigzuwerden. Mit roter Tinte unterstrich er die Worte »Heimsuchungen sind der Beweis für Gottes Fürsorge«.

Es war jetzt höchste Zeit, und als Turner aufstand, wußte er, daß er den Rat bereits vernachlässigte. Der kräftige, untersetzte, 1,77 Meter große CIA-Chef sprang zum Frühstück in ein paar Sätzen die Treppe hinunter – nicht von ungefähr nannten ihn seine Mitarbeiter »Rammbock«. Für gewöhnlich war sein dichtes graues Haar leicht zerzaust, wenn er durch die Gänge brauste. Hinter seinen hellblauen Augen, dem flüchtigen strahlenden Lächeln und den Rotaryclub-Manieren vermutete man zuallerletzt einen CIA-Mann.

Zum Frühstück trank er Fruchtsaft und heißes Zitronenwasser. Christian Science, das hieß auch Verzicht auf Stimulantien, Kaffee eingeschlossen. Turner mochte noch nicht einmal den Geschmack von Mokka-Eiskrem. Dann sah er die Schlagzeile der *Washington Post*: CASEY ALS NEUER CIA-DIREKTOR IM GESPRÄCH. Turner griff sich die Zeitung. Diese Möglichkeit war ihm noch nicht zu Ohren gekommen. Mit Casey war William J. Casey gemeint, der 67jährige Wahlkampfleiter Reagans. Turners Urteil über eine solche Personalentscheidung stand sofort fest: ein Rückfall, ein Schritt in die verkehrte Richtung. Richard Nixon hatte 1968 seinen Wahlkampfmanager John N. Mitchell zum Justizminister gemacht. Gab es diesmal die CIA als Trophäe für eine gewonnene politische Schlacht?

Turner las weiter: »Casey arbeitete im Zweiten Weltkrieg für das Office of Strategic Services [OSS, Büro für Strategische Angelegenheiten] – die Vorläufer-Organisation der CIA.« Was spielte das für eine Rolle? Genausogut könnte man einen x-beliebigen Admiral aus dem Zweiten Weltkrieg an die Spitze der Navy stellen. Das OSS war für Turner gleichbedeutend mit der Gruppe der alten Hasen, die als Überbleibsel des OSS in der CIA überlebt hatten und mit ihrer Dienstauffassung Turner die größten Schwierigkeiten bereiteten. Sie bildeten eine Art unsichtbares Herz des Nachrichtendienstes, eine verschworene Bruderschaft; sie waren es, die man mit geheimen Operationen betraute. Gewiß, bei Konflikten mit dem Weißen Haus oder dem Kongreß bekam die Bruderschaft gelegentlich einen Dämpfer, wie etwa bei den CIA-Untersuchungen Mitte der 70er Jahre. Doch die Oldtimer überlebten, weil man auf sie angewiesen war. Jeder Präsident, jeder CIA-Direktor brauchte opferbereite Geheimagenten für die Dreckarbeit. Sie waren ein Club, der sich nie traf, die Macher in der Abteilung für geheime Projekte. Und sie leisteten selbst dann den vollen Einsatz, wenn sie nicht wußten, was dabei heraussprang. In ihnen verkörperte sich die individuelle und institutionelle Ausdauer des Nachrichtendienstes. Sie waren zugleich eine starke Waffe und eine Schwachstelle der CIA. Und hier war nun einer von ihnen aus der Versenkung aufgetaucht. In der *Post* stand, Caseys Aufgabe während der letzten sechs Monate des Zweiten Weltkrieges habe darin bestanden, Spione hinter den deutschen Linien abzusetzen. Das war jetzt 35 Jahre her.

Turner hatte mehr Anstand erwartet. Wenn man ihn schon ersetzen wollte, so hätte man ihn wenigstens davon unterrichten können, und zwar vor der Presse. Aber vielleicht war die Geschichte auch nur ein Versuchsballon oder schlicht eine Zeitungsente. Noch vor zwei Wochen hatte Reagan bei seiner ersten Pressekonferenz als frisch gewählter Präsident angekündigt, Casey werde in seine private Anwaltspraxis zurückkehren.

Die Aussicht auf fristlose Entlassung bestärkte Turner nur in seiner Überzeugung, die CIA aus der finsteren und turbulenten Periode Mitte der 70er Jahre herausgeführt zu haben, die geprägt war von den Nachwirkungen der Niederlage in Vietnam und von Watergate. Die Untersuchungsausschüsse des Kongresses hatten in der dunklen Vergangenheit der CIA herumgestochert und verschiedenes zutage gefördert: Pläne zur Ermordung fremder Staatsmänner, experimentelle Verabreichung gefährlicher halluzinogener Drogen an ahnungslose Opfer, Vorratshaltung kleiner Mengen von Giften und chemischen Kampfstoffen trotz Verbots durch den Präsidenten, heimliches Öffnen von Briefen und Bespitzelung von US-Bürgern, die gegen den Vietnamkrieg protestierten. Aus dieser Wildwest-Ära hatte er die CIA herausgeführt. Er hatte mit der – in seinen Augen – verschrobenen und manisch übertriebenen Geheimniskrämerei Schluß gemacht. Und er hatte den Beweis erbracht, daß der Nachrichtendienst noch immer effektive Arbeit leistete, auch wenn die neuen Reformen von der CIA verlangten, den Geheimdienstausschüssen des Kongresses selbst über die heikelsten Operationen peinlich genau Rechenschaft abzulegen. Die Aktivitäten seiner CIA waren korrekt, und sie hatten die Billigung des Kongresses. Wären sie bekannt, fänden sie auch die Billigung Reagans und des amerikanischen Volkes, so glaubte Turner jedenfalls.

Einen Monat vor der Wahl hatte sich Turner für eine Woche in sein Haus zurückgezogen, um einen Bericht über seine vierjährige Amtszeit und seine Pläne für die kommenden vier Jahre zu schreiben. Der sieben Seiten umfassende Entwurf, datiert auf den 17. Oktober 1980 und mit dem Vermerk versehen »Nur für den DCI«, war mehr als top secret. Der Inhalt dieser »Ziele und Perspektiven« würde den neuen Präsidenten und seine Mitarbeiter überraschen. Gewiß, manchmal hatte Turner seine liebe Mühe gehabt, die Cowboys und alten Abenteurer im Zaum zu halten, aber schließlich war es ihm doch gelungen, sie unter Kontrolle zu bringen. Außerdem waren viele von ihnen jetzt nicht mehr dabei. Aber es gab ein noch ernsteres Problem. Die CIA hatte Nerven bekommen, allen voran das Directorate of Operations (Abteilung für geheime Operationen), die eigentliche geheime und exklusive Spionageabteilung, die als verlängerter Arm der CIA die Stationen im Ausland unterhielt, dort die Spionage organisierte und verdeckte Aktionen durchführte, immer vorausgesetzt, der Präsident habe grünes Licht gegeben für die heimliche Einmischung in die inneren Angelegenheiten fremder Länder. Die Haltung dieser Abteilung war neuerdings von Widerstand und Ängstlichkeit geprägt.

Mehrmals hatte Turner neue geheime Operationen angeregt, aber die Abteilung hatte immer abgeblockt. In einem Fall hatte Turner, in Eigeninitiative und ohne vorher das Weiße Haus zu konsultieren, beim Deputy Director of Operations (DDO, Direktor der Abteilung für geheime Operationen) angefragt, was getan werden könnte, um drei Politiker aus dem Weg zu räumen, die US-Interessen im Weg stünden – im einzelnen hatte es sich um den Kubaner Fidel Castro, den iranischen Führer Ayatollah Ruhollah Khomeini und den libyschen Revolutionsführer el-Gaddafi gehandelt. Die Antwort des DDO hatte gelautet: Keine! Es gebe in keinem dieser drei Länder eine lebensfähige Opposition, oder aber die CIA wisse zu wenig, um eine Bewegung, eine Partei oder einen politischen Führer zu unterstützen. Alles, wonach Turner gesucht hatte, war eine Möglichkeit gewesen, über geheime Kanäle Gelder oder andere Hilfe für Gruppen oder Einzelne in diese Länder zu schleusen. Mordanschläge waren kraft Präsidentenerlaß verboten. Präsident Ford hatte den Erlaß 1976 unterzeichnet, Carter hatte ihn erneuert. Turner war mit diesem Verbot völlig einverstanden, und dennoch hatte man ihn im Directorate of Operations verdächtigt, er wolle die Abteilung auf gefährliche Abwege führen. Turner war über die Schroffheit der Ablehnung überrascht gewesen. Wie er sich auch bemüht hatte, den Sachverhalt zu erläutern, der DDO war hart geblieben. Der Gedanke, sich allen Ernstes in die Angelegenheiten anderer Nationen einzumischen, verursachte den Beamten im Directorate of Operations offenbar Unbehagen, dabei gehörte das zu ihren eigentlichen Aufgaben. Gewiß, man hatte Khomeini-feindliche Kräfte außerhalb des Irans bereits finanziell unterstützt, doch nur – wenigstens wurde das im Weißen Haus so gesehen –, um Khomeini einen Denkzettel zu verpassen oder um Kontakte zu knüpfen für den Fall einer Konterrevolution.

Des weiteren hatte Turner vorgeschlagen, einen befristeten und geheimen CIA-Aktionsplan für Guatemala auszuarbeiten, dessen Ziel es sein sollte, einige Zentrumspolitiker ausfindig zu machen und zu protegieren, eventuell sogar einen vielversprechenden Guatemalteken auf die Gehaltslisten der CIA zu bekommen. Politische Gewaltaktionen hatten in Guatemala überhand genommen. Man hatte es mit der klassischen mittelamerikanischen Pattsituation zu tun: eine rechtsgerichtete Militärjunta gegen linksgerichtete, marxistische Guerillas. Hunderte von Menschen hatten in dem Jahr schon ihr Leben lassen müssen. Nach Turners Ansicht war das die geeignete Ausgangslage, um durch heimliche Unterstützung gemäßigter politischer Kräfte US-Interessen zu fördern.

Der DDO und seine Mitarbeiter hatten reagiert, als habe Turner vorgeschlagen, den KGB zur 9-Uhr-Besprechung des Führungsstabs zu bitten. Sie gaben zu bedenken, daß die CIA mit einer solchen Aktion Gefahr laufe, sich in Widerspruch zur Politik des Präsidenten zu setzen, deren Zielrichtung überdies noch nicht einmal klar sei. Angenommen, der Mann, den man auswähle, könne sich nicht durchsetzen. Angenommen, er entpuppe sich als Frankensteins Monster. Oder angenommen, man baue ihn auf, und Carter oder irgendein anderer Präsident wolle einen anderen Kurs einschlagen. Nein, die Gefahr, Fehler zu machen, sei einfach zu groß. Es war ein einziger Aufschrei der Entrüstung gewesen, und Turner hatte nicht einmal mehr gewagt, den Vorschlag dem Weißen Haus zu unterbreiten. Der Nationale Sicherheitsberater Zbigniew Brzezinski hätte ein geheimes Aktionsprogramm mit ziemlicher Sicherheit befürwortet, aber bei Carter war mit einem förmlichen Eiertanz zu rechnen. Es gehörte nun einmal zu Carters Amtsführung, daß er sich nie zwischen der harten Gangart Brzezinskis und der gemäßigten seines Außenministers Cyrus Vance entscheiden konnte. Freunden gegenüber hatte ihn Turner einmal abfällig als »Friedensapostel« bezeichnet.

Zu Beginn jener Woche hatte Turner weitere Gesichtspunkte und persönliche Anmerkungen in einem anderen Memorandum zu Papier gebracht. Unter die Überschrift »Weißes Haus« hatte er »Konfliktquellen« geschrieben. Die Liste war lang, aber viele der Probleme kreisten um die Person des Nationalen Sicherheitsberaters Brzezinski, der offenbar der Ansicht war, die CIA arbeite für ihn. Bei einer Streitfrage – es war um Rüstungskontrolle durch den Nachrichtendienst gegangen – hatte Turner sich quergelegt, und Brzezinski hatte ihm vorgehalten: »Sie sind weder das Oberste Bundesgericht, noch sind Sie die Vierte Gewalt im Staat. Sie müssen sich entscheiden, für wen Sie arbeiten.«

Brzezinski las für sein Leben gern unbearbeitetes Nachrichtenmaterial. Die National Security Agency (NSA, Nationale Sicherheitsbehörde), die den Nachrichtenverkehr fremder Staaten abhörte, versorgte ihn oft mit Protokollen von Gesprächen wichtiger Politiker oder mit entschlüsselten politischen Analysen, die ausländische Botschaften aus Washington in ihre Haupstadt übermittelt hatten. »Haben Sie diese Meldung gelesen?« pflegte Brzezinski zu fragen. In Turners Augen machte Brzezinski einen typischen Anfängerfehler, wenn er glaubte, einzelne abgefangene Meldungen oder Gespräche seien hinreichend, um Ereignisse von großer Tragweite zu erklären. Zu oft war die NSA an Angeber geraten: einen schlecht informierten und wichtigtuerischen Beamten oder einen Botschafter, der mehr ausposaunte, als er tatsächlich wußte. Unter Turners Überschrift »NSA« stand zu lesen: »Analysen, die sich nur auf eine Quelle stützen, sind gefährlich.«

Turner lag in ständigem Clinch mit Brzezinski, der sich manchmal wie ein Wilder gebärdete. »Sie haben nicht einen einzigen Aktivposten in der Sowjetunion«, hatte er Turner einmal während einer Besprechung mit leitenden Mitarbeitern vorgeworfen. In Wirklichkeit hatte Turner in der Sowjetunion vier Agenten aufgebaut. Allerdings konnte er nur von einem mit Sicherheit sagen, daß er ein wirklicher Gewinn für die CIA war. Zu zweien aus dem Quartett hatte man den Kontakt verloren, wahrscheinlich waren sie umgebracht worden. Genaues wußte man nicht.

Hatte sich Turner 1977 mit dem Präsidenten noch dreimal die Woche zu einer Lagebesprechung getroffen, schrumpfte die Zahl in der Folgezeit: zunächst auf eine Sitzung pro Woche, später auf eine alle zwei Wochen. Turner gab dafür Brzezinski die Schuld, denn dieser hatte einmal die Meinung zum besten gegeben, seine früheren Studenten an der Columbia University lieferten bessere Analysen als die CIA.

Als der Schah des Iran im Oktober 1979 – zwei Wochen vor der Geiselnahme in Teheran – zu einer medizinischen Behandlung in die Vereinigten Staaten gekommen war, hatte das Weiße Haus angeordnet, Wanzen im Krankenzimmer des abgesetzten iranischen Staatschefs anzubringen. Man wollte herausfinden, was der launische, krebskranke Mann vorhatte. Turner hatte eingewandt, der Schah genieße dieselben Rechte wie ein US-Bürger, und das Gesetz verbiete der CIA, innerhalb der Vereinigten Staaten nachrichtendienstlich aktiv zu werden. Doch er bekam einen schriftlichen Befehl. Zähneknirschend ordnete er daraufhin die elektronische Überwachung der drei Privaträume des Schah in der 17. Etage eines New Yorker Krankenhauses an, doch ihm war nicht wohl dabei.

Für Carter und Brzezinski war der Nachrichtendienst eine Art Versorgungs-Pipeline für Informationen. Wenn sie verstopft war und der Nachrichtenfluß ins Stocken geriet, wenn die Wanzen nicht rechtzeitig an Ort und Stelle waren, wenn die CIA nicht vorhersagen konnte, was passieren würde, war der Teufel los. Turner hatte manchmal das mehr oder minder deutliche Gefühl, zwischen zwei Stühlen zu sitzen – auf der einen Seite sein eigener Nachrichtendienst, auf der anderen der Präsident, für den er arbeitete.

Im Bemühen, den neuen Präsidenten für sich zu gewinnen, hatte Turner einem Mitarbeiter aus Reagans Übergangsteam, das für die neue Administration die CIA in Augenschein nahm, eine Kopie seines zweiten Memorandums zukommen lassen. Als das Papier wieder auf seinem Schreibtisch landete, war es mit handschriftlichen Anmerkungen versehen, die eine sofortige Umwandlung des Nachrichtendienstes in eine schlagkräftige Behörde für antisowjetische Analyse und verdeckte Aktionen forderten. Dort, wo Turner einige positive Seiten der CIA aufgelistet hatte, kommentierten die Kritzeleien »zu liberal, Angst vor politischer Kontroverse«. In bezug auf die Geheimdienst-Kontrollausschüsse des Kongresses und ihren Mitarbeiterstab hatte Reagans Mann angemerkt: »Der linke Flügel muß so weit wie möglich zurückgedrängt werden.« Turners Memorandum enthielt auch die Bemerkung, die CIA könne »weitere Skandale nicht verkraften«. Handgeschrieben stand jetzt darüber: »Klima hat sich verändert. Wird sich noch mehr verändern. Wenn wir auf der Basis von Angst operieren, werden wir kaum etwas erreichen.« Wo Turner die Möglichkeit paramilitärischer Aktionen ansprach, jene Aktivitäten der CIA also, die am offensivsten und direktesten in die inneren Angelegenheiten anderer Länder eingriffen, forderte der Bleistiftkommentar: »Muß ausgebaut werden.« Na dann, viel Glück, hatte Turner gedacht.

Als Turner zu Ende gefrühstückt hatte, erschien sein Chauffeur Ennis Brown in der Einfahrt, um ihn zu der Besprechung mit Reagan in die Stadt zu bringen. Turner nahm auf dem Rücksitz Platz, wo die Meldungen, die in der vergangenen Nacht und in den frühen Morgenstunden eingetroffen waren, in einer Mappe für ihn bereitlagen. Der Dienstwagen – ein dunkler Oldsmobile – fuhr die Skipwith Road hinunter, bog in die Route 123 ein und mischte sich unter den morgendlichen Berufsverkehr. Brown fädelte sich durch das Gewühl, umkurvte souverän die langsameren Wagen und nutzte geschickt jede Gelegenheit zum Überholen.
Einer der vier CIA-Leibwächter, die sich in Turners Bewachung ablösten, saß schußbereit vorn auf dem Beifahrersitz. Seine Augen glitten über alles, was sie umgab, und hielten unablässig nach Verdächtigem Ausschau. Es war ein schöner sonniger Herbsttag, doch die kugelsicheren Scheiben des Oldsmobiles blieben geschlossen, so daß ihn keiner der Insassen genießen konnte. Der Wagen war mit allen erdenklichen Sicherheitseinrichtungen, Panzerplatten und minensicherem Boden ausgestattet.
Turner rutschte unruhig hin und her und scharrte mit den Füßen. Er wollte sich auf die erfolgreichsten, kreativsten, phantasievollsten und gewagtesten Unternehmungen seiner CIA konzentrieren. Ein Laie wie Reagan, der weder bei einem Nachrichtendienst noch bei einer anderen Bundesbehörde je einem Full-Time-Job nachgegangen war, hatte wahrscheinlich keine blasse Ahnung, was alles zu einer solchen Arbeit gehörte. Von der Qualität seiner, Turners, Berichte in den kommenden Wochen würde es abhängen, ob er seinen Posten behielt.
Eine der geheimsten Operationen war das Special Navy Control Program (SNCP, Sonderkontrollprogramm der Marine), kurz »Navy-Spe-

cial« genannt, bei dem Unterseeboote der US-Navy russische U-Boote aufspürten, aber auch rund um die Sowjetunion sehr riskante Überwachungs- und Spionagearbeit leisteten und sich dabei gelegentlich bis in Hoheitsgewässer oder Häfen der Sowjetunion vorwagten. Zu ihren Aufgaben gehörte es, hochkomplizierte elektronische Aufnahmegeräte, sogenannte »pots«, auf wichtige sowjetische Unterseekabel zu pflanzen, um auf diese Weise Nachrichtenkanäle anzuzapfen. Von allen Operationen waren das wahrscheinlich die heikelsten. Das Boot und das Leben der gesamten Besatzung einschließlich des eingesetzten Teams der NSA standen dabei auf dem Spiel. Dieses Projekt war der ganze Stolz der Navy, bei der man von jeher eine besondere Schwäche für solche waghalsigen Abenteuer und Heldenstücke hatte. Jede einzelne Mission mußte vom Präsidenten genehmigt werden. Ein U-Boot wurde losgeschickt und brachte das Aufnahmegerät an dem Kabel an. Dann zog es sich aus der Gefahrenzone zurück und wartete mehrere Wochen, bevor die Bänder aus dem Aufnahmegerät geborgen wurden. Die Bänder mußten dann zur NSA gebracht werden, die die gewonnenen Erkenntnisse nur an einige wenige Leute in der CIA, im Verteidigungsministerium und im Weißen Haus weiterleitete. Turner konnte sich gelegentlich nicht des Eindrucks erwehren, daß der geringe Wert der Informationen in keinem Verhältnis zu den Risiken stand.

Dennoch gab er zu, daß die U-Boote in einzelnen Fällen mit umfangreichem Datenmaterial über das sowjetische Militär zurückkamen. Immerhin stellten diese Operationen eine der wenigen Möglichkeiten dar, größere Mengen wertvoller und handfester Informationen aus der Sowjetunion herauszuschleusen. Gelegentlich enthielten die Mitschnitte Gespräche von sowjetischen Funktionären. Sie boten Einblick in die Verunsicherung, Verlogenheit und Schwächen dieser Leute. Wie bei vielen erfolgreichen Geheimdienstoperationen war auch hier ein Fehler der anderen Seite der Vater des Erfolgs. Die Sowjets gingen davon aus, daß die Tiefseekabel unmöglich anzuzapfen waren. So verwendeten sie auf diesen Kommunikationswegen relativ unkomplizierte Kodes, in manchen Fällen wurden Nachrichten sogar unverschlüsselt übermittelt. Ein weiteres Projekt war INDIGO. Dahinter verbarg sich ein neues, streng geheimes Satellitensystem, das sich noch im Stadium der Entwicklung befand und bei der Überwachung zukünftiger Rüstungsabkommen mit den Sowjets unter Umständen eine Schlüsselrolle würde spielen können. INDIGO arbeitete mit Radarbildern, funktionierte also auch

bei Nacht und bei Bewölkung, wenn Fotosatelliten keine Aufnahmen machen konnten. Gerade über Osteuropa, wo sich tage- oder wochenlang die sogenannte »demon cloud cover« festsetzen konnte, war dies von enormer Bedeutung.
Einige der besten Operationen der Informationsbeschaffung im Ausland wurden von den Special Collection Elements (SCE) durchgeführt. Dabei handelte es sich um Eliteteams, die sich aus CIA- und NSA-Angehörigen zusammensetzten und in vielen ausländischen Hauptstädten mit neuestem technischem Gerät Abhöraktionen durchführten. Die SCEs konnten wahre Spionagewunder vollbringen: Sie lieferten wortgetreue Protokolle von Regierungsgesprächen auf höherer Ebene in Europa, im Nahen Osten und in Asien sowie von Telefonaten, die Politiker in Schlüsselpositionen miteinander führten. Die SCEs ergänzten die regelmäßige Tätigkeit der CIA-Beamten, die, als Angehörige der US-Botschaften getarnt, Spionage betrieben.
In seinem Memorandum »Nur für den DCI« hatte Turner geschrieben: »Wir brauchen mehr Informationen über unsere Verbündeten und Freunde.« Befreundete Nationen zu bespitzeln hielt Turner zwar für ein schmutziges Geschäft, trotzdem war es unerläßlich. Der Schah des Iran war ein dicker Freund der Vereinigten Staaten und der CIA gewesen, und auf seinen Geheimdienst, den gefürchteten Savak, hatte sich die CIA als wichtigste Informationsquelle gestützt. Ein Riesenfehler, wie Turner hatte erkennen müssen. Er und seine CIA hatten Khomeini unterschätzt. Sie hatten ihn als unbedeutenden senilen Kleriker abgetan, und jetzt hielt er die amerikanischen Geiseln in seiner Gewalt. Niemand, so Turners Lehre aus dieser Geschichte, konnte einen so überrumpeln wie ein Freund. Mit feindlichen Nationen tat sich die CIA fast leichter: sie wußte, was sie zu erwarten hatte.
Seit dem Schock der iranischen Revolution hatte Turner das Netz bezahlter Agenten in ausländischen Regierungen und Geheimdiensten enger geknüpft, auch bei einigen Verbündeten und Freunden. Ägypten war nur ein Beispiel. Eine CIA-Sicherheitsoperation, deren eine Aufgabe darin bestand, den Präsidenten Anwar as-Sadat zu schützen und Mord- oder Umsturzpläne gegen ihn aufzudecken, verschaffte der CIA durch den kombinierten Einsatz von Elektronik und Agenten gleichzeitig Zugriff auf Informationen über die ägyptische Regierung, die führenden Kreise des Landes und den Staatschef. Wie es hieß, soll Sadat Haschisch geraucht und unter Angstanfällen gelitten haben, doch Turner

gab nichts auf solchen Palastklatsch. Was allein zählte, war die Tatsache, daß die CIA gegen Überraschungen durch Sadat oder durch etwaige Ereignisse in Ägypten weitgehend gefeit sein sollte. Die CIA hatte ihre Ohren überall.

Aus Geheimdienstberichten wußte Turner zum Beispiel auch, daß Kronprinz Fahd von Saudi-Arabien trotz des strengen Verbots seines moslemischen Glaubens kräftig dem Alkohol zusprach. Über Turners Schreibtisch gingen auch streng geheime Berichte über den Gesundheitszustand des sowjetischen Parteisekretärs Leonid Breschnew, die dem Weißen Haus von Nutzen sein konnten, insbesondere dann, wenn neue Verhandlungen anstanden. Geheimdienstliche Erkenntnisse konnten bei Rüstungsverhandlungen sehr hilfreich sein; so gelang es der NSA, einige Informationen über sowjetische Raketentests zu entschlüsseln. Politisches Nachrichtenmaterial allerdings, Informationen über die Vorgänge im Politbüro, dem höchsten Gremium der Sowjetunion, gab es praktisch nicht. Genau das aber hatten Carter und Brzezinski immer wieder mit Nachdruck verlangt, ohne daß Turner etwas Nenneswertes hätte liefern können.

Während seiner Zeit bei der CIA hatte Turner nicht einen einzigen Bericht zu Gesicht bekommen, der es wert gewesen wäre, daß jemand dafür sein Leben riskierte. Trotzdem hatte er immer wieder darauf gedrängt, mehr zu liefern. Das war nun mal seine Aufgabe. Nur ein einziges Mal in den vier Jahren hatte er ein Projekt abgelehnt. Dabei hatte es sich um eine riskante Operation der Informationsbeschaffung in Übersee gehandelt. Man hatte dieselbe Operation schon einmal und mit Erfolg durchgeführt, doch nach Turners Einschätzung wäre eine Wiederholung zu riskant gewesen.

Turners Aufgabe für die kommenden zwei Monate würde darin bestehen, den neuen Präsidenten mit all diesen Fakten vertraut zu machen und anderem mehr. Reagan mußte sich einen Überblick über die laufenden Geheimdienstoperationen verschaffen und begreifen, wie sie miteinander verzahnt waren, aber auch, wo ihre Grenzen lagen.

So sollte etwa bei einer Operation mit dem eher zufälligen Namen CERVICAL RUB eine hochsensible elektronische Abhörvorrichtung, die so konstruiert und getarnt war, daß sie aussah wie ein Ast mit Rinde und allem Drum und Dran, neben einem sowjetischen Luftwaffenstützpunkt in Osteuropa auf einen Baum gepfropft werden. Sie sollte Informationen über die verbesserte Radarausrüstung der sowjetischen MiG-

Flugzeuge sammeln. Der Luftwaffenstützpunkt lag in der Nähe eines Parks, und der Agent brauchte nichts weiter zu tun, als an einem Sonntag über den Zaun zu springen, auf einen Baum zu klettern und das Gerät anzubringen. Doch Cervical Rub war verschoben worden, weil der einzige verfügbare CIA-Agent in der DDR ein Iraker war und es zu riskant erschien, einen Orientalen mitten unter die Sonntagsausflügler zu schicken, wo er auffallen mußte.
Der springende Punkt war, daß jede Operation ein gewisses Wagnis mit sich brachte. Allzuviele Faktoren mußten zusammenstimmen. Erkenntnisse über das sowjetische Radar wären vielleicht wichtiger gewesen als manche Informationen aus dem Politbüro. Aber die CIA konnte sich letztlich doch nicht über alles, was auf der Welt vor sich ging, auf dem laufenden halten.

Turners Oldsmobile hatte fast den Lafayette Park gegenüber dem Weißen Haus erreicht und bog in die Einbahnstraße zum Jackson Place ein. Der Chauffeur hielt vor der Nummer 716, einem regierungseigenen Backsteinhaus, in dem Reagan Quartier bezogen hatte. Turner stieg aus und erklomm die sechs Stufen.
Reagans vorläufige Residenz war ein nichtssagendes, über hundert Jahre altes Gebäude, sieben Meter breit und vier Stockwerke hoch. Vor sechs Jahren hatte in diesem Hochsicherheitsbau Vize-Präsident Nelson A. Rockefeller jenen Ausschuß geleitet, der die fragwürdigen Aktivitäten der CIA innerhalb der USA untersucht hatte. Reagan war eines der Ausschußmitglieder gewesen, war in dieser Eigenschaft allerdings nicht übermäßig aktiv geworden. Er hatte nur an zehn der insgesamt sechsundzwanzig Sitzungen teilgenommen. Als der Abschlußbericht vorgelegt worden war, hatte Reagan die CIA mit den Worten in Schutz genommen: »In einer Behörde mit sechzehntausend Angestellten wird es immer einzelne Mitarbeiter geben, die Fehler machen und Dinge tun, die sie nicht tun sollten.«
Kurze Zeit nach Turners Eintreffen kam Reagan und begrüßte ihn herzlich. Der Präsident schien weder beunruhigt noch ungeduldig, im Gegenteil: er war von ausgesprochener Freundlichkeit. Zu seinem Gefolge gehörte der neue Vize George Bush, den Turner seinerzeit als DCI abgelöst hatte. Etwas abseits hielt sich Edwin Meese III, Anwalt und Reagans rechte Hand. Außerdem waren noch drei weitere Mitarbeiter anwesend – und Bill Casey.

Turner erläuterte das militärische Gleichgewicht in Europa und die Situation in Mittelamerika. Er berichtete von den jüngsten Ereignissen in Polen, wo die Sowjets mit einer Invasion drohten, um die unabhängige Gewerkschaft »Solidarität« zu zerschlagen. Luftaufnahmen von Aufklärungssatelliten und Nachrichten der elektronischen Kommunikationsmedien, die man beispielsweise von Berlin aus – dem Tummelplatz der Nachrichtendienste aus aller Welt – aufgefangen habe, lieferten gutes Material.

Man habe aber auch Informanten vor Ort, fügte Turner vielsagend hinzu.

Casey spitzte die Ohren.

Am liebsten hätte Turner ausgeplaudert – was er sich aber verkniff –, daß die CIA einen Spion an vorderster Front hatte: einen Obersten im polnischen Generalstab, der für steten Nachrichtenfluß aus Warschau sorgte und die CIA über die Absichten der Polen und Sowjets auf dem laufenden hielt. Die hochbrisanten Berichte des Obersten zirkulierten auf einer Bigot-Liste nur unter den höchsten Bundesbeamten, die unbedingt davon Kenntnis haben mußten. Sie wurden jedem Beamten nur persönlich und in einer Mappe ausgehändigt, die mit einem speziellen blauen Rand oder einem breiten blauen Streifen gekennzeichnet war, was bedeutete, daß der Inhalt von einem gefährdeten Informanten stammte. Carter und sein Vize Walter F. Mondale waren die einzigen im Weißen Haus, die die blaugestreifte Mappe regelmäßig auf den Tisch bekamen. Der Name des Obersten – Kuklinski – wurde in diesen Berichten nie erwähnt und war nur wenigen CIA-Offizieren bekannt.

Während seines Streifzugs durch die Krisengebiete der Welt warf Turner immer wieder einen flüchtigen Seitenblick auf Casey. Irgendwie kam er ihm seltsam uninteressant vor. Wenn Casey sprach, verschluckte er Wörter, und seine Sätze klangen wie aus einem Kurzwellensender, der über einen schlechten Empfänger kam. Die wenigen Strähnen des drahtigen weißen Haarkranzes um seinen sonst kahlen Schädel standen widerspenstig in alle Richtungen und verliehen ihm das Aussehen eines zerstreuten Professors. Seine Ohren waren übergroß, richtige Segelohren. Tiefe Gesichtsfalten entsprangen an den Flügeln seiner platten Nase und gruben sich an den Mundwinkeln vorbei bis hinunter zum Kinn, wo sie unter den Hängebacken verschwanden. Casey machte einen verwirrten Eindruck. Trotzdem hatte Turner das Gefühl, daß er gespannt zuhörte.

Nach der Sitzung kam Casey zu ihm herüber. Er sah irgendwie bucklig aus, als er mit übertriebener, aber – wie Turner fand – aufrichtiger Freundlichkeit auf ihn zustürzte, den Ellbogen in die Luft stellte und dann schwungvoll nach Turners Rechten schnappte.
»Tag, Stan«, begrüßte ihn Casey laut, ein breites Lächeln auf dem Gesicht. Er zog Turner auf die Seite.
»Was die Geschichte angeht, von wegen, daß ich Ihren Job übernehme«, Casey kaute an seinen Worten. »Kein wahres Wort dran. Bis jetzt ist noch nichts entschieden.« Das war alles andere als ein klares Dementi. Vielleicht spürte Casey, daß Turner noch immer betroffen war, denn er fügte hinzu: »Ich bin nicht scharf auf Ihren Job.«
Als Turner die Runde verließ, war er völlig verunsichert, was seine Zukunft und die der CIA betraf. Gewisse Anzeichen deuteten darauf hin, daß er weg vom Fenster war. Aber noch stand nichts fest.
Noch am selben Tag ließ Meese CIA-Chef Turner durch Carters Weißes Haus eine Nachricht zukommen. Meese galt bei Insidern als der Mann, der bei den wichtigsten Personalentscheidungen für die kommende Administration ein gewichtiges Wort mitzureden hatte. Viele sahen in ihm schon eine Art Stellvertreter des Präsidenten. Meese wollte klargestellt wissen, daß er die Meldung über Casey an diesem Tag nicht in die Welt gesetzt hatte. Andererseits enthielt die Nachricht nichts, was darauf hindeutete, daß Caseys Ernennung vom Tisch sei.

1

Obwohl es Casey tatsächlich nicht auf den Chefsessel der Nachrichtendienste abgesehen hatte, vermutete er, daß ihm Turner nicht glaubte. Eigentlich wollte Casey Außen- oder Verteidigungsminister werden. Nur auf diese beiden Ministerien kam es an. Für die Durchsetzung von Reagans neuer Außen- und Verteidigungspolitik würde ihnen aller Voraussicht nach eine Schlüsselfunktion zukommen. Aber Casey war sich im klaren darüber, daß er sich möglicherweise mit weniger würde begnügen müssen, am Schluß vielleicht sogar mit leeren Händen dastehen könnte. Er war kein kalifornischer Intimus des neuen Präsidenten, und ohne Frage würden die Kalifornier in der neuen Administration dominieren. Zu Reagans Wahlkampfriege war Casey erst relativ spät gestoßen, und daß er am Ende sogar die Rolle des Wahlkampfleiters gespielt hatte, was seine Chancen zumindest theoretisch verbesserte, verdankte er zum Teil nur einem Zufall. Casey war kein langjähriger Vertrauter Reagans gewesen.
Im Frühjahr 1979 hatte ihn Kandidat Reagan aus heiterem Himmel angerufen und um Unterstützung gebeten. Zeitlebens war Casey engagierter Republikaner gewesen und führte eine gutgehende Steueranwaltspraxis in der Park Avenue 200 in New York City. Durch eine Reihe riskanter Spekulationen, eine glückliche Hand und einen guten Riecher in Börsengeschäften sowie als Autor und Herausgeber von gut zwei Dutzend Büchern zu Steuer-, Investitions- und Rechtsfragen hatte er Millionen gemacht. Das Geld verschaffte ihm Muße, sich seiner Lieblingsbeschäftigung zu widmen: der Politik. Nachdem er sich seit 1940 als Wahlkampfhelfer, Organisator, Redenschreiber und als Delegierter beim Republikanischen Parteikonvent nützlich gemacht hatte, wurden ihm in Nixons und Fords Administration mehrere höhere Posten übertragen. Sein bedeutendster war der Vorsitz in der Securities and Exchange Commission (Staatliche Kommission für die Überwachung des Wertpapier- und Devisenhandels) in den Jahren 1973–1974.

»Es ist noch zu früh, mich Ihrem Wahlkampf anzuschließen.« Mit diesen Worten hatte Casey auf Reagans telefonische Anfrage reagiert, gleichzeitig aber betont, daß seine Weigerung, sich schon jetzt zu verpflichten, nicht als Mangel an Sympathie mißzuverstehen sei. Ganz im Gegenteil. Er wühlte in den Taschen, zog sein Scheckbuch heraus und stellte für Reagans Kandidatur sofort einen Scheck über tausend Dollar aus – der höchste zulässige Betrag für private Spender. Dasselbe hatte er schon für alle anderen republikanischen Präsidentschaftsanwärter getan. Er kritzelte seinen Namen auf den Scheck, das W wie eine Parodie auf die in den Public Schools 13 und 89 geübte Kalligraphie vor 60 Jahren in der Queens Community von Elmhurst in New York. Das Schluß-Y in seinem Namen war fast gerade, mit einer langgezogenen Unterlänge und einer besonders schön geformten Schleife. Die Unterschrift sah aus, als hätte er sie so eingeübt – selbstbewußt, aber nicht arrogant.
In seinem Zeugnis des zweiten Semesters der 6. Klasse der P.S. 89 hatte er neben neun »Tardy«-Noten ein C in »Betragen«; das war die einzige Note unter B, die er je hatte. Seine akademische Abschlußarbeit wurde mit A bewertet. Das war im Jahr 1924, und von da an führte ihn sein Weg stetig aufwärts. Er lernte, Golf zu spielen, indem er als Caddy anfing, und gehörte bald zu einem angesehenen Klub. Von 1934 bis 1935 besuchte er die Katholische Universität für Sozialarbeit, wo die meisten Studenten Priester, Nonnen oder einfach besonders überzeugte Katholiken waren. Unter sein Zeugnis hatte jemand »Sehr gut« geschrieben. Doch Casey war schließlich der Ansicht, Sozialarbeit sei nur etwas für Frauen, und wechselte an die juristische Fakultät über. Er hatte in diesem Jahr eine dem Jahresgehalt eines Sozialarbeiters entsprechende Summe von 21 970 Dollar für gute Zwecke gespendet, und zwar über einen Fonds, den er 1958 gegründet hatte. Er war ein gewöhnlicher Mann mit ungewöhnlichem Reichtum. Er hoffte aber, etwas Besonderes zu sein, jemand von Bedeutung, jemand, der die Kunst des Vorwärtskommens auf zwei Spuren gelernt hatte: erstens durch Reichtum und gute Geschäfte und zweitens durch Erfahrung in Verwaltung, Gremien, Kommissionen und in der Politik. Ihm war auch bewußt, daß er das, was er erreicht hatte, zum Teil mit seinem guten Ruf hatte bezahlen müssen. Viele Leute hielten ihn für einen harten Geschäftsmann, einen Emporkömmling, der sein Geld durch opportunistische Investitionen und aggressive Geschäftspolitik gemacht hatte. Er war bekannt als einer, der mit dem Aktienmarkt spielte, den er einst zu ordnen mitgeholfen hatte.

Oft schien er sich um Kritik dieser Art nicht zu kümmern, aber im stillen war er begierig auf Anerkennung und Respekt. Seine Frömmigkeit, seine Kirchentreue, seine republikanischen Ansichten, seine dikken Aktiengewinne zeigten zusammen deutlich, daß er gleichzeitig verschiedenen Idealen nachhängen konnte. In bezug auf Menschen war er jedoch sehr konsequent. Freunden gegenüber war er absolut loyal. Doch im übrigen hatte er ebenso viele verschiedene Gesichter, wie es Welten gab, in denen er sich bewegte.
Reagan rief Casey erneut an. Er wollte mehr. Er sagte, er werde wegen einer Spendenveranstaltung nach Long Island, New York, kommen. Ob sie sich nicht treffen könnten? Casey willigte ein. Die beiden frühstückten zusammen in einem Motel ganz in der Nähe von Nassau County, wo sich Caseys großer Landsitz Mayknoll im viktorianischen Stil befand.
Die beiden Männer plauderten eineinhalb Stunden lang über republikanische Politik und den Wahlkampf. Casey hatte gehört, Reagan sei oberflächlich, aber er fand, daß seine Kenntnisse in Fragen der Wirtschafts- und Sicherheitspolitik durchaus genügten. Gewiß, Reagan ging den Dingen nicht auf den Grund, aber er schien gesunde Instinkte für diese Fragen zu haben. Sein betonter Anti-Kommunismus, sein Eintreten für eine Politik der Stärke und seine Ansichten über den freien Markt deckten sich mit Caseys Grundsätzen. Reagan war nur zwei Jahre älter als er, und die beiden Männer sahen die Welt mit den Augen derselben Generation. Zudem stammten beide aus armem Elternhaus. Casey gefiel die Vielseitigkeit in Reagans Leben, sein wechselvoller Werdegang vom Sportreporter, Schauspieler und Gewerkschaftsvorsitzenden zum Gouverneur und ausdauernden Wortführer des konservativen Lagers. Ein wenig erkannte er darin seine eigene Vielseitigkeit als Anwalt, Autor, OSS-Meisterspion, Amateurhistoriker (er schrieb damals an einem Buch über das OSS) und Ex-Regierungsbeamter wieder. Beide Männer hatten überdies die Depression und vier Kriege erlebt, und beide mochten eine gut erzählte Geschichte, über die man herzhaft lachen konnte. Was jedoch stärker ins Gewicht fiel: sie verachteten Jimmy Carter und – wie sie es nannten – seine Schwäche und Unentschlossenheit, sein gefährliches Zaudern und seine Ängstlichkeit.
Wenig später erhielt Casey von Reagan eine Einladung nach Kalifornien. Er sollte im Exekutivausschuß von Reagans Wahlkampf-Expertenteam mitarbeiten. Der Job war nicht die Welt, das wußte er. Aber es

war ein Anfang. Er setzte sich ins Flugzeug, warf einen Blick auf die Themenliste im Wahlkampfmaterial und traf sich mit Meese und Michael Deaver. Deaver war ein kleiner, freundlicher Mann und Reagans bester Freund.
»Ich möchte, daß Sie zu einem Essen mit Ron und Nancy Reagan kommen.« So lud er schon bald danach seine reichen republikanischen Freunde zu einer Spendenveranstaltung ein. Wenn sie zögerten, pflegte er hinzuzufügen: »Hören Sie, Sie wollen doch nicht außen vor bleiben, oder? Dieser Knabe wird gewinnen. Dieser Knabe wird Präsident.« Casey wußte, wie man bei den New Yorker Republikanern Geld lockermachte. Stundenlang klemmte er sich ans Telefon und trommelte für Reagans Kampagne Ende 1979 eine halbe Million Dollar zusammen. Als Kandidat Reagan Anfang 1980 seinen Wahlkampfleiter John P. Sears feuerte, fragte er Casey, ob er den Job nicht übernehmen wolle.
Einen Präsidentschaftswahlkampf organisieren – dafür hatte Casey ein Leben lang gearbeitet. Politik war seine größte Liebe.
Vor Jahren, beim republikanischen Parteikonvent 1952, hatte der damals 39jährige Casey enttäuscht miterleben müssen, wie der konservative Senator Robert A. Taft im Kampf um die republikanische Präsidentschaftskandidatur von Dwight D. Eisenhower geschlagen wurde. Wenig später hatte Casey dem 26jährigen William F. Buckley jun., der als konservativer Wunderknabe mit seinem Buch *God and Man at Yale* bereits Furore machte, sein Leid geklagt. Casey und Buckley gehörten der anti-kommunistischen und anti-liberalen Bruderschaft von New York City an. Dies war ein unbedeutender Klub von vielleicht fünfzig Mitgliedern, ein Fähnlein der Aufrechten, wie Buckley zu scherzen pflegte. Casey hatte zu Buckley damals gesagt: »Wenn ich den Wahlkampf geleitet hätte, wäre Taft nominiert worden.« Noch Jahre später erinnerte sich Buckley an diese Bemerkung. So auch 1980, als Reagan bei ihm anrief und sagte: »Ich habe John Sears gefeuert und Bill Casey engagiert.« Buckley war erfreut. Seiner Ansicht nach war Casey ein aufrechter Gesinnungsgenosse, der sich nur einen unbedeutenden und verzeihlichen Fehltritt geleistet hatte, als er 1966, zwei Jahre nach Barry Goldwaters Wahldebakel, seinen ersten und Gott sei Dank auch einzigen Wahlkampf um ein öffentliches Mandat geführt hatte. Mit Unterstützung des Nelson-Rockefeller-Javits-Flügels der Partei hatte er die republikanische Kandidatur für die Kongreßwahlen im Bezirk North Shore of Long Island angestrebt. Steven B. Derounian, ein Anhänger Goldwa-

ters, wurde statt seiner nominiert, und Casey verschwand wieder hinter den Kulissen der politischen Bühne, wo er nach Meinung Buckleys und auch vieler New Yorker Republikaner hingehörte.
Als neuer Wahlkampfmanager Reagans mußte Casey herausfinden, wer Reagan den Rücken stärken konnte. Blicke, Äußerungen und eine subtile Verehrung redeten eine deutliche Sprache: Nancy. Vom Filmschauspieler James Steward stammte die Bemerkung: »Hätte Ronald Reagan Nancy als erste Frau geheiratet, hätte sie ihm zu einem Oscar verholfen.« Casey erkannte, daß Nancy Reagan wie niemand sonst die Interessen ihres Mannes zu ihren eigenen machen konnte.
Aber Casey fühlte sich während des Wahlkampfs nicht immer ganz wohl in seiner Haut. Der Grund waren die hartgesottenen Rechtsaußen. »Wir haben ein paar Spinner unter uns, und ich bin doch Mitglied im Rat für auswärtige Beziehungen«, klagte er gegenüber einem Mitstreiter. Er fügte allerdings nicht hinzu, daß man ihm anfänglich die Mitgliedschaft in diesem Gremium verweigert und ihn erst 1973 eingeladen hatte, nachdem er Unterstaatssekretär geworden war. Er war darüber äußerst erbost gewesen. Am liebsten hätte er damals die Einladung ins Klo geworfen und dem Ausschuß gesagt, er solle sich zum Teufel scheren. Er hatte dann aber doch geschwiegen und angenommen. Immerhin war es eine ganz nützliche, wenn auch protzige Referenz.
Wahlkampfhelfer und einige Reporter beschrieben Caseys Aktivitäten als ausgesprochen raumgreifend. Überall zwischen Washington und Los Angeles hinterließ er schmutzige Wäsche. Manchmal reiste er ohne Koffer. Frische Wäsche kaufte er sich dann, wenn er sie brauchte. Einmal saß Deaver bei einer Besprechung direkt neben Casey. Aus dem Körpergeruch seines Nachbarn schloß er, daß ihm keine Zeit zum Einkaufen geblieben war. Am nächsten Tag war Casey wieder frisch gewaschen und geschniegelt. Offenbar hatte ihn jemand auf seine Nachlässigkeit aufmerksam gemacht. Aber Deaver sah bald, daß Casey durch nichts zu bremsen war, wenn er eine Aufgabe hatte. Er arbeitete auch nachts und an den Wochenenden. Man konnte nicht umhin, seine Zielstrebigkeit zu bewundern.
Einen Monat vor der Wahl rief er im Hinblick auf einen möglichen Sieg Reagans ein von der Öffentlichkeit wenig beachtetes, außenpolitisches Beratergremium für die Interimszeit ins Leben, für das er siebzehn führende Experten auswählte, darunter Ex-Präsident Ford und andere hochkarätige Politiker aus dem demokratischen und republikanischen

Lager. Er selbst führte den Vorsitz und gab Studien in Auftrag. Einige Beobachter meinten, er wolle sich als möglicher neuer Außenminister profilieren. Von 1973 bis 1975 war er Unterstaatssekretär für wirtschaftliche Beziehungen im Außenministerium gewesen, bevor ihn der neue Minister Henry A. Kissinger aus dem Amt gedrängt hatte. Casey hatte bei Kissinger wohl keinen besonders nachhaltigen Eindruck hinterlassen, denn in dessen fast dreitausend Seiten starken, zweibändigen Memoiren wird er nur flüchtig erwähnt. Trotzdem holte er Kissinger in Reagans Beratergremium.

Die Gruppe entdeckte auch gleich in unmittelbarer Nachbarschaft der USA die große Herausforderung für die künftige Administration: den kommunistischen Aufstand in El Salvador. Casey erklärte den kleinen mittelamerikanischen Staat symbolisch zum wichtigsten Fleck der Erde. Sollten die Vereinigten Staaten nicht in der Lage sein, mit einer Gefahr in ihrem Hinterhof fertigzuwerden, wäre Reagans Glaubwürdigkeit in der übrigen Welt erschüttert. Casey war sprachlos, als er erfuhr, daß die CIA ihre Station in El Salvador 1973, um Geld zu sparen, geschlossen und erst 1978 wiedereröffnet hatte. Das waren fünf verlorene Jahre. Wie hatte so etwas geschehen können? Was war mit der CIA los? Ein Nachrichtendienst mußte doch in vorderster Verteidigungslinie agieren. Wie konnte er für Angriff oder Verteidigung von Nutzen sein, wenn er den Kopf in den Sand steckte?

Casey wartete ab, als Reagans Kabinettsbildung erste Konturen annahm. Für jeden Kabinettsposten gab es eine Liste von drei Namen. Seiner stand für das Außen- und das Verteidigungsministerium zur Disposition, aber es gab keinen Gesamtkoordinator. Statt dessen gab es wie im Wahlkampf eine Reihe einflußreicher Männer, von denen aber keiner das absolute Sagen hatte. Da waren Meese und das kalifornische »Küchenkabinett«, dann die ambitionierten Aufsteiger der jüngeren Generation und schließlich Reagan selbst, der wieder in seinen Wohnort Pacific Palisades zurückgekehrt war. Dann wurden Nägel mit Köpfen gemacht. Alles ging furchtbar schnell. Reagan entschied sich endgültig für George Shultz, ein früheres Kabinettsmitglied unter Nixon und Ford (Arbeitsminister, Office of Management and Budget Director, Schatzminister), als Außenminister. Offenbar in der festen Meinung, Shultz sei im Bilde, rief Reagan seinen Favoriten an. Es war aber so, daß Shultz gehört hatte, er stehe auf der Kandidatenliste für das Schatzministerium.

»Ich möchte Sie in meinem Kabinett haben«, sagte der zukünftige Präsident zu Shultz, ahnungslos, daß dieser ihn mißverstehen könnte. Shultz, im Glauben, es handle sich um das Schatzministerium, lehnte auf der Stelle ab.
Deaver, der im selben Raum war, als Reagan telefonierte, begriff erst Monate später, was da vor sich gegangen war. Das Außenministerium hätte Shultz mit Sicherheit angenommen.
Reagans zweite Wahl war Alexander M. Haig jun. Er avancierte jetzt zum heißen Anwärter auf den Posten des Außenministers, zudem war er Nancy Reagans Günstling. Sie fand, Haig habe Star-Qualitäten und militärischen Pep, er sei ein gutaussehender, eindrucksvoller Mann, dazu charmant und liebenswürdig, mit einem Wort: eine Führerpersönlichkeit. Es zeichnete sich jetzt immer klarer ab, daß Reagans Wissenslücken in der Außenpolitik nicht durch Caseys außenpolitisches Beratergremium geschlossen werden konnten. Haig konnte alles bieten. Er war Vier-Sterne-General und Oberkommandierender der Natotruppen in Europa gewesen und hatte als Kissingers Chefassistent und Nixons Stabschef Erfahrungen im Weißen Haus gesammelt.
»Ich werde nicht Außenminister«, berichtete Casey einem Freund. »Wir haben alle Haig unterstützt. Wir brauchen sein Prestige.«
Caspar Weinberger, ein alter Freund Reagans aus Kalifornien, landete auf dem Stuhl des Verteidigungsministers.
Casey kehrte mißgelaunt nach New York zurück, um sein gewohntes Leben wieder aufzunehmen, nur war das nicht annähernd so aufregend wie das, was in Washington und Kalifornien vor sich ging, wo man das restliche Kabinett zusammenstellte. Er setzte sich mit Meese in Verbindung und deutete an, daß er gerne mit ins Kabinett einziehen würde. Allerdings waren nicht mehr viele Posten vakant. Der Posten des DCI hätte sich angeboten, doch das war kein Kabinettsposten. Meese merkte, daß Casey verletzt war, und schlug vor, den Posten des CIA-Direktors in den Kabinettsrang zu erheben. Damit war das letzte Wort noch nicht gesprochen.
Zu Deaver sagte Meese: »Bill Casey will die Leitung der CIA.«
»Meiner Meinung nach wäre das ein Fehler«, antwortete Deaver. »Wir können einen solchen Job nicht einem politischen Redenschreiber anvertrauen.«
Meese machte ihm klar, daß der Handel schon so gut wie perfekt sei. Casey sei ein guter Mann, er kenne den Nachrichtendienst und ihm stehe

ein Spitzenposten zu, wenn er das wünsche. Deaver sagte nichts mehr dazu. Meese ging zu Reagan und schlug vor, Casey zum CIA-Chef zu machen und den Posten des DCI in den Kabinettsrang zu erheben. »Einverstanden«, sagte Reagan. Mehr hatte er mit der Sache nicht zu tun, außer Casey anzurufen, um ihm das Angebot anzutragen. Caseys Antwort war kühl. Er sagte dem neuen Präsidenten, er wolle es sich durch den Kopf gehen lassen und mit seiner Frau Sophia darüber sprechen. »In Ordnung«, antwortete Reagan geduldig. Später erzählte er, er sei ziemlich verblüfft gewesen. Er habe angenommen, alles sei abgesprochen. Wollte Casey den Posten nun haben, oder wollte er ihn nicht?

Am Tag nach der Unterredung mit Turner flog Reagan nach Kalifornien zurück. Wer nun tatsächlich auf dem Stuhl des CIA-Direktors Platz nehmen würde, war in dieser Phase der Übergangszeit ein reines Lotteriespiel. Niemand war sich dessen mehr bewußt als Reagans konservative Freunde in Kalifornien und anderswo. Nicht zuletzt deshalb hatten sie für Reagan ein Treffen mit einem wichtigen ausländischen Gast arrangiert: mit Oberst Alexandre de Marenches, dem Kopf des französischen Gegenstücks zur CIA, dem SDECE (Service de Documentation d'Étude et de Contre-Espionnage). Marenches war in den konservativen Kreisen Europas eine bekannte Persönlichkeit. Er war groß, Schnurbartträger, blaublütig und mit einer amerikanischen Frau verheiratet. Bereits seit zehn Jahren leitete er den SDECE, der auch unter dem Namen »Piscine« (Schwimmbad) bekannt ist. Der Grund ist so einleuchtend wie banal: Das Hauptquartier befindet sich in der Nähe des Freibads von Tourelles, am Rande von Paris. Der SDECE hatte von Zeit zu Zeit kräftig in der französischen Innenpolitik mitgemischt. In Marenches Büro hing eine Weltkarte. Der kommunistische Machtbereich war darauf rot gefärbt. Offiziellen Besuchern drückte der Franzose eine kleine Ausführung dieser Karte in die Hand. Vor einigen Jahren hatte er anläßlich eines offiziellen Arbeitstreffens der beiden Geheimdienst-Bosse auch Admiral Turner mit einem Exemplar bedacht.
Anläßlich seiner Reise nach Kalifornien hatte Marenches mehr zu bieten als nur eine bunte Weltkarte. Für den französischen Beamten war Spionage ein sehr ernstzunehmendes Geschäft, bei dem man große Risiken eingehen mußte, wenn es sich lohnen sollte. Von der Praxis der CIA, ihre Agenten im Ausland als Angehörige der US-Botschaften zu

tarnen, hielt er nicht viel. Der Chef der CIA-Station und seine wichtigsten Mitarbeiter – oft ausnahmslos CIA-Angehörige – waren auf diese Weise leicht zu identifizieren. Unter solchen Voraussetzungen noch an Spionageaktivitäten zu denken, war in Marenches Augen eine Farce. Es sei zwar schwieriger, aber weitaus effektiver, als Vertreter einer Flugzeugfirma oder einfach als Privatmann zu spionieren. Wirkliche Spionage erfordere totale Anonymität, und die herzustellen sei ein sehr schwieriges Unterfangen. Europäische Nachrichtendienste tarnten ihre Agenten gelegentlich als Journalisten, warum nicht die Amerikaner? Anscheinend sei ihnen Pressefreiheit wichtiger als ihre nationale Sicherheit. Nein, Spione, die als Diplomaten auftraten, machten sich selbst etwas vor.

Marenches sprach mit dem Präsidenten über gemeinsame konservative Grundanschauungen, über die kommunistische Bedrohung und die Gefahr einer Unterlegenheit auf militärischem und nachrichtendienstlichem Gebiet. Aber seine Ausführungen blieben sehr allgemein.

»Worauf wollen Sie eigentlich hinaus? Wollen Sie mir nicht auch einen Rat geben?« fragte der Präsident. »Alle Welt gibt mir Ratschläge.«

»Ich kann Ihnen nur etwas über gewisse Leute erzählen«, antwortete Marenches (er sprach perfekt Englisch; seiner Ansicht nach waren Fremdsprachenkenntnisse für jeden Geheimdienstler ein unbedingtes Muß). Er könne ihm, dem zukünftigen Präsidenten, nur sagen, mit welchen Leuten er sich treffen sollte und mit welchen nicht.

»Und wen soll ich treffen?«

Marenches nannte den sowjetischen Schriftsteller Alexander Solschenizyn. Der kenne die Übel des Sowjetkommunismus. Ferner solle er sich mit Jonas Savimbi treffen, der in Angola, der Schlüsselregion Südwest-Afrikas, als Rebellenführer das kommunistische Regime bekämpfe. Ursprünglich hatten die USA Savimbi über CIA-Kanäle heimlich unterstützt, die Hilfeleistungen waren aber ausgesetzt worden, nachdem der Kongreß 1976 das sogenannte Clark-Amendement verabschiedet hatte, das geheime Aktivitäten in Angola verbot.

»Wenn Sie etwas über die Hölle erfahren wollen, müssen Sie mit Leuten reden, die dort waren«, erklärte der französische Geheimdienstchef.

»Und wem sollte ich besser aus dem Weg gehen?« fragte Reagan.

»Vielen«, antwortete Marenches. »Aber ich will Ihnen nur einen Namen nennen, der für viele steht: Armand Hammer.« Hammer war Präsident der Occidental Petroleum, langjähriger Freund vieler hoher Sowjetfunktionäre und als solcher eine Symbolfigur der Entspannung.

»Komisch«, so Reagan, »ich sehe ihn aber oft. Jedesmal, wenn ich zum Friseur gehe, ist er auch dort.«
»Verstehen Sie jetzt, was ich meine?« sagte Marenches.
In der Tat: Hammer hatte in Drucker's Friseursalon in Beverly Hills eine Art Abonnement. Immer, wenn sich Reagan zum Haareschneiden anmeldete, sollte man ihm den Nachbarsessel reservieren.*
Marenches äußerte noch einen weiteren Gedanken: »Verlassen Sie sich nicht auf die CIA. Diese Leute sind nicht mit dem nötigen Ernst bei der Sache.« Der Chef des französischen Nachrichtendienstes wollte damit nun nicht etwa andeuten, daß sich bei der CIA ein »Maulwurf« eingenistet habe, die Sicherheitsvorkehrungen zu lasch seien oder Informationen an die Presse durchsickerten. Worauf er anspielte, war mangelnde Entschlossenheit.
Reagan wiederholte Marenches Warnung »Verlassen Sie sich nicht auf die CIA« vor George Bush, der von 1976 bis 1977 einst selbst Direktor der CIA gewesen war. Bush hielt das für dummes Geschwätz. Und trotzdem: Reagan war offensichtlich nachhaltig beeindruckt. Bush hatte schon gegenüber einem seiner Freunde von der CIA die Ansicht vertreten, daß es in Anbetracht des delegierenden Führungsstils Reagans und seiner Unkenntnis in nachrichtendienstlichen Fragen wichtig sei, ihm einen CIA-Direktor an die Seite zu stellen, dem er sich eng verbunden fühle, jemanden, dem er rückhaltlos vertrauen könne, besonders was dessen Entschlossenheit angehe. Jetzt, nach Marenches Warnung, sei das doppelt wichtig.

In einem kleinen, bescheidenen Büro im vierten Stock eines Hauses an der K Street, im Herzen Washingtons, registrierte ein hagerer, trotz seines Alters guterhaltener Mann mit würdevollem Auftreten und geschliffenen Manieren Reagans Sieg mit lebhaftem, sachlichem Interesse. Er blinzelte – bei ihm ein untrügliches Zeichen dafür, daß er nachdachte. Und wenn er nachdachte, machte er seine Sache gründlich. Er trug einen tadellos gebügelten dunklen Anzug, dazu das obligatorische Einstecktuch, schwarze Socken mit altmodischen Sockenhaltern und gepflegte, aber nicht übertrieben auf Hochglanz polierte Schuhe. Sein graues Haar war mit Pomade aus Großvaters Zeiten nach hinten gekämmt. Offenbar hatte er sie nicht dick genug aufgetragen, denn einige Strähnen kräuselten sich über seinem Kragen.
Alles im Büro war an dem Platz, an den es hingehörte. Auf dem Schild an

der Tür stand »Safeer Company«, der Name seiner internationalen Beraterfirma. »Safeer« war das persische Wort für »Botschafter«. Der Mann war von 1973 bis 1976 Botschafter der Vereinigten Staaten im Iran gewesen. Auf einen Fremden, der mit seinen Eigenheiten nicht vertraut war, mochte er vielleicht nervös wirken. Doch wer ihn kannte, wußte, daß diese Nervostität nur Ausdruck höchster Aufmerksamkeit war. Er hatte alle seine Sinne beisammen, wenn er telefonierte oder beim Lunch mit alten Freunden lange Gespräche führte, wenn er das Für und Wider neuer Argumente abwog oder die Zeitungen studierte, was er sehr gründlich tat. Er las auch die Meldungen aus aller Welt, gleichgültig, ob es sich um einen Artikel über den neuen griechischen Verteidigungsminister handelte, über eine Abstimmung im norwegischen Parlament oder den japanischen Handelsüberschuß. Er war ein Nachrichtendiensler, momentan zwar ohne Anstellung, aber ein Nachrichtendiensler aus Leidenschaft, ein passionierter Sammler von Informationen.
Richard Helms, Symbolfigur des Ausharrens und personifizierter Widerspruch der CIA und schon zu Lebzeiten eine Legende, gebrauchte seinen analytischen Verstand, um herauszufinden, wie es weitergehen würde. Wen würde Reagan zum CIA-Direktor machen? Helms' persönliche Bindungen, alles, was er liebte und woran er glaubte, ja sein ganzes bisheriges Leben war eins mit der Arbeit im Nachrichtendienst. Im Zweiten Weltkrieg hatte er beim OSS gedient; als dann 1947 die CIA gegründet wurde, war er ein Mann der ersten Stunde; nach dem Unternehmen »Schweinebucht« hatte er als stellvertretender Direktor die Abteilung für geheime Operationen übernommen; damals hieß diese Unterabteilung noch Directorate for Plans (Planungsdirektorium). Schließlich war er zur Zeit des Vietnamkriegs von 1966 bis 1973 CIA-Direktor gewesen. Er hatte in dieser Position also weder den Beginn noch das Ende des Kriegs erlebt, sondern die zermürbenden Jahre dazwischen. In seine Amtszeit fielen auch die Anfänge der Watergate-Affäre. Ihr Ende hatte er allerdings nur aus der Ferne verfolgen können: Nixon hatte ihn vorher als Botschafter in den Iran abgeschoben.
Jetzt, 1980, stand die CIA wieder an einem Wendepunkt. Wieder gab es einen neuen Präsidenten, der sie unter Druck setzen, rehabilitieren oder erneut demütigen würde, je nachdem. Helms' Kandidat war Bill Casey. Casey war ein Garant der Tradition. Helms hatte ihn vor 35 Jahren in London kennengelernt, als beide für das OSS arbeiteten. Als Helms dort 1945 eintraf, wurde er Casey zugeteilt, hatte aber keine Wohnung. »Hell,

kommen Sie doch zu uns«, hatte Casey vorgeschlagen und ihm angeboten, das Appartement in der Grosvenor Street mit ihm zu teilen. Dieses »Hell, kommen Sie doch zu uns« war in Helms' Augen typisch für Caseys Art: er löste Probleme ohne viele Umschweife, war herzlich, freundlich und entgegenkommend, er haßte Förmlichkeiten, war unkompliziert und pfiff auf Konventionen. Seit den Kriegsjahren hatten sie sich zwar nur selten gesehen, weil sie beide zu beschäftigt gewesen waren, doch Helms war überzeugt, daß Casey aufgrund seiner OSS-Vergangenheit die nötigen Voraussetzungen für die Arbeit im Nachrichtendienst mitbrachte. Sie waren beide von den Briten ausgebildet worden, und CIA-Tradition war im Grunde beste britische Tradition. Der Geheimdienst und der verschwiegene Dienst. Wie hatte Helms immer gesagt: »Wir sind eine verschwiegene Behörde, und Verschwiegenheit beginnt bei uns selbst.« Ein Mann wie Casey konnte nachfühlen, daß Helms und seine Nachfolger über die Enthüllungen während der Untersuchungen unter Church, Pike und Rockefeller schockiert gewesen waren und sie als Verrat empfunden hatten. Helms sah nicht ein, weshalb es notwendig sein sollte, Geheimnisse auszuplaudern und Berge von Akten in den Kongreß zu schaffen, wie man es damals verlangt hatte. Es gab Zeiten, da hatte niemand bei der CIA daran gedacht, ein Buch zu schreiben. In den vergangenen zehn Jahren waren gleich mehrere erschienen. Für Helms eine fast unbegreifliche Tatsache.

Wer bei einem Nachrichtendienst wie der CIA beschäftigt war, wußte um die Risiken, die eine solche Arbeit mit sich brachte. Aber niemand hatte im Traum damit gerechnet, daß ihm von der eigenen Regierung Gefahr drohte, daß sich die eigene Regierung gegen ihn stellen könnte. Wegen der Ermittlungen gegen seine Person hatte Helms mehrmals aus dem Iran in die Staaten fliegen müssen. Auf den harten Sitzen im Flugzeug hatte er sich fast den Hintern wund gescheuert. Das Ganze war jetzt drei Jahre her. Damals hatte er, ohne etwas zu seiner Verteidigung vorzubringen, in der Strafsache 77-650 – die Vereinigten Staaten von Amerika gegen Richard M. Helms – ein Schuldeingeständnis abgegeben. Die Anklage hatte ihm ein geringfügiges Delikt vorgeworfen, nämlich einem Senatsausschuß über die CIA-Aktivitäten in Chile unter Präsident Nixon nicht »vollständig und ausführlich« Bericht erstattet zu haben. Das Urteil lautete auf zweitausend Dollar Geldstrafe und zwei Jahre Gefängnis mit Bewährung. Außerdem hielt ihm der Richter eine Gardinenpredigt und bezichtigte ihn vor dem Publikum im Gerichtssaal der »Ehrlosigkeit«.

Helms' Anwalt, Edward Bennett Williams, konterte vor der Presse, sein Klient »werde die Strafe wie ein Ehrenabzeichen, wie ein Banner tragen«. Genau das hatte Helms auch versucht. Immerhin gab es noch Leute, die sich ihren eigenen Reim auf die Sache machten und die Anschuldigungen gegen ihn für ungerechtfertigt hielten. Was hatte er denn getan? Er hatte versucht, ein Geheimnis zu hüten, das nicht für unberufene Ohren bestimmt war: eine durch den Präsidenten der Vereinigten Staaten angeordnete geheime Operation. Das Kriterium, nach dem Informationen über brisante Operationen an Dritte weitergegeben wurden, war immer gewesen, ob derjenige, der eingeweiht werden sollte, dieser Informationen auch wirklich bedurfte, um seine Arbeit zu erfüllen. Nur Informationsbedarf war ausschlaggebend gewesen. Oft brauchten auch der Präsident oder der DCI nähere Einzelheiten wie etwa die Namen von Informanten oder die eingesetzte Technologie nicht zu kennen. Den Fragen über Chile auszuweichen, wie er es damals getan hatte, war ein Gebot des gesunden Menschenverstands gewesen.

Die Erinnerung an sein Schuldeingeständnis schmerzte ihn noch immer. Es war ein Fleck auf seiner Weste, trotz der breiten Unterstützung, die er genossen hatte. Nach dem Urteil war er im Kenwood Country Club in Bethesda, Maryland, von 400 ehemaligen Beamten des Nachrichtendienstes mit stehenden Ovationen gefeiert worden. Zwei Papierkörbe wurden für ihn mit Bargeld und Schecks gefüllt, damit sollte er die Geldstrafe bezahlen. Aber noch immer war unklar, welche Folgen diese Geschichte zeitigen würde. Der Konflikt war vorprogrammiert: Auf der einen Seite der Beamte, der sich durch sein Gelöbnis zur Geheimhaltung verpflichtete, auf der anderen Seite der Kongreß, der sich einmischte und auf der Suche nach Geheimnissen in CIA-Angelegenheiten herumstocherte. Wie würden die neuen Spielregeln aussehen? Würden sie wichtige Geheimnisse gefährden?

Casey war ein ausgebuffter Wallstreet-Geschäftsmann, ein zäher New Yorker, und New York war in Helms' Augen ein mieses, gottverlassenes Pflaster. Entweder man brachte es zu was, oder man ging unter. Und Casey hatte es zu etwas gebracht. Casey war kein zimperlicher Bursche. Ein Schwächling könnte sich als DCI nicht lange halten. Helms hatte bei der Geschichte in der Schweinebucht von den Kennedys gelernt. Die Kennedys wollten Ergebnisse. Sie wollten Castro loswerden, am liebsten wollten sie ihn tot, obgleich sie das nie direkt

sagten. Wenn Helms, der damals geheime Operationen ankurbelte, geantwortet hätte, »es« sei nicht zu machen, wäre er seinen Job los gewesen.
Doch Spionage wurde heute anders betrieben als zur Zeit des Zweiten Weltkriegs. Casey würde viel lernen müssen. Zum Beispiel, was Satellitenaufklärung ist. Helms hatte es einmal auf den Punkt gebracht: »Wenn wir jemanden ausspionieren, gucken wir ihm nicht mehr in den Arsch, sondern aufs Dach.«
Helms war klug genug, den Mund zu halten. Weder indirekt noch hinter den Kulissen ließ er ein Wort zugunsten seines alten Kameraden fallen. Möglicherweise hätte er Caseys Chancen damit nur geschadet. Ganz bestimmt hätte er ihm damit keinen Gefallen getan. Er tat also, was er seit vielen Jahren so vortrefflich praktizierte: er schwieg.

Senator Barry Goldwater, das mürrische Gewissen der Republikanischen Partei, war aus Freude über Reagans Sieg fast aus dem Häuschen. Goldwater fühlte sich Reagan besonders verbunden. Reagans politische Karriere hatte 1964 mit einer bewegenden, halbstündigen Rede begonnen, die landesweit im Fernsehen ausgestrahlt worden war und in der er die Regierung attackiert und sich für den Präsidentschaftskandidaten Goldwater stark gemacht hatte. Die Präsidentschaftswahlen von 1980 waren für Goldwater eine späte Genugtuung, wie er sie sich nicht schöner hätte wünschen können. Ihm war, als ziehe sein jüngerer Bruder ins Weiße Haus ein. Und mit Reagans Erdrutschsieg hatten die Republikaner endlich auch den Senat unter Kontrolle, was Goldwaters politische Welt in ein noch rosigeres Licht tauchte.
War Goldwater in den Jahren unter Carter und Turner nur stellvertretender Vorsitzender im Senate Intelligence Committee (Senatsausschuß für den Nachrichtendienst) gewesen, so übernahm er jetzt, als 71jähriger, den Vorsitz in diesem Gremium, das als neues Machtinstrument aus den Untersuchungsverfahren der 70er Jahre hervorgegangen war. Als Mitglied des Church-Ausschusses, der in den Jahren 1975 und 1976 die Aktivitäten der CIA unter die Lupe genommen hatte, hatte er sich rundweg geweigert, den Abschlußbericht zu unterzeichnen, weil er den Ton, der darin angeschlagen wurde, unerträglich selbstgerecht und moralisierend fand. Seiner Ansicht nach hatte man die CIA unnötig mit Dreck beworfen.
Jetzt war der historische Moment da, das einzig Richtige zu tun, nämlich

keine Kompromisse mehr einzugehen. Goldwater, dieser stets braungebrannte, gepflegte Mann, dessen Auftreten Respekt einflößte, bekam wieder Oberwasser. Trotz einiger Probleme mit den Hüften wirbelte er mit frischem Elan herum, und seine Stimme verriet neuen Tatendrang. Auch ihm schwebte eine Lösung vor: Man brauchte einen absolut vertrauenswürdigen Mann für die CIA. Dann sollte man ihm seine Geheimnisse lassen, und der Kongreß sollte verdammt noch mal seine Nase nicht mehr in die Angelegenheiten des Nachrichtendienstes stecken.

Einer der ersten Schritte Goldwaters in seiner Eigenschaft als neuer Vorsitzender des Intelligence Committee war, seinen besten Freund, den ehemaligen Generalleutnant der US-Army, William W. Quinn, als unbesoldeten Berater in den Ausschuß zu hieven. Quinn hatte 1933 die Militärakademie West Point absolviert, als Nachrichtendienstoffizier im Zweiten Weltkrieg gedient und war dann als erster Deputy Director der Defense Intelligence Agency (Stellvertretender Direktor beim Verteidigungsnachrichtendienst) geworden. Ein jovialer Mann, aber auch ein Mann mit eisernen Prinzipien. Er war ein Freund der Familie und Trinkkumpan Goldwaters, dessen Frau Washington haßte und oft nicht zu Hause war. Zweimal die Woche traf sich Goldwater mit Quinn und dessen Frau Bette zum Cocktail oder zum Abendessen, und regelmäßig verbrachte er das Wochenende auf ihrem Landsitz an der Ostküste in Maryland.

Quinn hatte im US-Nachrichtendienst eine wichtige, wenn auch unauffällige Rolle gespielt. Nach dem Krieg war ihm – damals noch Oberstleutnant – die Leitung des Strategic Services Unit (SSU) übertragen worden, dessen Aufgabe darin bestanden hatte, die Operationen des OSS einzufrieren. Goldwater war voller Bewunderung über die Art, wie Quinn 1946 in den Kongreß marschiert war, wegen seines kümmerlichen Budgets um die Anberaumung einer geschlossenen Ausschußsitzung bat und dabei zusätzliche 8 Millionen lockermachte, ungebundene Gelder, mit denen er seine geheimen Informanten bezahlen konnte. Weil er wußte, wie gerne sich Parlamentarier Geheimnisse zuflüstern lassen, machte er dem Ausschuß ein paar Andeutungen bezüglich seiner Informanten. Da war zunächst ein Dienstmädchen im russischen Hauptquartier in Berlin, das Informationen von größtem Interesse aus Papierkörben fischte. Nummer zwei war Telegraphist in einer Botschaft eines anderen wichtigen Landes. Er verhalf den USA zur Lektüre aller Mel-

dungen, die durch seine Hände gingen. Ein dritter, wieder in einer anderen Botschaft, hatte 10 000 Dollar bekommen für den Einsatzplan der sowjetischen Baltikumflotte.
Die geschlossene Sitzung hatte zwanzig Minuten gedauert, und Quinn hatte die 8 Millionen dafür verwendet, den Kern der Agenten und Informanten für die CIA warmzuhalten, die 1947 gebildet werden sollte.
Als die Zeitungen meldeten, Casey werde neuer DCI, war Goldwater mit dieser Entscheidung nicht einverstanden, denn er hatte seinen eigenen Kandidaten. »Bobby«, sagte er zu Quinn, »Bobby muß es werden.« Gemeint war Admiral Bobby Ray Inman, der in den vier vorausgegangenen Jahren unter Carter die National Security Agency (NSA, Nationale Sicherheitsbehörde) geleitet hatte. Die NSA war von allen Nachrichtendiensten der größte und geheimste. Sie verfügte über einen Etat, der den der CIA um ein Mehrfaches überstieg. Das riesige Hauptquartier in Ford George Meade in den Randbezirken Marylands betrieb weltweit Horchposten zu Land und auf Satelliten, die die Erde umkreisten. Die NSA knackte die Kodes von Freund und Feind und war technologisch immer auf dem neuesten Stand. Sie beschäftigte keine »menschlichen« Spione und hatte die CIA-Untersuchungen relativ ungeschoren überstanden.
In Goldwaters Augen war Inman ein Genie auf dem Gebiet nachrichtendienstlicher Arbeit, ein Mann, der sich auf Wissenschaft und Politik ebenso gut verstand wie auf Menschen. Außerdem war er ein geschickter Diplomat im Umgang mit den Kongreßabgeordneten.
In den 28 Jahren bei der Marine hatte er sich durch die Offiziersränge bis zum Drei-Sterne-Admiral hochgedient. Er war der einzige Nachrichtenspezialist, der es jemals bis zum Stellvertreter und Assistenten des Vize-Chefs der Naval Operations brachte (1972–1973) – eine Position, die normalerweise mit Offizieren zur See besetzt wird. Von 1974 bis 1976 war er Direktor der Naval Intelligence (Marinenachrichtendienst), dann, von 1976 bis 1977, die Nummer Zwei der Defense Intelligence Agency des Pentagons, schließlich wurde er Chef der NSA. Inman kannte das Nachrichtendienst-Geschäft aus dem Effeff. Wie kein zweiter wußte er über alles Bescheid, kannte die neuesten Spionagesatelliten und wußte, welche bürokratischen Hebel man ansetzen mußte, um ein neues Projekt ins Rollen zu bringen. Er hatte ein fabelhaftes Gedächtnis und war zudem einer der wenigen Beamten des Nachrichtendienstes, die Journalisten im Gespräch davon überzeugen konnten, eine Story in den Papier-

korb zu werfen, die den Nachrichtendienst unter Umständen in Mißkredit gebracht hätte. Alle wichtigen Kontakte zum Kongreß hatte er sorgsam gepflegt. Goldwater konnte sich nicht erinnern, daß Inman jemals versäumt hätte, einen Anruf zu beantworten, oder daß er in den wenigen Fällen, wo er zunächst am Ende seines Lateins schien, nicht doch noch eine Lösung gefunden hätte.
Goldwater beriet sich mit Quinn über Inman. Er wollte ganz sichergehen, daß er Inman den Job sichern konnte. »Ich werde darauf bestehen. Die Sicherheit des Landes sollte Vorrang haben vor der Politik. Bobby ist Amtsträger und politisch neutral. Er ist ein pflichtbewußter Seemann, der einzig richtige Mann für den Job.«
Quinn mochte Goldwater und hätte ihm freimütig seine Meinung gesagt, wenn er sich auf dem Holzweg befunden hätte. Doch was Inman anging, waren sie derselben Ansicht. »Ich werde wegen dieser Sache mit dem Häuptling reden«, sagte Goldwater.
Für Goldwater war es ein leichtes, bis zum neuen Präsidenten vorzudringen. Er setzte ihm seine uneingeschränkte Begeisterung für Inman auseinander. Der fähigste Mann weit und breit, sagte er, ein Mann von ganz besonderem Kaliber. Reagan hörte zu, schien aber wenig angetan. Goldwater schwärmte in den höchsten Tönen, versuchte klarzumachen, daß die neue Administration mit Inman als DCI den Kongreß fest im Griff hätte.
Reagan antwortete, ein Außenstehender sei ihm lieber, und daß es Casey sein würde.
Vielleicht, deutete Goldwater an, sei das eine Ernennung, die man ihm schuldig sei?
Jovial und bemüht, eine Konfrontation zu vermeiden, überging Reagan diesen Punkt. »Sie werden Casey bekommen.«
Goldwater suchte erneut seinen Freund Quinn auf.
»Barry«, sagte Quinn, »unterschätzen Sie Bill Casey nicht. Der ist auch nicht von gestern.«
Goldwater hatte schon so manche herbe Enttäuschung in der Politik erlebt. Gut, in diesem Fall war es nur eine kleinere, aber die Gründe dafür leuchteten ihm nicht ein, und er war verärgert.
Quinn sagte ihm, Casey habe sich immer für den Nachrichtendienst stark gemacht, seine Kontakte gepflegt, öfter mal vorbeigeschaut und die Defense Intelligence Agency während ihrer Entstehungsjahre in den frühen 60er Jahren vorangebracht. 1964 habe er maßgeblich dazu beige-

tragen, daß ihm, Quinn, der William-J.-Donovan-Preis zuerkannt wurde (der seinen Namen dem Begründer des OSS und Vater der amerikanischen Nachrichtendienste verdankt).
Goldwaters Laune wurde dadurch nicht besser.
Quinn sagte, Casey bringe alles mit, was man von einem Beamten des Nachrichtendienstes erwarten müsse: Sinn für die diffizile Kunst der Nachrichtenbeschaffung, das Wissen um die Macht von Fakten und Informationen, Pflichtbewußtsein und Engagement. Und er sei geradezu fasziniert von geheimen Machenschaften.»Er hat eine Schwäche für das Mysteriöse. Er liebt Verschwörungen und ein wenig auch das Intrigieren.«
»Das werden sie ihm schon austreiben«, sagte Goldwater.

Inman verfolgte das Hin und Her der ersten Phase der Interimsszeit vom anderen Ende der Welt, und zwar von einem Horchposten der NSA in Neuseeland. Er genoß die Vorstellung, eventuell Reagans DCI zu werden, wohl wissend, daß er in Goldwater einen einflußreichen Fürsprecher hatte. Nach außen hin wirkte er gelassen und harmlos, aber hinter dieser Fassade verbarg sich ein ruheloser und ehrgeiziger Charakter voller Leidenschaft.
Jeden Morgen, die Sonntage ausgenommen, stand er um 4 Uhr auf. In den frühen Morgenstunden konnte er gründlich nachdenken und lesen, ohne gestört zu werden. Das A und O guter Nachrichtendienstarbeit war, Kommendes vorherzusehen. Natürlich war es unmöglich, alles vorauszuberechnen, aber man mußte sich auf dem laufenden halten und auf alles gefaßt sein, selbst in Neuseeland.
Die NSA war wie eine Insel. Obwohl sie im Grunde eine militärische Einrichtung und als solche Teil des Verteidigungsministeriums war, hatte sie auch Verpflichtungen gegenüber dem DCI, zu dessen Aufgaben es gehörte, die Budgets, Prioritäten und Zielsetzungen der Nachrichtendienste miteinander zu koordinieren. Weil die NSA dabei stiefmütterlich behandelt wurde, fühlte sich Inman dazu berufen, eine Brücke zu schlagen zwischen ihr und dem Rest der Welt. Er bearbeitete das Weiße Haus, den Kongreß, das Pentagon und die Medien im Stil eines Lobbyisten – er ging überall aus und ein und empfing bei sich Vertreter der verschiedenen Behörden.
Durch seine Verbindungen zu einflußreichen Leuten der Carter-Administration war es Inman gelungen, Turner aus den Angelegenheiten der

NSA herauszuhalten. Er hatte dafür gesorgt, daß der Nationale Sicherheitsberater Brzezinski regelmäßig seine heißgeliebten Abschriften von abgefangenen Meldungen auf den Tisch bekam, aber gleichzeitig war er davon überzeugt, daß die NSA im Verteidigungsministerium verbleiben mußte. Nur dann war sichergestellt, daß sie das Hauptgewicht ihrer Aktivitäten auch weiterhin auf die Beschaffung militärischer Informationen legen und damit in puncto Frühwarnung und Kriegsverhinderung eine Schlüsselrolle spielen konnte.

Inman befand sich gerade wieder in Neuseeland, als ihn ein Anruf von J. William Middendorf II erreichte. Middendorf war zu der Zeit Marineminister gewesen, als Inman den Marinenachrichtendienst geleitet hatte. Jetzt war er Chef von Reagans CIA-Übergangsteam.

Wahrscheinlich werde Casey neuer DCI, sagte Middendorf. Allerdings sei noch nichts offiziell, und aus Middendorfs Stimme klang eine gewisse Unsicherheit. Dann kam er auf den eigentlichen Grund seines Anrufes zu sprechen: Ob Inman nicht Lust habe, DDCI zu werden, das heißt stellvertretender Direktor und Nummer 2 der CIA, sozusagen das Alter ego der Nachrichtendienste.

Inman antwortete, er habe kein Interesse. Nächsten Sommer werde er seinen Abschied nehmen, und als Nachrichtenspezialist sei er mit seinen drei Sternen an der Spitze der Karriereleiter angelangt.

Dieses Nein fiel ihm leicht. Stellvertreter, das war nicht genug. Die Reagan-Administration war in seinen Augen die unausweichliche Antwort auf die Carter-Ära. Carter machte sich vielleicht zu viele Illusionen über die Sowjets, und Reagan zuwenig. Keiner der beiden hatte das richtige Augenmaß, das Inman sich gewünscht hätte.

Einige Tage später – Inman war wieder in Washington – wiederholte Middendorf sein Angebot. Dankend lehnte Inman ein zweites Mal ab. Er sei bald fünfzig, und in diesem Alter habe er immer noch die Chance, eine neue Karriere zu beginnen. Vielleicht werde er Geschäfte machen und damit Geld verdienen.

Helms hörte, daß Inman im Gespräch war, und wollte sich selbst ein Bild von dem Mann machen. Er kannte Inman kaum, da er schon 1973 die CIA verlassen hatte, also ein Jahr bevor Inman die Leitung des Marinenachrichtendienstes übernommen hatte. Er bat Jack Maury, einen ehemaligen Sowjetspezialisten der CIA, ein Essen zu arrangieren. Maury war ein allseits beliebter und stets vergnügter CIA-Veteran aus alteinge-

sessener Familie in Virginia. Er hatte 28 Jahre bei der CIA verbracht, davon die letzten sechs Jahre als Helms' Verbindungsmann zum Kongreß. Danach hatten die Untersuchungen eingesetzt.
Inman hatte das Gefühl, ein Eliteklub werbe um seine Mitgliedschaft: der Klub der Geheimagenten und Praktiker. Leute, in deren Gesellschaft er sich nie sonderlich wohlgefühlt hatte. Zwischen CIA und NSA herrschte Dauerfehde – Mensch kontra Maschine, waghalsige Aktionen auf der einen gegen systematische Methoden auf der anderen Seite, James Bond als Gegenspieler des Büroangestellten mit Nickelbrille, der Kodes knackte. Um so ungewöhnlicher, daß sie ihn jetzt fast hofierten, nur um seine Meinung zu hören.
Beim Lunch wurde deutlich, daß Inman und Helms in einem vorrangigen Punkt übereinstimmten, was die zukünftige Arbeit der Nachrichtendienste anbelangte. Fehler seien gemacht worden, einige auch unter Helms' Führung, weil man es versäumt habe, den Präsidenten oder den Kongreß zu warnen, wenn sich Unannehmlichkeiten zusammenbrauten. Frühzeitig warnen und Überraschungen vorbeugen, darauf kam es an, darin stimmten sie überein. (»Davon hängt alles ab, darauf baut alles auf«, sagte Helms einmal mit geölter Stimme, wobei er mit seinen schlanken Fingern wippte, um seinen Worten Nachdruck zu verleihen.) Es sei nun einmal ein Faktum, daß Präsident und Kongreß immer dann an der Seite von CIA und NSA marschierten, wenn man sie frühzeitig warnte, selbst dann, wenn etwas vermasselt worden war.
Helms verabschiedete sich in der Überzeugung, Inman sei ein heller Kopf. Ein Mann mit solch vernünftigen Ansichten wäre für Reagans Geheimdienst-Mannschaft ein Gewinn.
Inman sah mehr potentiellen Konfliktstoff. So sollte Richard Allen Nationaler Sicherheitsberater werden, sprich den Posten übernehmen, den Kissinger und Brzezinski innegehabt hatten. Doch Allen war ein zutiefst mißtrauischer Erzkonservativer, der in privatem Kreis die NSA und Inman beschuldigt hatte, während der Interimszeit seine Telefongespräche abgehört und Carters Weißem Haus zugespielt zu haben. Dieser Vorwurf war unerhört und an den Haaren herbeigezogen. Inman hatte klargestellt, daß die NSA innerhalb der Vereinigten Staaten keine Informationen sammle und daß in Fällen, wo man Überseegespräche von US-Bürgern aufschnappe, streng nach Vorschrift verfahren werde. Nach diesen Vorschriften dürften die Aufzeichnungen weder verwendet noch weitergereicht werden, es sei denn, es liege ein begründeter Ver-

dacht vor, das Gespräch stehe im Zusammenhang mit Spionage oder einem kriminellen Delikt. Inman konnte nichts weiter tun, als von Allens Vorwurf ablenken, schließlich wollte er sich mit dem zukünftigen Sicherheitsberater nicht überwerfen. Aber diese Paranoia erschreckte ihn.

Allen hatte engen Kontakt zu einigen Mitgliedern des CIA-Übergangsteams, die hysterischen Unsinn verbreiteten, so etwa, daß die neuen Vorschriften, die nach den Untersuchungen des Church-Ausschusses unter Carter in Kraft getreten waren, es den Geheimdiensten unmöglich machten, Spione aufzuspüren und Informationen zu sammeln.

Der neue Vize-Präsident George Bush hatte Inman voller Sorge die Warnung zukommen lassen, Reagan gerate mehr und mehr in den Bann der Rechtsaußen. Höchst alarmierend sei der Besuch des französischen Geheimdienstchefs beim neuen Präsidenten. Seine Warnung, der CIA sei nicht zu trauen, vergifte zusätzlich die Atmosphäre.

Inman hatte das Gefühl, zwischen den Fronten zu stehen. Der designierte Verteidigungsminister Caspar Weinberger bat ihn vorbeizukommen und machte ihm das Angebot, als Vier-Sterne-Admiral die Abteilung Nachrichtendienste im Pentagon zu übernehmen, als eine Art Gesamtchef von NSA und CIA. Inman argwöhnte, dies sei wieder nur ein unbedeutender Posten ohne wirkliche Kompetenzen zwischen der Spitze und der wirklichen Macht. Bald darauf schlug man ihm vor, die Navy zu verlassen und als Assistent des Verteidigungsministers den Nachrichtendienst des Pentagons zu übernehmen. Derselbe Job in Grün. Wieder lehnte Inman ab.

Casey dachte immer noch über Reagans DCI-Angebot nach. Er fuhr durch die Straßen von New York, um wieder einmal richtiges Stadtleben zu genießen. Die Herbstluft war erfrischend, aber er war alles andere als zufrieden. Normalerweise war es nicht seine Art, über Entscheidungen zu grübeln, doch an dieser einen brütete er jetzt schon mehrere Tage. 1975, als er als Direktor der Export-Import-Bank zurücktrat, einem Posten, der ihm Zutritt zum Central Bankers' Club verschafft hatte, hatte er weder damit gerechnet noch hatte er geplant, jemals wieder nach Washington zurückzukehren, um dort zu leben und zu arbeiten. Seine Zeit im Regierungsdienst von 1971 bis 1975 war genau in die Jahre des politischen Skandals gefallen.

Seine bloße Zugehörigkeit zur Nixon-Administration hatte genügt, ihn in den Strudel der Untersuchungen mit hineinzuziehen. Wegen einer

Kontroverse um die Handhabung einiger Akten der International Telephone and Telegraph Company (ITT) im Wahljahr 1972, als er die Securities and Exchange Commission leitete, waren Ermittlungen wegen Meineids gegen ihn angestellt worden. »Im Mittelpunkt der Ermittlungen wegen Meineids stand Casey«, heißt es in einem vertraulichen Memorandum aus dem Büro des Watergate-Sonderanklägers, das nie veröffentlicht wurde. Casey hatte 34 Kisten mit ITT-Dokumenten und 13 interne, »politisch brisante« Memoranden und Briefe ins Justizministerium schaffen lassen und damit dem Zugriff des Kongresses entzogen. Der stellvertretende Justizminister hatte geschworen, es sei allein Caseys Einfall gewesen. Casey hatte das bestritten und ausgesagt, das Ministerium habe die Akten angefordert. Das Memorandum des Anklägers bemerkt dazu: »Caseys gesamte Aussage zu diesem Punkt ist irreführend, sowohl was seine Absprachen mit dem Justizministerium, als auch seine Absprachen mit Dean angeht.« John W. Dean war der damalige Berater Nixons. Gegen Casey wurde nie offiziell Anklage erhoben. Er war nur ein kleiner Fisch. Einerseits beschreibt das Memorandum seine Aussage wiederholt als »ausweichend«, andererseits kommt es zu dem Schluß, daß eine Überführung Caseys »so wenig Aussicht auf Erfolg hat, daß keine Anklage erhoben werden kann«. Casey hielt das Ganze für ausgemachten Blödsinn, aber seit damals war er auf der Hut.
Es hatte noch weitere Scharmützel bei Untersuchungen gegeben. Nixons Justizminister John Mitchell und sein Spendeneintreiber im Wahlkampf Maurice H. Stans wurden angeklagt – und später auch verurteilt –, eine Wahlkampfspende von 200 000 Dollar von dem internationalen Betrüger Robert Vasco angenommen zu haben, der versuchte, Einfluß auf Caseys Arbeit in der SEC zu nehmen. Er mache sich wegen dieser Sache keinerlei Sorgen, beruhigte Casey seine Freunde. Er war als Zeuge der Anklage vorgeladen, und als er in den Zeugenstand trat, winkte er dem Angeklagten Mitchell zu. Er war sauber. Trotzdem war die Zeit von Watergate nicht gerade lustig gewesen. Casey und seine Frau Sophia waren dann nach New York zurückgekehrt, und fortan war einer von Caseys liebsten Sprüchen: »Wissen Sie, was das Beste an Washington ist? In einer Stunde ist man in New York.«
Zwei Jahre später verkauften die Caseys ihr Haus an der Massachusetts Avenue 2501 in Washington, wo eine ausländische Botschaft neben der anderen steht, für 550 000 Dollar an die Volksrepublik Bangladesch. Caseys Frau Sophia, eine kleine, grauhaarige Dame, die ihm in den

vierzig Jahren ihrer Ehe immer eine treue und emsige Stütze gewesen war, hatte das Haus sehr ins Herz geschlossen. Falls sie jetzt doch wieder nach Washington zurückkehren sollten, würde sie ihm nie verzeihen, daß er es damals verkauft hatte.

Das Leben der Caseys in New York spielte sich vor allem auf dem Familiensitz Mayknoll an der Nordküste von Long Island ab. Vor allem an den Wochenenden verbrachte Casey seine Zeit über seinen Büchern oder auf dem Golfplatz, der nur ein paar Autominuten entfernt lag. Casey war ein »Double-Bogey«-Golfer, das heißt er blieb bei jedem Loch zwei Schläge über Par. Er war weit davon entfernt, die magische Hunderter-Marke für 18 Löcher zu unterbieten. Aber er liebte es, an der frischen Luft über den Kurs zu spazieren. Er hatte viele alte Freunde, und sein einziges Kind Bernadette, die jetzt Mitte Dreißig war, kam sehr oft zu Besuch. Vor drei Jahren hatten die Caseys für 350 000 Dollar ein Haus am Ocean Boulevard in West Palm Beach, Florida, gekauft, um dort die Wintermonate zu verbringen. Casey war nicht unzufrieden mit seinem Leben.

In den Jahren vor seinem Engagement in Reagans Wahlkampfkampagne hatte er ein neues Buch in Angriff genommen, sein bestes, wie er meinte. Das 600seitige Manuskript mit dem kühnen Titel »The Clandestine War Against Hitler« handelte von der Spionagetätigkeit des OSS im Zweiten Weltkrieg. Zwei Personen standen im Mittelpunkt des Geschehens. Die eine war Casey selbst, die andere Caseys Mentor und Vaterfigur, General William »Wild Bill« Donovan. Casey hatte ein liebevolles Portrait des OSS-Gründers gezeichnet – er beschreibt ihn als einen pummeligen Mann mit sanften blauen Augen, der vor Wißbegier und Tatkraft strotzte. Donovan war doppelt so alt wie der Oberleutnant zur See Casey, als sie sich 1943 in Washington zum ersten Mal begegnet waren, aber er hatte die Kluft überbrückt, die Generations- und Rangunterschied, unterschiedliche Erziehung und Herkunft mit sich brachten. Donovan interessierte nur, was jemand zu leisten imstande war. Nur Resultate zählten. »Das Vollkommene ist der Feind des Guten«, pflegte er zu sagen. Casey wäre für ihn durchs Feuer gegangen. Donovan besuchte immer die Brennpunkte des Geschehens, so tauchte er fast bei jeder Invasion der Alliierten auf, wie andere bei einer Broadway-Premiere.

Während der letzten sechs Kriegsmonate hatte Donovan Casey große Verantwortung übertragen. Casey hatte ein Memorandum geschrieben, in dem es hieß: »Das OSS muß sich darauf vorbereiten, Agenten in

Deutschland abzusetzen.« Donovan wollte möglichst schnell ein Agentennetz hinter den deutschen Linien und ernannte Casey zum »Chief of Secret Intelligence for the European Theatre« (Leiter des Geheimdienstes für den europäischen Kriegsschauplatz). Soweit sich Casey erinnerte, bestand Donovans Befehl aus dem schlichten Satz: »Bringen Sie einige Jungs nach Deutschland.« Was Casey an militärischer Befehlsbefugnis fehlte, machte er durch fachliche Autorität wett. Als einunddreißigjähriger Kapitänleutnant zur See befehligte er Oberste und verhandelte mit britischen und amerikanischen Generälen mehr oder weniger wie mit seinesgleichen. Er bekam Befehl, seine Uniform abzulegen und nach London zu fahren, um sich bei Selfridges in der Oxford Street einen grauen Anzug zu kaufen. Wenn er Zivilkleidung trug, würden die Rangunterschiede nicht weiter auffallen.

Casey kümmerte sich persönlich intensiv um jede Einzelheit des Spionageunternehmens. Besondere Schwierigkeiten bereitete die Auswahl zuverlässiger Spione. Amerikaner beispielsweise wären im Hauptquartier der Gestapo mitten in Berlin völlig fehl am Platz gewesen. Also entschied man sich für etwa vierzig deutsche antifaschistische Kriegsgefangene. Das stellte zwar eine Verletzung der Genfer Konvention dar – was Casey sehr wohl wußte –, aber es mußte sein.

Die Tarnung herzustellen war eine Kunst. Ein Archiv auf dem Dachboden eines Londoner Hauses lieferte Zeitungsausschnitte über die Vorgänge in Deutschland, so daß sich die Spione über die neuesten Nachrichten informieren konnten. Dokumente wurden gefälscht, man besorgte Kleidungsstücke mit deutschen Etiketten, und Casey ersuchte um Flugzeuge, mit denen die Spione abgesetzt werden sollten. Die Spione brauchten ein sicheres Kommunikationssystem, um ihre Informationen aus Deutschland herauszuschmuggeln. Deshalb wurde ein Funkgerät mit geringer Sendeleistung, das sogenannte »Joan Eleanor«, mit dem nach allen Richtungen gesendet werden konnte, entwickelt und in Betrieb genommen. Casey überprüfte die Absprungzeiten, studierte Karten und sogar Tabellen mit den Mondphasen. Er rief eine Division of Intelligence Procurement (Abteilung für Nachrichtenbeschaffung) ins Leben, die ermitteln sollte, welche Informationen man sich im speziellen von den Spionen erhoffte. Die Antworten waren nicht klar, und man mußte die Wünsche der Oberkommandierenden der Alliierten Truppen (denen Protokolle von Hitlers allmorgendlichen Generalstabsbesprechungen am liebsten gewesen wären) mit dem, was machbar war, unter einen Hut

bringen. Absolute Priorität wurde deutschen Truppenbewegungen in der Umgebung wichtiger Bahnverladestationen eingeräumt, denn sie lieferten die deutlichsten Hinweise auf Hitlers Pläne und Schwierigkeiten. An zweiter Stelle standen potentielle Ziele für Bombenangriffe. Casey begleitete seine Agenten immer selbst zum Einsatz.
Im Februar 1945 befanden sich zwei Agenten innerhalb von Berlin. Einen Monat später hatte Casey schon dreißig Teams. »Ein Wettlauf mit der Zeit«, heißt es in seinem Manuskript. Im Monat darauf waren bereits deren 58 auf deutschem Boden. Ein Team mit dem Decknamen »Chauffeur« arbeitete mit Prostituierten. Es war nun mal Krieg.

Jetzt, als er über den Posten des DCI nachdachte, versuchte Casey, seine Erfahrungen auf den Punkt zu bringen. Nachrichtendienstliche Arbeit, so sein Schluß, war »ein kompliziertes Puzzlespiel«. Kleine und kleinste Teilchen gehörten zu diesem Puzzle, und oft entwickelten sich die Dinge anders, als man erwartet hatte. Schlußfolgerungen zu ziehen war nur möglich, wenn man viele Teilchen in der Hand hatte; aus wenigen etwas abzuleiten, war ein Fehler. Nach der Befreiung Deutschlands war er perplex gewesen, als er von München aus quer durch Süddeutschland nach Pilsen fuhr. Wohin er auch sah: weiße Fahnen. Hier ein Bettlaken, dort ein Handtuch oder ein Hemd. Niemand hatte von den Deutschen diesen entwürdigenden Aushang verlangt. Dieses Verhalten spottete geradezu dem Bild, das er sich von der Herrenrasse gemacht hatte. Jenes Deutschland, das er sich im Londoner Hauptquartier ausgemalt hatte, wo er sein Spionagenetz knüpfte, existierte nicht.
»Nachrichten«, schrieb er deswegen, »sind noch immer eine sehr unsichere, heikle und komplizierte Ware.« Es genüge nicht, Informationen zu sammeln, ihre Zuverlässigkeit zu überprüfen, zu untersuchen, wie sie zu den übrigen Informationen passen – wie sie sich ins Puzzle einfügen –, und sie zu interpretieren, hieß es weiter, sondern zur Aufgabe des Nachrichtendienstes gehöre auch, an höherer Stelle Aufmerksamkeit zu erregen und dann auf Entscheidungen zu drängen. Ein Beamter des Nachrichtendienstes sei nicht passiv. Nichts wäre verkehrter, meinte Casey, als die Rolle des Nachrichtendienstes auf das Sammeln von Informationen zu beschränken. Informationen beschaffen, sichten und weiterleiten sei nur der Anfang.
»Dann muß man in Aktion treten«, schrieb er.
Einige Seitenhiebe auf die Carter-Administration konnte er sich nicht

verkneifen: »Gerade jetzt, wo wir einen Kreuzzug für die Menschenrechte auch in Ländern führen, die uns nicht bedrohen, verbergen wir Fotos vor den Augen der Öffentlichkeit, die die Sklavenarbeit in sibirischen Lagern zeigen.« Zu nachrichtendienstlicher Arbeit gehöre auch ein moralischer Aspekt, dem man sich nicht entziehen könne, so wie es auch eine moralische Dimension des Lebens gebe, der man sich nicht entziehen könne. Im April 1945 war er nach Dachau gekommen, wenige Tage, nachdem das Lager befreit worden war. Nie würde er die Berge von Schuhen, Knochen und verwesender Menschenhaut vergessen. Das hatten Menschen einander angetan? Unvorstellbar! Hier war der greifbare Beweis für die Existenz des Bösen in der Welt. Es gab zwei Lager, und der Einzelne mußte sich zwischen beiden entscheiden.

Je länger er nachdachte, desto deutlicher fühlte er, daß er sich zum Nachrichtendienst zurücksehnte. Reagans Schwung durfte nicht gebremst werden, sonst würden die unvermeidlichen Gegenkräfte der Vergangenheit wieder aufkommen. Als DCI hätte er die Chance, um Verständnis für die Welt des Geheimdienstes zu werben. Admiral Turner war ein Fremdkörper gewesen. Er, Casey, würde als alter Kamerad ins Glied treten. Er gab Reagan sein Ja.

2

Mehrere Wochen vor seiner offiziellen Ernennung bezog Casey eine Suite im Jefferson Hotel im Zentrum Washingtons. Wichtige Wochen standen ihm bevor. Wochen, in denen er sich hinter den Kulissen bewegen und in aller Ruhe seine Hausaufgaben machen konnte. In groben Zügen wußte er über die Aktivitäten der CIA Bescheid. Was ihm fehlte, waren die Details, und auf die kam alles an. 1969 hatte ihn Nixon in den Beirat der Arms Control and Disarmament Agency (ACDA, Rüstungskontroll- und Abrüstungsamt) berufen. Jetzt hatte er, wie verlangt, ein Dokument unterzeichnet, in dem er sich zur Geheimhaltung verpflichtete und das ihm Zugang verschaffte zur Sensitive Compartmented Information (System, mit dem man geheimste Nachrichten klassifiziert und mit besonderen Kodewörtern belegt) über streng geheime Aufklärungssatelliten, die im Rahmen eines Rüstungskontrollprogramms entwickelt worden waren. Er wußte, daß diese Satelliten zu den neuen technischen Wundern gehörten, und wollte soviel wie möglich darüber lernen. Einige Jahre zuvor hatte er ein Jahr lang im President's Foreign Intelligence Advisory Board gesessen (PFIAB, Beraterausschuß des Präsidenten für Auslandsnachrichten). Der PFIAB war eine einflußreiche überparteiliche Gruppe privater Bürger, denen das Weiße Haus einen Gefallen schuldig war. Gelegentlich wurde das Gremium in Geheimnisse eingeweiht, und im Gegenzug erwartete man von seinen Mitgliedern, daß sie für den Präsidenten die Aktivitäten der amerikanischen Nachrichtendienste unter die Lupe nahmen.
Edward Bennett Williams, der Inhaber des Jefferson Hotel und einer der bekanntesten Strafverteidiger der Stadt – er hatte zum Beispiel Helms verteidigt –, schaute auf einen Sprung bei ihm herein. Casey amüsierte sich über Williams' plump-vertrauliches übersprudelndes Gerede und darüber, wie er vor ihm, dem unorthodoxen Republikaner, den unorthodoxen Demokraten mimte. Williams hatte zusammen mit Casey

im PFIAB gesessen, und wie alle Welt hatte auch er fest umrissene Vorstellungen von Caseys neuer Aufgabe. In Washington war er eine einflußreiche Persönlichkeit. Seine Klientel reichte vom ehemaligen Chef der Teamsters Union (Lastwagenfahrer-Gewerkschaft) Jimmy Hoffa bis zur *Washington Post*.
Williams setzte Casey leidenschaftlich auseinander, daß der US-Nachrichtendienst nicht erst von Carter demontiert worden sei, sondern früher schon von Präsident Ford. Er schüttelte die geballte Faust, als er mit dem Wort »abgetakelt« genau jenen Ausdruck gebrauchte, der auch im republikanischen Wahlkampfprogramm von 1980 verwendet worden war. Unter der Regierung Ford hatten die Sowjets im Raum Washington von fast einem halben Dutzend Plätzen aus Telefongespräche abgehört. Dem US-Nachrichtendienst war es gelungen, einige der Protokolle einzusehen, darunter auch solche, die nach Moskau geschickt werden sollten, aber Fords Justizministerium hatte ein Verbot erlassen, das dem FBI und der NSA untersagte, mit dieser Praxis fortzufahren, um die Privatsspähre von US-Bürgern zu schützen. In Williams' Augen war das lächerlich – die Sowjets konnten Telefone anzapfen, den US-Nachrichtendiensten war es verboten.
»Sie bestehlen uns, und wir dürfen nicht einmal in unseren Taschen nachsehen, was fehlt.«
Casey nickte.
Informationsmaterial und die Kenntnis von den Plänen und Fähigkeiten der anderen Seite, das sei das Allerwichtigste, wenn man gewinnen wolle, sagte Williams. »Eines muß klar sein«, fügte er in Manier eines Chefcoachs hinzu, der seine Männer ins Spiel schickt, »entweder wir gewinnen, oder wir sind im Eimer.«
In bezug auf die CIA verstieg sich Williams in die klassische Übertreibung: »Die CIA ist wie ein großer Hund, der von einem Lastwagen überfahren wurde. Man kann nur noch sagen, er war ein großer Hund, bis er von einem Lastwagen überfahren wurde.« Und er legte seinen Arm um Casey, als wolle er ihm sagen: »Los Junge, zeig's ihnen.«
Casey war entschlossen, Williams' großem Hund wieder auf die Beine zu helfen.

Als nächstes rief Casey seinen alten OSS-Kameraden Richard Helms an, um ihm mitzuteilen, daß die Sache jetzt offiziell war.
Gut, dachte Helms. Prima, ausgezeichnet. Sie verabredeten sich für Montag, den 1. Dezember, zum Lunch.

Seit seinem Abstecher in den Iran hatte Helms mehrere Jahre Gelegenheit gehabt, über seine Zeit bei der CIA, vor allem über seine Tätigkeit als Direktor nachzudenken. Häufig steckte er mit ehemaligen Kollegen zusammen, um Erinnerungen auszugraben, und er führte einen ständigen Dialog mit sich selbst über dieses Thema. Vor einem Jahr war ein Buch unter dem Titel *The Man Who Kept the Secrets: Richard Helms and the CIA* erschienen und hatte ein positives Echo ausgelöst. Helms selbst hatte es nicht gelesen. Einige der Rezensenten hatten geschrieben, das Buch zeige, was es wirklich bedeute, DCI zu sein. Unmöglich! Niemand konnte das wissen. Und selbst als seine Frau und drei führende konservative Kolumnisten – Buckley, William Safire und George Will – ihm versicherten, das Buch sei brillant geschrieben, brachte ihn das nicht dazu, es zu lesen. Möglich, daß er sich ein Meisterwerk entgehen ließ, aber er wußte, das Buch konnte nicht richtig liegen. Davon abgesehen arbeitete er selbst an seinen Memoiren, wenn auch nur in seinem Kopf und ausschließlich für den eigenen Gebrauch. Unaufhörlich überarbeitete er sie, um sie auf den neuesten Stand zu bringen. Sie brachten Licht in das Dunkel und zogen die Schleier von seinem Leben. Beim Nachdenken förderte er allerhand zutage – Erinnerungsfragmente, Gesprächsfetzen aus dem Weißen Haus. Manches war nur schwer zu fassen. Niemals würde er alles wieder zurückholen können, noch könnten sämtliche Akten die Antwort erbringen. Auch Aufzeichnungen und Dokumente konnten lügen.

Helms glaubte, die Ursache für seine Probleme als DCI habe in dem simplen Umstand gelegen, daß er zu den Präsidenten, für die er arbeitete, nie eine echte persönliche Beziehung aufgebaut hatte. Sein Schuldeingeständnis, als man ihn wegen eines geringfügigen Delikts anklagte, war bezeichnend.

Helms hatte dem Gericht seine handschriftlichen Notizen einer Besprechung mit Nixon vom 15. September 1970 vorgelegt, bei der die verdeckte Aktion in Chile vom Präsidenten direkt angeordnet worden war. Nixon hatte darauf bestanden: der marxistische Kandidat Salvador Allende müsse an der Amtsübernahme gehindert werden. Wie viele Leute hatten den Präsidenten der Vereinigten Staaten schon so von einer Idee besessen gesehen? Das war vielleicht ein Anblick! Helms blieb keine Wahl, er mußte den Befehl ausführen. In seinen Notizen werden Nixons Worte zitiert: »Die Chancen stehen vielleicht eins zu zehn, aber retten Sie Chile! ... 10 Millionen Dollar stehen zur Verfügung, wenn nötig mehr ... sorgen Sie für Aufruhr in der Wirtschaft.«

Helms war klar, was in den Aufzeichnungen vermißt wurde: er hatte nicht niedergeschrieben, was er selbst gesagt hatte. Seiner Erinnerung nach war es folgendes gewesen: »Sie geben mir einen Auftrag, der so gut wie unmöglich auszuführen ist.« Der Plan war von vornherein zum Scheitern verurteilt – die Zeit war zu knapp, die Vorbereitungen liefen zu spät an und blieben deshalb mangelhaft.

Kissinger, ein guter Freund Helms', hatte ihm später erzählt, daß man vieles von dem, was Nixon sage, nicht wörtlich verstehen dürfe, und schon gar nicht als Befehl. Oft mache er nur seiner Frustration Luft – »Tun Sie etwas, Henry!« Kissinger sagte, Nixon meine nicht immer, was er sage. Für Kissinger war das eine Binsenweisheit. Er hatte seine Erfahrungen gemacht. Helms unglücklicherweise nicht. Nixon hatte keinen direkten persönlichen Draht zu seinem CIA-Direktor. Er mißtraute dem Nachrichtendienst. In seinen Augen war diese Behörde mit Ivy Leaguers (Intellektuelle, die an den Elite-Universitäten des Ostens studierten) und Liberalen aus dem Ostküsten-Establishment durchsetzt. So kam es, daß Helms, der seinen Chef weder gut kannte noch verstand, an jenem Tag des Jahres 1970 das Ovale Zimmer des Präsidenten in der Meinung verließ, einen Auftrag zu haben, wie er später aussagte. »Wenn ich jemals den Marschallsstab in meinem Tornister trug, dann an jenem Tag, als ich das Oval Office verließ.« Später sollte er diese Wortwahl bereuen.

Helms wußte natürlich mehr, als in seinen Notizen stand. Hinter dem Befehl steckte Nixons Beziehung zu Donald Kendall, dem Präsidenten und Geschäftsführer der PepsiCo, die in Chile einen Abfüllbetrieb für Pepsi-Cola unterhielt. Kendall hatte Nixon bei seiner Firma den ersten großen Mandanten verschafft, als dieser seine Rechtsanwaltslaufbahn in New York begonnen hatte. Die Operation gegen Allende hatte in erster Linie wirtschaftliche Gründe; Kendall und andere US-Firmen wollten keinen Marxisten an der Spitze Chiles. Helms und die CIA waren mißbraucht worden, und vor dem Senatsausschuß hatte er zum Teil nur geschwiegen, um der CIA, dem Präsidenten und sich selbst diese Peinlichkeit zu ersparen. Er hatte es nicht geschafft, die schlimmste verdeckte Aktion seit der Schweinebucht zu verhindern. Statt dessen hatte er seinen eigenen Grundsatz gebrochen: »Verdeckte Aktionen sind wie eine verdammt gute Droge. Es kann gutgehen. Nimmt man aber zuviel davon, bringt sie einen um.« Allen Dulles, einst DCI unter Eisenhower, hatte gesagt, wenn man eine unbedeutende CIA wolle, eine Behörde,

die in einem versteckten schmutzigen Winkel dahinvegetiere, brauche man nur aus den verdeckten Aktionen auszusteigen. Da Präsidenten sich immer ein Hintertürchen für geheime Machenschaften offenhalten wollten, so Dulles, habe die CIA im Weißen Haus immer einen Stein im Brett.
Helms war auf der Seite des Präsidenten, auf der Seite jedes Präsidenten. Selbst wenn ihm die Versuche, mit Richard Nixon zu argumentieren, vorkamen, »als rede man gegen eine Wand«, wie er einmal äußerte, war er zu allem bereit, was von ihm verlangt wurde. Und Helms war einverstanden, als Nixon zu ihm sagte: »Ich will, daß sich die verdammte CIA nicht mehr in die Politik einmischt.« Die CIA arbeitet für die Präsidenten, und diese bestimmen den Kurs der Außen- und Sicherheitspolitik. Leute aus Helms' Generation, Casey eingeschlossen, wußten, daß Befehle dazu da waren, zu gehorchen und sie auszuführen.
»Möglich, daß wir vom Präsidenten zu viele Befehle entgegengenommen haben«, sagte Helms einmal, aber nicht ohne stolz hinzuzufügen, »aber wir haben sie befolgt.«
Und wenn das auch darauf hinauslief, daß die CIA den Kopf hinhielt, so mußte es eben sein. Und wenn Beamte des Nachrichtendienstes dran glauben mußten, dann war auch das nicht zu ändern. Die Dinge liefen nun einmal so. So hatte auch Helms den Kopf hingehalten, als er an die Reihe kam. Gut, er hatte seinen Strafzettel bekommen, aber es war ein Strafzettel, auf den er stolz sein konnte, oder etwa nicht? Der frühere DCI James R. Schlesinger hatte sich Ed Williams' Ausspruch vom »Ehrenabzeichen« angeschlossen, als er Helms' Schuldeingeständnis eine »Narbe« nannte, »wie man sie aus einem Duell davonträgt«.
Helms ging davon aus, daß Casey als DCI einige Protektion genießen würde. Casey kannte den Laden und seine Geschichte, und er kannte den Präsidenten. Über diese beiden Punkte brauchten sie beim Lunch nicht zu reden. Helms hatte es immer gehaßt, wenn ihm ehemalige CIA-Direktoren bei der Arbeit über die Schulter sahen. Schon damals hatte er sich geschworen, nie etwas Derartiges zu tun. Als er sich seine Taktik für das Gespräch mit Casey zurechtlegte, nahm er sich daher fest vor, alles zu vermeiden, was nach einer Belehrung klingen könnte. Er wollte Casey keinen Vortrag darüber halten, wie er sein Frühstücksei zu löffeln hatte. Ein solcher Eindruck durfte gar nicht erst entstehen. Lieber wollte er zuwenig sagen.
Allerdings gab es ein Problem, zu dem er Casey hilfreiche Tips geben

könnte, ohne gönnerhaft zu wirken, und das waren die Angestellten. Sein Sohn Dennis hatte während seiner College-Zeit einen Sommer lang bei der CIA hospitiert. Eines Abends hatte ihm Dennis erzählt, daß ihm die Arbeit bei der CIA sehr gut gefallen habe. Warum? hatte er ihn gefragt. An die Antwort konnte er sich noch gut erinnern: »Weil die Leute dort so kultiviert sind.« Genau das war der springende Punkt. Dieses Gefühl für Anstand. Auf der Weltbühne war dafür kein Platz. Man mußte mit harten Bandagen kämpfen, auch mal unter die Gürtellinie schlagen und die Regeln der Marquess of Queensberry vergessen. Doch die Beamten der CIA waren untereinander päpstlicher als der Papst. Da gab es keine Lügen, man ging offen und ehrlich miteinander um.

Am Montag, dem 1. Dezember, erschien Helms zur Lunchzeit an der Tür von Caseys kleinem Appartement im Jefferson Hotel. Sie gaben sich herzlich die Hand. Casey sonnte sich noch in den letzten Strahlen des Wahlsiegs. Er war glücklich und stolz, auf den Wogen der Geschichte obenauf zu schwimmen, und fühlte sich als Teil von Reagans Revolution. »Bill, Sie sind der richtige Mann, und ich freue mich für Sie«, sagte Helms und lächelte. Immer wenn er lächelte oder lachte, schlossen sich seine Augen bis auf einen schmalen Spalt. Er sah dann so aus, als habe er in der Freude oder Komik des Augenblicks irgendeine abgrundtiefe Ironie entdeckt.
Der Kellner nahm die Bestellung auf, und das Gespräch ging weiter.
Helms brauchte Casey nicht daran zu erinnern, daß die CIA in den letzten zehn Jahren eine harte Zeit durchgemacht hatte – Watergate, die Untersuchungen, Admiral Turner. Die Folge davon sei, so Helms, daß niemand mehr bereit sei, ein Risiko einzugehen, geschweige denn, sein Leben aufs Spiel zu setzen. Doch ohne gewisse Risiken könne man keine bedeutenden Geheimdienst-Operationen durchführen, das wüßten sie beide.
Casey stimmte damit völlig überein. Viel würde von der Besetzung der leitenden Positionen abhängen, sagte er und fragte Helms, ob er Inman für einen geeigneten Mann als Stellvertreter halte.
Mit dem Kongreß sei nicht leicht auszukommen, antwortete Helms. Seit den Untersuchungen habe sich einiges verändert, deshalb sei es unumgänglich, gewisse Formen der Kooperation zu entwickeln. Erst vor ein paar Wochen habe er mit Inman gesprochen. Er habe einen vernünftigen

Eindruck auf ihn gemacht. Aufgrund seiner langjährigen Beziehung zu Goldwater, seiner NSA-Erfahrungen und seiner Beschlagenheit in technischen Dingen, von denen Casey nicht soviel verstehe, könnte er sich als ein echter Gewinn erweisen. Außerdem kenne er den militärischen Nachrichtendienst, und das sei wichtig, denn von jeher habe das Pentagon bei jeder Nachrichtendienst-Angelegenheit seine Finger mit im Spiel. Mit Inman treffe man eine vernünftige Wahl.
Casey antwortete, er sei sich da nicht so sicher. Er müsse noch darüber nachdenken.
Helms fühlte, daß er jetzt nichts mehr sagen durfte. Es wäre nicht glaubwürdig, wenn er einen Mann, den er erst einmal getroffen hatte, in eine solche Schlüsselposition drücken wollte. Er spürte Caseys Widerstand.
»Hören Sie«, fuhr Helms fort, »warum nehmen Sie sich nicht ein paar Leute, die Sie unterstützen und mit denen Sie sich beratschlagen können?« Die verschiedensten Gruppen würden darum buhlen, sich bei ihm Gehör zu verschaffen. Und Fehler wären schnell gemacht, wenn man auf falsche Ratgeber hörte. Casey könnte einen guten Ratgeber gebrauchen. Ganz entscheidend für den Fortgang der Dinge sei, welche Lehren er aus der Vergangenheit ziehe.
Casey schien von der Idee angetan.
»Einen, der die Dinge aus dem historischen Blickwinkel sieht«, sagte Helms.
»Ja, genau«, stimmte Casey zu.
Und Helms hatte auch schon den richtigen Mann. Einen von Format. Casey hatte ihn während des Krieges kennengelernt. Ein zuverlässiger Mann, der Casey nicht anpinkeln würde. John Bross.
Caseys Augen leuchteten. Das war ein Mann! Casey kannte Bross aus OSS-Tagen. In seinem kürzlich erst fertiggestellten Manuskript über den heimlichen Krieg gegen Hitler hatte er Bross als liebenswürdig und weltgewandt beschrieben. Er war Fallschirmspringer, Nahkampfexperte und Fachmann für Sabotage.
Helms erklärte, warum er gerade auf Bross gekommen war. Bross sei während seiner zwanzig Jahre beim Nachrichtendienst unter anderem als Abteilungsleiter im Directorate of Operations und als Rechnungsführer tätig gewesen und habe dabei mit den anderen Nachrichtendiensten zu tun gehabt. Er sei zurückhaltend, verschwiegen, und er sei Jurist. Vor allem aber: er sei weder Anhänger der Rechten noch der Linken. Helms

hatte es sich genau überlegt. Gefahr drohte der CIA von beiden Seiten, von links wie von rechts. Gewiß, es war die Linke gewesen, die sich ihr in den 70er Jahren in den Weg gestellt und die Nachforschungen initiiert hatte, die so viele Unannehmlichkeiten brachten. Aber auch die Rechte konnte Unheil anrichten. Helms plagte noch eine weitere Sorge. Er sprach aber nicht darüber, weil er auf keinen Fall schulmeisterlich wirken wollte und Casey keine Fragen in diese Richtung stellte. Als man ihn 1966 aus den Reihen der CIA-Beamten zum DCI befördert hatte, hatte ihm Lyndon Johnson gesagt, er solle nach Langley rausfahren, ein bißchen Porzellan zerschlagen, den Laden umkrempeln und ein paar Leute in den Hintern treten. Helms hatte dies für unnötig gehalten. Für seinen Geschmack erwartete man zuviel von Reorganisationsmaßnahmen. 1966 hatte die Reorganisation nur Mist gebracht, und auch 1980 würde nur Mist dabei herauskommen. Bross würde das einsehen. Und Bross würde Zeit haben; er war unabhängig, wohlhabend, und er wohnte am Potomac River, nur wenige Meilen vom Hauptquartier der CIA entfernt.

Casey notierte sich Bross' Namen auf eine Serviette und sagte, er werde sich unverzüglich mit ihm in Verbindung setzen.

Die wirklich heiklen Themen hatten sie gar nicht berührt. Doch der Lunch war beendet.

Helms ging im Gefühl, Casey sei ein Bündel von Widersprüchen. Auch hatte er bei ihm einen Mangel an Begeisterung registriert. Er war noch immer ganz aus dem Häuschen über den Wahlsieg, weniger aber über seinen zukünftigen Job. Und aus Gründen, die ihm selbst nicht ganz bewußt waren, wurde Helms das Gefühl nicht los, daß Casey viel lieber Außenminister geworden wäre.

Später zog Casey auf Drängen des Sicherheitsstabs aus dem Jefferson Hotel aus. Die sowjetische Botschaft befand sich nur einen halben Block weiter in der 16. Straße, und die Russen verfügten über die nötige Technologie, um mit elektronischen Sensoren in Parabolantennen und Abhörgeräten Caseys Gespräche zu belauschen.

Williams hielt den Alarm für lächerlich. Warum, so witzelte er vor Casey, sollten die Sowjets aus Caseys Genuschel schlauer werden als alle anderen.

John A. Bross erhielt Caseys Anruf in seinem alten weitläufigen Haus am Potomac River. Casey unterrichtete ihn von seiner baldigen Ernennung zum neuen CI-Direktor und lud ihn ein, in den kommenden Monaten im CIA-Übergangsteam mitzuarbeiten. Bross war 69 Jahre alt, und hier bot sich ihm die vielleicht letzte Gelegenheit, für den Nachrichtendienst zu arbeiten. Er zögerte keinen Augenblick und willigte ein. Das konnte eine der wichtigsten Aufgaben werden, die sich ihm je gestellt hatten. Eine neue Regierung entwickelte immer neue Ideen, und manche konnten gefährlich werden.

Bross hatte eine joviale Art und war eingeschriebenes Mitglied des Old Boys Intelligence Oversight Club, einer einflußreichen Organisation Ehemaliger, die inoffiziell ihre Finger in den Geschäften der CIA hatte und sich, wenn immer möglich, für ihre Belange stark machte. Außerdem sonnte er sich im Establishment ehemaliger Regierungsbeamter und Außenpolitiker. Bross saß in Ausschüssen, Kommissionen, und man traf ihn bei privaten Empfängen.

Er hielt Casey für eine gute Wahl. Sie hatten sich 1943 kennengelernt und waren seitdem in Verbindung geblieben. Einmal, noch in den 60er Jahren, hatte Bross neben Casey einige hochkarätige Außenpolitiker bei sich zum Dinner. Einer von ihnen, ein Antikommunist alten Schlages, hatte Bross auf die Seite gezogen und über Casey gesagt: »Der Mann hat wirklich kapiert, was ich sagte.« Am darauffolgenden Tag erzählte ihm ein anderer Gast – ein gemäßigter –, er habe sich gefreut, daß Casey seine Argumente eingeleuchtet hätten. Casey war kein Fanatiker. Bross könnte daraus Kapital schlagen, obwohl er wußte, daß er über einen Graben würde hinwegreden müssen. Zwar hatten beide in Harvard Jura studiert (Bross 1933, Casey 1936), Bross jedoch gehörte zum Ostküsten-Establishment, Casey dagegen war ein streitlustiger Ire; das Bindeglied zwischen beiden war ihr früherer Chef Donovan, den sie beide sehr schätzten. Bross war es nicht entgangen, daß Casey sich Donovan zum Vorbild nahm. Und zu Donovans Eigenschaften gehörten Loyalität und Offenheit in persönlichen Beziehungen. Bross beschloß, sich voll für Casey einzusetzen. Er wußte, daß sich Casey ihm dann öffnen würde. Das war Donovans Art: Beziehungen herstellen und pflegen.

Bross nahm das Übergangsteam näher in Augenschein. Den Vorsitzenden Middendorf hielt er für unbrauchbar. Die drei Republikaner, darunter der Scharfmacher Angelo Codevilla, kamen aus dem Senatsausschuß für Nachrichtendienste und verfaßten bissige Dokumente. In ihrem

Entwurf forderten sie eine Aufsplittung der CIA in drei Teile. Der erste sollte eine schlagkräftige Elite-Abteilung für verdeckte Aktionen werden. Ihre Aufgaben sollten darin bestehen, einen heimlichen Krieg zu entfesseln, um den Sowjets entgegenzuwirken, die Zahl der Spione beträchtlich zu erhöhen und die Agenten aus den Botschaften herauszunehmen und statt dessen in inoffiziellen getarnten Unternehmen und Beraterfirmen unterzubringen. Die zweite Abteilung sollte aus Spitzen-Analytikern bestehen, die Gruppen und Nachrichtendienste gegeneinander ausspielen sollten, um so zu einer realistischeren Lagebeurteilung zu gelangen. Als dritte Abteilung, für die auch Middendorf plädierte, schwebte ihnen eine Superbehörde aus FBI und CIA vor, die Aufgaben im Bereich der Spionageabwehr wahrnehmen sollte. Diese letzte wäre nach Bross' Ansicht besonders verhängnisvoll, weil sie die CIA in den Sumpf illegaler Nachrichtenbeschaffung im eigenen Land ziehen würde. Bross schloß daraus, daß die Rechten im Team wohl zu lange Oppositionsbänke gedrückt hatten und nicht mehr gewohnt waren, ihre Ziele durchzusetzen. Sie schossen übers Ziel hinaus. Sie schmiedeten Pläne, die im Falle einer Realisierung die Integrität der CIA zerstören würden. Bross merkte, daß er nicht willkommen war. Man sah in ihm den alten Veteranen, der durchdrungen war vom Geist der 50er Jahre, als man den kalten Krieg als Dauerzustand betrachtete. Das Übergangsteam heckte Pläne aus, um die Oberhand zu gewinnen, ohne ein Gespür für die Risiken, ohne ein Gefühl dafür, wo die Grenzen waren. Hier fehlte das nötige Augenmaß. Viel Überzeugungsarbeit würde nötig sein, um den neuen DCI Casey dem Einfluß des rechten Flügels zu entziehen.

Der nächste, mit dem sich Casey in Verbindung setzte, war William E. Colby, der während der turbulentesten dreißig Monate der CIA zwischen 1973 und 1975 DCI gewesen war. Er hatte die entscheidenden Tage von Watergate, Nixons Sturz, das Jahr der Untersuchungen miterlebt. Von vielen Cliquen innerhalb des Nachrichtendienstes wurde er wie ein Aussätziger gemieden. Man hielt ihn für den einzigen liberalen DCI. Unter seiner Führung hatte die CIA bluten müssen, unter ihm waren dem Kongreß Dokumente und Geheimnisse der CIA zugänglich gemacht worden. Vielleicht war ihm damals gar keine andere Wahl geblieben, aber in den Augen vieler hatte er das Gebot der Verschwiegenheit verletzt und die Kardinalsünde begangen, einem Kollegen in den Rücken zu fallen. Bedrängt durch die offiziellen Ermittlungen und unter dem

Druck der geradezu hysterisch reagierenden Öffentlichkeit und der Medien hatte er dem Verteidigungsministerium die Informationen zugespielt, die das Meineid-Verfahren gegen Helms ausgelöst hatten. In den Augen der alten Kameraden war das unnötig gewesen. Als schwärze ein Papst seinen Vorgänger an.

Casey hatte mit Colby während des Krieges nie zu tun gehabt, aber sie kannten sich von der Veteranenorganisation des OSS, und dies bedeutete mehr als nur eine lockere Bekanntschaft. Schließlich hatte man zusammen bei dem gleichen Haufen gedient. Als Angehöriger der Jedburgh Teams, deren Aufgabe darin bestanden hatte, den französischen Widerstand hinter der Front anzufachen, war Colby hinter den deutschen Besatzungslinien mit dem Fallschirm abgesprungen (Jedburgh hieß eine Stadt in Schottland, die durch ihre Grenzkriege bekannt wurde, und Jedburgher Gerechtigkeit ist gleichbedeutend mit »Erst aufhängen, dann vor Gericht stellen«).

Casey erzählte Colby, daß er »den Job übernehme« und daß er sich mit ihm unterhalten wolle. Colby war damit einverstanden, ihn in den provisorischen Amtsräumen Reagans in der M Street aufzusuchen. Er nahm sich vor, kein Blatt vor den Mund zu nehmen. Vor fünf Jahren war er aus der CIA ausgeschieden. Präsident Ford hatte ihn mit der Begründung gefeuert, er habe die CIA in die Untersuchungen manövriert und sei schuld daran, daß so viele Geheimnisse an die Öffentlichkeit gedrungen waren. Colby war ein höflicher Mann, der Telefonanrufe beantwortete, anderen die Türen aufhielt und im Vorübergehen für jedermann ein Lächeln übrig hatte. Er war klein, mager und trug eine Militärbrille. Niemand hätte in ihm einen CIA-Beamten, geschweige denn den Direktor persönlich vermutet. Mit Kittel, Kamm und Schere hätte er ein treffliches Bild eines Kleinstadtfriseurs abgegeben. Er war von überdurchschnittlicher Intelligenz (1940-Phi-Beta-Kappa-Klasse in Princeton, 1947 Jura-Promotion an der Columbia University), und wenn er die Brille abnahm, veränderte sich sein Aussehen. Er hatte einen unnachgiebigen, harten Zug um seine undurchdringlichen, fast kalten Augen. Darin zeigte sich die Seite dieses Mannes, die etwas mit Jedburgher Gerechtigkeit zu tun hatte.

Wenn ihn jemand ohne ordentliche Unbedenklichkeitsbescheinigung oder dienstlichen Grund nach geheimen Informationen fragte, schrumpfte Colbys Gesicht zusammen und schien zu verschwinden, als wolle es hinter den Brillengläsern in Deckung gehen und sich in den

Augenhöhlen verkriechen. Er streckte dem Frager die leeren Hände entgegen und hob die Schultern bis fast an die Ohren. Er könne sich nicht erinnern, das könne er nicht sagen, damit sei er nicht befaßt. Das war seine unnachahmliche Art, abzuwiegeln, und wer ihn kannte, wußte, wie sie zu interpretieren war: keinen Schritt weiter, Zutritt verboten. Waren die Fragen raffinierter, konnte er noch bessere Register ziehen. Selbst wenn Gestik und Mimik Fingerzeige liefern könnten, aus Colby wäre nichts herauszubekommen. Gefühle waren der natürliche Feind des CIA-Agenten. In seiner Autobiographie *Honorable Men*, die 1978 veröffentlicht wurde, rechnet er sich zu den »gray men«, zu denen, die gar kein oder nur wenig Aufsehen erregen, die ihre Aufgaben aber mit Präzision und Rückgrat erfüllen.

Trotz aller Ermittlungen gegen die Nachrichtendienste hatte Colby die NSA vor einer genauen und gründlichen Untersuchung ihrer Aktivitäten schützen können. Die NSA knackte mehr Kodes und belauschte mehr Gespräche, als sich irgend jemand vorstellen konnte. Sie lieferte mittlerweile den Löwenanteil des »Produkts«, wie Colby die Ergebnisse nachrichtendienstlicher Arbeit nannte. Wenn er mit der Art und Weise, wie er die Karten offen auf den Tisch legte, irgendeinen Taschenspielertrick versucht haben sollte, dann wäre er hier zu suchen. Der Schutz der NSA war das ungeschriebene Kapitel in der Chronik der Untersuchungen, und Colby war glücklich, daß es auch dabei blieb. Die NSA verfuhr nach strengen Regeln, aber bis zu welchem Grad sie bereits in der Privatsphäre der ganzen Welt herumschnüffelte, war nicht bekannt. Nach Colby hatte Casey wahrscheinlich die besten Voraussetzungen, bei der CIA zu reüssieren. Er verkörperte eine gute Mischung: Er war Historiker (Colby hatte sein nur wenig bekanntes Buch über die Schlachten während der amerikanischen Revolution, *Where and How the War Was Fought*, gelesen), Anwalt (Colby besaß Caseys Handbuch für Rechtsanwälte), ein Mann mit offenbar umfassenden Kenntnissen in der Außenpolitik und ein risikofreudiger Geschäftsmann. In den nicht enden wollenden Stunden und Jahren der Selbstanalyse nach seinem Ausscheiden aus der CIA war Colby zu der Einsicht gelangt, er habe möglicherweise den Fehler begangen, zu wenige Risiken einzugehen. Casey würde diesen Fehler nicht machen. Und Casey hatte ihm etwas ganz Entscheidendes voraus: eine politische und persönliche Beziehung zum Präsidenten und damit einen direkten Draht.

In Reagans vorläufigem Amtssitz, in einem schäbigen und herunterge-

kommenen Raum, wurde Casey von Colby überschwenglich begrüßt. Mit dem Handschlag wurde das Zepter übergeben.
»Sie sind der richtige Mann«, sagte Colby. »Ihre Beziehung zum Präsidenten ist ein großes Plus.« Sein Ton wurde wehmütig: »Es ist ein großartiger Job.«
Casey schien gespannt. Welche Fehler hatte Colby begangen? Wie schätzte er die Lage ein? Was würde er ihm raten?
»Hören Sie«, begann Colby, »organisieren Sie den verdammten Laden so, wie Sie das wollen. Er ist dazu da, für Sie zu arbeiten.« Der Job bestehe darin, den Präsidenten zu beraten. »Sie werden an den Sitzungen des Nationalen Sicherheitsrates teilnehmen, und es liegt an Ihnen, etwas daraus zu machen. Sie müssen wissen, was vor sich geht – Sie müssen im richtigen Moment eine aktuelle Lagebeurteilung präsentieren können.« Auf einen guten Rat in einer Krisensituation komme es an. Analyse in einer Notlage sei »alles«.
Casey schien ein wenig verblüfft, aber er folgte Colbys Ausführungen weiter aufmerksam und gespannt.
»Sie müssen den Präsidenten mit Nachrichten versorgen«, sagte Colby. Darin bestehe die eigentliche Aufgabe. Werde sie gut erfüllt, sei der Rest eigentlich ein Kinderspiel. Den anfallenden Bürokram könnten andere erledigen. Der Nachrichtendienst dürfe im Weißen Haus nicht stillhalten, wenn politische Alternativen zur Diskussion stünden. Der DCI wirke zwar nicht aktiv an der politischen Kursbestimmung mit, aber es sei wichtig, mit seiner Meinung nicht hinter dem Berg zu halten, wenn eine klare und wünschenswerte Richtung zu erkennen sei.
»Sie brauchen ein Analyse-Zentrum, das die richtigen Fragen stellt«, sagte Colby. Gegenwärtig sei dieses Direktorium völlig falsch organisiert. Die jetzige Aufteilung in die Ressorts Politik, Wirtschaft, Militär- und Nuklearstrategie, das sei ja wie an der Universität.
»Ich will Ihnen nicht vorschreiben, wie Sie Ihr Schiff zu dirigieren haben«, sagte er, aber wenn er wieder DCI wäre, würde er die Analyse-Abteilung nach geographischen Bereichen unterteilen. Auf diese Weise ziehe man sich Experten, die in der Lage seien, die Gesamtsituation in einem Land oder in einer Region einzuschätzen und zu analysieren. Vor Jahren habe er einmal bei einer Sitzung sechzehn CIA-Fachleute um sich versammelt. Jeder von ihnen sei Experte gewesen, entweder für eine bestimmte Region oder für ein bestimmtes Sachgebiet. Er, Colby, war aber der einzige gewesen, der das Ganze im Auge hatte. Das mache

keinen Sinn. Diese Leute seien zwar intelligent, aber ihnen fehle jeder Anreiz, über den Tellerrand ihres Spezialgebiets hinauszuschauen. Die Qualität der Ratschläge für den Präsidenten hänge von der Qualität der zugrundeliegenden Analyse ab, fuhr Colby fort. Viele der Informationen, die man dazu benötige, finde man, für jedermann zugänglich, in der Presse. Kombiniere man sie mit geheimen Informationen, lasse sich eine Menge daraus ableiten. Diese Schlußfolgerungen aber müßten erstklassig sein, und man brauche dazu die besten Köpfe, und zwar möglichst viele. Bei der momentanen Organisationsstruktur, so Colby, sei das aber eigentlich nicht zu machen. Gerade wenn der Nachrichtendienst seine Aufgabe erfülle, setze er sich im nachhinein selbst ins Unrecht. Das sei die eigentliche Ironie. Gute Nachrichtenbeschaffung und zutreffende Voraussagen veranlaßten die Politiker dazu, Maßnahmen zu ergreifen, die den Problemen zuvorkommen und Katastrophen abwenden können. Es heiße, man könne die Zukunft nicht vorhersehen, aber die tägliche Arbeit der CIA bestehe in nichts anderem.

»Das Personal ist wirklich ganz gut«, sagte Colby. Es sind »Spitzenkräfte. Sie sind loyal und werden für Sie arbeiten. Aber lassen Sie sich nicht durcheinanderbringen, Sie können sich über Ihre Mitarbeiter auch hinwegsetzen.«

Colby sagte, es gebe drei deutlich getrennte Abteilungen – die Direktorien für Analysen, für Technik und für geheime Operationen. Die Leiter dieser Abteilungen würden ihr eigenes Süppchen kochen. Er sei dagegen vorgegangen, aber nicht entschieden genug.

Das gelte besonders für das Directorate of Operations. Er selbst komme von dort, er habe diese Abteilung eine Zeitlang geleitet. Sie sei eine Welt für sich. Loyalität gegenüber der Gruppe habe einen sehr hohen Stellenwert. Die eigentliche Stärke der CIA liege bei den Auslandsstationen, die diese Abteilung unterhalte. Junge Leute, oft zwischen dreißig und vierzig Jahre alt, seien die Chefs der Auslandsstationen. Sie müßten das gesamte Management erledigen, für Abschirmung sorgen, geheime Operationen durchführen, gelegentlich diplomatischen Aufgaben nachkommen und die Risiken abwägen. Sie hätten mehr Verantwortung als Beamte des Nachrichtendienstes im State Department, die nur ihre Sekretäre beaufsichtigten und deren einzelne Schritte jeweils von einem Telegramm aus dem State Department diktiert würden.

Verdeckte Aktionen seien notwendig und könnten von Nutzen sein, fuhr Colby fort. Propagandaaktionen oder heimliche politische Unterstützung für einen Zentrumspolitiker, der um die Macht kämpfe, sei oft sehr sinnvoll. Ein geheimer Plan, der mit der offiziell vertretenen Regierungspolitik grundsätzlich übereinstimme, könne funktionieren. Für den Fall, daß etwas nach außen sickere, wäre das für niemanden eine große Überraschung. Voraussetzung sei allerdings, daß in dem Land, in dem die verdeckte Operation durchgeführt werde, eine wirkliche politische Basis existiere – eine nennenswerte Widerstandsbewegung oder eine politische Opposition. Die CIA selbst könne keine aus dem Boden stampfen.

Colby war kein großer Befürworter verdeckter Aktionen. Während seiner Zeit als DCI war es ein verpöntes Wort gewesen. In den 50er Jahren hatten verdeckte Operationen die Hälfte des CIA-Budgets verschlungen. Als er die CIA verließ, waren es nur noch etwa 4 Prozent. Casey und Colby waren sich darin einig, daß die scheidende Carter-Administration sich seit etwa ein, zwei Jahren wieder verstärkt verdeckter Operationen bediente.

Colby kam auch auf den Kongreß zu sprechen, den er nur allzu gut kannte. Im letzten Dienstjahr hatte er ihn die Hälfte seiner Zeit gekostet. Die neuen Ausschüsse für den Nachrichtendienst waren in Ordnung. Mit den Abmachungen konnte man arbeiten. Es war wichtig, daß diese Ausschüsse dem Kongreß klarmachten, worin die Arbeit des Nachrichtendienstes bestand. Das war aber nur zu bewerkstelligen, wenn man sie in Geheimnisse einweihte. Es war aber möglich, den Informationsfluß zu dosieren, das Risiko zu mindern und dennoch Verständnis zu vermitteln. Blieb noch ein Thema, und zwar das wichtigste: die Sowjetunion, das Hauptziel nachrichtendienstlicher Arbeit. Nach Colbys Ansicht waren die Sowjets nicht länger in der Lage, ihr Land und ihre Gesellschaft so nach außen abzuschotten wie in der Vergangenheit. Obwohl es, wie er mit Bedauern feststellte, kein Moskauer Gegenstück zu *Aviation Week* gab, dem US-Magazin, das regelmäßig hochwichtige technische und militärische Geheimnisse veröffentlichte, taten sich in Rußland gewisse Möglichkeiten auf.

»Und vergessen Sie nicht«, sagte Colby, »auch wenn Sie über eine großartige Technologie verfügen, sehen Sie zu, daß Sie Spione vor Ort anwerben. Das ist schwierig.« In den inneren Kreis der sowjetischen Führung eindringen! Niemand hatte das bisher geschafft, aber Casey könnte es gelingen. Colby wußte, daß sein Gegenüber bekannt dafür war, daß er riskante Spekulationen und Geschäfte tätigte, und er köderte

Casey: »Es lohnt sich, auch wenn man ein paar Verluste hinnehmen muß.«
Casey schien zu verstehen, was damit gemeint war.
Jeder CIA-Agent, der in der Sowjetunion arbeitet, kann sich eines Tages als Doppelagent entpuppen, stellte Colby fest. »Aber wenn Sie einmal an einen schlechten geraten«, riet er ihm, »dann sollten Sie sich in der Zwischenzeit fünf gute aufbauen. Von Zeit zu Zeit werden Sie sich die Finger verbrennen, aber Sie müssen weitermachen.« Eine solche Geheimdienstarbeit sei enorm wichtig und könnte den Ausschlag geben. Er, Casey, sei der richtige Mann zur richtigen Zeit.
Casey nickte und rührte sich nicht. Seine Augen waren gespannt auf Colby gerichtet, als säßen sie beide in einer Therapie-Sitzung.
»Machen Sie sich keine Sorgen mehr wegen der 70er Jahre«, sagte Colby. Er spürte, daß er die Vergangenheit aus dem Weg geräumt, ein für allemal begraben hatte. Vielleicht hatte er stellvertretend für alle anderen gesühnt. »Machen Sie sich an die Arbeit«, sagte er.
Casey antwortete, möglicherweise müsse er sich in nächster Zeit noch einmal mit ihm unterhalten. Casey war freundlich und charmant. Keine Spur distanziert. Allerdings hatte er kaum etwas gesagt.
Als Colby ging, war er ihm ausgesprochen freundlich gesinnt. Casey war ein guter Psychiater.

Casey kam zu dem Schluß, er sei Stan Turner einen Anruf schuldig.
»Stan«, sagte er, »die Gerüchte, die vor ein paar Wochen noch nicht wahr waren, sind jetzt doch wahr geworden. Es ist tatsächlich so – ich werde der neue DCI.«
»Schön«, antwortete Turner, aber er gratulierte nicht. Turner hatte einen Mitarbeiter bei sich im Büro und wollte Caseys Neuigkeit noch für sich behalten. Er hoffte, seine Leute persönlich informieren zu können, und zwar dann, wenn er den richtigen Zeitpunkt für gekommen hielt.
Casey war etwas konsterniert über die frostige Reaktion, doch die beiden verabredeten ein baldiges Treffen. Turner ist ein seltsamer Kerl, dachte Casey. Am besten, man geht ihm während der Übergangszeit so weit wie möglich aus dem Weg.
Am 9. Dezember kam Casey in Turners Büro im vierten Stock des Old Executive Office Building. Er machte kurze, unsichere Schritte, als habe er wunde Füße oder eine Handvoll Kies in den Schuhen. Aber er war bei ausgesprochen guter Laune.

»Ronald Reagan mag mit seinen 69 Jahren noch Präsident werden wollen«, begann Casey, »aber ich mit meinen 67 bin nicht darauf erpicht, Außenminister zu werden. All diese Reisen und diplomatischen Pflichten!« Er ruderte und fuchtelte mit der Hand. Es war die unbeholfene Geste eines alten Mannes, die einen größeren Altersunterschied vermuten ließ als die zwei Jahre, die tatsächlich zwischen Turner und Casey lagen.

»Na ja«, antwortete Turner, »Sie werden feststellen, daß Sie auch als DCI mit vielen Leuten Gespräche führen müssen. Alle Geheimdienst-Chefs, die auf ihren Reisen durch die Stadt kommen, werden sich mit Ihnen unterhalten wollen.«

Casey überlegte, wie viele das wohl sein könnten.

»In Frankreich zum Beispiel«, fuhr Turner fort, »gibt es keinen eigentlichen Chef aller Geheimdienste.« Marenches, als Leiter des SDECE, komme dem wohl am nächsten, aber es gebe dort kein Äquivalent zum DCI, keinen Gesamtkoordinator. »Deshalb will auch der Chef der Spionageabwehr ein Treffen mit Ihnen, ebenso der Chef des französischen FBI, und alle halten sich für ebenbürtig.«

Casey hatte weder Notizen noch einen Fragenkatalog mitgebracht, deshalb hoffte Turner, den Gesprächsablauf allein diktieren zu können. Casey schien nur mäßig interessiert, aber hier und da blitzte ein durchdringender Blick hinter seinen Brillengläsern hervor.

»Gibt es nach Ihrer Meinung irgend etwas, das dagegen spricht, daß ich ins Kabinett einziehe?« fragte Casey lustlos. Die Erhebung in den Kabinettsrang war eine Bedingung dafür gewesen, daß er den Job annahm. Zu Turner sagte er darüber freilich kein Wort.

Turner antwortete, selbst wenn die Leitung der CIA momentan kein Kabinettsposten sei, könne das von Reagan leicht geändert werden. Das Gehalt würde jedoch auch weiterhin eine Stufe unter dem eines Ministers liegen, bei etwa zehntausend Dollar, es sei denn, der Kongreß würde es aufstocken. Casey waren die zehntausend Dollar völlig gleichgültig, was er aber unter allen Umständen wollte, war ein echter Kabinettsstatus.

Ein Anruf des Nationalen Sicherheitsberaters Brzezinski platzte in ihr Gespräch. Und weil Turner die schmutzige Wäsche der Carter-Regierung nicht vor Casey ausbreiten wollte, entschuldigte er sich und ging in ein Nebenzimmer, um den Anruf entgegenzunehmen.

Casey fand das befremdlich. Es war doch kein Geheimnis mehr, daß es

zwischen dem Admiral und dem rigorosen Sicherheitsberater ganz offensichtlich böses Blut gegeben hatte, während sie doch eigentlich an einem gemeinsamen Strang hätten ziehen müssen. Aus dem, was er bei den Lagebesprechungen erfahren hatte, konnte er sich in etwa zusammenreimen, was sich abgespielt hatte.
Turner hatte prophezeit, die Sowjets würden unter dem Vorwand eines Truppenmanövers in Polen einmarschieren. Er stützte sich dabei auf aufschlußreiche Satellitenfotos, die sowjetische Truppenmassierungen an der Grenze zeigten. Außerdem hatte er irgendeinen Top-Informanten in Polen. Alles war in höchster Alarmbereitschaft. Wie besessen hatte Brzezinski eine öffentliche Kampagne gestartet, um Aufmerksamkeit in der Welt zu erregen und die Sowjets einzuschüchtern. Über Frankreich und Indien hatte er die Sowjetunion mit geheimen diplomatischen Warnungen bombardiert. Aber er wollte noch mehr Informationen an die Öffentlichkeit tragen, und dagegen widersetzte sich Turner. Jedesmal, wenn Brzezinski ein Detail ausposaunte oder durchblicken ließ, daß er sich seiner Sache sicher sei, war entweder ein Informant oder irgendein System der Nachrichtenbeschaffung gefährdet. Aber Brzezinski bestand darauf, daß man die Behauptungen glaubwürdig belegen müsse, und betonte, der Präsident dulde in diesem Punkt keine Passivität. Man müsse die heimlichen Machenschaften der Sowjets aufdecken und einer Überrumpelung vorbeugen. (Die Top-Schlagzeile der *Washington Post* vom Vortag hatte gelautet: WACHSENDE SORGE ÜBER SOWJETISCHE PLÄNE IN POLEN.)
Brzezinski hatte dafür gesorgt, daß die Führer der Arbeitergewerkschaft »Solidarität« in Warschau über Telefon gewarnt wurden. Der innere Widerstand fand seinen ersten Niederschlag, als Gewerkschaftsmitglieder damit begannen, Fabriken zu schließen, Nachrichtenverbindungen zu unterbrechen und Zechen zu fluten.
Casey mußte in Turners Büro lange warten, und als Turner endlich wiederkam, waren beide peinlich berührt. Sie waren nicht offen zueinander.
Casey könne innerhalb der CIA einen wahren Helden aus sich machen, sagte Turner. Er brauche nur Reagans Übergangsteam aus dem Haus schaffen. Die redeten von einer Säuberungsaktion unter den Verwaltungsangestellten. Und das, sagte Turner, habe große Angst ausgelöst, wie man sich unschwer vorstellen könne.
Casey ging nicht darauf ein. Er stellte klar, daß er in seiner Zeit beim

OSS und beim PFIAB eine Menge über den Nachrichtendienst gelernt habe.
Turner lächelte in sich hinein. Er war überrascht, daß Casey keine Neigung zeigte, sich mit Fragen grundsätzlicher Art zu befassen, Fragen, auf die er in seinen Memoranden ausführlich eingegangen war. Wollte Casey denn nicht wahrhaben, daß man sich in der Abteilung für geheime Operationen verdeckten Aktionen widersetzte?
Casey hatte schon einige Fragen. Sie zielten auf den durchschnittlichen Arbeitstag und die Routinepflichten, die der Job mit sich brachte. Nach einer Stunde und zwanzig Minuten erhob er sich, um zu gehen. Er konnte Turners Benehmen, seine dumpfe Sorge und bittere Enttäuschung nicht länger ertragen.

Zwei Tage später hatte Turner eine weitere nachrichtendienstliche Lagebesprechung mit Reagan und Casey. Reagan residierte jetzt im Blair House, dem Gästehaus des Präsidenten, schräg gegenüber vom Weißen Haus, auf der anderen Seite der Pennsylvania Avenue. Turner wurde in einen großen Raum im Erdgeschoß geführt. Unter anderem stand heute das strategische Gleichgewicht zwischen der USA und der Sowjetunion auf der Tagesordnung – ohne Zweifel das Hauptthema dieses Tages. Eine ausführliche und detaillierte Analyse der militärischen Schlagkraft der Sowjetarmee würde nötig sein. Doch Meese bat Turner, das Thema fallenzulassen. Es war ein heißes politisches Eisen, denn Reagan hatte während des Wahlkampfs immer wieder durchblicken lassen und auch explizit behauptet, die Sowjets hätten ein nukleares Übergewicht erlangt, oder sie stünden zumindest kurz davor. Turner erklärte sich einverstanden: Wozu noch einmal den Wahlkampf aufrollen?
Erster Tagesordnungspunkt war jetzt die sowjetische Wirtschaft. Turner sagte, sie sei in Schwierigkeiten. Die Sowjets hätten demographische Probleme, und es fehle an zusätzlichen Arbeitskräften; die Ineffizienz der Wirtschaft sei nicht beseitigt; die jährliche gesamtwirtschaftliche Wachstumsrate werde voraussichtlich von ungefähr 5 Prozent auf etwa 2 Prozent absinken – ein deprimierender Rückgang. Dann, als Turner über Fragen bezüglich der Sowjetunion und China referierte, juckte es ihn wieder, sein Lied über das strategische Gleichgewicht anzustimmen. Die Frage war zu wichtig, um unter den Tisch zu fallen. Zudem war er gerade intensiv damit beschäftigt, den jährlichen und streng geheimen National Intelligence Estimate (NIE, nachrichtendienstlicher Lagebe-

richt) über die sowjetischen Pläne und Fähigkeiten zu erstellen, NIE 11-3-8. Wenn er schon beide, Reagan und Casey, als Zuhörer hatte, so entschied Turner kurzerhand, sollte das Thema auch wieder auf die Tagesordnung gesetzt werden.

Entscheidend bei dem Problem des strategischen Gleichgewichts, ließ er den zukünftigen Präsidenten wissen, sei nicht die Zahl der Raketen oder Sprengköpfe, auch nicht das Zerstörungspotential der sowjetischen Raketen. Nicht die Zahl der Waffen sei wichtig, sondern was sie tatsächlich anrichten könnten. Das bedeute, daß man nicht nur die Waffen zählen dürfe, sondern einen Schritt weitergehen und sich vorstellen müsse, was bei einem nuklearen Schlagabtausch passieren würde. Ganz allgemein ließe sich sagen, daß nach einem Erstschlag der Sowjets und dem sich anschließenden Vergeltungsschlag der USA die restlichen Truppen auf beiden Seiten etwa gleich stark wären. Es entstünde eine Pattsituation. Faktisch, sagte er mit beflissener Miene, hätten die Vereinigten Staaten nach einem Erstschlag der Russen noch genügend strategische Nuklearwaffen, um alle sowjetischen Städte mit mehr als 100 000 Einwohnern in Schutt und Asche zu legen.

Dies bedeute nichts anderes, als daß die sowjetische Überlegenheit im Grunde gar keine sei. Die einzige Schwachstelle bei dieser Einschätzung sei, ob die Analytiker die Zerstörungskraft eines sowjetischen Erstschlags nicht vielleicht unterschätzten. Doch nach Turners Meinung lagen sie in etwa richtig. Die Konsequenz müsse deshalb lauten: Nicht um die Zahl unserer strategischen Nuklearwaffen brauche man sich Sorgen zu machen, sondern um ihre Verwundbarkeit bei einem Angriff. Für Reagan war das Ketzerei. Er war mit der Behauptung im Wahlkampf angetreten, die Vereinigten Staaten seien bedrohlich ins Hintertreffen geraten, deshalb brauche man höhere Militärausgaben und neue Waffensysteme. Reagan, Meese und Allen saßen nur stumm da.

Auch Casey hatte es die Sprache verschlagen. Rüstungskontrolle, bei der man die Hälfte der Waffen verschrotten würde, war Käse. Was würde das ändern? Es gäbe immer noch genug, um die Welt in die Luft zu jagen. Turner kam auf den zivilen Luftschutz zu sprechen, ein Steckenpferd Reagans. Reagan hatte während des Wahlkampfs behauptet, die Sowjets würden Bunker für die Bevölkerung bauen und sich auf einen Atomkrieg vorbereiten.

»Ja«, sagte Reagan, als Turner das Thema anschnitt, »wir brauchen mehr davon.«

»Nein, Sir«, entgegnete Turner, »ich bin da anderer Ansicht.« Die CIA hatte erst jüngst errechnet, daß nur etwa zehn Prozent der sowjetischen Stadtbevölkerung geschützt werden konnten. Und die angeblich existierenden Evakuierungspläne waren nicht erprobt. Man brauche sich nur vorstellen, so Turner, was es bedeute, acht Millionen Menschen im russischen Winter aus Moskau herauszuholen.
Nach der Sitzung stand Reagan auf und ging zur Treppe. Turner folgte ihm.
»Könnte ich paar Worte mit Ihnen unter vier Augen wechseln, Sir?«
»Ja«, sagte Reagan, lächelte und blieb auf den Stufen stehen. Er war immer bereit, zuzuhören. Die anderen, Casey eingeschlossen, schienen auf seinen Wunsch hin verschwunden zu sein.
»Sir«, begann Turner auf der Treppe, »es gibt da einige sehr heikle Dinge, die wir treiben.« Er machte eine Pause, um seine Worte wirken zu lassen, und suchte Reagans Blick. Jetzt war es raus. Jeder Mensch, allen voran der neue Präsident, mußte sich denken können, daß es diese Dinge gab. Die letzten wirklichen Geheimnisse.
Reagan schaute ihn gespannt an, als hätte er es halb geahnt, halb befürchtet.
»Präsident Carter hat im Weißen Haus nur zwei, drei Leute eingeweiht«, sagte Turner, um den Ernst des Themas zu unterstreichen. »Hamilton Jordan wußte zum Beispiel nichts von diesen Dingen.« Jordan war Carters führender politischer Stratege und Stabschef im Weißen Haus gewesen. »Sir, ich habe dieses Thema bisher noch nicht angesprochen. Ich würde Ihnen und Vize-Präsident Bush gerne von unseren acht heikelsten Operationen berichten.«
»Natürlich«, sagte Reagan.
Turner sagte, es seien nicht unbedingt die wichtigsten, aber die empfindlichsten. Durch Verrat oder Indiskretion drohe ihnen größter Schaden. »Dann«, fuhr er fort, »können Sie entscheiden, wer von den Mitarbeitern im Weißen Haus, von Ihren Mitarbeitern, Zugang zu dem Material erhalten soll.«
Reagan war einverstanden, und Turner ging.
Casey kam auf ihn zu. »Meine Ernennung wird bekanntgegeben.«
»Wann?«
»In drei Stunden.«
In drei Stunden!
Casey sagte, er habe vergessen, die Nachricht weiterzugeben.

Turner beeilte sich, zu seinem Oldsmobile und ins Büro zu kommen. Er war wütend, daß sie ihm nur eine Frist von wenigen Stunden gelassen hatten. Im Hauptquartier angekommen, trommelte er seine vierzehn Top-Mitarbeiter und Assistenten zusammen, die gewöhnlich auch an den 9-Uhr-Besprechungen teilnahmen, die dreimal die Woche stattfanden. Sie versammelten sich in dem kleinen, engen Konferenzraum seinem Büro gegenüber. Turner haßte diesen Konferenzraum. So viele schlechte Erinnerungen, schlechte Zeiten waren damit verbunden. Unzählige Male hatten ihm die Mitarbeiter schwierige Entscheidungen in wichtigen Angelegenheiten abverlangt oder ihn gefragt, was zu tun sei. Selten war einer darunter gewesen, der soviel von der Materie verstand und dessen Kenntnisse so fundiert waren, daß er seine Fragen beantworten konnte.
Turner ging in den Konferenzraum hinüber und sagte seinen Spruch auf. Er war melancholisch und traurig.

An jenem Nachmittag stieg Casey auf die Bühne im Ballsaal des Mayflower Hotel im Herzen Washingtons und präsentierte sich mit sieben anderen, die Reagan in sein Kabinett berufen hatte, vor einem blauen Vorhang der Öffentlichkeit. James Brady, der Sprecher von Reagans Übergangsteam, gab im Namen des zukünftigen Präsidenten die Ernennungen bekannt.
Am selben Abend gab Katharine Graham, die Präsidentin der Washington Post Company, zu Ehren Reagans ein Essen in ihrem Haus in Georgetown. Bill und Sophia Casey waren unter den siebzig Gästen. Casey bekam an der Tafel den Platz zwischen Mary Graham, der Gattin des *Post*-Herausgebers Donald Graham, und Nancy Kissinger, der Gattin des früheren Außenministers. Flankiert von diesen beiden Damen vermittelte er den Eindruck eines Mannes, der den Gipfel des Erfolgs erreicht hat und seiner neuen Aufgabe gewachsen war.

3

Casey verabredete mit NSA-Direktor Bobby Inman einen Termin. Die NSA war das Herzstück der Nachrichtendienste – sie fing Nachrichten ab und knackte Kodes. Und Casey war bei seinen Gesprächen zu der Überzeugung gelangt, daß sie häufig wertvolles Material lieferte. Vier Jahre lang hatte Inman seine NSA abgeschottet, um Turner von seinem Revier fernzuhalten. Das hatte seine Position gestärkt, darüber war sich Casey im klaren.

»Hören Sie«, sagte Casey gleich zu Beginn ihres Gesprächs, »ich weiß, daß Middendorf, der Chef des Übergangsteams, Ihnen angeboten hat, mein Stellvertreter zu werden, und daß Sie abgelehnt haben. Ich bedaure das.«

Inman machte es sich bequem. Er sagte, die drei Wochen nach der Wahl seien für ihn sowohl privat als auch beruflich recht unerquicklich verlaufen, weil Goldwater und einige andere ihn als neuen DCI hätten durchboxen wollen.

Casey murmelte etwas.

Inman sang eine Lobeshymne auf die NSA. Auf den Horchposten rund um den Globus und im Hauptquartier Fort Mead in Maryland beschäftige sie vierzigtausend Leute. Eine Schlüsselrolle komme dem Operations Directorate zu, und innerhalb dieser Abteilung der Unterabteilung Sowjetunion in Fort Mead, in der tausend vorwiegend zivile Mitarbeiter beschäftigt seien. Die meisten könnten einigermaßen Russisch sprechen oder lesen. Abgefangene Nachrichten, so Inman, lieferten mit die aufschlußreichsten Erkenntnisse über die Sowjets. Natürlich wünsche man sich immer noch mehr davon, dennoch sollte die NSA in der Lage sein, darüber Auskunft zu geben, ob die Sowjets eine größere Truppenbewegung planten. Eine andere Unterabteilung organisiere Abhöraktionen in Asien, eine dritte in allen »anderen« Ländern. Die Liste dieser »anderen« Zielländer werde länger. Jeder Außenminister und Nationale Si-

cherheitsberater wolle mehr und bestehe darauf, zu erfahren, was die anderen trieben.
Inman plagte eine Hauptsorge: Er brauche dringend zusätzliche Geldmittel. Ganze Regionen der Welt seien nicht abgedeckt, die NSA sehe sich mit immer neuen und komplizierteren Kodesystemen konfrontiert und der Nachrichtenverkehr wachse täglich an. Man müsse sich auf eine schnellere Abwicklung konzentrieren: Nachrichten abfangen, sichten, wenn möglich entschlüsseln und an die Verwerter weiterleiten. Die Abhörvorrichtungen, mit denen die Satelliten bestückt seien, könnten abgefangene Meldungen heute zwar unverzüglich weiterleiten, aber noch immer sei der Zeitaufwand für ihre Bearbeitung ein Problem. Es dauere zu lang.
Casey stimmte ihm zu.
Inman sagte, im Krisenfall könnte eine wichtige Nachricht womöglich auf irgendeinem Tonband oder in einem Computer versauern, oder sie sei noch nicht übersetzt. Beispielsweise werde auch auf keinem der Horchposten, die man in aller Welt betreibe, simultan mitgehört. Es gebe keinen Mitarbeiter vor Ort, der das eingehende Material rund um die Uhr über Kopfhörer mitverfolge, immer bereit, eine dringende Information sofort weiterzuleiten. Man habe nicht genug Leute, überdies wäre es eine stumpfsinnige Arbeit, eine solche Überwachung durchzuführen. Informationen müßten aus der eingehenden Flut abgefangener Meldungen vom Computer aussortiert werden. Er müßte darauf programmiert sein, Schlüsselwörter oder bestimmte Namen herauszupicken.
Casey stellte eine Menge Fragen. Trotz seines mitgenommenen Äußeren machte er auf Inman einen forschen, ganz und gar nicht schlafmützigen Eindruck. Seine Fragen hatten nichts von den CIA-Methoden oder CIA-Winkelzügen, die Inman von Turner gewohnt war.
Als sich Casey verabschiedete, war er betroffen. Inman hielt es offenbar nicht für ausgeschlossen, daß sich eine ähnliche nachrichtendienstliche Panne wie die von Pearl Harbor wiederholen könnte, als die dechiffrierten japanischen Meldungen die zuständigen Leute nicht erreicht hatten.

Am 18. Dezember fuhr Casey in die Niederlassung der Nachrichtendienste in der F Street zu einem erneuten Gespräch mit Turner. Turner hatte angedeutet, er habe über einige wirklich wichtige Dinge zu reden. Obwohl Casey der Ansicht war, Turner fechte noch immer eine längst

verlorene Schlacht aus, hielt er es für besser, ihn bis zum Ende anzuhören.
Turner wollte über Kodewörter reden. Das System, nach dem man die geheimsten Nachrichten klassifiziere und mit verschiedenen Kodewörtern belege, sei in einem schlimmen Zustand. Dabei sei es das elementare Mittel, geheime Informationen unter Kontrolle zu halten. Es gebe Dutzende von Kodewörtern sowohl für Operationen als auch für Methoden der Nachrichtenbeschaffung. Die NSA, die Navy und sogar die Planungszentrale für geheime Operationen der CIA benützten ein eigenes System von Kodewörtern. Nach Turner gab es bei einem Satellitensystem von herausragender Bedeutung etwa 50 000 Leute, denen der Kode anvertraut wurde. Er hatte es selbst ausgerechnet: jeder, der für eins der zehn Unternehmen arbeitete, die an der Installierung und Wartung des Systems beteiligt waren, gehörte dazu; alle, durch deren Hände die Nachrichten gingen; und sogar die Privatsekretärin des Präsidenten. Nicht mitgerechnet bei den 50 000 waren frühere Mitarbeiter, die während ihrer Dienstzeit in den Kode eingeweiht worden und später ausgeschieden waren.
Turner war sichtlich erregt, als er erklärte, er habe einen Weg gefunden, alle Informationen oberhalb der Geheimhaltungsstufe top secret mit nur fünf Kodewörtern zu klassifizieren und zu verschlüsseln. Sein System habe auch einen Namen: APEX. Die fünf Kodewörter seien PHOTINT für Fotomaterial von Satelliten und Aufklärungsflugzeugen; COMINT für alle abgefangenen Meldungen; HUMINT für Informanten; TECHINT für technische Angelegenheiten; ROYAL schließlich sei ein neues Kodewort für spezielle Techniken oder Sonderoperationen, die besonderer Geheimhaltung unterliegen. Der Kreis der Eingeweihten könne hier auf weniger als hundert der wichtigsten Mitarbeiter beschränkt werden.
Casey nickte höflich. Er überlegte, wie auf diese Weise der Zugang zu geheimen Informationen erschwert werden sollte. Hätte jemand, der in irgendeinem Land mit den dortigen Informanten in Kontakt steht, auch Zugang zu den Daten von Informanten aus anderen Ländern? Er fragte nicht nach. Obwohl Turner gefeuert worden war, präsentierte er sein APEX, als habe er den Stein der Weisen gefunden.
Turner sagte, die NSA sei dagegen, sie wende sich gegen ihn, weil APEX dem DCI eine Kontrolle über das abgefangene Nachrichtenmaterial ermöglichen würde.
Casey sah sich einem Mann gegenüber, der sich das Leben unnötig

schwer machte. Turner strahlte Angst und Unvermögen aus. Er hängte an die große Glocke, daß er die Dinge nicht im Griff hatte und sich nun schon seit vier Jahren mit der NSA herumschlug. Anscheinend ging es dabei um Etiketten und Kompetenzen. Casey scherte sich einen Dreck um Etiketten. Das waren keine Probleme für einen Nachrichtendienstler. Wenn er etwas brauchte, dachte er, dann mehr Klassifizierungen und Kodewörter, weil sie das Hauptinstrument der Geheimhaltung waren. Turners Theater war schon fast peinlich. Casey lachte still in sich hinein. Der Admiral preschte weiter. Die wirtschaftliche Seite des Nachrichtendienstes wollte er offenlegen. Er habe bei der NSA zwei Leute mit einem Stab von zweihundert Mitarbeitern. Es sei eine gute Idee gewesen, gleich zwei Bevollmächtigte zu beauftragen: einer kontrolliere die Finanzen, der andere solle Prioritäten setzen (Nachrichtenbeschaffung, Aufgabenstellung).
Casey reichte es jetzt. Okay, und wen solle er nach Turners Meinung zu seinem Stellvertreter machen? Er selbst habe eine Liste mit drei Namen. Einer sei Fred Ikle, ein Spezialist für Rüstungskontrolle und guter Denker.
Kenne er nicht, sagte Turner.
Hank Knoche?
Unfähig für diesen Job, sagte Turner. Knoche war für eine kurze Zeit Turners Stellvertreter gewesen. Er hatte den Mitarbeitern erzählt, Turner sei gutmütig und man werde ihn schon noch dazu bringen, auf ihre Linie einzuschwenken. Turner hatte Knoche dafür an die Luft gesetzt. Von dritter Seite hatte man ihm deswegen mangelnde Loyalität vorgeworfen.
Inman?
Ein fähiger Mann, sagte Turner. »Es gibt zwei Gründe, die klar gegen ihn sprechen. Erstens: Inman hat sich hartnäckig gegen einen starken DCI gesträubt, und wenn aus Ihnen ein starker DCI werden sollte, wird es Probleme geben. Zweitens: Angesichts der Rivalität zwischen CIA und NSA wird man ihm bei der CIA nicht trauen.«
Casey dankte Turner und ging.
Turner revidierte seine Meinung über Casey: er war doch ein guter Zuhörer.

Casey war sich noch immer unschlüssig, wer sein Stellvertreter werden sollte. Turner argumentierte gegen Inman, weil er in ihm vor allem den

widerspenstigen Direktor der NSA sah. Wenn Inman aber zur CIA käme, könnten die vermeintlichen Nachteile leicht in Vorteile umschlagen. Ein Starspieler vom Klubrivalen konnte im eigenen Klub ganz groß herauskommen, besonders dann, wenn er sich von den Transferbedingungen Vorteile für sich selbst versprach. Casey beschloß, mit Frank C. Carlucci III, dem Stellvertreter Turners, ein paar Worte zu wechseln. Carlucci war kein Dummkopf und ein alter Hase im Verwaltungdienst. Außerdem ein Überlebenskünstler im politischen Geschäft: er war Beamter im auswärtigen Dienst, stellvertretender Minister für Gesundheit, Erziehung und Wohlfahrt, stellvertretender Direktor im Amt für Verwaltungs- und Budgetfragen sowie Botschafter in Portugal gewesen. Wen man zum Stellvertreter machen solle? fragte Casey. Er wußte, daß Carlucci aus dem Rennen war, weil er als Caspar Weinbergers Stellvertreter ins Pentagon einziehen würde.
Es gebe nur einen Mann, antwortete Carlucci: Bobby Inman. Sollte ihn Casey nicht nehmen, würden Cap Weinberger und er alle mit dem Pentagon verflochtenen Nachrichtendienste – DIA, NSA und die militärischen Nachrichtendienste – um Inman herum neu organisieren und ihm deren Leitung übertragen. Casey zog daraus für sich den Schluß, daß er als DCI kein Interesse an einem Inman haben konnte, der von draußen die CIA anpinkelte; wenn schon, dann lieber von drinnen das Verteidigungsministerium.
Kurz vor Weihnachten fuhr Casey noch einmal raus nach Langley, um mit Turner zu reden. Turner überreichte ihm die Kopie eines CIA-Berichts über die Mißhandlung des sowjetischen KGB-Überläufers Juri Nosenko durch die CIA in den 60er Jahren, in Turners Augen eines der schlimmsten Verbrechen, das die CIA je begangen hatte. Nosenko war von einigen Paranoikern verdächtigt worden, ein Doppelagent zu sein, den man geschickt hatte, um der CIA Informationen zuzuspielen, die beweisen sollten, daß zwischen dem KGB und dem Kennedy-Mörder Lee Harvey Oswald keine Verbindung bestanden hatte. Nosenko war 1277 Tage lang in einer Zelle von 2,5 auf 2,5 Meter gefangengehalten worden. Länger als drei Jahre. Er wurde zum Opfer in einem widerwärtigen Spiel, das einige Experten für Spionageabwehr unter dem Motto »Welcher sowjetische Überläufer ist ein Spitzel?« inszenierten. Casey müsse das unbedingt lesen, sagte Turner, es sei wichtig, damit er verstehe, was passieren, was schieflaufen könne. Daß sich so etwas wiederholen könnte, war nach Turners Ansicht nicht auszuschließen.

Casey nahm den Bericht entgegen, aber er fand es ziemlich verschroben, Ereignissen, die mehr als zwei Jahrzehnte zurücklagen, soviel Beachtung zu schenken.
Er habe noch etwas für ihn, sagte Turner und zog ein Notizbuch hervor. Es enthielt eine Aufstellung der zwanzig bis fünfundzwanzig wichtigsten Posten bei der CIA, dazu eine Liste der Leute, die sie momentan innehatten und seit wann. Außerdem schlug Turner für jeden Posten drei Kandidaten vor. Insbesondere auch für die Leitung der Planungszentrale für geheime Operationen.
Casey nahm auch dieses Präsent entgegen. Turner war sich offenbar nicht bewußt, daß er in diesem Augenblick die Karriere von 75 Leuten in Gefahr brachte. Die Gunst des Ancien régime war schon immer eine zweifelhafte Referenz.
Turner sagte, er werde jetzt seine letzte Auslandsreise als DCI antreten, und zwar nach China, um ein streng geheimes Geschäft abzuschließen, bei dem es um zwei Stationen für die Überwachung sowjetischer Raketenversuche gehe. Sie sollten die verlorenen Stationen im Iran ersetzen. Er werde unter einem Decknamen reisen und eine Verkleidung aus dem CIA-Fundus tragen, Schnurrbart inklusive.

Casey setzte seine Gespräche mit dem CIA-Übergangsteam fort. Papiere gingen über den Tisch. Er war durchaus bereit, etwas zu riskieren, und er war auch aufgeschlossen für neue Ideen, aber er hatte auf seinen früheren Regierungsposten gelernt, daß ein neuer Mann gelassen an sein neues Amt herangehen und erst nach reiflicher Überlegung zur Tat schreiten sollte. Das hatte ihm einer seiner besten Freunde und langjähriger Sozius im Anwaltsbüro, Leonard W. Hall, eingebleut, der während der Eisenhower-Ära Vorsitzender des Republican National Committee (Republikanischer Nationalausschuß) gewesen war und Eisenhowers Wiederwahlkampagne nach dessen Herzanfall geleitet hatte. Hall war im vorigen Jahr gestorben, aber fünfzehn Jahre lang hatten sich Casey und er regelmäßig jeden Samstag zum Lunch in dem italienischen Restaurant Caminari's in Locust Valley, Long Island, getroffen. Der liebenswürdige Hall hatte Casey beigebracht, sich um die kleinen Leute zu bemühen und den Kontakt zu ihnen zu suchen – zu Arbeitern, Sekretärinnen, wenn möglich zu jedem. Das Wichtigste, was er ihm beigebracht habe, sei aber »Vernunft« gewesen, wie Casey zu sagen pflegte.
Casey fiel es leichter, draufgängerisch zu sein als vernünftig. Und wer

würde ihm jetzt, nachdem Hall tot war, Vernunft predigen? Casey machte sich an John Bross heran, und Bross rechnete ihm vor, daß die Vorschläge des Übergangsteams kompletter Unsinn seien. Nichtbehördliche Tarnung etwa würde die Geheimagenten im Ausland zu einem Haufen von Handelsvertretern degradieren. Sie hätten keine Glaubwürdigkeit bei ausländischen Regierungsbeamten. Spionage und andere Aktivitäten müßten von einer Position der Stärke aus durchgeführt werden. Das Prestige der Regierung der Vereinigten Staaten müsse in die Waagschale geworfen werden, und das könne nur der Fall sein, wenn die Spione diplomatischen Status genössen. Wie sollte jemand ohne die Tarnung als Botschaftsangehöriger gefahrlos mit Washington kommunizieren können? Wo sollten geheime Akten aufbewahrt werden? In einem Hotelzimmer in der Innenstadt? Bross behauptete, die Spinner im Übergangsteam versuchten, Casey alte Hüte aus Spionageromanen zu verkaufen, eine überkommene romantische Vorstellung vom Goldenen Zeitalter der Spionage. Es habe nie existiert und würde wahrscheinlich auch nie existieren. Der Gegner heiße nicht Doktor No aus irgendeiner James-Bond-Geschichte, und es gehe auch nicht darum, Doktor Nos Hauptquartier zu zerstören. Man habe es mit den Russen zu tun, und das würde auch so bleiben. Es sei ein subtileres, zäheres Spiel.

Casey kämpfte mit sich. Er sah die Richtigkeit von Bross' Argumenten ein, aber sein Innerstes sagte ihm, er müsse drastische Veränderungen vornehmen.

»Kommen Sie, Bill«, sagte Bross, »sicherlich läßt sich eine Lösung finden, die nicht so tiefe Gräben reißt.«

Casey hörte auf die Stimme der Vernunft.

Der Schlußbericht des Übergangsteams war am 22. Dezember unter Dach und Fach. Am ersten Weihnachtsfeiertag teilte Casey Bross mit, daß das Team seine Arbeit beendet habe. Es hatte sich zu einem Debattierklub entwickelt. »Die haben versucht, mir Schwierigkeiten zu machen«, sagte er. Jetzt sei es an der Zeit, die Fäden selber in die Hand zu nehmen.

Bross war erleichtert. Einige böse Geister waren verscheucht. Wenigstens für den Augenblick.

Nach Neujahr trafen sich Casey und Bross zum Lunch im Member's Grill des Metropolitan Club, eines der exklusivsten Klubs von Washington. Absolute Priorität würde er den Estimates, den Lagebeurteilungen, den schriftlichen Prognosen für die Zukunft einräumen, sagte Casey. Nicht nur sie müßten besser werden, sondern auch das gesamte, ihnen zugrundeliegende Nachrichtenmaterial. Auf diese Weise ließen sich Schwachstellen bei CIA-Informanten und bei den Angestellten besser lokalisieren. Außerdem seien die Lagebeurteilungen das Verbindungsglied zum Weißen Haus, zum Präsidenten und damit zur politischen Schaltzentrale. Bross stimmte zu.

»Früher bekam ich sechshunderttausend Dollar im Jahr für meine Steuerauszüge«, sagte Casey (wobei er sein jährliches Einkommen großzügig nach oben frisierte). Eine Fülle komplexer Daten zusammengefaßt und das Wesentliche herausfiltriert – nichts anderes habe er gemacht, sagte er.

Aha, dachte Bross. Er war betroffen, daß Casey es offenbar nötig hatte, zu prahlen. Doch er fand es ebenfalls vernünftig, die Lagebeurteilungen vordringlich zu behandeln.

Durch die Konzentration auf diese Analysen, sagte Casey, könne er persönliche Kontakte zu den Chefs der Nachrichtendienste im Außenministerium, zu den Chefs der militärischen Nachrichtendienste, der NSA, des FBI und all der anderen knüpfen. »Stan lag mit allen in Fehde«, fügte er spöttisch hinzu.

Nummer zwei auf der Dringlichkeitsliste: Casey wollte auf eine neue Executive Order (eine Art Grundsatzdirektive des Präsidenten) hinwirken, mit dem Ziel, die Restriktionen für die Informationsbeschaffung zu lockern. Nummer drei: Er wollte mehr Geld und Personal für den Nachrichtendienst. Ein akutes Problem, sagte er, seien die anstehenden Personalentscheidungen. Was waren Bross' Vorschläge für die Schlüsselpositionen?

Inman, sagte Bross, müsse Stellvertreter werden. »Bill, Sie brauchen einen Mann von echtem Format, der über gute Beziehungen verfügt und sich in den Auseinandersetzungen mit dem Verteidigungsministerium behauptet. Inman ist so einer. Im State Department wird er sich als gemäßigter Militär Respekt verschaffen, Goldwater hat er ohnehin in der Tasche, und er ist der Liebling des Kongresses.«

Casey nickte. Aber es war ihm anzusehen, daß er noch immer zögerte.
Warum nicht? fragte Bross.
Aus einem einfachen Grund. Inman will den Job nicht.
Inman sei Soldat und werde tun, was man ihm sage, erwiderte Bross. Vielleicht könnte ihm ein vierter Stern den Job schmackhaft machen.

Casey murmelte etwas. Man kam jetzt auf andere Posten zu sprechen.
»Was ist mit meinen persönlichen Assistenten?«
Das sei vielleicht die wichtigste Personalentscheidung, sagte Bross. Es müsse jemand sein, der wisse, wie die Dinge liefen, der Kontakte zum Nationalen Sicherheitsrat, zum Stab und zu den Schaltstellen der Macht habe, den bürokratischen Papierkrieg kenne und mit dem Pentagon und dem State Department auf gutem Fuß stehe.
Casey bat Bross, sich umzutun und den Richtigen zu finden. Er selbst müsse sich durch Berge von Personalakten wühlen, um nach Kandidaten für all die anderen Posten Ausschau zu halten. Das sei sehr wichtig, betonte er. Diesmal murmelte er nicht. Dafür zerpflügten seine Arme die Luft im ruhigen Member's Grill.
In Bross' Augen zeigte Casey akute Symptome jener Krankheit, die er »Mit meinen Leuten werde ich für frischen Wind sorgen« nannte. Das war Donovan in persona. Donovan hatte einige merkwürdige Figuren protegiert, Leute, die nicht unbedingt den breiten Durchschnitt repräsentierten. In einer großen Organisation mit ausgefallenen Funktionen – darüber war sich Bross im klaren – brauchte man wahrscheinlich Exzentriker und komische Vögel, damit die Arbeit getan wurde. Die meisten der Kodeknacker kamen nicht von den besten Internaten.
»Wir brauchen Leute, die sich in der Geschäftswelt gut auskennen«, sagte Casey. »Wir müssen uns einige Außenstehende holen.«
»Gewiß«, sagte Bross.
»Außerdem wollte ich einen Job für Who-gul besorgen«, sagte Casey, indem er den Namen Max Hugel verstümmelte.
»Who-gul?« fragte Bross. »Wer ist das?«
»Who gul«, antwortete Casey.
Bross verstand den Namen noch immer nicht.
Casey war entschlossen, einen Posten für Hugel zu finden. Hugel war ein erfolgreicher Geschäftsmann und hatte in Reagans Wahlkampf eng mit Casey zusammengearbeitet. Er hatte aus Angehörigen von Minderheiten und Wähler-Interessengruppen einen Kader von Wahlkampfhelfern rekrutiert.
»Es gibt viele Jobs«, sagte Bross schließlich.
Sie kamen darin überein, daß Bross nach der Amtsübernahme ein Büro außerhalb von Caseys Dienststelle beziehen sollte. Von dort könnte er beobachten, was läuft, und nach einem idealen Assistenten für Casey Ausschau halten.

Casey fuhr nach Langley zurück, wo er sich, kraft seiner neuen Autorität, von mehreren Top-Mitarbeitern Turners Bericht erstatten ließ.
Wie stand es mit verdeckten Aktionen? Was hatte man in den Jahren unter Carter getrieben? War die Abteilung für geheime Operationen schon so rostig, daß sie quietschte? Er wollte Einzelheiten.
In den vier Jahren habe es drei Phasen für verdeckte Aktionen gegeben, war die Antwort. Die erste und unverfänglichste Form von verdeckter Aktion war Propaganda, und sie hatte auch die erste Phase der begrenzten geheimen Aktivitäten während der Carter-Turner-Ära geprägt. Besonders Brzezinski hatte mit Nachdruck dafür plädiert, Bücher in die kommunistischen Länder zu schaffen. Das sogenannte Book Program bestand darin, Tausende von Büchern und anderes gedrucktes Material hinter den Eisernen Vorhang zu schmuggeln. Das habe zwar den Lauf der Geschichte weder verändern noch Sand in ihr Getriebe streuen können, bekam Casey zu hören, aber man habe das Gefühl gehabt, das Evangelium der Demokratie unter die Menschen zu tragen. Turner habe dieses Programm als »Spielerei«, »Papiertiger Brzezinskis« und »Blindgänger-Operation« abgetan.
Casey war entsetzt über Turners Zynismus. Er nahm sich vor, für eine dramatische Ausweitung dieser Propaganda-Programme zu sorgen. Worte, so glaubte er, konnten etwas erreichen. Sie transportierten Ideen, und auf Ideen kam es an.
Was noch? fragte Casey ungeduldig.
Zur zweiten Phase gehörten geheime Unternehmen, die vorrangig den Zweck verfolgten, die Beziehungen zu befreundeten Nationen zu festigen, besonders zu den Briten und den Saudis. Diese gemeinsamen Operationen sollten Carters neuen, harten Kurs gegen Ende seiner Amtszeit demonstrieren. Die wichtigste Operation war ein begrenztes paramilitärisches Hilfsprogramm, mit dem Ziel, im marxistisch geführten und von der Sowjetunion unterstützten Südjemen Zersetzungsarbeit zu leisten. Die Operation war im Gang, und mehrere kleine Gruppen von Jeminiten wurden dazu ausgebildet, Brücken in die Luft zu sprengen und so weiter. Turner hatte die Sache »zerfahren« genannt, und deshalb hatte sein Stellvertreter, Frank Carlucci, das geheime Projekt unter seine Aufsicht genommen.
Warum? fragte Casey. Turner sei der Ansicht gewesen, das Weiße Haus sei zu sehr darauf bedacht gewesen, es den Briten recht zu machen, die hinter der Operation im Südjemen standen, und er habe behauptet, die

CIA weihe den undichten MI-6, den Britischen Auslandsnachrichtendienst, in zu viele Geheimnisse ein. Faktisch hätten die Briten den Nachrichtendienst der Vereinigten Staaten im Schwitzkasten.
Casey sagte, er könne die Briten gut leiden. Was noch?
Als Reaktion auf die sowjetische Invasion in Afghanistan im Dezember 1979 sei die Carter-Administration in die dritte Phase ihres geheimen Aktionsprogramms eingetreten, in der sie die einzig wirklich ernsthafte, großangelegte paramilitärische Hilfsaktion in Gang setzte. Wieder war es Brzezinski, der am stärksten darauf drängte, weil er glaubte, die Sowjets hätten sich übernommen. Afghanistan war für Brzezinski das sowjetische Vietnam, und er wollte diese Situation entschlossen und rücksichtslos ausnutzen. Laßt sie ausbluten, hatte er gesagt.
Und Turners Haltung dazu?
Der Direktor, bekam Casey zur Antwort, habe lange und gründlich darüber nachgedacht, ob es statthaft sei, für die weltpolitischen Interessen der Vereinigten Staaten das Leben Dritter zu opfern. Zum ersten Mal konnten von der CIA gelieferte Waffen Soldaten regulärer sowjetischer Truppenverbände töten, die Afghanistan mit ungefähr 90 000 Mann besetzt hielten. Turner habe gefürchtet, die USA könnten den Krieg so lange hinziehen, bis auch der letzte Afghane tot sei, aber schließlich hatte er der Operation doch zugestimmt. Auch Saudi-Arabien, Ägypten, Pakistan und China unterstützten den afghanischen Widerstand. Die Gesamtkosten betrugen etwa hundert Millionen Dollar.

Caseys Confirmation Hearing (Anhörung vor der Berufung in ein öffentliches Amt) vor dem Senatsausschuß für den Nachrichtendienst wurde auf Dienstag, den 13. Januar 1981 festgesetzt, eine Woche vor Reagans Antrittsrede. Er machte sich an die Arbeit. Es sollte sein fünftes Confirmation Hearing werden, und er hatte gelernt, das Forum nicht dazu zu benützen, seine Ansichten auszubreiten oder in Erinnerungen zu schwelgen, aber auch nicht ungewappnet und unvorbereitet vor das Tribunal zu treten. Bei seiner Ernennung zum Vorsitzenden der SEC vor zehn Jahren hatte er improvisiert und sich fast um seine Nominierung gebracht. Senatoren konnten es peinlich genau nehmen, wenn es um den präzisen Wortlaut eines Protokolls ging. Ihre parlamentarische Pingeligkeit in rein formalen Fragen war mitunter sehr lästig. Caseys Erinnerung an 1971 war jedenfalls sehr unerfreulich.*

Diesmal bereitete sich Casey gründlich vor. Der Posten des Direktors der CIA war bedeutend und stand im Licht der Öffentlichkeit. Casey bastelte eigenhändig an einem vierzig Punkte umfassenden Eröffnungs-Statement, einzig zu dem Zweck, sich Ärger zu ersparen. Im einzelnen hieß das: sich so wenig wie möglich festlegen, den Unwissenden und Unentschlossenen spielen und die Senatoren glauben machen, es seien noch keine Entscheidungen gefällt worden. Er nahm sich vor, nur sehr wenig zu sagen. Schwerfallen dürfte ihm das nicht, denn am liebsten hörten Senatoren sich selber reden.

Casey war an jenem Morgen, in einen dunklen teuren Nadelstreifenanzug gekleidet, pünktlich zur Stelle. Punkt 10 Uhr eröffnete Senator Goldwater das Hearing und bat den stellvertretenden Vorsitzenden des Ausschusses, Senator Daniel Patrick Moynihan – einen New Yorker Demokraten, der in der Nixon-Administration gearbeitet hatte –, Casey vorzustellen. Moynihan, der nicht nur ein Akademiker von Fleisch und Blut war, sondern auch wie einer redete, deklamierte mit honigsüßem, vornehmem Ostküsten-Akzent. Zunächst spulte er seine übliche, lokalpatriotische Platte ab: Steh treu zu Deinem Staat, Sohn der Stadt New York, und so weiter.

Dann fuhr er fort: »Das außergewöhnliche Verdienst dieses Mannes ist, daß er, in der einen oder anderen Form, seit seinem Eintritt in die US-Navy während des Zweiten Weltkriegs jedem Präsidenten seit Franklin Roosevelt gedient hat. Die Stationen seines beruflichen Werdegangs sind hinlänglich bekannt, so daß ich mir ersparen darf, auf Einzelheiten einzugehen. Lassen Sie mich nur einen etwas traurigen Aspekt herausgreifen, den die Franzosen *fin de ligne* zu nennen pflegen: Bill Casey ist sicherlich der letzte OSS-Mitarbeiter, der die Leitung der CIA übernimmt.«

Casey saß beklommen im Zeugenstand. Er blickte verständnislos drein, seine Hände suchten nervös nach einer Beschäftigung.

Jetzt ergriff Goldwater das Wort. Manches liege im argen, sagte er. Der Nachrichtendienst liefere zu wenig Erkenntnisse, und was er liefere, sei nicht gut genug. »Die Kongreß-Untersuchungen, die wechselnden Stimmungen im Kongreß und so weiter haben die Geheimagenten davon abgehalten, unerwartet sich bietende Gelegenheiten beim Schopf zu packen ... eine nicht geringe Zahl von Agenten verwendet übermäßig viel Zeit darauf, Verteidigungsschriften abzufassen, um etwaigen Ermittlungen gegen sie oder Kritik an ihren Aktivitäten vorzubeugen.«

Nach den Eröffnungserklärungen dreier anderer Senatoren reckte Casey seinen Kopf in Richtung Mikrofon. Seine Ziele seien »Wiederaufbau, Leistung, Sicherheit«.

»Die CIA leidet besonders an institutionellen Selbstzweifeln«, sagte er und hielt sich an die psychologische Seite des Problems. »Viele der hervorragendsten Beamten haben ihren Abschied genommen oder sind im Begriff, es zu tun. Die Moral vieler Mitarbeiter ist angeknackst. Zu viele Leute haben darauf hingearbeitet, das Selbstwertgefühl der Nachrichtendienst-Beamten zu untergraben.«

In den vergangenen Wochen habe er, so Casey weiter, zu oft erlebt, wie man ihm zögernd, ausweichend und abwehrend begegnete. Als Heilmittel setze er dem Vertrauen, Zuversicht und Ehre entgegen.

»Jetzt ist nicht der Zeitpunkt für eine erneute bürokratische Umkrempelung der CIA«, verkündete er eindringlich. Bei den sogenannten nachrichtendienstlichen Pannen der letzten Jahre, so Casey weiter, habe es sich um Fälle gehandelt, bei denen die Fakten durchaus verfügbar gewesen seien. Nur habe man falsche Schlüsse daraus gezogen oder verfehlte Maßnahmen ergriffen. Er versprach, dem Präsidenten alle relevanten Informationen zukommen zu lassen und ihn von allen Vorhaben zu unterrichten. Zweimal gelobte er, eng mit dem Kongreß zusammenzuarbeiten.

Casey hatte für jeden etwas: »Wiederaufbau« für die Rechte, »bürgerliche Freiheiten« für die Linke. Seit Reagans Erdrutschsieg waren die Demokraten in Nöten. Moynihan und viele andere wußten das nur zu gut. Die Demokraten mußten von jetzt an auf einem schmalen Grat wandern. Weitere Versuche, die CIA auszuweiden, würde es nicht geben, auch keinen Frank Church, der ihr vorwerfen konnte, »sich wie ein Elefant im Porzellanladen zu gebärden«. Moynihan hatte diese Auffassung eigentlich nie vertreten. Ohne eine effektiv arbeitende CIA gab es keine Garantie für die nationale Sicherheit. Er machte sich keine Illusionen über die Sowjets; sie schreckten auch vor üblen Tricks nicht zurück.

Moynihan machte sich allerdings auch wenig Illusionen über die Fähigkeiten der CIA, brauchbare Informationen zu beschaffen. Als er von 1973 bis 1975 Botschafter in Indien gewesen war, überbrachte ihm sein CIA-Stationschef oft Mappen, die geheimes Material der indischen Regierung enthielten und entsprechend gekennzeichnet waren. Aber für gewöhnlich ergriff die Regierung dann Maßnahmen, von denen in den

Mappen nicht die Rede war. Es war für ihn eine unumstößliche Tatsache, daß die CIA nur an einen Bruchteil der Informationen herankam. Als die Befragung Caseys an Moynihan kam, verwies er auf das erst neulich erlassene Gesetz, das den DCI dazu verpflichtete, den Ausschuß »vollständig und laufend über alle nachrichtendienstlichen Aktivitäten zu unterrichten ... auch über jede bedeutsame Aktivität, die der Nachrichtendienst für die Zukunft plant«. Moynihan wies darauf hin, daß der Präsident in einzelnen Fällen anordnen könne, nur die Vorsitzenden und die stellvertretenden Vorsitzenden der Nachrichtendienst-Ausschüsse des Senats und des Repräsentantenhauses zu informieren. Dies gelte aber nur für »außergewöhnliche Umstände, bei denen lebenswichtige Interessen der Vereinigten Staaten berührt sind, damit in solch besonders brisanten Fällen die notwendige Geheimhaltung gewährleistet werden kann«.

»Trotzdem bleibt eine Grauzone«, sagte Moynihan, lehnte sich nach vorn, und seine Stimme schraubte sich in den gewohnten Singsang, den er immer dann anschlug, wenn er sich am zentralen Punkt des Problems angelangt wußte. In einer Präambel des Gesetzes stehe, die Informationspflicht müsse »im Einklang stehen mit den verfassungsmäßigen Pflichten des Präsidenten«, ebenso mit der Verpflichtung der ausführenden Organe, die unzulässige Preisgabe geheimer Informationen, Nachrichtenquellen und Methoden des Geheimdienstes zu verhindern.

»Wenn wir sagen: im Einklang mit, räumen wir ein, daß es Fälle geben kann, wo das nicht der Fall ist«, sagte Moynihan. Trotz dieser Einschränkung stelle das Gesetz aber unmißverständlich fest, daß zu irgendeinem Zeitpunkt eine Unterrichtung erfolgen müsse, und sei es erst im nachhinein. »Folglich müssen wir ausnahmslos in jedem Fall informiert werden.« Dann fragte er Casey, was er von dieser zweideutigen Verfügung halte, »denn, wie Sie wissen, gab es in Ihrer langen und außergewöhnlichen Karriere einen Fall, bei dem der Vorwurf laut wurde, Sie hätten dem Kongreß gegenüber kein Entgegenkommen gezeigt, als dieser gewisse Unterlagen anforderte«.

Er meine die ITT-Akten, präzisierte Moynihan. »Nun, Sie werden nicht überrascht sein, daß wir uns vor dem Hearing mit dieser Angelegenheit beschäftigt haben, und ich war so frei, mich mit Mr. Stanley Sporkin in Verbindung zu setzen, einem hervorragenden Beamten von untadeligem Ruf.« Moynihan legte einen Brief von Sporkin vor, dem legendären Chief of Enforcement der SEC, der sich seit Jahren als Sonderfahnder von eigenen Gnaden in Sachen Wirtschaftsdelikte betätigte.

Moynihan hatte sich von Sporkin, den viele Demokraten, die der Wirtschaft kritisch gegenüberstanden, fast wie einen Helden verehrten, kompromittierende Informationen erhofft, statt dessen aber hatte er ein Loblied auf Casey zu hören bekommen über die Zeit, als die beiden in der SEC zusammenarbeiteten. Sporkin hatte von Caseys »scharfsinnigen und fundierten Analysen« und seinen »schöpferischen und weisen Entscheidungen« in strittigen Fällen geschwärmt.
Casey verstand die Welt nicht mehr. Moynihan stellte zu seiner Vergangenheit nicht einmal eine einzige Frage. Statt dessen kam er auf die Zukunft zu sprechen. »Gesetzt den Fall, Sie sollen diesem Ausschuß von Dingen berichten, die er wissen sollte, die Ihrer Meinung nach aber, wenigstens vorläufig, nur zwei Leute auf der Welt wissen sollten. Was würden Sie tun?«
»Senator«, antwortete Casey, »ich beabsichtige, das Gesetz nach Buchstaben und Geist zu erfüllen. Ich kann mir im Moment keine besonderen Umstände vorstellen, die es mir geboten erscheinen ließen, dem Ausschuß die von ihm erwünschten Informationen vorzuenthalten.«
»Ich danke Ihnen, Sir«, sagte Moynihan, im Glauben, er habe ein bindendes Versprechen erhalten. »Sie sagen also, Sie können sich keine Situation vorstellen, die es Ihnen verbietet, diesen Ausschuß zu informieren.«
Freundlich gab Casey zurück: »Ich sagte, ich könne mir im Moment keine vorstellen.«
Moynihan lächelte: »Gut, Sie sagten, im Moment keine. Sie haben die Fordham Law School nicht umsonst besucht.«
Jetzt war es an Casey zu lächeln. In Fordham hatte er sein Studium nur begonnen. Seinen Abschluß hatte er in St. John's gemacht. Doch er korrigierte den Senator nicht.
Casey kam locker durch den Rest der Befragung. Er versuchte, seine Antwort auf ein Wort oder einen Satz zu beschränken. Auf eine Frage zu der Forderung »Laßt der CIA endlich wieder freie Hand«, die damals in Mode war, antwortete er: »Ich habe das niemals gesagt.« Über eine mögliche neue Executive order: »Darüber bin ich mir noch nicht im klaren.« Auf die Frage, was er denn seit der Wahl getan habe: »Die meiste Zeit habe ich damit verbracht, die liegengebliebene Arbeit in meiner Anwaltspraxis nachzuholen und den finanziellen Verlust zu überschlagen, den mir der Wahlkampf eingetragen hat.« Über das CIA-Übergangsteam: »Ein amöbenartiges Gebilde.« Zu Managementfragen

sagte Casey: »Es entsprach immer meinem Stil, Ziele vorzugeben und den Mitarbeitern so viele Vollmachten einzuräumen, daß sie diese Ziele auch erfüllen konnten, sie zur Leistung anzuhalten und mich nicht in jede Kleinigkeit einzumischen. Wenn einer keine Leistung bringt, hole ich mir jemand anderen.«
Als Senator Joseph R. Biden Jr. Casey darauf hinwies, er sei nur schwer zu verstehen, und ihn bat, er solle das Mikrofon näher zu sich heranziehen, tat das Casey und fügte hinzu: »So, jetzt hab ich's zwischen den Zähnen.«
Jetzt stellte Goldwater einige Fragen: »Haben Sie sich schon Gedanken über Ihren Stellvertreter gemacht?«
»Ja, viele«, antwortete Casey trocken. Jetzt würde das Trommelfeuer beginnen.
»Ich halte es für angebracht, Sie davon in Kenntnis zu setzen, daß Admiral Robert Inman in diesem Ausschuß höchste Wertschätzung genießt«, sagte Goldwater mit undurchdringlicher Miene. »Und wir – ich darf wieder im Namen aller Ausschußmitglieder sprechen – sähen es nicht gerne, wenn wir hier irgendeinen Politiker als Ihren Stellvertreter begrüßen müßten. Ich denke, Admiral Inman wäre eine ideale Ergänzung.«
»Ich hoffe, er kann sich frei machen«, erwiderte Casey und deutete damit an, daß Inman den Job haben könne, wenn er ihn wolle.
»Ich schneide den Punkt an, weil ich in der Zeitung las, daß es noch einige andere gibt, die als Ihr Stellvertreter im Gespräch sind, Leute im übrigen, von denen ich noch nie etwas gehört habe«, sagte Goldwater und wiederholte: »Aber Bobby Inman kennen wir.«
»Ich habe diese Liste nicht gesehen«, sagte Casey und spielte den Ball an Goldwater zurück. »Ich werde sie mir beschaffen müssen«, witzelte er, »vielleicht sind ein paar gute Leute darunter.«
»Ich werde Ihnen nicht einmal verraten, wo ich sie gesehen habe«, antwortete Goldwater.
Jetzt kam Biden auf Rechenschaftspflicht zu sprechen.
Casey zögerte nicht, dem jungen Senator Kontra zu geben. »Ich denke, es gibt einen Punkt, wo sich peinlich genaue und ausführliche Rechenschaftspflicht negativ auf die Leistung niederschlagen kann, ich denke, das sollte man berücksichtigen.« Biden ritt jetzt auf Paragraphen herum, und Casey blockte ab: »Ich habe mir dazu keine fundierte persönliche Meinung gebildet, und eine schlechtfundierte möchte ich nicht zum besten geben.« »Nein.« »In keiner Weise.« »Ich werde das prüfen.«

Biden stimmte jetzt in den Lobgesang auf Inman mit ein: »Der mit Abstand und fraglos in jeder Hinsicht beste Mann, der vor diesem Ausschuß je ausgesagt hat.« Dann legte er den Köder aus: Sollte Inman Stellvertreter werden, »dann schicken Sie ihn zu uns, wenn Sie ein Problem haben. Wir werden miteinander klarkommen.«
Diese Botschaft traf bei Casey nicht auf taube Ohren. Er mußte Inman haben, und sei es nur als Aushängeschild für den Ausschuß. Inman hatte vor dem Ausschuß nicht nur seinen Job gemacht. Er war entschlossen und hatte sich bemüht, sein Image aufzupolieren und zu pflegen.*
In den noch verbleibenden Tagen bis zu Reagans Amtsübernahme studierte Casey nachrichtendienstliche Unterlagen, insbesondere über die Geiselaffäre im Iran. Anhand des Materials konnte er sich ein Bild machen von der Bedeutung der NSA, die Nachrichten abhörte und chiffrierte Nachrichten entschlüsselte, die zwischen dem Iran und Algerien ausgetauscht wurden. Das nordafrikanische Land hatte sich als Vermittler in die Verhandlungen eingeschaltet. Dabei durfte es auf keinen Fall zu Mißverständnissen kommen. Algerien und der Iran mußten präzise und zutreffende Informationen bekommen. Die Abhörmaßnahmen waren sozusagen eine Rückversicherung, ob Iraner und Algerier auch wirklich begriffen hatten und wußten, was die Vereinigten Staaten sagten. Mehrere Male enthüllten abgefangene Meldungen, daß Verhandlungspositionen von den Vermittlern entstellt wiedergegeben wurden. Die US-Unterhändler konnten die Fehler dann schleunigst korrigieren. Casey war beeindruckt; das war die nachrichtendienstliche Unterstützung, die das Weiße Haus benötigte. Er registrierte, daß NSA-Direktor Inman mit dem Präsidenten und Mitarbeitern des Weißen Hauses fast ständig in direkter Verbindung stand.
Wie sämtliche Nachrichtendienste behielt Casey auch Polen im Auge. Die prophezeite Invasion würde ausbleiben. Und wie so oft, verdankte man diese Erkenntnis Bruchstücken von Informationen. Die CIA kannte Einzelheiten des sowjetischen Mobilisierungsplans, darunter auch endlose Listen, die darüber Auskunft gaben, wer und was wohin in Bewegung gesetzt werden sollte. Einiges lieferte der Oberst im polnischen Generalstab, einer der wichtigsten Informanten. Eine Invasion erforderte einen präzisen Zeitplan und den exakt koordinierten Einsatz umfangreicher Hilfsmittel. So bräuchte man für eine Invasion die Erntelastwagen aus den westlichen Landesteilen der Sowjetunion als Transportfahrzeuge. Aber Satellitenfotos zeigten, daß die Lastwagen noch

nicht einmal an die Grenze verlegt worden waren. Es war Erntezeit, und die Lastwagen befanden sich auf den russischen Feldern im Einsatz. Vielleicht waren die Truppenmassierungen an der Grenze auch nur ein Bluff gewesen, einzig zu dem Zweck inszeniert, die polnische Regierung zu einer härteren Gangart gegenüber der Gewerkschaft »Solidarität« zu zwingen. Aber vielleicht hatten auch Brzezinskis öffentliche Beschimpfungen und Warnungen über diplomatische Kanäle die Sowjets abgeschreckt. Casey war erstaunt: Trotz der Satellitenfotos, des Obersten im polnischen Generalstab und Informationen aus anderen Quellen blieb vieles noch immer ein Rätsel.

Casey registrierte auch mit einigem Erstaunen, wie Admiral Turner die letzte wichtige Aufgabe seiner restlichen Amtszeit meisterte. Es handelte sich um den streng geheimen Lagebericht zur Beurteilung des strategischen Gleichgewichts zwischen den USA und der Sowjetunion, abgekürzt NIE 11-3-8, der sowohl die Pläne als auch die Leistungsfähigkeit der UdSSR analysierte. Nach einigem Hin und Her in letzter Minute brachte Turner den Bericht schließlich zum Abschluß und verschickte die endgültige gedruckte Version an alle wichtigen Beamten der Ressorts Sicherheitspolitik und Nachrichtendienste sowie an den Präsidenten. Solche Estimates sind normalerweise Verlautbarungen des Direktors, und er kann darin sagen, was er will, auch wenn er weiß, daß andere Nachrichtendienste abweichende Meinungen anfügen können und werden. Weil der DCI nicht nur Gesamtkoordinator der verschiedenen Nachrichtendienste ist, sondern gleichzeitig Direktor der CIA, repräsentiert seine Position traditionsgemäß die der CIA. Die CIA hatte bis dato noch nie eine andere Meinung vertreten als der DCI. Diesmal aber herrschten innerhalb der CIA solch grundlegende Meinungsverschiedenheiten über Turners Standpunkt, daß er zum ersten Mal zuließ, daß die CIA in dem Bericht eine abweichende Position vertrat. Was Casey anging, so überzeugte ihn die schriftlich niedergelegte Lagebeurteilung des Admirals ebensowenig wie dessen mündlicher Vortrag anläßlich der Unterredung beim neuen Präsidenten. Er meinte auch, den Trugschluß in Turners Argumentation gefunden zu haben: Selbst wenn die Vereinigten Staaten über eine ausreichende Zahl nuklearer Waffen verfügten, um einen sowjetischen Erstschlag mit einem Vergeltungsschlag zu beantworten, und selbst wenn diese Abschreckung zwingend war – wer konnte garantieren, daß die Sowjets logisch reagierten? Logisch war Krieg noch nie gewesen.

In Caseys Augen versuchte Turner, die amerikanische Unterlegenheit wegzuanalysieren. Papier und »rationales Denken« waren kein Ersatz für militärische Überlegenheit. Die eigentliche Macht solcher Lagebeurteilungen konnte nur in der Einstimmigkeit liegen. Sämtliche Nachrichtendienste und der DCI müßten sich in diesen Dokumenten mit einer kollektiven Stimme zu Wort melden.
Casey mußte eine letzte Begegnung mit dem scheidenden DCI über sich ergehen lassen. Am Dienstag, dem 15. Januar, fünf Tage vor der Amtsübernahme, präsentierte Turner Reagan, Bush und Casey seine bestgehüteten Geheimnisse. Nicht Reagan hatte um das Treffen gebeten, Turner hatte mehr oder weniger darauf bestanden.
Es war ein kalter Morgen. Bush und Casey kamen in Reagans Privatzimmer im Blair House. Die Vertreter der neuen Administration waren unruhig und voller Erwartung.
Die wichtigste verdeckte Aktion war nach Turners Bericht die heimliche Unterstützung des Widerstands in Afghanistan. Die CIA hatte auch Agenten vor Ort und einige Pläne für den Iran in der Schublade, für den Fall, daß Ayatollah Khomeini vertrieben werden sollte oder man in Teheran damit begann, die amerikanischen Geiseln umzubringen.
Aber, erklärte Turner, die wirklich waghalsigen Unternehmungen seien nicht die verdeckten Aktionen, sondern Projekte der Nachrichtenbeschaffung, von denen manche so geheim und wichtig seien, daß man jeden Tag als Erfolg verbuchen müsse, der nicht zu ihrer Entdeckung führe.
Da seien zunächst die Agenten, die bei Enttarnung nicht nur als Informanten für die CIA verloren wären, sondern mit dem Leben bezahlen müßten. Turner führte einige Beispiele an, unter anderen einen hohen Beamten der indischen Regierung, der in CIA-Diensten stand. Dieser Mann lieferte Informationen über Waffen, die Indien von den Sowjets erhalten hatte. Sein Spezialgebiet war Luftabwehr.
Ein maßgeblicher Informant in der Sowjetunion war im Moskauer Institut für Luftfahrt beschäftigt. A. G. Tolgatschow lieferte Computerausdrucke mit Plänen, technischen Beschreibungen und Testergebnissen von einsatzfähigen sowjetischen Waffensystemen wie auch von brandneuen Systemen, an deren Entwicklung noch gearbeitet wurde. Seine Informationen war das Beste vom Besten. Er ermöglichte einen Blick in das Innerste der sowjetischen Waffenkammer, was von keinem anderen Ort aus möglich gewesen wäre. Er informierte über verschiedenste

Kampfflugzeuge, Bomber und Raketen. Zu seiner Ausbeute gehörten auch Berichte über die Leistungsfähigkeit und, was äußerst wichtig war, über die Verwundbarkeit einiger Prunkstücke des sowjetischen Waffenarsenals. Und er eröffnete auch einen Blick in die Zukunft, informierte über Forschungen, Entwicklungen und neue Waffengenerationen, insbesondere über eine neue »geheime« Anti-Radar-Technologie. Schätzungen zufolge waren seine Informationen Milliarden von Dollar wert.

Turner sagte, Reagan wolle sicher selbst entscheiden, wen er außer seinem Vize-Präsidenten und dem DCI überhaupt von der Existenz eines solchen Informanten unterrichten wolle. Das sei natürlich alleinige Sache des Präsidenten, fügte er hinzu.

Eine zweite Kategorie brisanter Nachrichtenbeschaffung war die Spionage bei befreundeten Nationen – immer wieder ein lästiges Problem. Nach Turners Grundüberzeugung, von der er hoffte, die neue Regierung würde sie sich zu eigen machen, waren solche Operationen notwendig und sollten, mehr als alles andere, ausgedehnt werden. Oft arbeitete man nur mit technischen Mitteln: mit Fotosatelliten, Lauschvorrichtungen oder mit einem gut plazierten Mikrofon. Das Risiko einer Entdeckung drohte am ehesten durch eine undichte Stelle oder einen Spion innerhalb der US-Nachrichtendienste. Die Special Collection Elements – Einsatzgruppen von zwei bis drei CIA- oder NSA-Angehörigen –, die in mehreren Dutzend US-Botschaften stationiert waren, lieferten, so Turner, erstaunliches Material. Die Welt rechnete damit, von den Vereinigten Staaten ausspioniert zu werden. Kam es einmal vor, daß eine Lauschvorrichtung oder eine Abhöranlage entdeckt wurde, waren in der Regel routinemäßige Ausweisung oder eine diplomatische Protestnote die Folge. Dieses Spiel war altbekannt, seine Regeln waren klar definiert. Aber ernsthafte Belastungen der zwischenstaatlichen Beziehungen und diplomatische Probleme könnten auftreten, wenn das Ausmaß oder, Gott bewahre, die genauen Ziele jemals durchsickern und verraten werden sollten. Turner zählte einige Beispiele auf. Casey hatte bereits einige Nachforschungen angestellt und war überrascht gewesen, wie wenige Projekte es gab, bei denen mit versteckten Mikrofonen oder Spitzeln gearbeitet wurde. Nach seiner Rechnung waren es ungefähr drei Dutzend.

Um ein Beispiel zu geben, erläuterte Turner, wie die CIA und die NSA um die ägyptische Regierung herum ein engmaschiges Netz von elektronischen Abhörvorrichtungen und Agenten geknüpft hatten. Der ägypti-

sche Präsident Anwar as-Sadat war für die CIA und die US-Regierung praktisch ein offenes Buch. Auch gemeinsame nachrichtendienstliche Operationen mit mehreren befreundeten Nationen boten bedeutende Möglichkeiten der Nachrichtenbeschaffung.
Eine dritte Kategorie waren Sonderoperationen, bei denen Systeme und Agenten im Einsatz waren, deren Verlust einen schweren Schlag für die nationale Sicherheit bedeutet hätte. Turner beschrieb detailliert die Aktionen im Rahmen des Special Navy Control Program, bei dem Tiefseekabel von U-Booten angezapft wurden. Als Bush noch DCI war, mußten die U-Boote direkt über dem Kabel ausharren, was die Risiken, entdeckt zu werden, erhöhte und das Boot bei jedem Einsatz wochenlang lahmlegte. Inzwischen verfügte das Programm über technologisch ausgefeilte Aufnahmegeräte, die an den Unterwasserkabeln angebracht werden konnten, dort selbsttätig wochen- oder monatelang Nachrichten aufzeichneten, bis sie wieder geborgen wurden. Ermöglicht wurde das durch ein Aufnahmegerät, das sich dicht um das Kabel legte, jedoch keinen direkten Kontakt zu den Übertragungsdrähten brauchte, die im Innern des Kabels verliefen. Falls das Kabel also für eine Inspektion oder Wartungsarbeiten vom Meeresgrund gehoben werden sollte, gab es keinerlei Hinweise darauf, daß es angezapft worden war. Jede Operation, insbesondere wenn sie innerhalb sowjetischer Hoheitsgewässer durchgeführt wurde, mußte vom Präsidenten genehmigt werden.
Kein nachrichtendienstliches Unternehmen setzte das Leben so vieler Männer aufs Spiel. Es hatte schon Zusammenstöße mit sowjetischen Unterseebooten gegeben, zumindest einen, aber auch andere Zwischenfälle. Die Informationsausbeute, so Turner, sei hervorragend. Sollte ein U-Boot gekapert werden, wäre das so verheerend wie die Pannen mit dem Spionageflugzeug U-2 und dem Spionageboot *Pueblo* zusammengenommen. Vielleicht sogar noch schlimmer.
CIA und NSA fanden auch an Land wichtige Verwendungsmöglichkeiten für diese Geräte. So wurden sie entweder an normalen Überland-Telefonleitungen oder an Erdkabeln angebracht.
Es gab auch Möglichkeiten oder bereits installierte Geräte der Informationsbeschaffung, von denen noch kein Gebrauch gemacht wurde bzw. die noch nicht in Betrieb waren, sondern für Notsituationen oder für den Kriegsfall in Reserve gehalten wurden. In solchen Ausnahmesituationen konnte man teils auf bewährte Methoden zurückgreifen, doch es gab auch Optionen, die man sich für Sonderfälle vorbehielt. Aber insge-

samt hatten die Nachrichtendienste für den Kriegsfall zuwenig in der Hinterhand, weil es schwierig war, vom Budget Geld für Dinge zu bekommen, die momentan noch keinen Nutzen brachten. Niemand, so Turner, wolle für die Zukunft investieren.
Auch das Entschlüsseln von Nachrichten durch die NSA war ein empfindlicher Bereich. Gewiß, man konnte, was die zwanzig wichtigsten Zielländer anging, in gewissen Zeitabständen einige Kodes knacken, aber niemals alle und zu jeder Zeit. Und es gab Dutzende anderer Länder, die keine bevorzugten Ziele waren und deren Kodes die NSA knacken könnte. Eine Teillösung des Problems war, Funksignale oder Übertragungsleitungen aufzuspüren, von denen die Sowjets, aber auch andere Nationen, annahmen, sie seien vor den Vereinigten Staaten sicher, wie etwa die erwähnten Unterwasserkabel und Leitungen im Landesinnern. Dort wurde selten der komplizierteste Kode, manchmal sogar überhaupt keine Verschlüsselung benutzt. In einigen Fällen brauchte sich die NSA nicht einmal die Mühe zu machen, die Kodes zu knacken. Es konnte schon genügen, ein Anwachsen des Nachrichtenverkehrs oder die Inbetriebnahme neuer Funkkreise zu registrieren, um daraus zu schließen, daß etwa ein Raketentest bevorstand. In solchen Fällen konnten dann Datensammler wie der RC-135, ein luftgestützter Horchposten, vor Ort gebracht werden, um an mehr Nachrichten zu kommen.
Es gab vollautomatische Fernrelais, die in verschiedenen Ländern installiert oder dort abgeworfen werden konnten, um aufgefangene Nachrichten zurückzusenden. In einigen Fällen hatte die NSA undichte Stellen in Mikrowellen-Übertragungswegen entdeckt, die durch Satelliten abgehört wurden.
Alles in allem, so Turner, gebe es unzählige Möglichkeiten. Viele nutze man schon, viele könne man sich noch gar nicht vorstellen.
Casey verließ das Gespräch in der Überzeugung, daß das alles noch nicht genug war. Was war schuld, daß diese große nachrichtendienstliche Maschinerie nicht so recht in Schwung kam?

4

Am 20. Januar 1981, dem 444. Tag der iranischen Geiselaffäre, war Inman noch immer am Ball, um Präsident Carter, der auf dem Weg zur Amtsübergabe war, über den letzten iranischen Aufschub zu informieren. Schließlich, um 12.30 Uhr, eine halbe Stunde nachdem Reagan sein Amt angetreten hatte, starteten die beiden Maschinen mit den Geiseln an Bord vom Flughafen Mehrabad in Teheran.
Am nächsten Tag brachte Casey den Präsidenten dazu, Admiral Inman anzurufen. Als der Anruf kam, hatte Inman das Gefühl, mitten in einem Drehbuch gelandet zu sein. Reagans Ton war heiter, fast scherzhaft, als er erklärte, Casey und überhaupt alle Leute beim Nachrichtendienst plädierten für Inman als neuen stellvertretenden DCI. Dann kam der entscheidende Satz: »Ich brauche Sie«, sagte der Oberbefehlshaber mit gekonnt gespielter Aufrichtigkeit.
Der Verwaltungsdienst hatte seine Pfründe, der Militärdienst seine Aufstiegschancen und sein Protokoll, aber der Dienst für den Präsidenten, noch dazu auf dessen ausdrücklichen persönlichen Wunsch, hatte seine ganz besondere Mystik. Inman sagte unwillkürlich: »Ich fühle mich geehrt.« Er fügte hinzu, er hoffe, daß 18 Monate bis zwei Jahre genügten. Bitte.
Am selben Tag, dem 21. Januar 1981, dem ersten vollen Arbeitstag der Reagan-Administration, traf Casey eine weitere wichtige personalpolitische Entscheidung. Inman war Insider im Nachrichtendienst. Deshalb wollte Casey als Gegenstück einen Außenstehenden. Der Aufbau einer Organisation erforderte Vielseitigkeit, und Casey hatte einen Mann gefunden, der das genaue Gegenteil zu Inman war: »Who-gul«, über den er vor einigen Wochen mit John Bross gesprochen hatte.
Max C. Hugel, 56, in Brooklyn geborener Geschäftsmann, war fast einen Kopf kleiner als Casey, aber wie dieser strotzte er vor Tatkraft und Energie. Casey empfand eine besondere Zuneigung für dieses Musterex-

emplar des schnellsprechenden Self-made-Unternehmers. Wie Casey verschluckte er Silben, bediente sich einer unsauberen Grammatik und sprach komplizierte und triviale Wörter gleichermaßen falsch aus. Nichts im Leben war ihm in den Schoß gefallen, aber er hatte mehrere Millionen dadurch verdient, daß er immer noch mehr gearbeitet hatte als andere. Casey ernannte Hugel zu seinem Personal Special Assistant bei der CIA.

Als Casey während des Wahlkampfs 1980 nach Kalifornien ging, um die Leitung von Reagans Kampagne zu übernehmen, schloß sich Hugel ihm an. Die beiden teilten sich ein Zwei-Zimmer-Appartement im Marina Del Rey, einem Eldorado für Singles und Segelenthusiasten. Casey und Hugel arbeiteten Tag und Nacht. Morgens um 5 Uhr standen sie auf, um die Telefongespräche aus New York entgegenzunehmen, wo es bereits 8 Uhr war. Fast aus dem Stand baute Hugel eine Organisation von Reagan-Wahlkampfhelfern auf, die praktisch keine Kosten verursachte und sich aus den dreißig wichtigsten Wähler-Zielgruppen rekrutierte – darunter Vertreter verschiedener Konfessionen, Berufsgruppen und ethnischer Gruppen, und sogar Rentner waren dabei.

Casey und Hugel bildeten ein seltsames Gespann. Zunächst konnte sich keiner der beiden vorstellen, wie sie miteinander warm werden sollten. Doch Casey entdeckte bei Hugel eine Treue und Ergebenheit, die geradezu rührend war. Als Hugel bemerkte, daß Casey Bananen sehr mochte, brachte er sie, wenn er zum Einkaufen ging, gleich haufenweise mit. Als ein Windstoß Casey einmal den Hut vom Kopf fegte, jagte Hugel hinter ihm her. Dabei erfaßte eine zweite Böe Hugels Toupet und wirbelte es durch die Luft. Einige Kontrahenten Hugels von damals erinnern sich immer wieder schadenfreudig an diesen Zwischenfall.

Nachdem Casey sich entschieden hatte, den Posten des DCI anzunehmen, hatte er Kontakt mit Hugel aufgenommen. Hugel hatte nach dem Zweiten Weltkrieg im militärischen Nachrichtendienst der Vereinigten Staaten gearbeitet. Er sprach fließend Japanisch und hatte zwanzig Jahre lang mit der japanischen Schreib- und Nähmaschinenfirma Brother Industries internationale Geschäfte gemacht.

Hugel nahm Caseys Angebot an, und bald darauf füllte er Berge von Formularen für die Sicherheitsüberprüfung aus, die jeder über sich ergehen lassen mußte, der Zugang zu streng geheimem Material und zu den Kodewörtern erhalten sollte. Er legte seine ganze Vergangenheit offen, jeder Winkel seines Lebens wurde durchleuchtet. Um die Unbe-

denklichkeitsbescheinigung zu bekommen, war außerdem ein Lügendetektor-Test erforderlich.
Einige Tage später saß Hugel vor dem Polygraphen, die Sensoren waren angebracht. Der Mann, der den Test durchführte, begann mit seinem sorgsam ausgeklügelten Fragenkatalog.
Ob er jemals Geld gestohlen habe, fragte er.
Nein, sagte Hugel, der wußte, daß er nur mit Ja oder Nein zu antworten hatte.
Schon einmal homosexuelle Beziehungen gehabt?
Nein.
Schon einmal illegale Drogen wie Marihuana oder Kokain genommen?
Nein, antwortete Hugel. Hatte er wirklich nicht, aber er stellte sich vor, wie die kleine Nadel, die über sein Schicksal entschied, auf dem Diagramm heftig ausschlagen würde, sobald er die Unwahrheit sagte.
Schon mal erpreßt worden?
Nein.
Weitere Fragen schlossen sich an, und Hugel kam es vor, als dauerte die Tortur stundenlang. Die Fragen reichten bis weit in die Vergangenheit zurück. Sie waren allgemein gehalten, und doch verlangten sie eine eindeutige Antwort – ja oder nein. Hugel wußte, daß der Wert dieses Tests umstritten war und ihm vor Gericht keinerlei Beweiskraft zuerkannt wurde. Dennoch hing alles von ihm ab. Wie sollte man sich denn an alles erinnern können, was irgendwann einmal geschehen, gesagt oder getan worden war?
Der Prüfer teilte ihm schließlich das Ergebnis mit. Er hatte »mit fliegenden Fahnen« bestanden.

Nach Inmans Ja – seiner sanften Überrumpelung wäre vielleicht der passendere Ausdruck – konnte Casey die Regentschaft über das Imperium der US-Nachrichtendienste antreten, die ihm angesichts einiger wichtiger Personalentscheidungen der neuen Administration in noch rosigerem Licht erschien. So sollte der Nationale Sicherheitsberater Richard Allen in Zukunft nur den Präsidentenberater Ed Meese als direkten Ansprechpartner haben, nicht aber Reagan persönlich berichten dürfen. Das kam einem nie dagewesenen Autoritätsverlust des Sicherheitsberaters gleich, doch Caseys Rolle wurde dadurch aufgewertet. Eine weitere gute Nachricht: James A. Baker III, ein gewandter Anwalt aus Texas und Mitarbeiter Caseys im Präsidentschaftswahlkampf, wurde mit Caseys Rückenstärkung zum Stabschef im Weißen Haus ernannt.

Im Gegensatz zu Meese, in dessen Aktentasche oder Ablage so manches verschwinden konnte, war Baker, der den Wahlkampf des Vize George Bush geleitet hatte, ein tüchtiger, gewissenhafter Manager. Auch Mike Deaver kannte Casey recht gut aus Wahlkampfzeiten. Meese, Baker und Deaver bildeten die Troika, die im Weißen Haus die Fäden ziehen sollte. Casey war überzeugt, daß er zu allen dreien einen guten Draht hatte und daß sie ihrerseits gute Beziehungen zu ihm wünschten. Obendrein hatte er das Gefühl, er könne jederzeit zum Telefon greifen, wenn er den Präsidenten sprechen wollte, und einen Termin mit ihm vereinbaren.

Das Verhältnis zu Haig und Weinberger schien intakt, und Casey hatte nicht die Absicht, sich auf Grabenkämpfe mit den beiden wichtigsten Kabinettsmitgliedern einzulassen. Jeder hatte sein Ressort: Haig die Diplomatie, Weinberger das Militär, Casey den Nachrichtendienst. Sollten beide Schwächen zeigen, dann müßte eben der Nachrichtendienst das außenpolitische Ziel der Regierung, die Bekämpfung des Kommunismus, in die Tat umsetzen.

Casey arrangierte ein Treffen mit Inman, um ihm seine Pläne darzulegen. Er wollte seine Karten offen auf den Tisch legen, nur so war etwas zu erreichen.

Er wolle die direkte Kontrolle über das Analytical Directorate (Analyse-Abteilung), um die Qualität der Berichte und Lagebeurteilungen zu verbessern, sagte Casey. Außerdem die Kontrolle über das Operations Directorate. Die Bereiche verdeckte Aktionen und geheime Informationsbeschaffung bräuchten eine Vitaminspritze und würden sie auch bekommen.

Inman war überrascht. Diese beiden Abteilungen bildeten die tragenden Säulen der CIA.

Technologie und Wissenschaft könne Inman übernehmen, wenn er wolle, fuhr Casey fort, dazu die Verwaltungs- und Personalabteilung. Diese beiden Ressorts interessierten ihn nicht.

Normalerweise spielte der DCI die Rolle eines Mr. Outside: er konzentrierte sich in seiner Eigenschaft als Gesamtkoordinator sämtlicher Nachrichtendienste der US-Regierung auf die externen Belange der CIA. Casey aber verstand sich als Mr. Inside, der sich um alle Berichte und Operationen persönlich kümmern wollte. Inman entdeckte einen

arroganten Zug an Casey, der ihm bisher entgangen war. Offenbar war Casey von seinem Entschluß nicht abzubringen, sein massiger, unbeholfener Körper vibrierte, seine Arme begannen zu rudern. Die Zeit des bloßen Zuhörens war vorbei. Jetzt kamen die Dinge ins Rollen.
Er, Casey, werde seine Institution, die CIA, auf Vordermann bringen und die Zügel selbst in die Hand nehmen. Für Angelegenheiten zwischen den Nachrichtendiensten oder zwischen der CIA und den Ministerien sei Inman zuständig. Mit dem Weißen Haus aber würde er selbst verhandeln. Er verstehe sich als Nachrichtenoffizier des Präsidenten. Er, und niemand sonst, würde den Präsidenten mit den aktuellsten und wichtigsten Nachrichten versorgen und auf dem laufenden halten.
Irgendwie war Inman enttäuscht.

Am Montag, dem 26. Januar 1981, trat das neue Kabinett im Weißen Haus zusammen. Obwohl der Senat bis dato weder Caseys noch Inmans Ernennung bestätigt hatte, nahmen beide teil: Casey in seiner Eigenschaft als designierter DCI und Inman als Vertreter der NSA. Auf der Tagesordnung stand das Thema Terrorismus.
Außenminister Haig, der leicht reizbare frühere Günstling Kissingers und selbsternannte Vorreiter eines neuen, harten Kurses in der Außenpolitik, redete sich in Rage und wetterte dagegen, was sich eine Bande von Terroristen und Fanatikern herausnehmen könne. Der Iran sei der Beweis. Haig war überzeugt, daß eine Phase allgemeiner Verunsicherung bevorstehe, in der sich die neue Administration bewähren müsse. Entschlossenheit und eiserner Wille müßten demonstriert werden. Haig hatte eigens Anthony Quainton, einen Terrorismus-Experten aus seinem Außenministerium, mitgebracht, der das Problem näher erläutern sollte.
Eine terroristische Gruppe sei durchaus in der Lage, die Vereinigten Staaten direkt auf ihrem eigenen Territorium zu treffen, sagte Quainton. Die Vereinigten Staaten seien verwundbar.
Im Raum herrschte knisternde Spannung. Den Mitgliedern der neuen Regierung wurde unmißverständlich vor Augen geführt, daß das Geiseldrama im Iran zwar ausgestanden war, nicht aber das Problem des Terrorismus.
Meese entrollte noch nicht ganz verklungene Wahlkampf-Rhetorik: Carter und Turner hätten die Informations-Probleme nur noch verschlimmert. Sie hätten den Nachrichtendiensten derartige Beschränkun-

gen auferlegt, daß diese nicht mehr in der Lage gewesen seien, effektiv gegen Terroristen oder ausländische Spione zu ermitteln.
FBI-Direktor William H. Webster sagte, er könne diese Ansicht nicht teilen. Webster war ein knabenhaft aussehender ehemaliger Bundesrichter, der gesamtamerikanisch dachte und in Diskussionen Konfrontationen mied. Er betonte, man müsse sehr behutsam abwägen, was zu tun sei, um innerhalb der Vereinigten Staaten Spione zu überführen und Terroristen zu stoppen. Er argumentierte ruhig und besonnen. Sein FBI, zu dessen Aufgaben Spionageabwehr und Terrorismusbekämpfung im Innern gehörten, verfüge im Grunde über alle notwendigen Mittel und sei durchaus in der Lage, seinen Auftrag innerhalb der bestehenden Regeln und Gesetze zu erfüllen. Das war ein Dämpfer für Meese's Wahlkampfgepolter.
Inman pflichtete Webster bei und gab zu bedenken, das Problem sei eher finanzieller Art. Man habe einfach nicht genug Leute, um die wichtigste Aufgabe zu erfüllen: Informationen rechtzeitig dorthin zu leiten, wo sie gebraucht würden.
Casey hatte nicht viel dazu zu sagen. Webster und Inman waren bestimmt keine Salonbolschewisten. Er würde sich mit dem Terrorismus näher beschäftigen müssen. Zweifellos war er ein Hauptproblem für die Nachrichtendienste.
Gegen Schluß der Kabinettssitzung wurde vereinbart, Casey solle Carters Executive Order (eine Art Grundsatzdirektive des Präsidenten, die in etwa einem Gesetz gleichkommt) für die Nachrichtendienste überprüfen. Sollten Änderungen nötig sein – alles schien darauf hinzudeuten –, würde Reagan eine neue Order ausgeben.

Ohne Aussprache segnete der Senat am folgenden Tag die Ernennung Caseys zum DCI mit 95 Stimmen ohne Gegenstimme ab, und schon einen Tag darauf wurde Casey vereidigt. Für Schlagzeilen sorgte allerdings nicht er, sondern ein anderer: In kessem Nadelstreifenanzug präsentierte sich ein gesprächiger Haig den Presseleuten im State Department in seiner ersten Pressekonferenz als Minister und beschuldigte die Sowjetunion, internationale Terroristen »auszubilden, zu finanzieren und auszurüsten«. Mit einem sarkastischen Seitenhieb auf die Carter-Regierung fügte er hinzu: »Der internationale Terrorismus wird den Platz der Menschenrechte einnehmen ... Für mich ist das größte Problem für die Einhaltung der Menschenrechte der überhandnehmende Terrorismus.«

Die Sowjets, sagte er, ohne seine Behauptung jedoch zu belegen, »sind heute an gezielten Plänen oder Programmen beteiligt – nennen Sie es, wie Sie wollen –, die sich die Förderung, Finanzierung und Ausweitung dieser Aktivitäten zum Ziel gesetzt haben.«
Diese Breitseite verschlug selbst einigen führenden Mitarbeitern die Sprache. Das war ihnen neu. Und Ronald I. Spiers, Leiter des Nachrichtendienstes des State Department, hielt dem neuen Minister im Gespräch unter vier Augen vor, seine Behauptungen deckten sich nicht mit den aktuellen nachrichtendienstlichen Erkenntnissen.
Warten Sie ab, sagte Haig. Er habe im Vorabdruck eines Buches der amerikanischen Italien-Korrespondentin Claire Sterling, das demnächst unter dem Titel *The Terror Network* erscheine, einiges über die Rolle der Sowjetunion gelesen. Sterling habe die Russen endgültig überführt.
Es war durchaus möglich, daß neue Fakten vorlagen, und ganz gewiß war diese Angelegenheit wichtig genug, um genauer untersucht zu werden. Spiers richtete deshalb ein formelles Gesuch an Casey, in dem er ein Special National Intelligence Estimate (SNIE) anforderte. Eine solche außerordentliche Lagebeurteilung basiert auf den Erkenntnissen sämtlicher US-Nachrichtendienste und soll den politischen Machern darlegen, womit sie in Zukunft zu rechnen haben.
Casey kam dieses Gesuch sehr gelegen. Solche Analysen waren das A und O, sie waren der wichtigste Hebel seiner Wiederbelebungsversuche. Die fertige Studie würde an den Präsidenten, den Nationalen Sicherheitsrat und an die wichtigsten Kabinettsmitglieder gehen. Diese Analysen der politischen Wetterlage waren das Frühwarnsystem der US-Nachrichtendienste. Seine Analysen sollten vom Besten sein, deshalb würde er persönlich die Arbeit leiten. Terrorismus war ein gutes Einstiegthema.

Am dritten Tag nach seinem offiziellen Dienstantritt bekam Casey ein Exemplar eines zwölf Seiten umfassenden SECRET SNIE auf den Tisch, das kurz vor seiner Vereidigung fertiggestellt worden war. Der Titel lautete: »Libyen. Ziele und Verwundbarkeit.« Sein Inhalt legte dar, was man in den kommenden Monaten von Muamar el-Gaddafi zu erwarten hatte. Gaddafi war nun kein abstraktes Problem mehr. Er war Caseys Problem. Das Dokument trug auch die Aufschrift ACHTUNG: Mit Hilfe nachrichtendienstlicher Quellen und Methoden erstellt.
»Verantwortlich für diese Lagebeurteilung ist der DCI«, las Casey. »Wo

nicht anders vermerkt, gibt dieser Text die übereinstimmende Meinung des National Foreign Intelligence Board wieder.« Das NFIB war das Gremium aller Direktoren der US-Nachrichtendienste, dessen Vorsitz Casey von nun an führte.

Unter »Wichtigste Schlußfolgerungen« waren die Resultate zusammengefaßt:

Erstens: »Gaddafis jüngster Erfolg im Tschad verdeutlicht, daß seine aggressive Politik für die Interessen der USA und der übrigen westlichen Länder eine zunehmende Bedrohung darstellt.« Vor einigen Monaten hatte Gaddafi Tausende von Soldaten ins südlich von Libyen gelegene Nachbarland Tschad einmarschieren lassen. Der Tschad, bis 1960 französische Kolonie, war einer der zahlreichen neuen afrikanischen Staaten, deren Regierung und Loyalität ständig bedroht war. In der Studie hieß es, das Problem Gaddafi werde sich nicht von selbst erledigen, man müsse vielmehr mit »weiteren Abenteuern« rechnen.

Zweitens: »Die Opposition im Land und im Exil ist mangelhaft organisiert und ohne Bedeutung.« Das bedeute, daß für eine verdeckte Aktion mehr erforderlich sei als nur Geld- und Waffenlieferungen. Man müsse organisatorische Probleme lösen und die Moral des Widerstands stärken.

Drittens: »Gaddafis anti-westliche Politik leistet sowjetischen Zielen Vorschub ... Aus ihren massiven Waffenverkäufen an Libyen beziehen die Sowjets stattliche Einnahmen in harten Devisen.« Das Papier veranschlagte den Betrag auf eine Milliarde Dollar im Jahr. Gaddafi sei zwar kein Vasall Moskaus, doch seine Beziehungen zu den Sowjets seien entschieden zu eng.

Seit einiger Zeit, so hieß es weiter, gehörten zu Gaddafis Repertoire »politische Verschwörung, diplomatischer Aktivismus, Terrorismus, Mord und, wie unlängst im Tschad, militärische Okkupation«.

Die CIA beschäftigte auch Psychologen und Psychiater, die aus dem Material, das man an Ort und Stelle zusammengetragen hatte, Persönlichkeitsprofile bastelten, eine Art von freudscher Spionagesonde. Über Gaddafis Charakter hieß es: »Aufgrund besonderer Umstände in seiner Kindheit hat Gaddafi die charakteristischen Eigenschaften der Beduinen – naiven Idealismus, religiösen Fanatismus, ausgeprägten Stolz, Strenge, Fremdenfeindlichkeit und Neigung zum Hochmut – in übersteigerter Form ausgebildet.«

Gaddafi sei der Sohn eines nomadisierenden Schafhirten. »Als Reaktion auf die diskriminierende Behandlung, die ihm, dem Beduinen, während seiner ersten Schuljahre in den libyschen Städten zuteil wurde – von seiten der libyschen Stadtbevölkerung ebenso wie von Ausländern –, bildete sich in Gaddafi eine tiefe Verachtung für die oberen Schichten heraus, er klammerte sich an seine beduinischen Sitten und identifizierte sich lebhaft mit den Unterdrückten.«
Das Resultat, so hieß es weiter, sei »seine rebellische Auflehnung gegen jede Art von Autorität« und »seine wahllose Unterstützung von Aufständen in aller Welt«.
Im Stil der Salonpsychoanalyse fuhr die Studie fort: »Als psychologische Schutzmaßnahme hat Gaddafi eine exaltierte, ja geradezu pompöse Selbstüberschätzung ausgebildet. Seine Utopie geht dahin, Libyen wieder Reinheit und Einfachheit zurückzugeben, Werte, von denen er glaubt, daß sie in der Geschichte Arabiens existierten.«
Im folgenden beschäftigte sich die Studie mit Ländern, in denen Gaddafi Untergrundarbeit betrieb. »Libyen hat sich überall in Schwarzafrika auf heimliche Aktivitäten eingelassen.« Dazu gehöre auch »die Bestechung von Politikern«. Über Tunesien, das sich mit Libyen eine 200 Meilen lange gemeinsame Grenze teilt, war zu lesen: »Jüngste Geheimberichte« – der Ausdruck läßt offen, ob es sich bei den Nachrichtenquellen um Agenten oder um technische Einrichtungen handelt – »lassen darauf schließen, daß verstärkt tunesische Dissidenten angeworben und ausgebildet werden.«
Vor Jahren hatte Gaddafi Gewässer jenseits der international anerkannten 12-Meilen-Zone zu libyschen Hoheitsgewässern erklärt, und die Große Syrte, die 275 Meilen breite Bucht, die Libyens 800 Meilen lange Mittelmeerküste nach Süden hin öffnet, für sich beansprucht. »Obwohl es zweifelhaft erscheint, daß Gaddafi tatsächlich das Risiko einer US-Vergeltungsaktion in Kauf nimmt«, hieß es dazu in der Studie, »haben seine Truppen den Dauerbefehl, Schiffe und Flugzeuge der USA anzugreifen, falls diese die Grenze verletzen.« Und die Nachrichtendienste kamen zu dem Schluß: »Die Wahrscheinlichkeit, daß es vor Libyen zu einem Zwischenfall kommt, in den die USA verwickelt werden, ist relativ hoch.«
Etwa 10 Prozent des importierten US-Öls stammten aus Libyen, »einem der wichtigsten Lieferanten von schwer zu ersetzendem leichtem, schwefelarmem Öl«. Ein Stopp oder Verbot der libyschen Ölimporte könnte,

wie es hieß, »zu einer dramatischen Ölverknappung an der Ostküste der Vereinigten Staaten führen«.

Trotz allem sitze Gaddafi nicht so fest im Sattel: »Wir haben Beweise für einen Beinahe-Staatsstreich im letzten Mai und für einen zweiten, ernsthafteren Versuch im August.« Um sich zu schützen, unterhalte Gaddafi ein Netz von Spitzeln, doch die organisierten Exilanten erhielten Unterstützung vom Ausland, »insbesondere von Ägypten, Marokko, Saudi-Arabien und vom Irak«. Und einige dieser Exilanten »finden Unterstützung in Libyen«. Dennoch, urteilten die Verfasser, »könnte Gaddafi, wenn er nicht einem Attentat zum Opfer fällt, noch viele Jahre an der Macht bleiben«.

Paragraph 51 beschäftigte sich mit Habre, dem früheren Verteidigungsminister des Tschad. Habre, ein Wüstenkämpfer par excellence, hatte gegen Gaddafis Truppen im Tschad gekämpft (CIA-Akten belegten, daß der sudanische Präsident Jaafar Numeiri schon Monate vorher die CIA bedrängte, Habre zu unterstützen. Numeiri fürchtete, sein Sudan, der größte Staat Afrikas, könnte der nächste auf Gaddafis Abschußliste sein). »Marokko, Ägypten, der Sudan und Frankreich unterstützen Habres Aufstand in zunehmendem Maße.«

Obwohl das Thema komplex war, meinte Casey, billige Ausflüchte in der Studie zu entdecken: Gaddafi könnte fallen, es gab »Beweise« für versuchte Staatsstreiche, er könnte sich aber genausogut halten. Das Dokument war durchsetzt mit Ausdrücken wie »könnte« und »würde«. Nach Caseys Empfinden war es von Wortverdrehern für Wortverdreher geschrieben. Doch er war gespannt, wie sich die Schreiber aus der Affäre ziehen würden. Wie würden sie die Risiken einer Bekämpfung Gaddafis beurteilen?

In der Tat könnte eine westliche Herausforderung das Blatt zu Gaddafis Gunsten wenden und den Verfemten in einen moslemischen Märtyrer verwandeln. Arabischen Regierungen, die sich US-Maßnahmen gegen Libyen, insbesondere einer militärischen Aktion, nicht widersetzen würden, könnte vom eigenen Volk Gefahr drohen – eine Möglichkeit, die schon damals das Schreckgespenst der USA war, als sie dem Iran militärische Sanktionen androhten.

Der letzte Paragraph, 71, resümierte, daß sich arabische Staaten durch ihr Verhalten »im eigenen Land und in der arabischen Welt Feinde machen könnten«.

Das waren doch nur Ausflüchte. Gaddafi bereitete aller Welt Schwierig-

keiten – dem Westen, den USA, den arabischen Staaten, Freund und Feind, und sogar sich selbst. Mit dem Dokument manövrierten sich die Nachrichtendienste in eine unanfechtbare Position. Gleichgültig, was auch passieren mochte, man konnte die Studie hervorziehen und sagen: »Seht her, wir haben es vorausgesagt. Wir haben gesagt, daß das passieren könnte.« Alles zu sagen war in Caseys Augen genausoviel wert wie gar nichts zu sagen.
Aber der letzte Satz des letzten Paragraphen stimmte ihn versöhnlich. Über die arabischen Staaten hieß es dort: »Bezeichnend für ihre politische Geschicklichkeit ist die Umsicht, mit der einige Gegner Gaddafis in dieser Region, unter ihnen Sadat, alle ihre Kräfte darauf konzentrieren, Gaddafi an seiner verwundbarsten Stelle zu treffen und langsam ausbluten zu lassen – an seiner Expansionspolitik im Tschad, die im eigenen Haus für ihn gefährlich werden kann.«
Jetzt klingelte es bei Casey. Konzentrierte man sich ganz auf diesen einen Satz, las sich der Bericht plötzlich wie eine klug aufgebaute Argumentation, die auf recht raffinierte Weise für praktische Schritte plädierte. Er verwies auf »Geschicklichkeit« und »Besonnenheit«, mit denen man den libyschen Obersten »langsam ausbluten« ließ. Damit war der Weg des geringsten Risikos vorgezeichnet. Die Botschaft lautete: Der Tschad ist Gaddafis Achillesferse. Die Strategie, die sich daraus ableitete und die dem libyschen Obersten die Suppe versalzen würde, fand Caseys Gefallen. Casey würde nicht die Hände in den Schoß legen, wenn sich der CIA schon eine solche Chance bot.
Bald darauf wurde in Haigs State Department und Caseys CIA ein Plan für die heimliche Unterstützung Habrés ausgearbeitet. Er fiel unter die Kategorie »second track« (zweite Schiene), im Unterschied zu »first track« (erste Schiene), womit die übliche offene Diplomatie und Unterstützung bezeichnet wird. Haigs erklärtes Ziel war, »Gaddafi zur Ader zu lassen« und »die Zahl der Soldaten zu erhöhen, die die Heimreise nach Libyen in einer Holzkiste antreten«. Casey drängte die Politiker. Tschad, Sudan und Ägypten bildeten an Libyens Ost- und Südflanke einen Wall, der verstärkt werden mußte.
Es kam zu Beratungen mit den Ministerien, schließlich auch zu einem Gespräch mit dem Präsidenten im Weißen Haus. Unter den Hauptakteuren herrschte Einhelligkeit. Man schwor sich nicht nur darauf ein, wieder verstärkt auf verdeckte Aktionen zurückzugreifen, man war auch fest entschlossen, den Vereinigten Staaten in der Welt wieder Geltung zu

verschaffen. Wenig später unterzeichnete der Präsident ein »Finding«, das heißt eine formelle Direktive für den Nachrichtendienst, mit der mehrere Millionen Dollar für die Unterstützung Habres bereitgestellt wurden. Caseys erste verdeckte Aktion lief an.

In den ersten Wochen seiner Amtszeit hatte er so ziemlich genau das vorgefunden, was er auch erwartet hatte: eine Institution, die sich in ihr Schneckenhaus verkrochen hat. Er mußte sie wieder herauslocken. Aber ohne besonderen Grund würden sich die CIA-Leute nicht herauswagen. Für Carter und Stan Turner hätten sie es bestimmt nicht getan. Nun, gute Ansätze waren ja vorhanden. Beispielsweise die Lagebeurteilung zu Libyen. Um die Leute aber aus der Reserve zu locken, mußte Casey einen neuen Kurs vorgeben. Turners Maxime hatte geheißen: Das Risiko auf ein Minimum reduzieren. Er, Casey, würde dagegen seine Bereitschaft demonstrieren, Risiken einzugehen. Wollte er den festgefahrenen Karren wieder flottmachen, mußte er den Beweis erbringen, daß die Regierung, der Präsident und er willens waren, den Kopf für die Mitarbeiter hinzuhalten.

Eugene Tighe, Generalleutnant der Air Force, wollte an diesem Montag, dem 2. Februar 1981, auf keinen Fall zu spät zur 11-Uhr-Besprechung mit dem neuen DCI kommen. Er war Casey bisher nur einmal begegnet. Bei einer Party war es gewesen. Welche Themen würde Casey anschneiden? Tighe hatte in 36 Jahren nachrichtendienstlicher Arbeit gelernt, daß Politiker und Nachrichtendienster im selben Boot saßen. Er war ein jovialer, großväterlich wirkender Brillenträger mit einem entwaffnenden Lächeln. Tighe pflegte auch dann noch zu lächeln, wenn der Scherz schon längst vorüber war. Er hatte Regierungen, Verteidigungsminister und DCIs kommen und gehen sehen, und er hatte miterlebt, wie sich Organisation und Arbeitsweisen der Nachrichtendienste im Lauf der Zeit änderten. Aber er hatte auch gelernt, daß es immer dann zu Querelen kam, wenn die Nachrichtenlage schlecht war. War die Informationsausbeute der US-Nachrichtendienste gut, gab es selten Streit.

Tighe war jetzt seit fast vier Jahren Chef der Defense Intelligence Agency (DIA, Militärischer Nachrichtendienst). Er hatte diesen Job unter Carter übernommen und wollte ihn auch in Zukunft behalten. Bei der DIA liefen die Informationen zusammen, die von Army, Air Force, Navy und den Marine-Korps zusammengetragen wurden. Tighe hatte Zugang zu dem abgefangenen Nachrichtenmaterial der NSA, den Satellitenfotos des National Reconnaissance Office – der Nationalen Aufklärungsbehörde, die so geheim war, daß sie nicht einmal im Telefonregister des Pentagon auftauchte – und zur CIA. Ihre Hauptaufgabe bestand darin, so früh wie möglich über sowjetische Truppenbewegungen zu informieren. Die CIA beschäftigte sich mit politischen Umwälzungen, Aufständen, Revolutionen. Was bei ihrer Arbeit herauskam, landete fast täglich auf den Schreibtischen im Weißen Haus, denn es gab immer irgendwo politische Brandherde und Krisengebiete. Tighes Ressort war der Krieg. Das wiederum bedeutete, daß die Arbeit der DIA seltener auf den Prüfstand kam. Im Falle der Sowjetunion durfte das auch nie der Fall sein. Tighe hoffte jedenfalls, daß es nie der Fall sein würde. Es gab zwar gewisse Planspiele und Diskussionen in Kreisen der Nachrichtendienste, im Weißen Haus, im State Department, im Pentagon, in Denkfabriken und in der Presse, aber sie waren rein theoretischer Natur. Dennoch bereiteten sie ihm Sorge, und er war entschlossen, die DIA auf seinem Kurs zu halten.

Tighe war kein Scharfmacher. Seine Philosophie lautete schlicht: Je besser man informiert ist, desto geringer ist das Risiko eines Krieges. Die eigentliche Aufgabe bestand also darin, an Informationen heranzukommen, die es den Vereinigten Staaten ermöglichten, mit friedlichen Mitteln zu agieren. Tighe wußte, daß die DIA in Geheimdienstkreisen für eine graue Maus gehalten wurde, für eine unbedeutende Organisation von dürftigem intellektuellem Niveau. Dennoch war er sich der schweren Verantwortung bewußt, die auf der DIA und ihren 4500 Mitarbeitern lastete. Etwa 95 Prozent der militärischen Aufklärungsarbeit der US-Regierung wurden von der DIA geleistet. Sie beurteilte nicht nur die Bewaffnung des Gegners, seine militärischen Ziele und die Bedrohung, die von ihm ausging, sondern sie ortete auch potentielle Raketenziele innerhalb der Sowjetunion und lieferte damit entscheidende Informationen für den SIOP (Single Integrated Operation Plan, Operationsplan für Interkontinentalraketen der USA), für den großen Einsatzplan im Falle eines atomaren Kriegs mit Rußland.

Für Tighe lieferte die DIA den wichtigsten nachrichtendienstlichen Beitrag zur Verteidigung des Landes. Präsident John F. Kennedy und Verteidigungsminister Robert McNamara hatten seinerzeit nach ihrer Amtsübernahme feststellen müssen, daß es keine Raketenlücke zwischen den USA und den Sowjets gab, wie Kennedy im Präsidentschaftswahlkampf von 1960 lautstark verkündet hatte. Als Konsequenz daraus

hatten sie die DIA ins Leben gerufen, um sicherzugehen, daß militärische Informationen weitergeleitet, auf Herz und Nieren geprüft und nicht etwa ignoriert wurden. Sie wollten im Pentagon eine übergeordnete Nachrichtenbehörde, die unbelastet von den Rivalitäten, die zwischen den einzelnen Nachrichtendiensten herrschten, Antworten auf Fragen geben konnte.
Die Antworten mußten einfach sein: Greifen die Araber an oder greifen sie nicht an. Kommen die Russen oder kommen sie nicht. Oder die Chinesen. Oder wer auch immer.
Die Besprechung an jenem Montagmorgen war die erste Zusammenkunft des National Foreign Intelligence Board, dessen Vorsitz Casey von nun an führte. Dieses Gremium setzt sich aus den Direktoren der US-Nachrichtendienste zusammen. Vorsitzender ist der DCI, Teilnehmer sind die Chefs der NSA, der DIA, der einzelnen militärischen Nachrichtendienste, der Nachrichtenabteilung des State Department (Bureau of Intelligence and Research, INR) und der Nachrichtenabteilungen des FBI und des Finanzministeriums. Insgesamt erwarteten in dem Raum etwa ein Dutzend Chefs oder Repräsentanten den neuen Direktor.
Lange war Tighe der Überzeugung gewesen, der DCI müsse genau wie er selbst ein Profi sein, doch nach den Erfahrungen mit Helms und Colby war er zu der Einsicht gelangt, daß man den DCI nicht mehr aus den Reihen der Nachrichtendienstler berufen sollte.
Casey kam herein und schleppte sich schwerfällig an seinen Platz. Er sah alt aus. Sein Gang war unsicher, seine Ausstrahlung düster. Welch ein Kontrast zu Turners jugendlichem, militärisch-forschem Auftreten!
Casey hielt seine Einführungsrede. Jede Stimme solle in Zukunft gehört werden. Das Gremium werde sich soviel Zeit nehmen, wie nötig sei, um seine Geschäfte abzuwickeln. Bei nachrichtendienstlicher Arbeit dürfe es keine Schnellverfahren geben. Er verstehe etwas von dieser Arbeit, und er wisse, wie wichtig sie sei. Er werde alles tun, um sich stets auf dem laufenden zu halten.
Das läßt sich gut an, dachte Tighe. Casey hatte sich gründlich vorbereitet und wußte deshalb, welcher Art Kritik an Turners Führungsstil in diesem Gremium geübt worden war. Turner hatte immer eine festgelegte Zeit, zum Beispiel exakt eine Stunde, für eine Sitzung veranschlagt und peinlich darauf geachtet, daß dieser Fahrplan auch eingehalten wurde. Zwar kam jeder zu Wort, aber wenigen gelang es, alles, was sie zu sagen hatten, auch an den Mann zu bringen. Es kam vor, daß Turner in dem

Moment zusammenpackte, als der entscheidende Punkt angeschnitten wurde. Weil Turner die Nummer 1 war, konnte er allein Entscheidungen fällen. Er war unbeugsam und oft nicht konzentriert bei der Sache.

Tighe war einigermaßen erstaunt, daß Casey im Jargon der Nachrichtendienstler versiert war. Er machte nicht den Eindruck eines Außenstehenden und versprach, jedem Nachrichtendienst persönlich einen Besuch abzustatten. Was das betraf, blieb Tighe allerdings skeptisch.

Casey monierte, daß dem Gremium eine Menge Leute angehörten, zu viele vielleicht. Bei heiklen Themen müsse man sich etwas einfallen lassen. Nur derjenige sollte teilnehmen, bei dem ein Informationsbedarf vorlag. Er werde sich darum kümmern. Er wiederholte, Sicherheit sei eines seiner vorrangigen Ziele.

Wenige Tage später rief Casey bei Tighe an und schlug einen gemeinsamen Lunch bei ihm vor. Tighe antwortete, er habe kein privates Eßzimmer. Dann eben in Ihrem Büro, antwortete Casey. Bald darauf fand sich Casey in Tighes Büro im Pentagon ein, Zimmer 3E258.

Beide bestellten Krabbensalat, und Casey begann plötzlich, Tighe über Einzelheiten jeder seiner bisherigen nachrichtendienstlichen Aufträge auszufragen. Wirklich wichtig aber waren ihm zwei Fragen: »Was machen Sie? Was wissen Sie über das, was in der Welt vor sich geht?« Und bald war Tighes mitten in einer Tour d'horizon.

Tighe begann mit dem pazifischen Raum. Die Nachrichtenausbeute von dort sei mager. Die Sowjets kauften Baumwolle von Neuseeland. Das sei ihre übliche Masche: ökonomische Schwierigkeiten ausnutzen, um einen Fuß in die Tür zu bekommen. Die Situation im Nord-Pazifik, speziell in Korea, sei unerfreulich. In den letzten Jahren sei die Nachrichtenlage in dem Maße schlechter geworden, wie Nordkorea seine Truppen aufgestockt habe. Die Sowjets versuchten, überall dort, wo die USA abgedankt hätten, ihren Einfluß zu verstärken, ganz besonders in Südostasien, in Vietnam.

Casey holte einige Zettel aus der Tasche, begann sich Notizen zu machen und forderte Tighe auf, fortzufahren. Korea und Vietnam – die alten Probleme, die alten Kriege – wann würde damit endlich Schluß sein!

Die Öffnung nach China unter Nixon und Kissinger habe die Probleme mit diesem Land nicht gelöst. Chinesische Politik könnte sich über Nacht um 180 Grad drehen. Mit seiner strategischen Atomstreitmacht, seinen Unterseebooten, Weltraumsatelliten und Interkontinentalraketen sei China eine Weltmacht. Es sei ein schwerwiegender Fehler, so Tighe, daß man in den Vereinigten Staaten dazu neige, in China nichts weiter als einen Giganten der Dritten Welt zu sehen. Die neuen Horchposten, von den USA mit Billigung der Chinesen auf chinesischem Boden errichtet, seien zwar ein gutes Zeichen, doch beileibe keine Freundschaftsgarantie. Große Sorgen bereite Mexiko. Vor allem in den ländlichen Regionen brodle es. Einige Landesteile würden längst nicht mehr von der Zentralregierung in Mexiko City, sondern von der örtlichen Polizei kontrolliert. Die Armut in der Hauptstadt war nach Tighes Ansicht so extrem, daß eine Art zweiter Khomeini auftauchen könnte. Zentralamerika sei ein Ozean der Instabilität, ein fruchtbarer Nährboden für linke Kräfte. Kuba erhalte immer mehr und immer bessere Flugzeuge, mit denen es seinen Machtbereich ausdehnen könnte.

Auch im Nahen Osten entwickelten sich die Dinge eher zum Schlechten, sagte Tighe. In Khomeinis Iran sei der Bürgerkrieg zwar noch nicht ausgebrochen, doch unvermeidlich. Und durch Vermittlungsversuche im Nahen Osten schienen sich die Vereinigten Staaten immer nur selbst in Schwierigkeiten zu bringen.

Indien sei eine Schlüsselregion, aber die Macht sei geteilt zwischen der Regierung Gandhi und dem Verteidigungsministerium, das die Sowjets fast völlig unter Kontrolle hätten. Diese zwei Gesichter der Regierung komplizierten die Dinge für die USA, weil man nie so recht wisse, wer das Sagen habe.

Ein anderes Problem, so Tighe, sei die fehlende Wachsamkeit. Im Weißen Haus zum Beispiel höre man oft überhaupt nicht zu. Es sei fast unmöglich gewesen, Präsident Carter Material mit schlüssigen Beweisen vorzulegen, daß die Sowjets eine Invasion in Afghanistan planten. Sechs Monate vor der Invasion habe man einen sowjetischen General, der früher in Nordvietnam im Einsatz gewesen sei und zu dessen Spezialaufgaben es gehörte, den militärischen Einfluß der Sowjets im Ausland zu verstärken, in Afghanistan aufgespürt. Tighe habe versucht, persönlich im Weißen Haus vorzusprechen, um Carter zu warnen. Genausogut, so Tighe, hätte er in den Wald rufen können. Keiner habe ihm zugehört. Satellitenfotos und abgefangene Funksprüche hätten dann jeden Zweifel über die sowjetischen Absichten ausgeräumt. Aber im Weißen Haus habe man sich völlig in die Irangeschichte verbissen. Offenbar wollte man sich nicht noch ein weiteres Problem aufhalsen lassen. Und jetzt, mehr als ein Jahr später, sei die sowjetische Präsenz in Afghanistan noch immer ein ernstes Problem.

»Hören Sie«, sagte Casey und blickte von seinen Notizen auf, »wenn Sie jemals eine Nachricht weiterzugeben haben, kommen Sie direkt zu mir. Wir bringen sie schon an den Mann.« Das klang sehr eindringlich.
Tighe fuhr fort, der Einfluß des Militärs in der Sowjetunion sei größer, als viele meinten. Analysen der Nachrichtendienste, besonders die der CIA, seien aber nicht bereit, diese ungeheure Machtposition zu erkennen. Viele Veränderungen der letzten zehn Jahre gingen auf Initiativen der sowjetischen Generäle zurück. Ihr Instrument seien Reformen. Dadurch, daß sie die Armee modernisierten, verhalfen sie ihr auch zu mehr Macht. Die Berichte der Nachrichtendienste zeigten, daß ein bedeutender Teil des sowjetischen Militärs den Strategic Arms Limitations Treaty, SALT II (Vertrag über die Begrenzung strategischer Waffen) ablehne. Angesichts dieser Opposition, so Tighe, glaube er, daß die Sowjets ein falsches Spiel trieben.
Casey stimmte zu. Die Sowjets seien Betrüger, man könne ihnen nicht trauen. Schlimmer noch, sagte Tighe, sei seiner Meinung nach, daß die sowjetische Führung sich mehr und mehr in ihren Positionen verschanze. Die Sowjetunion sei eine Klassengesellschaft geworden. Ungefähr dreitausend Familien bildeten die Elite und wollten es auch bleiben. Ihre Datschas und Privilegien vermachten sie ihren Kindern. Deshalb sei nicht damit zu rechnen, daß sie die Macht aus der Hand geben würden. Die Sowjets hätten nicht soviel Vertrauen in die osteuropäischen Streitkräfte, sagte Tighe. Wenn man Bulgarien einmal ausnehme, hätten sie im Grunde alle gegen sich. Die Regierungschefs dieser Länder hätten es längst satt, ständig den veralteten militärischen Kram zu kaufen, den die Sowjets ihnen anhängten. Immerhin sei die militärische Präsenz der Sowjetunion in Osteuropa noch immer im Zunehmen, und dies sei bedrohlich.
Tighe sagte auch, er sei kürzlich in der Türkei gewesen, und dort sehe die Lage nicht rosig aus. Und im Dezember 1978, ungefähr sechs Wochen bevor die iranische Revolution den Schah vom Thron kippte, habe er Teheran besucht, fuhr Tighe fort. Der dortige Chef der CIA-Station habe zusätzliche Agenten angefordert, die die Landessprache Farsi beherrschten. Er habe sie nicht bekommen. Kaum jemand sei in der Lage gewesen, auf die Straßen zu gehen, um herauszufinden, was draußen vor sich ging. Um sich aus erster Hand zu informieren, habe er seine Leibwächter genarrt, sich Zivilkleidung übergestreift und sei aus einem Fenster der US-Botschaft geklettert. Drei Stunden lang sei er

durch die Straßen gelaufen. Um 11 Uhr seien noch alle Geschäfte offen gewesen, aber schon um Mittag hätten sie geschlossen. Eine Million Demonstranten habe sich in die Straßen ergossen, aufgepeitscht in einen anti-amerikanischen Taumel. Für Tighe ein niederschmetterndes Schauspiel. Ob spontan entfesselter Haß oder präzise Organisation oder beides, es sei klar gewesen, daß hier ungeheure Kräfte am Werk waren, daß hier ein Orkan losbrach.
Später, in der amerikanischen Botschaft, habe Generalleutnant Nasser Moghadam, der Chef des iranischen Geheimdienstes Savak, drei Stunden lang in einem Privatzimmer auf Tighe eingeredet. Er habe dringend um Ausrüstung gebeten, mit der man gegen die Demonstranten und Aufrührer vorgehen könne. Doch welche Kommunikationskanäle bestanden denn zwischen der iranischen Regierung und der Regierung der Vereinigten Staaten? Allem Anschein nach keine mehr. Die Verbindungen waren unterbrochen, der Nachrichtenverkehr war lahmgelegt. Der Iran, so Tighe, sei ein furchtbares Debakel des Nachrichtendienstes gewesen, das es verdiene, genauer analysiert zu werden, auch heute noch.
Einmal mehr nickte Casey zustimmend. Kurz danach verließ er Tighes Büro, ging den Korridor des E-Ring hinunter, trat aus dem Gebäude und stieg in seinen wartenden Wagen.
Verdammt, es gab eine Menge zu tun. Korea, Vietnam, China, Mexiko, das übrige Zentralamerika, der Nahe Osten, Indien, die Sowjetunion und natürlich, und immer noch, der Iran.
Ein DIA-Chef, der aus dem Fenster der US-Botschaft in Teheran kletterte, um sich aus erster Hand zu informieren – das gefiel Casey, er fand den Streich fast bewundernswert. Casey sah nur eine Möglichkeit, seine Aufgabe zu erfüllen: Er mußte sich eine Liste der wichtigsten Länder zusammenstellen, auf Inspektionsreise gehen, die CIA-Stationen besuchen und sich selbst ein Bild machen, was sie dort wußten und was sie trieben.

Casey und John Bross waren einige Personalakten durchgegangen, um einen geeigneten Wachhund, Aktensortierer, Assistenten, kurz einen persönlichen Referenten für Casey zu finden. Sie entschieden sich schließlich für Robert M. Gates, der gerade erst die Aufgabe des National Intelligence Officer (NIO, Nachrichtenoffizier für eine bestimmte Region) für die Sowjetunion übernommen hatte und als solcher dem

CIA-Direktor unmittelbar Bericht erstattete. NIO für die Sowjets zu sein bedeutete, die beste analytische Position in einem höchst brisanten Bereich innezuhaben. Für Casey waren allerdings Gates' Erfahrungen, die dieser während seiner Zeit im Weißen Haus gesammelt hatte, noch wertvoller. Von Frühjahr 1974 bis Dezember 1979 hatte Gates dem Nationalen Sicherheitsrat angehört und sowohl den Nutzen als auch den Mißbrauch des Geheimdienstes unter den Präsidenten Nixon, Ford und Carter kennengelernt. Gates, ein kleiner Mann mit grauem Haar und einem fröhlichen Lächeln, verfügte mit 37 Jahren bereits über eine vierzehnjährige Erfahrung beim Nachrichtendienst und war somit genau der richtige Mann für Casey.
Während der Amtszeit von Präsident Carter hatte Gates für Brzezinskis Stellvertreter beim Nationalen Sicherheitsrat, David Aaron, gearbeitet. Gates nannte Aaron »Straßburg-Gans«, weil man ihn beinahe am Boden festnageln mußte, damit er sich auf bestimmte Angelegenheiten konzentrierte. Die Sitzungen am Nachmittag, bei denen Gates Aaron mit den neuesten Informationen »fütterte« und ihm die notwendigen Entscheidungen für den Tag entlockte, wurden »Straßburg-Stunde« genannt. Wenn etwas Unvorhergesehenes eintrat oder etwas nicht planmäßig vonstatten ging, war Gates bereit, zu helfen.
Casey hatte einige Nachforschungen angestellt. Als Gates 1966 am Schulungsprogramm der CIA teilnahm, hatte er sich beklagt, daß es beim Nachrichtendienst zu viele Veteranen aus dem Zweiten Weltkrieg und vom OSS gebe, an denen kein Weg vorbeiführe, wenn man vorwärtskommen wolle, es sei denn, man habe politische Verbindungen. Doch er hatte damals einen Weg gefunden. Nachdem er sich bei John T. Smith, einem befreundeten CIA-Beamten, beschwert hatte, wurde er dessen Vater Gerard Smith vorgestellt, der unter Nixon die Rüstungskontrollverhandlungen leitete. Nach kurzer Zeit wurde Gates der Delegation für Rüstungskontrolle als CIA-Analytiker zugeteilt.
Wichtiger aber war, daß Gates einige unkonventionelle Ansichten vertrat, die Casey beeindruckten. Obwohl er einen Doktortitel in russischer Geschichte hatte, behauptete er, daß die CIA zu akademisch strukturiert sei und vor Kontroversen zurückschrecke. Wenn sich niemand um die Analysen des Geheimdienstes schere, dann gebe es natürlich keine Kontroverse und keinen Druck. Doch gerade die Kontroverse und der Druck brächten die Analytiker des Nachrichtendienstes und die Politiker näher zusammen. Die Leute vom Geheimdienst müßten die Sorgen der

Politiker verstehen. Das bedeute nicht, daß man das Budget ganz auf die Wünsche des Weißen Hauses abstimmen sollte, sondern daß Hindernisse frühzeitig erkannt und Warnungen ausgesprochen werden könnten. Gates war der Ansicht, der hauptsächliche Fehler der CIA sei gewesen, die Politiker nicht darüber zu informieren, daß auch der Geheimdienst seine Grenzen hat. Angesichts der Billionen, die dafür aufgewendet würden, dürfe ein Präsident annehmen, daß es beim Nachrichtendienst keine unbekannten Größen gebe. Es gebe sie aber eben doch.
Obgleich er ein Analytiker war, konnte Gates eine Einsatzerfahrung vorweisen, die seine Bereitschaft, sich den Regeln zu beugen, bewies, und das gefiel Casey. Carter wollte Beziehungen zu Kuba aufnehmen, und David Aaron war zu einem geheimen Treffen mit zwei von Fidel Castros Top-Agenten nach New York entsandt worden. In der Annahme, daß Unverfrorenheit die beste Tarnung sci, traf sich Aaron in Begleitung von Gates mit den Kubanern in einem vornehmen, traditionsreichen französischen Restaurant auf der Fifth Avenue. Gates erklärte sich einverstanden, eine Weste mit einem Tonbandgerät zu tragen, die das FBI zur Verfügung gestellt hatte. Während Aaron und die Kubaner über kubanische Truppen in Angola und Äthiopien sprachen, saß Gates steif und aufrecht in seiner FBI-Weste daneben wie ein menschliches Mikrophon.

Casey führte auch einige Unterredungen mit John N. McMahon, Turners Leiter der Planungszentrale für geheime Operationen. Der DDO hatte eine Schlüsselfunktion. Mit einer guten Planungsabteilung für Operationen hatte man das geeignete Instrument für Veränderungen in der Hand. McMahon, ein stämmiger, kontaktfreudiger Ire (Holy Cross 1951) mit langen Koteletten im Stil der 60er Jahre, war kein ausgebildeter Geheimagent, obwohl er seit fast dreißig Jahren der CIA angehörte. Turner hatte McMahon zum DDO ernannt, um dadurch die Kontrolle über die Planungsabteilung zu erlangen, der er nicht traute. Beim nochmaligen Durchsehen von McMahons Personalakte stieß Casey auf äußerst informative Dinge. Nachdem McMahon 1951 als Kodeangestellter der Abteilung GS-5 zum Nachrichtendienst gekommen war, hatte er sich allmählich durch die Verwaltungs- und Sachbearbeiter-Hierarchie durchgearbeitet. Er war Case Officer für U-2-Piloten gewesen. Den Problemen der 70er Jahre war er aus dem Weg gegangen. Als das Ansehen der CIA sank, wurde McMahon befördert. Er wurde Leiter der

Abteilung für Elektronische Nachrichten (ELINT), einer weniger bekannten, aber wichtigen Form der Nachrichtenübermittlung durch Radar und andere nichtkommunikative Nachrichtenquellen. Ehe er zum DDO ernannt wurde, hatte er für Turner den Mitarbeiterstab der Nachrichtendienste geleitet und bereits seinen Rücktritt in Erwägung gezogen.

McMahon war als ein Mann der Vorsicht bekannt. Als die CIA ein paar Jahre zuvor Informationen darüber gesammelt hatte, wer die paar Dutzend Anti-CIA-Gruppen und -Veröffentlichungen unterstützte und finanzierte, wie etwa das Covert Action Information Bulletin (Mitteilungen über verdeckte Aktionen), geriet McMahon in Wut. »Blöde Scheißkerle«, schrie er bei einer Sitzung des Mitarbeiterstabes, »Amerikaner zu bespitzeln. Versteht ihr denn nicht? Nicht auszudenken, wenn da jemand dahinterkommt.«

Casey mochte McMahon. Er war aufrichtig und kooperativ, und anscheinend bereit, Anordnungen zu befolgen.

Casey fragte ihn, was er von mehr Tarnung der Leute als Nicht-Angestellte der Botschaften halte. Man könnte einige der Jungs als Geschäftsleute, Berater usw. getarnt losschicken und sie aus den Botschaften abziehen.

McMahon erhob dagegen Einwände: Sicherheit, Kontrolle, und die Notwendigkeit, den Diplomatenstatus zu besitzen.

Und was war mit der Afghanistan-Operation?

Es sei ein auf enorme Kooperation angewiesenes Unternehmen, Waffen hauptsächlich in Ägypten umzuschlagen, erklärte McMahon. Pakistan sei die Schleuse zum afghanischen Widerstand, und Saudi-Arabien stelle mehr Mittel bereit als die CIA.

Casey sagte, dieses Unternehmen sei das wahrscheinlich wichtigste Erbe der Regierung Carter. Präsident Reagan wolle es fortführen und möglicherweise sogar die Hilfsmaßnahmen ausweiten. Es sei eine der Hauptaktivitäten gegen die Sowjets.

»Ja«, bemerkte McMahon trocken, »die sowjetische Invasion war falsch, ein schwerwiegender Fehler.« Doch er frage sich, welche Absicht die Vereinigten Staaten mit ihrer Politik verfolgten. Brauchten sie eine neue Einschätzung der Lage? Es sei höchst unwahrscheinlich, daß sich die sowjetische Armee geschlagen geben würde. Auf jeden Zug der USA würde ein sowjetischer Gegenzug erfolgen, eine Eskalation. Beabsichtigten die USA, die Sowjets bluten zu lassen? Konnte diese Taktik durchgehalten werden? Reichte der diplomatische Druck auf die Sowjets aus, damit sie aus Afghanistan abzogen?

Casey schickte Max Hugel, seinen Freund aus dem Wahlkampf, innerhalb des Nachrichtendienstes auf eine Informationstour, damit er sich umsehen und soviel wie möglich erfahren konnte. Nach ungefähr drei Wochen fragte ihn Casey: »Okay, was wollen Sie machen?«
»Das überlasse ich Ihnen«, gab Hugel zur Antwort.
»Gut, dann möchte ich, daß Sie folgendes tun«, sagte Casey. »Der Posten des Deputy Director for Administration (DDA, Leiter der Verwaltungsabteilung) ist frei geworden; er gehört zu den drei wichtigsten Posten und ist mit dem Rang des DDO und des Deputy Director for Intelligence Analysis (DDIA, Abteilungsleiter für Nachrichtenanalyse) gleichzusetzen.«
Am 13. Februar wurde Hugels Beförderung bekanntgegeben. Er merkte bald, daß es ein Büro-Job war, bei dem es hauptsächlich um die verschiedenen Formen der Unterstützung für die Zentrale und die Stationen der CIA im Ausland ging, einschließlich der Bereiche Sicherheit, Kommunikation und Logistik. Das war eine wichtige Aufgabe, aber sie hatte wenig mit der eigentlichen Agententätigkeit und den Geheimnissen zu tun, die er mit der CIA in Verbindung gebracht hatte.

Ende Februar nahm Casey an einem Gedenkgottesdienst für seinen alten Freund Raymond R. Dickey teil, einen langjährigen treuen Anhänger der Republikaner und Anwalt in Washington. Nach dem Gottesdienst ging Casey zu seinem CIA-Dienstwagen zurück und beauftragte seinen Leibwächter, einen der Trauergäste, Stanley Sporkin, zu bitten, sich ihm anzuschließen.
Sporkin, ein Mann in zerknittertem Anzug, der aussah wie ein übergewichtiger Spielhöllenbesitzer aus Las Vegas, schlenderte heran und öffnete die Wagentür.
»Stan«, sagte Casey, »danke für das Bestätigungsschreiben an den Senatsausschuß für den Nachrichtendienst. Wollen Sie nicht mit mir zurückfahren?«
Sporkin stieg in den Wagen, und sie fuhren davon.
»Sie haben mir schon zweimal einen Korb gegeben«, meinte Casey und bezog sich damit auf zwei frühere Angebote der Export-Import-Bank, wo Casey 1974 und 1975 gearbeitet hatte. »Ich möchte, daß Sie für den

Nachrichtendienst als Generalberater arbeiten«, sagte Casey. »Dort warten viele interessante Rechtsfälle auf Sie.«

Sporkin war interessiert. Nach 19 Jahren bei der SEC langweilte er sich dort, und es kam auch nie zu richtigen Vollstreckungsmaßnahmen. Operationen der CIA seien etwas anderes, meinte Casey. Schonungslos und mörderisch.

Sporkin wollte wissen, aus welchem Grund Casey für die CIA arbeite. »Das ist genau der Job, der mir gefällt«, sagte Casey. »Mir geht es nicht darum, noch eine Million Dollar zu verdienen.« Falls Sporkin Interesse habe, werde er eingehend über die Arbeitsweise der CIA informiert. Falls er etwas zu beanstanden habe und nicht arbeiten und doch seinen Grundsätzen treu bleiben könne, dann solle er es bleiben lassen. Man müsse alles wieder in Gang bringen, und das möglichst langsam und vorsichtig.

Der Wagen hielt vor dem CIA-Hauptquartier, Casey stieg aus, und Sporkin wurde zurück zur Kirche gefahren.

Casey mochte Sporkin. Er gehörte zu den wenigen Regierungsleuten, die nicht aufgeben würden. Als er Vorsitzender der SEC war, hatte Casey Sporkin eine einfache Frage gestellt: »Stan, was brauchen Sie, um Ihre Aufgabe zu erfüllen?« Auf diese Frage hatte Sporkin Jahre gewartet. Er wollte die Befugnis haben, Ermittlungen der SEC weiterzuführen oder abzuschließen, und Casey hatte sie ihm erteilt. Aufgrund dieses Einflusses hatte Sporkin durchgesetzt, daß zweifelhafte Geschäftspraktiken und Bestechungen in Übersee aufgedeckt wurden.

Obwohl er nach außen hin sehr ruhig wirkte, verstand es Sporkin, eine Gruppe von betuchten Anwälten aus der Park Avenue zur Schnecke zu machen. Casey bewunderte die Art, wie er sich bei langen Verhandlungen verhielt. Er lehnte sich in seinem Stuhl zurück, schloß sogar die Augen, nur um sich dann plötzlich nach vorn zu beugen, die Augen zu öffnen, von seinem Sitz hochzuschnellen, im Saal herumzustolzieren, mit den Armen zu fuchteln und lautstark über das untragbare Verhalten zu schimpfen, das ans Licht gekommen war. Oder er preßte die Hände gegen die Schläfen und rief: »Unglaublich!« Entweder war sein Blick finster und durchdringend, oder auf seinem Gesicht zeigte sich ein billigendes Lächeln. Dann nahm er wieder seine Inspektor-Columbo-Haltung ein – er stellte simple Fragen und machte einen verwirrten Eindruck. Casey wußte, daß alles nur Theater war, aber schon oft hatte er damit die Gegenseite überrumpelt.

Caseys erste Wochen beim Nachrichtendienst waren erfreulich. Man behandelte ihn wie einen alten Hasen vom OSS, der nun als Chef zurückgekehrt war. Es war noch nicht durchgesickert, daß er eigentlich hatte Außenminister werden wollen. Beim Nachrichtendienst war man weitgehend der Meinung, daß er sich als Reagans Wahlkampfleiter jeden Job hätte aussuchen können und eben den Posten des CIA-Chefs gewählt habe. Wahrscheinlich wurde kein anderer Chef einer Behörde oder Abteilung mit solcher Hochachtung behandelt wie der Direktor der CIA. Beinahe jeder gebrauchte Bezeichnungen wie »der Direktor«, »Direktor Casey«, »der DCI« oder »Sir«. Das war so üblich. Jede Mitteilung, die Langley verließ, war mit der Überschrift »Cite Director« versehen sowie einer fortlaufenden Nummer und gab Telegrammen, Nachfragen und Anordnungen den Stempel der obersten Instanz, obwohl Casey nur einige Dutzend von den Hunderten von Briefen zu Gesicht bekam, die täglich die Zentrale verließen. Jede Mitteilung der Stationen an die Zentrale war an den Direktor adressiert. Auf den Korridoren schenkte man ihm Beachtung, man trat ehrfurchtsvoll zur Seite und salutierte fast vor ihm.

Jeden Tag lag ein Stapel mit neuen Unterlagen auf seinem Schreibtisch. Die Frühmeldungen aus der Operationszentrale in Langley kamen in eine gesonderte Aktenmappe. Eine zweite Mappe enthielt die für ihn bestimmten Berichte der Botschaften und Stationen. Außerdem bekam er eine Kopie des aufwendig gedruckten President's Daily Brief (PDB, Tägliche Information des Präsidenten), eines zehn Seiten umfassenden Berichts mit erstrangigen Nachrichten, der jeden Morgen an Reagan, Haig und Weinberger geschickt wurde. Das National Intelligence Daily (NID, tägliches Nachrichtenbulletin), ein weniger brisantes, aber dennoch streng geheimes Kodewort-Dokument, wurde an Hunderte von Regierungsleuten verteilt – und natürlich auch an Casey. Gelegentliche Berichte von Informanten wurden ihm den ganzen Tag hindurch überbracht. Große rote Aktenmappen mit der Aufschrift TOP SECRET TALENT KEYHOLE – das Kodewort für Luftüberwachung – enthielten Berichte über Aufnahmen von Satelliten und Aufklärungsflugzeugen. Die meisten Berichte waren aufgrund sämtlicher Quellen zusammengestellt, das heißt, daß jemand die aufgefangenen Funkmeldungen, Satellitenmeldungen, Berichte von Informanten und anderes Material gesammelt und zusammengefaßt hatte. Manchmal verlangte Casey, die vollständigen abgefangenen Meldungen zu sehen, oder sie wurden ihm automatisch

zugeleitet. Sobald er mehr Material haben wollte, genügte ein Wink, und er bekam die betreffende Akte, eine Zusammenfassung oder einen Kurzbericht. Gelegentlich mußte er eine natürliche Neugier unterdrücken. Die Berichte waren oftmals wirklich interessant und enthielten eine Menge Geschichten.
Doch all diese Berichte waren seltsam zusammenhanglos. Casey wunderte sich immer häufiger darüber. Was ging da draußen vor sich? »Da draußen« bezog sich auf die Stationen der CIA im Ausland. Berichte bewiesen, daß einige Stationen ausgezeichnete Informationen über die Regierung des Gastlandes und die dortige sowjetische Botschaft lieferten, doch viele Stationen übermittelten Belanglosigkeiten, ja oft sogar Unsinn. Casey war erpicht darauf, seine Stationen zu besuchen.
Anfang März flog er in den Fernen Osten. Die CIA-Stationen, die er dort aufsuchte, hatten Systeme und Arbeitsweisen entwickelt, um für eine systematische Überwachung der wachsenden sowjetischen Präsenz in ihren Ländern zu sorgen. Mit Hilfe der örtlichen Polizei, dem Nachrichtendienst des Gastlandes und den Einwanderungs- und Zollbehörden waren sie über Ankunft und Abreise von Sowjetbürgern unterrichtet. Im allgemeinen erhielten sie eine Kopie des Paßfotos; ein Überwachungsteam konnte mit einem Aufnahmewagen ausgewählte Zielpersonen verfolgen und beobachten; Beobachtungs- und Fotoposten sorgten für präzise Angaben über das Kommen und Gehen von Schlüsselpersonen aus der Sowjetunion; Special Collection Elements wurden eingesetzt, um Telefone anzuzapfen und Räume abzuhören. In einzelnen Fällen war es sogar möglich, die Post abzufangen. Die Stationen hatten spezielle Kontakt-Agenten, die die sowjetischen Zielpersonen kannten und persönliche Daten lieferten. Einige Stationen verfügten über hochrangige Informanten in der Regierung des Gastlandes, aber wirklich nützliche politische Informationen waren dennoch selten.
Casey stellte fest, daß die Befähigung der Operationsoffiziere zwischen ausgezeichnet und ausreichend lag. Doch keiner von ihnen war anscheinend auf das große Spiel aus. Es herrschte keine kreative Atmosphäre. Keiner verbrachte genügend Zeit damit, zur Problembewältigung beizutragen, die tatsächlichen Ziele aufzulisten und sich mehr darum zu bemühen, Agenten anzuwerben oder Abhörvorrichtungen anzubringen. In den Stationen wartete man lieber darauf, daß sich einem Möglichkeiten boten, anstatt daß man sich bemühte, selbst welche zu finden. Es herrschte eine Atmosphäre des Zögerns und Zweifelns.

Überall, wo er hinging, wurde er von seinen eigenen Leuten begleitet – vom Leiter der Station, seinen eigenen Sicherheitsbeamten und Verbindungsmännern. Casey wollte ein Beispiel geben, und sein Status als ehemaliger Wahlkampfleiter des Präsidenten implizierte, daß er im Bereich von Außen- und Verteidigungspolitik als Reagans Vertreter auftrat.

Schließlich kehrte er mit einem vorherrschenden Eindruck nach Hause zurück: Amerikas Verbündete und Freunde erwarteten von den Vereinigten Staaten, daß sie die Führung übernähmen, und dasselbe erwarteten seine Stationen von ihm.

5

Seit Carter und Turner im Iran auf einen Eisberg gestoßen waren, hatte Casey alles gelesen, was er in den CIA-Akten zu diesem Thema finden konnte. Wie viele andere auch, fragte er sich noch immer, was die CIA eigentlich getan hatte. War es möglich, daß der amerikanische Nachrichtendienst so schwerwiegende Fehler begangen hatte, wie DIA-Chef Tighe behauptete? Wie hatte die CIA die prekäre Lage des Schah, seinen schlechten Gesundheitszustand und seine Schwäche einfach übersehen können? Es gehörte nun zu Caseys Aufgaben, dafür zu sorgen, daß so etwas nicht noch einmal passierte – weder im Iran noch sonst irgendwo. Die CIA hatte versucht, die Hintergründe der gescheiterten Geiselbefreiungsaktion im Frühjahr 1980 aufzudecken. Die Aufnahmen von den Wrackteilen in der iranischen Wüste waren zum Symbol für Carters Machtlosigkeit geworden. Wäre die Mission geglückt, hätte das eine Sternstunde für DDO John McMahon werden können, weil er ein halbes Dutzend Agenten zur Unterstützung des Plans in den Iran eingeschleust hatte. Casey war jedoch der Ansicht, daß es zu wenige waren. Sechs Monate nach der Geiselnahme hätte die CIA viel mehr Agenten im Iran haben müssen. Casey schickte nach der gescheiterten Befreiungsaktion einen streng geheimen Bericht darüber an Präsident Reagan. Darin unterstrich er die Unzulänglichkeit von Informanten.
In einer zweiten geheimen Studie mit dem Titel »Iran-Postmortem«, die für Turner ausgearbeitet worden war, wurde ausführlich beschrieben, welche Rolle die CIA bei der Katastrophe im Iran gespielt hatte. Sie trug den Vermerk NODIS (ausschließlich zur Weiterleitung an Turner und seine Stellvertreter), und darin wurde auf hundert Seiten abgehandelt, warum und wie es dazu kommen konnte, daß die CIA die Revolution im Iran verpaßt hatte.
Die Analyse stammte von Robert Jervis, einem Politologen der Universität von Columbia, der als ständiger wissenschaftlicher Berater für die

CIA arbeitete. Was die Frage nach falschen Erkenntnissen bei der Entscheidungsfindung betraf, war Jervis Experte, und er erhielt Zugang zu sämtlichen Unterlagen, über die die CIA-Analytiker zu diesem Zeitpunkt verfügten – Berichte von Informanten, der gesamte Kabelverkehr des State Departement, streng vertrauliche Mitteilungen und abgefangene Meldungen der NSA. Er hatte zwei Monate darauf verwendet, um zwei Aktenschränke mit diesbezüglichen Daten durchzugehen und um mit den vier wichtigsten CIA-Analytikern zu sprechen, die nahezu alle Informationen ausgewertet hatten, die an das Weiße Haus, den Außenminister und anderswohin weitergeleitet worden waren.

»Iran-Postmortem« ging mit der CIA zu Beginn nicht hart ins Gericht: Die Entwicklung im Iran sei schwer unter Kontrolle zu halten, und selbst ein gewissenhafter Mensch könne dabei leicht etwas falsch machen; es sei fast noch nie vorgekommen, daß ein Herrscher wie der Schah, der über Truppen und Sicherheitskräfte verfügte, von unbewaffneten Rebellen gestürzt worden sei. Dann aber riß die Studie die Art und Weise, wie die CIA den Fall Iran gehandhabt hatte, in Fetzen.

Unzulänglichkeiten beim Nachrichtendienst:

Die CIA war nicht darauf eingerichtet, sich rasch genug auf eine schwierige Situation einzustellen, und die Analytiker waren in einem Netz täglicher Routinearbeit gefangen – Kabel zusammenzufassen oder auszuwerten sowie National Intelligence Daily oder The President's Daily Brief mit neuen Informationen zu füllen.

Ernest Oney, ein erfahrener Iran-Analytiker der CIA, sagte, er habe vier oder fünf freundliche Briefe von Leuten von oben erhalten, denen die Berichte gefielen, aber man habe ihm nie direkt Fragen gestellt. Man habe sich deshalb nicht die Mühe gemacht, sich hinzusetzen und etwas auszutüfteln; es habe ja keine Anzeichen für ein Problem gegeben, das man ausknobeln mußte. Der Nachrichtendienst sei verkommen. Man sammle eine Menge Fakten und werfe sie den Leuten vor. Falls nachrichtendienstliche Tätigkeit aber die Fragen von morgen beantworten sollte, müßten die Informationen ausgewertet werden. Dies bedeute, daß Schlüsse gezogen werden müßten. Schlüsse aber seien Spekulation und als solche auch wieder schlecht.

Die Kabel von CIA und State Department enthielten kaum mehr als die Informationen der Tageszeitungen und die Berichte im Fernsehen. Doch Blätter wie die linksgerichtete französische Tageszeitung *Le Monde* und der rechtsgerichtete britische *Economist*, die zu mehr Spekulation und

Kritik tendierten, wurden den CIA-Analytikern mit einwöchiger Verspätung durch die Post zugestellt. Da man sie als überholt betrachtete, wurden sie nicht gelesen. Von außen kamen nur wenig Informationen, die die Gemüter der Analytiker wachrüttelten; kaum etwas deutete darauf hin, daß sie auf dem Holzweg sein könnten; es gab keinerlei intellektuellen Gedankenaustausch.

In der CIA-Station in Teheran war man geteilter Meinung darüber, was im Iran vor sich ging, doch in den Kabeln und Berichten war nichts von dieser Meinungsverschiedenheit zu spüren.

Auf der formellen Prioritätenliste für die Station in Teheran standen die Sowjets an erster Stelle, und an zweiter Stelle wurden die Bemühungen des Iran um Nuklearwaffen erwähnt. Und erst fast ganz am Ende ging es um die interne politische Lage. Ein paar Monate vor dem Umsturz im Iran wurden innerhalb der CIA-Station zwar allmählich die Prioritäten verlagert, doch hatte man noch immer nicht mehr als eine schwache Ahnung, was für ein politischer Kampf im Gange war.

Im Büro des Schah waren weder Wanzen angebracht, noch wurden seine Telefone angezapft; aus dem Iran lagen keine Informationen über technisch hochentwickelte Ausrüstung vor, die von Wichtigkeit gewesen wären. Der Vorschlag der NSA, in der US-Botschaft, aus der ein Drittel der Informationen über die iranische Regierung kam, die modernsten elektronischen Abhörgeräte zu installieren, wurde vom amerikanischen Botschafter mit der Begründung abgelehnt, daß er durch den direkten Kontakt zum Schah eine Menge guter Informationen erhalte, und daß »die SAVAK in unserer Hand« sei. Die CIA hatte keinen bezahlten Agenten in der näheren Umgebung des Schah. Man hielt das alles anscheinend für zu riskant, und sowohl in der US-Botschaft als auch bei der CIA-Station war man der Meinung, daß man durch den direkten Kontakt zum Schah über eine ausreichende Informationsquelle verfügte. Die CIA hatte sich die falschen politischen Gruppierungen unter den Oppositionellen ausgesucht, um an Informationen zu kommen. Sie hatte Agenten in der gemäßigten mittelständischen Nationalen Front, aber sie hatte nicht begriffen, über wie wenig Stärke die Gemäßigten verfügten. Man hätte sich fragen müssen: »Wie stark sind die Gemäßigten?« Die Antwort darauf hätte die Aufmerksamkeit unweigerlich auf die Geistlichkeit gelenkt, die tatsächlich die starke Opposition im Land war.

Was den Iran betraf, gab es keine gute Verbindung unter den Nachrichtendiensten. Innerhalb der CIA, der NSA oder der militärischen Nach-

richtendienste herrschte eine rege Kommunikation, aber die CIA und die NSA interagierten beispielsweise kaum miteinander.
Es gab keine Methode, nach der man nach alternativen Erklärungen bei der Datenauswertung suchte. Analytiker wurden nicht dazu angehalten, Beweismaterial zu sammeln, das etwaige Alternativen stützte; es gab keine Kontrolle von irgendwelcher Bedeutung, kein System, das die Annahmen in Frage gestellt hätte.
Das Personal der Station war anscheinend der Meinung, daß heutzutage aus einer religiösen Opposition keine politische Opposition erwachsen könne. Die CIA und die Botschaft zogen nicht die Möglichkeit in Betracht, daß der iranische Nationalismus gegen die Vereinigten Staaten gerichtet sein könnte, obwohl man diese Schlußfolgerung aus dem Verhalten der Geistlichen leicht hätte ziehen können, die die Meinung vertraten, der Schah sei zu hundert Prozent ein Werkzeug Washingtons und der CIA.
Sämtliche Analysen liefen immer im Kreis: Ausgehend von der Tatsache, daß der Schah über Sicherheits- und Streitkräfte verfügte, kamen sie zu dem Ergebnis, daß er diese auch einsetzen würde, falls es erforderlich wäre. Da der Schah jedoch kein Militär einsetzte, konnte es gar nicht so schlecht stehen. Dieser Kreis war nicht zu durchbrechen. Das Versäumnis des Schah, zu handeln, nahm man als Beweis dafür, daß alles in Ordnung sei. Es blieb lediglich die Frage: Was hielt den Schah davon ab, das Militär einzusetzen, um an der Macht zu bleiben? Ein Teil des Problems lag darin, daß dem Nachrichtendienst nicht bekannt war, daß der Schah Krebs hatte und Medikamente einnahm, ein Umstand, der sicherlich ein Grund für seine Unentschlossenheit war.
In den Berichten wurden Wörter und Sätze gebraucht, die für jeden Leser eine andere Bedeutung haben konnten. »Der Schah wird entscheidende Maßnahmen ergreifen« bedeutete für viele, daß er jeden Aufruhr unter der Bevölkerung gewaltsam niederschlagen würde, und für andere hieß es, daß er Reformen einführen und sein Regime lockern werde.
In einem CIA-Bericht vom August 1978 hieß es: »Im Iran ist weder eine Revolution im Gange, noch gibt es irgendwelche Anzeichen dafür.« Und in einem Bericht vom 22. November 1978 kam man zu dem Schluß, daß der Schah »keineswegs unschlüssig« und im großen und ganzen »mit den Gegebenheiten vertraut« sei. Der National Intelligence Estimate (NIE, Nachrichtendienstlicher Lagebericht) dieses Jahres wurde nicht fertiggestellt, als sich die Ereignisse im Iran überschlugen, doch in einem frühen

Entwurf lautete Turners einziger Kommentar: »Was würde passieren, wenn die Russen im Iran einmarschierten?«

Die Vorgänge im Iran bestätigten einen von Casey seit langem vertretenen Standpunkt: Die CIA durfte nie untätig zusehen; man mußte jede erdenkliche Anstrengung unternehmen, um die Politiker zum Handeln zu bewegen.
Der Nationale Sicherheitsberater Brzezinski hätte es gern gesehen, wenn der Schah Militär eingesetzt hätte, um die Unruhen auf den Straßen zu beenden; Außenminister Vance lehnte ein gewaltsames Vorgehen ab. Der Präsident konnte sich zu keiner Entscheidung durchringen. Und der springende Punkt war, daß der Schah nicht eher handeln würde, als bis ihm der Präsident der Vereinigten Staaten sagte, was zu tun sei. Carters abwartende Haltung und das Zögern des Schah kamen den Revolutionären gelegen, um die Macht im Lande an sich zu reißen.
Casey entschied, daß in der analytischen Abteilung der CIA eine Umbesetzung vorgenommen werden müsse. Einigen Leuten mußte der Kopf zurechtgerückt werden, und vielleicht mußten sogar ein paar Köpfe rollen. Casey hatte bereits die perfekte Lösung: DDO John McMahon. Nachdem er drei Jahre lang Operationen geleitet hatte, war McMahon in der Lage, die Analytiker auf Vordermann zu bringen, und seine Umsicht bei Operationen fand im Weißen Haus sowieso keinen Anklang.
Bei einem Treffen zwischen McMahon, Allen und dessen Stellvertreter Bud Nance, einem pensionierten Konteradmiral der Marine, hatte Nance vorgeschlagen, die CIA solle eine verdeckte Aktion starten und ein schwimmendes Trockendock vor der Küste Äthiopiens zerstören. Satellitenfotos lieferten den Beweis, daß die Sowjets fast ständig einen ihrer Zerstörer oder eine ihrer Fregatten im Trockendock liegen hatten. »Ausgeschlossen«, hatte McMahon geantwortet. »Da lassen wir die Finger davon.« Es würde einer Kriegshandlung gleichkommen.
Nach dem Treffen sagte Allen zu Nance: »Aus dem kühnen Einzelgänger ist ein Feigling geworden.«
Casey faßte den Entschluß, McMahon als Leiter zur Analyseabteilung zu versetzen.

Khomeini war ein häufiges Gesprächsthema bei Besprechungen im Weißen Haus. Er stellte eine wirkliche Bedrohung dar. Man wollte ihn, wenn möglich, aus dem Weg räumen. Nach einigen Unterredungen mit dem Präsidenten, der anscheinend aufmerksamer zuhörte als sonst, bat man Casey herauszufinden, ob irgend etwas unternommen werden könnte, um Khomeini abzusetzen und Reza Pahlewi, den ältesten Sohn des verstorbenen Schah, an seine Stelle treten zu lassen. Als Casey diesen Vorschlag den Mitarbeitern in Langley unterbreitete, wurden alle kreidebleich im Gesicht. Der Iran war ein Schreckgespenst. Die Pahlewi-Familie war ebenso schlimm wie Khomeini. Niemand in der Planungszentrale wollte etwas mit dieser Sache zu tun haben. Auch das State Department verweigerte seine Zustimmung. Doch Casey wußte, was der Präsident wollte, und daß die Administration handeln mußte. Das beste war, einen Plan für eine verdeckte Aktion auszuarbeiten, der es der CIA ermöglichte, Sondierungsgespräche mit verschiedenen Gruppen von Gegnern des Khomeini-Regimes, die im Exil lebten, zu führen, um zu sehen, welche dieser Gruppen eine Opposition bilden konnte. Casey legte seinen Plan, der ein erster notwendiger Schritt war, im Weißen Haus vor, und der Präsident unterzeichnete ihn.

Wenn Casey die Flut von aktuellen Meldungen und die alten Akten durchsah – ihm gefiel es, in alten Akten zu stöbern –, wurde seine Aufmerksamkeit immer wieder auf das kleine, arme Agrarland El Salvador gelenkt. In El Salvador – von den spanischen Eroberern »der Retter« genannt – lebten etwa 4,5 Millionen Menschen, und es war die kleinste Republik Zentralamerikas. An der Pazifikküste gelegen und vom zentralamerikanischen Gürtel etwas abgeschirmt, bot es keinen direkten Zugang nach Kuba, außer durch den Panamakanal. Doch in El Salvador kam es immer häufiger zu kommunistischen Aufständen. Es wäre unverzeihlich, wenn die USA diesen »Hinterhof« – oder »Vorgarten«, wie Reagan es nannte – verlieren würden.
Casey wollte Antworten. Wer unterstützte die Rebellen in El Salvador? Woher kam die militärische und die politische Unterstützung? Was war mit den Nachrichtenverbindungen? Wie konnte das alles direkt vor der Nase der Vereinigten Staaten geschehen? Wie konnte man diese Entwicklung aufhalten?
Reagan ordnete an, zur Unterstützung der salvadorianischen Regierung die Zahl der US-Militärberater von zwanzig auf über fünfzig zu erhöhen. Die Aufmerksamkeit der Presse konzentrierte sich auf diese Zahlen, als ob es sich dabei um ein Thermometer handeln würde, das die Kampfesbereitschaft der neuen Regierung anzeige. Die Zahlen waren der Stol-

perdraht der Medien. Dieser Draht würde Alarm schlagen, falls die Vereinigten Staaten auf ein zweites Vietnam zusteuerten.
Doch Casey ging es um viel mehr. CIA-Berichten zufolge waren Flugzeugladungen voll Waffen vom benachbarten Nicaragua an die Rebellen in El Salvador geliefert worden. Diesen Berichten, die noch aus der Amtszeit Carters stammten, konnte er entnehmen, daß die Beweise erdrückend waren. Zwei Tage bevor Carter aus dem Amt geschieden war, war ihm der Entwurf eines Memorandums zur Unterzeichnung vorgelegt worden, in dem gefordert wurde, Nicaragua jegliche Unterstützung zu verweigern, da es »zwingende und schlüssige« Beweise gebe, daß Nicaragua die Rebellen in El Salvador unterstütze. Das Beweismaterial war ein unverhoffter Glücksfall für den Nachrichtendienst, denn darunter befanden sich die persönlichen Aufzeichnungen und Dokumente des Generalsekretärs der kleinen Kommunistischen Partei El Salvadors, Shafik Handal. Darin war von Reisen in die Sowjetunion, nach Osteuropa, in andere Ostblockstaaten und nach Kuba die Rede; man hatte Vereinbarungen über die Lieferung von Munition und Arzneimitteln getroffen, die über Kuba und Nicaragua nach El Salvador verschifft werden sollten. Bei Rebellen in El Salvador hatte man M-16-Gewehre sichergestellt, die aus den USA stammten; anhand der Fabrikationsnummern konnte einwandfrei festgestellt werden, daß die Waffen während des Vietnamkrieges den Nordvietnamesen in die Hände gefallen waren. Der Fall war nahezu perfekt, und er zeichnete ein getreues Abbild des weltweiten kommunistischen Komplotts, das mit Caseys Vorstellungen übereinstimmte. Bei der Organisation und Abwicklung der direkten Versorgungslinie für El Salvador hatten sowohl die Sowjetunion als auch Kuba, Nordvietnam, Osteuropa und Nicaragua die Hände im Spiel. Die Lage war verzwickt.
Carter hatte das Memorandum nicht unterzeichnet und die Angelegenheit Reagan überlassen. Im letzten Jahr ihrer Amtszeit hatte die Regierung Carter schwer um die Zustimmung des Kongresses für eine 75-Millionen-Dollar-Hilfe an Nicaragua gekämpft; der Kongreß hatte verlangt, daß der Präsident, ehe Hilfsmaßnahmen eingeleitet würden, bestätige, daß Nicaragua nicht irgendwo in Zentralamerika Rebellen unterstütze. Carter war nahe daran gewesen, die Sache mit der US-Hilfe für Nicaragua sterben zu lassen.
Nicaragua und seine marxistische Regierung, die seit achtzehn Monaten an der Macht war, wurde zum Kernpunkt der Aufmerksamkeit in

Zentralamerika. Die politischen Führer in Nicaragua waren Mitglieder der Sandinistischen Nationalen Befreiungsfront, benannt nach dem früheren Guerillaführer Augusto Sandino, der 1934 von dem Diktator Somoza ermordet worden war. Nicaragua war siebenmal so groß wie El Salvador und hatte eine strategisch günstige Lage. Ein breiter Küstenstreifen erstreckte sich von der Karibik im Osten bis zum Pazifik im Westen.

Casey stellte mit Erstaunen fest, daß Präsident Carter binnen sechs Monaten seit der Machtergreifung durch die Sandinisten ein streng geheimes Papier unterzeichnet hatte, das die CIA ermächtigte, die Gegner der Sandinisten politisch zu unterstützen – mit Geld und Hilfsgütern, um die politische Opposition zu ermutigen und zu stärken, mit Papier und Geldmitteln, um die Zeitung *La Prensa* am Leben zu erhalten. Die Operation mit dem Ziel, die Ein-Parteien-Regierung zu bekämpfen, war ein politisches Standard-Aktionsprogramm, mit dessen Hilfe der demokratischen Alternative zu den Sandinisten Auftrieb gegeben und Alternativen für Parteien und Menschen geschaffen werden sollten, von denen man annahm, daß sie der Sowjetunion und deren Leitlinien nahestanden.

Durch die verdeckte Aktion sollten Verbindungen zwischen der CIA und dem politischen Zentrum Nicaraguas hergestellt werden, um eine brauchbare Opposition am Leben zu erhalten und sicherzugehen, daß die CIA unter den neuen Machthabern oder in einer neuen Regierung Verbindungsmänner und Freunde haben würde. Einige hunderttausend Dollar waren heimlich dafür aufgewendet worden, doch für Casey hatte das lediglich symbolische Bedeutung und zeigte höchstens, daß die Regierung Carter die Gefahr erkannt hatte, die von den Sandinisten ausging. Stillschweigend hatte sich eine Front gegen sie aufgebaut, und alle, die nicht zu den Linken zählten, wußten, daß die Vereinigten Staaten auf ihrer Seite standen.

Casey fand heraus, daß die CIA praktisch keine geeigneten Verbindungsleute oder Informanten unter den Sandinisten hatte. Der Nachrichtendienst des rechtsgerichteten Diktators Anastasio Somoza hatte solche Verbindungen gehabt, aber als Somoza fliehen mußte, hatte er die geheimen Aufzeichnungen zurückgelassen, und sie waren den Sandinisten in die Hände gefallen, als diese die »Kollaborateure« Somozas eliminierten. Sie waren die hauptsächliche Informationsquelle der CIA gewesen. Die Situation erinnerte Casey daran, daß die CIA im Iran ihr

Vertrauen in den Geheimdienst SAVAK gesetzt hatte. Er kam zum Schluß, daß die CIA in der gesamten Dritten Welt zu viele inländische Geheimdienste oder Leute unterstützte, deren Interessen sich mit denen der Herrschenden deckten. Das ging einfach nicht. Er wollte »unilaterale« Kontaktpersonen haben – Informanten, die ausschließlich von der CIA bezahlt und kontrolliert wurden und die weniger den Launen und dem Schicksal der jeweiligen Machthaber unterworfen waren –, vor allem in unsicheren Regionen wie Lateinamerika und Afrika.

Die nachrichtendienstlichen Erkenntnisse lieferten den Beweis, daß Kuba die Regierung Nicaraguas bereits gründlich unterwandert hatte. Etwa fünfhundert Kubaner hatten sich im Militär, im Geheimdienst und in wichtigen Kommunikationseinrichtungen Nicaraguas festgesetzt. Die PLO war im Land aktiv, und ihr Führer Jasir Arafat hatte Nicaragua einen Besuch abgestattet. Außerdem fand Casey heraus, daß die gesamte kommunistische Welt dort präsent war – die Sowjetunion, Nordkorea und die Ostblockstaaten.

Nicaragua war zu einem Refugium für Rebellen aus El Salvador geworden – dort konnte man alles tun, was man sonst während eines Guerillakriegs nicht tun konnte: die Truppen ausruhen lassen, Zuflucht finden, Truppen im Kampf einsetzen und wieder abziehen.

Zwei Monate nach ihrem Sieg hatten sich die Führer der Sandinisten heimlich zu einer dreitägigen Marathonsitzung getroffen, um ihre Ziele abzustecken. Ein interner Bericht, der in der Übersetzung siebzehn Seiten umfaßte, wurde bekannt als »72-Stunden-Dokument«. Er war gespickt mit Hinweisen auf den »Klassenkampf«, die »Parteiführung«, die »verräterische Bourgeoisie« und den »revolutionären Internationalismus«. Der Kampf der Sandinisten richtete sich gegen den »amerikanischen Imperialismus, den erbitterten Feind all derer, die um ihre definitive Befreiung kämpfen«.

In dem Dokument wurde unter anderem bekräftigt, daß die Sandinisten beabsichtigten, »nationale Befreiungsbewegungen« in Zentralamerika zu unterstützen.

Casey glaubte, daß sie über die nötigen Mittel, die Ideologie und die Überzeugung verfügten, es zu versuchen.

US-Botschafter Lawrence Pezzullo in Managua, der Hauptstadt Nicaraguas, hielt das Problem mit den Sandinisten als zumindest kontrollierbar und vielleicht sogar mit Diplomatie lösbar. Für Pezzullo, einen 55jähri-

gen Karriere-Diplomat, waren die Sandinisten nichts weiter als ein Haufen Kinder, die nicht einmal imstande waren, den Lebensmittelladen an der Ecke zu führen. Tatsächlich waren die meisten Sandinistenführer noch halbe Kinder, als sie sich dem Kampf gegen Somoza anschlossen. Mutig und zäh, wie sie waren, hatten sie wider Erwarten über Somoza gesiegt und waren an die Macht gekommen, ohne zu wissen, wie man regiert. Als Lateinamerika-Experte erkannte Pezzullo, daß die gebildete Schicht Lateinamerikas zum Marxismus tendierte, doch mit diesen Leuten konnte man im allgemeinen verhandeln. Für einen Diplomaten war es wichtig, ihre intellektuellen Bekenntnisse nicht zu ernst zu nehmen. Er wußte auch, daß man den Vereinigten Staaten manchmal ihre Worte verzeihen mußte, insbesondere wenn sie aus dem Mund des neuen Außenministers kamen. Pezzullo schätzte die Sandinisten als praktisches Problem ein, was vom diplomatischen, das heißt von Pezzullos Standpunkt aus soviel wie die Verwendung von Zuckerbrot und Peitsche bedeutete. Er hatte sich 1980 für die 75-Millionen-Dollar-Hilfe mächtig ins Zeug gelegt. Damit hatte er sich die Peitsche eingehandelt.
Er hielt ein wachsames Auge auf die Berichte der CIA. Zweifellos waren die Sandinisten, wie er es ausdrückte, beim »Befruchten« – das heißt, sie halfen anderen Rebellen, wie denen in El Salvador. Er hatte dieses Thema 1980 bei einem Treffen mit den Führern der Sandinisten zur Sprache gebracht. Jaime Wheelock, der nicaraguanische Minister für landwirtschaftliche Entwicklung und Mitglied der herrschenden Gruppe, hatte daraufhin zu Pezzullo gesagt: »Das geht Sie nichts an.«
»Sehen Sie«, hatte Pezzullo geantwortet und dabei die Peitsche hervorgeholt, »ich will ganz offen sein. Ich habe zehn Monate für dieses verdammte Geld gekämpft, und wenn das Ihre Einstellung ist, dann gehen Sie zum Teufel.«
Wheelock hatte entgegnet, daß Nicaragua ein Anrecht auf eine eigene Außenpolitik habe und daß die Amerikaner ihre Hilfe nicht als Druckmittel benutzen sollten.
In Pezzullos Augen war Wheelock der Klügste und Vernünftigste unter den Sandinistenführern, obwohl er weniger Einfluß hatte als die anderen. Doch er würde sich an Pezzullos Worte erinnern. Er würde am meisten von den Folgen betroffen.
»Es ist Ihr gutes Recht, das zu tun, was Sie wollen«, sagte Pezzullo, »und es ist ebenso unser gutes Recht, das zu tun, was wir wollen, und das bedeutet, daß wir nichts tun und Ihnen kein Geld mehr geben werden.«

Pezzullo wußte, daß die Mitarbeiter der CIA-Station nicht nur ihm, sondern auch der Zentrale in Langley gegenüber damit argumentierten, daß etwas, das aussieht wie eine Ente und sich bewegt wie eine Ente, auch eine Ente ist. Wenn deshalb ein Sandinist Kommunist ist, dann muß er oder sie unter der Kontrolle Kubas oder Moskaus stehen. Die ersten Nachrichten von 1980 über die Auswirkungen der sandinistischen Revolution über die Landesgrenzen hinaus waren diffus – es handelte sich dabei um Informationen aus dritter Hand, deren Quelle nicht genau eruiert werden konnte. Es gab kein Bildmaterial und keine Dokumente. Als aber nach Reagans Wahlsieg die eindeutigen Unterlagen des salvadorianischen Kommunistenführers Handal in die Hände der CIA gelangten, ging Pezzullo geradewegs zu Tomas Borge, dem einflußreichen Innenminister, und fragte ihn, wer die Rebellen in El Salvador unterstütze.
»Wissen Sie, Pezzullo«, gab Borge zur Antwort, »Sie machen zu viel Geschrei um nichts. Es sind Freunde.«
»Freunde, Sie Dummkopf!« hatte Pezzullo ausgerufen. Und das war der Auftakt von zehn zermürbenden Unterredungen und Zusammenkünften, in deren Verlauf Pezzullo zunächst versuchte, die Sandinisten zu dem Eingeständnis zu bewegen, daß sie als Regierung an der Unterstützung der Aufständischen in El Salvador beteiligt waren, um ihnen danach die Konsequenzen ihrer Handlungsweise vor Augen zu führen: Die neue Reagan-Administration würde ihr Engagement in El Salvador als eine Todsünde betrachten und die Sandinisten danach unwiderruflich zum Lager der Russen und Kubaner rechnen.
Mitte Februar beorderte Außenminister Haig Pezzullo zu einer Unterredung nach Washington. Die Zahlung der restlichen 15 Millionen Dollar zur Unterstützung Nicaraguas war ausgesetzt, jedoch nicht endgültig eingestellt worden. Pezzullo war der Meinung, daß man diesen Kurs beibehalten sollte. Geld war das einzige Druckmittel, und er war der Meinung, daß seine saftigen Beschimpfungen und seine Wutausbrüche bei den Sandinisten zumindest Beachtung gefunden hatten.
Als Pezzullo in Washington ankam, bekam er ein geheimes Optionspapier zu lesen, das für Haig ausgearbeitet worden war. Darin wurden drei Optionen genannt, und in allen dreien wurde verlangt, die Hilfe einzustellen. Pezzullo erklärte Haig, daß die Optionen in der Praxis alle dieselbe Wirkung haben würden. Aber es gebe noch eine weitere, eine »Null-Option«, wie sie Pezzullo nannte: sie sah vor, den diplomatischen

Druck zu verstärken und nicht nachzugeben. Es gab bereits verläßliche Anzeichen dafür, daß die Waffenlieferungen nachließen. Schließlich meinte Haig: »Ich bin für die Null-Option.«
Der Außenminister brachte den Botschafter ins Weiße Haus, wo Pezzullo gegenüber Reagan hartnäckig den Standpunkt vertrat, daß es nach wie vor möglich sei, mit den Sandinisten zu verhandeln, und daß es mit Diplomatie funktioniere. Er fühlte sich in seiner Meinung bestärkt, als der Präsident zu verstehen gab, daß ein zu starkes Engagement der Vereinigten Staaten das Problem noch vergrößern könnte. Reagan zitierte in diesem Zusammenhang einen unbekannten mexikanischen Freund: »Begeht nicht den Fehler, das Problem Zentralamerikas zu euerem eigenen zu machen.«
Später sagte Pezzullo zu Haig, daß man sich nichts vormachen sollte, denn die Sandinisten fühlten sich sehr eng mit den Rebellen El Salvadors verbunden, und das werde sich nicht ändern. Die revolutionäre Verwandtschaft der Sandinisten würde nicht für 15 Millionen Dollar verkauft. Aber die USA könnten ihr Verhalten ändern und versuchen, die Waffenlieferungen an die Rebellen zu unterbinden. Haig zeigte Verständnis.
»Andernfalls müßte man verdammt viel Energie aufbringen, um diese Kerle loszuwerden«, fügte Pezzullo hinzu und spielte damit auf die unausgesprochene Alternative an – eine geheime paramilitärische Operation mit dem Ziel, das Regime zu stürzen. »Und um das durchzuführen, müßte man etwas Großes aufziehen. Das sind knallharte Burschen – die Operation müßte schon verdammt gut vorbereitet sein, um sie zu vertreiben. Ich kann es mir nicht vorstellen, und ich glaube nicht, daß wir es schaffen würden.« Und Pezzullo fügte hinzu, daß die neue Administration mit ihrer konservativen, antikommunistischen Einstellung dann Erfolg haben könnte, wenn man die Sandinisten davon überzeugen könnte, daß die Vereinigten Staaten die ernste Absicht hatten, hart durchzugreifen.
»Oh, wir werden schon damit fertig«, erwiderte Haig.

Haig hatte unter Kissinger und Nixon genug Erfahrungen gesammelt und wußte, wie man seine Chancen verspielte. Als junger Armeeoffizier hatte er miterlebt, wie ungeschickt sich die Amerikaner in Korea und später in Vietnam verhielten. In seinen Augen waren lauter Fehlentscheidungen getroffen worden. Vielleicht hatte es auch an falschen

Ratschlägen oder Informationen gelegen, doch das tatsächliche Problem war ein Zusammenbruch der Entscheidungsfähigkeit gewesen. Nun war er der Einsatzleiter eines neuen Präsidenten, der mit ausländischen Angelegenheiten nicht vertraut war. Also mußten die Entscheidungen dem Präsidenten aufgezwungen werden.
Haig blickte bereits über das Problem Nicaragua hinaus. Er plädierte leidenschaftlich dafür, daß etwas getan werden müsse, um den Waffenexport aus Kuba zu stoppen. Er wollte eine Blockade. »Man muß das Übel an der Wurzel packen«, erklärte er bei Sitzungen im Weißen Haus. »Man muß ein Zeichen setzen.«
»Dieses Spiel können Sie gewinnen«, wandte er sich an den Präsidenten. Genau wie alle anderen Regierungsmitglieder war auch Casey strikt dagegen. Meese, Baker und Deaver befürchteten, Haig könnte Kriegslärm entfachen und in der Öffentlichkeit die Furcht wecken, Reagan plane eine militärische Intervention der Vereinigten Staaten in Zentralamerika. Sie wollten, daß der Präsident die Angelegenheiten im eigenen Land im Auge behielt – wirtschaftliche Verbesserungen und die versprochene Steuerreform. Eine Krise im Ausland oder eine militärische Konfrontation, insbesondere mit Kuba, mit dem bitteren Beigeschmack der Raketenkrise von 1962, würde den inneren Frieden Amerikas stören.
Es war an der Zeit, einen gemäßigten Kurs einzuschlagen. Casey hielt es für das beste, entweder nichts zu unternehmen oder eine militärische Aktion gegen Kuba in Form einer Seeblockade zu starten. Zu diesem Zweck waren verdeckte Aktionen vorgesehen – langsam, stetig, zielgerichtet, geheim. Er hatte bereits eine Direktive entworfen. Darin wurden weder Kuba als Ursprung des Übels noch Nicaragua als Vermittler ins Auge gefaßt, sondern El Salvador, das Land, das der Bedrohung ausgesetzt war. In der Direktive wurde zu Propaganda-Aktionen und politischer Unterstützung aufgerufen – zu legitimer finanzieller Unterstützung für die gemäßigten Christdemokraten und Offiziere in El Salvador.
Am 4. März unterzeichnete der Präsident die streng geheime Direktive. Ein Nutznießer der Unterstützung durch die CIA war ein 55jähriger Bauingenieur, der an der Universität Notre Dame in den Vereinigten Staaten studiert hatte – José Napoléon Duarte. Er war in den Personalakten als CIA-Mitarbeiter mit einem Decknamen aufgeführt. Unter den CIA-Mitarbeitern gab es solche, die nur »gelegentliche Informanten« waren und vielleicht nicht einmal wußten, daß sie der CIA Informa-

tionen lieferten, und es gab richtiggehende »kontrollierte Mitarbeiter«, die vom Nachrichtendienst bezahlt und gelenkt wurden. Dazwischen klaffte eine breite Lücke, in die Duarte hineinpaßte. Er war viele Jahre hindurch eine gute Informationsquelle gewesen, doch er war ein unabhängiger Mann, der in keiner Hinsicht überwacht wurde, und von dem niemand wußte, daß er für die CIA arbeitete. Casey zog diese Methode vor. Ein starker Führer sollte nicht von der CIA wie eine Figur auf dem Schachbrett hin und her geschoben werden. Das war nicht realistisch. Gegenwärtig war Duarte Vorsitzender der von Amerika unterstützten Junta, die in El Salvador regierte.

Im Hauptquartier in Langley richtete sich Admiral Bobby Inman im siebten Stockwerk des Hauses in dem großen Büro des stellvertretenden Direktors ein, das neben dem des DCI lag. Von beiden Büros hatte man einen Ausblick auf die üppige Landschaft Virginias. Da von hier lediglich die Wipfel der Bäume zu sehen waren, hatte man den Eindruck, als liege die Zentrale der CIA abgeschieden inmitten eines riesigen Waldes.
Am Dienstagmorgen, dem 10. März 1981, nahm Inman die *New York Times* zur Hand und las eine Schlagzeile auf der Titelseite: NACHRICHTENDIENST VERLANGT VOLLMACHT FÜR DIE DATENERFASSUNG VON US-BÜRGERN.
In dem Bericht war von einer beabsichtigten neuen Durchführungsverordnung die Rede, die einige der Beschränkungen hinsichtlich der Spionage und Gegenspionage der CIA in den Vereinigten Staaten aufheben sollte. Irgend jemand hatte eine überarbeitete Fassung der Durchführungsverordnung in die Hände bekommen, die beim Nachrichtendienst erarbeitet worden war und die Inman noch tags zuvor gesehen hatte. Er fand den Entwurf katastrophal, entworfen von jemand, der befürchtete, die CIA habe zu wenig Machtbefugnisse.
Bereits während der ersten Tage der neuen Administration hatte Casey den Rechtsstab der CIA damit beauftragt, eine neue Durchführungsverordnung auszuarbeiten. In diesem ersten Entwurf wurde vorgeschlagen, die Beschränkungen, die der CIA unter den Präsidenten Ford und Carter auferlegt worden waren, aufzuheben. Der Entwurf sah vor, daß das Justizministerium nicht länger die geheimen Operationen überwachen sollte. Auch sollte die CIA die Vollmacht erhalten, geheime Operationen innerhalb der Vereinigten Staaten durchzuführen, und das Verbot der elektronischen Überwachung und heimlicher Einbrüche aufgehoben

werden. Inman wußte sofort, daß es nicht leicht sein würde, diesen Entwurf wieder vom Tisch zu bekommen. Bürger, die sich für die Freiheit stark machten, hatten sich bereits auf einen Angriff eingestellt, und das würde denjenigen, die einen harten Kurs verfolgten, einen Grund mehr geben, an ihrem Standpunkt festzuhalten.
Inman hatte bemerkt, wie sich auf Caseys Schreibtisch im Büro nebenan Stapel von Akten auftürmten. Leider mußte er feststellen, daß Casey den Entwurf der neuen Durchführungsverordnung bereits unterzeichnet hatte; das bedeutete, daß er ihn gesehen und gebilligt hatte. Inman vermutete jedoch, daß Casey ihn nicht gelesen oder zumindest nicht durchdacht hatte. Der Direktor hatte sein Bedauern darüber zum Ausdruck gebracht, daß in den alten Durchführungsverordnungen herabsetzende Adjektive wie »heimlich« und »verdeckt« zur Beschreibung der Aktivitäten des Nachrichtendienstes benutzt worden waren. Er wollte neue, positive Worte. Inman war entschlossen, sich so zu verhalten, als ginge der Entwurf zu weit. Sollte so etwas je genehmigt werden, dann würde er von seinem Amt zurücktreten.
Nur eine aufsehenerregende öffentliche Stellungnahme der CIA konnte den in dem Entwurf erwähnten Vorschlag im Keim ersticken. Casey weilte zur Zeit im Fernen Osten, und Inman hatte während seiner Abwesenheit die Rolle des DCI übernommen. Aus diesem Grund lud er, ohne jemanden davon zu unterrichten, die Presse zu einer außergewöhnlichen Pressekonferenz, die auf Tonband festgehalten wurde, ins Hauptquartier nach Langley.
Inman erschien in Uniform. Er bezeichnete das Dokument als einen »ersten Entwurf«, der außer ein paar Ideen und Vorschlägen noch keine konkrete Stellungnahme enthalte. »Soviel ich weiß«, sagte er, »ist nicht beabsichtigt, diese Richtung einzuschlagen.«
Der Nationale Sicherheitsberater im Weißen Haus, Allen, war wütend. Meese, dem Allen Bericht erstattete, war dagegen mehr oder weniger mit Inman einer Meinung. Er meinte, daß die Regierung der CIA nicht gestatten würde, im eigenen Land Spionage zu betreiben. Inman schloß daraus, daß Meese ein wichtiger Verbündeter war.
Als Casey von seiner Reise zurückkam, tadelte er Inman, weil dieser ihn nicht über die Pressekonferenz unterrichtet hatte. Er war der Ansicht, daß Inman für den Rummel verantwortlich war, den die Presse mit der Meldung ausgelöst hatte, die CIA würde Amerikaner bespitzeln. Er habe jedenfalls nicht die Absicht, etwas Derartiges zu tun, fügte Casey

hinzu, doch sei er nicht sicher, ob den Ausländern genügend nachspioniert werde.

Am 17. März hielt Casey zum St. Patrick's Day in New York eine Rede über die Iren, über Gott, über Leidenschaft und über Patriotismus. Darin erklärte er: »Es gibt Dinge, die sind für immer und ewig richtig, und es gibt Dinge, die sind für immer und ewig falsch.«
John Bross, der Casey nach wie vor unterstützte, wußte, daß er auch meinte, was er sagte. Es gibt Augenblicke, da spricht der Verstand, und es gibt Augenblicke, da spricht das Herz, aber seltener sind jene Momente, in denen beide gleichzeitig sprechen. Bross spürte, daß dies bei Casey der Fall war. Der zähe, kaltblütige und harte Ire war sicher, daß er Recht und Unrecht auseinanderhalten konnte.

Ein paar Tage später bestellte Casey Pezzullo, der sich wieder in Washington aufhielt, in sein Büro, um mit ihm über die Sandinisten zu sprechen. Pezzullo war bereits davon in Kenntnis gesetzt worden, daß die US-Hilfe für die Sandinisten eingestellt werden sollte, und darüber war er gar nicht glücklich. Er hatte beim State Department vergeblich damit argumentiert, daß die Vereinigten Staaten ihre Karten aus der Hand geben würden, und daß es verheerend sein könnte, die Tür zu weiteren Verhandlungen hinter sich zu schließen. Casey wollte wissen, wie Pezzullo die Lage einschätzte. Keiner kannte die Sandinisten oder Lateinamerika besser als er.
Bei seiner Ankunft im CIA-Hauptquartier wurde Pezzullo von DDO John McMahon, Nestor D. Sanchez, einem erfahrenen Lateinamerika-Experten und einem Diplomaten der US-Botschaft in Managua begrüßt, der in Wirklichkeit Leiter der dortigen CIA-Station war.
Sanchez machte Pezzullo darauf aufmerksam, daß Direktor Casey selten mehr als eine Viertelstunde in diese Einsatzbesprechungen investiere und der Botschafter sich deshalb möglichst kurz fassen solle. Andernfalls würde der Direktor ungeduldig werden und wahrscheinlich einnicken.
Casey wollte wissen, ob man mit den Sandinisten Geschäfte machen könnte und was sie für Menschen seien.
»Sie haben auf unseren Druck reagiert«, sagte Pezzullo, »aber sie sind aalglatt. Die Führung der Sandinisten ist labil, denn es gibt eine Menge interner Intrigen.«
»Wenn Sie an Castros Stelle wären, welche Gruppe innerhalb der

Sandinisten würden Sie unterstützen?« wollte Casey von Pezzullo wissen.

»Die Ortega-Brüder«, gab Pezzullo zur Antwort und meinte damit Daniel Ortega und seinen Bruder, den Verteidigungsminister Humberto Ortega. Die Kubaner bauten möglicherweise auf Borge, der in Pezzullos Augen ein korrupter und unsteter Mann war. »Castro legt sich mächtig ins Zeug, und was er anpackt, bleibt nicht, wie es war«, fügte Pezzullo hinzu. »Die Kubaner sind überall, und sie fallen einem allmählich auf den Wecker, aber sie sind auch sehr schwerfällig.« Neulich habe sich Borge bei Pezzullo über die Kubaner beklagt und Witze über sie gemacht. Einmal habe ein Mitglied des sowjetischen Politbüros Managua besucht, und Borge habe energisch dagegen protestiert, daß man ihn herumkommandierte wie irgendeinen Schreiberling der Partei.

»Was wollen die Sandinisten?« fragte Casey.

Zum einen wollten sie Beziehungen zu den Vereinigten Staaten aufnehmen. Ein Beweis dafür sei, was mit den Waffenlieferungen an El Salvador geschah.

»Sie wurden unterbunden, nicht wahr?« wollte Casey wissen.

»Genau«, erwiderte Pezzullo. »Seitdem der Flugplatz, den sie hauptsächlich benutzten, geschlossen wurde, ist über nicaraguanische Nachschubwege nichts mehr ins Land gekommen. Die Flugzeuge wurden aus dem Verkehr gezogen, und das Netz von Piloten aus Costa Rica wurde zerschlagen.«

McMahon, Sanchez und Rooney pflichteten dem bei. Mehrere Überläufer und ein Pilot aus Costa Rica, der mit seinem Flugzeug abgestürzt war, hätten dies größtenteils bestätigt. Der kubanische Koordinator des salvadorianischen Nachrichtennetzes habe Nicaragua verlassen. Die einzige Einschränkung sei, daß ein Radiosender anscheinend immer noch arbeite und somit die Möglichkeit bestehe, daß irgendwo ein neuer Zugang geschaffen worden und bisher unentdeckt geblieben sei.

Dieser Vorbehalt ärgerte Pezzullo. Er vertrat die Ansicht, daß man sich mit dem begnügen müsse, was man wisse. Und die CIA-Meldungen enthielten tatsächlich nichts, was auf Aktivitäten zu Land, in der Luft oder auf dem Wasser hindeutete.

Alle, einschließlich Casey, stimmten darin überein.

»Doch«, fuhr Pezzullo fort, »ich will Ihnen nichts vormachen. Die Sandinisten werden immer auf der Seite der salvadorianischen Rebellen stehen. Sie werden sich mit ihnen verbünden, ihnen Zuflucht gewähren,

sich um die Kranken kümmern und ihnen erlauben, über Nicaragua nach Kuba und wieder zurück zu reisen. Was die Waffenlieferungen betrifft, sind ihnen allerdings die Hände gebunden, solange die Vereinigten Staaten ihren Kurs beibehalten.«
Casey meinte, er sei besorgt, weil das Land ein Unterschlupf für die Sowjets, die Kubaner usw. geworden sei.
»Wir sollten Ruhe bewahren«, sagte Pezzullo, »unsere Sache weiterverfolgen und uns weder von unseren noch von ihren Phrasen leiten lassen.«
»Wie groß ist der Einfluß der Sandinisten?« fragte Casey weiter.
»Er wird allmählich untergraben«, sagte Pezzullo und fügte vorsichtig hinzu, daß im Grunde nicht der Einfluß der Revolution untergraben werde, sondern jener einiger Anführer, ihre Popularität, ihr Ansehen. »Doch Sie irren sich gewaltig, wenn Sie glauben, die Revolution sei unpopulär – die Revolution ist sehr populär, und diese Burschen legen allem den Mantel der Revolution um. Und je mehr man die Revolution bekämpft, desto stärker werden sie.« Die Ära Somoza sei eine Zeit der Erniedrigung gewesen, und Kritik an der Revolution werde – insbesondere von seiten der Vereinigten Staaten – als Unterstützung des ehemaligen Somoza-Regimes gewertet. Deshalb wollten sich die Sandinisten gegen jede Art von Gegenrevolution zur Wehr setzen. Sie seien paranoid. Und sie seien Soldaten, die jahrelang keine Gewehre hatten, und deshalb jetzt Panzer und Kanonen wollten. Damit fühlten sie sich sicher. Sie wollten Kräfte zusammenziehen. Die Kubaner hätten sie davon überzeugt, daß sie diesen Weg einschlagen müßten, um die Revolution am Leben zu erhalten.
»Wäre es ratsam, diese Burschen aus den Angeln zu heben?« wollte Casey wissen und fragte dann direkt, ob Pezzullo eine verdeckte Aktion befürworten würde, um die Sandinisten zu stürzen.
»Wenn die Vereinigten Staaten diesen Weg einschlagen«, meinte Pezzullo und wiederholte, was er bereits zu Haig gesagt hatte, »dann werden Sie dabei mehr investieren müssen als Sie denken. Die Sandinisten sind die besten Kämpfer in Zentralamerika.«
Nach fast einer Stunde gab Casey zu verstehen, daß er genug gehört hatte.
Pezzullo verließ mit den anderen Caseys Büro. McMahon brachte seine Genugtuung darüber zum Ausdruck, daß Casey soviel Interesse gezeigt hatte. McMahon lag nichts an einer geheimen Operation, und einige

von Pezzullos Argumenten stimmten mit denen überein, die er vorgebracht hatte.
Pezzullo dachte, daß Casey ein sagenhafter Zuhörer und ziemlich vernünftig gewesen sei. Doch er war sich auch darüber im klaren, daß noch nicht ausgewertete Informationen einen falschen Eindruck vermitteln und schwerwiegende Folgen haben konnten, sobald sie auf Papier standen. Casey war offensichtlich über die Anwesenheit der Kubaner in Nicaragua besorgt, und das bedeutete natürlich, daß die CIA, die NSA und die militärischen Nachrichtendienste formell angewiesen oder »beauftragt« worden waren, darüber soviel Informationen wie möglich zu sammeln. Solche Aufgaben verleiteten Analytiker oftmals dazu, sich das Schlimmste auszumalen. Fünfhundert Kubaner schienen eine riesengroße Zahl zu sein. Nach der Iran-Misere wollte natürlich niemand die nächste Katastrophe verpassen. Die Zahlen hatten jedoch nichts mit der Effektivität zu tun. Nach Pezzullos Ansicht wurde die Präsenz der Kubaner durch das Verhalten der nicaraguanischen Führer unterhöhlt; Borge hatte darüber sogar gelacht. Doch Lachen war für den Geheimdienst kein Thema, das von Belang gewesen wäre, obwohl das nach Pezzullos Meinung manchmal ganz gut wäre.
Pezzullo kehrte nach Managua zurück, und das State Department gab in Washington die Einstellung der US-Hilfe bekannt. Obwohl das State Department erwähnte, die Waffenlieferungen an El Salvador seien unterbunden worden, und erklärte, es gebe »keine Anhaltspunkte für Waffentransporte durch Nicaragua während der vergangenen Wochen«, löste die Einstellung der Hilfe eine Flut von anti-amerikanischen Reaktionen aus. Die Zeitung der Sandinisten nannte die Entscheidung eine »wirtschaftliche Aggression der Yankees«, und im Fernsehen wurde erklärt: »Es ist das Ziel dieser Kriegstreiber, in unserem Land die Macht des Volkes zu brechen.«
Pezzullo war davon überzeugt, daß die Administration jeglichen brauchbaren Einfluß verloren und ihn selbst praktisch überflüssig gemacht hatte. Der Botschafter hatte jetzt keinerlei Handhabe mehr.

Zwei Monate und zehn Tage nach seinem Amtsantritt wurde Reagan von John W. Hinckley Jr. angeschossen. Die Kugel blieb ungefähr zwei Zentimeter vom Herzen entfernt in der Lunge stecken und wurde operativ entfernt. »Schatz, ich habe vergessen, mich zu ducken«, sagte er zu seiner Frau, und seinen Ärzten gegenüber spöttelte er: »Bitte sagen

Sie mir, daß Sie Republikaner sind.« Mit seinem Mut und seinem Optimismus erntete er überall großes Lob. Als Reagan nach zwei Wochen am 11. April das Krankenhaus verließ, durften die Reporter mit ihren Kameras die beinahe wundersame Genesung des 70jährigen Präsidenten aus der Nähe im Bild festhalten. Obwohl sein Gesicht schmaler geworden war, trat er vergnügt in einer roten Strickjacke vor die Kameras. Er und Nancy hielten sich mit einem Arm umschlungen, und den anderen hoben sie in die Höhe, genau so wie an jenem Abend vor neun Monaten auf einem Podium, als Reagan die Nominierung zum Präsidentschaftskandidaten der Republikaner angenommen hatte. Das berühmte Lächeln war ungebrochen, ebenso wie die Präsidentschaft.

Reagans engste Mitarbeiter merkten bald, daß alles nur Theater war. Am nächsten Morgen humpelte der Präsident im oberen Stockwerk seines Amtssitzes von seinem Schlafzimmer in das danebenliegende Zimmer. Er bewegte sich langsam und ging mit zögernden Schritten wie ein alter Mann. Er sah blaß und verwirrt aus. Diejenigen, die ihn dabei beobachteten, erschraken. Reagan humpelte zu einem Stuhl in seinem Ovalen Zimmer, wollte sich langsam hinsetzen und brach schließlich erschöpft auf dem Sitz zusammen.

Er sprach mit leiser keuchender Stimme ein paar Worte, und dann hielt er inne und rang nach Luft. Die kurze Verschnaufpause hatte nicht ausgereicht, und er griff nach einer Sauerstoffmaske, die neben seinem Stuhl lag. Als er den Sauerstoff inhalierte, ertönte im Zimmer ein pfeifendes Geräusch.

Reagan konnte sich immer nur für ein paar Minuten konzentrieren, danach wurde er geistig und physisch immer schwächer, und seine verletzte Lunge war auf den Inhalator angewiesen. An den darauffolgenden Tagen konnte er jeweils nur eine Stunde arbeiten oder aufmerksam bleiben.

Meese, Baker, Deaver und ein paar andere, die den Präsidenten sehen durften, waren ernstlich besorgt. Dies sollte doch erst der Anfang von Reagans Amtszeit sein, aber es gab Momente, da hatte es den Anschein, als ob der Reagan, den sie kannten, bereits am Ende war. Manchmal überwältigten ihn die Schmerzen. Seine sonst kräftige, beruhigende Stimme versagte ständig, er sprach bedrückt und unsicher. Seine Mitarbeiter zogen die Möglichkeit in Betracht, daß seine Präsidentschaft gleich zu Beginn in eine Art Übergangspräsidentschaft übergehen könnte, ähnlich wie es am Ende von Woodrow Wilsons Amtszeit der Fall

gewesen war, und daß man sie zum Team von Mrs. Wilson degradieren könnte. Alle älteren Mitarbeiter waren entschlossen, das schreckliche Geheimnis und ihre eigene Unsicherheit zumindest so lange für sich zu behalten, bis man eine eindeutige Prognose stellen konnte. Männer wie Casey, die für den Nachrichtendienst oder die Vollzugsmaßnahmen verantwortlich waren, wurden dabei an die Verwundbarkeit des Präsidentenamtes und an die Notwendigkeit erinnert, zusätzliche Sicherheitsvorkehrungen zu treffen, um das Land und seine Institutionen zu schützen. Die prekäre Weltlage war offensichtlich. Diese Männer spürten, daß mehr als der Präsident verletzt worden war.
Am 30. März 1981, dem Tag des Attentats, waren viele Dinge durcheinandergeraten, und es wurden sowohl menschliche Schwächen als auch die Schwächen des Systems aufgedeckt. Als bei einer Live-Sendung des Fernsehens die Frage gestellt wurde: »Wer führt im Augenblick die Regierungsgeschäfte?«, hatte Larry Speakes, der Sprecher des Weißen Hauses, einen Schnitzer gemacht und geantwortet: »Ich kann diese Frage im Augenblick nicht beantworten.« Haig, der das unsichere Ausweichen im Konferenzzimmer mitbekam, trat vor die Kamera und legte die Verfassung falsch aus, indem er sich nach dem Vizepräsidenten, der sich zur Zeit nicht in Washington aufhielt, in die Reihe der Nachfolger des Präsidenten einreihte: »Von jetzt an übernehme ich hier die Kontrolle im Weißen Haus.«
Im Krankenhaus hatte sich der militärische Berater des Präsidenten, der die Geheimkodes und Befehle überbrachte, die von dem Präsidenten zum Einsatz von Kernwaffen benutzt werden konnten, auf einen aussichtslosen Kampf mit dem FBI eingelassen. Das FBI hatte Reagans Wertsachen und seine Kleidung als mögliches Beweismaterial beschlagnahmt und dabei die geheime persönliche Kennkarte des Präsidenten aus dessen Brieftasche genommen. Die Karte ist mit einem Kode versehen, der dazu benutzt werden kann, Anordnungen über einen Angriff mit nuklearen Waffen im Notfall zu bestätigen, falls der Präsident die unsichere Methode der mündlichen Verständigung mit dem Militär anwenden müßte. Von offizieller Seite wurde beteuert, daß die Kontrolle über die nuklearen Streitkräfte der Vereinigten Staaten weiterhin gesichert sei, doch die Verwirrung deutete auf eine Schwäche im angeblich pannensicheren Management für Kernwaffen hin.
Der schlechte Gesundheitszustand des Präsidenten verstärkte das Ge-

fühl von Desorientierung innerhalb der Exekutive. Allmählich gewann Reagan seine Stimme zurück, und es gab Momente, die darauf hindeuteten, daß er sich auf dem Weg der Besserung befand. Zehn Tage Ruhe in seinem Amtssitz im Weißen Haus waren hilfreich gewesen, und am 21. April warb er bereits bei einer Talk-Show im Radio für seine Ausgaben- und Steuerkürzungspläne. Am nächsten Tag gab er Reportern der führenden Nachrichtenagentur ein Interview, und es ging ihm anscheinend gut. Aber er konnte noch immer nicht ausdauernd arbeiten, und seine Mitarbeiter machten sich immer noch Sorgen.

Am Samstag, dem 25. April, fuhren die Reagans übers Wochenende nach Camp David im Staate Maryland. Dieses Frühlingswochenende in den Bergen vollbrachte anscheinend ein Wunder. Als der Präsident nach Washington zurückkehrte, hatte er sich erholt, und die Krise war überwunden. Doch alle, die seinen vorherigen Zustand miterlebt hatten oder darum wußten, blieben wachsam.

Die Präsidentschaft Reagans würde für Insider nie mehr dieselbe sein. Dieses Gefühl der Gefahr, die von irgend jemandem oder irgend etwas ausgehen konnte – seien es Terroristen, eine plötzliche Attacke der Sowjets oder eines anderen Gegners –, wurde zur ständigen, tief verwurzelten Grundlage der Regierungspolitik. Nirgends bewahrheitete sich das mehr oder wurde tiefer empfunden als im Büro des DCI.

Casey erkannte bald, daß ein unvorhergesehener Teil seines Jobs darin bestehen würde, den Präsidenten zu schützen. Wann immer ein Bericht Hinweise enthielt, ein Komplott gegen Reagan sei angezettelt, ging Casey ihnen nach – mochten sie noch so merkwürdig und unwahrscheinlich klingen. Oft wiesen ihn die Leute von der Planungs- und der Analyseabteilung darauf hin, daß man so etwas nicht ernst nehmen könne und sich ohnehin nie mehr daraus ergebe, als daß zwei Betrunkene in einer tansanischen Bar zueinander sagten, sie wollten Reagan totschießen.

»Ich brauche ein Team, das sich damit befaßt«, sagte Casey bei jedem Bericht.

Casey hatte gründlich nachgeprüft, ob in den Akten der CIA etwas über John Hinckley vermerkt war. Er wußte, daß fast zwanzig Jahre nach der Ermordung Kennedys immer noch Fragen nach den Verbindungen zwischen Lee Harvey Oswald und dem KGB offengeblieben waren, und deshalb wollte er diesmal ganz sichergehen. Aber er fand nichts; er

überprüfte nochmals die Akten und unternahm alles, was er konnte. Casey war nach dem Attentat mehr denn je damit beschäftigt, die Nachrichten über die speziellen Verbindungen der Sowjetunion und des Terrorismus auszuwerten. Er wollte sich vergewissern, daß bei den Nachforschungen der CIA nichts unversucht gelassen wurde.
Der Artikel »Terrorism: Tracing the International Network« von Claire Sterling, der im *New York Times Magazine* als Titelstory erschienen war, hatte Casey sehr beeindruckt. Es war ein Auszug aus dem Buch »The Terror Network«, das bei Haig einen tiefen Eindruck hinterlassen hatte. Zu Beginn des Artikels wurde Haig zitiert, der mit seiner Behauptung, die Sowjets seien in den internationalen Terrorismus verwickelt, für Schlagzeilen gesorgt hatte.
Claire Sterling bemerkte mitleidig, daß sogar CIA-Experten den Journalisten erklärt hätten, Haigs Verdacht sei »nichts weiter als der Kommentar eines ergrauten kalten Kriegers« und es gebe keine schlagkräftigen Beweise. Casey war wirklich beeindruckt von Claire Sterlings Schlußfolgerung: »Es gibt eindeutige Beweise dafür, daß die Sowjetunion und ihre Verbündeten im Laufe der letzten zehn Jahre für Waffen, Ausbildung und Zufluchtsstätten für ein weltweites Terrornetz gesorgt haben mit dem Ziel, die westliche Demokratie zu destabilisieren.« Sie behauptete, es gebe eine »Guerilla-Internationale« von Kubanern, Angehörigen des KGB, von Palästinensern und Anhängern der Roten Brigaden, die gemeinsam ihre Komplotte schmiedeten und in verschiedenen Ausbildungslagern für Terroristen ihre Besprechungen und Treffen abhielten.
Casey hatte seine Kopie des Artikels mit ins Büro genommen. Er bat John Bross, sich damit zu befassen. Casey hatte den Eindruck, die Verfasserin kenne die Namen, persönlichen Daten und Aufenthaltsorte derjenigen, die Morde und Bombenanschläge planten und ausführten. Als Beispiele hatte sie türkische Terroristen, die IRA in Nordirland und die Roten Brigaden in Italien angeführt. Dabei wurden jedesmal direkte Verbindungen zum KGB erwähnt.
In ihrem Artikel deutete Claire Sterling an, daß die Presse der CIA weit voraus sei. Casey wollte das nicht wahrhaben. Er bestellte die Experten in sein Büro, damit sie ihm eine Erklärung lieferten. Die hochrangigsten Analytiker und die wichtigsten Leute aus der Planungszentrale wurden zusammengerufen.
Das Papier flog nur so im Zimmer herum, als die Experten von Langley einzelne Abschnitte auf den neun Seiten unterstrichen und versuchten,

was in den Akten der CIA stand mit Claire Sterlings Konzept in Beziehung zu setzen. Claire Sterling hatte in ihrem Artikel behauptet, daß im Südjemen »eine Art weiterführende Schule für internationalen Terrorismus« entstehe, zu deren ausländischen Gästen vermutlich auch Mitglieder verschiedener Terrorgruppen wie zum Beispiel der Roten Brigaden gehörten. Da der Südjemen »ein vom KGB streng kontrollierter Satellitenstaat« sei, könne man daraus nur eine logische Folgerung ziehen: die Roten Brigaden seien Verbündete der Sowjets.

In den Unterlagen der CIA fanden Caseys Mitarbeiter in einem Bericht lediglich ein Beispiel dafür, daß ein Mitglied der Roten Brigaden ein Lager im Südjemen besucht hatte. Aber der Ton und die ganze Art von Claire Sterlings Buchauszug waren eine Bestätigung dafür, daß die Roten Brigaden doch »Beziehungen« zum KGB hatten. Wann? Wo? Wie? An sich war der Besuch eines Mitgliedes der Roten Brigaden in einem Lager im Südjemen natürlich verdächtig, doch das war auch schon alles. Um ernsthafte Schlußfolgerungen zu ziehen, kam diesem Hinweis nicht mehr Bedeutung zu, als wenn sich zwei Gangster zufällig auf der Straße treffen oder in derselben Kneipe sitzen. Es blieben die Fragen: Was taten, sagten, planten sie?

Die Beamten der CIA behaupteten, Claire Sterlings Vorgehen sei unsinnig. Ihr Urteil basiere auf sprunghaften Folgerungen – jenen ähnlich, die McCarthy in seinem Kampf gegen die Kommunisten angewandt habe. In ihren drei Beispielen würden die Türkei, Nordirland und Italien aufgrund jener sprunghaften Logik zu »Zielscheiben« der Sowjets. In jedem Abschnitt des Artikels wurde der KGB einmal erwähnt.

In der Zwischenzeit hatte Jeremy Azrael, Gates' Nachfolger im Amt des NIO für die Sowjetunion – der höchste Posten eines Analytikers für den sowjetischen Bereich innerhalb der US-Nachrichtenagenturen – seine Nachforschungen nach brauchbaren Informationen über die Verstrickung der Sowjets in den internationalen Terrorismus abgeschlossen. In dem Entwurf seines Berichtes distanzierte er sich deutlich von Claire Sterlings Artikel. Casey war entsetzt. In dem Bericht wurden die Sowjets von dem Vorwurf einer Beteiligung am Terrorismus freigesprochen, und es wurde behauptet, es gebe kaum Beweise dafür, daß sie Terroristen unterstützten.

»Lesen Sie Claire Sterlings Buch«, meinte Casey, »und vergessen Sie diesen Unsinn. Ich habe $ 12.95 dafür ausgegeben und es hat mir bessere Informationen geliefert als Ihr Bastarde, denen ich 50 000 Dollar im Jahr bezahle.« Die Sowjets würden natürlich nicht mit der Art von Beweismaterial aufwarten, das man vor Gericht verwenden könne. Casey vertrat die Meinung, daß es aufgrund von Absichtserklärungen der Sowjets, einer vorhandenen Bereitschaft, mit Terroristen gemeinsame Sache zu machen, und der Erkenntnis, daß der Terrorismus den Westen erschüttere, doch nur logisch wäre, wenn die Sowjets ihn fördern würden. »Es ist Quatsch zu glauben, der Beweis würde uns auf einem Tablett serviert werden«, meinte er. »Sie müssen sich ein Urteil bilden.«

Inman pflichtete ihm bei. Er war der Meinung, der CIA-Bericht liege völlig daneben. »Das liest sich wie ein Entwurf für die Verteidigung«, erklärte er.

Casey erhielt zudem einen ärgerlichen Brief vom Leiter der DIA, General Tighe, der sich über den Bericht beschwerte. Tighe glaubte fest daran, daß die Sowjets in den internationalen Terrorismus verwickelt seien, auch wenn es nicht bewiesen werden konnte. Die Sowjets behaupteten zwar lautstark, daß sie nichts damit zu tun hätten, doch für Tighe war das Grund genug, das Gegenteil anzunehmen. Außerdem, so schrieb Tighe weiter, gebe es da noch das ernste Problem der Gegenspionage: Warum sollte man ausgerechnet den Informanten Glauben schenken, die behaupteten, die Sowjets hätten nichts mit dem Terrorismus zu tun? Hatten diese Informanten nicht allen Grund, sich von den Sowjets zu distanzieren?

Casey gefiel Tighe's Hartnäckigkeit. Dies war kein Gericht, und es gab keinen Grund zu der Vermutung, die Sowjets seien unschuldig. Casey bat den General, die DIA möge einen eigenen Bericht ausarbeiten. Tighe war mit diesem Vorschlag zufrieden und beauftragte einen kompromißlosen DIA-Analytiker mit der Sache. Wie zu erwarten war, lieferte die DIA kurz darauf einen Bericht, der ins andere Extrem ging. Nun stand es unentschieden. Casey besaß jetzt zwei einander widersprechende Berichte: den CIA-Bericht, der die Sowjets weitgehend von einer Beteiligung am Terrorismus freisprach, und den Bericht der DIA, der sie für schuldig hielt.

Einige Wochen später erhielt Casey ein Memorandum von Lincoln Gordon, einem ehemaligen Präsidenten der John Hopkins University; er war eines der drei Mitglieder einer höheren Prüfungskommission der CIA, die die Aufgabe hatte, Berichte fachlich und akademisch zu beurteilen.

Gordon schrieb in seinem Memorandum, der CIA-Bericht gebe eine erstaunlich enge Definition von Terrorismus und befasse sich lediglich mit den »reinen« Terroristen wie der Baader-Meinhof-Bande in Deutschland, den Roten Brigaden in Italien und der Roten Armee in Japan. Diese Gruppen seien an der Gewalt um der Gewalt willen interessiert; sie seien allesamt Nihilisten. Es genüge nicht, Terrorismus aufgrund der Motivation zu definieren. Terrorismus müsse durch die Handlungen definiert werden. Wenn in einem Pariser Bistro eine Bombe explodiere, dann sei das ein geheimdienstliches Problem, ganz gleich, ob der Anschlag von Nihilisten ausgeführt worden sei oder mit irgendwelchen internen Auseinandersetzungen zwischen verschiedenen Gruppen der Palästinensischen Befreiungsorganisation in Zusammenhang stehe; es spiele auch keine Rolle, ob mit der Tat propagandistische oder politische Ziele verfolgt würden. Andererseits werde in dem Bericht der DIA behauptet, jede gewaltsame Aktion gegen verfassungsmäßige Behörden sei eine Form von Terrorismus. Demnach wären George Washington und Robert E. Lee ebenfalls Terroristen gewesen.

Casey schlug Gordon vor, einen eigenen, und damit dritten Bericht zum Thema Sowjet-Terrorismus zu verfassen. Gordon sammelte zu diesem Zweck sämtliche unausgewerteten Informationen und sah sie durch. Ein Großteil stammte von der NSA; darunter befanden sich über ein offenes Kommunikationsnetz, über Funk oder Fernsprechleitungen abgefangene Meldungen, und einige Informationen waren dechiffrierten Kodes entnommen. Informationen aus verschlüsselten Mitteilungen waren mit dem Kennwort UMBRA gekennzeichnet und behandelten meist sehr heikle Themen. Technisches Informationsmaterial, einschließlich Satellitenfotos, war nicht sehr hilfreich. Außerdem stellte Gordon fest, daß die Informationen von Agenten sehr spärlich waren und die Zuverlässigkeit der Informanten, von denen viele bezahlte Agenten waren, sehr schwer nachgeprüft werden konnte. Er stellte daher einen Grundsatz auf: Bevor nicht eine Meldung von zweiter oder besser noch von dritter Seite bestätigt war, wurde ihr kein Glauben geschenkt. Es gab viele Fälle, wo ein Informant oder eine Quelle etwas behauptete, das weder Hand noch Fuß hatte.

Am 13. Mai 1981 wurde Papst Johannes Paul II. auf dem Petersplatz in Rom angeschossen und schwer verletzt. Der Katholik Casey empörte sich darüber, daß jemand versucht hatte, den Heiligen Vater zu töten. Seit Kardinal Karol Woityla aus Polen 1978 zum Papst gewählt worden war, galt niemand deutlicher als Symbol für einen aufrichtigen Anti-Kommunismus. Johannes Paul war der erste Pontifex Maximus, der aus einem Land kam, das hinter dem Eisernen Vorhang lag, und er hatte nach allem, was man hörte, die Gründung der Gewerkschaft »Solidarität« im August 1980 gefördert.

Am Morgen des 14. Mai versammelte Casey das gesamte National Foreign Intelligence Board (NFIB, Direktoren aller US-Nachrichtendienste) im Hauptquartier in der F Street in Washington in der Nähe des Weißen Hauses. Thema der Besprechung war die noch anstehende Beurteilung der Beziehung zwischen den Sowjets und dem Terrorismus. Casey wollte endlich eine Antwort haben. Die Attentate auf den Präsidenten und den Papst innerhalb von sechs Wochen hatten das Bewußtsein der Bedrohung durch den Terrorismus und der Verwundbarkeit von führenden Persönlichkeiten noch verstärkt. Was ging da vor sich? Es gab keinen Beweis dafür, daß die beiden Ereignisse miteinander in Zusammenhang standen, oder daß die Sowjets eine Rolle dabei gespielt hatten. Doch irgend etwas war faul, und Casey wollte sichergehen, daß der Nachrichtendienst über alle Möglichkeiten Bescheid wußte. Jedem Hinweis oder möglichen Zusammenhang sollte nachgegangen werden, und man sollte ihn sofort unterrichten.

Casey wollte wissen, ob die Sowjets etwas im Schilde führten. Wenn das der Fall war, dann hätten die Politiker, die um einen anderen Tisch saßen – nämlich um den im Weißen Haus, wo Casey ebenfalls saß –, ein größeres Problem zu lösen.

Kopien von Lincoln Gordons neuem Bericht, der etwa zwanzig Seiten umfaßte, wurden verteilt, und Gordon wurde gebeten, den Anwesenden kurz das Problem zu schildern.

Gordon erklärte, er sei in seinem Special National Intelligence Estimate (SNIE, Außerordentliche Lagebeurteilung der nationalen Nachrichtendienste), den er »Sowjetische Unterstützung des Internationalen Terrorismus« nannte, zu einer Ansicht gelangt, die zwischen den beiden Extremen der Berichte von CIA und DIA liege. Ein Teil des Problems sei die Unsicherheit darüber, wie der Terrorismus zu definieren sei. Zweifellos unterstützten die Sowjets in der Dritten Welt Befreiungsbewegungen gegen diktatorische Autokraten oder Regime, die Verbindungen zu westlichen Ländern hätten. Die Bereitschaft der Sowjetunion, Geld für Waffen, Ausbildung und andere Hilfsmittel zur Verfügung zu stellen – mit anderen Worten, die Befreiungsbewegungen zu ermutigen –

bedeute, daß in den betreffenden Ländern Gewalt und Terrorismus herrschten. Sicherlich gäbe es weniger Terrorismus, wenn die sowjetische Supermacht keine Revolution ins Ausland exportieren würde. Doch das Informationsmaterial liefere keine Beweise dafür, daß die Sowjets die große Wurlitzerorgel des Terrorismus spielten. Es gäbe einige Fälle, wo sie terroristische Aktionen sogar verhindert hätten. Der US-Botschafter in Nepal sei von den Russen gewarnt worden, daß vier Araber eine Entführung planten. Und mit Hilfe der Bulgaren sei es der deutschen Polizei 1978 gelungen, ein Mitglied der Baader-Meinhof-Bande festzunehmen. Manchmal habe es den Anschein, als ob die Sowjets der Ansicht seien, daß es ihren Zielen dienen könnte, wenn sie dem Terrorismus entgegenwirkten, doch dann schienen sie wieder zu glauben, daß er ihrer Sache förderlich sei. Ihre Hilfe, die speziell über die DDR und Bulgarien abgewickelt würde, führe zumindest indirekt zu einer Zunahme des Terrorismus, weil diese Länder einige extreme Gruppen wie die PLO unterstützten.

Gordon erklärte, insgesamt betrachtet benutzten die Sowjets den Terrorismus nicht als hauptsächliche Waffe, um die Dritte Welt und den Westen zu schwächen. Diese Folgerung widerlege Haigs öffentlichen Vorwurf und Claire Sterlings These. Es gebe dafür keinerlei Beweise.

Tighe gab sich mit dieser Feststellung nicht zufrieden. Er hatte einen ganzen Stapel von Meldungen mitgebracht, die, wie er sagte, die Sowjets mit zehn bis zwölf Fällen von Terrorismus in Zusammenhang brachten, die Gordon entgangen waren; einige davon stammten aus jüngster Zeit.

Gordon merkte, daß man ihm vorwerfen wollte, er habe Beweismaterial übersehen. Es folgte eine hitzige Debatte, als die Gruppe versuchte, sich über die Bedeutung der bruchstückhaften Meldungen Klarheit zu verschaffen.

»Ich weiß nicht, ob das hier zu anderen Folgerungen führen wird«, sagte Casey schließlich, »doch ich bin dafür, daß wir ihn erst mal zurückschicken.« Gordons Entwurf wurde nicht gebilligt, das heißt, er wurde nicht veröffentlicht, sondern mußte nochmals überarbeitet werden.

Vier Tage später, am 18. Mai, traf Gordon mit den Arbeitsgruppen jeder einzelnen Agency zusammen, und man ging gewissenhaft die Unterlagen durch, die die DIA entdeckt hatte. Alle außer zwei oder drei waren bereits früher überprüft und wieder aussortiert worden, weil es keine zweite Quelle dafür gab. Nach einigem Hin und Her wurden ein paar Worte in seinem Bericht, aber keine von den Schlußfolgerungen abgeändert.

Am 27. Mai wurde der geheime Bericht den einzelnen Departments und dem Weißen Haus übermittelt. Darin wurde festgehalten, daß die Sowjetunion nicht die geheime Macht sei, die hinter dem internationalen Terrorismus stehe. Am Schluß wurde auf das zukünftige Vorgehen der Nachrichtendienste hingewiesen – dafür waren solche Berichte eigentlich auch gedacht. Fazit: Informanten mußte der Rücken gestärkt, und es mußte ein Weg gefunden werden, in die Terrororganisationen einzudringen, um rechtzeitig an Informationen über geplante Unternehmungen zu gelangen.

Gordon bemerkte, daß Casey der Sache gegenüber offen war und seine eigene Ideologie nicht in die Folgerungen aus den nachrichtendienstlichen Erkenntnissen einfließen ließ. Gleichzeitig war klar, daß Casey nicht böse gewesen wäre, wenn man auf weitere sowjetische Spuren in der terroristischen Landschaft gestoßen wäre.

Zum Abschluß bemerkte Gordon etwas besonders Pikantes. Es stellte sich nämlich heraus, daß ein Teil von Claire Sterlings Informationen aus einem italienischen Pressebericht über die Roten Brigaden stammte. Der Bericht bestand aus einem Teil einer alten verdeckten Propaganda-Operation der CIA. Claire Sterling hatte offensichtlich einiges daraus in ihre Untersuchung aufgenommen. Heimische Abfallprodukte, bzw. die Wiederholung solcher Informationen in den Vereinigten Staaten, im Fachjargon »Rückstoß« genannt, sind ein Alptraum für die CIA und für die Journalisten, vor allem, wenn sie auf große Aufmerksamkeit stoßen und diskutiert werden. Gordon fand den Ablauf besonders vielsagend: CIA-Propagandamaterial gelangte in Claire Sterlings Druckfahne, von dort zu Haig, der die Fahnen las, darauf eine Pressekonferenz gab, wo er einen Kommentar abgab, der von der *New York Times* aufgenommen wurde und schließlich in Claire Sterlings Buch landete.

Auch wenn Gordon den Eindruck hatte, daß die CIA letztlich zu einem im wesentlichen wohldurchdachten Standpunkt gelangt war, wurde der Bericht als geheim eingestuft. Keine der Schlußfolgerungen wurde veröffentlicht. In der amerikanischen Öffentlichkeit waren die Sowjets nach wie vor gebrandmarkt durch die Behauptung des Außenministers, sie unterstützten aktiv den Terrorismus. Und diese Aussage wurde nie korrigiert.

Gordon fragte sich, was wohl die Sowjets von alldem hielten. Welche zusätzliche Belastung kam nun auf das bereits gespannte Verhältnis zu? Was für eine Haltung würden sie gegenüber anderen öffentlichen Erklärungen der Vereinigten Staaten einnehmen? War der Krieg der Worte zwischen den beiden Supermächten von großer Bedeutung? Welcher Preis mußte für Glaubwürdigkeit bezahlt werden?

6

Casey reiste von Washington aus in den Nahen Osten, um die dortigen CIA-Stationen zu besuchen. Er hatte den Stationschef in Saudi-Arabien gebeten, es einzurichten, daß er dort am Ostersonntag eine katholische Messe besuchen konnte, und der saudische Geheimdienst stellte die nötigen Sicherheitsbeamten zur Verfügung. Hier war endlich einmal ein Geheimdienst gewillt, so ziemlich alles zu tun und immense Summen für Informationsbeschaffung und Operationen auszugeben. Vom israelischen Geheimdienst Mossad war Casey besonders beeindruckt, weil er ausgezeichnete Informanten hatte. Überhaupt verließ man sich in der gesamten Region größtenteils auf Informanten und weniger auf technische Nachrichtenbeschaffung. Ein verläßlicher Informant war von großem Vorteil; er war rund um die Uhr wachsam und konnte frühzeitig Warnungen ausgeben. Geheimdienste, die über solche Informanten verfügten, waren nicht gezwungen, zum richtigen Zeitpunkt genau die richtige Frequenz oder den richtigen Kanal einzuschalten oder sich darauf zu verlassen, daß ein Satellit die exakte Position hatte. Zudem war ein Informant in der Lage, die jeweilige Information zu beurteilen. Nach seiner Rückkehr nach Washington beschloß Casey, sich auf die Wahl seines DDO zu konzentrieren. Schließlich war er der Mann, der die Agenten einsetzte. Irgendwie waren Casey die jetzigen Mitarbeiter der Planungszentrale für geheime Operationen etwas zu geschliffen. Es gab zu viele HYPs – Absolventen von Harvard, Yale und Princeton. Die Kleidung zu elegant, die Manieren zu vornehm und die Redeweise nicht bestimmt genug. Zu wenig durchschnittlicher Umgangston. Sicherlich waren sie gute und ergebene Mitarbeiter, aber oft nicht entschlossen genug. Sie hatten nicht genügend Mumm und Schwung in den Knochen. Keiner von ihnen schien über die umfassende Erfahrung der Generation Caseys zu verfügen oder Verständnis für die Zeit nach dem Zweiten Weltkrieg zu haben.

Casey hatte noch niemand Bestimmten für den Posten des DDO im Auge. Doch mittlerweile hatte ihm Max Hugel erklärt, er wolle mehr Handlungsvollmacht, als einem stellvertretenden Verwaltungsdirektor zustehe. Er war sogar so weit gegangen, zu behaupten, jemand, dessen Namen er Casey nicht nennen wollte, habe ihn für den Posten des DDO vorgeschlagen. Hugel war der Meinung, er könnte eine große Hilfe sein. Casey sagte, er werde sich bald entscheiden. Er erwähnte auch gegenüber John Bross die Möglichkeit, Hugel mit dem Posten des DDO zu betrauen.

Bross war strikt dagegen. Er war selbst einmal bei der Planungszentrale für Operationen gewesen. »Glauben Sie mir«, sagte er zu Casey, »das ist eine Welt für sich. Kein Außenstehender könnte je ganz durchblicken, geschweige denn die Zentrale jemals führen.«

Bross wollte, daß Casey sich anhörte, was Dick Helms dazu zu sagen hatte. Helms war einverstanden, nach Langley zu kommen. Er wollte Casey unter vier Augen sprechen. Casey erklärte Helms, er sei davon überzeugt, daß Hugel der richtige Mann für diesen Posten sei. Hugel habe Japanisch gelernt und sich mit der japanischen Kultur vertraut gemacht; er habe in Japan eine große Firma geleitet und japanische Schreibmaschinen und Nähmaschinen mit hierher gebracht.

»Er soll erst einmal im Team seine Erfahrungen sammeln«, meinte Helms. Schließlich hatte der stellvertretende Verwaltungsdirektor auch eine wichtige Funktion. Weshalb sollte man ihn daher nicht erst einmal für zwei Jahre auf diesem Posten belassen und ihn dann zum DDO befördern? Warum diese Eile? Helms erinnerte Casey daran, daß in der Vergangenheit die DDOs entweder der Planungszentrale für Operationen angehört hatten oder, wie im Falle von McMahon, bereits dreißig Jahre der CIA. Helms war der Meinung, Casey sollte sich lieber Gedanken über die Sicherheit machen. Das hieße nicht, daß Hugel unzuverlässig sei, aber er habe einfach nicht die nötige Erfahrung. Sicherheit und absolutes Stillschweigen seien für einen erfahrenen Agenten oberstes Gebot; sie seien ihm während eines langen Dienstes bereits in Fleisch und Blut übergegangen und tief in seinem Innern verwurzelt. Und nun sollten all diese Geheimnisse einem Anfänger anvertraut werden?

Casey dankte Helms für sein Kommen und seinen Rat, und dieser verließ ihn in der Annahme, der Direktor der CIA habe seiner überwältigenden Logik folgen können.

Am Morgen des 11. Mai erklärte Casey gegenüber John Bross, daß er

nach wie vor Hugel für diesen Posten ernsthaft in Erwägung ziehe. Bross war immer noch dagegen, doch er sah ein, daß Casey in dieser Angelegenheit auf niemanden hören würde. Ihn noch weiter zu bedrängen hieße, Caseys Autorität in Frage zu stellen. Casey nahm lediglich sein Privileg, zu entscheiden, in Anspruch.
Am Nachmittag fand eine Besprechung des Mitarbeiterstabes statt. Bei dieser Gelegenheit kam Casey gleich zur Sache und erklärte ohne große Einleitung, Max Hugel sei zum neuen DDO ernannt worden. Er schnipppte mit dem Finger, schon war das Thema vom Tisch.
Im Konferenzzimmer waren ungefähr vierzehn Leute zusammengepfercht. Normalerweise konnte man bei solchen Besprechungen sein eigenes Wort nicht verstehen. Doch dieses Mal herrschte ein beklemmendes Schweigen; man hätte eine Stecknadel fallen hören können. Die Mitarbeiter der CIA hatten sich gerade erst an Hugels Funktion als DDA gewöhnt.
Keiner sagte etwas. Was sollte man auch dazu sagen? Außerdem hatte Casey niemanden um seine Meinung gebeten, sondern war sofort zum nächsten Thema übergegangen.
Schon jetzt machte ein Witz die Runde: »Was sagt Hugel jeden Morgen zu Casey? Boß, Boß – das Flugzeug, das Flugzeug!« Mit diesen Worten verkündete der ergebene, ganz in Weiß gekleidete Zwerg Tatoo in der Fernsehshow *Fantasy Island* Ricardo Montalban immer die Ankunft neuer Besucher.
Nach der Sitzung breitete sich in Langley die Nachricht wie ein Lauffeuer aus: Casey hat einen Schreibmaschinen- und Nähmaschinenvertreter zum DDO ernannt.

Am zweiten Tag nach der Übernahme des neuen Postens rief Hugel seine Mitarbeiter in der Operationszentrale zusammen. Er hatte einige wesentliche Punkte ausgearbeitet. Er versprach, sich für die Zentrale einzusetzen, sie zu stärken und zu unterstützen. Dann erklärte er seinen Mitarbeitern, daß sie unterbezahlt seien und daß etwas geschehen müsse, um das richtigzustellen. In diesem Zusammenhang erinnerte er sie daran, daß viele ihrer Kollegen gekündigt hatten, weil sie es sich mit diesem Gehalt nicht leisten konnten, ihre Kinder auf teure Colleges zu schicken.
Doch die erfahrenen Mitarbeiter wußten, daß dies nur leere Versprechungen waren. Die Gehälter im öffentlichen Dienst sind festgeschrie-

ben und dagegen kann man kaum etwas machen, vor allem nicht als Angestellter des Nachrichtendienstes.

Hugel fuhr fort, die Mitarbeiter würden lediglich nach ihrer Leistung befördert, und man werde den jüngeren Leuten eine Chance geben. Man brauche in der Planungszentrale mehr Sprachtraining, bessere Agenten und eine effektivere Gegenspionage.

Als er seinen Vortrag beendet hatte, kam von den Mitarbeitern keinerlei Reaktion. Hugel blickte verwirrt in die Runde. Das hier war nicht vergleichbar mit einer Wahlkampfveranstaltung für Reagan. Diese Leute hier hatten gelernt, ihre Ansichten und Gefühle zu verbergen. Ihre Gesichter verrieten nichts. Hugel fragte sich, ob er etwas Falsches gesagt habe. Doch diese Leute hielten es für eine Kunst, ihre Meinung nicht zu zeigen.

Hugel begegnete dieser Herausforderung mit mehr Arbeit. Er bekam einen Decknamen, ein abhörsicheres Telefon, einen Chauffeur, einen Wagen und einen eigenen Safe für geheime Dokumente. Als er die Berichte von Agenten und die Aufzeichnungen zu einigen Operationen überflog, wurde ihm klar, daß viele geheime Informationen von Leuten stammten, die ihr eigenes Land verrieten. Das beunruhigte ihn. Wie kamen diese Leute dazu, ihr Land zu verraten? Waren ihre Informationen zuverlässig?

Hugel stattete Senator Goldwater einen Höflichkeitsbesuch ab. Der Senatsausschuß für die Nachrichtendienste war eine Schlüsselbasis, die gehegt werden mußte. Als Hugel Goldwaters Zimmer betrat, war es offensichtlich, daß dieser keine Ahnung hatte, wer er war. Goldwater saß nur da, stellte keine Fragen und sprach auch sonst kaum ein Wort. Als Hugel wieder ging, war ihm äußerst unbehaglich zumute. Offenbar war über die Verbindungskanäle zwischen CIA und Kongreß überhaupt nichts gelaufen. Man hatte ihm in keiner Weise den Weg geebnet.

Vier Tage nach seiner Ernennung zum DDO nahm Hugel den *Washington Star* vom 15. Mai zur Hand, in dem regelmäßig Artikel von Cord Meyer erschienen, der 26 Jahre für den Nachrichtendienst gearbeitet hatte. Meyer war ein leidenschaftlicher Gegner des Kommunismus und Befürworter der CIA, und er war mit John Bross befreundet. Er hatte in Yale studiert und im Zweiten Weltkrieg bei einem Gefecht ein Auge verloren; und er war die Verkörperung eines »kalten Kriegers« der Ivy League. Er war ein Mann von Format, bevorzugte Tweed und hatte die nötigen Verbindungen. Er war bereits zur Nummer Zwei in der Operationszentrale aufgestiegen, als er den Nachrichtendienst 1977 verließ. Als Kolumnist beim *Washington Star* gab er Ansichten eines ehemaligen CIA-Mitarbeiters zum besten und hatte unmittelbaren Zugang zu Informationen; er erhielt sie entweder am Telefon oder beim Mittagessen mit pensionierten CIA-Leuten, die anscheinend nie die Stadt verließen.

Hugel las mit einigem Schrecken die Überschrift von Meyers Artikel: CASEY WÄHLT AMATEUR FÜR HEIKELSTEN CIA-POSTEN AUS.

»... Casey hat den einmütigen Ratschlag erfahrener Mitarbeiter zurückgewiesen«, las Hugel weiter. »Der Kolumnist Stewart Alsop hat diesen Job einmal mit nur geringfügiger Übertreibung als ›den schwierigsten und gefährlichsten nach dem des Präsidenten‹ bezeichnet.«

»Allen Dulles, Richard Helms und William Colby hatten diesen Posten inne, bevor sie CIA-Direktor wurden, aber sie haben sich ihre Beförderung durch jahrelange Arbeit beim Nachrichtendienst verdient.«

»Die Chefs des KGB in Moskau werden es für unglaublich halten«, schrieb Meyer weiter. Die Ernennung von Richard Bissell, eines brillanten Wirtschaftswissenschaftlers, der als DDO zum »unglückseligen Urheber des Schweinebucht-Debakels wurde«, sei der einzige andere Fall, da ein CIA-Direktor einen Mann für diesen Posten ausgewählt habe, der nicht schon vorher der Operationszentrale angehört habe. Die Ernennung Hugels zum DDO sei »ein atemberaubendes Roulettespiel, für das das Land einen hohen Preis zahlen muß, falls Casey auf den falschen Mann gesetzt hat«.

Hugel war tief gekränkt. Meyer hatte ihn nicht einmal angerufen, um sich seinen Standpunkt anzuhören. Aber er würde es ihnen schon zeigen. Am nächsten Tag warf Hugel einen Blick in die *Washington Post*. Die Schlagzeile auf der Titelseite lautete: AUF KRIEGSFUSS MIT DEM NEUEN SPIONAGE-MEISTER DER CIA. Die alten Haudegen hielten nicht länger mit ihrer Meinung hinterm Berg. George A. Carver, ebenfalls ein CIA-Veteran aus Yale, wurde zitiert: »Das ist so, als würde man einen Burschen, der noch niemals zur See gefahren ist, zum Leiter von Marineoperationen ernennen ... Es ist, als würde man jemandem, der kein Mediziner ist, die Leitung der kardiologischen Station einer großen Klinik übertragen.«

Auch Casey wurde zitiert. Er verteidigte Hugel und erklärte, daß die Kritik von »einem Haufen von Kerlen« ausgehe, »die glauben, man verstünde nur dann etwas von diesem Geschäft, wenn man 25 Jahre dabei war«.

Die *New York Times* sprach sich in ihrem Leitartikel unter der hintergründigen Überschrift MR. CASEYS UMGANG gegen Hugels Ernennung aus.
Casey und Hugel besprachen die Angelegenheit und waren sich einig, daß sonst alles ganz gut laufe. Sie hatten den Status quo herausgefordert, und das gefiel diesen Leuten nicht. Casey schrieb einen Brief an die *Times*, und dieser wurde am 24. Mai veröffentlicht. Darin lobte er Hugels »Tatendrang, klaren Verstand und Führungsqualitäten, ... Fähigkeiten und Erfahrungen.«
Stan Turner, der an einer zweiten Karriere als Autor arbeitete, las diesen Artikel zu Hause. Er verstand die Attacke des »alten Hasen«. Sie rief in ihm eine Menge unangenehmer Erinnerungen wach. Turner spürte Mitgefühl für Casey, der anscheinend kräftig in die Mangel genommen wurde. Als freundschaftliche Geste schrieb er einen Brief an die *Post*, der in der Ausgabe vom 25. Mai erschien. Darin hieß es unter anderem: »Mr. Casey ist letztlich dafür verantwortlich, wie erfolgreich die Operationszentrale arbeitet. Er ist berechtigt, sein Team selbst auszuwählen, und er sollte nach den Resultaten beurteilt werden und nicht nach der Art und Weise, wie er seine Mitarbeiter aussucht.
An mir wurde 1977 in ähnlicher Weise Kritik geübt, als ich in der Planungszentrale für Operationen Veränderungen und Kürzungen vornahm. Diese haben sich jedoch als außerordentlich erfolgreich erwiesen. Wir sollten Direktor Casey eine Chance geben und ihn nicht mit voreiliger Kritik belasten.«
Im Weißen Haus waren Meese, Baker und Deaver über all die Aufmerksamkeit, die sich auf Caseys Mann Hugel konzentrierte, beunruhigt. Es waren im Augenblick heikle geheime Aktionen im Gange, und falls Hugel dabei etwas versaute, konnte es für Reagan Probleme geben. Ihr Beschützerinstinkt meldete sich. Sie hatten bereits Caseys und Hugels Arbeit während des Präsidentschaftswahlkampfes mit Skepsis beobachtet. Wurde die CIA etwa von Clowns geführt?
Casey schrieb in einem persönlichen Brief an den Präsidenten, daß Hugel über wertvolle berufliche Fähigkeiten verfüge, und er wies darauf hin, daß sich Hugels Unternehmungen beim Zusammenschluß spezieller Interessengruppen, insbesondere ethnischer Wählergruppen, kaum von der Tätigkeit eines Agenten unterschieden.
Reagans Mitarbeiter entschieden, daß es keine Möglichkeit und keinen ausreichenden Grund gab, um einzuschreiten.

Casey fiel als erstes der kühle Blick auf, obwohl sein Gegenüber fast zwei Meter groß war.

»Mr. President, vom ideologischen Standpunkt aus befanden wir uns in der Defensive«, sagte er mit fester, sicherer Stimme. Dann fuhr er fort mit einem vollständigen Bericht über die Lage in El Salvador. Es sei schwierig, die von den Vereinigten Staaten unterstützte Junta zu verteidigen; immer häufiger komme es zu Menschenrechtsverletzungen, obwohl Duarte sein möglichstes tue. Die Regierung müsse zu einer offensiven Haltung zurückkehren und nicht nur das Militär und die Diplomatie zu Hilfe nehmen. Die Reagan-Administration müsse in El Salvador freie Wahlen durchsetzen. Auch wenn Direktor Casey in seinem außerordentlichen Lagebericht vom Juni zu dem Schluß gekommen sei, daß es zwischen der salvadorianischen Junta und den Rebellen eine militärische Pattsituation gebe und daß es zwei Jahre dauern würde, bis die Junta die Oberhand gewinnen könnte, müsse die Herstellung einer demokratischen Ordnung das wichtigste Ziel bleiben.

Casey bemerkte, wie Präsident Reagan hellhörig wurde und auf seinem Stuhl unruhig hin und her rutschte. Anscheinend hatte der Mann einen wunden Punkt getroffen. Es war eine simple Idee, doch sicherlich lag ihre Verwirklichung noch in weiter Ferne.

»Packen wir's an«, meinte der Präsident.

Der Mann, der diese Schilderung vorgetragen hatte, war Thomas O. Enders, Assistant Secretary für Lateinamerika, und Casey war sehr beeindruckt. Innerhalb weniger Monate hatte Enders die Diplomatie und die Politik der Regierung für seine Region mit Schwung und Elan in die Hand genommen. Er zeigte großes Verständnis für interne Streitereien, wie sie das Außenministerium, das Verteidigungsministerium, Caseys CIA und der Nationale Sicherheitsrat untereinander auszutragen pflegten, wenn es um die Frage der Kontrolle ging. Als er seinen Posten übernahm, bildete Enders eine sogenannte »Kerngruppe«, der Vertreter aller Bereiche angehörten. Traditionsgemäß führte Enders den Vorsitz über diese normalerweise recht streitlustige Runde. Ein paar Wochen lang traf man sich täglich, manchmal sogar zweimal am Tag. Enders wußte, daß es darauf ankam, Übereinstimmung zu erreichen, und er versuchte, einen schlüssigen Plan zu entwickeln. Casey kannte Enders noch aus seiner Zeit bei der SEC und beim State Department. Es gab weit und breit kein vollkommeneres Produkt von der Ostküste als Enders: seine Eltern, Ostrom Enders und Alice Dudley Talcott, kamen

aus Connecticut; Enders hatte als erster der Familie 1953 in Yale die Abschlußprüfung gemacht. Als er zum Assistant Secretary ernannt wurde, sprach Enders noch kein Wort Spanisch. Doch dank seiner außerordentlichen sprachlichen Begabung lernte er es in ein paar Monaten. Er neigte zu Affektiertheit und Ungeduld, so sehr er sich auch bemühte, es zu verbergen. Sowohl die Rechten als auch die Linken in der Regierung waren ihm gegenüber argwöhnisch. Für die Linken war er verdächtig, weil er bei der US-Botschaft in Kambodscha für das »Antrags-, Bestätigungs- und Durchführungsverfahren« für die schweren Bombenangriffe verantwortlich gewesen war. Und die Rechten mißtrauten ihm, weil er Kissingers Schützling war.
Für Casey war es selbstverständlich, daß er sich später mit Enders zusammensetzte, um ihn auszufragen.
»Im Weißen Haus läuft die Entscheidungsfindung völlig unstrukturiert ab«, beklagte sich Enders. Sein Vorgesetzter Haig habe bereits früher einmal versucht, die Kontrolle an sich zu reißen, aber es sei ihm nicht gelungen. »Das hat bisher niemand geschafft.«
Casey lächelte.
»Aber ich kann dafür sorgen, daß das mit der Kerngruppe funktioniert«, meinte Enders.
Casey versicherte ihm, daß sich die CIA kooperativ zeigen werde – wenn es nach ihm ginge, würde es keine »Revierkämpfe« geben. Doch er frage sich, ob die Überlegungen weitreichend genug seien. Die Pläne für El Salvador – freie Wahlen und eine demokratische Grundordnung – seien erst ein Anfang. Die Regierung brauche ein Konzept für ganz Lateinamerika, und im Grunde genommen für die ganze Welt.
Enders pflichtete ihm bei. Die Aufspaltung des außenpolitischen Ressorts mache alles noch komplizierter. »Al schreit zwar Alarm, aber er hat keinen Plan.«

Casey vertiefte sich noch weiter in die Aufzeichnungen der CIA – in Akten und Berichte. Er forschte bei den Schlüsselfiguren der CIA und machte sich häufig Notizen auf kleinen Karteikarten. In den vergangenen sechs Jahren hatte in der Weltgeschichte ein auffälliger Trend vorgeherrscht. In dieser Zeit hatten die Sowjets neun Ländern ihr System aufgezwungen:
Südvietnam, Kambodscha und Laos in Südostasien.
Angola, Mozambique und Äthiopien in Afrika.

Südjemen und Afghanistan im Mittleren Osten.
Nicaragua in Mittelamerika.
Wie hatte das geschehen können? Casey war sich darüber im klaren, daß die Sowjets die Nachwirkungen des amerikanischen Rückzuges aus Vietnam ausgenutzt hatten, um Revolutionen und Machtübernahmen zu inszenieren. Gab es eine Möglichkeit, es den Kommunisten gleichzutun? Und zwar nicht nur durch kleine Schritte wie etwa, indem man den Widerstand gegen die Invasion in Afghanistan unterstützte, der Bitte Saudi-Arabiens um Unterstützung im Südjemen nachkam oder die Errichtung einer Demokratie in El Salvador förderte und eine Brandmauer gegen die linksgerichteten Rebellen errichtete?
In demselben Zeitraum von sechs Jahren hatten die Sowjets zwar auch in sechs Ländern erheblich an Einfluß verloren – nämlich in Bangladesch, Guinea, Indien, Somalia, im Irak und im Kongo. Doch für Casey war das noch lange nicht genug. Er war daran interessiert, den Sowjets eines zu nehmen – er wollte einen klaren eindeutigen Erfolg.
»Wo können wir zu einem Gegenschlag ansetzen?« hatte Haig gefragt. Und der Präsident hatte geantwortet: »Ich will einen Sieg.«

Casey wußte, daß das Guerillakrieg bedeutete. Er hatte vor fünf Jahren sein Wissen um die Bedeutung von Guerillabewegungen vertieft, als er an seinem Buch über den amerikanischen Unabhängigkeitskrieg arbeitete. Das 344 Seiten umfassende Werk mit dem Titel *Where and How the War Was Fought* wurde 1976 zum 200. Jahrestag veröffentlicht und war das Ergebnis von Caseys typischer Vorgehensweise – ausgiebig lesen und an Ort und Stelle nachprüfen. Er hatte sich dabei in die großen Werke über den Unabhängigkeitskrieg vertieft, darunter die wichtigsten der sieben Bände von Douglas Southall Freemans *George Washington* durchgearbeitet; er hielt die Bände 3 und 6 für unentbehrlich. Er las sehr schnell, oftmals viele Seiten pro Minute, konnte sich Begriffe und Standpunkte merken, verweilte hin und wieder an einer Stelle, die ihm gefiel, und überflog den Text einfach, wenn er ihn nicht interessierte. Unter Freunden galt er als Bücherdieb, weil er ständig welche auslieh und hinterher vergaß, sie zurückzugeben. Die Bücherstapel in Mayknoll nahmen bereits gefährliche Ausmaße an. Dem Material über geheimdienstliche Operationen, Täuschungsmanöver und politische Kriegführung während des Unabhängigkeitskrieges, einschließlich Pennypackers *General Washington's Spies*, Fords *A Peculiar Service* und Carl Van

Dorens *The Secret History of the American Revolution*, galt sein besonderes Interesse.

Das eigentliche Vergnügen bei seinen Nachforschungen aber lag darin, daß er gelegentlich am Wochenende mit Sophia und Bernadette auf Exkursionen gehen konnte. Casey liebte es, mit seiner Frau und seiner Tochter Ausflüge zu unternehmen. Sie waren ein gut aufeinander eingespieltes Trio. An einem Donnerstag flogen sie mit der Abendmaschine nach Maine und folgten vier Tage lang der Route Benedict Arnolds bis nach Quebec, den St.-Lorenz-Strom entlang nach Montreal und Lake Champlain. Sie benötigten drei Tage, um den Spuren General Washingtons von Valley Forge über den Delaware zu den Schlachtfeldern in New Jersey zu folgen. Sie besuchten Boston, Philadelphia, New York, Nord- und Süd-Carolina und Georgia. Auf einer Kreuzfahrt legten sie die Strecke von Annapolis nach Yorktown hinunter zur Chesapeake Bay zurück. Casey hatte seine Aufzeichnungen, seine Bücher, Fotokopien der entsprechenden Landkarten und Boatners *Landmarks of the American Revolution* bei sich. Er erkletterte Hügel, ging die Wege ab und betrachtete sorgsam die Überbleibsel der Vergangenheit. Sophia und Bernadette folgten ihm auf Schritt und Tritt.

»Mir war, als wäre ich tatsächlich dabeigewesen, während ich die taktische und strategische Bedeutung der Linie Arnolds erkannte«, schrieb Casey. Jedesmal wollte er die exakte Stelle aufsuchen, um sich die geographische Lage vorzustellen, wie sie während der Revolution gewesen war, auch wenn sie jetzt oftmals unter modernen Städten und Gebäuden begraben lag.

Auf diesen Exkursionen, oder wenn er in Büchern stöberte, stellte Casey sich immer eine zentrale Frage: Wie und warum haben die Amerikaner gesiegt? Wie hatte ein solch bunt zusammengewürfelter Haufen die führende Weltmacht, die Briten, besiegen können? Die Revolutionäre seien siegreich gewesen, schrieb er am Schluß, »weil sie einen unzulässigen Partisanen- und Guerillakrieg führten«. Sie seien wie die Vietcong oder die Rebellen in Afghanistan gewesen. Es seien die irregulären Truppen, die über den richtigen Kampfgeist, die Techniken und die Taktik verfügt hätten. Casey meinte, man müsse echte Widerstandsbewegungen eines Volkes erkennen können und sich auf deren Seite schlagen. Das sei es, was das 18. und das 20. Jahrhundert miteinander verbinde. Jetzt konnte er sein Wissen in der Praxis anwenden. Wenn die Widerstandskämpfer nicht an die Tür der CIA klopften, so wie es die

Afghanen getan hatten, dann mußte die CIA sich vielleicht selbst aufmachen und sie suchen.

Um vor weiteren Überraschungen sicher zu sein, suchte Casey erneut einen Outsider, der als »Stolperdraht« fungieren und ihn vor drohendem Unheil im Ausland warnen sollte. Er dachte daran, einen Analytiker auszuwählen und ihn mit den CIA-Insidern zusammenzubringen, da ihm deren Lagebeurteilungen oftmals zu wenig klar schienen. Er bat Dr. Constantine C. Menges, einen 41jährigen Konservativen vom Hudson Institute, der bei Reagans Wahlkampagne mitgearbeitet hatte, in sein Büro zu kommen. Auf Caseys Frage nach den hauptsächlichen außenpolitischen Problemen präsentierte ihm Menges Kopien mehrerer kurzer Artikel, die er für die *New York Times* geschrieben hatte. In einem Artikel aus dem Jahre 1980 hatte Menges behauptet, daß die Ereignisse im Iran, in Afghanistan und in Nicaragua »einen Wendepunkt in dem unsichtbaren Krieg zwischen radikalen und gemäßigten Kräften« um die Kontrolle über das Öl, den Nahen Osten und Zentralamerika markierten. In einem anderen Artikel mit der Überschrift »Demokratie für Lateinamerika« forderte er die Ausarbeitung einer Strategie, um die Sowjets aus Lateinamerika zu vertreiben. Und in dem Artikel »Mexiko: der Iran von nebenan« sah er die Schwierigkeiten voraus, die auf den Süden zukamen.

Casey warf einen Blick auf die Artikel. Sie zeugten von einem breitgefächerten strategischen Wissen, bezogen sich auf Ereignisse in verschiedenen Teilen der Welt und ließen die Bereitschaft erkennen, Ideen zu werten. Menges hatte eine rationale Rechnung über die kommunistische Expansion aufgestellt. Er hatte eine zweiseitige Analyse mitgebracht, in der er aufzeigte, wo sich die Kommunisten mit Partnern zu einer – wie er es nannte – »Destabilisierungs-Koalition« verbündeten.

Dazu gehörte auch eine Übersicht über drei strategische Regionen.

Es ging um allgemeine Ziele und Methoden, aber Menges sagte, die Kommunisten hätten keinen Zeitplan. Sie seien geduldig.

Später las Casey die Artikel genauer durch und lud Menges zu einem erneuten Gespräch ein, bei dem er ihn bat, ganz offen zu sein. Menges erklärte, er sei beunruhigt über die Verteilung der Kompetenzen innerhalb der CIA. In den siebziger Jahren war er stellvertretender Assistant Secretary für Erziehung gewesen und hatte für Frank Carlucci gearbeitet. Als Carlucci 1978 stellvertretender CIA-Direktor wurde, hatte

Menges ihn vor drohenden Schwierigkeiten im Iran gewarnt. Doch niemand wollte auf ihn hören. 1979 hatte er noch vor der sandinistischen Revolution den Aufstand linksgerichteter Rebellen in Nicaragua vorausgesehen. Menges sprach daraufhin erneut bei Carlucci und der CIA vor, aber seine Vermutungen wurden kategorisch zurückgewiesen. Er veröffentlichte weitere Artikel, darunter einen mit der Überschrift »Kubas Echo in Nicaragua« im Juni 1979, kurz bevor die Sandinisten Somoza vertrieben. Darin stand, die Sandinisten würden sich anfänglich als gemäßigte Demokraten ausgeben und eine »Koalitionsregierung« einrichten, bevor sie sich als das zu erkennen gäben, was sie seien – in der Wolle gefärbte Marxisten-Leninisten.

»Ein Erfolg«, so der Artikel, »wird die politische Grundlage und das auslösende Element abgeben, um in den 80er Jahren die Revolution in Mexiko ins Rollen zu bringen.« Menges erklärte Casey, er sei besonders über das selbstgefällige Versäumnis der CIA beunruhigt gewesen, Krisen vorauszusehen und zu verhindern.

Casey bot Menges den Posten des NIO für Lateinamerika an. Er würde zukünftig den DCI bei Sitzungen der Nachrichtendienste für diese Region vertreten, die Lageberichte der Nachrichtendienste überwachen sowie einmal im Monat eine »Vorwarnungs«-Sitzung über potentiell bedrohliche Situationen durchführen und danach eine Empfehlung geben, wie die Vereinigten Staaten darauf reagieren sollten.

Menges zögerte, für die CIA zu arbeiten. Er fürchtete, es könnte seiner wissenschaftlichen Arbeit schaden.

»Sehen Sie«, sagte Casey, »Sie sind doch so besorgt über all das. Drei Jahre lang haben Sie die Carter-Administration vergeblich gewarnt wegen Nicaragua und Iran. Und jetzt bitte ich Sie darum, dem Land zu dienen ... Worauf warten Sie denn noch?«

Menges sagte zu.

Casey war überrascht, als er entdeckte, daß die CIA regelmäßig Hintergrundinformationen an Korrespondenten weitergab. Er beauftragte Herb Hetu, Turners Mann für öffentliche Angelegenheiten, der nach wie vor bei der CIA war, dafür zu sorgen, daß die Weitergabe solcher Mitteilungen sofort eingestellt werde. Hetu war der Ansicht, daß diese Mitteilungen wichtige Verbindungen zu den Medien herstellten, und wollte protestieren: »Aber ... «

»Ich habe nicht um eine Diskussion oder Debatte zu diesem Thema gebeten«, unterbrach ihn Casey. »Also tun Sie, was ich Ihnen gesagt habe.«

Anfang Juli erhielt Sporkin eines Abends zu Hause einen seltsamen Telefonanruf. Der Anrufer meldete sich mit »Max« und bat ihn in einer dringenden Angelegenheit um eine Unterredung »vor Ort«. Sporkin merkte schließlich, daß es sich bei dem Anrufer um Hugel handelte, der ihn im Hauptquartier sprechen wollte. Als sich die beiden binnen einer Stunde trafen, erklärte Hugel, daß er Hilfe brauche. Zwei ehemalige Geschäftspartner aus New York, die Börsenmakler Thomas R. McNell und sein Bruder Samuel F. McNell, hatten anscheinend schwere Beschuldigungen gegen ihn vorgebracht. Sie behaupteten, sie hätten heimlich auf Tonband mitgeschnitten, wie Hugel vor sechs oder sieben Jahren Insider-Informationen über seine Firma Brother International weitergegeben habe.

Am Freitag, dem 10. Juli, rief mich Sporkin bei der *Post* an. Mein Kollege Patrick Tyler und ich hatten im vorigen Monat Kopien von sechzehn Tonbändern mit Hugels Stimme darauf erhalten, und wir hatten vor, eventuell eine Story daraus zu machen. Sporkin erklärte, er wolle sich die Aufnahmen anhören. Ich sagte ihm, das sei noch etwas verfrüht. Sporkin bot seine Hilfe an und fügte hinzu, daß er und Casey es wissen müßten, wenn ein Mitarbeiter der CIA etwas Unrechtes getan haben sollte. Schließlich einigten wir uns darauf, daß Sporkin sich die Aufnahmen anhören konnte, wenn er Hugel mitbrachte, mit dem wir ein Interview machen wollten. Sporkin bestand darauf, noch am selben Nachmittag zu kommen, denn Casey wolle endlich Bescheid wissen.

Ein paar Stunden später hatten sich mehr als ein Dutzend Leute um den Tisch im Sitzungssaal im achten Stock des Gebäudes der *Washington Post* versammelt: Sporkin; Hugel in Begleitung einiger seiner persönlichen Anwälte, darunter Judah Best, ein Strafverteidiger aus Washington, der 1973 Vizepräsident Spiro Agnew vor Gericht vertreten hatte; Ben Bradlee, der Herausgeber der *Post*; ich selbst; zwei Sicherheitsexperten, die für die *Post* arbeiteten; und vier weitere Redakteure der *Post*.

Der eher kleingewachsene Hugel trug einen konservativen, schokoladenbraunen Nadelstreifenanzug, eine schlichte Krawatte und ein Hemd mit kleinen, hellen Punkten. Über sein Gesicht huschte hin und wieder ein freundliches Lächeln.

»Ich bin hier, um zu erfahren, was zum Teufel hier eigentlich vorgeht«, sagte Sporkin und fügte hinzu, daß er lediglich die CIA vertrete und nicht Hugel persönlich. Dann ließ er sich wieder auf seinen Stuhl fallen und schaute gelangweilt drein.

Wir stellten einige allgemeine Fragen. Hatte Hugel je Insider-Informationen an die Brüder McNell weitergegeben? Hatte er je damit gedroht, einen der Anwälte der McNells umzubringen? Hatte er gewußt, daß das Geld, das er einem der McNell-Brüder geliehen hatte, in eins ihrer Aktiengeschäfte fließen sollte, das die Aktien in Hugels Firma steigen ließ?

Obwohl seine Anwälte zwischendurch immer wieder protestierten, ließen sie Hugel antworten, bevor irgendwelche Tonbänder abgespielt wurden. Die Behauptung, er habe davon gewußt, daß die Anleihe in das Aktiengeschäft fließen sollte, sei »falsch, hundertprozentig falsch«. »Die Antwort ist eindeutig und unmißverständlich nein ... ein striktes Nein. Niemals.« Hugel rieb sich nervös seine großen, dicklichen Hände. Seine Stimme klang geölt, als er gegen die Vorwürfe Einspruch erhob und begann, die Leute, von denen er sprach, mit Vornamen zu nennen. Ja, er wollte, daß seine Aktien steigen, natürlich wollte er, daß sie steigen. »Aber ich weiß doch nicht, wie einer die Fragen formuliert und was er sagt, wenn er am anderen Ende der Leitung ein Gespräch mitschneidet«, sagte er und blickte dabei hilfesuchend in die Runde. »Wenn man nicht weiß, daß das, was man sagt, auf Band aufgenommen wird« – und dabei sah er mich an –, »dann kann einem jeder etwas anhängen.«

»Sicher«, antwortete ich.

»So etwas ist unfair«, setzte Hugel hinzu.

Sporkin mischte sich ein: »Mir macht es nichts aus, wenn ich die ganze Nacht hierbleiben muß, aber wenn Sie dieses ganze Zeug auf Band haben, dann muß ich es hören. Ich sage Ihnen, ich werde so lange hierbleiben, bis die Hölle zufriert und ich die Bänder gehört habe. Ich muß schließlich hinterher Empfehlungen aussprechen.«

»Es handelt sich um sehr ernsthafte Anschuldigungen«, fuhr Sporkin fort. »Zumindest einige davon. Als ehemaliges Mitglied der SEC halte ich allerdings, offen gesagt, auch einige für schwachsinnig. Wenn Sie allerdings von Börsenmanipulation sprechen, dann ist das eine sehr« – und dabei schlug er heftig mit der Hand auf den Tisch – »schwerwiegende Anschuldigung. Und wenn Sie den Beweis dafür haben sollten, dann muß ich ihn natürlich sehen bzw. hören.«

Tyler spielte ein Band vom 13. Dezember 1974 ab, auf dem ein Gespräch

aufgezeichnet war, das stattgefunden hatte, nachdem der Anwalt der McNells Hugel mit einem Prozeß gedroht hatte. Hugels Stimme war laut und deutlich zu hören: »Und dann besaß er die Frechheit, die Nerven, mir mit einem verdammten, blödsinnigen Prozeß zu drohen, daß ich – das ist mir alles so zuwider, ich glaube, ich höre überhaupt auf ... Verdammt nochmal, was ist das eigentlich alles für ein Scheiß? ... Soll mich das Arschloch doch verklagen ... Das ist doch Scheiße, Sam, ich bin bei diesem Schwanzlutscher gewesen; ich werde diesen Bastard ins Gefängnis bringen ... Ich werde diesen Bastard umbringen.«
Tyler stellte den Rekorder ab.
»Was soll ich dazu sagen?« meinte Hugel verlegen. »Es ist so, wie es ist.«
»Ist das Ihre Stimme? Erinnern Sie sich an das Gespräch?«
»Ja«, antwortete Hugel.
»Aber Sie haben vorher gesagt, daß... «
»Offenbar hat mich mein Gedächtnis im Stich gelassen«, meinte Max Hugel steif. Mühsam wiederholte er noch einmal: »Das Band ist, was es ist.« Und er bat darum, die nächste Aufnahme hören zu dürfen.
Wir spielten ihm ein Band vor, auf dem Hugel zu Tom McNell sagte: »Hol dir Papier und Bleistift. Was ich dir jetzt sagen werde, ist streng vertraulich, okay?«
Es handelte sich um ein langes Band, das wiederum klar und präzise war, und auf dem Hugel die Dollarbeträge von zukünftigen Geschäftsabschlüssen preisgab.
War das eine Insider-Information?
»Ich kann diese Frage nicht beantworten. Ich werde nicht antworten... « Hugel zögerte. Noch mehr Bänder wurden abgespielt. Wie war das mit der Insider-Information?
»Sie wissen, daß das alles bereits 1974 passiert ist, und der einzige Grund, weshalb ich es möglicherweise getan habe, ist der, daß ich, wie jeder andere dynamische Geschäftsmann, meine Firma empfehlen und andeuten wollte, daß die Dinge gut laufen, aber, wissen Sie, man ist stolz auf das, was man tut, und das ist der einzige mögliche Grund. Ich bin ein sehr enthusiastischer Typ, ich könnte... «
Aber wenn er so stolz gewesen sei auf das, was er tat, wieso er denn dann gebeten habe, es streng vertraulich zu behandeln?
»Gut, ich sagte vertraulich, so jedenfalls ist es auf dem Band ... Verdammt, das ist doch ... Jesus, das ist ... Warum hat der Mann mein Gespräch überhaupt mitgeschnitten?« Hugel war an dieser Stelle beina-

he untröstlich. »Warum«, fragte er noch einmal und schaute in die Runde. »Warum? Wozu?«

Sporkin, der als führender Experte auf dem Gebiet des Wertpapierhandels immer noch sehr gefragt war, meinte, daß bei all dem noch der Beweis fehle, daß Hugel aus seinen Enthüllungen Profit geschlagen habe. Erst dadurch aber würde die Sache zu einem Vergehen.

»Ich garantiere Ihnen«, fuhr Sporkin fort, »daß jeder von uns, der hier am Tisch sitzt, schon einmal etwas am Telefon gesagt hat, das uns, wenn man es aufgezeichnet hätte, nicht sehr erfreuen würde.« Alle nickten zustimmend.

Sporkin bat Hugel und dessen Anwälte, den Saal zu verlassen. Nachdem sie gegangen waren, meinte Sporkin mit leiser Stimme: »Für mich wird es eine sehr schwere Entscheidung ... Wissen Sie, ich könnte mir die Entscheidung auch leichtmachen. Ich kann eine leichte Entscheidung treffen.«

»Schneiden«, sagte Bradlee.

»Tja«, fügte Sporkin hinzu, »aber ich weiß nicht, ob es eine korrekte Entscheidung ist.« Er wollte sich alle Bänder in voller Länge anhören und danach für Casey eine Empfehlung ausarbeiten.

»Es ist nicht unser Job, Ihnen zu helfen, eine Entscheidung zu fällen. Soviel zu diesem Thema.« Wir würden den Stoff liefern und Hugel die Chance geben, zu allen Fragen Stellung zu nehmen, bevor wir es druckten.

»Ich weiß ja nicht, ob Sie einen unwiderlegbaren Beweis haben oder nicht«, sagte Sporkin.

Hugel kam zurück und erklärte, er habe soeben eine Auslandsreise, die er in seiner Funktion als DDO in einer dringenden Angelegenheit unternehmen sollte, verschoben.

»Freunde, das ist eine sehr ernste Sache«, sagte er. »Mein persönlicher Ruf steht auf dem Spiel. Ich werde erst diese Angelegenheit hier zu Ende bringen.«

Am Sonntagnachmittag, dem 12. Juli, kehrte Casey von einer dreitägigen Auslandsreise zurück und berief für 16 Uhr eine Sitzung in Langley ein, an der Inman, Sporkin und Bob Gates teilnahmen. Sporkin berichtete den Anwesenden, daß die Informationen noch unvollständig seien und nicht feststehe, ob es sich tatsächlich um eine Rechtsverletzung oder um Börsenmanipulation handle.

Inman erklärte Casey, daß folgende zwei Punkte stets beachtet würden, wenn ein Problem wie dieses auftauche. Erstens könne nichts vertuscht werden, und es dürfe auch keine Anzeichen dafür geben, daß man etwas vertuschen wolle. Zweitens müsse das potentielle Problem isoliert werden. Das bedeute, daß Hugel einstweilen beurlaubt werden sollte. Falls sich die Anschuldigungen als falsch erweisen sollten, könne er seinen Dienst sofort wieder antreten, aber falls doch mehr dahinterstecke, dann müsse er gehen.

Sporkin sprach sich gegen eine einstweilige Beurlaubung aus. Was würde das an der Situation schon ändern? Wer würde denn je entscheiden, es sei nichts an den Vorwürfen dran? Das könne doch monatelang so weitergehen.

Casey widerstrebte es ebenfalls, Hugel einstweilig zu beurlauben. Solch ein Schritt könne furchtbar unfair sein. Diese Dinge führten oftmals zu nichts – von der Presse aufgebauschte Anschuldigungen, die nachgeprüft würden und am Ende zu nichts führten. Und in der Zwischenzeit werde die Karriere zerstört und der Name des Angeschuldigten durch den Schmutz gezogen. Casey wollte wissen, was denn an der ganzen Sache das schlimmste sei.

Sporkin erklärte, es seien die Tonbänder – die Sprache und Telefonanrufe, die Insider-Informationen enthielten.

Casey meinte, daß leitende Verwaltungsbeamte ständig Börsenmakler anriefen.

Sporkin sagte, das Problematische an der ganzen Sache sei, daß der DDO auf den Bändern ein paar ziemlich harte Worte gebrauche. So habe Hugel zum Beispiel auf einem Band zu seinem Börsenmakler gesagt: »Ich schneide dir deine Eier ab ... Ich jage meine Bande von Koreanern hinter dir her, und du wirst nicht mehr so gut aussehen, wenn man dich erst mal an deinen Eiern aufgehängt hat.«

Sporkin entschloß sich, Hugel gegenüber offen zu sein – jedenfalls privat. »Sehen Sie, Max«, sagte er, als sie allein waren, »das Gesetz über Verjährung ist bereits wirksam. Niemand kann Sie gerichtlich belangen. Aber Sie müssen trotzdem gehen.«

»Warum?« fragte Hugel.

»Gehen Sie«, sagte Sporkin. »Wenn Sie vor dem Kongreß aussagen, dann wird man Sie bei lebendigem Leib verspeisen.« Sporkin meinte, besonders schlimm wäre ein Meineid, auch wenn er nicht beabsichtigt sei. Hugel könne zwar kategorisch alles leugnen, aber gegen die Ton-

175

bandaufnahmen sei er machtlos. Der Kongreß sei keine Zeitung, wo man etwas aussagen und dann wieder abstreiten könne. »Nach der Geschichte mit den Bändern soll nur noch eines bekannt werden, und das ist Ihr Rücktritt – danach wird Sie der Kongreß in Ruhe lassen. Sie werden vergessen sein. Das ist mein Rat. Sie haben mich als Anwalt und Freund um meinen Rat gebeten. Das ist er. Es liegt in Ihrem und im Interesse der CIA, deshalb kann ich Ihnen und dem Direktor dasselbe sagen.«
Am gleichen Abend lud Hugel Casey und Sporkin zum Abendessen zu sich nach Hause ein. Angesichts des Widerstandes innerhalb der CIA gegen seine Person fühlte sich Hugel Casey gegenüber besonders für den Posten des DDO verpflichtet. Er wußte von dem Wirbel, den seine Ernennung verursacht hatte. Die drei CIA-Neulinge, die um Hugels Tisch versammelt waren, verfügten zusammen über weniger als ein Jahr Erfahrung beim Nachrichtendienst. Hugel behauptete, die Anschuldigung gegen ihn sei eine verdammte Lüge.
In Caseys Gegenwart verhielt sich Sporkin neutral.
Casey erwähnte, daß Inman vorgeschlagen habe, Hugel auf unbestimmte Zeit zu beurlauben bis die Sache aufgeklärt sei.
»Bill«, sagte Hugel, »ich bin nicht nach Washington gekommen, damit ich jeden Tag eins übergebraten bekomme.« Er sehe keine Möglichkeit, auf einem so exponierten Posten wie dem des DDO seinen Namen reinzuwaschen und weiterhin seiner Arbeit nachzugehen. Ihm seien die Hände gebunden. »Als Beamter im öffentlichen Dienst kann ich diese Schlacht auf keinen Fall gewinnen. Die einzige Möglichkeit dazu habe ich als Privatmann.«
Sporkin erklärte, er sei sicher, daß die Story bald in der Zeitung erscheinen werde.
»Wenn der Artikel dem Nachrichtendienst, mir und Ihnen schadet, dann werde ich von meinem Posten zurücktreten«, sagte Hugel.
Casey war sich nicht sicher. Eine vorübergehende Beurlaubung sei zwar keine endgültige Lösung, aber immerhin besser als ein Rücktritt.
»Wenn sie einen nachteiligen Artikel veröffentlichen«, meinte Hugel, »dann werde ich der CIA keinen weiteren Schaden zufügen. Ich will weder Ihnen noch dem Präsidenten schaden. Ich werde zurücktreten.«
»Gut, Max«, sagte Casey, »dann sollten Sie dort mal anrufen.«

Am nächsten Morgen rief Hugels Anwalt Judah Best bei der *Post* an und verlangte ein zweites Treffen. Best brachte sechzehn Dokumente aus

Hugels Geschäftsakten und einen Brief mit, in dem stand, daß sie mehr Zeit bräuchten, um weitere Informationen zu sammeln. Die Veröffentlichung eines Artikels wäre zu diesem Zeitpunkt »rücksichtslos«.
An diesem Nachmittag versammelten wir uns im Konferenzzimmer im fünften Stock. Hugel schien dieses Mal kleinlauter und nervöser zu sein. Wir erklärten, wir wollten vermeiden, daß sich die Sitzung vom Freitag wiederhole, bei der Hugel gewisse Handlungen glattweg geleugnet habe und danach mit den Tatsachen auf dem Band konfrontiert worden sei. Hugel wollte protestieren.
Sporkin sagte zu ihm: »Achten Sie genau auf die Fragen, und wenn Sie etwas nicht wissen, dann geben Sie doch einfach zu, daß Sie es nicht wissen. Sie schaden sich sonst nur selbst. Wenn Sie etwas nicht wissen, dann sagen Sie es.«
Wir wollten am nächsten Tag einen Artikel veröffentlichen, der alle Aussagen Hugels enthielt.
»Ich möchte eine Bitte äußern«, sagte Sporkin ungeduldig. »Aus Gründen der Fairness, oder was es auch immer sei, möchte ich noch weitere Bänder hören.«
Weitere Bänder wurden abgespielt. In dieser Zeit bat Hugel zweimal darum, in den Waschraum gehen zu dürfen. Schließlich fragte er nach dem Stockwerk.
»Ich möchte mich dafür entschuldigen, daß ich am Freitag so rasch auf Ihre Fragen geantwortet habe«, meinte er aufrichtig. »Ich hatte keine Möglichkeit, über die Geschichte lange nachzudenken ... sonst wären meine Antworten sicher besser gewesen. Ich hatte nicht die Absicht, Sie zu täuschen oder in die Irre zu führen.« Er rieb sich die Hände und beugte sich nach vorn. Er sagte, er habe nie von diesen Wertpapiertransaktionen profitiert. Vielleicht sei er ein Anfänger oder sogar naiv gewesen, aber er habe eine Firma aus dem Nichts aufgebaut und sie verlassen, als sie im Jahr hundert Millionen Dollar Umsatz machte. Sein Nettogewinn habe bei sieben Millionen Dollar gelegen.
Hugel hielt für einen Moment inne. Dann erklärte er, ein Buch mit dem Titel *Operation Success* aus dem Jahre 1957 habe ein ganzes Kapitel seinem geschäftlichen Erfolg bei Brother International gewidmet.* »Damals erschien mein Bild auf der Titelseite des *Coronet*-Magazins. Wir wollen versuchen, eine Kopie davon zu bekommen und werden sie Ihnen zuschicken ... Ich war so stolz auf das, was ich erreicht hatte, und ich bin es auch heute noch.«

Dann fing er an, seine Kenntnisse, seine Gewandtheit in der japanischen Sprache, seine internationale Erfahrung und seine Fähigkeit im Umgang mit Ausländern darzulegen.

»Ich habe diesen Posten übernommen, weil ich meinem Land dienen wollte. Ich habe dafür ein großes finanzielles Opfer gebracht. Und nun stehen meine Zukunft und mein guter Ruf auf dem Spiel.« Tränen traten ihm in die Augen. »Das alles schadet mir und meiner Familie, die völlig unschuldig ist. Man sollte das nicht auf diese Weise handhaben. Es ist eine Schande«, sagte er, und dabei schwoll seine Stimme dramatisch an, »daß ein Mensch, der bereit ist, auf weitere potentielle Gewinne zu verzichten, um seinem Land zu dienen, von Leuten wegen einer Sache verurteilt werden soll, die bereits sieben oder acht Jahre zurückliegt...«

Hugel meinte, es dürfte »in Zukunft äußerst schwierig werden, Leute nach Washington zu holen, damit sie dort einen Posten annehmen«.

»Ich habe euch wirklich alles gegeben.«

Im CIA-Hauptquartier war Casey zunehmend beunruhigt, weil er nichts von Sporkin gehört hatte. Schließlich fand er es ratsam, die Vorsitzenden der Kongreßausschüsse für den Nachrichtendienst zu verständigen. Casey kam bis zu Edward Boland vom Ausschuß des Repräsentantenhauses, doch bis zu Goldwater drang er nicht vor. Sollte der Artikel veröffentlicht werden, war Casey entschlossen, Hugel zum Rücktritt zu drängen.

Kurz darauf legte Hugels Anwalt eine aus drei Abschnitten bestehende Erklärung vor, in der mit Nachdruck jedes Vergehen bestritten und gleichzeitig festgestellt wurde, daß Hugel »tief enttäuscht« sei, weil der Artikel nun doch veröffentlicht werden sollte. Hugel fügte dem noch hinzu: »Ich werde auch weiterhin meinem Land dienen, solange es meine Dienste benötigt, und dies wird noch der Fall sein, wenn diese unselige Sache längst wieder von der Bildfläche verschwunden ist.«

Es mußte ungefähr 3 Uhr morgens sein, als Hugel durch Sporkins Anruf geweckt wurde. »Der Artikel steht in der Zeitung«, sagte Sporkin und las Hugel die Schlagzeile vor: CIA-AGENT WIRD UNLAUTERER BÖRSENGESCHÄFTE BEZICHTIGT. Dann las er weiter: »Max Hugel, der als Leiter der geheimen Operationen der CIA einen der sensitivsten Posten der Reagan-Administration inne hat, ist in unlautere oder illegale Börsengeschäfte verwickelt...«

»Das ist empörend«, sagte Hugel.
Sporkin las weiter, faßte die Anschuldigungen zusammen und sagte, der Artikel enthalte umfangreiche Zitate aus den Tonbändern.
»Okay«, sagte Hugel. »Das wär's. Sie brauchen mir nicht weiter vorzulesen. Ich trete zurück.«
Kurz nach Sonnenaufgang rief Hugel Casey an. »Ich bin erledigt«, sagte er mit bewegter Stimme. »Ich tue es. Ich trete hiermit zurück.«
Casey meinte, das sei alles sehr unfair.
Hugel stimmte ihm mit halb erstickter Stimme zu.
Casey versuchte nicht, ihn umzustimmen.
Es war bereits gegen 9.40 Uhr, als Casey Senator Goldwater erreichen konnte, um ihm zu berichten, was dieser zu dem Zeitpunkt bereits aus der Zeitung wußte. Goldwater war stocksauer. Warum kam der DCI erst so spät mit diesen Neuigkeiten zu ihm? Er hatte bereits vor einigen Tagen aus verläßlicher Quelle erfahren, daß dieser Artikel erscheinen würde.
Im Weißen Haus waren Stabschef James Baker und sein Berater Fred Fielding sehr beunruhigt. Der bereits angerichtete Schaden sollte nicht noch größer werden. Fielding drängte auf einen sofortigen Rücktritt Hugels und hatte dies Casey direkt zu verstehen gegeben. Baker rief Casey an und fragte, was geschehen werde.
»Max wird einem anderen Platz machen«, erklärte Casey.
Baker war überrascht und erleichtert zugleich, weil alles so schnell gegangen war. Als Baker dem Präsidenten am späten Vormittag davon Mitteilung machte, war Reagan ebenfalls ziemlich erstaunt und meinte, daß er nicht verstehe, was Hugel eigentlich verbrochen habe.
Hugel las den Artikel zu Hause. Auf der Titelseite prangte sein Bild. »Jesus«, dachte Hugel, »so ein lausiges Foto.« Wo er doch so viele hatte, die besser waren.
In den zitierten Passagen aus den Tonbändern wurde den Lesern Hugels O-Ton vorenthalten, als ob es für die *Post* unschicklich wäre, so etwas zu drucken. »Fuck« wurde zu »F...«, »Scheiße« zu »Sch...«, »Schwanzlutscher« zu »S... lutscher« und »Pisse« zu »P...«. Aber sonst war nichts ausgelassen. Hugel fand, alles klinge sehr raffiniert, gemein und roh.
Er zog sich an, und sein Chauffeur fuhr ihn zum CIA-Hauptquartier. Es war sehr peinlich, als er durch den Korridor zu seinem Büro ging. Aller Augen waren auf ihn gerichtet. Ein paar Leute weinten. Einige kamen auf ihn zu und versicherten ihm, wie schrecklich, wie unfair und wie unglaublich das alles sei. Andere wiederum waren außerstande, das

auszudrücken, was sie empfanden. Doch Hugel war davon überzeugt, daß sich auch viele freuten: der Outsider war draußen. Wieder anderen merkte man nichts anderes als professionelle Kälte an.

Er schrieb einen Brief, der mit den Worten »Lieber Bill« begann, und brachte ihn in Caseys Büro. Sowohl Hugel als auch Casey reagierten sehr emotional. Es war ein schwerer Abschied.

Casey nahm Hugels Rücktritt »mit tiefem Bedauern« an.

Hugel ging zurück in sein Büro, klemmte seine Aktenmappe unter den Arm und verließ das Gebäude.*

Für den Augenblick hatte Casey genug davon, sich gegen das System in der Operationszentrale aufzulehnen, und er ernannte den 48jährigen John H. Stein umgehend zum neuen DDO. Er war Yale-Absolvent mit 20jähriger Berufserfahrung beim Nachrichtendienst, einschließlich der Berufung zum Stationschef der CIA in Kambodscha und Libyen, ein besonnener, fleißiger Mann, der kein Aufsehen erregte.

Casey meinte, daß es an der Zeit sei, die Dinge in der Operationszentrale in Ordnung zu bringen. Praktisch bedeutete das, daß er sein eigener DDO werden wollte.

7

In der *New York Times* war unter der Titelstory über Hugels Rücktritt noch eine kleinere Schlagzeile zu finden: RICHTER BEHAUPTET, CIA-DIREKTOR CASEY HABE 1968 AKTIENKÄUFER IRREGEFÜHRT. In dem dazugehörigen Artikel stand, vor zwei Monaten habe ein Bundesrichter befunden, daß Casey wissentlich Kapitalanleger einer Firma namens Multiponics, Inc., in New Orleans, die er 1968 mitbegründet hatte und die Agrarprodukte erzeugte, verarbeitete und vertrieb, irregeführt habe. Der Richter war der Meinung, die Firma Multiponics und ihre Direktoren – Casey saß im Vorstand – hätten es versäumt, potentielle Kapitalanleger davon in Kenntnis zu setzen, daß die Firma mit einer Hypothekenschuld der Firmengründer, zu denen auch Casey gehörte, belastet war. Caseys Anteil betrug 301 000 Dollar, und seine steuerlichen Verluste lagen seinen Angaben zufolge bei etwa 145 000 Dollar. Es gab noch weitere angebliche Falschdarstellungen bei dem Angebot, und der Richter machte den Vorstand und Casey dafür verantwortlich, der, so der Richter, »Tatsachen verschwiegen und verdreht« habe.
Die ersten sechs Monate, in denen Casey den Posten des CIA-Direktors innehatte, hatten Barry Goldwater ernüchtert. Er fühlte sich betrogen. Er hatte Hugels Ernennung zum DDO nie verstanden. »Wissen Sie«, hatte Goldwater damals zu seinem Freund Quinn gesagt, »wenn Casey unbedingt einen wie diesen Hugel einstellen will, dann sollte der Präsident ihn feuern.« Goldwater war der Ansicht, daß es mit der über alles gepriesenen Sicherheit der CIA und der Überprüfung von Hugels Werdegang nicht weit her sein konnte. Entweder hatte Casey Bescheid gewußt und Hugel gedeckt, oder die Sicherheitsüberprüfung war so miserabel, daß man Casey wegen Unfähigkeit seines Postens entheben sollte.
Noch wütender war der Senator darüber, daß Casey sich nie klar ausdrückte; nie sprach er laut und deutlich und hinterließ damit bei

Goldwater ständig den Eindruck, daß er etwas verheimlichen wolle. »Haben Sie verstanden, wovon, zum Teufel, er eigentlich gesprochen hat?« fragte Goldwater in solch einem Fall einen der anderen Senatoren oder ein Mitglied des Stabes. Er nannte Casey einen »Schlaffi«. Er war der Auffassung, Casey strenge sich nicht genügend an. Er hatte ja, gottverdammt, nicht einmal Höflichkeit oder wenigstens politischen IQ genug bewiesen, um dem Ausschuß Bescheid zu geben, bevor dieser Artikel über Hugel veröffentlicht worden war. Am Wochenende vor dem Erscheinen des Artikels war Goldwater von seinem Freund Bradlee davon unterrichtet worden. Warum mußte Goldwater solche Dinge von Zeitungsleuten erfahren?

Quinn rief Casey an. »Bill, überrumpeln Sie ihn nie wieder. Rufen Sie ihn an. Es ist sehr wichtig, daß Sie ihn anrufen. Und zum anderen möchte ich Ihnen raten, stets zum Kern der Sache zu kommen und die Dinge mit ihm bis auf den Grund zu klären. Er wird Verständnis haben.«

Am Freitag, dem 17. Juli, drei Tage nach Hugels Rücktritt, berief Goldwater den Senatsausschuß für die Nachrichtendienste ein, und man einigte sich in einer zweistündigen Sitzung hinter verschlossenen Türen darüber, eine Routineüberprüfung – keine Untersuchung – zum Fall Hugel und zu Fragen, die Caseys Geschäfte betrafen, durchzuführen. Einige Ausschußmitglieder hielten es für inkonsequent, daß Hugel über geschäftliche Transaktionen gestolpert war, die bereits sieben Jahre zurücklagen, während Casey für seine Geschäfte nicht zur Verantwortung gezogen werden sollte. Senator Joseph Biden, ein Demokrat aus Delaware, meinte, »Mr. Casey soll aufgefordert werden, das zu tun, was für den Nachrichtendienst und für das Land am besten ist, nämlich zurückzutreten«, falls es keine ausreichende Erklärung für die Sache mit Multiponics gebe. Doch Goldwater erklärte gegenüber Journalisten, daß es für einen Rücktritt Caseys keinen Grund gebe, sofern nicht mehr gegen ihn vorliege.

Am darauffolgenden Dienstag, dem 21. Juli, fand vor dem Senatsausschuß eine öffentliche Anhörung zur Forderung der CIA statt, sie vom Freedom of Information Act (Gesetz über den freien Zugang zu persönlichen Daten) auszunehmen. Moynihan, der die Nachforschungen zum Fall Casey streng überwacht hatte, war zu dem Schluß gekommen, daß sich die Administration stur stelle. Er hatte genug.

»Die letzten zwei Tage haben wir versucht herauszufinden, ob der Direktor der CIA in illegale Geschäfte verwickelt und somit für seinen

Posten ungeeignet sei«, erklärte Moynihan und fuchtelte dabei mit den Händen. Seine hohe Stimme schwoll vor Entrüstung an. »Wir haben immer wieder vergeblich im Weißen Haus angerufen. Ich rief den Attorney General an, aber er gab mir keine Antwort. Vielleicht wußte er nicht, wer ich bin. Vielleicht wußte er auch nicht, was hier überhaupt vor sich geht, oder er hielt es nicht für wichtig. Dabei ist es verdammt wichtig... Sie wären uns besser bei der Klärung der Frage behilflich, ob der CIA-Direktor zurücktreten solle oder nicht. Falls sie alles vertuschen wollen, werden sie ihren Direktor der CIA verdammt schnell los sein.«

In weniger als einer Stunde erhielt Moynihan telefonisch zwei dringende Mitteilungen – die eine von Attorney General William French Smith und die andere von Fred Fielding, dem Berater im Weißen Haus.

Goldwater war ebenfalls der Meinung, daß man dem Ausschuß nicht die nötige Aufmerksamkeit geschenkt habe. Casey war wieder einmal nicht in der Stadt. Seine Mißachtung des Kongresses war offensichtlich, und Inman mußte auch diesmal wieder den Kopf hinhalten. Goldwater dachte im stillen, daß es für alle Beteiligten besser wäre, wenn Casey zurücktreten würde.

Am Donnerstagabend berichtete CBS, Goldwater habe Casey genau das gesagt. Goldwater erklärte, das sei eine verdammte Lüge. Er war wütend. Sein Rücken bereitete ihm Schmerzen, und er hatte gerade seinen Schlaftrunk genommen. Zunächst nahm er sich vor, zu schweigen. Doch er konnte seinen Ärger nicht einfach hinunterschlucken. So berief er eine Pressekonferenz in der »Senate Radio-TV Gallery« ein, um diese Behauptungen zu dementieren, bevor an der Geschichte weitergedichtet wurde.

Man fragte ihn nach seiner persönlichen Meinung über Casey. Goldwater war nicht wohl bei dem Gedanken, zu lügen oder nur die halbe Wahrheit zu sagen, denn Halbwahrheiten sollte man für wichtige Dinge aufheben, und diese Sache war nicht wichtig. Vielleicht würde Casey eine öffentliche Standpauke ganz gut tun.

Unerbittlich legte Goldwater los: »Daß er einen unerfahrenen Mann zum Top-Spion der Nation ernannt hat, war mehr als unklug. Als ein Mann, der schon lange mit nachrichtendienstlichen Angelegenheiten zu tun hat, muß ich gestehen, daß das ein großer Fehler war, ja sogar gefährlich, da dieser Mann schließlich für die geheimen Aktivitäten verantwortlich ist. Daran wird deutlich, was Casey angerichtet hat ...

Der Schaden, den die Moral der CIA durch Hugels Ernennung zum DDO genommen hat, ist meiner Meinung nach ein hinreichender Grund für Mr. Casey, seinen Rücktritt in Erwägung zu ziehen, und für den Präsidenten Grund genug, ihm seinen Rücktritt nahezulegen.«
Damit hatten CBS und alle anderen Nachrichtenorganisationen eine neue und dazu noch dramatischere Geschichte. Was Goldwater Casey gegenüber nicht persönlich geäußert hatte, wurde nun zur Schlagzeile. Das Gewissen von Reagans eigener Partei hatte soeben öffentlich kundgetan, daß Hugel »gefährlich« sei und Casey besser gehen sollte.
Und es steckte noch mehr dahinter. Goldwater hatte behauptet, der Verdacht sei aufgetaucht, es fehlten Unterlagen über Caseys geschäftliche Transaktionen, und es gebe andere »Ungereimtheiten«, einschließlich eines Berichts, wonach Casey durch Transaktionen bei Multiponics über 750 000 Dollar verdient, und nicht, wie er behauptete, 145 000 Dollar Verlust gemacht haben soll.
Goldwater fuhr zu Quinns Appartement in der Connecticut Avenue, wo er mit ihm zum Abendessen verabredet war.
»Barry«, meinte Quinn, »das hätten Sie nicht sagen sollen.« Bette Quinn war derselben Meinung: »Sie sollten nicht schon bei solch einer Lappalie gleich aus der Haut fahren.«
Goldwater sah es ein. Aber die Zeit werde alle Wunden heilen, sagte er. Es sei eine lange, schreckliche Woche gewesen, in der er ständig zwischen Parteitreue und gesundem Menschenverstand hin und her gerissen worden sei.
Casey war zu Hause und schlief, als in den Spätnachrichten Goldwaters Erklärung gesendet wurde. Das Telefon klingelte. Es war Sporkin.
»Bill«, sagte Sporkin, »haben Sie gehört, was dieser Scheißkerl Goldwater gerade gesagt hat?«
»Nein«, antwortete Casey, und Sporkin erzählte es ihm.
»Machen Sie sich deswegen keine Sorgen«, meinte Casey.
»Was soll das heißen: ›Machen Sie sich deswegen keine Sorgen‹?« schrie Sporkin.
»Ich lege mich wieder ins Bett«, sagte Casey und legte den Hörer auf.
Gegen 3.30 Uhr morgens wachte Casey auf, zog seinen Bademantel an und ging die Treppe hinunter. Er stand oft zwei- oder dreimal in der Woche mitten in der Nacht auf. Um diese Zeit war es vollkommen ruhig im Haus. Oft las er noch im Bett, doch er wußte, daß Sophia das Licht störte. Sie war froh, wenn er dafür in ein anderes Zimmer ging.

An diesem Morgen las Casey nicht. Er rief Sporkin an und weckte ihn auf. »Was zum Teufel hat Goldwater gesagt?« wollte er wissen.
Sporkin wiederholte, was er ihm bereits erzählt hatte. Er habe Goldwater im Fernsehen in der Spätausgabe der Nachrichten vor Journalisten stehen sehen – eine zu dem Zweck extra einberufene Pressekonferenz –, und er habe gehört, wie er Caseys Kopf forderte. »Ich bin sicher, Goldwater hat es nicht so gemeint«, fügte Sporkin hinzu. »Machen Sie sich keine Sorgen.«
»Ich habe angerufen, um *Ihnen* Auftrieb zu geben«, erklärte Casey. Er hatte Goldwaters Privatnummer, und die wählte er jetzt.
»Ich kann nicht glauben, daß Sie das gesagt haben«, meinte Casey. Seiner Stimme hörte man die Enttäuschung an. Diesmal nuschelte er nicht.
»Tja, Bill«, erwiderte Goldwater griesgrämig und noch halb im Schlaf, »Sie müssen es wohl oder übel glauben, denn ich habe es tatsächlich gesagt.«
Casey blieb noch ein paar Stunden auf und versuchte zu lesen, doch er brütete nur vor sich hin. Gegen 6 Uhr ging er schließlich wieder ins Bett – gerade vor dem Frühstück konnte er am besten schlafen, sogar an einem Tag wie diesem.
Innerhalb weniger Stunden – es war Freitag – traf sich Casey zu Gesprächen unter vier Augen mit mehreren wichtigen Senatoren. Bei einem 20minütigen Gespräch mit Senator Howard H. Baker jr. aus Tennessee, dem Führer der republikanischen Mehrheit im Senat, bat Casey um eine faire Anhörung. Er zeigte nun deutliche Anzeichen der Anstrengung. Er habe bei der Sache mit Multiponics niemals 750 000 Dollar verdient; er könne und wolle das beweisen. Das sei ja eine regelrechte Hexenjagd. Baker erklärte, er sei grundsätzlich damit einverstanden, aber er müsse sich dem Vorsitzenden des Ausschusses anschließen. Casey und das Weiße Haus sollten besser innerhalb von vierundzwanzig Stunden eine Erklärung abgeben.
Doch es gab keine Möglichkeit, die anderen Republikaner, die sich an Goldwater hielten, aufzuhalten. Wenn Barry so laut bellte, dann mußte die Situation kritisch sein. Beim Abendessen mit Journalisten sagte der stellvertretende Führer der Republikaner, Senator Ted Stevens aus Alaska, der selten vom Kurs der Republikaner abwich, er habe im Ausschuß Meinungen gesammelt. »Mr. Casey täte gut daran, Mr. Goldwaters Rat zu befolgen«, erklärte Stevens. »Meiner Ansicht nach hat

Barry diese Empfehlung nicht leichtfertig ausgesprochen. Ihm liegen nämlich die Interessen der CIA am Herzen.« Senator William V. Roth jr. aus Delaware, einer von acht Republikanern, die dem Ausschuß angehörten, ging noch weiter: »Diese Anschuldigungen haben Mr. Caseys Glaubwürdigkeit beim Ausschuß derart geschadet, daß es meiner Meinung nach für Mr. Casey unmöglich ist, seinen Aufgaben weiterhin effektiv nachzukommen. Er sollte seinen Hut nehmen –, und zwar gleich.«

Aufgeschreckt durch die Attacken von seiten der natürlichen Verbündeten Caseys, veröffentlichte das Weiße Haus im Namen des Präsidenten – »Ich habe meine Meinung über Casey nicht geändert« – eine Stellungnahme, die sehr vage schien.

Casey erklärte den Journalisten, die ihm im Senat von Büro zu Büro folgten: »Ich glaube, wenn erst alle Fakten bekannt sind, dann wird es allen klar sein, daß ich qualifiziert und bereit bin, die Nachrichtendienste zu führen.« Mit dieser Erklärung gab er anscheinend ungewollt zu, daß er noch nicht damit begonnen hatte, die CIA zu führen, obwohl er bereits seit sechs Monaten im Amt war.

Am Freitagabend erhielt Howard Baker Goldwaters Zustimmung, bei der Untersuchung von Caseys Fall einen speziellen Berater hinzuzuziehen. Man wählte dafür Fred Thompson aus, der Bakers Stab geführt hatte, als dieser von 1973 bis 1974 stellvertretender Vorsitzender des Watergate-Senatsausschusses war.

Baker erzählte Thompson, daß er versucht habe, alle zu beruhigen, doch es sei offensichtlich, daß man Casey wenig Sympathie entgegenbringe und daß Casey zurücktreten müsse, sofern er nicht schnell auf einen anderen Kurs umschwenke; es läge im Interesse aller, daß die Untersuchung schnell abgeschlossen werde. Thompson nahm sich sofort die Unterlagen, Dokumente und Bilanzen vor. Ihm wurde bald klar, daß Caseys finanzielle Situation kaum weniger kompliziert war als die des griechischen Reeders Aristoteles Onassis. »Ich mag Bill Casey«, sagte Thompson in seinem schleppenden Tennessee-Tonfall, »doch mein Arsch ist mir lieber.« Also blieb nur noch eine Möglichkeit: eine vollständige Untersuchung.

Im 22. Stock des Hauses Nummer 90 in der Park Avenue in New York las John Shaheen, ein reicher Unternehmer der Ölbranche und OSS-Veteran, der seit 35 Jahren mit Casey befreundet war, ungläubig die

Zeitungsberichte. Für Shaheen war die Republikanische Partei, ebenso wie für Casey, immer eine Art Religion gewesen. Es war einfach unsinnig, daß Goldwater als waschechter Republikaner Caseys Kopf forderte. Es war beinahe so, als wäre die Glaubwürdigkeit sämtlicher Führer im US-Nachrichtendienst, angefangen von dem beliebten General Donovan bis hin zu Casey, in Frage gestellt worden. Shaheen und Casey hatten jahrelang zu einer Gruppe von »alten Hasen« gehört, die wie Söhne zu Donovan gehalten hatten. Er rief sie immer an, wenn sie zu lange ohne Kontakt waren. Doch dann hatte Donovan einen Schlaganfall bekommen und war ins Krankenhaus Walter Reed in Washington eingeliefert worden.
Als Donovan am 8. Februar 1959 starb, waren Shaheen und Casey zusammen nach Washington geflogen. Es war schrecklich gewesen. Obwohl der Sarg nicht geöffnet war, wollte Casey früh genug dort sein. Den ganzen Tag über hatte er sich wie in Zeitlupe bewegt und kaum ein Wort gesagt. Er war wie betäubt, holte sich Erinnerungen ins Gedächtnis zurück, lief herum und schüttelte dabei immer wieder den Kopf, bekam feuchte Augen und starrte vor sich hin. Beim Begräbnis in Arlington machte er den Eindruck, als werde mit Donovan ein Stück von ihm begraben. Es war fast so, als habe er seinen Vater verloren. Shaheen sagte: »Donovan war ein Teil meines Herzens.«
Caseys Ernennung und seine Stellung als DCI war von Donovans Anhängern mit Jubel begrüßt worden. Für sie war es die Fortsetzung der Erfahrungen, die sie im Krieg gemacht hatten und die keinem von ihnen im Leben nochmals widerfahren waren. Casey erhielt bei der CIA so viele wichtige Dinge lebendig; das bedeutete für sie, daß ihre Arbeit noch nicht zu Ende war.
Shaheen rief Casey in Washington an.
Casey erklärte, es handle sich um einen gemeinen Seitenhieb, und die ganze Sache sei unfair. Ja, er ärgere sich darüber. Alle hätten versucht, ihm etwas anzuhängen. Aber keiner werde damit Erfolg haben. Im Grunde gehe es mehr um Politik.
Aber Casey und Goldwater stünden doch auf derselben Seite, meinte Shaheen. Von New York aus sehe die Sache schlecht aus.
»Ein Sturm im Wasserglas«, sagte Casey.
»Hören Sie zu«, sagte Shaheen, und diesmal sprach er als Freund zu Casey. »Wenn Sie sich nicht ranhalten und dem Senatsausschuß gegenüber eine Versöhnungsgeste machen, dann werden Sie vielleicht doch den Hut nehmen müssen.«

Daraufhin rief Shaheen Geoffrey M. T. Jones, den Präsidenten der OSS-Veteranen, an. Jones (Princeton-Absolvent von 1942) war kein typischer Vertreter des OSS. Er war groß, gepflegt, freundlich und leutselig, immer perfekt gekleidet, trug stets ein frisch gestärktes Hemd und hatte etwas Britisches an sich. Er hatte den El-Morocco-Nachtklub in New York in einen Privatklub umgewandelt und leitete diesen seit fünf Jahren. Der Veteranenklub des OSS war für Jones kein reines Hobby. Er gab regelmäßig ein dickes Mitteilungsblatt heraus, in dem über die Begegnung zweier OSS-Leute berichtet wurde, als handelte es sich um eine bedeutende Wiedervereinigung; man wurde darin über Adressenänderungen auf dem laufenden gehalten, und das Blatt hielt die alten Klub-Beziehungen und das Bekenntnis zum Nachrichtendienst aufrecht. Shaheen und Jones waren sich einig, daß Casey Hilfe brauche. Ein Kollege war auf feindlichem Territorium in Not: im Kongreß der Vereinigten Staaten.

Der erste Schritt war eine sichtbare Demonstration öffentlicher Unterstützung. Etwa vierhundert Telegramme wurden verschickt, in denen um Spenden für die OSS-Veteranen gebeten wurde. In New York und Washington wurden unter dem Motto »Unterstützt Bill Casey« Mittagessen organisiert, in deren Verlauf George Shultz und William E. Simon, zwei ehemalige republikanische Finanzminister, Reden hielten – eine witzige Geste inmitten all der Anspielungen auf finanzielle Unregelmäßigkeiten.

Während der ersten Monate von Sporkins Amtszeit als General Counsel hatte es den Anschein, als ginge das Gespenst von Senator Frank Church und seinen Untersuchungsbeamten noch immer in den Korridoren des CIA-Hauptquartiers um. Jedermann hatte Angst und suchte nach Gründen, um nichts tun zu müssen. Sporkin nannte das das »Nein-Syndrom«. Wenn er für eine heikle, verdeckte Aktion oder für eine Operation, bei der es um das Sammeln von Informationen ging, die rechtliche Genehmigung erteilte, dann wurde dagegen sofort ein Veto eingelegt, und zwar noch bevor sie auf Caseys Schreibtisch landete. Aus diesem Grund arbeitete Sporkin ein System aus, um Casey darauf aufmerksam machen zu können. Sie waren beide der Meinung, daß der Elefant kein Einzelgänger sei, sondern zur Zeit eben schlafe. Und Sporkin war der Meinung, daß keiner mehr imstande wäre, die Nachrichtendienste wieder in Bewegung zu bringen, wenn man Casey jetzt feuerte. Und wenn Casey nichts unternahm, dann würde er, Sporkin, es tun. Sämtliche alten geschäftlichen Transaktionen Caseys drohten ausgegraben und vor der Öffentlichkeit ausgebreitet zu werden. Am Samstag, dem 25. Juli, gaben Sporkin und zwei prominente Freunde Caseys eine Pressekonferenz im Hotel Mayflower im Zentrum Washingtons.

Sporkin war nicht nur bereit, Caseys rechtliche Position zu verteidigen, sondern er unternahm einen für einen Anwalt ungewöhnlichen Schritt, indem er sich für Caseys Charakter verbürgte. »Es wäre eine Tragödie für dieses Land, wenn es die Talente dieses Mannes verlieren würde«, erklärte Sporkin, und dabei sprach er als ehemaliger Beamter der SEC. »Ich erkenne einen Aktienbetrüger auf den ersten Blick, und in diesem Fall sehe ich keinen.«

Auch Senator Paul Laxalt, ein Republikaner aus Nevada und enger Freund von Präsident Reagan und dessen Frau Nancy, sagte deutlich seine Meinung. Es sei Caseys Verdienst, Reagans ins Stocken geratenen Präsidentschaftswahlkampf von 1980 gerettet zu haben. In einem politischen Appell erklärte Laxalt lapidar: »Ich glaube, wenn wir Bill Casey nicht gehabt hätten, wäre Ronald Reagan heute nicht Präsident.«

Jones kam zu dem Schluß, daß es nun an der Zeit sei, sich an den Ort des Geschehens zu begeben. Er flog nach Washington, richtete sich im Madison Hotel ein und stellte für eine weitere Mission ein Team aus zwei OSS-Veteranen zusammen: der eine war Dr. James Kellis, ein echter Held aus dem Zweiten Weltkrieg, der bei bereits legendären OSS-Operationen sein Leben riskiert hatte, und der andere war der ehemalige Kongreßabgeordnete John Blatnik, ein Liberal-Demokrat, der 28 Jahre dem Parlament angehört hatte und von 1970 bis 1974 Vorsitzender des House Public Works Committee (Ausschuß für Straßenbau, Verkehr usw.) gewesen war.

Eine ihrer ersten Stationen war Senator Daniel K. Inouye, einer der sieben Demokraten im Ausschuß für die Nachrichtendienste. Er hatte bereits dem Senatsausschuß zur Untersuchung der Watergate-Affäre angehört und war kurz nach der Church-Untersuchung erster Vorsitzender des Senatsausschusses für die Nachrichtendienste gewesen (1976 bis 1977). Inouye hatte im Zweiten Weltkrieg seinen rechten Arm verloren. Kellis führte aus, wie sehr ihn Caseys Leistungen beim OSS, seine Loyalität und sein ernsthaftes Bemühen um Verbesserungen innerhalb des Nachrichtendienstes beeindruckt hätten. Kellis gab zu, daß Casey beim Kongreß nicht gut angeschrieben sei, aber man müsse eben seine irische Sturheit irgendwie verstehen.

Inouye hörte konzentriert zu, und schließlich sagte er: »Wenn John Blatnik Casey vertraut, dann vertraue ich ihm auch.«

Das Team Kellis-Blatnik sprach mit insgesamt zwölf Senatoren und mit vielen Mitgliedern des Stabes, aber nicht immer hatten sie Erfolg. Es gelang ihnen aber zumindest, den Eindruck zu vermitteln, daß sie nur die Spitze eines Eisberges an Zuneigung und Unterstützung waren, die Casey zu erwarten hatte.

Gegen 14 Uhr am Sonntagnachmittag schickte Casey zehn Aktenordner, einen sechzig Zentimeter hohen Stapel von Dokumenten, an den Senatsausschuß. Um seinem Wunsch Nachdruck zu verleihen, die vier Seiten mit Fragen zu beantworten, landeten zwanzig Kopien in zwanzig Briefkästen – eine für jeden Senator im Ausschuß. In einem Brief an Goldwater stand, daß sich Casey freuen würde, vor dem Ausschuß zu erscheinen. Am Montag gab Casey vor Hunderten von CIA-Angestellten einen optimistischen Zustandsbericht ab und sagte ihnen ein paar aufmunternde Worte. Er sagte, er sei überrascht, daß in einer Woche so viele Behauptungen aufgestellt werden konnten, doch er bat sie, mit ihm zusammen durchzuhalten, denn er sei überzeugt, daß er nichts Unrechtes getan habe und Direktor der CIA bleiben würde.

Der Presse wurde mitgeteilt, daß man ihm stehende Ovationen dargebracht habe.

Casey suchte Inman auf und bat ihn um einen persönlichen Gefallen. Er fragte ihn, ob es möglich wäre, daß er öffentlich zu seinen Gunsten aussagte.

Inman merkte, daß Casey diese Bitte schwerfiel, und er war sofort einverstanden. Er nahm die Einladung an, noch am selben Abend in der ABC-Sendung »Nightline« mit Ted Koppel vor die Kameras zu treten. Insgeheim dachte Inman, daß sich die Fehde zwischen Casey und Goldwater bis ins Jahr 1966 zurückverfolgen lasse, als Casey gegen Steven B. Derounian, einen getreuen Anhänger Goldwaters, für die Republikaner als Kandidat für den Kongreß angetreten war. Inman hatte den Eindruck, daß diese Männer derartige Dinge nicht vergessen konnten, auch wenn sie bereits 25 Jahre zurücklagen.

Casey machte erneut die Runde unter den Senatoren. Er wußte besser Bescheid über seine vielen geschäftlichen Angelegenheiten und Investmentgeschäfte als irgend jemand sonst. Er konnte und wollte alle Fragen

beantworten, und er war bereit, über jeden Cent Rechenschaft abzulegen, wenn man es wünschte. Schließlich sei es keine Schande, ein Risiko-Kapitalist zu sein, meinte Casey, und das bedeute nun einmal, daß man Risiken eingehen müsse. Risiken brachten oft Mißerfolge, Unzufriedenheit und Prozesse mit sich. Aber er habe nie etwas Ungesetzliches getan. Es stimme zwar, daß er dem Vorstand von Multiponics angehört habe, doch er sei schon bei vielen Firmen Vorstandsmitglied gewesen, und mit der Abfassung oder der legalen Überprüfung von Aktienangeboten habe er nichts zu tun gehabt. Direktoren würden ständig um etwas gebeten, aber man könne ihn schließlich nicht für jede Handlung des Managements verantwortlich machen. Das Unternehmen müsse unter gewissen Umständen für finanzielle Verluste aufkommen, falls Fehler gemacht worden seien, doch die ganze Angelegenheit habe von seiten der Presse den Anstrich eines moralischen oder kriminellen Vergehens bekommen. Das sei Unsinn, und jeder, der geschäftliche Interessen wahrnehme, sähe das ohne weiteres ein.
Senator Lloyd M. Bentsen, ein reicher Demokrat aus Texas, der ebenfalls dem Ausschuß angehörte, verstand Casey. Bentsen kannte die schweren Felsbrocken, die einem in der Geschäftswelt in den Weg gelegt wurden. Nach seiner Unterredung mit Casey sagte Bentsen: »Noch haben sie ihm nichts nachweisen können ... Ich warte immer noch auf den handfesten Beweis, der mich davon überzeugen könnte, daß Mr. Casey zurücktreten sollte.«
Casey wurde immer zuversichtlicher, als er im Senat von einer privaten Unterredung zur nächsten ging. »Man hat auch noch den letzten Rest vom Boden des Fasses abgekratzt«, sagte er zu einer Gruppe von Journalisten, die mit ihm mittrotteten, als er aus einem Büro kam. »Da ist nichts mehr ... Wißt ihr, Jungs, ich mache mir keine Sorgen. Mein Leben ist wie ein offenes Buch. Ich bin bereit, über jede Seite darin zu sprechen.«
Inman beobachtete das alles mit einiger Bestürzung. Am Montag berichtete *Newsweek*, daß es im Weißen Haus eine Liste mit möglichen Nachfolgern Caseys gebe, falls es notwendig werden sollte, einen neuen auszuwählen. Auffällig war, daß Inmans Name auf dieser Liste fehlte. Mitarbeiter des Weißen Hauses erklärten, falls Golwater Casey fallenließe, würde nicht gerade sein Liebling diesen Posten bekommen.
In der Sendung »Nightline« sagte Inman: »Bill Casey ist der richtige Mann für den Posten des CIA-Direktors.«

Die OSS-Veteranen halfen mit, den früheren CIA-Direktor Colby für die Sendung MacNeil-Lehrer-Report zu gewinnen und für Casey auszusagen. Colby erklärte: »Ich glaube, das Schlimmste wäre, wenn Mr. Casey zurücktreten würde, weil man daraus den Schluß ziehen könnte, daß es nur einiger haarsträubender Geschichten bedürfe, damit der Chef der CIA seinen Dienst quittierte oder gehen müßte.« Insgesamt seien im Fall Casey »voreilige Schlüsse« gezogen worden.

Am Mittwoch, dem 29. Juli, zwei Wochen nach Hugels Rücktritt, erschien Casey zu einer geschlossenen Sitzung vor dem Senatsausschuß in dem abhörsicheren Verhandlungszimmer im vierten Stock des Kapitols. Unbeschwert und die Arme schwenkend betrat er den Fahrstuhl: »Das wird ein Kinderspiel ... Ich habe das alles schon einmal durchgestanden.« Casey gewann zunehmend an Selbstvertrauen; die Demokraten im Ausschuß waren auf seiner Seite, Hugel war von seinem Posten zurückgetreten, und die ganzen finanziellen Angelegenheiten hatten mit Risikokapitalinvestitionen zu tun, die vor 1971 getätigt worden waren.
Casey sagte unter Eid aus und nahm zu allen möglichen Fragen Stellung: zu der angeblich zu geringen Zahl von Informanten im Nahen Osten, und zu »politischen« Untertönen in einigen Analysen aus jüngster Zeit. Casey gab zu, daß sich Hugel als der falsche Mann erwiesen habe. Beim Verhör sagte er schließlich: »Ja, Hugels Ernennung zum DDO war ein Fehler.«
Casey erklärte, er sei mit Inman einer Meinung darüber, daß der Nachrichtendienst keine politische Institution sein sollte und nicht im Inland spionieren dürfe. Er wolle den Ausschuß bei der Wahrnehmung seiner Aufsichtsfunktion unterstützen. Sein Auftritt hatte aber auch erniedrigende Momente. Ein Senator nach dem anderen suchte sich sein Lieblingsthema heraus, brachte erfundene oder tatsächliche Anschuldigungen vor oder bezog sich auf Presseberichte. Senator Biden wollte Casey einfach nicht in Ruhe lassen und wühlte in seiner Vergangenheit herum. Endlich schlug Casey zurück und erklärte, als Geschäftsmann sei er nach alter amerikanischer Tradition auch geschäftliche Risiken eingegangen. Beim Risikokapital würden manche Dinge nicht offen dargelegt, und das führe zu geschäftlichen Auseinandersetzungen. Aber er habe nie etwas Illegales getan, und die Dinge, um die es in den Zivilprozessen gehe, seien private Streitigkeiten. Falls diese Erklärung den Senatoren nicht gefalle, dann sei das ihr Problem und nicht seines.

Die Demokraten Henry M. Jackson und Bentsen schlugen gegen Ende der Anhörung vor, der Ausschuß solle sein »volles Vertrauen« zum Ausdruck bringen und den Schaden wiedergutmachen, der in den vergangenen Tagen angerichtet worden sei. Doch sie erhielten keine Mehrheit.
Nach einigem Hin und Her stimmten die Senatoren einmütig einer offiziellen Stellungnahme zu: »Es wurde keine Basis gefunden, die den Schluß zuließe, daß Mr. Casey für den Posten des DCI nicht geeignet ist.«
Diese zweifelhafte offizielle Zustimmung, die voller Andeutungen steckte, brachte Casey zur Weißglut, und als er nach der fünfstündigen Befragung aus dem Zimmer kam, weigerte er sich, irgendwelche Fragen zu beantworten.

Im Weißen Haus studierte Präsident Reagan unterdessen die Siegesrede zu seinem Steuersenkungsgesetz ein; ein Großteil davon hatte gerade das von den Demokraten beherrschte Repräsentantenhaus passiert. Es war Reagans größter Erfolg seit seiner Wahl zum Präsidenten. Monatelang hatte dieses Thema im Weißen Haus an erster Stelle gestanden, und es sollte den Beweis erbringen, daß Reagan die Politik des Landes im Griff hatte. Ein Mitarbeiter überbrachte ihm seine Glückwünsche.
»O ja, ich weiß«, sagte Reagan und strahlte übers ganze Gesicht. Er tat einen kleinen Sprung nach vorn und streckte seinen Arm aus. »Aber haben Sie diesen Bericht über Bill Casey gelesen? Einmütig.«

Mit erheblicher Sorge beobachtete Casey, wie die geheime Operation im Tschad langsam ihren Anfang nahm. Man wollte Habre, den ehemaligen Verteidigungsminister des Tschad, in seinen Bemühungen unterstützen, die Übergangsregierung der nationalen Einheit zu stürzen und die Macht zu übernehmen. Außerdem sollte der Tschad vom Einfluß Gaddafis befreit werden, und das schloß eine allgemeine Hilfe ein – Geld, Waffen, politische Unterstützung und technische Hilfe. Das alles war an sich kein Problem. Man mußte nur die Geldpipeline, die von Frankreich benutzt wurde, anzapfen. Frankreich hatte bisher nahezu 100 Millionen Dollar ausgegeben, um seiner früheren Kolonie den Rücken zu stärken. Casey mußte feststellen, daß die Maschinerie in Langley nicht gut funktionierte. Die Abteilung für Operationen besaß unzureichende Kenntnisse über den internationalen Waffenhandel – wo man die besten Waffen bekam,

wo die Preise am günstigsten waren, welche Transportwege geeignet waren und wo es Einrichtungen gab, um illegales Geld umzutauschen. Zögernd hatte sich der Nachrichtendienst auf das Negative konzentriert und darauf bestanden, Habre müsse versprechen, daß gegen die politische Opposition in seinem Land Mordanschläge nicht eingeplant würden. Diese Feinheiten in der Menschenrechtsfrage waren ein großes Problem in den Aufsichtsgremien des Kongresses.
Verdammt nochmal, fragte sich Casey, wollten sie etwa auf ein Zeichen von Habres Mutter warten? Habre war ein brutaler, gerissener Bursche. Lasen sie denn nicht ihre eigenen Berichte? Wo blieb die realistische Einschätzung der Lage?
Die Operation zog auch eine ganze Reihe von Presseberichten nach sich, und einige davon ließen die CIA wie einen Haufen Clowns erscheinen.
DDO Hugel hatte die Direktive für die Operation im Tschad noch vor seinem Rücktritt dem Geheimdienstausschuß des Repräsentantenhauses vorgelegt. Eine Reihe von Ausschußmitgliedern hatte es gestört, daß die Formulierung der Direktive zweideutig genug war, um sie als Rechtfertigung dafür zu nehmen, Gaddafi auf direktem Weg nachzujagen.
Einige der Kongreßabgeordneten fragten sich, ob Habre der geeignete Mann sei, um verdeckte Hilfe zu erhalten. Die Linken im Kongreß wollten wissen, inwieweit Habre an Massakern beteiligt gewesen sei, die in der Vergangenheit stattgefunden hatten. Und die Rechten erinnerten an Habres Erklärung, er sei ein Bewunderer von Mao, Castro und Ho Chi Minh. Er habe bereits einmal nach einem »revolutionären Ferment für ganz Afrika« gerufen. Zu diesem Problem kam noch hinzu, daß Habre ein ehrgeiziger, opportunistischer Guerillakämpfer war, der früher enge Kontakte zu Gaddafi gepflegt und von diesem Waffen erhalten hatte. Hielt die CIA mit ihm wirklich das beste Mittel gegen Gaddafi in der Hand?
Casey hatte dem Ausschuß eine Kopie des detaillierten Berichts über den Umfang der Operation vorgelegt. Darin wurden die speziellen Waffentypen, die geliefert werden sollten, Kontaktpersonen, die geschätzten Kosten und die Dauer der Operation in groben Zügen beschrieben. Die Mitglieder des Ausschusses schickten dennoch einen streng geheimen Brief an Präsident Reagan, in dem sie gegen die Operation protestierten. Einzelheiten aus diesem Schreiben sickerten

durch, und es erschienen Presseberichte, in denen behauptet wurde, das Weiße Haus sei gegen eine Operation in einem ungenannten Land in Afrika.
Der Abgeordnete Clement J. Zablocki, der Vorsitzende des außenpolitischen Ausschusses und Mitglied des Geheimdienstausschusses des Repräsentantenhauses, hatte die Tschad-Direktive und das Schreiben an den Präsidenten überprüft. Der 69jährige Kongreßmann spielte *Newsweek* die Information zu, der Brief an Reagan über die Operation in einem noch ungenannten Land in Afrika enthalte einen Plan, um Gaddafi zu stürzen. Der kurze, aber sensationelle Artikel in *Newsweek* trug die Überschrift EIN PLAN ZUM STURZ GADDAFIS; in dem Bericht wurde behauptet, daß die CIA dabei sei, »eine breitangelegte, mehrphasige und kostspielige Aktion« zu starten, »um das Regime in Libyen zu stürzen«, und dieser Plan, »der anscheinend Gaddafis Ermordung beinhalte«, sei »Mitgliedern des Geheimdienstausschusses« vorgelegt worden.
Casey war wütend über diesen Artikel. Die CIA hatte eine sauber durchdachte Hilfsoperation in Angriff genommen, bei der es reale Erfolgsaussichten gab und bei der sich Frankreich und Ägypten als Verbündete der USA bereits stark engagiert hatten. Und nun wurde Gaddafis Verfolgungswahn gerade zu dem Zeitpunkt durch die Furcht vor einem angeblichen Mordkomplott gesteigert, wo sich der Nachrichtendienst durch die Hintertür schlich. Die Behauptung mußte offiziell dementiert werden. Aus diesem Grund gab das Weiße Haus ein offizielles Dementi zu dem *Newsweek*-Artikel heraus, obwohl gleichzeitig bestätigt wurde, daß es einen Brief gab, in dem die Mitglieder des Ausschusses gegen eine Operation protestiert hatten.
Das Rätselraten um das ungenannte Land hatte begonnen. Einige Mitarbeiter des Weißen Hauses entschieden, daß es besser wäre, für klare Verhältnisse zu sorgen, den Namen des betreffenden Landes preiszugeben und damit das Dementi zu der Sache mit Libyen glaubhaft zu machen.
Präsident Reagan hatte etwa zur selben Zeit eine weitere streng geheime Direktive unterzeichnet. Auf Anraten des State Department wurde damit der pro-westlichen Führung von Mauritius, einer kleinen Insel im Indischen Ozean, östlich von Madagaskar, die in der Nähe von Tanker-Routen lag, die für die Vereinigten Staaten lebenswichtig waren, politische und finanzielle Unterstützung zugesichert. Der Regierungschef von Mauritius, Premierminister Ramgoolam, ein 80jähriger Arzt, der bereits

seit dreizehn Jahren an der Macht war, sah einer harten Auseinandersetzung mit einer marxistisch orientierten, militanten Bewegung entgegen, und er war sicher, daß er diesen Kampf ohne fremde Hilfe verlieren würde. Durch ihre strategisch günstige Lage konnte die Insel möglicherweise ein sowjetischer Marinestützpunkt werden, falls man den Kampf verlor. Mit dieser Art von verdeckter Operation, durch politische und finanzielle Unterstützung, konnte man ein befreundetes Staatsoberhaupt an der Macht halten. Das Risiko und die Kosten waren dabei gering, aber der potentielle Gewinn war groß. Und außerdem hatte niemand im Kapitol etwas gegen diese bescheidene politische Hilfe einzuwenden. Es gehörte zu den üblichen Planungen des State Department, Geld für das Staatsoberhaupt eines befreundeten Landes zu scheffeln, wo man mit ein paar Dollar eine Wahl gewinnen oder ganz einfach erkaufen konnte.

Doch es gab Mitarbeiter im Weißen Haus, die mit der Weltgeographie nicht vertraut und deshalb verwirrt waren. Sie ließen verlauten, es handle sich bei dem betreffenden Land, dessen Name bisher nicht genannt worden sei, um dasjenige, dessen Name mit denselben Buchstaben beginne wie Mauritius, nämlich um Mauretanien.

So wurde Mauretanien, ein großer Staat im Nordwesten Afrikas, am nächsten Tag in der Presse als das Zielland der CIA genannt. Man folgerte daraus, daß die Vereinigten Staaten die Regierung dieses Landes stürzen wollten.

Casey vermutete dahinter einen dummen Streich oder Ignoranz im Weißen Haus. Auf den ersten Blick war es absurd; ein paar Nachforschungen hätten genügt, um festzustellen, daß die Vereinigten Staaten zu der moslemischen Militärregierung in Mauretanien freundschaftliche Beziehungen unterhielten. Und um die ganze Lächerlichkeit der Behauptung noch zu überbieten, bewiesen CIA-Berichte, daß Libyen Anfang Januar in einen fehlgeschlagenen Staatsstreich in Mauretanien verwickelt gewesen war.

Doch so war der Stand der Dinge. Die Mauretanier gingen die Wände hoch und legten Protest ein. Da sie mehr Aufregung als das Gegenteil damit bewirkt hatten, als sie versucht hatten, die falschen Meldungen über Libyen in *Newsweek* zurechtzubiegen, erklärten die Beamten den Mauretaniern nun zunächst, daß sie nicht über geheime Operationen sprechen dürften. Aber wenn es doch nicht stimmte, warum dementierten es dann die Sprecher des Weißen Hauses nicht offiziell, so wie im

Falle Libyens? Das offizielle Schweigen wurde als eine Bekräftigung des Berichtes ausgelegt. Schließlich versuchte das State Department, die Mauretanier davon zu überzeugen, daß die Presseberichte falsch waren. Doch wenn das Dementi glaubhaft erscheinen sollte, mußte man das tatsächliche Ziel der Operation bekanntgeben.

Am Ende wurde eine Operation in Mauretanien dementiert, und still und heimlich wurden der Presse Berichte über das tatsächliche Ziel – die Insel Mauritius – zugespielt, jedoch unter dem außerordentlich wichtigen Hinweis, daß die Operation dazu diene, die jetzige Führung des Landes zu unterstützen, und nicht, sie zu stürzen.

Casey verachtete die Journalisten, die sich auf alles stürzten, was auch immer an Aktuellem durchsickerte. Dachte dabei überhaupt jemand nach? Doch was wichtiger war: Die Mitarbeiter im Weißen Haus mußten darüber informiert werden, wie man geheime Außenpolitik betrieb. Das konnte doch nicht wie eine politische Kampagne mit Reden, Indiskretionen und Klarstellungen gehandhabt werden. Das war Quatsch – der Kongreß, das Weiße Haus, das State Department und die Presse hatten alle einen Narren an seinen Operationen gefressen. Bei einer Unterredung mit dem Präsidenten im Weißen Haus protestierte Casey gegen solche Indiskretionen und meinte, daß sämtliche Details schonungslos geheimgehalten werden müßten, wenn er weiterhin Operationen durchführen sollte. Die letzten Zeitungsberichte hätten den Eindruck entstehen lassen, daß man in ganz Afrika – Mauritius, Mauretanien, Libyen – sorglos teure verdeckte Operationen gestartet habe. Hatte überhaupt jemand eine Vorstellung davon, was eine Pressemeldung über eine verdeckte Operation in einem Land für die dortige CIA-Station bedeutete? Er wußte es. Das Sammeln von Informationen und die Kontakte zum dortigen Geheimdienst konnten dadurch zunichte gemacht werden.

Nachdem der Plan mit Libyen dementiert worden war, kamen Journalisten von *Newsweek* zum Vorsitzenden des außenpolitischen Ausschusses des Repräsentantenhauses, Zablocki. Dieser wiederum suchte die Mitglieder des Stabes des Repräsentantenhauses auf und gab ihnen zu verstehen, daß er *Newsweek* informiert habe. Er wurde zwar gerügt, doch der Vorsitzende des Geheimdienstausschusses des Repräsentantenhauses, Edward Boland, entschied, nichts gegen Zablocki zu unternehmen, da es oft undichte Stellen gab.*

Am Sonntag, dem 7. Juni 1981, erhielt Inman die Nachricht, daß Israel unter Einsatz der von den USA gelieferten Kampfflugzeuge soeben den irakischen Atomreaktor, etwa zehn Meilen außerhalb Bagdads, bombardiert und zerstört habe. Er fand heraus, daß Israel durch die nachrichtendienstliche Kooperation, die mit Caseys Zustimmung veranlaßt worden war, nahezu unbeschränkten Zugang zu amerikanischen Satellitenaufnahmen bekam und diese bei der Planung des Luftangriffes benutzt hatte. Casey gab also einfach Geheimdienstmaterial frei. Die Administration vollzog bereits einen Drahtseilakt in der Handhabung der Nahostfrage, und Inman sah keine Möglichkeit für die Vereinigten Staaten, eine Politik des Gleichgewichts im Nahostkonflikt aufrechtzuerhalten, wenn Israel überall im Nahen Osten Bomben abwerfen durfte und dazu auch noch den amerikanischen Geheimdienst heranzog. Rasch legte er neue Regeln fest, nach denen Israel Fotos und andere heikle Informationen nur für Verteidigungszwecke erhielt. Der Zugang der Israelis war jetzt auf Fotos von solchen Ländern beschränkt, die eine unmittelbare Bedrohung für Israel darstellten oder an Israel angrenzten. Bagdad lag 500 Meilen von Israels Grenzen entfernt und stand somit nicht auf der Liste.

Casey lenkte ein. Aber es imponierte ihm, daß die Israelis das Problem aus der Welt geschafft hatten, und er bewunderte ihren Mut. Als das Weiße Haus seine Empörung zum Ausdruck brachte und Sanktionen gegen Israel verhängte, wobei es die Lieferung mehrerer F-16-Maschinen stornierte, akzeptierte Casey das zwar als eine notwendige diplomatische und politische Geste, insgeheim aber bezeichnete er es schlichtweg als »Dummheit«. Noch während der Amtszeit Carters hatten die Israelis die Vereinigten Staaten gedrängt, auf die Iraker Druck auszuüben, damit diese ihr nukleares Entwicklungsprogramm einschränkten. Dabei hatten sie gedroht, daß sie es selbst tun würden, falls Washington nichts unternehme. Der israelische Geheimdienst Mossad zog sogar die Möglichkeit eines Sabotageaktes in Erwägung, aber man entschied sich schließlich für den Überraschungsschlag aus der Luft, da er, wie sich als richtig erweisen sollte, für die Israelis wie für die Iraker das geringere Risiko barg. Bei dem Luftangriff war lediglich ein bei dem irakischen Atomreaktor beschäftigter Techniker ums Leben gekommen.

Casey wußte, daß dem israelischen Nachrichtendienst innerhalb der CIA mit besonderer Skepsis begegnet wurde. Vor 1974 hatte der gefeierte Chef der Spionageabwehr, James Jesus Angleton, der Israelabteilung der CIA vorgestanden und dabei den im Nahen Osten eingesetzten Agenten und Analytikern wichtige Informationen vorenthalten. Selbst nachdem Angleton gefeuert worden war, galt sämtliches nachrichtendienstliche Material aus Israel kaum mehr als eine Pressemitteilung des Mossad, die nur dazu da war, den politischen Zielen Israels zu dienen. Mossad besaß aber in Wirklichkeit an drei Orten, die von entscheidender politischer Bedeutung waren, gute Informanten: im Libanon, in Syrien und in der Sowjetunion. Casey mußte ein schönes Stück Arbeit leisten, um dem Mossad Glaubwürdigkeit zu verschaffen.

In einigen wichtigen Fällen wurde gegenüber Israel in nachrichtendienstlichen Angelegenheiten ziemlich gesündigt. Die CIA verfügte über geheime PLO-Quellen, die sie zuweilen mit Einsatzdetails von PLO-Angriffen in Israel versorgten. Die Abteilung für geheime Operationen hatte Casey davon überzeugt, daß man solche Informationen nicht an die Israelis weitergeben könne, da sonst die Informationsquellen versiegen würden. Es war ein hartes Spiel, und Casey bewunderte die Art und Weise, wie die Israelis die Spielregeln akzeptierten: Informanten mußten um jeden Preis geschützt werden. Sie waren in dieser Hinsicht sehr abgeklärt, denn sie akzeptierten, daß selbst ein Verbündeter nicht alles preisgeben kann.

Casey war der Ansicht, es gebe Verbindungen, die so wichtig seien, daß man ihr Ausmaß nicht einmal ermessen könne. Die Quelle zu erhalten, die Identität zu wahren, beides stand in einem Zusammenhang zum Grad der Bedeutung einer Information. Und wenn die Information für sich sprach, wer brauchte da noch mehr zu wissen? Die Bombardierung des Reaktors hatte so viel mehr mit den langfristigen Beziehungen der CIA zu den israelischen Geheimdiensten zu tun. Einen Monat nach der Bombardierung stattete Generalmajor Yehoshua Saguy (in den Computern der CIA heißt er Sagi), der Chef des israelischen militärischen Geheimdienstes, Casey einen Besuch ab. Saguy verstand den Westen. Er schätzte die Gefahrensituation in der Welt realistisch ein, insbesondere was Israel betraf. Casey sah, daß man Saguy vertrauen konnte. Beide stimmten darin überein, daß man etwas Besonderes brauche: Sie vereinbarten, in Zukunft direkt miteinander zu verhandeln, wenn es nötig sein sollte.

Üblicherweise widmete der Direktor einen Teil seines Tages den Sowjets. Er wollte einen möglichst exakten Zugriff auf den Feind Nummer

eins besitzen. Eine seiner ersten Schlußfolgerungen war, daß die Bemühungen der sowjetischen Propaganda in ihrem Ausmaß und in ihrer Raffinesse verkannt würden. Casey drängte daher die Operationszentrale, seine Auffassung zu unterstützen und dafür eine breite Öffentlichkeit zu gewinnen.
Die erste Salve war eine mit streng geheimem Kodewort belegte Studie mit der Bezeichnung »Soviet Active Measures«. Sie erschien im Juli. Eine lediglich als geheim eingestufte Version des Berichts, die weniger Informationen über Quellen enthielt, hatte eine Auflage von 3000 Exemplaren – vielleicht die größte Verbreitung eines CIA-Berichts überhaupt. Der Bericht beschrieb als »Active Measures« (aktive Maßnahmen) – *aktivnyye meropriyatiya* – geradezu alles, was unternommen werde, »um die politischen Ziele und Anschauungen der Sowjetunion« mit schmeichelnden Worten und Einflüsterungen weltweit zu verbreiten, und zwar nicht nur durch verdeckte Aktionen oder heimliche Propaganda, sondern eben durch »aktive Maßnahmen«, die von Manipulation, gezielter Falschinformation, militärischen Operationen bis hin zum offenen Gebrauch von »Abrüstungs«- und »Friedens«-Diskussionen reichten, und sich darüber hinaus sogar Kategorien wie »Objektivität« und »Vernunft« in unterschiedlicher Aufmachung bedienten. Diese aktiven Maßnahmen, die so ziemlich alles umfaßten, was die Sowjets unternahmen, waren dem Bericht zufolge »eines der hauptsächlichen Instrumente der sowjetischen Außenpolitik«.
»Aus einer zuverlässigen Quelle wissen wir, daß Parteichef Leonid Breschnew besondere Anweisungen hinsichtlich einzelner aktiver Maßnahmen persönlich unterzeichnet hat«, hieß es in der geheimen Version.
Folgende Einzelheiten wurden in der 30seitigen Studie angeführt: die eigentliche Kontrolle über zwei wichtige Tageszeitungen in Ghana durch zwei KGB-Offiziere, die die Herausgeber bar bezahlten; die vom KGB 1976 vorgenommene Fälschung des Testaments des verstorbenen chinesischen Premiers Tschou-En-Lai, worin die Behauptung aufgestellt wurde, die Kulturrevolution sei ein Fehler gewesen (ein Überläufer des KGB erklärte später, das KGB-Hauptquartier habe diese aktive Maßnahme »als die erfolgreichste, die jemals unternommen worden sei« bewertet); der Zuschuß von 85 000 Dollar zur Unterstützung eines linksgerichteten Kandidaten in Nigeria; eine Kampagne zugunsten der Ratifizierung des Salt-II-Vertrages, in deren Verlauf ein KGB-Offizier

ein Rundschreiben herausgab, das sich für das Rüstungsbegrenzungsabkommen aussprach. Desinformationskampagnen schlossen die sowjetische Hilfe für den linksgerichteten Volksaufstand in El Salvador mit ein, die durch politische Gruppen vor Ort, Solidaritätskomitees (70 Demonstrationen während der ersten sechs Monate des Jahres 1981) und die Manipulierung internationaler Organisationen, darunter auch der Vereinten Nationen, zur Geltung kam.
Andere Fallstudien konzentrierten sich auf Pakistan, auf die sowjetischen Bemühungen, die amerikanisch-ägyptischen Beziehungen zu spalten, und die sowjetischen Versuche, in Mauritius ein moskautreues Regime zu errichten (die CIA gewährte der washingtontreuen Regierung dieser Insel im Indischen Ozean verdeckte Hilfe).
Inman kam zu dem Schluß, daß Casey im Übereifer die »Active-Measures«-Studie dazu benütze, falsche ideologische Schlüsse zu ziehen, und dabei Äpfel mit Orangen vergleiche. Offensichtlich falsche Anschuldigungen über die US-Politik in El Salvador, die in der *Prawda*, in der *Iswestija* sowie über TASS und Radio Moskau verbreitet worden waren, erhielten die Bedeutung einer aktiven Maßnahme. Die sowjetische Außenpolitik selbst wurde praktisch als aktive Maßnahme behandelt. Dennoch betrachtete Inman die meisten Tatsachen als im wesentlichen erwiesen und auf guten Informationen beruhend. Die sowjetische Kampagne war keine Erfindung von Casey. Doch es war notwendig, zwischen dem Fälschen eines Testaments und der Besetzung Afghanistans auf der einen Seite, und *Prawda*-Artikeln auf der anderen Seite zu unterscheiden.
Die hohe Auflage der Studie diente dazu, das Bewußtsein zu schärfen und CIA-Aktionen anzuregen, mit denen man den Sowjets begegnen wollte. Doch zu Caseys Enttäuschung zeigte sich die CIA unfähig, zu berechnen, wie teuer diese Maßnahmen die Sowjets zu stehen kamen. Zwar wurden die sowjetischen Bemühungen untersucht, die darauf abzielten, eine Opposition gegen die amerikanischen Pläne zur Entwicklung einer Neutronenbombe (die zwar Menschen, aber keine Gebäude vernichtet) zu mobilisieren. Die CIA-Studie stellte aber lediglich fest: »Das Ausmaß der sowjetischen Bemühungen kann nur durch Vergleich gemessen werden. Wir rechnen damit, daß es über 100 Millionen Dollar kosten würde, wenn die US-Regierung eine Kampagne von der Größenordnung der sowjetischen ›Neutronenbombenkampagne‹ unternähme.«

Casey bezeichnete solche Zahlen als »schwammig«.
Am 13. August, einen Monat, nachdem die CIA-Studie verbreitet worden war, äußerte Präsident Reagan gegenüber Journalisten: »Wir haben Kenntnis davon, daß die Sowjetunion vor wenigen Jahren allein in Westeuropa bereits etwa 100 Millionen Dollar ausgegeben hat, als erste Meldungen von der Erfindung eines Neutronensprengkopfes erschienen. Ich weiß nicht, wieviel sie jetzt ausgibt, aber sie ist gerade dabei, ein ähnliches Propagandaunternehmen zu starten.«
Die Aufzeichnung dieses Interviews wurde nie korrigiert. Inman sah ein, daß es sinnlos war, wenn der Präsident der Vereinigten Staaten Falschinformationen verbreitete, aber Casey war es ziemlich egal. Die Sowjets verbreiteten ohnehin jederzeit Lügen, und der Bericht der CIA sei wahrscheinlich richtig, meinte er.

8

Im August 1981 hatte sich Pezzullo entschieden, seinen Posten als Botschafter in Nicaragua zu verlassen. Für mindestens drei Monate – März, April und Mai – hatte er den Zustrom an Waffen unterbunden. Aber die Entscheidung der Regierung, die Hilfe für Nicaragua einzustellen, hatte ihm Macht und Einfluß genommen, und gerade jetzt begannen die Waffenlieferungen erneut zuzunehmen. Mit einem letzten Aufwand an Kraft hatte er den Assistant Secretary für Lateinamerika im State Department, Tom Enders, davon überzeugen können, nach Nicaragua zu kommen, um mit den Sandinisten zusammenzutreffen. Pezzullo hielt Enders für einen ziemlichen Hohlkopf, aber er war ein gerissener, mächtiger Hohlkopf, der entscheidenden Einfluß auf die Regierungspolitik hatte.
In Managua stimmte sich Enders mit Pezzullo ab. Beide wußten, daß die neuen CIA-Berichte über die Waffenlieferungen die Besorgnis Washingtons erhöhten. Die NSA hatte ihre Bemühungen verstärkt und fing jetzt 70 Prozent des Funkverkehrs zwischen Managua und den Stellungen der Rebellen in El Salvador ab. Damit war bewiesen, daß Managua hinter der ganzen Sache steckte. Die Anhäufung von Waffen der Sandinisten in ihrem eigenen Land beunruhigte die Nachbarn Nicaraguas, vor allem Honduras im Norden. Die Politik Washingtons, so Enders, sei dabei, eine Richtung einzuschlagen, die eine Kollision heraufbeschwören würde.
Pezzullo vermutete, daß er damit auf eine verdeckte Operation hinweisen wollte.
Doch Enders entgegnete: »Ich möchte das verhindern. Vielleicht läßt sich noch etwas auf diplomatischem Weg erreichen.«
Enders und Pezzullo hielten eine Reihe von Treffen mit der sandinistischen Führung ab. Den Sandinisten gefiel es, sich mit den beiden zu treffen und zu verhandeln, doch sie machten deutlich, daß sie sich nicht

herumschubsen lassen würden. Außerdem würden sie sich bis zum letzten Mann verteidigen.
Enders warf ihnen vor, daß sie die Kirche, die Presse und die Gewerkschaften gängelten. Er warf ihnen außerdem vor, daß Nicht-Marxisten aus der Regierung ausgeschlossen worden waren, und er erklärte, daß die neue Regierung in Washington die Demokratie in Zentralamerika anstrebe.
»Das sind interne Angelegenheiten«, erwiderten die Sandinisten.
Enders verlor mehrfach die Beherrschung. Er sagte ihnen, ihr Land sei nichts weiter als ein gottverdammter Floh, den die Vereinigten Staaten zerquetschen könnten, selbst wenn ihnen beide Hände auf den Rücken gebunden wären. Sie sollten sich doch nicht so dämlich anstellen. Es ginge schließlich ums Überleben – um ihr Überleben, erklärte Enders. Schließlich habe er ihnen einen Handel mit den Vereinigten Staaten anzubieten. Sie sollten wenigstens ernsthaft darüber nachdenken.
Pezzullo merkte, daß Enders nicht drohen wollte, sondern daß es ihm um eine aufrichtige Stellungnahme und nüchterne Warnung ging. Trotzdem war er mit seinem Redeschwall einen Schritt zu weit gegangen. Das war ungeschickt von ihm.
Die Sandinisten wollten Einzelheiten wissen.
Enders sagte, sie müßten sich dazu verpflichten, ihre militärische Aufrüstung einzuschränken, und versprechen, sich weder in die äußeren noch in die inneren Angelegenheiten ihrer Nachbarländer einzumischen – kurzum, sie sollten einwilligen, die Revolution nicht zu exportieren. Im Gegenzug würden die Vereinigten Staaten die Zusage geben, die verschiedenen Elemente der früheren Nationalgarde des Somoza-Regimes, die gegen die Sandinisten operierten, nicht zu unterstützen. Es habe Meldungen gegeben, wonach diese sogenannten »Contras« – abgeleitet von dem spanischen Wort *contrarevolucionarios* – in den USA ausgebildet würden. Die USA wollten, laut Enders, darüber hinaus ein gegenseitiges Verteidigungs- und Nichtangriffsabkommen mit Nicaragua unterzeichnen. »Uns gefällt euer Regime nicht«, meinte Enders, »aber es gibt auch nicht viel, was wir dagegen unternehmen können. Doch ihr müßt euch aus El Salvador zurückziehen.«
Ortega sagte nein. »Die salvadorianische Revolution ist unser Schutzschild – sie macht unsere Revolution sicherer.«
Nach seiner Rückkehr nach Washington unterzog Enders das Völkerrecht, das das jeweils herrschende Regime in jedem Land begünstigte,

einer eingehenden Prüfung. Die einzige Möglichkeit für die USA, etwas zu unternehmen, bestand in verdeckten Aktionen. Generell legte Enders fest, daß die Reagan-Administration die Aufmerksamkeit der Öffentlichkeit von El Salvador ablenken mußte, weg von der Frage, wie viele Menschenrechtsverletzungen dort in der vergangenen Woche stattgefunden hatten. Er schickte Haig ein geheimes Memorandum, in dem er die Ergebnisse seiner Nicaragua-Reise zusammengefaßt hatte und in dem er zu dem Schluß gelangte, daß die Anzeichen zur Hoffnung Anlaß gäben, mit den Sandinisten irgendein Abkommen treffen zu können.

Haig schickte das Memorandum mit einer darauf gekritzelten Randnotiz zurück: »Ich werde es erst glauben, wenn ich es sehe, und in der Zwischenzeit sollten wir nicht unsere anderen Pläne vernachlässigen.« Enders machte sich daran, den Sandinisten Vertragsformulierungen vorzuschlagen. Es war herausfordernd und beleidigend, von den Sandinisten zu verlangen, ihre Revolution und deren Ideale aufzugeben. Sie wiesen ein solches Ansinnen denn auch auf der Stelle zurück.

Casey war zutiefst beunruhigt über Gaddafi. Aufgrund des falschen *Newsweek*-Artikels über die Pläne der CIA, ihn zu stürzen oder zu ermorden, waren die Spannungen gestiegen. Casey verlangte, daß mehr Agenten gegen Libyen eingesetzt werden sollten. Man hatte den diplomatischen und nachrichtendienstlichen Kode der Libyer geknackt; Gaddafi benutzte häufig nicht abhörsichere Telefonleitungen, so daß sich die Vereinigten Staaten ein immer deutlicheres Bild von seinen sich ausweitenden subversiven Aktivitäten machen konnten.

Eines von Gaddafis Mitteln waren die United African Airlines (UAA), angeblich eine Passagier- und Luftfrachtlinie ohne bestimmte Flugpläne. Nach Erkenntnissen der CIA handelte es sich dabei jedoch um die Transportlinie der libyschen Streitkräfte und, was noch wichtiger war, des libyschen Geheimdienstes LIS. Das Management und das Flugpersonal der Fluglinie war durchsetzt mit Gaddafis Geheimdienstleuten.*

Ende August 1981 wurde in einem Bericht vermerkt, daß Gaddafi die Fluglinie angewiesen habe, 18 neue Büros in Afrika mit einem Kostenaufwand von 30 Millionen Dollar zu eröffnen. Diese Büros stellten ein komplettes nachrichtendienstliches Kommunikations-, Versand-, Kurier- und Passagierbeförderungsnetz dar. Den Informationen der CIA zufolge hatten sich Agenten des libyschen Geheimdienstes in Manifesten als »Studenten« eingetragen, offerierten die Geldgeber der Fluglinie

hohe Bestechungssummen, und die Fluglinie wurde dazu benutzt, Minen, Kanonen, Munition, Jeeps und Waffen in den Tschad zu transportieren. Die Informationen besagten auch, daß in Libyen ausgebildete Truppen aus Zimbabwe nach Salisbury geflogen, Waffen auf diesem Weg zur libyschen Botschaft in Burundi transportiert worden waren und die UAA auch dazu benutzt worden war, um sowjetische Boden-Luft-Raketen nach Syrien zu befördern.
Gaddafi trieb außerdem seine Pläne zur Erlangung von Atomwaffen voran. Im Dezember 1980 hatten die Sowjets elf Kilogramm hochangereichertes Uran an das Forschungszentrum bei Tajura, außerhalb der libyschen Hauptstadt Tripolis, geliefert. Obwohl das nicht ausreichte, um eine Bombe zu bauen (bei dieser Rate hätten sie nach Schätzungen der CIA erst 1990 genügend davon gehabt), überstiegen die elf Kilogramm doch die Menge, die die Sowjets nach bisheriger Ansicht der CIA überhaupt je geliefert hatten.
Andere Berichte lieferten den Beweis, daß auf UAA-Flügen Uran aus Niger, dem anderen zentralafrikanischen Staat südlich von Libyen, ins Land kam. Ein geheimes nachrichtendienstliches Memorandum des State Department vom 5. Juli 1981 mit dem Titel »Niger: Libyens nächstes Ziel« legte das überzeugend dar.
Einem weiteren Bericht zufolge hatte eine bundesdeutsche Firma in Libyen eine Rakete getestet.
Innerhalb der Reagan-Administration war eine größere politische Wende in Gange. Casey wußte, daß die Berichte des Nachrichtendienstes das politische Feuer anheizten. Je mehr die CIA dem Weißen Haus zuwarf, desto mehr natürliche Impulse zum Handeln wurden geweckt – vor allem bei Reagan und Haig. Da er entschlossen war, Gaddafis erklärte Souveränität über die Große Syrte anzuzweifeln, kam Casey ein Manöver der US-Marine sehr gelegen. Es handelte sich dabei um eine begrenzte, unprovokatorische Operation, und die internationale Gemeinschaft schloß sich den USA an, als diese Gaddafis Behauptung, die Große Syrte sei libysches Hoheitsgewässer, ins Lächerliche zogen.
Am Mittwoch, dem 19. August, wurden gegen 7 Uhr morgens zwei F-14-Maschinen der US-Marine bei der Frühpatrouille mehr als 30 Meilen innerhalb der von Gaddafi beanspruchten Hoheitsgewässer von Düsenjägern der libyschen Luftstreitkräfte angegriffen. Da sie Befehl hatten, sich zu verteidigen, eröffneten die amerikanischen Flugzeuge das Feuer und schossen dabei zwei von Gaddafis Maschinen ab.

An diesem Morgen begrüßte der amerikanische Präsident seine Mitarbeiter damit, daß er ihnen eine Western-Version des Vorfalles zum besten gab. Er zog zwei imaginäre Revolver und ballerte los. Die öffentliche Reaktion war heftig, doch es folgten keine weiteren Schüsse. Drei Tage später, am 22. August, traf Gaddafi in Äthiopiens Hauptstadt Addis Abeba ein, um sich mit dem Führer des Landes, Oberstleutnant Mengistu Haile Mariam, einem jungen, hitzigen Marxisten, zu treffen. Bei dieser Begegnung erklärte Gaddafi, er werde Präsident Reagan umbringen lassen.

Damals war auch der äthiopische Verteidigungsminister bei dem Treffen zugegen; er war ein geheimer CIA-Informant, dessen Berichte nur an Leute auf der BIGOT-Liste gingen. Die Operationszentrale bewertete ihn als »im allgemeinen zuverlässig« bis »hervorragend«. Als der Bericht Washington erreichte, enthielt er folgende Einschätzung: »Mengistu war davon überzeugt, daß Gaddafi es mit seinem Vorhaben ernst meinte, und daß die Drohungen ernst genommen werden sollten.«

Kurz darauf fing die NSA ein Gespräch Gaddafis ab, in dem er im wesentlichen dasselbe sagte: Reagan sei sein Ziel. Beide Meldungen befanden sich an vorderster Stelle im täglichen Bericht des Präsidenten. Casey war sich bewußt, daß der Nachrichtendienst kaum besser funktionieren konnte – eine aufgefangene Meldung und ein Informantenbericht, die nach Meinung seiner eigenen Operationszentrale »ernst« genommen werden sollten. Abgesehen von einem militärischen Angriff war diese Warnung an den Präsidenten vielleicht die ernsthafteste Angelegenheit, die er jemals aussprechen durfte: die Warnung vor einer Drohung, die sich gegen sein Leben richtete. Casey erörterte dieses Thema mit jedem, der ihm zuhören wollte. Es mußte etwas unternommen werden. Aber was? Sie konnten Gaddafi nicht einfach erschießen. Nachdem eine Woche vergangen war, ohne daß ein Anschlag auf den Präsidenten verübt worden war, schienen sich die Gemüter zu beruhigen. Nicht jedoch Casey. Er wies sämtliche Nachrichtendienste an, ihm über jedes Gerücht direkt Meldung zu machen. Doch das Weiße Haus wollte noch nichts unternehmen.

Im Spätsommer 1981 stand es für Casey fest, daß die CIA im Begriff war, eine groß angelegte, vielleicht sogar spektakuläre Rolle in Zentralamerika zu übernehmen. Das bedeutete, daß man über die richtigen Leute verfügen mußte. Casey hielt nicht viel von Nestor Sanchez, dem Leiter der Abteilung für Lateinamerika in der Operationszentrale. Er war ein Veteran mit 30jähriger Erfahrung, der vielleicht sogar zuviel seiner Zeit in Lateinamerika verbracht hatte und daher zu sehr dazu neigte, den Standpunkt der Lateinamerikaner zu sehen und ein zu großes Unbehagen gegenüber verdeckten Aktionen verspürte. Sanchez schied im August aus dem Amt. Casey verhalf ihm zu einer Ernennung als stellvertretender Ministerialdirektor im Verteidigungsministerium, wo er mit dem militärischen Bereich der Lateinamerikapolitik zu tun haben würde. Casey hatte bereits eine Idee, wer an seine Stelle treten könnte.

Die Leiter der verschiedenen Abteilungen in der Planungszentrale für geheime Operationen, die sogenannten »Barone«, hatten die CIA aufgrund ihrer straffen und direkten Kontrolle in der Hand. Der DCI selbst, der DDCI, ja sogar der DDO mußten schon zu viele Rücksichten nehmen. Ein »Baron«, dem man freie Hand ließ, konnte so manches erreichen, wenn er bei seinen Einsätzen das Vertrauen der Führungsspitze besaß.

Als Casey einige Monate zuvor zu einer Konferenz der westeuropäischen Chefs der CIA-Stationen nach Paris gereist war, hatte ein Mann seine Aufmerksamkeit erregt: Duane R. Clarridge, bekannt als »Dewey«, der Stationschef von Rom. Er hatte für Casey in Paris ein ausgezeichnetes Dinner arrangiert, bei dem jedes Detail stimmte, sogar die Saucen, die Casey besonders mochte. »Mach ich« und »kein Problem« waren Clarridges ständige Floskeln. Es war ein Stil, den Casey sehr schätzte. Der 49jährige Clarridge, der sich besonders auffällig kleidete (gelegentlich trug er weiße Schuhe und einen weißen Anzug mit einem farbigen Einstecktuch im Jackett), hatte als Geheimagent nur in Asien und in Europa Erfahrungen gesammelt, aber Casey ernannte ihn trotzdem zum Chef der Abteilung für Lateinamerika. Clarridge war die richtige Mischung aus altem Haudegen und frischem Blut.

Clarridge besaß sofort einen direkten Draht zum DCI. Er mußte seine Berichte nicht durch DDO Stein oder Inman übermitteln lassen. Casey stand jederzeit für eine Unterredung oder ein Telefongespräch zur Verfügung. Wenn Casey nicht in Langley war, beantwortete die Operationszentrale seine Anrufe, Tag und Nacht, und das sieben Tage in der Woche. Wichtige Meldungen wurden dann an ihn weitergegeben, einschließlich der von Dewey, und Casey rief jeweils kurz danach zurück und erkundigte sich: »Was gibt's?

Am 6. Oktober erhielt Casey die Blitzmeldung, daß der ägyptische Präsident Sadat bei der Abnahme einer Parade erschossen worden war. Drei Stunden lang plapperten die Berichte der Station in Kairo die offiziellen ägyptischen Regierungsstellen nach, die behaupteten, Sadat sei nicht ernsthaft verletzt worden, obwohl in amerikanischen Nachrichtensendungen längst verlautete, daß der ägyptische Präsident tot sei.
Sadat an der Macht zu halten war für die Reagan-Administration und für die CIA eine gewaltige Aufgabe gewesen; die CIA hatte Sadats Regierung verdeckte Hilfe gewährt und ihn mit Informationen versorgt. Seit dem Abkommen von Camp David im Jahr 1978 und dem Friedensvertrag mit Israel im Jahr 1979 war Sadat im Nahen Osten isoliert gewesen. In mancherlei Hinsicht war er eine Schöpfung des amerikanischen Volkes und amerikanischer Presseberichte gewesen. Er hatte in seinem eigenen Land keine vergleichbare Stellung. Und seine Frau Jehan Sadat mit ihrer westlichen Kleidung, ihren Gepflogenheiten und Ansichten über die Unabhängigkeit der Frau war für viele Moslems, die 90 Prozent der ägyptischen Bevölkerung ausmachten, geradezu ein Fluch.
Die Informationen, die die CIA Sadat zukommen ließ, hatten Angaben über seine Verwundbarkeit und die Kräfte, die sich gegen ihn formierten, enthalten. Erst einen Monat zuvor hatte man Sadat in einem persönlichen Schreiben detaillierte Informationen über die Gefahren vorgelegt, die ihm aus Libyen, Äthiopien, Syrien und dem Iran drohten. Etwa drei Stunden nach der ersten Meldung bestätigte die Station in Kairo, daß Sadat tot sei. Infolge mehrerer Schüsse in Kopf und Rumpf sei er auf der Stelle tot gewesen.
Casey war gekränkt. Reagan hatte den Vormittag in seinem Amtszimmer im Weißen Haus zugebracht, in der vollen Überzeugung, daß die Fernsehmeldung falsch sei. Casey und Inman machten sich Gedanken darüber, daß die neue ägyptische Regierung des Sadat-Schützlings und Vizepräsidenten Hosni Mubarak einen anstrengenden, möglicherweise wütenden und emotionalen Protest erheben würde, weil die CIA, die Sadats Leibgarde ausgebildet hatte, nicht versucht hatte, sie zu warnen. Aber es geschah nichts dergleichen, nicht einmal eine leise Beschwerde. Es stellte sich schließlich heraus, daß die Attentäter einer Oppositionsgruppe innerhalb Ägyptens angehörten. Die CIA hatte der telegraphischen Informationsübermittlung und dem Eindringen in die Regierung Sadats sowie Warnungen vor Drohungen von außen soviel Aufmerksam-

keit geschenkt, daß sie die oppositionellen Kräfte in Ägypten selbst ignoriert hatte. Das kam einer Wiederholung des Iran-Debakels gefährlich nahe, und Casey bekam einen Anfall. Die CIA brauchte zusätzliche und umfassendere unabhängige Informationskanäle in Ägypten. Es durfte einfach keine Grenzen in dem Bereich der geheimen Informationsbeschaffung mehr geben, vor allem nicht im politisch instabilen Nahen Osten, und zu diesem Zeitpunkt vor allem nicht in Ägypten. Er verlangte von allem und allen mehr – sowohl von Informanten als auch im Bereich der elektronischen Nachrichtenbeschaffung, sogar auf der höchsten Ebene der neuen Regierung. »Und wir sollten Leute haben, die auf die Straße gehen und sich umhören, ob jemand Mubarak umbringen will«, ordnete Casey an.

Casey haßte große Konferenzen im Weißen Haus. Er sagte kaum etwas. Und wenn er sprach, dann wußte er, daß er sich nicht deutlich genug ausdrückte und jemand am Tisch versuchen mußte, dem Präsidenten zu übersetzen, was er meinte: »Wie Direktor Casey sagte... « oder »Wie Bill sagte.« Casey bemerkte, daß Jim Baker dabei mehrmals fast explodierte.
Sein direkter Kontakt zum Präsidenten war nützlicher. Wenn Casey etwas Wichtiges zu melden hatte, rief er im Amtszimmer des Präsidenten an. An einem Freitag war ein wichtiger saudi-arabischer Prinz bei ihm, der den Präsidenten sprechen wollte, und er nahm ihn einfach mit zu Reagan. Als Haig davon erfuhr, ging er die Wände hoch, doch Casey war der Meinung, daß bestimmte Kontakte dem State Department vorenthalten werden sollten, weil sie dort nur an die Öffentlichkeit getragen oder sabotiert würden.
Die CIA verfügte noch über eine ganze Reihe besonderer Kontakte im Nahen Osten, unter anderem zu König Hassan II. von Marokko. Nachdem von Libyen unterstützte Guerillas am 13. Oktober 1981 über eine marokkanische Garnison in der ehemals Spanischen Sahara hergefallen waren, trug Casey die Bitte des Königs um Unterstützung durch die USA direkt dem Präsidenten vor. »Wir möchten ihn gerne unterstützen«, teilte Casey Reagan mit. Kurz darauf wurde ein Team aus 23 Mitgliedern des Pentagon, des State Department und der CIA nach Marokko entsandt. Wieder waren Haig und sein State Department dabei übergangen worden.

Goldwater wartete in jenem Herbst 1981 immer noch auf das Ende der Untersuchung von Caseys finanziellem Dickicht. Sie ging mit ermüdender Geschwindigkeit, die auf Null tendierte, ihrem Abschluß entgegen. Entweder mußte Goldwater einen ehrenvollen Rückzug antreten, oder die Ausschußmitglieder mußten eine Leiche in Caseys Keller aufspüren. Nahezu 38 000 Seiten aller möglichen Dokumente waren durchgesehen und 110 Personen vernommen worden. Die Untersuchung deckte in Caseys unter Eid vorgelegten Abrechnungen Lücken in Hülle und Fülle auf. Er hatte versäumt, folgendes in die Liste aufzunehmen: neun Kapitalbeteiligungen, die sich wertmäßig auf mehr als 250 000 Dollar beliefen; private Schulden und andere potentielle Verbindlichkeiten in Höhe von nahezu 500 000 Dollar; vier weitere zivilrechtliche Verfahren, in die er verwickelt war; und mehr als 70 Mandanten, die er in den vergangenen fünf Jahren vertreten hatte, darunter auch zwei ausländische Regierungen – die Republik Korea und Indonesien.

Ein neuer Sonderausschußberater, Irvin Nathan, ein ehemaliger hoher Beamter im Justizministerium, nahm gegenüber Caseys finanziellen Gepflogenheiten einen unheilverkündenden Standpunkt ein. Obwohl es Nathan nicht gelang, durch Gerichtsbeschluß die Herausgabe von Dokumenten zu erwirken oder Caseys Steuererklärungen zu bekommen, und er nie die Erlaubnis erhielt, Casey zu verhören, verfaßte er einen vertraulichen, 90 Seiten umfassenden Bericht, in dem er die Fragen, die bisher unbeantwortet geblieben waren, umriß und Caseys Art, anderen den Weg abzuschneiden, mit Nachdruck unterstrich. Casey hatte überall Kreide an seinen Füßen, weil er fast sein ganzes Leben lang hart an der Strafraumgrenze gefoult hatte. Aber auch Nathan konnte keine Leiche finden.

Goldwater hatte einen schlanken, drahtigen 38jährigen ehemaligen CIA-Agenten namens Rob Simmons, der zehn Jahre bei der Operationszentrale gewesen war, als neuen Stabsdirektor vorgesehen. Simmons war von 1975 bis 1978 Geheimagent der CIA in Taiwan gewesen und hatte dort eine Operation durchgeführt, die verhinderte, daß die Taiwanesen Material erhielten, um eine Atombombe zu bauen. Die Bombenpläne und Akten der Taiwanesen wurden gestohlen, und ihre Versuche, bestimmte Bau- und Maschinenteile zu kaufen, unterbunden. Simmons erste Aufgabe bestand darin, die Nachforschungen über Casey im Sande verlaufen zu lassen.

»Ich möchte nur eine einzige Seite haben«, erklärte Goldwater, als er einen abschließenden Bericht verlangte.

Simmons erschien mit einem fünfseitigen Bericht, der die anfängliche Beurteilung des Ausschusses erneut bestätigte, daß »keinerlei Gründe für die Schlußfolgerung vorlägen, Mr. Casey sei ungeeignet für den Posten des CIA-Direktors«. Was die wiederholten Versäumnisse Caseys im Hinblick auf die volle Aufdeckung seiner Vermögensverhältnisse betraf, griff Simmons auf die Terminologie aus seiner Dienstzeit bei der Armee zurück: Casey sei, »um das mindeste zu sagen, in Details nachlässig«.

Ende November fuhr Simmons mit einer Abschrift nach Langley. In Caseys Büro im siebten Stock, das jetzt mit französischen Empire-Möbeln ausgestattet war, fühlte er sich wie ein junger Offizier, der einem General den Verweis des Hauptquartiers überbrachte. Simmons erklärte, daß der fünfseitige Bericht ein wahres Kunststück sei. Er werde von fast allen Ausschußmitgliedern gebilligt, und damit sei die Sache endgültig begraben. »Es gibt immerhin Leute, die wollen einen 80- bis 100seitigen Bericht veröffentlichen.«

Casey protestierte und meinte, er habe eine saubere Weste.

Ein Streit über die Kompromißlösung, teilte ihm Simmons mit, könnte zu einem sich hinschleppenden Konflikt mit dem Ausschuß führen, in dem eine Menge unzufriedener Mitglieder säßen. Simmons deutete darauf hin, daß der Kampf blutig sein könnte und vielleicht andauernde Störungen oder möglicherweise sogar den Abgang des DCI zur Folge haben könnte.

»Mir nimmt niemand meinen Posten weg«, entgegnete Casey forsch und halsstarrig. »Ich arbeite schließlich für den Präsidenten.«

Simmons sagte, dies sei der letzte Kompromißvorschlag.

»Gut«, meinte Casey schließlich, »ich werde es ausfechten.«

Der Bericht erschien ohne Änderung im Dezember, als er bereits zum Schnee von gestern gehörte. Es gab kaum Kommentare und auch keinen Kampf von seiten Caseys, der zu Freunden und zu Sophia sagte: »Dieser Mist, der in der Presse steht, verletzt einen höchstens für einen Tag.«

Simmons wußte, daß er Casey nicht weiter drängen konnte. Er wußte auch, daß für Soldaten dies die Haupterfahrung war: der echten Gefahr ins Auge zu sehen. Alles andere verblaßte dagegen. Man hatte Leute in den sicheren Tod geschickt. Danach bedeutete es überhaupt nichts mehr, wenn man ein paar Dollars verschob. Es war einfach. Und die Kritik ließ man an sich herunterrieseln. Was machte es schon aus, wenn ein Richter, ein Senator, ein Journalist oder ein Cartoonist auf einem herumhackte – man hatte im Krieg gedient und überlebt.

Casey wollte immer noch einen übersichtlichen Aktionsplan für Zentralamerika, aber es gab darüber keinen Konsens innerhalb der Regierung. Der Präsident wünschte sich nichts sehnlicher als eine Verständigung unter seinen höchsten Beratern, und als er diese nicht herbeiführen konnte, wollte er sich nicht entscheiden. Haig war wie besessen von Kuba; Weinberger malte das doppelte Schreckgespenst Vietnam an die Wand, mit der Verquickung von übermäßiger Einmischung und Eskalation; er wolle nicht, daß amerikanische Jungs noch einmal in einen Dschungelkrieg hineingezogen würden. Baker und andere im Weißen Haus wollten, daß Reagan bei innenpolitischen Themen blieb, und sie waren fest entschlossen, daß die Reagan-Administration nicht durch ein außenpolitisches Abenteuer abgelenkt werden dürfe, vor allem nicht durch eines, das von Haig vorangetrieben wurde, den sie mit zunehmender Skepsis, ja sogar mit einer gewissen Vorsicht betrachteten. Haig hatte seinen Stil nicht dem Ton des Präsidenten angepaßt. Einen Moment kroch er vor Reagan auf dem Boden, und im nächsten war er so unbeherrscht, daß er ihn maßregelte, seine Außenpolitik drehe sich immer nur um den Kurs, den er, Haig, ihm aufdränge. Häufig drehte und wendete er sich so, daß seine eigenen Empfehlungen an Glaubwürdigkeit verloren.

Casey war einer der wenigen ranghöheren Beamten in der Regierung, die mit Haig auskamen. Die beiden nahmen jeden Dienstag zusammen ihr Frühstück ein, wobei sie oft von ihren Stellvertretern begleitet wurden, abwechselnd eine Woche bei der CIA und die nächste im State Department. Casey war der Ansicht, Haig verstehe was von Außenpolitik, und er kenne sich aus in der Welt. Und obendrein teilte Haig Caseys Ansichten über eine harte politische Linie.

Wenn Casey darauf aus war, irgend etwas auf die Beine zu stellen, um El Salvador zu retten, mußte er mit den Interessen und Forderungen des politischen Apparats von Haig, Weinberger und dem Weißen Haus jonglieren. Der Wunsch, die Demokratie wiederherzustellen, war ja ganz gut, aber er genügte nicht.

Haig und Enders hatten sich darauf verständigt, verdeckte Aktionen auszuweiten. Im Idealfall sollten sich die Vereinigten Staaten an einer Operation, die von einem anderen Land durchgeführt wurde, beteiligen,

so wie sich die CIA im Huckepackverfahren an die französische Aktion im Tschad angehängt hatte.
Dewey Clarridge fand einen Weg über Buenos Aires. Die dortige CIA-Station arbeitete voll mit den argentinischen Generälen zusammen, die das Land regierten. Der argentinische militärische Geheimdienst G-2 hatte den Antikommunismus zum höchsten Ziel erhoben und führte ein anti-marxistisches Indoktrinierungsprogramm durch. Die Generäle waren sehr besorgt wegen der Montoneros, Guerillagruppen, die gegen ihre Diktatur opponierten und von Nicaragua aus operierten. Argentinien unterstützte die Widerstandsbemühungen gegen die Sandinisten und bildete etwa tausend Mann in Honduras, nördlich der nicaraguanischen Grenze, aus.
Clarridge übermittelte diese Informationen Enders und der Kerngruppe. Die einzige Alternative war, über Chile vorzugehen, aber diese Diktatur war noch schlimmer und stand überdies mehr im Rampenlicht.
Ob es die Israelis tun würden? fragte Enders.
Nicht machbar, erwiderte Clarridge, die Argentinier seien an Ort und Stelle.
Enders schlug Haig eine mögliche verdeckte Aktion vor.
»Nicht ausreichend«, erklärte Haig. Er wolle eine Stelle von besonderer Verwundbarkeit treffen. Das Weiße Haus unterstütze einen Direktschlag gegen Kuba nicht; wie es etwa mit einem Schlag gegen ein kubanisches Militärlager in Äthiopien ohne vorherige Warnung wäre. Aber Haig konnte für diesen Vorschlag noch nicht einmal mit der Unterstützung seines eigenen State Department rechnen. Er befürchtete, daß eine Operation in Nicaragua nichts weiter als ein Abenteuer sein würde, das nach etwas aussah, aber im Grunde doch nichts war. Und falls es nicht funktionierte, würden die Vereinigten Staaten einfach weglaufen. Doch er sah ein, daß dies der einzige Vorschlag war, den das Weiße Haus, das Verteidigungsministerium und die CIA unterstützten.
Am Montag, dem 16. November, rief Reagan um 16 Uhr den Nationalen Sicherheitsrat im Kabinettszimmer zusammen. Enders, der innerhalb der Kerngruppe Zustimmung erzielt hatte, hielt den Vortrag.
Das politische Programm für El Salvador müsse weiterhin die Demokratie im Auge behalten, erklärte er. Dort, wie im restlichen Zentralamerika auch, müßten demokratische Institutionen geschaffen werden. »Es ist der einzige Weg, um für sie und für uns Legitimität zu erringen.«
Die ökonomischen und militärischen Hilfeleistungen müßten verstärkt

werden, möglicherweise auf über 300 Millionen Dollar für Zentralamerika und die Karibik. »Wir müssen einen Weg finden, um zu Verhandlungen mit Nicaragua zurückzukehren, oder wir müssen Truppen dorthin entsenden.« Auf den Ursprung aller Konflikte in der Region kommend, erklärte er, Kuba sei ein »Faß ohne Boden«, weil die USA nicht vorbereitet seien und es wahrscheinlich auch ein zu groß angelegtes Unternehmen erfordern würde. Der Kampf müsse durch verdeckte Aktionen nach Nicaragua getragen werden. Enders erklärte, daß die Operation zur Unterstützung des Widerstandes die Sandinisten keineswegs stürzen werde. »Sie wird die Regierung nicht zur Ruhe kommen lassen, sie verzehren.«

Haig war der einzige, der Einwände vorbrachte und seine Zweifel äußerte, aber er war nicht ausgesprochen dagegen. Der Präsident stimmte im Prinzip zu. Er akzeptierte einen weiten Bereich von Aktionen, zögerte aber seine Zustimmung zu einem geheimen Plan der CIA zur Unterstützung der Argentinier noch hinaus.

Haig versetzte der Diplomatie einen letzten Messerstich und flog sechs Tage später heimlich nach Mexiko City, um dort mit dem kubanischen Vizepräsidenten Carlos Rafael Rodriguez zusammenzutreffen. Aber er konnte keine Grundlagen für eine Einigung mit den Kubanern finden.

Am Dienstag, dem 1. Dezember, nahmen Haig und Casey wie immer ihr gemeinsames Frühstück ein. Am Nachmittag sahen sie Reagan für etwa 40 Minuten bei einem Treffen der National Security Planning Group (NSPG, Planungsgruppe für Nationale Sicherheit) im Konferenzzimmer des Weißen Hauses. Die NSPG war ein informelles, hochrangiges Gremium für wichtige außenpolitische Fragen. Ihr gehörten der Präsident, der Vizepräsident, Meese, Baker, Deaver, Haig, Weinberger und Casey an. Gelegentlich nahmen auch deren Mitarbeiter an der Versammlung teil. Der Nationale Sicherheitsberater Richard Allen war soeben aufgrund eines schwebenden Untersuchungsverfahrens wegen tausend Dollar, die er von einem japanischen Journalisten erhalten und in einem Safe des Weißen Hauses verwahrt hatte, beurlaubt worden.

Casey umriß seinen Geheimplan. Er verlangte 19 Millionen Dollar, um Argentinien dabei zu helfen, eine 500 Mann starke Kampfgruppe aufzubauen, die den Kern des anti-sandinistischen Widerstandes bilden sollte. Sie sollte von Lagern im benachbarten Honduras aus operieren. Wahrscheinlich würde man noch mehr Geld benötigen, und die 500 Mann starke Truppe würde sicherlich wachsen.

Die Troika des Weißen Hauses nahm dazu Stellung: Haig war immer noch der Meinung, es sei nur eine halbe Maßnahme, aber schließlich fügte er sich. Weinberger war ganz zufrieden, daß der Plan das Pentagon ausließ. Und Bush war zufrieden, weil er eine bescheidene Neuauflage der paramilitärischen Fähigkeiten der CIA erleben durfte. Es gab kaum eine Diskussion darüber.

An diesem Tag unterzeichnete Reagan eine umfassende, streng geheime Direktive, die die Vollmacht für politische und paramilitärische Operationen erteilte, um die sandinistische Hilfe für verschiedene Rebellenbewegungen in Zentralamerika, einschließlich El Salvador, zu beschneiden.

General David Jones, der Vorsitzende der Joint Chiefs of Staff, der ranghöchste Militär und das einzige Überbleibsel der Carter-Administration im Nationalen Sicherheitsrat, war über die Zustimmung zu der Operation in Nicaragua bestürzt. Nach seiner Interpretation des Informationsmaterials war es längst nicht eindeutig, daß die ganze Unruhe in Zentralamerika von den Kubanern oder den Sowjets ausging. Casey sah alles einfach im Rahmen des Ost-West-Konflikts, als ob das Problem verschwinden würde, wenn nur die Kommunisten verschwänden. Für Jones spielten die sozialen und ökonomischen Probleme eine größere Rolle, da sie die Länder für die marxistischen Anführer erst zu einem fruchtbaren Boden werden ließen. Er sah, wie sich hochrangige Beamte der Reagan-Administration einzelne Stücke aus dem Material des Nachrichtendienstes herausgriffen, um ihren Kurs des politischen Handelns zu rechtfertigen. Jones wußte genug über Nachrichtendienste, um zu erkennen, daß man Material sammeln und es dazu benutzen konnte, um bereits bestehende Schlußfolgerungen zur kommunistischen Rolle in der Welt zu untermauern.

Aber das Schlimmste an der ganzen Sache war, daß die Argentinier dazu ausgesucht worden waren. Jones kannte die Argentinier – sie waren gute Antikommunisten, aber sie würden nicht allzuviel auf die Beine stellen. Nicaragua lag mehr als 2500 Meilen von Argentinien entfernt (die Entfernung zwischen Managua und Buenos Aires betrug auf dem Luftweg 3707 Meilen). Warum zeigten sie sich so besorgt darüber, daß eine Bande von Montonero-Guerillas eine Revolution gegen das argentinische Regime über einen halben Kontinent hinweg organisieren könnte? Es ergab nicht viel Sinn, außer daß die Argentinier alles tun würden, was die USA verlangten.

Im Weißen Haus war man wohl der Ansicht gewesen, daß die Administration die Unterstützung der Öffentlichkeit und des Kongresses nicht bekommen würde, falls die Rolle der USA zu offen debattiert werden sollte.
Darüber hinaus wurde bei diesen Zusammenkünften jeder am Tisch von Vergleichen mit Vietnam bedrängt. Jones und die anderen Chefs sträubten sich gegen die Festsetzung einer Obergrenze von 55 Beratern in El Salvador; Jones war der Ansicht, die Aufgabe könne nur mit mehr Beratern erledigt werden. Doch er erkannte auch, daß sich alle anderen darüber sorgten, daß jede Zunahme der Zahl von US-Beratern mit Wissen der Öffentlichkeit vonstatten gehen mußte und daß es dann sofort heißen würde: »Das ist genau wie in Vietnam«, oder »Es ist der Fuß in der Tür«, oder »Das ist Teil eins der Eskalation«.

Auch Inman beobachtete die Ausarbeitung und Absegnung des geheimen Operationsplanes für Nicaragua mit Skepsis. Es war zwar richtig, daß die verdeckte Hilfe für den paramilitärischen Einsatz der Argentinier einen mittleren Kurs bedeutete, moderater war als einige Ideen Haigs, doch es wurde zugleich auf schmerzliche Weise deutlich, daß die Regierung weder ihren guten Willen noch ihr politisches Gewicht im Kongreß darauf verwenden wollte, die Zustimmung für eine solche Politik zu erlangen. Eine offene Anfrage beim Kongreß wegen der Bereitstellung von Geldern würde eine öffentliche Debatte entfachen. Inman war der Meinung, daß es einmal mehr innenpolitische Belange waren, die eine geheime Operation vorantrieben. Aber er konnte nur wenig tun. Casey hatte deutlich gemacht, daß er diese Operationen selbst abwickeln würde und daß die maßgeblichen Fäden direkt von Casey zum DO führen würden, das hieß in diesem Fall, zu seinem neuen Chef der Abteilung für Lateinamerika, Dewey Clarridge.
Inman fand noch etwas an der Operation beunruhigend. Es machte den Anschein, als würden immer dann geheime Operationen gestartet, wenn das Weiße Haus und das State Department von der Diplomatie enttäuscht worden waren. Das war hier zweifellos der Fall. Man hatte auf diplomatischem Weg keinen Erfolg gehabt, und der Prozeß der Diplomatie – die kleinen Schritte von Verhandlungen und endlosen Zusammenkünften, Vorschlägen und Gegenvorschlägen – war ermüdend. Die geheime verdeckte Aktion war der kürzere Weg. Sie stellte einer Regierung, vor allen Dingen einer neuen, das bequeme Hilfsmittel der Aktion

zur Verfügung und vermittelte das Gefühl, über einen geheimen Weg zu verfügen, um Dinge zu erledigen, und eine verdeckte Außenpolitik betreiben zu können, die die US-Interessen sachte vorantrieb.
Inman dachte auch über die Nicht-Amerikaner, die man jetzt mit Millionen von Dollars unterstützte, nach. Wer waren sie? Was waren ihre Ziele? Waren sie dieselben wie die der Vereinigten Staaten? Konnten sie unter Kontrolle gehalten werden?
Wenn das eigentliche Ziel darin bestand, den Zustrom an Waffen von Nicaragua nach El Salvador zu stoppen, der schon in beträchtlichem Maße zum Stillstand gekommen war, dann war irgend etwas an dem Plan falsch. Ein offizielles Waffenverbot wird normalerweise nicht heimlich verhängt. Es gab keine gemeinsamen Grenzen zwischen den beiden Ländern. Die einzige Wegverbindung bestand über Honduras. Und die Vereinigten Staaten hatten das Recht, Honduras und El Salvador offene Unterstützung zu gewähren, um den Zustrom an Waffen zu unterbinden. Das wäre als offenes, mit Wissen der Öffentlichkeit ausgeführtes Unternehmen, mit offizieller Grenzüberwachung wirksamer. Doch offensichtlich wollte sich niemand die Mühe machen, dies dem Kongreß vorzuschlagen.
Die einfachste Seeroute für eine Waffenlieferung von Nicaragua nach El Salvador war der Golf von Fonseca – eine kurze Strecke von ungefähr 20 Meilen. Der amerikanische Marineattaché in El Salvador und andere beobachteten den Golf mit Habichtsaugen. Nichts entging ihnen.
Inman versuchte, Möglichkeiten zu finden, wie er seine Skepsis innerhalb der CIA behutsam anbringen konnte. Er fragte Casey, ob DDO John Stein bereits zurück sei. Er wollte Casey so lange von der Operation abhalten, bis jemand, der erfahren und kompetent war, über jeden Schritt Bescheid wußte – jemand, der Zweifel und Einwände vorbringen konnte.
Casey war ungeduldig und ließ Inman mit dem Eindruck zurück, daß seine Ansichten weder gefragt noch willkommen seien. Er murmelte nur: »Ja, ja.«

Es war erforderlich, daß die neue Direktive für eine verdeckte Aktion den Geheimdienstausschüssen des Senats und des Repräsentantenhauses vorgelegt wurde. Da sich Goldwater, der Vorsitzende des Senatsausschusses, gerade von einer Hüftoperation erholte, leitete Moynihan die Sitzung. Als die Direktive und das unterstützende Gutachten kurz skizziert wurden, konnte Moynihan kaum glauben, was er hörte. Er war der Meinung, daß, wenn man schon Druck auf die Sandinisten ausüben wollte – ein verständliches Ziel –, man doch um Himmels willen nicht die argentinischen Generäle dazu benutzen sollte. Die Argentinier seien doch geradezu ein Symbol für eine rechtsgerichtete Diktatur. Wenn sich die Vereinigten Staaten mit ihnen verbündeten, suggerierten sie damit, daß sie sich der Konterrevolution anschließen würden. Somoza war nichts anderes gewesen als ein argentinischer General vor einer nicaraguanischen Kulisse. Es war einfach idiotisch und zeugte kein bißchen von politischem Fingerspitzengefühl. Moynihan konnte zwar Fragen stellen, was er auch tat, aber sonst konnte er nur wenig tun.

Das Gesetz verlangte lediglich, daß der Ausschuß über größere vorhersehbare Aktivitäten der Nachrichtendienste in Kenntnis gesetzt werden mußte. Die Durchführung der Außen-, Verteidigungs- und Geheimdienstpolitik war laut Verfassung Sache des Präsidenten. Jeder Präsident, vor allem der jetzige, würde diese Macht eifersüchtig hüten. Moynihan hatte keine Einwände gegen das Ziel, deshalb konnte der Ausschuß kaum etwas dagegen unternehmen, es sei denn, man wollte versuchen, die Gelder für die Operation zu verweigern. Doch der Präsident verfügte über ein finanzielles Reservekontingent in Höhe von 50 Millionen Dollar für nachrichtendienstliche Operationen. Es würde schwierig sein, ihn zu packen.

Außerdem gab es noch ein weiteres Problem. Die Ausschußmitglieder waren zur Verschwiegenheit verpflichtet. Es war ein Eid, den Moynihan ernst nahm. Damit waren dem Ausschuß die Hände gebunden. Den Ausschußmitgliedern waren sämtliche Geheimnisse mitgeteilt worden. Ihr Stillschweigen außerhalb des Konferenzraums galt als wortlose Zustimmung. Ein einzelnes Mitglied konnte zwar auf eigene Verantwortung etwas publik machen, aber er oder sie mußte es moralisch verantworten können und der Überzeugung sein, daß es richtig war. Wie konnte aber jemand etwas, das er während einer einstündigen Besprechung erfahren hatte, beurteilen, nachdem von der Administration, dem Nationalen Sicherheitsrat und der CIA für dieses Thema bereits Hunderte von Stunden aufgewendet worden waren? Moynihan hatte den Eindruck, der Ausschuß werde irgendwie übertölpelt, und er fühlte ein leichtes Unbehagen. Aber wenigstens war es besser, davon zu wissen. Nun konnten er und der Ausschuß immerhin mit ergänzenden Fragen nachhaken, sobald die Operation in Gang gesetzt war.

Was das Repräsentantenhaus betraf, so übernahm Casey persönlich die Aufgabe, die streng geheime Angelegenheit dem Geheimdienstausschuß vorzutragen. Er erklärte, die Operation habe bereits begonnen; die Argentinier hätten sie in Gang gebracht und die Vereinigten Staaten würden mitmischen. Man habe die Ausbildungslager in Honduras bereits aufgeschlagen, und die Honduraner erlaubten den Argentiniern, ihr Territorium als Ausgangsbasis zu benutzen.
Um was zu unternehmen?
Um Ziele in »Nic-a-wha-wha« zu treffen, entgegnete Casey. Er konnte Nicaragua nicht richtig aussprechen. Jedesmal, wenn das Wort kam, mußte er innehalten und versuchen, es richtig hinzukriegen, aber heraus kam nur »Nic-a-wha-wha«. Jedenfalls, so fuhr Casey fort, würde man gegen bestimmte und bekannte Ziele in dem fraglichen Land vorgehen – und zwar auf Teile der kubanischen Hilfseinrichtungen, die in die Erhebung verwickelt seien.
Wie? Wann?
Stoßtrupps jenseits der Grenze, deren Einsätze nachts erfolgten und die danach wieder in ihre Ausgangsstellungen in Honduras zurückkehrten.
Viele Mitglieder des Repräsentantenhauses schienen förmlich an die Decke zu springen. Sie hatten nicht mit einer paramilitärischen Aktion gerechnet, vor allem nicht in diesem Ausmaß. Es gab zahlreiche Fragen. Was passierte, wenn man dabei erwischt wurde, wie man Leute in Honduras ausbildete? Was war, wenn die Sandinisten im Gegenzug in Honduras einmarschierten? Was, wenn die sandinistische Gegenreaktion darin bestand, die Kubaner um mehr Unterstützung zu bitten?
Casey erwiderte, daß diese spekulativen Fragen nicht zufriedenstellend beantwortet werden könnten.
Der Abgeordnete Lee Hamilton, ein angesehener und umsichtiger Demokrat aus Indiana, wollte wissen, ob die Operation nicht gegen das Völkerrecht und die verschiedenen Abkommen mit anderen Ländern verstoße. Die Vereinigten Staaten beteiligten sich doch mit diesen Aktionen an der Aggression gegen ein Land, mit dem sie diplomatische Beziehungen unterhielten. Wie das geregelt werden sollte?
Die Kubaner und die Nicaraguaner seien die Aggressoren, erklärte Casey. Sie würden die Rebellion unterstützen. Aber er machte keine genauen Angaben über Zeitraum und Umfang dieser Unterstützung. Er sprach darüber, als ob es sich dabei um eine feststehende Tatsache handelte.

Die Art und Weise, wie er die Dinge anging, fand nicht einmal bei den republikanischen Ausschußmitgliedern großen Anklang, zumal auch diese sich offensichtlich vor vollendete Tatsachen gestellt sahen. Der Abgeordnete J. Kenneth Robinson, ein konservativer Volksvertreter aus Virginia und Anhänger der Reagan-Administration, warf einen kurzen Blick auf Casey und verkündete mit finsterer Miene: »Sie haben sich überhaupt keine Gedanken über die Folgen gemacht.«

Casey verfolgte die Nachrichten des polnischen Obersten Kuklinski, des CIA-Informanten im polnischen Generalstab, äußerst genau. Seine Informationen kamen direkt aus dem engsten Kreis. Man hatte ein bemerkenswertes System an Signalen, toten Briefkästen und Kommunikationswegen ausgetüftelt, um sicherzustellen, daß die Meldungen rechtzeitig eingingen. Der Oberst hatte einen Operationsplan zur Niederschlagung der unabhängigen Gewerkschaft »Solidarität« übermittelt. Casey achtete darauf, daß dieser sofort an den Präsidenten weitergeleitet wurde. Es war eine großartige Leistung der CIA. Alles, was bei diesem Plan noch fehlte, war das Datum seiner Durchführung, und alle hielten den Atem an.

Anfang November 1981 ging in Langley eine dringende Anfrage der Station in Warschau ein. Oberst Kuklinski hatte ein zuvor verabredetes Warnsignal ausgelöst, welches bedeutete, daß er sicher war, in Kürze enttarnt zu werden. Die Sowjets hatten bei einer Zusammenkunft an diesem Tag behauptet, daß ihre geheimen Pläne den Vereinigten Staaten mitgeteilt würden. Um seine Tarnung aufrechtzuerhalten, hatte Kuklinski in den Chor der Empörung einstimmen müssen. Er wollte nichts wie weg.

Die Abmachungen lauteten wie folgt: die CIA hatte ihm politisches Asyl versprochen, wann immer er es für nötig hielt. Casey stimmte einem »Exfiltrations«-Befehl zu, der es der Warschauer Station gestattete, den Obersten, seine Frau und einen seiner Söhne in aller Eile auf geheimen Wegen aus dem Land zu schleusen. Es war ein sorgfältig ausgeklügeltes, kostspieliges und riskantes Unterfangen, für drei Leute einen Fluchtweg im Untergrund zu schaffen. Am 6. November waren die drei sicher aus Polen herausgekommen und befanden sich auf dem Weg zu einer neuen Identität in den Vereinigten Staaten.

Die Informationen des Obersten wurden fortan schmerzlich vermißt. Als Sondereinheiten der Polizei in den frühen Morgenstunden des 13. Dezember mit Massenverhaftungen von 5000 Anhängern der »Solidarität« begannen, traf die Nachricht die CIA vollkommen überraschend. Mit der Aktion wurde der ersten Gewerkschaftsbewegung in einem kommunistischen Land erfolgreich der Garaus gemacht.

Inman fühlte sich zunehmend unbehaglicher. Die verdeckten Aktionen waren weit von dem abgekommen, was seiner Ansicht nach zu den eigentlichen Aufgaben der Nachrichtendienste zählte. Dazu gehörte hauptsächlich das Beschaffen geheimer Informationen, was Inman als »positive nachrichtendienstliche Tätigkeit« bezeichnete, das Sammeln von Informationen über andere Länder, die für die US-Politiker nützlich waren.

Inman hatte dabei die »Hinweise und Warnungen« über die Tätigkeiten von Regierungen im Auge. Das bedeutete, daß man sowohl das Informantennetz ausweiten als auch verstärkte Investitionen im Bereich der Satelliten- und Radaraufklärung tätigen mußte, um vielfältige Nachrichtenquellen und einen aktuellen Informationsfluß zu gewährleisten. Es erforderte aber auch eine umfassende Planung, die fünf bis sieben Jahre vorausblickte. Doch er war sich zugleich bewußt, daß höchstwahrscheinlich keine Regierung imstande war, sich in solch einem Ausmaß mit der Zukunft zu beschäftigen. Unmittelbare Probleme erhielten 99 Prozent der verfügbaren Aufmerksamkeit. Inman hatte zu diesem Zweck eine Kampagne gestartet, die eine Studie anberaumte, Treffen veranstaltete und die Aufmerksamkeit auf diese Probleme lenkte. Im März 1981 hatte Inman den Nationalen Sicherheitsberater Richard Allen dazu überredet, von jeder Abteilung und jedem Amt zu verlangen, sämtliche Weltprobleme, mit denen sie sich ihren Erwartungen nach im Zeitraum von 1985 bis 1990 befassen würden, zu analysieren und in eine Liste aufzunehmen. Darin eingeschlossen sein sollten alle sowjetischen Aktivitäten, sämtliche politischen Aufstände, die Weltwirtschaft, der Terrorismus und das rasche Anwachsen des nuklearen Potentials.

Über seine guten Kontakte zur US-Marine hatte Inman dazu beigetragen, eine ähnliche Bitte um eine Studie bei den Joint Chiefs of Staff vorzubringen.

Das Weiße Haus beauftragte Casey damit, die Bemühungen zu koordinieren, aber, wie Inman erwartet hatte, reichte Casey diese Aufgabe rasch an ihn weiter. Inman verlangte von jeder Abteilung eine Aufstellung ihrer nachrichtendienstlichen Wünsche. Dabei stieß er auf wenig

Widerstand, da dies aus der Sicht eines Bürokraten nicht bedrohlich zu sein schien. Innerhalb mehrerer Monate hatte Inman einen ganzen Katalog von Wünschen in Händen, dem alle zustimmen konnten, weil darin keinem bestimmten Thema Priorität verliehen wurde. Als nächstes folgte der harte Teil: er verlangte von jeder Abteilung und jeder Dienststelle eine Zusammenstellung über das, was man ihrer Ansicht nach in jedem Bereich unternehmen könnte und sollte. Er forderte auch, sich dazu zu äußern, was man von anderen Abteilungen oder Dienststellen erwartete.

Als Inman damit fertig war, wurden die Lücken offensichtlich. Die Verbindung zwischen den Geheimagenten bedurften dringend der Verbesserung. Schon seit einiger Zeit verwendete die CIA den sogenannten »burst transmitter«, der lange Mitteilungen mit einem Höchstmaß an Geschwindigkeit innerhalb weniger Sekunden aussandte und damit die Möglichkeit einer Entdeckung verringerte. Der technologische Fortschritt war erstaunlich, aber auch kostspielig. Die Verkleinerung sämtlicher Hilfsmittel war ein weiteres Problem. Elektronische Vorrichtungen, darunter auch diejenigen für Satelliten, mußten klein genug sein, damit sie in Weltraumstationen paßten oder in den Ländern hinter dem Eisernen Vorhang versteckt werden konnten. Sie mußten aber trotzdem jahrelang funktionstüchtig bleiben und wartungsfrei sein.

Inman war davon überzeugt, daß das Beschaffen von geheimem Material immer im Hinblick auf ernste Situationen betrieben werden mußte – Krisen oder Krieg. Dazu bedurfte es der Fähigkeit, große Informationsblöcke zwischen Orten, die gerade nicht auf der Krisenliste standen, hin und her zu übertragen und zu übermitteln. Die US-Geheimdienste benötigten auch mehr Sicherungssysteme, alternative Informationsquellen, eine erheblich umfangreichere Erfassung durch Satellitenaufnahmen und Radaraufklärung und eine stärker aktualisierte Aufbereitung von Informationen. Bis zum Herbst 1981 hatte Inman ein erstes Konzept mit dem Titel »Geheimdienstkapazitäten 1985–1990« zusammengestellt. Casey sah es durch, stellte viele Fragen und verlangte Änderungen, doch in seinen Grundzügen akzeptierte er es. Es hielt einen allgemeinen Konsens über die einzelnen Erfordernisse fest und führte deutlicher aus, wie diese erreicht werden konnten. Die grundsätzliche Frage war, ob die damit implizierte milliardenschwere Erhöhung in den Haushalten als Teil der verstärkten Verteidigungsanstrengungen Reagans oder getrennt davon zu betrachten sei. Inman war sich ziemlich sicher, daß das Pro-

gramm im Verteidigungsministerium Anklang finden würde. Der stellvertretende Verteidigungsminister Carlucci war der Ansicht, daß das Sammeln von nachrichtendienstlichen Informationen die erste Verteidigungslinie darstelle und daß Verbesserungen sich als kostenwirksam erweisen würden, da sie auf Dauer Milliarden im Verteidigungshaushalt einsparen würden.
Casey erlangte die Zustimmung sämtlicher Abteilungen und Ämter. Erst danach machte er den Präsidenten auf die zentimeterdicke, streng geheime Planstudie aufmerksam. Es gab wahrscheinlich kein Dokument in der ganzen US-Regierung, das brisanter war, als der Plan über die Zukunft der Nachrichtendienste.
An einem Donnerstagnachmittag traf Präsident Reagan mit der Planungsgruppe für Nationale Sicherheit (NSPG) zusammen, der auch Haig, Weinberger, Casey und Inman angehörten, um über den Fünfjahresplan für die Nachrichtendienste zu sprechen. Die NSPG entwickelte sich immer mehr zum zentralen außenpolitischen Forum, das die Kernfragen ausknobelte. Inmans Planung ging von einem Geheimdienstbudget aus, das 1980 6 Milliarden Dollar umfaßt hatte, aber während des ersten Jahres seines Inkrafttretens, also 1985, die Grenze von 20 Milliarden Dollar überschreiten würde. In der Psychologie des Friedens durch Stärke waren gründlich arbeitende Geheimdienste ein Eckpfeiler. Die Ausnutzung des amerikanischen Vorsprungs in der Technologie, in der Raumfahrt und in der Elektronik fand bei Reagan großen Anklang. Nach der Aussprache und Diskussion sagte der Präsident: »Ich sehe keinen Grund, weshalb wir uns das nicht leisten könnten.«

9

Im Weißen Haus herrschte immer noch Besorgnis über Geheimdienstberichte, die weiterhin Gaddafis Drohung, er werde Reagan umbringen oder einen spektakulären Terroranschlag gegen die Vereinigten Staaten ausführen, plausibel erscheinen ließen. Für Casey war es das klassische »Mosaik« – die kleinen Steinchen, die ein ziemlich klares Bild ergaben. Die Akte war Ende August angelegt worden, als ein europäischer Informant der CIA davon Mitteilung machte, daß eine Schlüsselfigur der Palästinenser mit einem Mitglied des libyschen Generalstabes zusammengetroffen sei und sich mit diesem auf eine gemeinsame Aktion gegen Reagan verständigt habe. Ein Bericht über einen weiteren hochrangigen Palästinenser besagte, daß sich die Gruppe »Schwarzer September« reaktiviert habe, um gegen amerikanische und israelische Ziele vorzugehen. Außerdem gab es noch die äthiopische Informationsquelle, die von Gaddafis Drohgebärde in Addis Abeba berichtet hatte.
Anfang September hatte ein Verwandter eines libyschen Diplomaten in Neu-Delhi einen anonymen Brief an die dortige US-Botschaft geschrieben, worin er erklärte, daß Libyen ein Attentat gegen Reagan plane. Es war ein Fragment, für das es keine Beweise gab und das völlig unerwartet kam. War es ein Aufschrei des Gewissens, den man ernst nehmen sollte? Casey war der Ansicht, daß sogar eher unwahrscheinlichen Quellen so lange Aufmerksamkeit geschenkt werden mußte, bis man ihre Informationen unberücksichtigt lassen konnte.
Als nächstes lieferte »ein zufälliger Informant mit exzellenten Kontakten zu hochrangigen libyschen Militärs« zwei Berichte: in dem einen stand, daß Libyen Vorbereitungen treffe, um amerikanische Interessen im Mittelmeerraum anzugreifen; und im zweiten wurde behauptet, daß Libyen in Rom Vorbereitungen treffe, um den amerikanischen Botschafter in Italien, Maxwell Rabb, zu entführen oder zu ermorden.
Am 9. September hatte ein europäischer Geheimdienst gemeldet, daß

die Italiener eine Reihe von Libyern festgenommen und ausgewiesen hatten, von denen man annahm, daß sie in den Plan gegen Rabb verwickelt waren. Eine Woche später hatte derselbe Geheimdienst bestätigt, daß sich eine Gruppe von Palästinensern darauf verständigt habe, Libyen beim Angriff gegen Reagan oder anderer amerikanischer Ziele zu unterstützen.
Am 19. September wurde in einer Meldung behauptet, daß Libyen einen Kamikazeangriff gegen den Flugzeugträger »USS Nimitz« starten werde, der vor der libyschen Küste im Mittelmeer vor Anker lag.
Am 9. Oktober wurde in einer weiteren Meldung aus dem Umfeld eines europäischen Geheimdienstes erklärt, Gaddafi sei während seiner Reise nach Syrien vor zwei Monaten mit vier terroristischen Gruppierungen zusammengetroffen, um deren Unterstützung für den Angriff von US-Zielen in Europa zu gewinnen.
Am 17. Oktober meldete »ein Informant, der nachweislich Zutritt zu hochrangigen libyschen Geheimdienstkreisen hatte«, daß Libyer auf dem Weg nach Europa seien, um bei Angriffen gegen die US-Botschaften in Paris und Rom mitzumachen. Sechs Tage später nannte dieselbe Quelle die Botschaften in Athen, Beirut, Tunis, London und Madrid als mögliche Angriffsziele. Innerhalb einer Woche kam eine Meldung von einem Informanten der CIA, der Verbindungen zu libyschen Geheimdienstoffizieren hatte, daß fünf Libyer, möglicherweise Mitglieder eines Terrorkommandos, in Rom eingetroffen seien. Während einer Reise nach Mailand am 21. Oktober wurde Botschafter Rabb zu seiner eigenen Sicherheit in die Vereinigten Staaten zurückberufen. Man flog ihn so rasch aus, daß er nicht einmal mehr seine Kleidung wechseln konnte.
Am 30. Oktober informierte der italienische Geheimdienst SISMI die CIA, daß das Terrorkommando über Rom an einen unbekannten Bestimmungsort weitergereist sei.
Am 12. November feuerte ein bewaffneter Terrorist in Paris sechs Schüsse auf den amerikanischen Geschäftsträger Christian A. Chapman ab. Dieser entging dem Anschlag nur knapp. Libyen wurde für den Anschlag verantwortlich gemacht.
Am 16. November spazierte ein Informant in die CIA-Station bei einer US-Botschaft im Ausland und behauptete, er sei aus einem von Gaddafis Ausbildungslagern geflohen. Er gab detaillierte Beschreibungen von Ausbildungsübungen, so zum Beispiel wie sie einen Anschlag auf einen Konvoi amerikanischer Limousinen simuliert hatten. Der Informant mußte sich einem Test mit dem Lügendetektor unterziehen.

Dieser Informant fügte noch hinzu, daß, falls sich Präsident Reagan als zu schwieriges Angriffsziel erweisen sollte, die Libyer es auf Vizepräsident Bush, Außenminister Haig oder Verteidigungsminister Weinberger als »mögliche alternative Angriffsziele« abgesehen hätten.
Casey hatte darüber hinaus noch weitere geheime Informationen gesammelt, die darauf hindeuteten, daß Gaddafi etwas plante. Noch am 19. August, während des Zwischenfalls in der Großen Syrte, hatte Libyen einen Vertrag über gegenseitige Zusammenarbeit mit Äthiopien und dem Südjemen unterzeichnet. Hier bildete sich eine Front der drei radikalsten Staaten in Afrika, die die US-Verbündeten Ägypten und Sudan durch Libyen im Westen und Äthiopien im Osten einkreiste. Der Südjemen, der am Fuß der arabischen Halbinsel lag, trieb obendrein noch mit den Saudis ein Ablenkungsmanöver, so daß Caseys CIA dort die verdeckte paramilitärische Unterstützung, unter Carter begonnen, fortsetzte. Gaddafi hatte seinen Verbündeten genau 855,1 Millionen Dollar versprochen und die erste Überweisung in Höhe von 150 Millionen Dollar getätigt, eine Geste, die seine ernsten Absichten unterstreichen sollte und bei Casey und seinen Analytikern große Besorgnis auslöste.
Die CIA hatte zu diesem Vertrag über eine gegenseitige Zusammenarbeit zwischen Libyen, Äthiopien und dem Südjemen mehrere geheime militärische Zusatzprotokolle entdeckt. Die drei Länder waren darin übereingekommen, auf libysche Kosten eine Streitmacht von 5000 libyschen, 5000 südjemenitischen und 50 000 äthiopischen Reserveeinheiten zu unterhalten. Darüber hinaus sollten 20 000 Äthiopier in Libyen stationiert werden.
Berichte der CIA besagten auch, daß die drei Länder vereinbart hatten, den Volksaufstand in Somalia, im Südosten von Äthiopien, zu koordinieren. Geheimdienstmaterial enthüllte, daß Kuba in Äthiopien militärisches Personal von 11 000 bis 13 000 Mann stationiert hielt. Außerdem gab es noch annähernd 500 kubanische Berater im Südjemen.
Gaddafi hatte für den Zeitraum von 1975 bis 1980 3,3 Milliarden Dollar an auswärtiger Militär- und Wirtschaftshilfe auf der ganzen Welt in Aussicht gestellt. Obwohl er nur fast die Hälfte oder genauer gesagt 1,4 Milliarden Dollar tatsächlich zahlte, war er immerhin zu beinahe 70 Prozent seinen militärischen Bündnisverpflichtungen nachgekommen.
Eine außerordentliche nachrichtendienstliche Lagebeurteilung war an-

geordnet worden. Diese wurde am 4. November fertiggestellt und enthielt die Folgerung, daß die Motive der drei Länder darin bestünden, »die US-Politik in der dortigen Region zunichte zu machen«.

Vor diesem Hintergrund gelangte Casey zu der Ansicht, man müsse Gaddafis Unternehmungen, Behauptungen und Versprechungen etwas entgegensetzen. Jedes Unternehmen innerhalb der Grenzen der Vereinigten Staaten mußte um beinahe jeden Preis sofort durchkreuzt werden. Oberste Priorität genoß allerdings der Schutz des Präsidenten. Das Weiße Haus erstickte fast an der Fülle der Informationen über dieses Thema – sie standen im NID, im PDB und in besonderen Nachrichtenbulletins. Casey wollte sich nicht nachsagen lassen, daß er geschlafen habe. Besser zuviel als zuwenig.

Reagans Mitarbeiter im Weißen Haus ordneten verstärkte Sicherheitsvorkehrungen an, wozu auch Fahrzeugkonvois zählten, die als Lockvogel durch Washington fuhren, während Reagan in einem unauffälligen Konvoi reiste. Neben dem Weißen Haus wurden Boden-Luft-Raketen aufgestellt.

Das hohe Maß an Aufmerksamkeit, das das Weiße Haus, und besonders Deaver, den Sicherheitsbelangen und Vorkehrungen gegen Drohungen schenkte, sorgte in der Regierung für Aufregung. Nicht eine Maßnahme wurde als Überreaktion bewertet. Casey erinnerte an den früheren, beinahe erfolgreichen Attentatsversuch auf Reagan, an die Schüsse auf den Papst und die Ermordung Sadats.

Am 4. Dezember meldete die *New York Times*, daß ein fünfköpfiges libysches Terrorkommando in die Vereinigten Staaten eingereist sei. Innerhalb von drei Tagen gab es Meldungen, es handle sich um eine Einheit von zehn Mann. Die Einwanderungs- und Einbürgerungsbehörde verteilte ein siebenseitiges Memorandum mit dem Vermerk »äußerst wichtig« an die wichtigsten Grenzübergänge und Flughafenbüros. Phantombilder von fünf der angeblichen Terroristen wurden im Fernsehen gezeigt.

In der plötzlichen Verwirrung bekamen Reagans engste Mitarbeiter Meese, Baker und Deaver Angst, sie könnten möglicherweise auch Ziel eines Angriffs werden. So wurden ihnen Sicherheitskräfte zugeteilt. Unter anderem folgte ein Wagen des Geheimdienstes dem Bus, der jeden Tag Deavers Tochter zur Privatschule Holton Arms fuhr und wieder abholte.

Robert C. »Bud« McFarlane, ein ehemaliger Oberstleutnant der Marine und Berater im State Department, hatte von Haig den Auftrag erhalten, sämtliche libyschen Angelegenheiten zu koordinieren. Nach fünfwöchigen innerdienstlichen Beratungen schickte McFarlane unter dem Vermerk »streng geheim« ein zehnseitiges Memorandum an Haig. Auf Seite neun zeichnete Haig das Memorandum ab und signalisierte damit seine Zustimmung zu folgender Option: »Arbeite mit dem Verteidigungsministerium und der CIA zusammen, um unter Einbeziehung der amerikanischen und ägyptischen Streitkräfte in verdeckten und taktischen Luft- und Kommandoeinsätzen geeignete Gegenmaßnahmen gegen die libyschen Provokationen zu entwickeln. Rate von Planungen für größeren Einsatz von Bodentruppen ab.« Die Vereinigten Staaten würden zwar nicht gerade in Libyen einmarschieren, aber Haig verlangte nahezu alles, was davon nicht allzu weit entfernt war.

Es wurde empfohlen, die Aufklärungsflüge der SR-71 und U-2 bis zu einem Aufwand von 200 000 Dollar pro fünfstündigem Einsatz auszuweiten.

Bei einer Zusammenkunft der NSPG unter höchster Geheimhaltungsstufe am 30. November verlangte der Präsident, daß Pläne »für eine militärische Gegenmaßnahme gegen Libyen im Falle eines weiteren libyschen Versuchs, amerikanische Diplomaten zu ermorden oder US-Einrichtungen anzugreifen« ausgearbeitet werden sollten. Am 5. Dezember wurde von Haig, Carlucci, der für Weinberger eingesprungen war, und Casey für Reagan ein umfangreiches, streng geheimes Memorandum über die »Anti-Terrorismusplanung gegenüber Libyen« aufgesetzt.

Es enthielt so ziemlich alles, von der Vorgehensweise gegenüber dem Kongreß und den Medien bis hin zur Verhängung von möglichen wirtschaftlichen Sanktionen gegen Libyen. Das wichtigste war der Teil über eine mögliche militärische Aktion. Das State Department, das Verteidigungsministerium und die CIA empfahlen dem Präsidenten einmütig folgendes: »Sie sollten auf der Stelle den Joint Chiefs of Staff Direktiven erteilen, um die Mittel für die Durchführung einer militärischen Aktion gegen Libyen als Akt der Notwehr nach einer erneuten libyschen Provokation bereitzustellen.«

Ein Diagramm, das ebenfalls als »streng geheim« eingestuft war, enthielt fünf »abgestufte Gegenmaßnahmen«. An erster Stelle stand ein direkter Angriff auf Ausbildungslager für Terroristen in Libyen. Satelliten und

andere Spionageeinrichtungen hatten sechzehn mögliche Ziele aufgedeckt, davon dreizehn an der Küste. Diese Aufgabe konnte durch die Marine mit Hilfe von Bombern, die von Flugzeugträgern aus starteten und denen man »mäßige Erfolgsaussichten« einräumte, durchgeführt werden; der Zeitraum von der Erteilung des Befehls durch den Präsidenten bis zur Einleitung eines tatsächlichen Gegenschlages wurde auf 4 bis 48 Stunden veranschlagt. B-52-Bomber waren eine weitere Alternative, aber man räumte ihnen lediglich »geringe« Erfolgsaussichten ein, da für sie eine gute Radarsignierung erforderlich war, welche aller Voraussicht nach nicht erreicht werden konnte; die Bomber benötigten für einen Gegenschlag eine Vorbereitungszeit von 28 bis 40 Stunden. Als drittes kamen AC-130-Flugzeuge in Betracht, die ebenfalls eine »mäßige« Aussicht auf Erfolg hatten. Das Pentagon befürwortete eine solche Aktion nicht, und es wollte kein allzu optimistisches Bild von den Erfolgsaussichten einer solchen Operation malen.
Die zweite Möglichkeit war ein Schlag gegen Gaddafis Flugplätze; die dritte ein Schlag gegen seine Marineeinrichtungen; die vierte ein Angriff auf seine militärischen Ausrüstungslager; und die fünfte ein Angriff auf Kriegsschiffe, die im Hafen vor Anker lagen, unter Einsatz von Navy Seals. Der letzten Möglichkeit wurde eine »mäßige bis sehr gute Aussicht« auf Erfolg eingeräumt, aber die Zeit, die ein Seal-Kommando zur Einleitung eines Gegenschlages benötigte, wurde auf 48 bis 72 Stunden geschätzt, und das nach einer vorherigen Vorbereitungszeit von ein bis zwei Wochen. Eine derartige Aktion konnte aber verdeckt durchgeführt werden und war außerdem die einzige Möglichkeit mit Erfolgsaussichten über 50 Prozent.

Am Sonntag, dem 6. Dezember 1981, erschien Gaddafi in einem Live-Interview in der Sendung »This Week with David Brinkley«, die von der Fernsehgesellschaft ABC ausgestrahlt wurde. Gaddafi, der von seinem Privatbüro in Tripolis aus sprach, dementierte in heftiger Erregung den Vorwurf, er habe Terrorgruppen oder Killerkommandos entsandt.
»Wir lehnen Mordanschläge generell ab«, sagte der libysche Führer, wobei er einmal seine Hand unters Kinn schob und verträumt in die Luft schaute. »Es ist Amerika, das Vorbereitungen trifft, um mich zu ermorden, mein Essen zu vergiften. Man hat vieles versucht, um das zu erreichen.« Er forderte die Regierung auf, Beweise vorzulegen. »Amerikaner«, sagte Gaddafi, »was seid ihr doch für ein dummes Volk ... wie

dumm, diese Regierung und dieser Präsident sind dumm. Amerika muß diese Regierung loswerden, und sei es, daß man sie einfach fallenläßt, wie man es mit Nixon gemacht hat.«

Im Verlauf des Interviews, bei dem Gaddafi seine Worte durch einen Dolmetscher übersetzen ließ, verkündete er: »Und ihr werdet es noch einsehen, Reagan ist ein Lügner, und seine Regierung betreibt Terrorismus gegen Libyen, und zwar militärisch, wirtschaftlich und psychologisch.«

»Wir sind bereit, uns dem Urteil einer Untersuchung zu stellen, um diese Beweise zu sehen, weil wir sicher sind, daß wir in keinem Fall Leute entsandt haben, um Reagan oder irgendwelche anderen Leute in der Welt umzubringen. Und wir wollen diese großen Lügen sehen.«

Im Geheimdienstausschuß des Senats bekräftigte der stellvertretende Vorsitzende Moynihan, daß Gaddafi der Lügner sei, und obendrein ein verrückter Diktator. »Wir haben konkrete Beweise, daß Angehörige der Regierung der Vereinigten Staaten als Angriffsziele ausgesucht worden sind.« Als man ihn wegen dieser Aussage bedrängte, machte Moynihan Ausflüchte und meinte, es bestehe eine Wahrscheinlichkeit von 80 Prozent, daß die Beweise echt seien.

Am nächsten Tag verkündete Reagan vor der Öffentlichkeit: »An Ihrer Stelle würde ich Gaddafi kein einziges Wort glauben ... Wir haben die Beweise, und er weiß es.«

Eine direkte Gegenüberstellung von Reagan und Gaddafi im Fernsehen wurde von der Regierung als ungenügend beurteilt. Man übersandte statt dessen Gaddafi eine unmißverständliche Drohung. Da die Vereinigten Staaten und Libyen keine diplomatischen Beziehungen unterhielten, wurde die streng geheime Botschaft von Präsident Reagan an Oberst Gaddafi über Belgien abgewickelt:

»Ich besitze detaillierte und mehrfach bestätigte Informationen über mehrere, von Libyen unterstützte Pläne und Versuche, Angehörige der amerikanischen Regierung zu ermorden und amerikanische Einrichtungen sowohl in den USA als auch im Ausland anzugreifen. Alle Gewaltakte, die von Libyen oder seinen Agenten gegen Angehörige der US-Regierung im In- und Ausland verübt werden, werden durch die Regierung der Vereinigten Staaten als bewaffnete Angriffe gegen die USA betrachtet. Darauf wird mit jedem Mittel, das notwendig ist, um diese Nation in Übereinstimmung mit Artikel 51 der Charta der Vereinten Nationen zu verteidigen, reagiert werden.«

Artikel 51 erlaubte es den Mitgliedsländern der Vereinten Nationen, in Notwehr zu handeln. Der amerikanischen Presse wurde mitgeteilt, daß eine Warnung ausgesprochen worden sei, aber die tatsächliche Berufung auf Artikel 51 wurde nicht erwähnt. Regierungsvertreter berichteten den Journalisten statt dessen von »äußerst gravierenden Folgen«. Am 10. Dezember forderte Präsident Reagan die 1500 Amerikaner, die in Libyen lebten, auf, das Land zu verlassen. Zugleich erklärte er amerikanische Pässe für künftige Reisen nach Libyen für ungültig. Es wurde allerdings nichts unternommen, um die Öleinfuhren von Libyen in die Vereinigten Staaten in Höhe von 10 Milliarden Dollar zu unterbinden. Die Warnung schien zu wirken. Noch in der folgenden Woche traf ein hochrangiger libyscher Nachrichtenoffizier als Sonderbotschafter in den Vereinigten Staaten ein und verkündete, Gaddafi bemühe sich »verzweifelt« darum, die Verbindungen zu den USA nicht abreißen zu lassen und verspreche, es würde weder Terroristeneinsätze noch Attentatsversuche geben.

Am 18. Dezember gab die Leitstelle des Nachrichtendienstes einen geheimen Bericht über angebliche Pläne zur Ermordung führender amerikanischer Persönlichkeiten heraus. Darin wurde festgestellt, daß der erste Bericht über die Drohung gegen Reagan – er erschien während Gaddafis Zusammenkunft mit dem äthiopischen Präsidenten in der dritten Augustwoche – aus »hervorragender Quelle« stamme.

Der Bericht fuhr dann mäßigend fort: »Nachfolgende Berichte über tatsächliche Pläne zur Durchführung von Anschlägen auf Angehörige der US-Regierung stammten jedoch aus Quellen, die nur indirekten Zugang hatten und deren Glaubwürdigkeit daher anzuzweifeln ist. Es ist möglich, daß einige dieser Berichte angefertigt wurden, weil es unseren Informanten bewußt war, daß wir nach solchen Informationen suchten.«

Eine später durchgeführte, geheime Untersuchung der Nachrichtenabteilung des State Department stellte folgendes fest: »Aufzeichnungen der CIA deuten jedoch darauf hin, daß der Urheber eines dieser Berichte, in dem behauptet wurde, Libyen beabsichtige, die Sechste Flotte anzugreifen, in der Vergangenheit erwiesenermaßen Kontakt zu einem sowjetischen Diplomaten hatte«. Die anderen Berichte über Pläne von Anschlägen auf führende Persönlichkeiten der USA seien »meist später abgeschwächt« worden. Die Untersuchung vermerkte auch »die offensichtliche Wahrscheinlichkeit, daß ein Bericht einen neuen Bericht erzeugt, sobald die Ansicht vorherrscht, die USA hätten ein Interesse

daran«. Kurzum, das Memorandum kam zu der Ansicht, daß die ganzen Berichte über Terrorkommandos wohl Falschinformationen gewesen und sozusagen aus dem Nichts entstanden seien.
Viele davon wurden auf eine geheimnisumwitterte Gestalt zurückgeführt, die Verbindungen zum israelischen und iranischen Geheimdienst hatte. Es handelte sich um Manucher Ghorbanifar, einen wohlhabenden Waffenhändler. Dieser sah in den anfänglichen Berichten über Terrorkommandos eine Gelegenheit, den Libyern eins auszuwischen. Ganz allein hielt er die Frage monatelang am Leben. Bald nannte ihn die CIA sowohl offiziell als auch inoffiziell einen »Erfinder«.
In einem Fernsehinterview fragte der Moderator der CBS, Dan Rather, Präsident Reagan, ob das mit den Terrorkommandos stimme. »Nein«, erwiderte Präsident Reagan. »Wir hatten zu viele Informationen von zu vielen Informanten. Und wir hatten lediglich unbearbeitetes Material. Wir versuchten, es zu analysieren. Wir versuchten, das Ganze in Ruhe anzugehen ... aber unsere Information war stichhaltig.«

Michael Barnes, ein 38 Jahre alter, diensteifrig aussehender demokratischer Kongreßabgeordneter aus Maryland, hatte im Winter 81/82 von Gerüchten gehört, die besagten, es gebe Pläne für verdeckte Operationen in Zentralamerika. Barnes war Vorsitzender des Außenpolitischen Unterausschusses des Repräsentantenhauses für die westliche Hemisphäre, und dieser war für Zentralamerika zuständig. Barnes bekam allerdings auf seine Anfrage bezüglich der Pläne keine Auskunft, da er nicht Mitglied des Ausschusses für den Nachrichtendienst war.
Immerhin hatte er Verbindungen zum State Department, besonders zum Assistant Secretary für interamerikanische Angelegenheiten Tom Enders. Barnes war überzeugt, daß keiner von ihm sinnvolle Arbeit als Vorsitzender des Unterausschusses erwarten konnte, solange er nicht über größere Operationen der CIA informiert wurde.
»Es gibt da etwas, worüber ich mit Ihnen reden will«, sagte er am Telefon zu Enders, »aber ich möchte nicht am Telefon darüber sprechen.« Man verabredete sich zum Frühstück im Hay-Adams, einem feudalen Hotel im Zentrum, in dem die Tische so weit auseinander standen, daß man beim Gespräch unter sich war.
Als das Frühstück auf dem Tisch stand, sagte Barnes: »Mir liegt eine Meldung vor, nach der die CIA Söldner anwirbt, um in Nicaragua Brücken zu sprengen.«

»Da müssen Sie sich an den Ausschuß für den Nachrichtendienst wenden«, erwiderte Enders unbeeindruckt. Beide kannten die Spielregeln. Sie wußten, daß verdeckte Aktionen zu den heikelsten Themen gehörten, und daß der Kongreß dabei mitreden wollte. Da Enders nichts bestritt, war Barnes überzeugt, daß er mit seinen Informationen in etwa richtig lag.

Barnes nahm sich also den Vorsitzenden des Ausschusses für den Nachrichtendienst, Edward Boland, vor, einen siebzigjährigen Abgeordneten aus Massachusetts und Freund von Tip O'Neill, dem Sprecher des Repräsentantenhauses. Boland teilte das Mißtrauen der jüngeren Generation gegenüber geheimdienstlichen Operationen nicht, er war aber der Meinung, daß Barnes wissen sollte, was in seiner Region vor sich ging. Er teilte Barnes deshalb den Plan der CIA mit, mit 500 Argentiniern die Waffenlieferungen von Nicaragua nach El Salvador zu stoppen.

Barnes war wie vor den Kopf gestoßen. Er kannte die Kollegen aus Lateinamerika: Keiner, auch nicht die CIA, würde in der Lage sein, die für ihre Rücksichtslosigkeit bekannten Argentinier unter Kontrolle zu halten. Die Wahl des Nachrichtendienstes hätte genausogut auf Pinochet in Chile fallen können.

Boland meinte, es werde nicht zu Terrorakten kommen, es würden keine Bauernhöfe in Brand gesteckt werden und dergleichen. Dem Unternehmen seien enge Grenzen gezogen, es sehe nicht nach einer großen Sache aus.

Barnes bestellte Enders zu einem zweiten Treffen, diesmal zum Lunch im Metropolitan Club.

Diesmal kam er sofort zur Sache. Der Plan klang idiotisch. Es würde Tote geben.

Enders wußte, auf welchen Knopfdruck Barnes reagierte. Er selbst habe doch nur gewissen notwendigen geheimen Aktivitäten zugestimmt. Dasselbe empfehle er Barnes. Mordanschläge werde es nicht geben, das Unternehmen werde unter strenger Aufsicht verlaufen. Menschenrechte würden nicht verletzt.

Barnes ließ sich nicht erweichen. Die CIA-Operation liefere den Sandinisten einen plausiblen Grund, die Daumenschrauben der Presse, der Arbeiterbewegung und der politischen Opposition weiter anzuziehen. Das Unternehmen werde sie dazu bringen, noch mehr Kubaner ins Land zu holen.

Enders antwortete nur: »Vertrauen Sie mir.« Als Assistant Secretary

habe er unmittelbar mit der Sache zu tun. Hier würde alles seine Ordnung haben.
Barnes sah, daß er nichts ausrichten konnte. In der Außenpolitik hatte der Senat die eigentliche Macht, zu dessen Kompetenzen die Ratifizierung von Verträgen und die Bestätigung von Stellenbesetzungen der Exekutive gehörte. Der Außenpolitische Ausschuß des Repräsentantenhauses war bestenfalls ein Debattierklub. Und wenn er nichts von den geheimen Operationen wußte, war er nicht einmal das.
Bei einer öffentlichen Anhörung durch den Ausschuß wollte Haig eine gegen Nicaragua gerichtete verdeckte Aktion nicht ausschließen, fügte aber hinzu: »Das darf freilich von böswilligen Interpreten in keiner Weise als Artikulation unserer Politik verstanden werden.« Worauf Barnes erwiderte: »Aufgrund Ihrer Antworten würde ich, wenn ich ein Nicaraguaner wäre, jetzt damit anfangen, einen Bunker zu bauen.«

Auch Senator Christopher J. Dodd von Connecticut fühlte sich aus der Diskussion um Zentralamerika ausgeschlossen, obwohl er ein Mitglied des Außenpolitischen Ausschusses des Senats war. Dodd, siebenunddreißig Jahre alt und liberaler Demokrat, hatte zwei Jahre als Freiwilliger des Friedenscorps in kleinen Bergdörfern der Dominikanischen Republik verbracht und sprach fließend Spanisch. Er hatte von den CIA-Gerüchten gehört, konnte aber nichts Genaueres herausfinden.
Dodd war ziemlich klar, daß die CIA mit ihren Praktiken den aufdringlichen, säbelrasselnden Yankee-Imperialismus einer früheren Ära wieder aufleben ließ. Die Vereinigten Staaten setzten sich mit Sklavenhaltern ins selbe Boot. Mit etwas Arbeit, so rechnete Dodd sich aus, konnte er den CIA-Plan in groben Zügen in Erfahrung bringen. Dann freilich würde er »amtlich« schweigen müssen und nicht mehr öffentlich reden können. Es war eine böse Klemme. Entweder wußte er weiterhin nichts von den geheimen Operationen und redete entsprechenden Schwachsinn, oder er informierte sich und machte sich dadurch selbst mundtot. Dodd war am 10. Dezember bei einer nichtöffentlichen Information des Außenpolitischen Senatsausschusses durch den Nachrichtenoffizier der CIA für Lateinamerika, Constantine Menges, dabeigewesen. Er wußte, daß Menges ein Mann Caseys war und seine Aussagen einen Anhaltspunkt, wenn nicht über die Operationen selber, so doch zumindest über diesbezügliche Tendenzen geben würden. Menges Bericht war zu einer politischen Strafpredigt gegen Havanna geworden, die mit ihrer Denun-

zierung der Kommunisten und der Zuschreibung aller Mißstände in Zentralamerika an Moskau und den Marxismus wie eine Wahlrede Ronald Reagans klang. Gemeinsam mit zwei Kollegen verfaßte Dodd ein Protestschreiben an Casey. Die Richtung, in die alles zielte, war offensichtlich geworden, auch wenn Dodd keine Beweise hatte. Selbst wenn er Beweise gehabt hätte, wäre er freilich nicht frei gewesen, seine Meinung öffentlich zu verkünden.
Als Casey auf der Titelseite der *Washington Post* vom 14. Februar 1982 einen Bericht über ein 19-Millionen-Dollar-Projekt der CIA in Nicaragua sah, konnte er erleichtert lesen, daß »nicht festgestellt werden konnte, ob der Plan der CIA genehmigt und durchgeführt worden ist«. Am folgenden Nachmittag gab Casey Präsident Reagan von 14.30 bis 15.45 Uhr im Konferenzraum des Weißen Hauses einen streng geheimen Lagebericht. Er informierte ihn darüber, daß Dewey Clarridge in Honduras mit Erfolg antisandinistische Widerstandskämpfer organisiert habe und daß die Operationen in Kürze auf nicaraguanisches Territorium übergreifen würden. Von der Aktion verspreche man sich, daß sie Bestrebungen Nicaraguas, Unruhe und Revolution nach außen zu tragen, entgegenwirke.

Ende Februar suchte ich einen Beamten auf, der in das Nachrichtenmaterial Einblick hatte, das die Administration erhielt, und wußte, was für Operationen in Gang waren. Er erklärte sich zu einem Gespräch während eines langen Spaziergangs in einem Vorort Washingtons bereit. Man war, wie er sagte, gerade besorgt über Berichte, denen zufolge die Sowjets Nicaraguaner an modernen Flugzeugen vom Typ MiG ausbildeten. Dies werde als »äußerst alarmierend« eingestuft, weil die Flugzeuge womöglich eine dramatische militärische Aktion der Sandinisten ankündigten, durch die der Befreiungskrieg auf andere zentralamerikanische Länder, besonders El Salvador, ausgedehnt werden sollte. Haig, Casey und andere setzten sich intensiv und umfassend mit strategischer Planung auseinander. Ihren Berechnungen zufolge könnten die MiGs Nicaragua Einfluß über die Seewege der Karibik und in der Nähe des Panamakanals verschaffen – eine Situation, die die USA nicht zulassen könnten.
Der Beamte sagte weiter: »Nicaragua hat jetzt eine Regierung, die von den Sowjets kontrolliert wird, so wie wir im Krieg die südvietnamesische Regierung kontrolliert haben.« Er fügte hinzu: »Der Schlüssel für die ganze Region ist Nicaragua und nicht El Salvador – die Aufmerksamkeit

liegt so ausschließlich auf El Salvador.« Er verglich die Lage mit einer Reihe umstürzender Dominosteine, die auf Mexiko zulaufe. Wenn die neuen MiGs nach Nicaragua gingen, fuhr er fort, werde Reagan sie in einer verdeckten Aktion unschädlich machen lassen. Der Präsident werde keine Truppen nach Zentralamerika entsenden, aber das wolle er nicht öffentlich sagen. Reagan werde auch nicht Tausende von Beratern entsenden.
Ich fragte, ob es schon jetzt geheime Aktivitäten gebe. Wenn auch nur die Hälfte von dem stimmte, was er sagte, ging es hier um eine Situation, die eine kleinere geheime Operation mehr als wahrscheinlich machte, zumal im Wahlkampf des Präsidenten immer wieder Äußerungen zugunsten der CIA und verdeckter Aktionen gefallen waren.
Der Beamte gab darauf keine Antwort.
Am 4. März 1982 hielt Jaime Wheelock, ein Mitglied der sandinistischen Regierung, eine Rede in Washington, in der er behauptete, daß eine Operation der CIA im Anzug sei.
»Es passieren so viele Dinge gleichzeitig, daß dies kein Zufall sein kann«, sagte er. »Das alles läßt nur eine Schlußfolgerung zu. Nur die CIA hat die Macht, so vieles gleichzeitig einzufädeln. Es ist schwierig, das im einzelnen zu beweisen, aber alles weist in diese Richtung.«

Am Morgen des 8. März, einem Montag, frühstückte ich um neun mit Bradlee und erklärte ihm, wir hätten jetzt aus drei Quellen handfeste Indizien dafür, daß die Operation in Nicaragua vom Präsidenten gebilligt worden sei. Bradlee sagte, er wolle langsam vorgehen, und erinnerte mich vorsichtig daran, daß das politische Klima sich seit den 70er Jahren total geändert habe. Wir hätten jetzt eine Regierung Reagan, und es gelte nicht mehr automatisch als Verdienst, CIA-Geheimnisse aufzudecken. Vielleicht sogar das Gegenteil. Mit welcher Begründung könnten wir die Geschichte bringen? »Ich brauche einen Grund, liefern Sie mir einen überzeugenden Grund.«
Ich fragte, ob eine solche Operation, eine solche Kriegshandlung überhaupt Erfolgsaussichten habe. Und konnte sie geheimgehalten werden? Sollte sie überhaupt geheimgehalten werden?
»Ich weiß auf keine dieser Fragen eine Antwort«, sagte Bradlee. »Handelt die CIA eigenmächtig?«
Ich erwiderte, daß ich es nicht glaubte und daß Reagan wohl seine Zustimmung gegeben habe.

Dann bräuchten wir einen Grund für die Veröffentlichung. Die Regierung Reagan habe klargestellt, daß sie Mittel ergreifen werde, um nationale Sicherheitsinteressen zu schützen. Das konnte ein gerichtliches Verfahren oder weiß Gott was bedeuten.
Ob meine Gewährsmänner denn wollten, daß ihre Informationen veröffentlicht würden? »Was für ein Motiv haben sie?«
Nein, sie seien nicht sicher, ob eine Veröffentlichung der richtige Schritt sei.
Warum sie dann nicht aus ihrer Anonymität herausträten und eine offizielle Aussage machten, fragte Bradlee. Alles wäre viel einfacher.
Sie seien sich nicht so sicher, daß sie dazu bereit wären, antwortete ich.
Sie wollten ihm, Bradlee, die Entscheidung über die Veröffentlichung überlassen.
»Scheiße«, war Bradlees Antwort.
Ich schlug vor, er solle sich persönlich an Goldwater wenden, der aufgrund der neuen Aufsichtsgesetze des Kongresses von solchen Operationen wissen müsse. Die Frage werde ihm vielleicht nicht passen, aber er werde aufrichtig sein.
Am Nachmittag desselben Tages telefonierte Bradlee mit Goldwater und rief mich gleich danach in sein Büro. Unruhig ging er auf und ab. Goldwater habe gesagt, daß er nie etwas von einer solchen Operation gehört habe, kein einziges Wort. Bradlee meinte, er sei sicher, daß Goldwater ihn nicht anlügen würde.
Minuten später rief Bradlee mich noch einmal in sein Büro.
»Goldwater hat soeben noch einmal angerufen. Anscheinend hat er nachgefragt, und jetzt raten Sie mal, was dabei herausgekommen ist? Er sagt, daß Casey bereits bei ihm im Vorzimmer warte.«
Ich fragte, was das zu bedeuten habe.
»Da braut sich verdammt nochmal was zusammen, soviel ist sicher«, meinte Bradlee.
Er teilte mir mit, was Goldwater noch gesagt hatte: Bradlee müsse mit Casey selbst reden, er, Goldwater, könne keine Fragen beantworten. Das bedeutete, daß Goldwater jetzt etwas wußte oder zumindet bald etwas wissen würde.
Casey hatte Goldwater also in aller Eile eine Erklärung der Vorkommnisse geliefert. Aber warum? Bradlee erinnerte sich, daß Goldwater wegen einer Hüftoperation einige Monate abwesend gewesen war. War er vielleicht damals bei der Informationssitzung nicht dabei gewesen?

Tags darauf, am Dienstag, dem 9. März, trafen Casey und Bradlee sich zum Lunch im Gebäude der CIA. Bradlee kam gegen 2.30 Uhr zurück, gerade noch vor der täglichen Redaktionskonferenz der *Washington Post*. Die Story war fertig, aber Bradlee hatte sein Plazet noch nicht gegeben.
Als ich zu ihm ins Büro kam, schüttelte er unschlüssig den Kopf. Casey sei auf keine klare Aussage festzulegen. Zudem rede er beim Essen, und dazu entsprechend undeutlich, was alles nur noch schwieriger mache. Immer nur Vagheiten und Ausflüchte.
Ob er die Geschichte bestätigt oder dementiert habe?
Genaugenommen weder noch, erwiderte Bradlee. Aber Casey habe von einer 500 Mann starken Truppe gesprochen, als ob es sie gäbe oder bald geben werde, und einmal habe er angedeutet, daß sie noch größer werden würde. Aber es sei nicht klargeworden, ob es sich dabei um eine argentinische Truppe handelte oder um CIA-Leute. Casey habe gesagt, jede Aktion der CIA könne nur zum Ziel haben, die Waffenlieferungen von Nicaragua nach El Salvador zu stoppen. Die Truppe habe nicht das Ziel, Objekte wie Kraftwerke und Brücken zu sprengen, wie es unsere Quellen behaupteten. Außerdem habe Casey angedeutet, entsprechende Aktionen der CIA seien bereits vor drei oder vier Monaten im November genehmigt worden.
Ich sagte, das sehe doch sehr nach einer Art Bestätigung aus.
Einerseits ja, andererseits nein, erwiderte Bradlee. Er fühlte sich nicht wohl und sah aus dem Fenster, während er das Gespräch beim Mittagessen noch einmal in Gedanken vorbeiziehen ließ. Etwas fehle, meinte er, oder man wolle uns entmutigen, wenn nicht sogar einschüchtern. »Auf der anderen Seite«, fügte er hinzu, »hat Casey auch nicht gesagt: ›Bringt die Geschichte nicht.‹ Das hätte mir Angst gemacht ... Ich bin froh, daß ich nicht gegen seine ausdrückliche Warnung handeln muß.« Wozu Bradlee offensichtlich nicht bereit gewesen wäre.
Hatte Casey mit der nationalen Sicherheit argumentiert?
Nein, erwiderte Bradlee.
Der Artikel sei fertig, sagte ich.
»Wollen Sie ihn bringen?«
»Ich weiß nicht.«

Am selben Tag hatte Inman inzwischen die Presse zu einer ungewöhnlichen Konferenz ins Auditorium des State Department einberufen.

»Ich bin Bob Inman«, begann er mit grimmiger Miene. »Ich bin heute nachmittag hier, weil ich mir Sorgen mache und weil ich verärgert bin.« Seine Sorgen bezogen sich auf die militärische Aufrüstung Nicaraguas. »Ich bin verärgert, weil ich im Lauf der vergangenen Wochen mitansehen mußte, wie Beamte unseres Staates bei der schwierigen Aufgabe, zwischen der Bekanntgabe von Nachrichtenmaterial einerseits und dem Schutz wichtiger Nachrichtenquellen und -wege andererseits zu vermitteln, immer wieder auf die stereotype Reaktion gestoßen sind: ›Wie können wir euch glauben, wenn ihr uns nicht in alle Einzelheiten des Beweismaterials einweiht?‹« Diese Art Skepsis gehe zu weit, sagte Inman, und er hoffe auf mehr Sachlichkeit, mehr Vertrauen.
John T. Hughes, ein Abteilungsleiter beim DIA, der vor zwanzig Jahren in der Kuba-Krise das fotografische Beweismaterial erbracht hatte, trat vor und richtete einen zwei Meter langen Zeigestock auf Luftaufnahmen aus Nicaragua, die man auf Wandgröße vergrößert hatte (die Aufnahmen stammten von Spionageflugzeugen der Typen U-2 und SR-71; es waren keine der streng geheimen Satellitenfotos dabei). Die Bilder zeigten, daß die Sandinisten in den letzten zwei Jahren 36 neue Militärbasen gebaut hatten. Zur Zeit der Revolution 1979 waren die Sandinisten nach Hughes' Worten ein Haufen von 5000 Guerillas, und jetzt hatten sie 70 000 bewaffnete Männer. In rascher Folge zeigte Hughes die unheimlichen, grobgerasterten Bilder und identifizierte sowjetische Ausrüstungsgegenstände, darunter Panzer und kleine Feldkanonen, sogenannte Haubitzen. Es handle sich hier nicht um eine Verteidigungsmacht; die Spuren deuteten nach Kuba, und die Planung der Garnisonen entspreche bis hin zur Hindernisbahn sowjetischem Vorbild. Nach der Dia-Schau nahm Inman Fragen entgegen. Er wurde nach dem Bericht über den 19 Millionen Dollar schweren geheimen Plan der CIA gefragt, der im Februar in der *Washington Post* erschienen war.
Inman bestritt entschieden jede Vermutung, daß ein solches Projekt genehmigt worden sei. »Ich will Ihnen eines sagen«, betonte er in tiefster Überzeugung. »Mit 19 Millionen Dollar oder auch 29 Millionen können Sie sich heute nicht mehr viel kaufen, ganz sicher nichts, was gegen eine solche militärische Ausrüstung wirkungsvoll wäre.«
Das waren wichtige Neuigkeiten. Die Pressekonferenz schlug in der Öffentlichkeit ein wie damals die Nachricht von der Kuba-Krise. Der allgemeinen Auffassung nach hatte Inman mit vorsichtig gewählten Worten, aber zugleich mit Nachdruck bestritten, daß ein geheimer 19-Millionen-Dollar-Plan genehmigt worden war.

Ich war durcheinander. Es war nicht Inmans Stil, in aller Öffentlichkeit ein Programm unter Beschuß zu nehmen, das vom Präsidenten genehmigt worden war. Dem Ton Inmans bei der Pressekonferenz war zu entnehmen gewesen, daß er auf der Seite Reagans, Caseys und jener »Beamten unseres Staates« stand, die sich bemühten, die Gefahren vor Augen zu führen, die von Zentralamerika drohten. Auf der anderen Seite waren wir uns unserer Story sicher. Es schien ganz ausgeschlossen, daß Inman nichts davon wußte.

Bill Greider, der für den Inlandteil der *Washington Post* zuständig war, hatte die Formulierung im Titel unseres Berichts von »begrenzte verdeckte Kriegführung« in »verdeckte Operationen« umgeändert. Tyler war dagegen, er hielt das für eine Verwässerung unseres zentralen Anliegens. Paramilitärische Aktionen jeder Art, meinte Tyler, seien Krieg, er habe sich deshalb aus taktischen Gründen den Euphemismus »begrenzte verdeckte Kriegführung« ausgedacht.

Es war allerdings noch immer nicht klar, ob Bradlee den Bericht überhaupt durchgehen lassen würde. Er klimperte mit den Münzen in seiner Hosentasche, während er in seinem verglasten Büro auf und ab ging.

Auf der Suche nach Rat ließ Bradlee einen Redakteur nach dem anderen bei sich vorsprechen, dazu jede Menge weiterer Leute. Greider, in seinen Ansichten wahrscheinlich der entschiedenste, behielt den kühlsten Kopf. Er war nicht bereit, immer nur von *geheimer* Regierung, *geheimen* Plänen und *geheimen* Kriegen zu reden. Wenn wir etwas aufdeckten, sollten wir veröffentlichen, was wir wußten. In unserem Fall, so meinte er, werde es kaum unliebsame Überraschungen geben. Antikommunistische verdeckte Aktionen seien das implizite Wahlversprechen Reagans und seiner Regierung gewesen. Das Volk habe ihn deshalb gewählt, und das wisse keiner besser als Reagan selbst. Greider meinte, daß das Weiße Haus die Veröffentlichung des Berichts vielleicht sogar begrüßen würde. Wir stellten seiner Meinung nach die Rolle der CIA, die Geheimhaltung und die große strategische Dimension zu sehr ins Zentrum. Wir übersähen die Politik einer geheimen Kriegserklärung an die Sandinisten, die hinter dem Ganzen stehe. In der politischen Öffentlichkeit, der das Hauptaugenmerk Reagans selbst gelte, werde eine antisandinistische Kampagne durchgehen. Reagans Wählerschaft werde darüber begeistert sein. Aber, schränkte Greider ein, eine Garantie gebe es natürlich nicht. Das einzige, was sicher sei, sei die Tatsache, daß unsere Zeitung die Aufgabe habe, zu veröffentlichen, und daß wir deshalb den Bericht drucken sollten.

Greider erinnerte alle daran, daß es in der Wahlerklärung des republikanischen Präsidenten 1980 geheißen hatte: »Wir bedauern die marxistisch-sandinistische Machtübernahme in Nicaragua ... Wir werden die Bemühungen des Volkes von Nicaragua um eine freie und unabhängige Regierung unterstützen.« Die Wahlerklärung hatte außerdem eine kämpferische CIA versprochen. Jetzt hätten wir die logische Synthese von beidem. In gewisser Hinsicht, so Greider, stelle unser Bericht nur fest, daß Reagan ein Wahlversprechen einlöse. Casey habe nicht verlangt, die Geschichte zurückzuhalten. »Verdammt«, meinte Greider, »wahrscheinlich will er sie sogar draußen haben und sorgt dafür, daß sie durchsickert, wenn wir sie nicht bringen.«

Die Sache hatte einen weiteren Hintergrund. Über ein Jahr nach der Übernahme der Regierung durch die Reagan-Administration war das Verhältnis zwischen Regierung und Nachrichtenmedien noch immer nicht klar. Alles in allem war die Berichterstattung nicht übermäßig aggressiv gewesen. Reagan hatte fast ein Jahr nach dem Anschlag auf sein Leben immer noch eine verlängerte Schonzeit. Zugleich hatte auch die Administration die Medien nicht systematisch unter Beschuß genommen. Es gab die gewöhnliche Kritik an den Medien, aber nicht annähernd die Feindschaft, die frühere Administrationen wie die Nixons gezeigt hatten. Es lag auf der Hand, daß keiner, auch Bradlee nicht, den ersten Schuß abfeuern wollte, der Prügel für die Presse provozieren würde.

Abends um sechs teilte Greider uns mit, Bradlee habe beschlossen, den Bericht am nächsten Tag zu bringen.

Ich suchte Bradlee auf, um ihm zu sagen, daß ich seine Entscheidung für richtig halte. Er sagte, es sei eine klare Entscheidung gewesen, aber keine leichte Entscheidung. Es sei kein bestimmter Einwand gewesen, der ihn zu zögern veranlaßt habe. Trotzdem habe er, alles in allem, gezögert. Ich sagte: »Soweit ich weiß, waren Sie nie näher dran, einen Bericht nicht zu bringen.«

Er meinte, da könnte ich recht haben.

»Was hat den Ausschlag gegeben?« fragte ich.

»Die Zurückhaltung Caseys.«

Der Bericht erschien auf der Titelseite rechts oben unter dem Leitartikel, der Inmans Pressekonferenz und den Informationen zur Rüstung Nicaraguas gewidmet war, mit einer kleinen, einspaltigen Schlagzeile: VER-

DECKTE AKTION IN NICARAGUA VON USA GEBILLIGT. So würde jeder Interessierte den Bericht entdecken, während die Aufmachung nicht den Eindruck erweckte, die *Washington Post* glaube, damit den Schlüssel zur Schöpfung des Universums oder zu einer schmutzigen geheimen Operation wie einem politischen Mord gefunden zu haben.
In den 7-Uhr-Nachrichten am nächsten Morgen stand der Bericht im Mittelpunkt. Eine heftige Reaktion seitens der Regierung war noch nicht erfolgt. Den ganzen Tag über hielt die Administration sich mit Kommentaren zurück. Haig sagte nur, daß »ein Kommentar zu verdeckten Aktionen nicht angemessen ist ... ganz gleich, ob es sie gibt oder nicht«. Weinberger sagte: »Ich gebe keinen Kommentar ab ... Das tue ich nie. Es handelt sich hier um streng geheime Operationen, das ganze Thema gehört dazu.« Casey sagte gar nichts.
Am Abend brachten alle drei großen Fernsehsender Reportagen, die den Bericht bestätigten. Der Standpunkt des Weißen Hauses war klar: Reagan fährt einen harten Kurs mit Nicaragua und will, daß jedermann das weiß, er sieht darin sogar einen politischen Vorteil. Greider hatte recht gehabt.
Am 15. März zitierte *Time* Goldwater mit den Worten: »Alles, was in der *Post* steht, ist wahr. Sie hatten nicht alle Informationen, aber was sie hatten, ist wahr.«

Am darauffolgenden Samstag sprach Casey im Center for the Study of the Presidency in Washington. Casey hielt viel von öffentlichen Reden. Er arbeitete hart an seinen Reden und schrieb sie oft selber. Sie spiegelten fast perfekt die Sorgen seines Alltags und die Aufgaben, die seiner Meinung nach vor der Administration und der CIA lagen. Caseys Reden enthüllten manches bis zu einem Grad, der wenigen bewußt war.
Casey begann mit einem Zitat George Washingtons, in dem die Geheimhaltung nachrichtendienstlicher Operationen gebilligt wurde: »Denn von der Geheimhaltung hängt der Erfolg der meisten solcher Unternehmen ab, und wo sie fehlt, scheitern die Unternehmen im allgemeinen, wie gut geplant und vielversprechend sie immer sein mögen... « Dann wandte Casey sich der Weltlage zu. Die Welt werde, so seine Worte, »heimgesucht und gequält von Subversion und einer satanischen Mischung aus Unruhestiftung, Terrorismus und Aufruhr... « Geschürt werde der Aufruhr vor allem durch »Waffen aus der Sowjetunion, Soldaten aus Kuba und Geld aus Libyen... «

Casey lieferte auch die historische Erklärung: In der Zeit nach Vietnam, »beginnend mit den Jahren 1974 und 1975, leitete die Sowjetunion eine neue, aggressivere Strategie in der Dritten Welt ein ... in vollem Bewußtsein des politischen Klimas in unserem Land«. Durch den Einsatz von Handlangern wie den Kubanern in »relativ risikofreien« Operationen hätten die Sowjets überall Unruhen geschürt. In den 70er Jahren seien die Erfolge der sowjetischen Handlanger »Angola, Äthiopien, Kambodscha und Nicaragua... « gewesen.

»Es ist viel leichter und billiger, einen Aufstand zu unterstützen, als es für uns und unsere Freunde ist, einen Aufstand niederzuschlagen. Es braucht relativ wenig Menschen und geringe Mittel, den inneren Frieden und die ökonomische Stabilität eines kleinen Landes zu zerrütten.«

10

Obwohl Senator Patrick J. Leahy, ein hochaufgeschossener Demokrat aus Vermont und Mitglied des Ausschusses für den Nachrichtendienst, auf den Informationssitzungen des Ausschusses ab und zu in ein paar kleinere Geheimnisse eingeweiht wurde, fühlte er sich oft unwohl. Wie bei den Kartentricks eines Zauberers war man nie sicher, wie weit man der Vorführung glauben durfte. Den Mitgliedern des Ausschusses wurden nur summarische Zusammenfassungen vorgelegt, oder Name und Beschreibung eines Systems aus einem Spionagekatalog oder die Einträge einer Budgetliste, manchmal auch eine kleine Insider-Information über ein Staatsoberhaupt.

Leahy war ein Kind Watergates; er war nach Nixons Rücktritt mit 34 Jahren als erster demokratischer Senator in der Geschichte Vermonts in den Senat gewählt worden und daher daran gewöhnt, Außenseiter zu sein. Geheimen Machtballungen stand er skeptisch gegenüber – ganz besonders im Fall der Reagan-Administration –, und er fragte sich, was er zu sehen bekäme, wenn alle Karten des Geheimdienstes aufgedeckt würden. In seinen acht Jahren als Staatsanwalt in Chittenden County hatte er alle Verhandlungen persönlich geführt. Das Beweismaterial persönlich in Augenschein zu nehmen, war der einzige Weg herauszufinden, was vorging.

Im Ausschuß bekam jeder Senator einen persönlichen Referenten – einen »designatee« – zugewiesen, der ihn durch den unübersichtlichen, von Fachjargon strotzenden Irrgarten des Geheimdienstes führen sollte. Leahy hatte von einem früheren Ausschußmitglied Ted Ralston übernommen, und Ralston sagte ihm, daß er sich, wenn er den Nachrichtendienst verstehen wolle, mit der Arbeitsweise der Nationalen Sicherheitsbehörde und der technischen Seite der Spionage vertraut machen müsse. Eine Satellitenhorchstation mit Namen VORTEX überwache bestimmte Gebiete der Welt und entspreche in ihrer Hörkapazität einer

ganzen Botschaft. Die NSA beschaffe die meisten und besten Informationen. Die Interpretation der aufgefangenen Funksprüche erfordere dann stundenlange mühevolle Hörarbeit, man müsse Muster, Frequenzen und neue Methoden der Nachrichtenverknüpfung ausmachen, den Weg der Nachricht bestimmen, Inhalte entziffern, sowie gelegentlich eine Wanze oder ein angezapftes Telefon ausfindig machen.
Hier fielen nach Ralston die eigentlichen Entscheidungen. Die Technisierung im Nachrichtenwesen sei ungeheuerlich. Man müsse sich über Möglichkeiten und Methoden informieren; nur so könne man begreifen, was in der Zukunft auf einen zukomme. Ralston schlug vor, Leahy solle Einrichtungen der NSA im Ausland besuchen. Eine Reise nach Europa wurde geplant.
Ralston hatte mit Inman in enger Verbindung gestanden, als dieser von 1977 bis 1981 Chef des NSA gewesen war. Er war einer der drei Ausschußmitglieder, die den Ausschuß in seiner Aufsichtsfunktion über die NSA repräsentierten, diesen geheimsten aller Nachrichtendienste. Ralston hatte Inman die Schulterklappen mit den vier Sternen gekauft, als dieser als Caseys Stellvertreter zum Vier-Sterne-Admiral befördert worden war. Neue Sterne wurden sonst von der Familie des neu beförderten Flaggoffiziers beschafft.
Im Lauf der Jahre hatte Inman Ralston in das Labyrinth der Technik des Nachrichtensammelns eingeführt, und Ralston hatte Inman über die Vorgänge im Senatsausschuß auf dem laufenden gehalten, so daß Inman, wenn er seine Runde bei den Senatoren machte oder zur Berichterstattung erschien, immer schon wußte, was den Senatoren besonders am Herzen lag.
Selten haben zwei Geheimdienstveteranen sich so gut ergänzt. Beide hatten ihre Gründe, warum sie soviel wissen wollten. Wenn Inman fast immer, vielleicht sogar wirklich immer in der Lage war, so genau auf die Sorgen der Senatoren einzugehen, daß es manchmal schon unheimlich war, erleichterte das beiden die Arbeit. Wenn Inman einen starken, positiven Eindruck auf republikanische wie demokratische Senatoren machte, konnte das für den Ausschuß und seine Aufsichtsfunktion nur von Vorteil sein. So beschwerte sich keiner darüber, obwohl einige Ausschußmitglieder meinten, daß das berufliche Verhältnis der beiden zu einem persönlichen Loyalitätsverhältnis geworden sei. Schließlich wußte man ja, daß Inman für Casey arbeitete und Ralston für Leahy.
Während der Europareise besuchten Senator Leahy und Ralston die

Einrichtungen der NSA in Harrogate, etwa 200 Meilen nördlich von London in North Yorkshire. Daß Harrogate zur NSA gehörte, war oft bestritten worden.
Leahy hatte ganz konkrete Fragen zu den Möglichkeiten, Nachrichten abzufangen. Die Russen zogen an der polnischen Grenze Panzer zusammen, und er wollte wissen, ob man in Harrogate die Funksprüche einzelner Panzer auffangen konnte.
Bevor jemand in Harrogate Leahys Frage beantworten konnte, wollte Ralston schon wissen, wie viele Megawatt (Millionen Watt) dieses exotische Subsystem denn habe. Während die beiden rundgingen und sich mit den leitenden Angestellten der Anlage unterhielten, stellte Ralston immer gleich als erster technische Fragen, die ein stupendes Wissen verrieten. Leahy hätte lieber seine eigenen Fragen beantwortet gehabt als die seines Referenten, aber Ralston schien nicht imstande, sich in diesem Paradies der Spionage zurückzuhalten. Laut machte er sich Gedanken über Satellitensysteme, und richtig, wie war das doch gleich mit der Verbindung zur NSA-Station auf der anderen Seite der Erde in Pine Gap in Australien?
»Halten Sie den Mund«, sagte Leahy beißend. »Lassen Sie mich die Fragen stellen.«
Als sie nach Deutschland weiterflogen, hatte Leahy Alpträume, in denen er Ralston aus dem Flugzeug stieß. In der Türkei nahm Ralston sich eine Handvoll Zigarren des US-Botschafters aus dem Feuchthaltebehälter der Botschaft, und Leahy sagte später zu seinem Verwaltungsassistenten: »Ich weiß nicht, was ich mit diesem Scheißkerl tun soll.«
Auf dem Rückflug in die Staaten kam Leahy dann zu einer Entscheidung. Er feuerte Ralston.
Ralston bewarb sich darauf um einen Job beim geheimdienstlichen Mitarbeiterstab an der F Street in Washington. Das war eine der Abteilungen, die Casey Inman überlassen hatte. Als Angestellter des Senats hatte Ralston sich keinem Test mit dem Lügendetektor unterziehen müssen, zum Bewerbungsverfahren beim Geheimdienst allerdings gehörte ein solcher Test. Auch Ralston mußte sich dieser Routineuntersuchung unterziehen. Einige der grundlegenden Fragen betrafen Ralstons Umgang mit geheimem Material. Hatte er irgendwann einmal Geheimdokumente mit nach Hause genommen?
Es war keineswegs ungewöhnlich, wenn vielbeschäftigte Angestellte der Regierung geheime Dokumente mit nach Hause nahmen. Deshalb war

die Frage da. Die Praxis war so verbreitet, daß die Frage ein zuverlässiger Test war, ob jemand die Wahrheit sagte. Sinn und Zweck des Ganzen war es nicht, harmlose Vergehen aufzudecken, sondern ernsthafte Verstöße gegen die Sicherheit, undichte Stellen oder, in seltenen Fällen, Spione zu finden. Die Frage brachte freilich manchen in eine wirkliche Zwickmühle, und das war einer der Gründe, warum so viele den Lügendetektor haßten. Als Antwort war nur ja oder nein zugelassen, größere und kleinere Vergehen wurden über einen Kamm geschert. Man konnte nur entweder alles zugeben oder mauern und riskieren, durchzufallen.
Ralston bestand den Test nicht. Er hatte ein Exemplar eines geheimen Berichtes mit nach Hause genommen, den er über die Aktivitäten der US-Geheimdienste im Iran seit dem Zweiten Weltkrieg geschrieben hatte. Ralstons Probleme mit dem Lügendetektor hatten katastrophale Folgen für ihn und Inman. Ralston bekam keinen Job beim Nachrichtendienst. Und was noch schlimmer war, der neue Personalchef des Senatsausschusses, Rob Simmons, leitete eine Untersuchung gegen Ralston ein. Dabei kam noch mehr heraus. Ralston hatte rund 500 Seiten an geheimem Material mit nach Hause genommen. Darunter befanden sich streng geheime Dokumente. Einige der Dokumente hatte er dem Sicherheitschef des Ausschusses zurückgegeben, einige direkt der CIA. Aus der Iran-Studie hätte man eine Reihe gefährdeter Informanten identifizieren können. Zwar wurden keine Namen genannt, aber man hätte ihre Identität aus den Angaben der Studie erschließen können.
Simmons erstellte eine Liste der Dokumente, die Ralston mitgenommen hatte, und schickte sie der CIA, mit der Bitte um eine routinemäßige Einschätzung des Schadens.
Kurz darauf erhielt Simmons ein Schreiben von der CIA. Darin stand, es gebe keine Anzeichen dafür, daß der Inhalt der mitgenommenen Dokumente bekannt geworden sei. Auch wenn sie in Ralstons Wohnung nicht vorschriftsgemäß aufbewahrt worden seien, gebe es keinen Hinweis, daß jemand anders sie je gesehen oder in der Hand gehabt habe, es habe also keine Gefährdung bestanden und deshalb sei kein Schaden eingetreten. Simmons konnte sich dieser Argumentation nicht anschließen. Bei der Feststellung eines Schadens ging man normalerweise vom schlimmsten Fall aus. Wurden geheime Dokumente an einem nicht gesicherten Ort aufbewahrt, mußte man automatisch mit der Möglichkeit rechnen, daß sie in falsche Hände gerieten. Etwas anderes bereitete ihm noch mehr Sorgen. Simmons verfolgte das Schreiben über die CIA zu Ralstons

Freund und Gönner Bobby Inman zurück. Simmons hielt es für möglich, daß Inman Ralston schützte, und leitete deshalb eine großangelegte interne Untersuchung ein.

Die Arbeit war mühsam, aber bei der Überprüfung alter Akten fand Simmons heraus, daß Ralston jahrelang alle wichtigen oder heiklen Dokumente und Berichte, die der Ausschuß erhalten hatte oder die durch seine Hände gegangen waren, mit nach Hause genommen oder dafür Unbedenklichkeitserklärungen ausgefüllt hatte. Wenn Ralston alles gelesen hatte, mußte er jetzt ein geradezu enzyklopädisches Wissen über Möglichkeiten und Operationen der US-Geheimdienste haben.

Simmons kam zu dem Schluß, daß Ralston als Inmans Spion im Senatsausschuß diesen über sämtliche Aktivitäten und Pläne des Ausschusses informiert hatte. Simmons war sich darüber im klaren, daß es sich um ein Spionageverhältnis von ganz inoffiziellem Charakter handelte, und vielleicht war Spionage überhaupt ein zu hartes Wort dafür. An der Sache war nichts Illegales, nichts eigentlich Verbotenes, sie war nur peinlich. Peinlich für den Ausschuß und die CIA, für Ralston und für Inman. Doch Simmons, der zehn Jahre Mitglied der CIA-Abteilung für geheime Operationen gewesen war, wußte, daß sich sogar einige der besten Spione nicht darüber im klaren waren, was ihnen alles passieren konnte. Sie konnten in ein Netz geraten, in dem sie ausgehorcht wurden, jedoch zugleich davon überzeugt sein, daß sie für die eigene Seite Nachrichten sammelten. Die beste Spionage war auf so raffinierte Weise in den Alltag eingebettet, daß sich jeder Spion sagen konnte: »Ich tue nur meine normale Arbeit.« In den täglichen, unbewußten und gedankenlosen Tätigkeiten aber – wie lesen, reden, Fragen stellen – konnten große Mengen an Informationen in die falschen Kanäle gelangen. Aber vielleicht war die Ralston-Affäre wirklich nicht mehr als die unüberlegte Zweckgemeinschaft zweier Männer.

Simmons schilderte Goldwater das Problem. Der Ausschußvorsitzende entschied sich schließlich dafür, die Sache nicht zur Eröffnung eines Verfahrens an das Justizministerium weiterzuleiten. Dafür gab es einige Gründe: Ralston hatte anscheinend keine schlechten Absichten gehabt; eine Schädigung der nationalen Sicherheit und eine Weitergabe geheimen Materials konnten nicht nachgewiesen werden; außerdem würde eine Veröffentlichung viel Schmutz aufwühlen und die Glaubwürdigkeit und Überwachungsfunktion des Ausschusses ernsthaft schädigen; und schließlich war da die Verwicklung Inmans in die Sache, die Goldwater auf keinen Fall ins Licht der Öffentlichkeit gezerrt und Mißdeutungen ausgesetzt sehen wollte. Simmons ließ also nur Ralstons Unbedenklichkeitsbescheinigung für ungültig erklären.

»Einverstanden«, meinte Goldwater, für den das offensichtlich Strafe genug war. Ralston erhielt deshalb auch keine neue Unbedenklichkeitsbescheinigung, als er versuchte, einen Job bei einem großen Rüstungsunternehmen zu bekommen.

Ein Teil der Mitarbeiter des Ausschusses ging immer noch mit Ralston zum Mittagessen. Simmons rief also alle Mitarbeiter zusammen und erklärte ihnen, daß Ralston jetzt Persona non grata sei und sie besser daran täten, Ted Ralston aus ihrem Leben zu streichen.

Senator Leahy war wie vom Donner gerührt, als Ralston ihn um ein Empfehlungsschreiben bat.

Simmons kam in seinem Abschlußbericht zu dem Schluß, daß es sich hier möglicherweise um den bisher größten Fall von Veruntreuung geheimer Dokumente des Kongresses handelte und mit Sicherheit den größten im Senatsausschuß. Zur Sicherheit ordnete er eine Bestandsaufnahme aller Akten des Ausschusses an, die zusammen Tausende von Dokumenten umfaßten. Nach einer Suchaktion, in deren Verlauf Sicherheitsbeamte jede Ecke und jeden Winkel der Räumlichkeiten des Ausschusses nach Akten durchkämmten, blieben am Schluß vierzig Dokumente unauffindbar. Die meisten davon stammten aus einer Zeit, die mehrere Jahre zurücklag (und viele davon waren an leitende Angestellte ausgegeben worden, die längst nicht mehr im Ausschuß saßen), und Simmons fand sich damit ab, daß hier nicht mehr viel zu machen war. Man hatte wieder einmal einiges gelernt.

Als Casey sich später über angeblich undichte Stellen im Ausschuß beklagte, verteidigte Simmons den Sicherheitsbericht.

»Und was ist mit dem Burschen, der all die Dokumente mitgenommen hat?« fragte Casey. Aber er sagte nichts weiter und unternahm auch nichts.

Für Inman war die Vorstellung, Ralston sei sein Spion gewesen, absurd.* Definitionsgemäß operierten ein Spion und sein Auftraggeber – und das wäre ja wohl er, Inman, in diesem willkürlich erfundenen Szenario selbst gewesen – gegen die Interessen, denen sie angeblich dienten. Nun diente Inman aber keinem anderen Interesse als dem des Nachrichtendienstes der Vereinigten Staaten. Genauso war es mit Ralston. Ralston hatte Fehler gemacht, zugegeben, aber sie hatten niemandem geschadet. Daß

darin jemand Spionage sehen konnte, zeigte nur, woran die Bürokratie krankte. Es zeigte die bei der CIA und den sie kontrollierenden Kongreßausschüssen herrschende Einstellung, den anderen jeweils als Gegner zu betrachten, mit dem man wie mit einem feindlichen Nachrichtendienst umzugehen hatte.
Caseys Kommentar zu den Kontrollausschüssen war kurz und bündig. Wenn es um wichtige Geheimnisse ging, lauteten seine Anweisungen: »Zugang beschränken. Keine wichtigen Informationen.«

Ralston war weg, und Goldwater war für fast drei Monate im Krankenhaus. Inman fühlte sich alleingelassen. Um das Maß voll zu machen, hatte William Safire, der gut unterrichtete Kolumnist der *New York Times*, ihm eine Reihe von Hieben ausgeteilt und ihn einen »detentnik« genannt, der Goldwater in der Hand habe und gegen verdeckte Aktionen opponiere. Kürzlich erst hatte Safire Inman in einer Kolumne beschuldigt, er habe »Reportern die erfundene Geschichte aufgetischt, daß Israel Veröffentlichungen über libysche Mordkommandos (hit teams) lanciere, um einen Luftangriff auf den libyschen Atomreaktor starten zu können...«
Inman fühlte sich dadurch persönlich getroffen. Er hatte niemandem eine solche Geschichte aufgetischt; offensichtlich hatte hier eine proisraelische Quelle gegenüber Safire nicht dichtgehalten, die Inman mit seiner nachdrücklichen Behauptung gekränkt hatte, Israel dürfe keine für einen Luftangriff verwendbaren Satellitenfotos erhalten, wie es bei der Bombardierung des irakischen Atomreaktors der Fall gewesen war. Inman hatte den Eindruck, daß die Israelis gegen Gaddafi und Libyen zu allem bereit waren. Er glaubte sogar, daß sie Gaddafi ermorden lassen würden, wenn sie der Meinung waren, sich dadurch bei den Vereinigten Staaten Pluspunkte verdienen zu können.
Inman hatte in bezug auf die Attacken Safires allerdings noch einen ernsteren Verdacht. Vielleicht waren die Informationen direkt oder indirekt von Casey bereitgestellt worden. Inman wußte, daß zwischen Casey und Safire eine Beziehung bestand, die etwa fünfzehn Jahre zurückreichte. Safire hatte Caseys erfolglose Kandidatur für den Kongreß 1966 gemanagt und Casey sogar zu einem Sprecherzieher geschickt, der sein Nuscheln allerdings nicht hatte kurieren können. Erst vor kurzem war Inman bestätigt worden, daß diese Beziehung immer noch bestand. Es hatte sich um eine jener Informationen gehandelt, die ein

Nachrichtenoffizier zunächst einmal abspeichert. Ein Redakteur der *New York Times* hatte mit einem dringenden Anliegen bei Inman angerufen. Punch Sulzberger, sein Verleger, versuche Casey unter dessen nicht im Telefonbuch aufgeführter privater Nummer zu erreichen, bekomme aber keine Antwort. Ob die Nummer richtig sei, fragte der Redakteur und las sie vor. Es handelte sich um eine Nummer, die Casey nur wenigen Leuten gegeben hatte. Zu ihnen gehörte Inman, und er war überrascht zu hören, daß auch die *Times* in ihrem Besitz war.
»Das heißt«, sagte der Redakteur der *Times*, »daß Bill Safire die richtige Nummer hat?«
»Richtig«, erwiderte Inman.
Inman konnte nicht sicher sein, daß Casey bei Safires Attacken seine Hand im Spiel gehabt hatte, aber er wurde seinen Verdacht nicht los und auch nicht den Argwohn, den er Casey gegenüber hatte.

Am Tag nach Neujahr traf Präsident Reagan sich um 3 Uhr nachmittags mit Deaver und William Clark auf Sunnylands, einem Anwesen der Annenbergs in Rancho Mirage in Kalifornien. Zweieinhalb Stunden diskutierten die drei über den Nationalen Sicherheitsrat. Sein bisheriger Sicherheitsberater Allen würde zurücktreten müssen als Folge einer Untersuchung, die sich mit dem Honorar von 1000 Dollar beschäftigt hatte, das er von japanischen Journalisten für ein Interview mit Nancy Reagan bekommen hatte. Der Präsident entschied, daß Clark vom State Department zum Sicherheitsrat überwechseln und neuer Sicherheitsberater werden sollte. Nach einem Memorandum, das Clark nach der Unterredung anfertigte, sollte er direkten Zugang zum Präsidenten haben und der einzige Sprecher des Weißen Hauses für auswärtige Angelegenheiten sein.
Casey freute sich darüber. Clark, der zu Reagans Zeit als Gouverneur von Kalifornien als dessen Stabschef gedient hatte, war ein Intimus des Präsidenten und ein überzeugter Antikommunist.
Nach Bekanntgabe seiner Ernennung holte Clark Inmans Rat ein, was er mit dem Mitarbeiterstab des Nationalen Sicherheitsrates tun solle. Inman riet ihm, ihn gründlich zu säubern und besonders den Beauftragten des NSC für den Nachrichtendienst, Kenneth deGraffenreid, zu entlassen.
Clark hörte aufmerksam zu, ohne sich selbst dazu zu äußern, und Inman wurde bewußt, daß er soeben seine Kriegserklärung an deGraffenreid ausgesprochen hatte.

DeGraffenreids Ressort war die Spionageabwehr, und er beschäftigte sich mit einer damals gerade populären strategischen Hypothese, dem sogenannten »Camouflage, Concealment and Deception« (CCD, Verschleierung, Geheimhaltung und Täuschung). CCD ging davon aus, daß in der sowjetischen Strategie Täuschungsmanöver eine große Rolle spielten. DeGraffenreid wollte die Möglichkeit prüfen, ob einige der von den USA gesammelten Nachrichten – besonders Satellitenbilder und aufgefangene Funkmeldungen – Teil eines riesigen, von den Sowjets inszenierten Schwindels waren. Man könne davon ausgehen, so deGraffenreid, daß die Sowjets Täuschungsmanöver durchführten. Da die USA aber eigentlich nie ein solches Manöver aufgedeckt hätten, müsse man sich jetzt Gedanken darüber machen, ob es nicht in derart großem Maßstab angelegt sei, daß es deshalb bisher übersehen worden war.
Inman hatte sich auf den Standpunkt der NSA gestellt: Was zu sehen und zu hören war, kam relativ unverfälscht herein. Skepsis war notwendig, und es mochte gelegentlich auch Täuschungsmanöver geben, aber zu weit getriebene Skepsis war Paranoia. Wenn die Sowjets mittels Elektronik und fotografischem Bildmaterial Potemkinsche Dörfer vorgetäuscht hätten, hätten sie kaum noch Zeit und Geld für anderes übrig gehabt. Der riesige Umfang der Ausbeute an sowjetischem Nachrichtenmaterial und dessen Struktur und Kontinuität über Jahre und Jahrzehnte hinweg entzogen Inmans Ansicht nach deGraffenreids Hypothese den Boden.
Inman war nicht glücklich darüber, daß deGraffenreid, ein 41jähriger früherer Navy-Pilot, der nur ein Jahr als Untersuchungsbeamter des Kongresses und ein weiteres Jahr beim DIA verbracht hatte, soviel Einfluß haben sollte. Inman war allerdings klar, daß der Geheimdienst, den man zur Beratung des Präsidenten eingerichtet hatte, in der Praxis für den NSC arbeitete. Ein starker, an der richtigen Stelle plazierter Mitarbeiter, der genau wußte, was er wollte, konnte entscheidenden Einfluß auf Mittel und Prioritätensetzung des Nachrichtendienstes haben.
Um sein Ressort fest in den Griff zu bekommen, verfuhr deGraffenreid ähnlich wie Inman. Er setzte sich für eine umfassende Studie über die Spionageabwehr ein, mehr oder weniger nach den Richtlinien der Studie über Aufgaben und Möglichkeiten des Geheimdienstes 1985–90, die Inman mit Erfolg vorangetrieben hatte. Bürokratische Schwellen zwischen FBI, CIA und den Geheimdiensten des Pentagon sollten abgebaut werden. Wenn notwendig, sollte eine zentrale Behörde für Spionageab-

wehr mit einem zentralen Archiv geschaffen werden. Die Spaltung der Aufgaben der Spionageabwehr durch die Grenzen der USA (CIA im Ausland, FBI im Inland) sei künstlich. Die Sorge vor den Folgen einer Vereinigung der Geheimdienste für die Freiheit der Bürger entbehre jeder Grundlage. Der KGB zumindest kenne eine solche Trennung nicht.

Clarks Eintritt in den NSC war eine günstige Gelegenheit für deGraffenreid. Clark war ein Konservativer des harten Kerns, der den Russen leidenschaftlich mißtraute. DeGraffenreid legte ihm zur Unterschrift durch den Präsidenten den Entwurf einer National Security Decision Directive (NSDD, Direktive zur nationalen Sicherheit) vor, in der eine umfassende Studie der Spionageabwehr gefordert wurde. Clark war begeistert.

Inman erfuhr, daß deGraffenreid Mitarbeiter des NSC bleiben würde. Überbringer der Nachricht war Clarks neuer Stellvertreter, Bud McFarlane, der zusammen mit Clark vom State Department herübergewechselt war. Wie er sagte, hatte deGraffenreid die Unterstützung einflußreicher Kreise.

Bald darauf erhielt Inman die von Reagan unterzeichnete NSDD, der zufolge zwei potentiell mächtige, übergeordnete Senior Interagency Groups (SIG, Interaktionsgremien für die Nachrichtendienste) eingerichtet werden sollten – eine unter dem Vorsitz von FBI-Direktor Webster, die andere unter dem stellvertretenden Verteidigungsminister Carlucci.

Inman war in einer wichtigen bürokratischen Schlacht geschlagen worden. Jetzt war klar, daß deGraffenreid nicht nur blieb, sondern sich darüber hinaus eine einflußreiche Stellung hatte verschaffen können. Casey war nicht glücklich über die neue NSDD zur Spionageabwehr, die die Aufsicht über die Planung in die Hände des FBI und des Pentagon legte, aber er nahm das Ganze nicht allzu wichtig. Kein Grund, sich graue Haare wachsen zu lassen. Er staunte nur über den Ernst, mit dem sich altgediente Regierungsbeamte immer wieder in solche Schlachten stürzten. Vielleicht hatte Casey recht, überlegte Inman. Er versuchte, die Sache gelassener zu sehen.

Nach einem Jahr betrachtete Inman Casey selbst als eines jener »Meisterstücke«, als die Casey oft jene Mitarbeiter der CIA bezeichnete, die durch irgend etwas auffielen. Casey war eine Mischung aus hart und

weich. Erst vor kurzem hatte es einen Lagebericht der amerikanischen Geheimdienste zum Nahen Osten gegeben, und darin waren vier deutlich verschiedene Ansichten zum Ausdruck gekommen: die der CIA-Experten, die des DIA, die von Inman und die von Casey persönlich. Hatte Casey nun seine Autorität als Direktor der CIA ausgespielt, um die anderen zu überstimmen und seine eigene Ansicht als Hauptergebnis in den Vordergrund gespielt? Nein. Casey hatte einfach dem Präsidenten alle vier Interpretationen vorgelegt. Das war mutig, fand Inman.
Was aber Operationen und verdeckte Aktionen anging, so war Inman zunehmend beunruhigt. Unter Casey hatte die CIA Kontakte mit einigen der am wenigsten erfreulichen Gestalten der Weltgeschichte aufgenommen.
Casey hatte den Verteidigungsminister Israels, Ariel Sharon, empfangen, einen stämmigen, brutalen ehemaligen General voller extremer, aggressiver Ideen. Israel unterstützte die wichtigste christliche Miliz im Libanon paramilitärisch – die rechtsgerichtete Falange, deren Anführer Beschir Gemayel war, ein rücksichtsloser Kämpfer mit Babygesicht. Im Alter von 34 Jahren war Beschir Gemayel bereits einer der wichtigsten und charismatischsten Führer des Libanon und hatte sich selbst im Libanon eine einmalige und einflußreiche zukünftige Rolle gesichert. Die israelische Strategie war erfolgreich, und jetzt wollte Sharon für 10 Millionen Dollar geheime paramilitärische Unterstützung der CIA für Gemayel.
Inman konnte sich nicht durchsetzen. 1978 hatten Gemayels Truppen einen Blitzangriff auf das Sommerhaus Tony Frangiehs, des politischen Erben der rivalisierenden christlichen Partei, gemacht und dabei ihn, seine Frau, die gemeinsame zwei Jahre alte Tochter, die Leibwache und sogar das Hauspersonal umgebracht. Und 1980 war es Gemayels Miliz beinahe gelungen, die rivalisierende christliche Miliz von Libanons Expräsident Camille Schamun auszulöschen.
Gemayel war ein brutaler Mörder.
Aber das war noch nicht alles – es gab weitere Informationen in den Akten des Geheimdienstes.
In den 70er Jahren war Gemayel nach dem Studium der Politikwissenschaft und der Rechte im Libanon in die Vereinigten Staaten gekommen, um für ein Anwaltsbüro zu arbeiten, und er war von der CIA angeworben worden. Als jüngstes der sechs Kinder Pierre Gemayels schien er zunächst zu einer unwichtigen Rolle in der mächtigen Familie verdammt.

Sein älterer Bruder würde die Führung in der Falange-Partei übernehmen, die 1936 als militärische Sport- und Jugendbewegung gegründet worden war. Beschir Gemayel war keiner der Agenten, die überwacht wurden, obwohl er von der CIA regelmäßig Geld und einen Tarnnamen erhalten hatte – ein speziell verschlüsseltes Zeichen –, damit seine Berichte an verschiedene Stellen weitergeleitet werden konnten, trotzdem aber nur wenige die Identität der Quelle kannten. Bei den Geldbeträgen handelte es sich anfangs nur um symbolische Zahlungen von einigen tausend Dollar – einem direkten Tausch von Bargeld gegen Informationen.
Nachdem Gemayel aber 1976 entgegen libanesischer Gepflogenheit anstelle seines älteren Bruders die Leitung der Miliz übernommen hatte, wuchsen die Beträge allerdings und ebenso seine Bedeutung für die CIA. Die CIA war in Beirut gut vertreten. Beirut war für den Nahen Osten von zentraler Bedeutung; es war die am stärksten verwestlichte der arabischen Hauptstädte, Schauplatz eines Netzes von Intrigen, weil dort die mächtigsten und reichsten Libanesen verkehrten und wichtige Nachrichten über weniger zugängliche arabische Länder mitbrachten. Gemayels Bedeutung und die Qualität und Breite seiner Informationen wuchs. Für die CIA war er bald zu einem wichtigen Mann geworden, einer für diese Region maßgeblichen Quelle.
Zur gleichen Zeit entwickelte Gemayel sich im Libanon zu einem Führer von großer Ausstrahlung, einem patriotischen Visionär, der vom »neuen Libanon« sprach.
Inman hielt Gemayel aber immer noch für einen Mörder und meinte, die CIA solle den Pakt mit diesem Teufel beenden statt seiner Miliz für 10 Millionen Dollar verdeckte Hilfe zur Verfügung zu stellen. Die Israelis und Sharon heckten etwas aus; sie hätten zuviel Einfluß im Libanon und wollten noch mehr. Sharon, der seinem ehemaligen Generalskollegen Al Haig nahestand, heizte der Führungsschicht der Verwaltung kräftig ein, und der Druck, den er ausübte, wurde bald von Haig weitergegeben.
Cascy sah sich die Berichte der CIA-Stationen vor Ort an. Die Station in Beirut war überraschenderweise gegen Gemayel. In Übereinstimmung mit Inman hielt man Gemayel dort für einen Barbaren und zynischen Manipulator, der Israelis und Amerikaner gegeneinander ausspiele und sich abwechselnd beim einen und dann beim anderen ausweine, um Unterstützung und Ausrüstung zu erhalten. Die Station in Tel Aviv

meinte in Übereinstimmung mit der Ansicht Sharons und der Israelis, daß Gemayel der kommende Mann sei, ein Führer, der die Verhältnisse im Libanon wahrscheinlich stabilisieren werde. Der Bericht drückte nicht Bewunderung aus, empfahl aber eine Anpassung an die Realitäten. Casey hatte das Gefühl, daß die Situation keine andere Wahl ließ. Manchmal mußte die CIA eben auch mit weniger einnehmenden Persönlichkeiten zusammenarbeiten. Außerdem war Beschir Gemayel erklärter Gegner der PLO, die Casey auch nicht mochte und die er für eine wirkliche Bedrohung Israels hielt.
Auch in diesem Fall war Inman der Verlierer. Präsident Reagan unterzeichnete eine streng geheime Direktive, in der das verdeckte 10-Millionen-Dollar-Programm für Gemayels Miliz genehmigt wurde.

Mitte März 1982 hatte Inman eine weitere persönliche Entscheidung getroffen. In zwei Wochen würde er fünfzig sein. Bei der Navy hatte er erreicht, was zu erreichen war. Der einzige noch höhere Posten, der für ihn in Frage kam, war der des CIA-Direktors, und der war nicht verfügbar. Er näherte sich einem Punkt seines Lebens, von dem es kein Zurück mehr gab. Wenn er noch eine zweite Karriere anfangen wollte, dann mußte er es jetzt tun. Die Aussicht auf einen eintönigen Beraterjob war ihm unerträglich, dasselbe galt für einen Job im Rüstungsgeschäft oder als Bodenspekulant an der Küste von Maryland – Jobs, in denen pensionierte höhere Armeeoffiziere gewöhnlich landeten. Seine Söhne Thomas und William, beide Teenager, würden bald aufs College kommen. Nackte Tatsache war, daß Inman es sich nicht leisten konnte, sie auf ein teures privates College zu schicken. Nach fast dreißig Jahren bei der Navy umfaßte sein Besitz drei Posten – das mit einer großen Hypothek (8 Prozent auf 22 Jahre bei der Arlington Trust Company) belastete Haus in Arlington, ein paar tausend Dollar bei der Navy Federal Credit Union und ein paar Tausender in US-Savings-Bonds (Casey hätte darüber gelacht, daß jemand Geld in eine so wenig Gewinn bringende Kapitalanlage investieren konnte; er selber hatte keinen einzigen Dollar in staatliche Wertpapiere gesteckt).
Außerdem wurde Inman bewußt, daß sein Interesse am Nachrichtendienst erlahmte. Jahrelang hatte ihn die Beschaffung von Nachrichten fasziniert, und dann ebenfalls jahrelang deren Interpretation. Dann hatten die vielen Frühstückssitzungen mit Haig und Weinberger, zu denen Casey ihn mitgenommen hatte, sein Interesse an der Verwendung

von Nachrichten geweckt. Nachrichten zu gebrauchen hieß politisch zu handeln, und politisches Handeln war, was zählte, das wußte er jetzt. Er hatte den falschen Beruf.

Im März dieses Jahres hatte die öffentliche Enthüllung der Operation in Nicaragua einige Probleme in den Brennpunkt gerückt. Casey und Dewey Clarridge leiteten die Operation. DDO John Stein hatte sich bei Inman beklagt, daß er herausgedrängt werde. Obwohl die großen Linien der Operation nicht bewußt vor Inman geheimgehalten wurden, wurde er auch nicht an der Planung beteiligt. Zu kleinsten Details mußte er sich selbst Zugang verschaffen, und was er fand, gefiel ihm nicht. So sollte geheime Unterstützung an den ehemaligen Sandinisten Edén Pastora gehen, den berüchtigten Commander Zero, der nach der Revolution mit den Sandinisten gebrochen hatte. Pastora war für Inman eine »barracuda«, die zentralamerikanische Entsprechung zu Beschir Gemayel im Libanon. Pastora operierte von Costa Rica im Süden Nicaraguas aus. El Salvador lag im Norden Nicaraguas. Man brauchte nur einen Blick auf die Landkarte zu werfen, um zu sehen, daß Pastora mehr als 300 Meilen entfernt von möglichen Nachschubwegen für Waffen nach El Salvador operierte. Diese einfache Tatsache strafte jede Behauptung Lügen, die Operation in Nicaragua erfolge zur Unterbindung von Waffenlieferungen. Inman wußte, daß die Hilfe an Pastora das Ziel verfolgte, die Sandinisten zu entmachten und aus der Regierung zu vertreiben. Die kompromißlosen, wütenden Kommentare Caseys über das Regime in Nicaragua sagten Inman alles, was er wissen wollte.

Je tiefer Inmans Einblicke wurden, desto mehr wuchs sein Mißtrauen. Er stellte Fragen, sah sich noch mehr Akten an und begann, die Gründe zu hinterfragen, warum das Programm in Nicaragua als verdeckte Aktion geplant war. Er kam zu dem Schluß, daß die Administration keine Veröffentlichung wollte, um zu vermeiden, daß man innenpolitisch dafür bezahlen mußte. Die Operation sollte geheimgehalten werden, um eine öffentliche Diskussion zu vermeiden, davon war Inman überzeugt. Und weil sich jetzt, da die Operation aufgedeckt war, niemand dafür zu interessieren schien, lag eine weitere Schlußfolgerung auf der Hand: Da man offensichtlich mit verdeckten Operationen ungeschoren davonkam, selbst wenn sie an die Öffentlichkeit drangen, würden State Department, Weißes Haus, Casey, alle jetzt mehr davon wollen. Diplomatie war ein langwieriger, viel mühsamerer Prozeß, der sehr frustrierend sein konnte. Verdeckte Aktionen waren, auf den ersten Blick, billiger und mit

Sicherheit weniger frustrierend. Aber das war naiv gedacht. Die schnelle, einfache Lösung durch eine verdeckte Aktion war ein Wunschtraum. Inman hatte eine Abneigung gegen die vor Ort operierenden CIA-Agenten, die bis 1965 zurückging, als er stellvertretender Marineattaché in Stockholm gewesen war. Er hatte eine phantastische Quelle gehabt, die ihn mit wichtigen Daten über die Militärs anderer Länder versorgt hatte. Die CIA-Station, klein und arrogant, hatte versucht, ihm die Quelle wegzuschnappen, und als das fehlschlug, die Quelle auffliegen zu lassen, indem sie den schwedischen Behörden Hinweise zuspielte, daß es ein »Plappermaul« in ihren Reihen gab. Inman hatte das nie vergessen. Wann hatte je einer der geheimen paramilitärischen Pläne der CIA Erfolg gehabt? Nach Inmans Ansicht nie. Und selbst wenn es diesmal klappen sollte: eine neue, von den USA unterstützte Regierung konnte sich leicht als schlimmer herausstellen als ihre Vorgängerin oder sich als nicht regierungsfähig oder machtlos erweisen.

Wahrscheinlich war es richtig gewesen, verdeckte Aktionen zu organisieren, als die Sowjets in Afghanistan eingefallen waren oder als sie mit Hilfe kubanischer Truppen operiert hatten. So etwas konnte den Einsatz für Rußland erhöhen. Und dann konnten verdeckte Aktionen einer sowjetischen Propagandakampagne wirkungsvoll begegnen. Aber das war im allgemeinen auch schon alles.

Inman machte sich Sorgen über die Übergriffe, die mehr und mehr beim Sammeln von Informationen überhand nahmen. Heikle Abhöroperationen mit Hilfe von angezapften Telefonanschlüssen, Zimmerwanzen und andere Einrichtungen im Ausland wurden immer häufiger. Solche unerlaubten Aktionen mit Hilfe der Technik hatten natürlich ihre Vorteile, und man konnte damit beim Nachrichtensammeln Treffer landen, die im Weißen Haus gut ankamen. Etwa mit dem Wortlaut der Gespräche eines Premierministers. Inman war überrascht gewesen, wie viele amouröse Aktivitäten man aufgefangen hatte. In den vier Jahren als Direktor der NSA hatte er allerdings auch die Schattenseiten solcher Bemühungen kennengelernt. So wurde die Gefahr der Bloßstellung nicht ernst genug genommen. Außerdem hatten solche Versuche eine beschränkte Lebensdauer von achtzehn Monaten bis zu zwei Jahren. Dann würde die Wanze gefunden werden, die Batterie auslaufen oder eine technische Störung eintreten; die beschattete Person konnte an eine andere Stelle versetzt werden, oder eine Abwehrmaßnahme wurde absichtlich oder durch Zufall entwickelt.

Operationen dagegen wie Satellitenfotografie, das Auffangen von Funksignalen und anderen Signalen sowie das Entschlüsseln von Botschaften, Operationen also, die nicht den heimlichen Einsatz einer Wanze oder eines angezapften Telefons erforderten, waren zuverlässiger und weniger gefährdet. Diese Einstellung, bei der Nachrichtenbeschaffung Wert auf Handwerk und Methode zu legen, lief allerdings sowohl der neuen Tendenz zu verdeckten Aktionen wie der Ungeduld Caseys zuwider. Casey liebte es, im Weißen Haus Furore zu machen.

Vergangene Weihnachten hatte der ältere von Inmans beiden Söhnen seinem Vater eine Frage gestellt, die sich auf die aufreibende und nervenzerrüttende Arbeit des Vaters bezog und diesem immer noch durch den Kopf ging: »Wann lebst du eigentlich?«

Inman trat einen kurzen Urlaub auf Hawaii an, der zwei Wochen dauern sollte. Schon nach zehn Tagen kehrte er nach Langley zurück und platzte mit voller Absicht in eine Unterredung zwischen Casey und Clarridge hinein. Die beiden waren gerade damit beschäftigt, eine Armee aufzustellen, und Inman hatte dazu einige Fragen. Welches Ziel hatten die Contras? Was war die Absicht der CIA? Und der Administration? Gab es einen Plan? Ging aus der Verbindung mit Pastora nicht klar hervor, daß das Programm nichts mit dem Unterbinden von Waffenlieferungen zu tun hatte? Was wußte man von Pastoras Leuten überhaupt? Sie kämpften nicht, um El Salvador zu retten. Sie wollten Macht, das war es doch, oder? Es handelte sich hier um eine Operation, durch die die Regierung gestürzt werden sollte, richtig? Aber daraus ergaben sich Probleme mit der Direktive des Präsidenten, in der das Programm genehmigt wurde. Die CIA bewegte sich am Rand der Legalität, sie war mitten drin, die durch die Direktive gezogenen Grenzen zu überschreiten. Richtig?

Casey und Clarridge hatten darauf keine Antwort, und die Fragen gefielen ihnen nicht. Hier ging es um die Politik der Regierung, sie war bis hinauf zum Präsidenten gebilligt worden, vielleicht nicht direkt schriftlich fixiert, aber sie war auf jeden Fall das, was Reagan wollte. Casey war sicher, daß er damit auf festem Boden stand.

Nach einer halben Stunde wurde Inman steif und förmlich, mit Unbehagen stellte er fest, daß er nahe an einem Wutausbruch war. Er saß wie auf Kohlen. Einen Moment lang war er verblüfft, daß er überhaupt keine Reaktion provozieren konnte. Casey und Clarridge kümmerten sich nicht um seine Worte, sie wiegten sich so sehr in Sicherheit, daß sie nicht einmal zuhörten. Inman war ein Außenseiter. Ein Hindernis.

Schließlich stand er auf und stürmte hinaus. Es gab nichts mehr zu sagen. Das hatte Inman noch nie getan. Grundlage seines Aufstiegs in der Hierarchie des Geheimdienstes der Navy war seine Fähigkeit gewesen, besänftigend zu wirken, Konfrontationen zu vermeiden und dem Chef zu gefallen. Jetzt hatte er die Brücken zu Casey und zu seiner eigenen Vergangenheit abgebrochen.

Casey fand Inman zwar hervorragend qualifiziert, aber zu unflexibel – ein erstklassiger Mann, aber zu besorgt um sein Image und nicht bereit, seinen Ruf oder den der CIA zu riskieren, um eine unangenehme Arbeit zu erledigen; außerdem dachte er zuviel darüber nach, wie verdeckte Aktionen bei seinen liberal denkenden Freunden unter den Demokraten und bei den Medien ankommen würden. Inmans Weggang würde im Kongreß lästiges Aufsehen erregen, aber damit konnte man fertigwerden. Der Vorteil seiner Popularität bei beiden Parteien würde für Casey allerdings wegfallen. Aber Casey war inzwischen mit der Arbeit als CIA-Direktor in allen Aspekten vertraut, und ein Stellvertreter, der weniger um seine Wirkung auf die Presse besorgt war, konnte nützlicher sein.
Inman war der Ansicht, daß ihm nur noch die förmliche Kündigung übrigbleibe. Am 22. März verfaßte er ein drei Absätze umfassendes Schreiben an Präsident Reagan, in dem er den Präsidenten daran erinnerte, daß »ich letztes Jahr nur mit Zögern Ihrer Bitte nachgekommen bin, als stellvertretender Direktor der CIA zu fungieren ... Ich wäre Ihnen deshalb dankbar, wenn Sie meinen Rücktritt annehmen würden.« Inman pries die von Reagan begonnene Umstrukturierung der Nachrichtendienste und schrieb weiter: »Sie und Direktor Casey haben meine besten Wünsche für weitere erfolgreiche Arbeit.«
Er schickte Kopien des Briefes an Bush, Weinberger und Clark, ehe er ihn Casey gab mit der Versicherung, daß sein Entschluß feststehe. Casey hatte eine böse Vorahnung, daß der Inhalt des Schreibens durchsickern würde, aber der Rücktritt blieb geheim, und Casey konnte sich ungestört auf die Suche nach einen Nachfolger begeben.

Am Mittwoch, dem 21. April 1982 – etwa sechs Wochen nach dem Bericht der *Washington Post* über die geheime Operation in Nicaragua – suchte ich Goldwater auf in der Hoffnung, herauszubekommen, ob die CIA ihn in vollem Umfang über die Operation in Nicaragua aufgeklärt habe. Die Büros der Senatoren werden gehegt und gepflegt wie Renn-

autos von ihren Mannschaften. Überall an den Wänden und auf den Tischen sind Erinnerungen und Auszeichnungen zu sehen, darunter alle möglichen Statussymbole und Parteiabzeichen. In Goldwaters Büro lag jeder Kugelschreiber an seinem Platz. Das einzig Auffallende war die dürftige Stereoanlage auf einem Tisch hinter seinem Schreibtisch.
»Als Ben mich wegen der Sache in Zentralamerika anrief«, sagte Goldwater, wobei er Bradlee meinte, »hatte er gerade zehn Worte gesagt, als ich schon wußte, daß er alles wußte. Ich bin also ausgewichen, habe gesagt, ich könne mich nicht erinnern, er solle doch Bill Casey anrufen. Ich habe mich Ben gegenüber dumm gestellt.«
Er habe uns in die Irre geführt, aber nicht angelogen. Der Unterschied kam mir ein wenig sehr fein vor.
»Ich war der Ansicht, daß das amerikanische Volk es wissen sollte«, fügte Goldwater hinzu. »Ehrlich gesagt, könnte ich mich totlachen, daß es jetzt veröffentlicht worden ist.« Er hatte die Operation deshalb der *Time* gegenüber bestätigt.
Er erklärte seine Theorie der »overt covert«-Operationen der CIA – geheim, aber öffentlich, so war es richtig, keiner würde unliebsam überrascht sein, es würde keinen berechtigten Aufschrei der Öffentlichkeit geben. »Der Öffentlichkeit sollte davon viel mehr zugänglich gemacht werden. Das amerikanische Volk muß wissen, was sich tut ... 75 Prozent von dem, was wir zu hören bekommen, sollte an die Öffentlichkeit. Aus Regierungsstürzen halten wir uns raus. Vielleicht bereiten wir ein paar kleine wirtschaftliche Schwierigkeiten, oder wir helfen durch ein wenig Öffentlichkeitsarbeit oder eine andere Form der Unterstützung, aber wir stürzen keine Regierungen.« Goldwater wirkte unnachgiebig und entschieden. Es ging ihm nicht um die Moral, sondern um eine Aussage zur praktisch-politischen Realität.
Ob der gegen die Sowjetunion eingesetzte Geheimdienst irgend etwas tauge?
»Wir haben zur Zeit nicht viele Agenten drüben«, sagte Goldwater. »Ich weiß noch, daß wir vor zwölf Jahren nur fünf Agenten hatten, die drüben für uns arbeiteten.«
»Wir haben jetzt die beste Nachrichtenelektronik überhaupt«, meinte er dann zuversichtlich, »aber vielleicht nicht für lange.«
Und die Satelliten?
»Ich habe versucht, sie zur Herausgabe der Satellitenfotos zu bewegen, aber die Antwort war ein kategorisches Nein. Die Bilder würden sich in

Magazinen wirklich gut machen, aber es heißt, daß die Russen daraus Schlüsse ziehen könnten.« Die Russen wären dann in der Lage, unsere genauen technischen Fähigkeiten zu berechnen, und die seien größer, als sie bisher wissen, deutete Goldwater an.
»Aber sehen Sie«, sagte Goldwater, lehnte sich zurück und senkte die Stimme wieder, »Bilder sind gar nicht mehr so wichtig. Wir haben eine neue... « Er brach ab. »Ich kann darüber jetzt nichts sagen, aber es ist gespenstisch. Ich wünschte, wir könnten einmal nachts einen gemeinsamen Ausflug machen; Sie würden staunen.« Durch Infrarottechnologie, ein elektromagnetisches Verfahren oder auch eine weiterentwickelte Radartechnologie hatten die Vereinigten Staaten offensichtlich ein dem Bild überlegenes Verfahren entwickelt.
Goldwater wollte die Diskussion in eine andere Richtung lenken.
Und Casey?
»Ein guter Mann«, erwiderte Goldwater. »Aufrichtig. Seinerzeit ein tüchtiger Spion im OSS, ein richtiger Kerl mit einem« – Goldwater hob die Hand, als ob er eine imaginäre Klinge in seinen Schreibtisch rammen wollte – »Messer.« Er lachte.
»Aber«, fuhr er fort und schüttelte den Kopf, »jetzt machen wir das anders, und damit kann er nichts anfangen.«
»Ich nenne ihn Schlaffi.« Goldwater machte Casey nach; er spitzte die Lippen, prustete dann plötzlich los und spuckte einen feinen Speichelregen in die Luft. Auch Caseys mangelnde Offenheit fand er ein Problem.
»Wenn ich wissen will, was los ist, rufe ich Inman an«, sagte er. »Sobald die Verbindung da ist, weiß ich schon beim ersten Wort, ob er mir überhaupt etwas sagen wird.« Pause. »Sie wissen, daß wir Admiral Inman verlieren werden?«
Darüber war nicht einmal ein Gerücht in Umlauf. Ob es denn endgültig sei, daß Inman gehe?
»Ja, das ist es«, erwiderte Goldwater, und ließ merken, daß er versucht hatte, es zu verhindern. »Es wird uns schwerfallen, einen Nachfolger zu finden.«
Ein Assistent Goldwaters benachrichtigte das Weiße Haus, daß Goldwater die Sache mit Inman ausgeplaudert hatte. Später am selben Tag gab das Weiße Haus Inmans Rücktritt bekannt und veröffentlichte der Form halber dazu ein in aller Eile getipptes Schreiben.
Zwei Tage später verkündete Senator Richard G. Lugar, ein konservativer Republikaner aus Indiana und Mitglied des Ausschusses für den

Nachrichtendienst, er beabsichtige, dem Weißen Haus öffentlich einiges zur Ablösung Inmans zu sagen. Lugar, ein Freund Inmans, seit sie zusammen Ende der 50er Jahre als junge Nachrichtenoffiziere gedient hatten, sagte, Inman sei, was den Senatsausschuß betreffe, »unser Mann«. Ohne einen gleichermaßen kompetenten Nachfolger sei der Ausschuß vom Geschehen abgeschnitten. »Bill Casey ist ein fähiger Amerikaner, der einige gute Entscheidungen getroffen hat«, sagte Lugar, und dann ging er zum Angriff über: »Aber es gibt komplexe Zusammenhänge, die zu verstehen mehr Jahre erfordern würden, als Casey noch zu leben hat. Wir haben unsere Stimme für Casey und Inman zusammen abgegeben – für Casey, weil er Zugang zum Präsidenten hat, für Inman, weil er weiß, was los ist.«

Casey wußte natürlich, daß er als CIA-Direktor ein öffentlicher Prügelknabe war, und wäre nicht überrascht gewesen, von den Demokraten und von liberalen Politikern, die dem CIA argwöhnisch gegenüberstanden, herumgeschubst zu werden. Lugar allerdings gehörte wie er zu den Republikanern und war im allgemeinen zurückhaltend in seinen Kommentaren. Casey hatte den Verdacht, daß hier Inmans Hand im Spiel war.

In Interviews kam Inman nicht auf die Punkte zu sprechen, die zwischen ihm und Casey und der Administration strittig waren. Er fühlte sich im Recht, aber hier ging es um politische Entscheidungen, die vom Präsidenten und vom Direktor der CIA getroffen werden mußten. Es sollte keine öffentlichen Anprangerungen und Beschuldigungen geben, die Loyalität sollte gewahrt werden. Inman sagte nur, er habe sein Interesse am Krieg der Bürokratie verloren. Seine Beziehungen zu Casey seien gut, aber nicht eng.

Beim Abschied fragte Casey Inman, warum er der Presse gesagt habe, daß ihre Beziehung nicht eng gewesen sei.

Inman erinnerte Casey daran, wie positiv er ihn in seinen öffentlichen Äußerungen erwähnt habe.

Aber Casey war gekränkt.

»Kalt«, sagte er zum Schluß barsch.

Für Inman war es schlicht die Wahrheit. Ihre Beziehung war nicht eng gewesen. Über zu viele Dinge im Nachrichtendienst und in der Welt waren sie verschiedener Meinung gewesen.

Inman nahm einen Job als Leiter eines Forschungskonsortiums der Microelectronics and Computer Technology Corporation (MCC) an, die

von zehn großen Hochtechnologiefirmen in Texas gegründet worden war, um einen Supercomputer zu entwickeln, der dem menschlichen Denken nahekam, Daten integrieren und mischen und jeden Kode knacken konnte.
Unter den mehreren hundert Angestellten der MCC war auch der ehemalige Angestellte des Ausschusses für den Nachrichtendienst, Ted Ralston. Casey und Inman sprachen nie mehr miteinander.

Casey bekam vom Weißen Haus eine Frist von 48 Stunden eingeräumt, um einen neuen Mann für Inmans Stelle zu finden, der dem Senatsausschuß genehm war. Die einzige Möglichkeit war John McMahon, früher DDO unter Turner, dann Leiter der analytischen Abteilung und jetzt geschäftsführender Direktor der CIA, hierarchisch gesehen also der dritte Mann. Nicht entschlossen und durchsetzungsfähig genug, ein guter und effektiver DDO zu sein, hatte McMahon eine Lösung zwischen Unabhängigkeit und Loyalität für sich gefunden. Er konnte Krach schlagen, aber auch Befehle ausführen. Letzteres machte er ohne inneren Widerwillen. Er war kein Kriecher wie Hugel und kein Außenseiter wie Inman. Verdeckten Aktionen stand er skeptisch, aber nicht ablehnend gegenüber. Dem Kongreß würde er sich wohl ohne Schwierigkeiten verkaufen lassen.
Im Verlauf seiner Karriere war McMahon zu der Überzeugung gelangt, daß die CIA neben der abenteuerlichen technischen Spionage und den Informanten vor Ort auch über sogenannte »Grundwahrheiten« Bescheid wissen mußte. Dazu reichte das Aufstellen toter Briefkästen nicht aus; man mußte in die Kirchen hinter dem Eisernen Vorhang gehen und sich in die Brotschlangen einreihen.
Ein ehemaliger Geheimagent der CIA und jetzt Autor von Spionageromanen hatte geschrieben, daß die CIA einmal vielleicht die glänzendsten Köpfe vereinigt habe, die je für eine Organisation gearbeitet hatten, Leute, die in jedem Land der Erde zu Hause seien – außer in ihrem eigenen. Genau dies war in den 70er Jahren vor den Ermittlungen über den Nachrichtendienst geschehen. McMahon wußte, wie leicht es war, den Kontakt zu verlieren.
Um an eine Dosis Grundwahrheit zu kommen, gab es kein besseres Mittel als eine Runde im Kongreß zu machen. Da CIA-Direktoren vom Senat bestätigt werden mußten, suchte McMahon eine Reihe Senatoren auf, die Mitglied des Ausschusses für den Nachrichtendienst waren, und

dabei stellte er fest, daß das Hauptgesprächsthema immer Casey war. Überall stieß er auf Mißtrauen. Die Palette reichte von Senatoren, die sicherstellen wollten, daß McMahon ihnen für Fragen zu Verfügung stand, bis zu Leuten wie Pat Leahy, die McMahon gleich für alle Ewigkeit als ihr Frühwarnsystem in Dienst nehmen wollten.
McMahon machte die richtigen Versprechungen und war überrascht, daraufhin zu erfahren, wie viele Senatoren Groll gegen Casey hegten. McMahon hielt Casey für zu klug, als daß er die Senatoren hinters Licht führte, aber offensichtlich hatten sie genau dieses Gefühl. Als McMahon sich danach mit Casey besprach, meinte er, Casey verdiene eine ehrliche Einschätzung der Situation. Von den fünfzehn Senatoren hatten McMahons Bericht zufolge über die Hälfte die Messer gezückt.
»Bill«, sagte McMahon, »der Kongreß braucht ein paar Streicheleinheiten.«
Dann müsse er sie eben bekommen, stimmte Casey zu.

In diesem Frühjahr beanspruchte ein weiterer Krisenherd Caseys Aufmerksamkeit; Argentinien hatte in einer Invasion die britische Kronkolonie der Falkland-Inseln besetzt. Die Reagan-Administration war anfangs um Neutralität bemüht gewesen, hatte sich schließlich aber auf die Seite ihres ältesten Verbündeten gestellt. In der Presse gab es Berichte, denen zufolge die Briten von US-Satellitenfotos profitiert hatten.
Casey korrigierte diese Information nicht, obwohl sie falsch war. In Wirklichkeit wurde das Gebiet des südlichen Atlantiks damals noch nicht überwacht. Erst später starteten die USA einen Satelliten zur Überwachung der Region, und die Sowjets folgten mit zwei der ihren. Der eigentliche Durchbruch für den Nachrichtendienst war im Falkland-Konflikt Informanten zu verdanken, jenen guten Quellen, die mit der regierenden Junta in Buenos Aires in engstem Kontakt standen. Argentinien hatte sich der Illusion hingegeben, die Vereinigten Staaten würden neutral bleiben, und die Erklärungen der Botschafterin der Vereinten Nationen, Jeane Kirkpatrick, ernst genommen. Es war schließlich zu einem stetigen Datenfluß von der CIA-Station und den US-Militärattachés in Buenos Aires an Langley und weiter an das State Department und das Weiße Haus gekommen. Dann ging es nur noch darum, wer damit am schnellsten bei den Briten war.
Casey hielt die NATO für ein durchlässiges Sieb, als erklärter Anglo-

philer hatte er aber sichergestellt, daß der Verbindungskanal zwischen CIA und MI-6 offen war. Schließlich wurden Nachrichten gesammelt, um verwendet zu werden. Und der Präsident hatte sich für einen Schwenk der Politik zugunsten der Briten erklärt. Es ging also nur darum, ein paar geheime Daten an einen Verbündeten weiterzugeben, der in einen Krieg verwickelt war, ganz zu schweigen von den politischen Implikationen – der Verbleib von Premierministerin Thatcher im Amt hing vom Ausgang des Krieges ab. Insgesamt ein Erfolg für den Nachrichtendienst, der aber nicht veröffentlicht werden konnte.
Der politische Schwenk würde zwar Argentinien aus der Operation in Nicaragua vertreiben und damit das »Feigenblatt« von einem Projekt nehmen, das immer mehr zu einem Unternehmen der CIA wurde. Aber auch das würde nur von Vorteil sein. Clarridge bekäme dadurch, so befand Casey, eine freiere Hand beim Aufbau seiner Contra-Armee. Caseys Bewunderung für Clarridge wurde im Verlauf der Arbeit immer größer.

Am Mittwoch, dem 26. Mai 1982, um 10.30 Uhr vormittags erschien McMahon vor einer geschlossenen Sitzung des Senatsausschusses; dort sollte nach einer Anhörung durch den Senat über die Bestätigung seiner Nominierung entschieden werden.
McMahon sagte aus, er sei sehr froh darüber, daß der Ausschuß der CIA über die Schulter sehe; seine Aufsicht zwinge die CIA zur Disziplin. Er wolle nicht, daß der Geheimdienst im Zwielicht abseits vom politischen Geschehen stehe. In einer ungewöhnlich milden Stellungnahme zu den Ausschüssen in Senat und Repräsentantenhaus meinte er, die Ausschüsse würden auch ihn persönlich schützen. »Was mich als Einzelperson betrifft, die vor Kontrollausschüssen aussagen muß, so stärkt mich das Wissen, daß unsere Pläne und Absichten auch von den Mitgliedern dieser Ausschüsse, den Vertretern des amerikanischen Volkes, geteilt werden ... Es bedeutet einen Schutz für mich und einen Schutz für die Institutionen des Nachrichtendienstes, zu wissen, daß der Kongreß bei diesen Programmen ein Partner ist.«
Senator Moynihan legte Wert auf die Feststellung, daß auch der Ausschuß Schutz brauche. »Wir müssen daran glauben können, daß Sie uns alles sagen werden, was wir wissen müssen. Wir haben keine andere unabhängige Informationsquelle. Wir sind auf Vertrauen angewiesen...« Er machte eine Pause.

»Wenn Ihnen je zu Ohren kommen würde, daß man diesem Ausschuß falsche Informationen vorlegt ... daß der Ausschuß falsch informiert oder in die Irre geführt wird ... würden Sie es als Sache der persönlichen Ehre und der beruflichen Verantwortung betrachten, dem Ausschuß das mitzuteilen?«

»Jawohl«, erwiderte McMahon. »Ich kann mir allerdings nicht vorstellen, daß ein Mitglied des Nachrichtendienstes in einer verantwortlichen Position je den Versuch unternehmen wird, den Kongreß irrezuführen oder ihm falsche Interpretationen von Fakten und Ereignissen vorzulegen.«

»Dazu möchte ich nur noch einen letzten Gedanken äußern«, sagte Moynihan und sah McMahon unbewegt an, »... es ist nicht Ihr Job und sollte nie Ihr Job sein, sich *nicht* vorzustellen, daß so etwas geschehen kann.«

»Ich bitte um Verzeihung«, antwortete McMahon.

Andere Senatoren stellten direktere Fragen zu Caseys Ehrlichkeit. Sie wollten, daß McMahon über seinen Chef herfiel, daß er zugab, Casey sei imstande, sie zu hintergehen. »Ich kann mir nicht vorstellen, daß einer meiner Vorgesetzten das tun würde«, wiederholte McMahon nur.

Moynihan sprang auf: Schon wieder dieser Mangel an Vorstellungskraft. Er unterbrach McMahon und betonte noch einmal, McMahon müsse immer mit der Möglichkeit rechnen, daß so etwas vorkam.

»Ich würde gern den Ruf der CIA verbessern«, erwiderte McMahon.

Am nächsten Tag erfolgte der offizielle Auftritt McMahons vor dem Ausschuß.

Moynihan sagte: »Wenn sich jemand dafür interessiert, was es bedeutet, in diesem Land den Beruf eines Beamten des Nachrichtendienstes zu haben, so kann ich ihm nur empfehlen, die Offenlegung der privaten finanziellen Verhältnisse Mr. McMahons zu lesen. Sie besteht aus dreißig leeren Seiten.«

Der Saal brach in Gelächter aus.

»Dort hinten steht die Sammelbüchse«, erwiderte McMahon und zeigte auf den Tisch.

Das Gelächter wurde lauter.

McMahons Nettoeinkommen war tatsächlich nicht üppig. Sein Gehalt betrug 1981 52 749 Dollar; sein übriges Einkommen belief sich auf 658 Dollar an Zinsen aus rund 10 000 Dollar in der Credit Union der CIA; seine Wohnung am Stadtrand hatte einen Schätzwert von etwa

170 000 Dollar, abzüglich einer seinen Schwiegereltern geschuldeten Hypothek von 30 000 Dollar.
Senator Malcolm Wallop, ein konservativer Republikaner aus Wyoming, war überzeugt, daß es Berufsbeamten des Geheimdienstes wie McMahon in erster Linie darum gehe, den Ruf des Nachrichtendienstes zu schützen, und nicht darum, ihren Auftrag gegenüber der Regierung zu erfüllen. Solche Männer saugten selbst die Kraft und den politischen Willen so starker Konservativen wie Casey aus. Wallop glaubte, daß Casey die Führung im Nachrichtendienst abgegeben habe. Nicht einmal verdeckte Aktionen, Caseys Spezialität, hätten den gewünschten Gewinn gebracht. Es sei Zurückhaltung zu spüren, das Geld des Landes, seine Leute und sein Prestige für Dinge einzusetzen, die von entscheidender Bedeutung sein könnten. Agenten im Ausland erhielten nicht die elektronische Ausrüstung, die sie brauchten, und könnten nicht so selbständig operieren wie nötig. Kleine, billige und relativ risikolose Zapfstellen und Wanzen könnten überall mit Leichtigkeit angebracht werden, aber die Leiter der CIA-Stationen müßten erst die Erlaubnis der Zentrale einholen, ehe sie etwas unternähmen. Das Ergebnis sei übertriebene Vorsicht. Der Nachrichtendienst führe Operationen durch, um sich selbst zu beeindrucken – »technologische Nabelschau« nannte Wallop das –, und gebe oft Millionen Dollar aus, um pikanten, aber wertlosen Klatsch über Privatleben, Gesundheit und Reisen wichtiger Politiker zu sammeln oder Fotografien bester Qualität von Politikergesichtern und schnellen Autos aufzunehmen.
Die CIA gehe nicht flexibel genug auf neue Ideen ein, sie setze sich nicht mit den Leuten auseinander, die ihre Ansichten in Frage stellten. Wallop machte ausgiebig von der Gelegenheit Gebrauch, seiner Frustration Ausdruck zu verleihen, und drosch wild auf McMahon ein mit Beschimpfungen wie »Professionalismus«, »bürokratisches Intrigantentum« und »Politik des geringsten Widerstands«.
McMahon gab ihm gelegentlich zurück, aber es war allen klar, daß er weder ein Kandidat der Linken noch einer der Rechten war.

Goldwater hatte Überraschungen satt und deshalb vier höhere Beamte des Ausschusses sämtliche Personal- und Sicherheitsakten McMahons lesen lassen. Aus dem fünfzehn Zentimeter dicken Ordner ging hervor, daß McMahon sauber war; im Zusammenhang mit Mordanschlägen, Drogen und Inlandsspionage war sein Name nie aufgetaucht. Ein einziges

Mal hatte er gegen die Sicherheitsbestimmungen verstoßen; ein Safe seines Büros war nicht abgeschlossen gewesen. Und diese eine Übertretung sprach Bände. Es war die Schuld einer Sekretärin gewesen, die bei einem zweiten solchen Vergehen keine Gehaltserhöhung mehr bekommen hätte. McMahon, der loyal zu seinen Untergebenen stehende Chef, hatte die Sache ausgebadet.
Goldwater stellte McMahon also einige harmlose Fragen, und nach ihm hielt Biden eine Lobrede auf Inman und sagte an die Adresse Caseys: »Für manche von uns sind die Äußerungen von Mr. Casey nicht immer ... ich meine, wenn er etwas sagt, sind wir nicht immer gleich vollkommen überzeugt, daß es die ganze Wahrheit ist.« Darauf hielt er einen langen Vortrag über die Notwendigkeit, daß McMahon als Überwacher der CIA im Auftrag des Ausschusses agieren müsse.
Goldwater sagte, Inman habe immer ein Zeichen gegeben, wenn Casey vom rechten Weg abkam. »Ich denke, wenn der neue stellvertretende Direktor die Gewohnheit des Admirals übernehmen würde, sich die Socken hochzuziehen, wenn etwas gesagt wurde, was...«
Der Senat brüllte vor Lachen.
»Oder«, fügte Biden hinzu, »Sie schieben einfach Ihren Stuhl zurück. Inman schob ihn immer so zurück, wie ich es Ihnen jetzt vormache.«
»Wenn ich Ihnen dazu etwas sagen darf, Herr Vorsitzender, und auch Ihnen, Senator Biden«, sagte McMahon, »ich glaube, wenn Direktor Casey von den Beobachtungen, die Sie gemacht haben, liest oder hört, wird er sicher alles tun, Ihre Ängste zu beschwichtigen, und ich glaube, daß er sich persönlich darum bemühen wird, wenn er wieder vor Ihnen erscheint.«
Der Ausschuß billigte die Berufung McMahons einstimmig, der Senat folgte dem Antrag ebenfalls einstimmig.

Daß die Methoden der Planungszentrale für geheimdienstliche Operationen ziemlich rostig waren, wurde Ende März 1982 besonders deutlich. Ein dreizehn Mann starkes, von der CIA unterstütztes Team von Jemeniten, das zu Sabotagearbeiten in den von den Sowjets kontrollierten Staat auf der arabischen Halbinsel geschickt worden war, war gefaßt worden. Die Operation, gemeinsam ausgeführt mit dem saudiarabischen Geheimdienst, war eine der wenigen von der Carter-Administration gebilligten paramilitärischen Hilfsaktionen gewesen und in deren Zeit vorbereitet worden. Die Jemeniten wurden gefoltert und gestanden, daß

sie von der CIA ausgebildet worden waren. Casey fragte sich, wie die CIA sich jetzt noch aus der Sache herausziehen konnte. Wo war die Geheimhaltung der Operation geblieben? Bei der theoretischen Planung des Unternehmens war man davon ausgegangen, daß die Jemeniten nur mit Mittelsmännern oder V-Männern zu tun haben würden, also gar nichts von der Beteiligung der CIA wissen sollten. Es stellte sich heraus, daß das einzige Mittel, den angeworbenen Jemeniten einen Erfolg der Operation glaubhaft zu machen, gewesen war, die Beteiligung der CIA aufzudecken.
Ein zweites Team von Jemeniten, das bereits in den Südjemen eingeschleust worden war, mußte zurückbeordert und die Operation abgebrochen werden. Einige Wochen später gab die Staatsanwaltschaft des Südjemen bekannt, daß sich alle dreizehn des Schmuggels von Sprengstoff schuldig bekannt hätten, um Ölförderanlagen und andere wichtige Ziele in die Luft zu jagen. Drei Mitglieder des Teams wurden zu fünfzehn Jahren Gefängnis verurteilt, der Rest wurde hingerichtet.
Caseys erste verdeckte paramilitärische Operation dagegen, die Unterstützung Habres im Tschad, war ein Erfolg. Am 7. Juni 1982 brachten rund 2000 Soldaten Habres die Hauptstadt des Tschad, Ndjamena, unter ihre Kontrolle und richteten eine provisorische Regierung ein. Für den Moment war Gaddafis Einfluß im Tschad zurückgedrängt, Gaddafis Nase »blutig geschlagen«, wie Haig und Casey es gewollt hatten. Der libysche Führer sah sich jetzt entlang der 600 Meilen langen Südgrenze einer von Franzosen und Amerikanern unterstützten feindlichen Regierung gegenüber.
Das Klima schien endlich günstig, die Unterstützung des Weißen Hauses für eine begrenzte geheime Hilfsoperation für die einzige antikommunistische Widerstandsbewegung der Welt zu gewinnen, der man legal Hilfe zukommen lassen konnte – Kambodscha. Hilfe für den Widerstand in Angola war gesetzlich verboten; die Operationen in Nicaragua und Afghanistan waren im Gang.
Bei der bloßen Erwähnung verdeckter Aktionen in Südostasien sträubten sich allen Mitarbeitern des Geheimdienstes die Haare. Die Region war ein neuralgischer Punkt. Aber Casey beharrte darauf, daß man sich den Blick nicht durch die Vergangenheit verstellen lassen dürfe. Die Administration müsse eine konsequente Politik betreiben, und die Bemühungen, jeden zu unterstützen, der gegen die Kommunisten kämpfe, müßten universal sein. Auch die Sowjets unterstützten die Subversion

weltweit; die Vereinigten Staaten dürften demgegenüber nicht zurückstehen. Ein Problem ergab sich freilich daraus, daß die stärkste Opposition gegen das kommunistische Regime in Kambodscha, das nichts weiter als eine Marionette Vietnams war, die Roten Khmer waren. Und die Roten Khmer waren selbst Kommunisten und für ihre notorische Grausamkeit bekannt. In der Zeit ihrer Herrschaft über das Land von 1975 bis 1979 hatten sie eine Million, möglicherweise sogar drei Millionen Kambodschaner umgebracht.

Es gab allerdings noch zwei weitere, nichtkommunistische Widerstandsgruppen in Kambodscha, und Casey plädierte dafür, ihnen finanzielle Unterstützung zukommen zu lassen. Die CIA habe ihr verpflichtete Offiziere in der thailändischen Armee, über die das Geld transferiert werden könne; dadurch sei sichergestellt, daß es nicht den Roten Khmer zugute komme.

Eine Reihe Beamter im State Department war anderer Meinung. Sie argumentierten, daß die Roten Khmer mit den beiden nichtkommunistischen Gruppen in einer losen Koalition verbunden seien und sie beherrschten. Diese Gruppen zu unterstützen bedeute deshalb nichts anderes, als die Roten Khmer zu unterstützen.

Casey mußte sich mit nichtmilitärischer Unterstützung begnügen, und im Herbst 1982 unterzeichnete Präsident Reagan eine Direktive, die 5 Millionen Dollar an Hilfsgeldern für die nichtkommunistischen Gruppierungen zur Verfügung stellte. Obwohl das Geld nicht für Waffenkäufe verwendet werden durfte, konnte damit anderes Geld für militärische Ausrüstung freigesetzt werden.

In jenem Frühjahr traf sich Casey mit dem israelischen Verteidigungsminister Sharon, der in Washington die Runde machte. Sharons Sorgen drehten sich um Libanon und die Hochburgen der PLO. Er sprach von Gegenmaßnahmen – sollten die Libanesen dies tun, werde Israel das tun; wenn die PLO hier zuschlage, werde Israel dort zuschlagen. »Libanon«, sagte Sharon, und beißender Sarkasmus lag in seiner Stimme, als ob das Land eine geographische Fiktion wäre. »Seien Sie nicht überrascht. Legen wir doch die Karten auf den Tisch. Wenn Sie nichts unternehmen, handeln wir. Wir können das nicht tolerieren.«

Casey verstand. Libanon war der einzige arabische Staat, in dem Israel seinen Einfluß ausdehnen konnte. Casey kam zu dem Schluß, daß Sharon Umstände schaffen wollte, die ein militärisches Vorgehen Israels

rechtfertigen würden. Im Libanon werde es zu Vorfällen kommen, die keine andere Wahl lassen, sagte Sharon. Es war auch klar, daß der israelische Premierminister Menachem Begin ganz im Bann Sharons stand. Sharon hatte das Sagen.
Casey war von Sharons Stil angetan. Sharon war ein Mann der Tat und ein Denker, ein Mann, dem die Verwundbarkeit und das Schicksal seines Landes bewußt waren.
Am 6. Juni 1982 fiel Israel mit der erklärten Absicht, die Terroristen der PLO aus dem Südlibanon zu vertreiben, im Libanon ein. Als Rechtfertigung nannte Israel den Attentatsversuch auf den israelischen Botschafter in London drei Tage zuvor. Die Invasion wurde »Operation Frieden für Galiläa« genannt.
Der israelische Geheimdienst, die CIA und die Briten wußten allerdings bald, daß der genannte Grund reiner Schwindel war. Die Attentäter von London gehörten zur Gruppe um Abu Nidal, die sich von der PLO abgespalten hatte und mit der Hauptlinie der PLO im Libanon verfeindet war. Israel traf die falschen Palästinenser. In den Augen Sharons war der Unterschied freilich gering. Innerhalb weniger Tage stand die Israeli Defence Force (IDF, israelische Verteidigungsmacht) vor Beirut.
Die Situationsanalyse der CIA zeigte die großen Chancen, aber auch die großen Risiken auf, die sich hier ergaben.
Casey beraumte eine Sitzung in seinem Büro an. Eine Frage, die auftauchte, war die, ob Israel von den USA gelieferte Waffen benutze. Einige Sitzungsteilnehmer äußerten die Befürchtung, die USA könnten dadurch als Komplizen betrachtet werden und der Kongreß könnte anfangen, Fragen zu stellen.
»Das ist mir verdammt egal«, sagte Casey. »Die Situation ist kritisch. Es kann alles mögliche passieren. Mein einziges Problem besteht darin, herauszufinden, wie wir die ganze Angelegenheit für unser Land ausnutzen können.«
Beschir Gemayel spielte im Libanon eine zunehmend wichtigere Rolle und hatte im Lauf der Jahre enge Verbindungen zu Sharon und dem israelischen Geheimdienst Mossad aufgebaut. Die CIA hatte die Beziehungen angebahnt, Christen und Israelis miteinander in Verbindung gebracht und Beschir Gemayel zu einer wertvollen, von CIA und Mossad geteilten Nachrichtenquelle gemacht.
Die CIA tendierte dazu, im Libanon gegen die Moslems für die Christen Partei zu ergreifen. Altgediente CIA-Agenten, die im Libanon gedient

hatten, wußten allerdings, daß die Christen und besonders Gemayel und seine Falangisten genauso brutal wie die anderen waren. Es war eine gefährliche Beziehung.
»Welche wertvolle Beziehung ist das nicht?« meinte Casey, bemüht, die Sorgen der Skeptiker in der CIA zu beschwichtigen.
Manches sprach dafür, daß Gemayel Präsident werden würde. Seine Rivalen in den christlichen Parteien hatte er beseitigt. Seine guten Beziehungen zu den Invasionstruppen Israels waren ihm eine zusätzliche Hilfe. Die pro-israelischen Kräfte im Libanon setzten ihre Hoffnung auf Gemayel. Die anti-israelischen Kräfte (Moslems und die linksstehenden Drusen unter Walid Dschumblatt) sahen in Gemayel die einzige Person, die Israel vielleicht zum Rückzug bewegen konnte. Gemayel war zum Angelpunkt geworden.
Casey billigte einen Plan der CIA, die Beziehung zu Gemayel abzubrechen, da dieser jetzt ganz offenkundig Wichtigeres zu tun hatte, als für die CIA zu arbeiten. Seit 1977 bekannt geworden war, daß König Hussein von Jordanien zwanzig Jahre lang bezahlter CIA-Agent gewesen war, sah der Nachrichtendienst Staatsoberhäupter nicht mehr gern auf seiner Gehaltsliste. Gemayel rückte immer mehr ins Rampenlicht, und eine Enthüllung seiner Beziehung zur CIA konnte seine Karriere, wenn nicht sein Leben beenden. Die Beziehung war eines der strengstgehüteten Geheimnisse. Kein Mittel wurde gescheut, es zu wahren, aber eine absolute Garantie gab es nie.
Am 23. August 1982, zweieinhalb Monate nach der israelischen Invasion, wurde Gemayel zum Präsidenten des Libanon gewählt und damit beauftragt, sein Amt im folgenden Monat anzutreten. Die wenigen, die von der erst kurz vorher beendeten Beziehung zur CIA wußten, empfanden bei der Nachricht eine Mischung aus Freude und Entsetzen. Freundschaften wie Feindschaften hielten im Libanon nicht lange. Dieselben Umstände, die Gemayel als Führer geeignet erscheinen ließen, schufen ihm auch zahlreiche Feinde. Die Moslems fühlten sich durch den Aufstieg Ayatollah Khomeinis im Iran gestärkt; die mit guten finanziellen Mitteln versehene PLO war im Libanon immer noch präsent, obwohl der Abzug von 11 000 PLO-Männern und ihres Vorsitzenden Jasir Arafat aus Beirut schon begonnen hatte.
Strategisch gesehen würde ein mit Israel und den Vereinigten Staaten verbündeter Libanon unter Gemayel das regionale Kräftegleichgewicht stören. Das mächtige Syrien im Norden und Westen hielt seit 1976 das

Bekaa-Tal im Libanon besetzt und betrachtete darüber hinaus im Grunde den ganzen Libanon als Teil Syriens. Auch die Sowjetunion als Verbündeter Syriens war über die Entwicklung nicht glücklich.

Angesichts dieser Front innerer und äußerer Feinde ließ Gemayel der CIA eine Nachricht zukommen, in der er um geheimen Schutz und nachrichtendienstliche Unterstützung nachsuchte.

Casey hielt es für die Pflicht der CIA, Gemayel zu helfen. Offen konnte das allerdings nicht geschehen, eine verdeckte Operation in großem Maßstab war notwendig. Um wirkungsvoll operieren zu können, würde die CIA sich auf engere Beziehungen zum libanesischen Geheimdienst einlassen müssen. Mit ihm würde die CIA hochentwickelte Waffen und elektronisches Überwachungsgerät teilen und ein gemeinsames Netz von Nachrichtenkanälen aufbauen müssen. Präsident Reagan billigte die Hilfsoperation in einer Direktive, die einen anfänglichen Kostenaufwand von 600 000 Dollar vorsah. Diese Summe sollte dann rasch auf zwei bis vier Millionen Dollar pro Jahr erhöht werden.

Am Nachmittag des 14. September 1982, neun Tage vor seinem vorgesehenen Amtsantritt, sprach Gemayel im Büro seiner Falange-Partei im Osten Beiruts. Um fünf sollte er eine Gruppe israelischer Geheimdienstler treffen, die sich in Beirut umsahen. Um 4.10 Uhr detonierte eine Bombe, die das Gebäude zum Einsturz brachte und ihn unter den Trümmern begrub.

Die CIA war noch gar nicht dazugekommen, das geheime Hilfsprogramm in Gang zu setzen. Auch deutete nichts darauf hin, daß die Beziehung zur CIA durchgesickert war.

Trotzdem war die Ermordung einer so wertvollen ehemaligen Quelle für die CIA ein schwerer Schlag. Die mehreren Millionen Dollar, die für die Hilfsoperation bereitgestellt worden waren, wurden im Eventualitätenfond des Präsidenten belassen.

Der Anschlag war nur das erste einer Reihe verheerender Ereignisse. Kaum zwei Tage später ermöglichten die israelischen Truppen Einheiten der Falange, in die palästinensischen Flüchtlingslager in Beirut einzudringen, wo sie schrecklichste Racheaktionen durchführten. Die Namen zweier dieser Lager, Sabra und Shatilla, sind in die Geschichte eingegangen. Der israelische Geheimdienst gab die Zahl der palästinensischen Opfer mit 700 bis 800 an; darunter sehr viele Frauen und Kinder. Die Berichte von dem Gemetzel schockierten die ganze Welt – Leichen von

Babys in Windeln, von alten Leuten, ganze Leichenhaufen hatte man aufgeschichtet. Selbst Pferde, Hunde und Katzen hatte man niedergemetzelt. Brüste und Penise waren abgeschnitten worden; in das Fleisch vieler Opfer hatte man das christliche Kreuz geschnitten, schwangeren Frauen den Bauch aufgeschlitzt.
Innerhalb der folgenden zwei Wochen bezogen die US-Marines die Kasernen in der Nähe des Flughafens, eine strategische Position. Sie sollten den Frieden aufrechterhalten, dem Libanon Hilfe leisten und schließlich den Rückzug fremder Truppen überwachen.
Sowohl Mossad als auch der militärische Geheimdienst Israels leiteten Untersuchungen ein, um herauszufinden, wer Gemayel umgebracht hatte. Die Spur führte zu dem 26jährigen Habib Chartouny, dessen Familie der Syrischen Volkspartei angehörte, die mit der Falange rivalisierte. Gemeinsam mit dem libanesischen Nachrichtendienst fanden die Israelis heraus, daß Chartouny einen elektronisch ferngesteuerten Zünder an der Bombe angebracht hatte.
Chartounys Auftraggeber war ein Hauptmann des syrischen Geheimdienstes namens Nassif. Er hatte Chartouny eingeredet, die Bombe sei lediglich dazu bestimmt, Gemayel einen Schrecken einzujagen, nicht ihn zu töten. Nach einer eingehenden Analyse des Nachrichtenmaterials, darunter auch elektronisch aufgefangener Daten und Berichte der besten Agenten des Mossad in Syrien, fand Israel heraus, daß Nassif unmittelbar Oberstleutnant Mohammed G'anen unterstand, der die Operationen des syrischen Geheimdienstes im Libanon leitete. Sowohl der Geheimdienst der syrischen Armee als auch der der syrischen Luftwaffe hatten von dem geplanten Bombenattentat gewußt, desgleichen der Bruder des syrischen Präsidenten Hafez Assad, Rifaat Assad, Leiter der Sicherheitskräfte des Landes.
In Israel war man davon überzeugt, daß auch Präsident Assad, der sein Land in eisernem Griff hielt, von dem Plan gewußt hatte. Einen Beweis dafür gab es allerdings nicht, und die nachrichtendienstlichen Berichte, die die Mittäterschaft der Offiziere des syrischen Geheimdienstes aufzeigten, wurden streng geheimgehalten.
Casey konnte die vom israelischen Geheimdienst erstellten Berichte einsehen. Sie waren überzeugend genug. Genauso wichtig und notwendig war allerdings die Überlegung, wer am meisten von Gemayels Tod profitiert hatte. Wer brauchte einen schwachen Libanon? Wer fürchtete eine enge Verbindung zwischen Israel und Libanon am meisten? Die

Antwort darauf lag auf der Hand: Syrien. Casey mußte sich allerdings damit abfinden, daß Weißes Haus und State Department nicht bereit waren, die Rolle, die Syrien gespielt hatte, offenzulegen. Syrien war für das Weiße Haus so wichtig, daß man mit dem Land nicht brechen wollte. Dem Leiter des militärischen Geheimdienstes von Israel, Generalmajor Saguy, war klar, daß jeder Versuch der USA, die Informationen über die Verwicklung Syriens auszunützen, taktisch unklug war. Saguy stand den Beziehungen seines Landes zu der Falange-Partei Gemayels schon seit langem mit großer Skepsis gegenüber, und er sah jetzt, daß der Libanon für die USA ein Klotz am Bein war und sie sich mit Syrien einigen mußten, wenn sie je im Libanon eine dauerhafte Lösung erreichen wollten. Interne oder öffentliche Anschuldigungen waren vielleicht ein wirkungsvoller Propagandaschlag, würden aber jegliche syrische Kooperation beenden.

Casey stand einem Mißerfolg seines Nachrichtendienstes gegenüber. Die Beziehung der CIA zu Gemayel, die Entscheidung, sie abzubrechen, Gemayels Ersuchen um Schutz, die Entscheidung der Administration, den Schutz zu gewähren, dann das Attentat, das alles war ein böses Durcheinander. Immerhin ein streng geheimes Durcheinander. Und dies blieb es auch weiterhin.

11

In den ersten achtzehn Monaten seiner Amtszeit als CIA-Direktor hatte Casey eine technische Einführung erhalten, insbesondere in die streng geheimen Satellitensysteme im All, die für Fotos und das Auffangen von Signalen verwendet wurden. Er lernte dadurch den neuesten Stand der Technik kennen und setzte sich für die Anschaffung der besten Geräte ein, auch wenn es die teuersten waren. Obwohl er kein blinder Anhänger der Vorstellung war, die Nachrichtentechnik sei der Weisheit letzter Schluß, hatte er erkannt, daß sie entscheidende Teile des Nachrichtenmosaiks liefern konnte.

Mit Hilfe der Satellitenfotografie konnten Caseys Leute die sowjetischen Panzer zählen. Durch Weiterverarbeitung des Bildmaterials, eine Auswertung und Verfeinerung zweiten oder dritten Grades der zugrunde liegenden Aufnahme, konnte sogar festgestellt werden, ob ein Panzer einsatzbereit war. Das Frühwarnsystem konnte unter normalen Umständen jede Bewegung sowjetischer Kräfte und jedes neue größere Waffenprojekt entdecken. Zwar war es möglich, daß die Satelliten streng unter Verschluß gehaltene Forschungs- und Entwicklungsprogramme in der Sowjetunion nicht erfaßten, an denen nur wenige Leute abseits von den Bevölkerungszentren oder Militärbasen in geheimer Arbeit tätig waren, aber das war schon alles.

Casey stand vor einer immens folgenreichen Entscheidung über eines der geheimsten und wichtigsten Forschungsprogramme der US-Nachrichtendienste, dessen Gegenstand die Satellitsysteme waren. Man sprach von dem Projekt bereits als der größten technischen Errungenschaft der 80er Jahre im Bereich der Spionage.

Das neue Satellitensystem, das zunächst den Kodenamen INDIGO, dann LACROSSE erhielt, sollte durch Verwendung modernster Radartechnologie in der Lage sein, Nachrichten bei jedem Wetter und bei Tag und Nacht zu beschaffen. Mit Hilfe von Radarbildern – der Weiterverar-

beitung von Radarsignalen – konnten Computer Fotografien erstellen. Wolken und Dunkelheit würden keine Hindernisse mehr sein. Es bestand sogar die Möglichkeit, daß das System in der Zukunft einmal durch Mauern würde sehen können.
LACROSSE würde im Endeffekt allerdings über eine Milliarde Dollar kosten, eine schwindelerregende Summe, auch wenn das System funktionierte. Bereits in der Entwicklungsphase waren enorme Mehrkosten und zahlreiche Probleme aufgetaucht. Hauptvertragspartner war die Martin Marietta Corporation, mit der Bodenverarbeitung – der Weiterverarbeitung des Signals, nachdem es auf den Bodenstationen eingetroffen war – war General Electric beauftragt.
Mittel in Höhe von rund 200 Millionen Dollar wurden benötigt, um LACROSSE 1983 fortsetzen zu können. Martin Marietta brauchte das Geld sofort; der Stichtag rückte näher. Das Geld mußte aufgebracht werden, sollte das Projekt nicht eingehen. Casey nannte solche teuren Projekte manchmal »onesies«, weil oft nur eines davon verwirklicht werden konnte.
Die Kritiker Caseys, die glaubten, er sei nur an verdeckten Aktionen interessiert, irrten sich. Die benötigten 200 Millionen entsprachen Caseys gesamtem Budget für verdeckte Aktionen, und trotzdem war er dafür, den Betrag für die vorläufigen Kosten eines Satellitsystems zur Verfügung zu stellen, von dem er hoffte, daß es nie öffentlich diskutiert werden würde. Weil das Projekt geheimgehalten wurde, fehlte der öffentlichen Diskussion natürlich jeder Anhaltspunkt für eine ausgewogene Einschätzung.
Obwohl auch die Sowjets Radarbildtechnik hatten, ging aus den Berichten des Geheimdienstes deutlich hervor, daß sie weder die entsprechenden Computer noch die Möglichkeiten der Weiterverarbeitung hatten, um Bilder guter Qualität und hoher Auflösung herzustellen. Im Hinblick darauf war LACROSSE für die USA also von beträchtlicher Aktualität.
Casey war auch über die Geschichte der US-Satellitensysteme informiert worden. Zwölf bemerkenswerte Jahre waren vergangen, seit 1971 der erste große Vogel hinaufgeschossen worden war. Der riesige fliegende Spionagesatellit – er hatte einen Durchmesser von fast 17 Metern – machte hervorragende Aufnahmen. Der Film mußte allerdings vom Satelliten abgeworfen und dann von der Bodenstation aufgespürt und entwickelt werden. Um das belichtete Filmmaterial des Satelliten vor den verschiedenen Strahlungen im All zu schützen, wurden büchsenarti-

ge Behälter aus Gold verwendet. Diese Behälter, die in einem eigenen Lagerraum bis unter die Decke aufgestapelt waren, wurden zum Symbol für die Kosten des Satellitenprogramms.

Kurz vor dem Amtsantritt Carters 1976 wurde der erste KH-11-Satellit gestartet. Das Datum markiert den großen Durchbruch der 70er Jahre, da der KH-11 erstmals Echtzeit-Bilder in Form hochwertiger, mit Teleobjektiven aufgenommener Fernsehsignale zur Erde sendete. Bilder aus der Sowjetunion, etwa Aufnahmen von Panzern, trafen fast zeitgleich mit dem Augenblick ihrer Aufnahme ein und informierten die CIA und das Pentagon über Details, die in diesem Moment vor sich gingen.

Der Echtzeit-Satellit KH-11 warf natürlich keinen Film ab, sondern übertrug seine Bilder mittels Radiowellen zur Erde. Die Sowjets achteten aber nur auf den Ausstoß von Filmen, um Nachrichtensatelliten zu identifizieren. Obwohl auch der KH-11 dem Geheimdienst als Nachrichtenquelle diente, schöpften sie also keinen Verdacht, daß er Bilder aufnehmen könnte, wenn er über ihrem Land stand. Sie versäumten es deshalb einige Male, militärische Einrichtungen zu verbergen oder zu tarnen, wenn der Satellit darüber wegflog – unter anderem die Eingänge zu den Raketensilos. Der Vorteil für die USA war unbeschreiblich gewesen.

Das große Geheimnis um die Möglichkeiten des KH-11 konnte nur ein Jahr gewahrt werden. William Kampiles, ein unzufriedener Angestellter in der Beobachtungszentrale der CIA, verkaufte das streng geheime Handbuch für den KH-11 für 3000 Dollar an die Sowjets. Als die Sowjets anfingen, die Siloeingänge zu schließen, wenn der KH-11 darüber wegflog, wußte die CIA, was passiert war. Kampiles wurde geschnappt und der Spionage angeklagt. Er erhielt vierzig Jahre Gefängnis, aber der Schaden war angerichtet.

Auch für Casey hatte LACROSSE allerdings einen negativen Aspekt. Mit dem System und seinen Nachfolgesystemen konnte man die Einhaltung des nächsten Rüstungskontrollabkommens überwachen, wenn es je zu einem kommen sollte. Casey war nicht gegen jede Rüstungskontrolle, glaubte aber, daß eine zahlenmäßige Verringerung nuklearer Waffen nur symbolischen Wert hatte. Angenommen, ein Drittel oder die Hälfte der nuklearen Waffen wurde abgebaut. Auch damit konnte man die Welt noch zerstören. Er vertrat die Ansicht, die Sowjetunion sei eine Weltmacht aufgrund ihrer riesigen Kriegsmaschinerie, nicht aufgrund

ihrer Wirtschaft, ihrer Kultur oder ihres Unternehmergeistes. Allein auf dem Militär beruhe ihr Status einer Supermacht. Casey war davon überzeugt, daß die Sowjetunion nichts von dem aufgeben würde, was ihr zu ihrem Platz an der Sonne verhalf.
Freilich war das kein Grund, LACROSSE abzublasen. Casey beschloß, die dafür vorgesehenen 200 Millionen Dollar im Budget zu belassen, das dem Kongreß vorgelegt wurde.

Edward P. Boland, Vorsitzender des Ausschusses des Repräsentantenhauses für den Nachrichtendienst, war gegen LACROSSE. Die Folgekosten schienen unübersehbar, die Probleme unüberwindlich, und das National Reconnaissance Office (NRO, Nationale Aufklärungsbehörde) das für den Einsatz der Satellitensysteme zuständig war, hatte bezüglich der Kosten gelogen. Für Boland war der Fall zu einer moralische Frage geworden.

Die Mittel für die Satelliten und die sogenannten »schwarzen« Projekte der CIA, der NSA und anderer Nachrichtendienste waren igendwo im Verteidigungsbudget versteckt, das nach Meinung des Demokraten Boland sowieso eingeschränkt werden mußte. Das Pentagon seinerseits war besorgt, daß LACROSSE den Militärs Geld wegnehmen könnte. Das Repräsentantenhaus strich die dafür vorgesehenen Mittel also aus dem geheimen Teil des Pentagon-Budgets für 1983.

Goldwaters Senatsausschuß dagegen unterstützte Caseys Forderung nach 200 Millionen Dollar für LACROSSE. Boland und sein Stellvertreter Ken Robinson mußten sich also mit Goldwater und Moynihan zusammensetzen.

Goldwater war ein entschiedener Befürworter von LACROSSE, er hielt dazu eine ausführliche Rede: Auch die Spionageflugzeuge – die berühmte U-2 und die weniger bekannte SR-71 (SR für Strategic Reconnaissance, strategische Aufklärung) – hätten Mehrkosten und jede Menge weiterer Probleme verursacht. Und dann hätten sie die Tätigkeit des Nachrichtendienstes auf einmal um eine ganz neue Dimension erweitert. Wie konnte denn jemand angesichts der lebenswichtigen Bedeutung des Kriegs der Geheimdienste im All kleinlich die Kosten aufrechnen? Diese Frage treffe ins Zentrum der Verantwortung des Kongresses. Hier zu wenig zu tun sei riskant. Man riskiere dabei, ins Hintertreffen zu geraten. Der Präsident und Casey befürworteten das Projekt. Radarbildtechnik werde bereits vom 26. taktischen Geschwader in Deutschland für die Grenze zwischen Ost und West eingesetzt, wo die von den Flugzeugen ausgegebene Echtzeit an die Bodenstationen übermittelt werde. LACROSSE sei nicht perfekt, aber mehr als nur ein Versprechen.

Düster, aber entschlossen faßte Goldwater seine Meinung zusammen: »Wir wollen das Programm um jeden Preis.« Er machte eine Pause und fügte dann hinzu: »Und vielleicht können wir damit einmal einen Krieg verhindern.«

Boland beharrte immer noch auf seiner Meinung, aber sein Widerstand war geringer geworden.

Also gut, meinte Goldwater, da sie ihre unterschiedlichen Meinungen nicht auf einen Nenner bringen könnten, werde er das Problem jetzt an die für die Streitkräfte zuständigen Ausschüsse in Senat und Repräsentantenhaus weiterleiten. Im Senat teilte Goldwaters Ausschuß sich die Aufsicht über den Geheimdienst und dessen Budget mit dem Militärausschuß. Im Repräsentantenhaus genoß Bolands Ausschuß einen höheren Grad an Autonomie. Goldwater sagte, daß der Militärausschuß des Senats unter Vorsitz John Towers, eines Republikaners aus Texas, sich gleich nebenan treffe. Er sei sicher, daß Tower bei LACROSSE mitziehen werde. Goldwater schob seinen Stuhl zurück, stand auf und hinkte hinaus, offensichtlich entschlossen, das Problem – und mit ihm einen Teil der Entscheidungsgewalt darüber – in Towers Hände zu legen.

Boland wußte, daß er gegen den geschlossenen Senat nicht ankam. Die Militärausschüsse hatten eine große Macht, da sie über ein Militärbudget von über 200 Milliarden Dollar verfügten; wenn der Vorsitzende für ein Projekt 200 Millionen Dollar wollte, würde er sie bekommen. Das war nur ein Tausendstel der Gesamtsumme, sozusagen ein kleiner Fisch.

Als Goldwater langsam und hinkend durch den Korridor verschwand, wurde Boland nervös. Er stand rasch auf und ging zu Moynihan hinüber, der wie er den Demokraten angehörte.

»Was machen wir jetzt?« Boland wollte keine Spaltung der Demokraten über dieser Frage. Goldwater hatte ziemlich weit zu gehen, und seine Hüfte schmerzte. Es war auch klar, daß es besser wäre, wenn die beiden Ausschüsse die Sache unter sich regeln könnten.

»Ich gebe nach«, sagte er einen Moment später. Er sei mit der Finanzierung für ein Jahr einverstanden. »Holt Goldwater zurück!«

Ein Mitarbeiter rannte den Gang hinter Goldwater her und überbrachte die Nachricht: »Gerade haben sie sich geeinigt.« Goldwaters taktisches

283

Manöver hatte geklappt. Er war der festen Überzeugung, daß damit eines der für den Geheimdienst folgenreichsten Projekte sicher auf dem Weg war. Schmunzelnd drehte er um und trottete zurück. Er stimmte zu, das Projekt im Fall künftiger Mehrkosten abzublasen.
Als die Nachricht bei Martin Marietta eintraf, wurde groß gefeiert. Und sobald die Probleme, die sich bei der Bodenverarbeitung noch stellten, gelöst waren, sollte LACROSSE von der neuesten Errungenschaft der NASA ins All transportiert werden – eine zukünftige Mission für die Raumfähre Space Shuttle.

In einem Punkt allerdings wollte Boland nicht nachgeben: Es ging um die verdeckte Operation in Nicaragua. Boland gefiel die Sache nicht, und auch sein Freund O'Neill, Sprecher des Repräsentantenhauses, war dagegen und warb missionarisch um Verbündete für seine Meinung.
O'Neills Tante Eunice Tolan, die im Jahr vorher im Alter von 91 Jahren gestorben war, hatte dem Missionsorden von Maryknoll angehört, der einen tiefen, fast mystischen Einfluß auf O'Neill hatte. Nach dem Tod der Tante korrespondierte Peggy Healy, ein anderes Ordensmitglied, das in Nicaragua stationiert war, mit O'Neill. Sie malte ihm das Bild eines vom Bürgerkrieg zerrissenen Landes – von einem Krieg, der von der CIA gefördert, unterstützt und geleitet wurde. Politik war eine auf Sand gebaute Welt wechselnder Loyalitäten und Werte, Priester und Nonnen aber sagten die Wahrheit.
»Ich glaube ihr aufs Wort«, sagte O'Neill nach einem Besuch bei Schwester Healy zu einem Mitarbeiter. O'Neill sprach mit der Inbrunst der Überzeugung. Der verdeckte Krieg beschwor die ganzen Antipathien gegen den häßlichen Amerikaner und die Manipulationen der CIA wieder herauf. O'Neill mußte an die United Fruit Company denken, jenes amerikanische Unternehmen, dessen Geschäfte zur Bezeichnung der zentralamerikanischen Länder als »Bananenrepubliken« geführt hatten. Mit der geheimen Unterstützung der Contras spielten die Vereinigten Staaten jetzt wieder die Rolle des neokolonialistischen Ausbeuters.
Boland konnte verstehen, daß die Administration Nicaragua daran hindern wollte, den Konflikt nach El Salvador auszudehnen, aber er wußte auch, daß die CIA Camps in Honduras unterstützte, von denen aus Widerstandskämpfer der Contras überfallartige Angriffe auf Nicaragua durchführten. Sein Ausschuß, der sich aus neun Demokraten und

fünf Republikanern zusammensetzte, ausgewählt von ihm selbst und O'Neill, war das strategische Zentrum des Repräsentantenhauses. Alle Aktionen dieses Ausschusses würden mit größter Wahrscheinlichkeit vom ganzen Haus gebilligt werden. Bolands Ziel war, der Operation in Nicaragua jede finanzielle Unterstützung zu entziehen, und dabei hatte er seinen Ausschuß hinter sich. Goldwater dagegen peilte eine zwischen Boland und voller Finanzierung vermittelnde Lösung an. Auf der Konferenz von Senat und Repräsentantenhaus im August 1982 einigte man sich auf eine Klausel, die CIA und Pentagon die Bewilligung militärischer Ausrüstung, Ausbildung oder sonstiger Unterstützung »mit dem Ziel, die Regierung Nicaraguas zu stürzen«, untersagte, ganz gleich, an wen sich diese Unterstützung wandte.

Die Klausel wurde als geheimer Zusatz in die Gesetzesvorlage zur Finanzierung der Operation aufgenommen und von Senat wie Repräsentantenhaus gebilligt.

Am 1. November 1982 mußte Boland allerdings in der Titelgeschichte der *Newsweek*-Ausgabe zur Wahlwoche lesen: AMERIKAS GEHEIMER KRIEG, ZIEL: NICARAGUA. In dem Artikel stand, daß die verdeckte Operation sich ausgeweitet habe zu einer »größeren Unternehmung, mit der die sandinistische Regierung unterminiert werden« solle. Als Casey vor Bolands Ausschuß erschien, behauptete er, das Hauptziel der Operation sei nach wie vor, Waffenlieferungen abzufangen. Dabei habe man großen Erfolg gehabt. Die Contra-Einheit sei auf 4000 Mann angewachsen. Das war das Achtfache der ursprünglichen Stärke, von der im Jahr davor die Rede gewesen war. Das Anwachsen, so argumentierte Casey, sei auf den weitverbreiteten Haß auf die Sandinisten zurückzuführen. Zentralamerika wolle keinen Kommunismus, und dafür lieferten diese Zahlen den eindeutigen Beweis.

Boland war verärgert. Irgendwo auf dem langen Weg vom Präsidenten bis nach Langley, von dem ideologisch diffusen Casey, hinter dem die Administration stand, über die Agenten und Stationen der CIA in Zentralamerika bis zu den Contra-Führern und ihren Kämpfern, hatte die Ermächtigung des Kongresses einen ganz anderen Charakter angenommen. Boland beschloß, an die Öffentlichkeit zu gehen. Am 8. Dezember 1982 gab er im Repräsentantenhaus seine Klausel für ein Gesetz bekannt, das die Verwendung von Mitteln zum Sturz der Regierung in Nicaragua verbieten sollte. Die Vorlage wurde bald als »Boland Amendment« bezeichnet. Die kaum noch geheim zu nennende verdeckte Ope-

ration war jetzt offiziell bekannt. Die Vorlage wurde als Amendment zur Intelligence Authorization Act einstimmig mit 411 zu 0 Stimmen angenommen.
Auch Moynihan machte sich zunehmend Sorgen, und dabei spielte Dewey Clarridge eine immer deutlichere Rolle. Clarridge hatte dem Senatsausschuß auf einer geheimen Informationssitzung eine Karte Nicaraguas vorgelegt. Anhand der Karte hatte er einen Plan erläutert, nach dem Nicaragua in eine östliche und eine westliche Hälfte geteilt werden sollte, gerade etwa so wie Beirut. Nach Clarridge sollten die von der CIA unterstützten Contras den Osten erhalten, während den Sandinisten der Westen mit der Hauptstadt Managua bleiben würde. Moynihan hielt das für verrückt. Die CIA hatte für die Leitung der Operation nur fünfzig Agenten abgestellt. Eine Teilung des Landes aber war ein militärisches Großunternehmen.
Moynihan stellte sich in Gedanken vor, wie der Karikaturist Herblock die Szene sehen würde: Clarridge als Schlägertyp hinter verschlossenen Türen über seine phantastische Karte gebeugt, vielleicht eine Schere in der Hand, mit der er die Karte zerschnitt und vorführte, mit welcher Leichtigkeit die Teilung sich vollstrecken ließ – und ihm gegenüber eine Gruppe stiernackiger Politiker mit dicken Zigarren.
Goldwater beugte sich zu Moynihan hinüber und sagte sarkastisch: »Klingt für mich nach Krieg!«
Moynihan nickte. Was konnte man tun? Das alles war streng geheim.
In den darauffolgenden Wochen hörte Moynihan nichts mehr davon. Es sah so aus, als sei nichts aus Clarridges Plan geworden, aber Moynihan traute keinem mehr über den Weg. Hinter Clarridge stand Casey und hinter Casey die Administration. Die Operation wurde langsam zu einem Fluch.
Am 9. Dezember, einen Tag nachdem Bolands Vorlage vom Repräsentantenhaus gebilligt worden war, erschien Casey im Senatsausschuß. Der Stopp von Waffenlieferungen bleibe Hauptziel, meinte er, die CIA hoffe jedoch, die Regierung Nicaraguas durch Störaktionen und Druck dazu bringen zu können, »demokratischer« zu werden und vielleicht einige gemäßigte Elemente in die Regierung aufzunehmen.
Moynihan sah hier einen Mangel an politischem Verständnis. »Wenn diese Leute, die Sandinisten, wirklich die Leute sind, für die Sie sie halten«, sagte er zu Casey, »und ich bin bereit, Ihnen zu glauben, dann werden sie gar nicht demokratischer werden wollen... Sie können sie

stürzen oder in Ruhe lassen, dazwischen gibt es nichts.« Überhaupt, wie könne man denn eine klare Linie zwischen Störaktionen und einem Umsturzversuch ziehen? Für die Sandinisten war beides wahrscheinlich dasselbe – höchst unfreundliche Aktivitäten.

Casey erwiderte, sein Ziel sei, der Ausbreitung des Kommunismus Einhalt zu gebieten und die Regierung Nicaraguas einen hohen Preis für ihre Entscheidung zahlen zu lassen. Die CIA wolle verhindern, daß es zu einer Stabilisierung der Regierung Nicaraguas komme.

Drohend hingen seine Worte in der Luft.

Moynihan merkte, daß man in der Administration nach einer Perspektive suchte, aus der die Operation nur als gesteigerte Form einer scharfen diplomatischen Note erschien. Aber die Contras selbst? Sie kämpften doch für einen Sturz der Regierung, um selbst die Macht zu übernehmen. Sie kämpften doch sicherlich nicht nur, um Waffenlieferungen zu stoppen. Das würde niemand tun.

Moynihans Frage blieb unbeantwortet. Casey wiederholte nur, daß die CIA mit dem arbeiten müsse, was da war: Die CIA unterstütze die Contras, sie habe sie nicht ins Leben gerufen.

Moynihan war jetzt äußerst unbehaglich zumute. Administration und Kongreß unterstützten eine Operation, die keinen Erfolg versprach und einer Katastrophe zusteuerte. In einem Brief an Casey schrieb er, daß der Senatsausschuß das »Boland Amendment« unterstütze. Moynihan, der mit den juristischen Kniffen Caseys vertraut war, schrieb weiter, er erwarte, daß die CIA sowohl dem Buchstaben wie dem Geist des Amendment entsprechen werde. Moynihan brachte in den Senat eine dementsprechende Verfügung ein, die dann von beiden Kammern gebilligt wurde.

Casey reagierte prompt: Nichts von dem, was gegenwärtig getan werde, verstoße gegen das neue Gesetz. Es war ein Spiel für Rechtsanwälte, in dem es um das intuitive Erfühlen von Absichten ging, um Persönlichkeitsstrukturen, die schwer faßbar waren, von einer unvermeidlichen Vieldeutigkeit, die vielleicht aber auch ihre Vorteile hatte. Casey teilte dem Weißen Haus mit, er habe keine Bedenken gegen die Vorlage, und am 21. Dezember 1982 unterzeichnete Reagan das Boland Amendment, das dadurch Gesetzeskraft erhielt.

Caseys CIA-Berater Stan Sporkin rief sofort die besten Anwälte der CIA in Langley zusammen. Obwohl bald Weihnachten sei, sagte Sporkin, gelte es noch einmal hart nachzudenken.

»Dieses Gesetz wird uns einholen und in den Hintern beißen wie nichts, was Sie bisher erlebt haben«, sagte er. Der Kongreß sitze der CIA jetzt im Nacken und wache über die Einhaltung des Boland Amendment. Fast sei es zu einer Falle für die CIA geworden. »Die werden jetzt ständig nach Übertretungen Ausschau halten... Damit müssen wir jetzt leben.« Sporkin wollte Vorschläge, wie man unter diesen Bedingungen arbeiten könnte.

Die anderen Anwälte waren zunächst anderer Ansicht und sagten, das Gesetz gehe ja nur von einer negativen Bestimmung aus; die CIA brauche nur sicherzustellen, daß nichts unternommen werde »mit dem Ziel«, die Sandinisten zu stürzen.

Sie müßten ihre Aufgabe in einem umfassenderen Rahmen sehen, erwiderte Sporkin. Die Contra-Operation sei für das Weiße Haus und ihren Chef ein politisches Muß. Hier setze ihre Aufgabe als Rechtsanwälte ein. Ihre Aufgabe sei es, nicht nur auf Probleme zu reagieren, sondern sie gar nicht erst aufkommen zu lassen. Sporkin skizzierte eine Liste mit den wichtigsten Geboten und Verboten, die Casey an die vor Ort arbeitenden Leute schicken sollte. Die Liste erinnerte alle daran, daß das Ziel der Operation nicht der »Sturz« der Regierung war und daß keines der sonst bei der Durchführung solcher Unternehmen gebräuchlichen Mittel – insbesondere Mord – angewandt werden durfte, sei es direkt oder indirekt. Mord war bereits aufgrund einer Verordnung des Präsidenten untersagt, aber Sporkin hielt es nicht für verkehrt, das noch einmal zu betonen.

Casey überarbeitete den Erlaß noch einmal und verschärfte die Formulierungen. Immerhin, damit konnten sie leben.

DDO John Stein, Leiter der Planungszentrale für geheime Operationen, war von der Liste mit Verboten und Richtlinien begeistert und schickte mit Genehmigung Caseys ein Telegramm an die CIA-Station in Honduras, von der aus die Operation und die Contra-Lager überwacht wurden. Das in einzeiligem Abstand abgefaßte, mehrere Seiten lange Telegramm hielt sich buchstabengetreu an das Boland Amendment: ganz gleich, ob es sich um materielle Ausrüstung, um Ausbildung, Besprechungen oder sonstige Unterstützung handelte, nichts durfte »mit dem Ziel« des Sturzes der Regierung in Nicaragua geschehen. Contra-Führer und Guerillas, die davon redeten, CIA-Hilfe zu diesem Zweck zu verwenden, sollten fallengelassen werden.

Um zu betonen, wie ernst die Administration es mit dem Unterbinden von Waffenlieferungen meinte, unterzeichnete Präsident Reagan eine separate streng geheime Direktive für Guatemala, das mit El Salvador eine Grenze von fast hundert Meilen teilt. Ziel der Direktive war, geheimdienstliche Tätigkeit zuzulassen, um das Abfangen von Waffenlieferungen entlang der Grenze zu ermöglichen. Berichten zufolge wurden die Waffen in Lastwagen transportiert, die nach außen hin Obst geladen hatten; die Laster wurden unter Zollverschluß gelegt und durften an der Grenze nicht durchsucht werden. Man baute raffinierte Detektorstationen mit Alarmglocken, die losgingen, wenn ein Laster vorbeikam, in dessen Ladung eine hohe Konzentration des für Waffen gebrauchten Metalls festgestellt wurde. Ein Gebäude wurde errichtet und sechzig Mann für die Aufgabe der Überwachung ausgebildet. Einige Waffenladungen konnten abgefangen werden, dann sickerten Informationen über das Unternehmen durch, und man fand kaum noch etwas. Gekostet hatte die Operation über eine Million Dollar.

Der von der Nationalen Sicherheitsbehörde aufgefangene Nachrichtenverkehr erbrachte nicht die Beweise, die Casey brauchte, um zeigen zu können, daß Nicaragua die Waffenschiebungen an die Rebellen in El Salvador unterstützte. Die linken Rebellen setzten ihre Funkgeräte überlegt ein, sendeten nur kurze Mitteilungen in jeweils nur einmal gebrauchten Kodes und nur dann, wenn es absolut notwendig war, während sie sonst mit professioneller Disziplin Funkstille wahrten. Dann wieder benützten sie statt der Funkverbindungen Telefonleitungen über Land, die erst angezapft werden mußten, wenn man etwas auffangen wollte. Eine weitere Variation waren Kuriere und Läufer. Die Rebellen hatten ihre Kommunikation besser gesichert als die Militärs in El Salvador. Die NSA schloß daraus auf kubanische, vielleicht sogar sowjetische Berater im Hintergrund. Casey verfügte damit über keinerlei überzeugendes Beweismaterial, das der Operation die Unterstützung von Kongreß und Öffentlichkeit hätte sichern können.

»Es ist das schwierigste von der Welt, zu beweisen, was offensichtlich ist«, sagte er mehrmals, aber er konnte die Beweise nun mal nicht vorlegen, und viele seiner eigenen Mitarbeiter waren überzeugt, daß er sie gar nicht hatte. Jedenfalls nicht solche, die die Operation rechtfertigen würden.

Senator Leahy entschloß sich zu einem Besuch Zentralamerikas, um sich einen Eindruck aus erster Hand zu verschaffen. Für den angriffslustigen Senator vom Ausschuß für den Nachrichtendienst war die ganze Welt ein Tummelplatz, und Leahy wollte unbedingt von seiner Warte aus ein Wörtchen bei Caseys Krieg mitreden. Um interne Querelen zu vermeiden, hatte Leahy Rob Simmons, den Chef von Goldwaters Mitarbeiterstab, gebeten, ihn zu begleiten. Simmons traf sich eigens noch zu einem Gespräch mit John McMahon, dem stellvertretenden CIA-Direktor, um klarzustellen, daß es sich hier nicht um eine als Dienstreise deklarierte Vergnügungsreise handelte. Man wollte detaillierte Gespräche mit den Chefs der CIA-Stationen in vier wichtigen Ländern führen: in Honduras, wo die große Contra-Operation in Gang war, in El Salvador, wo linke Rebellen eine Bedrohung darstellten, in Guatemala, wo die CIA der Sonderdirektive gemäß ebenfalls versuchte, die Waffenlieferungen zu stoppen, und in Panama, wo die CIA ein strengst geheimes Ausbildungslager für die Contras unterhielt.

Die Reisegruppe setzte sich zusammen aus Leahy, Simmons, drei weiteren Mitarbeitern des Senatsausschusses, einem Offizier als militärische Begleitung und einem als Verbindungsmann zum Kongreß tätigen CIA-Beamten aus Langley. Casey hatte darauf bestanden, daß ein Mitglied der CIA auf die Reise mitging, und dann Burton L. Hutchings dafür ausgesucht, einen erfahrenen CIA-Mann, der den Chef der Station in Panama persönlich kannte. Er sei »das Auge und das Ohr von Langley«, witzelten die übrigen Teilnehmer.

Aufgrund von Berichten und Versicherungen der CIA hatte Leahy sich ein Bild davon gemacht, was ihn erwartete: Die Contras sollten nur kleine Einheiten bilden dürfen; sie würden kein Territorium erobern und besetzen; sie hatten sich verpflichtet, keine Greueltaten zuzulassen; Kriegsverbrecher des früheren Somoza-Regimes sollten nicht in führende Positionen zugelassen werden. Die CIA selbst sollte nur indirekt oder gar nur über zwei Ecken an den eigentlichen Operationen beteiligt sein.

Nach einer Stippvisite bei der Abfangstation in Guatemala flogen die sieben Männer nach Tegucigalpa, der Hauptstadt von Honduras, weiter und quartierten sich dort in der feudalen Residenz des Botschafters ein. Leahy gefiel der Leiter der CIA-Station; er machte einen pflichtbewußten und gut informierten Eindruck.

Zur Abwicklung der Contra-Operation hatte die CIA in einer konspirativen Wohnung in Tegucigalpa eine eigene Basis eingerichtet. Chef war dort ein früherer Oberstleutnant einer Spezialeinheit der Armee namens Ray Doty. Er hatte direkte Verbindung zum CIA-Hauptquartier, im Jargon des Fernmeldewesens einen »dedicated point-to-point circuit« mit einem komplizierten, streng geheimen Kode. Obwohl Doty dem Stations-Chef in der Hauptstadt unterstand, war seine Basis mit der eigentlichen Durchführung der verdeckten Operation beauftragt. Doty hatte während des Vietnamkrieges paramilitärische Ausbildungslager für den Krieg der CIA in Laos geleitet.

Doty, ein Mann Ende Vierzig, sagte, als er Bericht erstattete, die Ausbildungslager in Honduras seien die besten, die er je gesehen habe. Von den sieben Einheiten der Contras seien fünf über die Grenze nach Nicaragua geschickt worden. Er breitete eine Landkarte von Nicaragua aus, auf der der geplante Vormarsch der Einheiten über riesige Gebiete des Landes nach Süden durch Schraffierung eingetragen war. Die Einheiten sollten sich mit von Costa Rica im Süden kommenden Truppen vereinigen.

»Einen Augenblick«, unterbrach Leahy. Das Vereinigungsmanöver erstreckte sich über zweihundert Meilen und schnitt quer durch die östliche Hälfte Nicaraguas. Es erinnerte an den alten Plan von Clarridge, das Land zu teilen. »Das sieht so aus, als ob Sie einen Sturz der Sandinisten planten«, meinte Leahy.

»Nein«, erwiderte Doty, »überhaupt nicht.« Er wußte, daß der Kongreß die Verwendung von Geldern »mit dem Ziel«, die Regierung zu stürzen, verboten hatte. Das Telegramm Caseys war an einer Anschlagtafel ausgehängt.

»Aber was glauben Sie denn, wohin Ihr Plan führt, wenn er gelingt?« fragte Leahy ungehalten.

»So können wir den Landweg zwischen dem Osten und Managua an der Westküste abschneiden«, erwiderte Doty. Die Ostküste am Karibischen Meer werde auf dem Seeweg mit Nachschub von Kuba und der Sowjetunion versorgt. Wenn man den Landweg abschneide, müßten Kubaner und Sowjets den Panamakanal benützen und an der Pazifikküste hinauffahren. So würden die Waffenlieferungen gestoppt.

»Warten Sie«, sagte Leahy. Was denn die Sandinisten dazu sagen würden, wenn sie ihr Land entlang der Mitte in zwei Hälften geteilt sähen, und die Vereinigten Staaten dann immer noch behaupteten, sie wollten keinen Sturz der Regierung?

El Salvador habe keinen Zugang zur Karibik, gab Doty zurück, sondern nur im Südwesten eine Küste am Pazifik, und deshalb sei das Ziel der Operation ganz klar, nämlich Waffenlieferungen zu unterbinden, indem sie Lieferungen von Kuba nach Nicaragua und von dort nach El Salvador verhindere.

Theoretisch gesehen mochte Doty recht haben, aber Leahy kaufte ihm seine Erklärung nicht ab. Auf welche Weise die CIA denn die Einheiten der Contras beaufsichtigen könne, fragten Leahy und seine Mitarbeiter.

Da die CIA die Contras mit Funkgeräten ausgestattet habe, so Doty, habe sie auch ihre Frequenzen und höre insgeheim mit, um zu überprüfen, ob die Contras sich an die vereinbarten Pläne und Operationen hielten.

Angenommen, die Contras sagten nicht alles über Funk?

Die CIA werbe bei den Contras Leute an, die für sie spionierten und dann Bericht erstatteten.

Wie viele angeworben worden seien?

»Wir haben Kontakt zu einem oder zweien aufgenommen«, erwiderte Doty, »aber wir fangen eben erst an.«

Auf welche Weise solche »Spione« der CIA berichten würden?

Sie würden mündlich Bericht erstatten, erklärte Doty.

Sie würden also einfach hierher in die konspirative Wohnung kommen und dabei ihr Leben riskieren? Man werde sie also wohl kaum öfter als zweimal im Jahr sehen?

»Was wollen Sie«, meinte Doty, »wir werden schon einen Weg finden.«

So mußte es Anfang der 60er Jahre in Saigon gewesen sein, dachte Leahy, jede Menge guter Vorsätze und großer Pläne, während man zugleich Schritt für Schritt in einen Krieg schlitterte.

In der US-Botschaft in Tegucigalpa wurden Leahy und seine Begleiter von Beamten der Botschaft darüber informiert, daß die Botschaft auf Verhandlungen setze. Die Beamten zeigten sich besorgt über den Kleinkrieg, der hinter ihrem Rücken angezettelt wurde.

Als nächstes führte Leahy ein Gespräch unter vier Augen mit dem Chef der honduranischen Streitkräfte, General Gustavo Alvarez, der die an der Operation beteiligten honduranischen Truppen befehligte.

»Weihnachten haben wir unsere Soldaten in Managua, oder der Teufel soll mich holen«, meinte Alvarez zu Leahy.

»Jetzt mal langsam«, erwiderte Leahy, »es ist das erklärte Ziel der US-Politik, einen Sturz der Regierung zu vermeiden.«

»Das schon«, meinte Alvarez, aber ob es nicht phantastisch wäre, es dennoch zu tun?
Die Gruppe flog nach Panama weiter. Dort war Dewey Clarridge am Tag zuvor gerade abgereist. Unter dem Decknamen »Dewey Maroni« besuchte er die CIA-Stationen in der Region. Er hatte Zigarren und Brandy mitgebracht, die üblichen Druckmittel der CIA, mit denen sie die Stationschefs die ganze Nacht auf Trab hielt, um sachliche und persönliche Probleme zu erörtern und alte und neue Kriegsgeschichten auszutauschen.
Leahys Besprechung mit dem Stationschef war für den nächsten Tag angesetzt, aus Höflichkeit machte er sich aber gleich auf den Weg, um guten Tag zu sagen und sich vorzustellen. Man wechselte einige Worte, und Leahy sagte, er wolle genaue Informationen über die Operation in Nicaragua, besonders was ihren Umfang betreffe – die dafür veranschlagte Zeit, das benötigte Geld und die Zahl der daran Beteiligten.
»Laut Befehl vom Abteilungsleiter soll ich keine Fragen beantworten«, erwiderte der Stationschef. Er bezog sich auf Clarridge.
Leahy und Simmons waren sehr befremdet und versuchten erfolglos, McMahon in Washington zu erreichen.
Am folgenden Tag wiederholte der Stationschef seine Instruktionen.
»Ich will eine Antwort, und ich werde bleiben, bis ich sie bekomme«, sagte Leahy.
Auf der Station wollte man nicht zulassen, daß Leahy und Simmons versuchten, Casey oder McMahon zu verständigen. Leahy drohte, McMahon über die reguläre Telefonleitung anzurufen. Das konnte eine Gefährdung der Sicherheit bedeuten, zumal wenn Leahy seinen Zorn ungehemmt über eine ungesicherte Leitung entlud.
Um 23 Uhr konnte Leahy seine Meldung über eine gesicherte Leitung abschicken.
Sieben Stunden später, um 6 Uhr morgens, klopfte es an die Tür von Leahys Hotelzimmer.
Draußen stand Clarridge selbst. Staunend stellte Leahy fest, daß er eine Art maßgefertigen italienischen Safarianzug aus Seide trug. Es wurden keine höflichen Worte zur Begrüßung gewechselt, statt dessen wurde das Hotelradio eingeschaltet, um heimlichen Lauschern das Spiel zu verderben.
»Wen haben wir denn hier?« fragte Leahy sarkastisch und zitierte John Le Carré: »Dame, König, As oder – Spion?«

»Sie kennen mich«, erwiderte Clarridge. »Sie haben einige Fragen, Senator Leahy?«
»Als Mitglied des Senatsausschusses für den Nachrichtendienst ist meine Aufsichtspflicht nicht auf Washington beschränkt«, sagte Leahy steif. »Wenn ich zu den Stationen reise, erwarte ich Auskunft, und in diesem Fall habe ich die Versicherung John McMahons, daß man mir Rede und Antwort stehen wird.« Leahy erklärte weiter, daß man sich für die Nachrichtenmedien eine Geschichte ausgedacht habe, damit seine Reise nach Panama nicht mit der Contra-Operation in Verbindung gebracht werden konnte.
Clarridge setzte sich aufs Bett. Der Führer und starke Mann Panamas, General Manuel Antonio Noriega, früher Chef des Geheimdiensts von Panama, sei seit einiger Zeit eine wichtige Nachrichtenquelle der CIA, erklärte er widerstrebend. Noriega spiele allerdings doppeltes Spiel und unterhalte enge Beziehungen zu den Kubanern – für die CIA Vorteil und Nachteil zugleich, da Noriega manchmal gute Informationen aus Kuba liefere. Natürlich könne keiner sagen, welche Informationen er umgekehrt an die Kubaner weitergebe. Alles in allem ein tödliches Spiel. Trotzdem werde Noriega der CIA erlauben, hier in Panama ein Trainingslager für Contras einzurichten. Das Lager müsse um fast jeden Preis geheimgehalten werden. Wenn es bekannt werde, habe Noriega allen Grund, seine Erlaubnis zurückzuziehen und die weitere Ausbildung zu verbieten.
Aber warum Contras in Panama ausbilden, wo doch zwischen Panama und El Salvador zwei Länder lägen? Was das mit dem Unterbinden von Waffenlieferungen zu tun habe?
Die Contras sollten darauf vorbereitet werden, Nicaragua von Süden, von Costa Rica her anzugreifen.
Leahy rief sich eine Karte der Region ins Gedächtnis: Costa Rica lag etwa 300 Meilen von El Salvador entfernt. Mit dem Verhindern von Waffenlieferungen hatte dies hier nichts mehr zu tun.
Als nächstes und letztes Ziel der Gruppe war El Salvador vorgesehen, die NSA schickte Leahy jedoch eine Meldung nach Panama, in der davon die Rede war, einige Mitglieder des rechten Flügels in El Salvador planten, ein Flugzeug mit Abgeordneten des US-Kongresses abzuschießen. Opfer des Anschlags sollte offensichtlich Senator Chris Dodd sein, der etwa zur selben Zeit nach El Salvador fliegen wollte. Simmons schlug vor, sie sollten ein Schild an ihrem Flugzeug anbringen, auf dem stand:

»Nicht schießen, Mitarbeiter eines Senators vom rechten Flügel an Bord.«

Wieder in Washington, stellten Leahy und seine Mitarbeiter einen langen, streng geheimen Bericht zusammen. Er enthielt Memoranden der Gespräche aller Treffen. Das Ergebnis war eindeutig: Die Operation war in nahezu jeder Hinsicht umfassender als von der CIA angegeben. Nicht nur die Zahl der Contras – sie näherte sich jetzt 5500 –, auch alle anderen Zahlen deuteten auf ein Riesending hin. US-Militärs hatten Millionen von Dollar für das Sammeln von Nachrichten ausgegeben; überall in Zentralamerika waren Aktionen mit dem Ziel, Guerillas zu unterstützen und auszubilden sowie Waffen abzufangen, angelaufen. Alle Länder Lateinamerikas – Guatemala, Costa Rica, El Salvador, Honduras und sogar Panama – sollten zu einer gegen Nicaragua gerichteten Allianz vereinigt werden.

Der Plan sah letztlich vor, das Land bis zum Sommer in eine östliche und eine westliche Hälfte zu spalten, vom Norden aus Honduras und vom Süden aus Costa Rica anzugreifen und bis Weihnachten in Managua zu sein. Das bedeutete Krieg aus allen Himmelsrichtungen. Die Operation hatte kaum etwas mit dem Projekt gemeinsam, das die CIA auf Informationssitzungen in Washington vorgestellt hatte. Es war klar, daß Geheimpolitik der US-Außenpolitik vorauseilte oder sich über sie hinwegsetzte. Ein regionaler Krieg war im Entstehen, und ein großer Teil der Planung war nie besprochen worden und damit schwer zu fassen.

Auf der nächsten Sitzung des Senatsausschusses bat Leahy um fünfzehn Minuten, um eine Zusammenfassung vorzulegen.

»Scheiße«, flüsterte Goldwater, »der Bursche redet zu viel.«

Enders war bestrebt, die Operation in Nicaragua in eine umfassendere lateinamerikanische Strategie einzubetten, wenn möglich sogar ganz in ihr untergehen zu lassen. Er wollte verhindern, daß verdeckte Aktivitäten zu stark ins Bewußtsein der Öffentlichkeit, des Kongresses oder auch nur der Administration drangen. Er hielt Casey nicht für einen kalten Menschen, dem es nur um Krieg ging, und die beiden arbeiteten bereits seit einiger Zeit für eine Reihe gemeinsamer Ziele zusammen – Demokratie, Wirtschaftshilfe, verdeckte Operationen. Enders hatte die Mischung sorgfältig zusammengestellt, damit die von Vietnam herrührenden Wunden nicht aufs neue aufgerissen wurden. In diesem Gewand konnte man die Politik der Administration im Kongreß verkaufen.

Neuerdings hatte sich allerdings die Perspektive im Weißen Haus geändert, und Ursache dafür war in erster Linie der neue Sicherheitsberater Bill Clark.

»Zu wenig und zu spät«, pflegte Clark nur zu sagen. Er habe das Gefühl, die Politik der Administration verlöre immer mehr an Durchsetzungskraft.

Enders erinnerte daran, daß die Entscheidung letztlich beim Kongreß liege. Der Teil des Kongresses, der die geheime Operation uneingeschränkt ablehne, stelle eine Minderheit dar; das gleiche treffe auf den Teil zu, der sie voll unterstütze. Um den Kongreß in der Hand zu haben, müsse man die zehn bis fünfzehn Prozent in der Mitte überzeugen. »Das läßt sich aber nur erreichen, wenn man zeigen kann, daß die Politik der Administration ein Weg zu Ruhe und Frieden ist«, meinte Enders. »Wir müssen weiter verhandeln.« Eine realistische Einschätzung der Lage mache zwingend erforderlich, die Politik der Administration an den Kongreß anzupassen und dabei auf dessen neuralgische Punkte Rücksicht zu nehmen.

Clark dagegen meinte, daß die Abgeordneten der Mitte und die Demokraten, wenn sie sich in einer öffentlichen Debatte mit diesem Thema konfrontiert sähen, nicht in ihrer Opposition verharren könnten. Er würde eine solche Debatte begrüßen. Clark wollte den Kongreß disziplinieren, ihn daran erinnern, daß der Präsident sich auch direkt an die Wähler wenden und die öffentliche Meinung mobilisieren konnte.

Enders witterte Schwierigkeiten; er drängte deshalb schriftlich auf Beibehaltung einer »zweigleisigen« Strategie. Im Fall Nicaraguas hieß das, die geheime Unterstützung der Contras fortzusetzen, zugleich aber die Sandinisten zu Verhandlungen mit den Contras zu zwingen. Im Fall El Salvador hieß es, daß man die Regierung und Duarte weiterhin unterstützte, zugleich aber auf Verhandlungen zwischen Regierung und linken Guerillas drang. Ziel war eine umfassende Lösung, die ermöglichen würde, die Kräfte der Sowjetunion, Kubas und der Vereinigten Staaten aus dieser Region abzuziehen.

Clark erhielt ein Exemplar des Memorandums und war wütend. Enders wollte also seine Karriere mit einem durchschlagenden Erfolg auf Kosten einer konsequenten Politik der Administration krönen. Unter keinen Umständen durften die Vereinigten Staaten sich aus Lateinamerika zurückziehen und ihre Freunde im Stich lassen. Für Clark wäre das eine Wiederholung von Carters Fehler gewesen – das eine zu sagen und das andere zu tun. Er schickte dem Präsidenten Enders' Bericht mit der Bemerkung, aus dem Bericht gehe hervor, daß Enders sich nicht an die Politik der Administration halte.

Am 10. Februar 1983 bekam die Presse Wind von Enders' Memorandum, und im Weißen Haus wurde ihm Defätismus vorgeworfen. Clark seinerseits gab zu verstehen, daß nicht nur er persönlich eine Abneigung gegen Verhandlungen habe, sondern daß er auch gar nicht sicher sei, ob das Weiße Haus überhaupt eine Unterstützung durch die Mitte im Kongreß wolle. Einer heftigen politischen Auseinandersetzung sah er gelassen entgegen.

Casey ließ Enders wissen, daß er eine Strategie auf der Basis von Verhandlungen mit Skepsis betrachte, daß er dem Versuch aber nicht ablehnend gegenüberstehe und einsehe, daß Administration und CIA damit bei den Kongreßausschüssen für den Nachrichtendienst gut gedeckt seien. Im März rief Casey Enders an.

»Tom«, sagte er, »ich weiß, daß Sie schon Schwierigkeiten genug haben, aber außer Bill Clark ist noch jemand hinter Ihnen her. Mike Deaver.«

»Danke für den Tip, Kollege«, erwiderte Enders, dem klar war, daß dahinter Nancy Reagan stand.

Casey hatte gehört, wie Deaver von Enders als »schöngeistigem Schwätzer« und »Zimperliese« gesprochen hatte. Es war der Anfang vom Ende. Casey selbst sah mit Freuden, daß das Weiße Haus in Sachen Lateinamerika eine forschere Gangart einschlagen wollte. Bill Clark schien ihm eine willkommene neue Richtung in die Außenpolitik zu bringen.

Einer der Hauptdrähte Caseys zum Weißen Haus war Anthony R. Dolan, der Mann, der Reden für Reagan schrieb und 1978 den Pulitzer-Preis für Aufklärungsjournalismus erhalten hatte. Casey hatte Dolan für Reagans Wahlkampf 1980 angeworben. Dolan glaubte fest an die Sache der Konservativen, für ihn war der Wahlkampf des Präsidenten 1980 das letzte Spiel der Serie »Zivilisation des Westens« gewesen. Nach dem Wahlkampf war er in dem Büro gelandet, das die Reden für den Präsidenten schrieb. Obwohl Jim Baker ihn an der Leine hielt, spielte Dolan als Kettenhund Reagans die Rolle eines Vorkämpfers. Zwischen dem CIA-Direktor und Dolan kam es schriftlich und in Telefongesprächen zu einem regelmäßigen Gedankenaustausch.

Dolan bewunderte Caseys kühlere Version des wahren konservativen Engagements. Er bewunderte die Art, wie Casey mit Kritik fertig wurde, die er mit der an General Grant geübten verglich, als dieser bei der Verfolgung Robert E. Lees Verluste in Kauf genommen hatte. Damals war scharf geschossen und ihm von Politikern die Hölle heiß gemacht worden. Casey zerbrach sich nicht den Kopf über Pressestimmen, die sich mit ihm beschäftigten. Dazu hatte er zu viel zu tun; außerdem war er zu seinem Glück ein Mann, der die Welt, Bücher, Ideen und Herausforderungen interessanter fand als seine eigene Person.

Casey machte Clark auf Dolans Talente aufmerksam. Dolan bekam eine Routinerede zugewiesen, die der Präsident auf einer Tagung fundamentalistischer Priester halten sollte. Als Dolan letzte Hand an die Rede legte, hatte er das Gefühl, gleichsam in das Unterbewußtsein des Präsidenten eingedrungen zu sein.

Am 8. März 1983 um 15.04 Uhr hielt der Präsident die Rede vor der National Association of Evangelicals im Citrus Crown Ballroom des Sheraton Twin Towers Hotel in Orlando, Florida. Er zitierte die Unabhängigkeitserklärung, C.S. Lewis, Whittaker Chambers und Thomas Paine und nannte die Sowjetunion »ein Reich des Bösen«.

Es kam zu einer Sensation. Später im selben Monat enthüllte der Präsident seinen Plan »Star Wars« (Strategic Defense Initiative), jene strategische Verteidigungsinitiative, die die Verteidigung gegen sowjetische Raketen mittels im Weltraum stationierter Waffen sicherstellen sollte. Die Sowjets brandmarkten Reagan als »Wahnsinnigen«.

In dieser Atmosphäre eines fanatischen Antikommunismus, einer regelrechten Kommunistenhetze konnte Casey überleben, ja sogar gedeihen, nicht aber Enders. Anlaß der Auseinandersetzung war Nicaragua. Reagan, Clark und Casey waren auf eine harte Linie eingeschwenkt und stellten den Patriotismus all derer in Frage, die den Dialog mit Nicaragua fortsetzen wollten. Für Enders war nur eine Strategie richtig, mit der man die Sowjetunion und Kuba zum Abzug aus Nicaragua bringen konnte. Inzwischen war jedoch klargeworden, daß die US-Politik außerdem zum Ziel hatte, die Sandinisten zu vertreiben.

Enders verlor seinen Posten und wurde als US-Botschafter nach Spanien geschickt. Er brauchte einige Monate, bis er reisefertig war, und es kam zu einer Reihe großer Abschiedsessen. Casey war bei allen dabei. Und als ob seine Anwesenheit allein noch keine ausreichende Demonstration sei, hielt Casey bei Gelegenheit auch noch eine kleine Ansprache. Er lobte die Arbeit Enders', sprach von langen Jahren vorbildlicher Pflichterfüllung, von seiner langjährigen Bekanntschaft mit Enders und den vielen Dingen, die sie gemeinsam durchgemacht hatten. Casey wurde nicht konkret, aber seine Worte waren warm und herzlich, jedermann verstand, daß er und Enders immer Freunde bleiben würden.

Im Frühjahr 1983 nahmen John McMahons Unannehmlichkeiten wegen Casey, der CIA und den Contras zu. Der ranghöchste Republikaner im nachrichtendienstlichen Ausschuß des Repräsentantenhauses, Ken Robinson, nahm McMahon eines Tages wegen der wachsenden Zahl der Contras in die Mangel. Warum waren aus 500 Mann 5500 geworden? Robinson, der sonst loyal zu Administration und CIA stand, konnte seinen Ärger kaum verbergen. McMahon erwiderte, daß die geheimdienstlichen Ausschüsse ständig auf dem laufenden gehalten würden. Wenn die Ausschußmitglieder den Anschluß verlören, liege das daran, daß zwischen den Hearings oft Monate verstrichen. Wie leicht konnte man sich einbilden, man sei erst vor einer Woche auf den neuesten Stand gebracht worden. Aber in den dazwischenliegenden Monaten konnten die Contras ein Dorf angegriffen und hundert neue Mitglieder rekrutiert haben, und dann im nächsten Dorf wieder hundert. Man könne neue Anhänger nicht abweisen, sie seien Ausdruck einer breiten Zustimmung im Volk. McMahon spürte immer noch Skepsis und gab zu, daß der Geheimdienst auch selber aktiv junge Kämpfer für die Contras angeworben habe. Natürlich würden es immer mehr. Aber Robinson war mit dieser Erklärung nicht zufrieden, und McMahon hatte das Gefühl, daß Robinsons Gereiztheit Schwierigkeiten für die Operation in Nicaragua signalisierte.

McMahon erschien auch auf einer geschlossenen Sitzung des Senatsausschusses und wurde dort aus allen Richtungen angeschossen – allen Zahlen, den Absichten und Zielen des Programms ingesamt wurde Verdacht, ja Feindseligkeit entgegengebracht.

Leahy griff McMahon hart an: »Ihr Burschen steuert geradewegs ins Unglück.« Die Operation werde außer Kontrolle geraten und wahrscheinlich als Mißerfolg enden. »Und keiner wird dann dem Weißen Haus, dem State Department oder dem Pentagon die Schuld daran geben«, sagte Leahy. Wenn das Unternehmen fehlschlage, sei das einzig und allein die Schuld der CIA. Es sei ihr Krieg, nicht der Krieg Reagans, nicht einmal der Caseys, es sei ein Krieg der CIA. Reagan, Casey und McMahon würden eines Tages nicht mehr im Amt sein, aber den Nachrichtendienst werde es dann immer noch geben. Der Senatsausschuß habe die Verpflichtung, den amerikanischen Geheimdienst als Institution zu schützen, meinte Leahy abschließend. »Und diese Verpflichtung haben auch Sie.«

Jawohl, erwiderte McMahon, er sei damit völlig einverstanden. Die Contra-Operation werde den Nachrichtendienst in Schwierigkeiten bringen, in ganz beträchtliche Schwierigkeiten sogar. Sie werde aber auch den Kongreß in Schwierigkeiten bringen. McMahon lief rot an und begann mit den Händen zu gestikulieren, um seinen Worten größeren Nachdruck zu verleihen. Er sei dabei gewesen, als die CIA in den 70er Jahren in der Meinung der Öffentlichkeit, der Presse und des Kongresses in den Keller gefahren sei. Die Mission der CIA gerate jedesmal in Gefahr, sobald sie als verlängerter Arm der US-Außenpolitik bloßgestellt werde.

McMahons Stimme zitterte vor Erregung. Eine solche Bloßstellung verletze nicht nur seine Kameraden bei der CIA und laufe seiner eigenen Vorstellung von einer sinnvollen Tätigkeit des Nachrichtendienstes zuwider, sie stelle den Wert jeglicher Aktivität der CIA grundsätzlich in Frage.

Der Ruf der CIA stehe auf dem Spiel, nichts weniger. Die CIA sei nicht nur dem Kongreß verpflichtet, sie müsse sich zugleich nach den Befehlen des Präsidenten und ihres Direktors richten. Und die hätten die Operation angeordnet und unterstützten jeden Schritt. Man müsse also einen Weg finden, wie man aus diesem Dilemma herauskomme – wie man die CIA schützen und zugleich den Befehlen gehorchen könne. Und sie, die Senatoren des Kontrollausschusses, sollten wissen, daß auch er wußte, was auf dem Spiel stand. Er brauche ihre Hilfe.

Als McMahon fertig war, herrschte im Saal Stille.

Mit der Ausweitung des geheimen Krieges wurden die Mittel der CIA für die Contras knapp. Casey beschloß, Geld aus dem geheimen Eventualitätenfond für die Operation abzuzweigen. Die für kurzfristige Verwendungszwecke gedachten Mittel dieses Fonds von rund 50 Millionen Dollar standen für Notfälle zur Verfügung oder für Zeiten, in denen der Kongreß nicht tagte. War der Notfall vorbei oder der Kongreß wieder zusammengetreten, konnte das Geld nachträglich genehmigt und der Fond wieder aufgefüllt werden. Von der gescheiterten Operation, in der es um die Sicherheit Beschir Gemayels und seine Versorgung mit geheimdienstlichen Daten gegangen war, waren noch einige Millionen

Dollar übrig. Diese Mittel wurden jetzt an die Contras umgeleitet. Es dauerte allerdings zumindest drei, nach einer anderen Berechnung sogar sechs Wochen, bis die Unterlagen im Senatsausschuß eintrafen und ihn über den Transfer ins Bild setzten.

Angesichts der zunehmenden Beunruhigung über die Operation verstärkte diese Verzögerung der routinemäßigen Benachrichtigung im Ausschuß den Eindruck, daß die CIA ihren Aufsehern vorauseile. Eine geheime Anhörung wurde angesetzt, in der der Rechnungsprüfer der CIA, Daniel Childs, aussagen sollte. Childs, früher Assistent Senator Inouyes im Ausschuß, sagte, daß eine Summe von einigen Millionen kaum der Rede wert sei und er mit ganz anderen Summen zu tun habe. Inouye, Demokrat des gemäßigten Flügels, war wütend.

Einige der Demokraten sahen eine Gelegenheit kommen, Casey aufzuknüpfen.

Aber dann förderte Senator Malcolm Wallop statt dessen etwas anderes zutage. Den Unterlagen zufolge war Casey zum fraglichen Zeitpunkt verreist gewesen. Also war es McMahon, der nicht schnell genug gehandelt hatte. Das war fast zu schön, um wahr zu sein. Wallop war entzückt. McMahon, der mustergültige Regierungsbeamte, hatte ein Schriftstück auf seinem Schreibtisch liegen lassen, in der Bürokratie ein Verbrechen ersten Ranges. Wallops Kollegen, die Caseys Kopf wollten, hatten statt dessen McMahon drangekriegt. McMahon mußte vor jedem der wichtigen Senatoren persönlich zu seiner Unterlassungssünde Stellung nehmen. Dabei merkte er, daß er selbst gar nicht alle Unterlagen über die Operation in Nicaragua gesehen hatte. Er hatte nicht realisiert, daß die Operation Caseys und Clarridges ganz Zentralamerika einbezog. Er war stellvertretender Direktor der CIA, und er war übergangen worden, anders konnte man es nicht nennen. Die Situation war unerträglich.

McMahon suchte Casey auf und erklärte ihm, daß er seine Funktion als Stellvertreter nur ausüben konnte, wenn er Einblick in die Akten bekam. Der Fall Inman durfte sich nicht wiederholen, das wollte keiner der beiden. Casey schluckte einmal leer und war dann einverstanden; von jetzt an sollten, so wurde festgelegt, alle Schriftstücke über McMahons Schreibtisch gehen.

Je mehr McMahon freilich sah, desto größer wurde sein Unbehagen. Immer noch loyaler Mitarbeiter, begann er zugleich darauf zu drängen, daß man nach einem anderen Weg suchte: Vielleicht gehöre die Opera-

tion jetzt, wo sie bekannt geworden sei, doch eher in die Hände des Pentagon. Es sehe eben doch alles nach Krieg aus.
Aber damit konnte Casey sich nicht anfreunden. Wenn die CIA mit schwierigen Problemen nicht fertig wurde, wenn sie sie an die Militärs abgeben mußte, dann waren die ganzen paramilitärischen Kräfte, deren Wiederaufbau er sich vorgenommen hatte, ein Witz. Solche Operationen waren harte Bewährungsproben. Außerdem waren die Militärs an einer solchen Operation gar nicht interessiert. Und schließlich konnte eine Supermacht doch nicht ein kleines Würstchen wie Nicaragua mit ihrer ganzen Streitmacht angreifen.
McMahon verteidigte seinen Standpunkt leidenschaftlich und beteuerte zugleich, er stehe ganz auf Caseys Seite. Er sei doch in den 70er Jahren dabeigewesen, als es zu den Ermittlungen gegen die CIA gekommen sei, und er habe den Tiefpunkt der Moral, den Zusammenbruch und die völlige Lahmlegung des Nachrichtendienstes miterlebt, die erst Casey habe aufheben können.
Casey schlug vor, daß er und McMahon mit Mitgliedern des Nationalen Sicherheitsrates über das Problem reden sollten. Der Vorschlag, die Operation an das Pentagon abzugeben, wurde also Shultz, Weinberger und Bill Clark vorgelegt.
Weinbergers Antwort war eindeutig: Nur über seine Leiche werde das Pentagon die Operation übernehmen. Weinberger war entschlossen, die Militärs aus allem herauszuhalten, was nicht die volle Unterstützung des Kongresses und der Öffentlichkeit genoß. Und im Fall dieser Operation könne man schon jetzt das Mißtrauen riechen, auf das sie stoßen würde.
Außenminister Shultz sah die Möglichkeit, mit der verdeckten Operation auf diplomatischer Ebene umzugehen. Das würde jedoch unmöglich werden, wenn das Pentagon sie übernehme.
Clark schließlich stimmte mit Casey überein, daß die Operation am besten in den Händen der CIA aufgehoben sei. Er pries die Bemühungen Caseys. Und Clarridge vollbringe wahre Wunder. Clark sah bereits den Sieg am Horizont heraufdämmern.
Präsident Reagan war überschwenglich. »Bill und die CIA tun das Richtige«, meinte er.

Goldwater beauftragte die Rechtsanwälte des Senatsausschusses damit, zu untersuchen, ob man die Operation nicht direkt und offen mit Mitteln des Pentagon finanzieren könnte. Die Anwälte stießen dabei auf ein

Dutzend juristischer Hindernisse, und Goldwater sah ein, daß er so nicht weiterkam. Eine militärische Operation des Pentagon war Krieg, und dafür brauchte man eine formelle Erklärung des Kongresses. Aber wer wollte Nicaragua den Krieg erklären? Den einen Vorteil hatten verdeckte Aktivitäten, auch wenn ihre Geheimhaltung eine Fiktion war wie des Kaisers neue Kleider. Obwohl solche Aktionen nach internationalem Recht und verschiedenen internationalen Abkommen nicht angingen, führten einzelne Staaten sie trotzdem durch. Kein Staat würde wohl die USA dafür belangen.

Im Repräsentantenhaus hatte Boland die Idee, in Honduras eine Art Zaun zu errichten, um die Waffenlieferungen von Nicaragua nach El Salvador zu verhindern. Die Kosten dieser Idee – sie erhielt den inoffiziellen Spitznamen »Boland Line« – wurden auf 300 bis 500 Millionen Dollar geschätzt. Sie wurde daraufhin schnell wieder fallengelassen.

Casey gab das Lob des Präsidenten für die CIA an McMahon weiter, und McMahon fand sich mit der Situation ab. Die Operation würde also in den Händen der CIA bleiben. Casey hatte sich immerhin seinen Vorschlag angehört. Jetzt war es an ihm, McMahon, seine Loyalität zu zeigen und Casey zu unterstützen.

Inzwischen war McMahon freilich erneut mit einer Gelegenheit für eine verdeckte Aktion konfrontiert worden, die ihm nicht gefiel. Exilanten des kleinen Landes Surinam, einer vormals holländischen Kolonie an der Nordküste Südamerikas nördlich Brasiliens, hatten den Nachrichtendienst um Unterstützung gebeten. Die holländischen Exilanten planten nichts Geringeres als einen Sturz der autoritären Regierung Oberstleutnant Desi Bouterses, der prokommunistische Tendenzen zeige und auf brutale Weise fünfzehn Personen habe hinrichten lassen, darunter Führer der politischen Opposition und der Gewerkschaften.

Casey war für den Plan; er hielt Bouterse für einen linken Querulanten, und die Exilanten schienen glaubwürdig. Er stimmte jedoch mit McMahon überein, daß eine Einschätzung der Lage von unabhängiger Warte aus notwendig sei. Die Planungszentrale für geheime Operationen arbeitete eine Direktive aus; danach sollte zunächst in einer kleineren verdeckten Aktion festgestellt werden, ob eine Unterstützung der Exilanten durch die CIA sinnvoll war und ob überhaupt die Möglichkeit bestand, Bouterse zu stürzen. Über die eigentliche Operation mit dem Ziel eines Sturzes oder der direkten militärischen Hilfe an die Exilanten sollte dann

in einer weiteren Direktive entschieden werden. Präsident Reagan unterzeichnete die Direktive, und einige hunderttausend Dollar wurden für den Zweck zur Verfügung gestellt, ein CIA-Team nach Surinam zu schicken, das dort Informationen sammeln und eine Studie über die Durchführbarkeit des Unternehmens erstellen sollte.
McMahon informierte den Senat darüber. Die Reaktion war ungläubiges Staunen. Warum, so fragten einige Senatoren, die Reagan-Administration einen Coup in einem völlig unwichtigen Land plane? Die Einwohner Surinams seien friedliche Primitive wie die Einwohner Tahitis im Südpazifik. Die Bevölkerung liege bei etwa 350 000. Das war die Größe von Tucson in Arizona. Besonders Goldwater war erbost: »In meinem ganzen Leben habe ich noch nie von einer so saudummen Idee gehört.« McMahon erwiderte, daß die Regierung Bouterse Beziehungen zu Kuba und zur Regierung Grenadas unterhalte, einer kleinen Insel in der Karibik, auf der ebenfalls eine linksgerichtete Regierung im Amt sei. Die CIA habe Kontakt zu einer Gruppe Exilanten aus Surinam, die die eigentliche Arbeit tun würde.
Aber wann habe je ein von den USA unterstützter Staatsstreich wie dieser Erfolg gehabt?
Um die Frage zu beantworten, mußte McMahon bis zu dem 1954 von der CIA unterstützten Putsch in Guatemala zurückgehen. Er erläuterte, daß die Direktive sich nur darauf beziehe, zu prüfen, ob eine Operation sinnvoll sei, und daß im Fall einer positiven Entscheidung eine weitere Direktive notwendig sei und der Ausschuß benachrichtigt werden würde.
Die Senatoren waren mit der Erklärung nicht zufrieden. Als McMahon mit seinem Bericht fertig war, einigte man sich darauf, bei Präsident Reagan schriftlich Protest einzulegen und ihm mitzuteilen, daß der Ausschuß den Staatsstreich nicht unterstützen könne, ja dagegen sei.
In einem persönlichen Schreiben an Reagan schrieb Goldwater sinngemäß: »Haben Sie das wirklich nötig?«
Auch im Ausschuß des Repräsentantenhauses gab es eine überwältigende Opposition beider Parteien. Als das CIA-Team zurückkehrte, hatte es wenig Informationsmaterial im Gepäck und berichtete, daß ein Staatsstreich wahrscheinlich nicht durchführbar sei.
Der Plan wurde fallengelassen und McMahon durch das ganze Hin und Her darin bestärkt, mit aller Kraft zu versuchen, die CIA in Zukunft aus solchen Farcen herauszuhalten.

12

Wenn Casey die Operation in Nicaragua den Demokraten im Repräsentantenhaus verkaufen wollte, mußte er die konservativen Demokraten des Südens und Westens für sich gewinnen. Zu ihnen gehörte Dave K. McCurdy, ein 33jähriger demokratischer Kongreßabgeordneter aus Oklahoma, der im Januar Mitglied des nachrichtendienstlichen Ausschusses des Repräsentantenhauses geworden war. McCurdy war der Administration gegenüber positiv eingestellt und ein eifriger Befürworter ihrer Verteidigungspolitik, und man erwartete von ihm, daß er Reagans Außenpolitik und das Verteidigungsprogramm des Präsidenten ohne Abstriche schlucken würde. In einem privaten Gespräch teilte Casey McCurdy mit, daß die CIA alles Notwendige unternehmen werde, um Einfluß auf die sandinistische Regierung auszuüben. McCurdy hatte in seinen Gesprächen mit Casey allerdings das Gefühl, daß man sich auf schlüpfrigem Boden bewege.
Anläßlich eines Hearings fragte McCurdy Casey, wieviel Geld die Sandinisten für Schulen, Straßen und Krankenhäuser in ihrem Land ausgäben.
»Das weiß ich nicht«, erwiderte Casey kurz angebunden. Im Tagungsraum des Ausschusses im obersten Stock des Kapitols breitete sich eine gespannte Stimmung aus. Der Raum war klein, die Kongreßabgeordneten saßen um einen fest eingebauten Tisch in Hufeisenform. Casey war gereizt. Er gab zu verstehen, daß das Hearing ihn langweilte und er McCurdys Anfrage für dumm und irrelevant hielt.
McCurdy fragte weiter, ob Casey es nur selber nicht wisse oder ob die CIA nicht über die entsprechenden Informationen verfüge.
»Worauf wollen Sie hinaus, Herr Abgeordneter?« fragte Casey.
»Ich bin in Oklahoma aufgewachsen«, erwiderte McCurdy, »und Sie müßten wissen, warum wir im ländlichen Oklahoma Demokraten sind.«
McCurdy sprach dann vom New Deal F. D. Roosevelts und von der REA (Rural Electrification Administration), einem Programm zur Elektrifi-

zierung ländlicher Gegenden, das die Bauern Oklahomas ins 20. Jahrhundert befördert habe. Die Frage sei jetzt, ob sich auch die Sandinisten auf diesem Weg befänden. Ob sie das Volk Nicaraguas für sich gewinnen könnten?
Casey verstand und wurde etwas zugänglicher. Die Katholische Kirche sei gegen die Sandinisten, sagte er, und wirklich freie Wahlen könnten die Sandinisten nicht gewinnen.
Wie es in dieser Beziehung bei den von den USA unterstützten Contras aussehe, wollte McCurdy weiter wissen. Mit welchen Ideen sie im Kampf um die Herzen der Bevölkerung aufzuwarten hätten? Sie sprengten Brücken. Ein Getreidespeicher und eine Ranch seien zerstört worden. Ein Kraftwerk sei angegriffen worden; die CIA habe behauptet, das Kraftwerk sei ein militärisch wichtiges Ziel, es habe sich aber herausgestellt, daß nur zehn Prozent des Stroms den Truppen zugute kamen. Der Rest werde für Zivilisten gebraucht. Das sei das Gegenteil der REA, es sei Zerstörung, kein Aufbau.

Als Moynihan und Leahy sich am 5. April 1983, dem ersten Tag nach der Osterpause, in den Sitzungssaal des Senats begaben, geschah das, um ihrer Besorgnis über die Operation in Nicaragua Ausdruck zu verleihen. Moynihan sprach von einer »Vertrauenskrise« zwischen Kongreß und Nachrichtendienst. Persönlich halte er den militärischen, ja praktisch mit terroristischen Mitteln forcierten Druck auf ein Land für genau die Art von Aktion, durch die sich ein Mehr an Demokratie nicht verwirklichen lasse. Wie hatten die Sandinisten reagiert? Sie hatten die bürgerlichen Freiheitsrechte ausgesetzt. Die Presse wurde heftig zensiert, und man hatte regelrecht den Apparat eines kleinen Polizeistaates aufgebaut.
Eine Woche später, am Dienstag morgen um elf, bestellte Goldwater Casey, McMahon und Sporkin zu einer geschlossenen Sitzung des Senatsausschusses. Wie aus einem Munde sagten alle drei aus, die Operation sei legal und von höchster Stelle genehmigt; sie habe die Unterstützung des Präsidenten, des Außenministeriums und der Profis von der CIA. Dann ergriff Goldwater das Wort und verteidigte die CIA mit leidenschaftlichen Worten: »Ich bin fest davon überzeugt, daß die Informationen, die wir erhalten haben, vollständig sind und den neuesten Stand repräsentieren.«
In einem direkten Seitenhieb auf Moynihan fügte er hinzu: »Das ganze

Gerede von einer Vertrauenskrise ist ein Rückfall in die Sprache der 70er Jahre, als die Ausschüsse von Church und Pike auf dem Rücken der Nachrichtendienste Schlagzeilen machten.« Goldwater stellte fest, daß die Sandinisten die größte Armee Zentralamerikas aufgestellt hätten, bestehend aus 40 000 Mann einschließlich der Reserve. »Glauben einige meiner Kollegen im Ernst, daß diese marxistische Kriegsmaschinerie durch einige tausend Freiheitskämpfer in die Knie gezwungen werden kann?« Verdeckte Aktionen seien ein Risiko, und die, die mit ihrer Ausführung beauftragt würden, seien am Schluß die Dummen. »Das ist einfach verdammt unfair, und diese Art Feigheit bringt mich zur Raserei.« Goldwater sprach von der Rolle des Senats, der immer alles über die Operationen gewußt habe, und sagte: »Jetzt müssen wir zu unserer Verantwortung stehen – zu unserem Engagement in dieser Sache –, und wir dürfen uns nicht davor drücken, nur weil wir kalte Füße bekommen haben.« Und wenn dem Senat nicht gefalle, was sich ereigne, so gebe es immer noch ein Mittel der Abhilfe – die Gewalt über die Finanzen. »Wenn Mittel für Operationen ausgegeben werden, die wir nicht unterstützen können, dann kürzen wir doch die Mittel.«

In diesem Winter beschäftigte Casey sich mit den Problemen im Libanon. Der Einfluß des Nachrichtendienstes und sein Zugang zu Informationsquellen hatten seit der Ermordung Beschir Gemayels abgenommen. Gemayels Bruder Amin war zum Präsidenten gewählt worden und hatte sein Amt angetreten. Amin Gemayel ging auf Distanz zu Israel und den Vereinigten Staaten und versuchte, Libanon stärker an die arabischen Länder anzuschließen. Dabei war Amin Gemayel allerdings immer noch am Schutz der USA gelegen. Um den Einfluß der Vereinigten Staaten aufrechtzuerhalten, hatte das Weiße Haus einen Kandidaten als neuen libanesischen Sicherheitsberater vorgeschlagen. Amin war einverstanden und ernannte Wadi Haddad, einen 42jährigen Libanesen, der für die Weltbank gearbeitet hatte. Haddad, ein kleiner, stämmiger Mann, korrekt und mit intellektuellen Neigungen, war aufgrund seiner engen Bindungen an die Vereinigten Staaten und die CIA als »der Amerikaner« bekannt.
Casey hatte Haddad Anfang 1983 kennengelernt. Beide waren besorgt über Amin Gemayel und den Einfluß Syriens auf Libanon. Haddad war der festen Überzeugung, daß Syrien jede beliebige Taktik ausprobieren und dann die erfolgreiche als syrische Politik bezeichnen würde. »Wer

das Gefühl hat, von den Syrern übers Ohr gehauen worden zu sein, der versteht die syrische Art, Politik zu treiben, nicht«, meinte er. Casey pflichtete ihm bei und wollte wissen, was für eine Persönlichkeit Amin sei und wo seine Stärken lägen, da es viele negative Berichte über den neuen Präsidenten gab. Im Libanon war Amin als Mann bekannt, der ständig die Hand aufhielt und nahm, was er konnte. Auf dem Höhepunkt der letzten Unruhen war er zu einem Einkaufsbummel nach Paris geflogen und hatte vierundzwanzig neue Anzüge und Abendgarderoben bei Christian Dior gekauft. Bei der Armee war er unbeliebt, man hielt ihn dort für einen Waschlappen und Versager. Casey fragte also, ob die Armee hinter Amin stehe.

Haddad bejahte, fügte aber hinzu, daß diese Antwort mehr Ausdruck seiner Hoffnung sei, als daß sie der gegenwärtigen Realität entspreche. In anderen Worten, nein. Die tiefgehenden Spannungen zwischen dem libanesischen Sicherheitsberater und dem neuen libanesischen Präsidenten waren offenkundig. Casey kam zu dem Schluß, daß die Beziehung nicht lange halten würde.

Haddad seinerseits war zu der Erkenntnis gekommen, daß Casey der Weg zu Präsident Reagan war, wenn er diesem eine Nachricht zukommen lassen wollte.

Ein anderer Kanal, über den Casey sich in der Nahostpolitik der Administration Einfluß verschaffen konnte, war Robert C. Ames, der Spezialist der CIA für diese Region, ein geradezu zur Legende gewordener CIA-Beamter und einer der wichtigsten Männer Caseys. Ames kleidete sich oft salopp mit hellgetönter Fliegerbrille und Cowboystiefeln. Er hatte Ideen und war bei Einsätzen nie um neue, oft ausgefallene Methoden verlegen. Als Beamter der Planungszentrale für geheime Operationen hatte Ames mit glänzendem Erfolg neue Agenten und Informanten für die CIA rekrutiert. Auf einer früheren Mission in Beirut, noch in der Ära Helms, hatte Ames als erster Agent der CIA in die PLO eindringen können und dort zwei Quellen von größter Wichtigkeit aufgetan.

Einer der Männer, die Ames angeworben hatte, war Ali Hasan Salameh gewesen, Sicherheitschef und Chef des Nachrichtendienstes des PLO-Chefs Jasir Arafat. Salameh, der vom israelischen Mossad den Tarnnamen »roter Prinz« erhalten hatte, war 1979 bei einem wahrscheinlich von den Israelis durchgeführten Bombenanschlag umgekommen. Ames war der Meisterspion gewesen im sogenannten »Krieg der Geheimdienste« in Beirut, wo Spione und Nachrichtendienste sich gegen-

seitig auf die Füße traten und jeder Schuß, jede Bombe und jeder diplomatische Schritt geheimdienstliche Implikationen hatte. Überleben hieß hier, die Gratwanderung des doppelten Spiels ohne Absturz zu überstehen.
Ames glaubte, daß Israel auf den Status quo angewiesen sei. Aus der Sicht Israels erfolge jede Verbesserung der Beziehungen eines Landes oder Individuums zu den Vereinigten Staaten letztlich auf Kosten Israels. Casey war froh, als Ames die Rolle eines inoffiziellen Nahost-Beraters für Shultz übernahm. Im Jahr zuvor hatte der stellvertretende Verteidigungsminister Frank Carlucci Shultz gesagt, es gebe nur einen Weg, die Situation im Nahen Osten zu verstehen. »Hören Sie auf Bob Ames«, hatte Carlucci gemeint, »bitte hören Sie auf ihn. Amcs ist ein guter Mann, weil er eine ausgewogene Meinung hat und von persönlichen Komplexen frei ist.« Einige Monate später hatte Shultz Carlucci zur Seite genommen und gesagt: »Einer der besten Ratschläge, die Sie mir gegeben haben, war, auf Bob Ames zu hören.«
Shultz fand Gefallen an Ames' gerühmter Kaltblütigkeit. Ames gehörte bald zu den Lesern geheimdienstlichen Materials und wurde zum eigentlichen Berater des Außenministers, wenn es um Probleme des Nahen Ostens ging. Was Ames zu sagen hatte, ließ sich auf einen einfachen Nenner bringen: Die Lage im Libanon mit seinen zwei Besatzungsmächten wurde ernst. Man mußte etwas tun. Aber wie alles andere im Nahen Osten, würde das keineswegs einfach sein; vielleicht war es, wie fast alles im Nahen Osten, nicht einmal möglich.
Im April 1983 reiste Ames zu einer Mission vor Ort in den Nahen Osten, und am 18. April war er in der US-Botschaft Beiruts. Ein mit Sprengstoff gefüllter Lieferwagen fuhr auf das Gelände der Botschaft und explodierte. Der mittlere Teil des siebenstöckigen Gebäudes stürzte ein, und als die Opfer aus den Trümmern geborgen wurden, zählte man dreiundsechzig Tote, darunter siebzehn Amerikaner einschließlich Ames, den Stationschef der CIA, seinen Stellvertreter und ein weiteres halbes Dutzend CIA-Beamte.
Casey wollte den ersten Berichten gar nicht glauben. Es war, als sei er persönlich getroffen worden – eine vergleichbare Katastrophe hatte es noch nie in einer Organisation gegeben, die er leitete. Die CIA-Beamten in Beirut hatten eine Besprechung über den Terrorismus abgehalten. Hatten die Terroristen das gewußt?
Bereits vor dem Attentat hatte die NSA den kodierten Nachrichtenver-

kehr vom iranischen Außenministerium in Teheran an die Botschaften des Iran in Beirut und Damaskus aufgefangen und entschlüsselt. Jetzt gingen die Analytiker noch einmal jede einzelne aufgefangene Nachricht und jeden kleinsten Hinweis aus der Zeit vor dem Anschlag durch. Aus dem Nachrichtenmaterial ging mit einiger Klarheit hervor, daß eine Unternehmung gegen die amerikanische Gemeinde in Beirut geplant war. Einem Telegramm war zu entnehmen, daß ein Betrag von 25 000 Dollar für eine nicht genauer bezeichnete Operation genehmigt worden war. Die entschlüsselten Telegramme und anderes Material war dem US-Botschafter bereits vor dem Attentat zugestellt worden. Allerdings war nirgends ein genauer Tag oder ein bestimmtes Ziel angegeben, es gab keine eindeutigen Hinweise darauf, daß die Botschaft das Opfer sein sollte. Es hatte zusätzliche Informationen durch Informanten gegeben, die allerdings nicht bestätigt werden konnten, und in einem Fall war die Zuverlässigkeit der Quelle noch nicht erprobt worden.
Der Kolumnist Jack Anderson und die CBS-Nachrichten berichteten, daß der US-Geheimdienst Funksprüche des Iran aufgefangen habe. Casey traute seinen Ohren nicht, als er hörte, daß das durchgesickert war. Die Berichte stießen in den USA nur auf geringe Aufmerksamkeit, wurden aber im Iran anscheinend gelesen. Bald wurden keine Funksprüche mehr aufgefangen. Casey war darüber deshalb besonders unglücklich, weil er gehofft hatte, die NSA könne aufdecken, wer das Bombenattentat ausgeführt hatte, wenn sie weiterhin dem iranischen Nachrichtenverkehr zuhörte. Auch für die Zukunft hätten Funksprüche Hinweise auf neue, gegen die USA gerichtete Operationen geben können. Jetzt herrschte totale Stille. Eine wichtige Nachrichtenquelle war durch Gedankenlosigkeit verlorengegangen.
Für Casey war es eine ernüchternde Erfahrung. Es kam zu Ermittlungen, um die undichte Stelle herauszufinden. Aber die aufgefangenen Telegramme waren an vergleichsweise viele Stellen im Weißen Haus, im State Department und im Pentagon gegangen. Zwei Tage nach dem Attentat hatte das National Intelligence Daily, das tägliche Bulletin der Nachrichtendienste, eine Zusammenfassung ihres Inhalts gebracht. Mehrere hundert Leute, darunter die Mitglieder der nachrichtendienstlichen Ausschüsse des Kongresses, lasen NID.
Die 150 Exemplare des unter strengste Geheimhaltungsstufe gestellten Bulletins sollten eigentlich jeden Tag wieder abgegeben werden, aber es kamen nie mehr als fünfzig Exemplare wieder zurück. Das hieß, daß

ungefähr hundert Exemplare entgegen der Vorschrift von verschiedenen Regierungsstellen zurückbehalten wurden. Obwohl es verboten war, NID zu fotokopieren, fand man auf den zurückgegebenen Exemplaren oft handschriftliche Anweisungen, Kopien anzufertigen. Einmal hatte man in einer Abteilung allein 75 Fotokopien gefunden.
Casey war nicht benachrichtigt worden, daß Jack Anderson und CBS über das aufgefangene Nachrichtenmaterial berichten würden. Das war zweifellos eine Folge seiner Entscheidung, die CIA von den Medien abzuschotten. Vielleicht war es ein Fehler gewesen. Casey hatte das Gefühl, daß er andernfalls vielleicht Anderson und CBS hätte überreden können, weniger detailliert über Quelle und Art der Beschaffung der Informationen zu berichten. Er hatte kein Frühwarnsystem bei den amerikanischen Medien. Zum ersten Mal kam ihm der Gedanke, daß er im Augenblick vielleicht mehr als alles andere einen Pressereferenten brauchte.

Im Executive Office Building, einem großen grauen Gebäude neben dem Weißen Haus, in dem die Kanzlei des Präsidenten untergebracht ist, befindet sich am Ende eines der riesigen, mit schwarzem und weißem Marmor ausgelegten Korridore Raum 351. Dort sichtete im Frühjahr 1983 ein gedrungener, bärtiger Mann mit Oxford-Abschluß die Stöße von Papier und Nachrichtenmaterial, die kontinuierlich in sein überfülltes Büro strömten. Dieser Mann und sein Büro waren ein zentraler Nerv in der Nahost-Politik der Reagan-Administration. Der Mann, der sich am Schreibtisch durch die Akten fraß und über die Situation nachdachte, mit der die Administration jetzt konfrontiert war, hieß Dr. Geoffrey Kemp und war Chefexperte des NSC-Stabes für den Nahen Osten und Südasien.
Mit Sicherheit hatte der Iran bei dem Bombenattentat auf die Botschaft eine Hand im Spiel gehabt. Die entscheidenden Fragen bezogen sich jedoch auf Syrien, und die wichtigste davon war, inwieweit Syrien an der Durchführung der Operation direkt beteiligt gewesen war. Das Attentat trug das syrische Markenzeichen – bestens durchdachte Bosheit. Die US-Geheimdienste hatten keine Antwort auf die Frage, zumindest keine Antwort, die so eindeutig war, daß sie sich auf diplomatischer Ebene verwenden ließ. Die US-Politik durfte sich nicht auf vage Indizien stützen. Der syrische Geheimdienst hatte mit Sicherheit gewußt, was geplant war, aber ab wann, wenn überhaupt, war Syrien, war die syrische

Führung aktiv eingestiegen? Daß man die Frage nicht beantworten konnte, warf ein Licht auf die Verwirrung, mit der man der politischen Entwicklung in Syrien gegenüberstand. Syrien war ein Durcheinander der verschiedensten Machtsphären. Präsident Assad, einer der verschlagensten und zähesten Führer im Nahen Osten, kannte die Verhältnisse seines Landes und hatte den größten Teil der Macht an sich gerissen, aber auch seine Macht reichte wohl kaum überallhin.
Syrien war für die Geheimdienste eines der schwierigsten und unübersichtlichsten Probleme. Nach unvoreingenommener Prüfung der Sachlage mußte Kemp allerdings feststellen, daß die Informationen der Geheimdienste für die eigentliche Politik nicht nur in Syrien, sondern überall im Nahen Osten zunehmend an Bedeutung verloren. Die Masse des noch nicht ausgewerteten Materials war erdrückend. Täglich kamen Hunderte von Meldungen, aufgefangenen Funksprüchen, Informantenberichten und Zusammenfassungen dazu. Es war unmöglich, sich darin zurechtzufinden. Das ausgewertete Material, das im NID in der allmorgendlichen Zusammenfassung des State Department, in Analysen und Agentenberichten präsentiert wurde, nährte sich gleichsam immer wieder aus sich selbst. Es gab eindrucksvolle Graphiken und Karten, aber bei näherem Hinsehen konnte Kemp kaum etwas finden, was von Nutzen war. Es fehlten Prinzipien, nach denen das Material hätte strukturiert werden sollen. Wenn Kemp an Richtlinien für eine Politik im Libanon arbeitete, konnte es geschehen, daß an diesem Tag das aus Ägypten erhaltene Material besser oder interessanter war.
Was Kemp brauchte, war eine auf präzisem, im Detail stimmigem Wissen basierende Einsicht in die wahren Absichten und Ziele sowie die innere Lage der Länder und ihrer Führer. So etwas konnte man sich nur in jahrelanger Arbeit aneignen. Der Tod Bob Ames' hatte eine Lücke hinterlassen. George Shultz war vom Verständnis der inneren Zusammenhänge im Nahen Osten abgeschnitten und stand im Regen. Kemps Chef, Bill Clark, hatte keine Erfahrung und die Verantwortung für den Nahen Osten in Wirklichkeit an Shultz abgegeben.

Vier Tage nach dem Anschlag kündigte Präsident Reagan an, er werde seinen Außenminister in den Nahen Osten schicken, um eine Lösung für den Libanon zu finden.
Am 17. Mai 1983 unterzeichneten Libanon und Israel ein Abkommen, das den Rückzug der israelischen Truppen regelte und Garantien für die

Sicherheit von Israels Nordgrenze enthielt. Im Verlauf der Gespräche mit Shultz und anderen US-Diplomaten hatte Präsident Amin Gemayel wiederholt auf das Problem Syrien hingewiesen. Aber Shultz war zuversichtlich. Syrien konnte kein Veto einlegen, und Shultz glaubte, daß die USA mehr Einfluß auf Syrien hatten, als allgemein angenommen wurde. Gemayel kam immer wieder auf ein Thema zurück: Wenn er Syrien gegenüber nachgeben mußte, dann wollte er den Zeitpunkt selbst bestimmen und es zu einem Zeitpunkt tun, an dem er sich stark fühlte. Das Abkommen mit Israel würde die Fraktionen im Libanon gegen ihn vereinigen. Er brauchte eine Sicherheit.

Am Tag der Unterzeichnung des Abkommens schickte Präsident Reagan deshalb ein geheimes Schreiben an Präsident Gemayel. Das Schreiben enthielt eine Art Garantie, ein Versprechen, daß die USA nicht zulassen würden, daß Libanon aufgrund der Unterzeichnung des Abkommens mit Israel angegriffen werde oder sonst zu Schaden komme. So wie Beschir Gemayel der geheime Schutz und die Unterstützung der CIA versprochen worden waren, wurde nun seinem Bruder der geheime Schutz des US-Präsidenten zugesichert – diplomatischer und automatisch auch militärischer Schutz, die fortgesetzte Stationierung der US-Marines in Beirut.

Bei der CIA gab man dem Übereinkommen kaum eine Chance. Alle Analysen stimmten in der Befürchtung überein, daß Syrien nicht mitziehen werde. Auch der Nachrichtendienst des State Department, INR, war dieser Meinung. In den Analysen ging es im wesentlichen um drei Punkte. Erstens seien die internen Probleme des Libanon so groß, daß die Vereinigten Staaten sie nicht auf diplomatischem Weg lösen könnten, ja nicht einmal mit dem Einsatz von Truppen, es sei denn, man wäre bereit, 50 000 US-Soldaten dafür abzustellen. Zweitens sei Amin Gemayel ein von Natur aus schwacher Führer. Drittens würden US-Friedenstruppen im Libanon schließlich im Namen der einen oder anderen Fraktion auf Araber schießen müssen, und das würden die anderen Fraktionen nicht hinnehmen können.

Die Analysen zeigten darüber hinaus, daß Syrien, trotz der Neigung amerikanischer Politiker, Syrien in vielem als Schachfigur der Sowjetunion zu betrachten, eine durchaus eigenständige Politik führte und Präsident Assad im Vergleich zu Amin Gemayel ein entschlossener, ernstzunehmender Meister der Strategie war.

Für Kemp vom NSC gehörte es zu den größten Fehlern der Nachrichten-

dienste, daß sie es nicht fertigbrachten, private und politische Persönlichkeitsprofile der führenden Staatsmänner zu erstellen, die zu gebrauchen waren. Ausnahmen waren etwa Persönlichkeiten wie Assad, Gemayel oder der israelische Premier. Aber über die anderen lag einfach kein brauchbares Nachrichtenmaterial vor. Die Führungsspitze der USA tappte schlicht im dunkeln. Das geheime Persönlichkeitsprofil des libyschen Staatschefs Gaddafi zum Beispiel, das im vorhergehenden Jahr von Dr. Jerrold M. Post, dem Leiter der Abteilung für politische Psychologie der CIA, erstellt worden war, bediente sich ausgiebig alter Klischees. So hatte es in dem Profil geheißen:»Weitverbreiteten Annahmen zum Trotz ist Gaddafi kein Psychotiker, er steht im allgemeinen auf dem Boden der Realität ... Gaddafi leidet nach Ansicht vieler unter einer ernsthaften Persönlichkeitsstörung – einer ›latenten Persönlichkeitsstörung‹.« Mit »latenter Persönlichkeitsstörung« – einem aktuellen Thema der Psychiatrie – war keine echte Geistesgestörtheit gemeint, sondern nur, daß eine Person sich abwechselnd verrückt und normal verhielt. Wie sollte das, so fragte sich Kemp, denen helfen, die Politik machten? Im Profil Gaddafis war weiter zu lesen:»In Streßsituationen neigt er bisweilen zu bizarrem Verhalten, da seine Urteilskraft beeinträchtigt ist.« Ein späteres Profil der CIA führte Gaddafis Verhalten teilweise auf eine sich nähernde oder schon eingetretene Midlife-Krise zurück. Für Kemp war das Blödsinn. Aber es war gefährlicher Blödsinn. Kemp schlug vor, das Weiße Haus solle doch gleich einen Romancier einstellen, der bei solchen Profilen helfen könnte.
Da Reagan kein Romanliebhaber, sondern mehr in der Welt des Films zu Hause war, begann die CIA deshalb Filme mit Persönlichkeitsprofilen herzustellen, die dem Präsidenten im Weißen Haus oder in Camp David gezeigt werden konnten. Ein Film war dem neuen ägyptischen Präsidenten gewidmet. SECRET NOFORN (Geheim, nicht für Nachrichtensendungen bestimmt) flimmerte über den Schirm, und die Stimme eines Sprechers sagte:»Dies ist Hosni Mubarak.« Dann folgten Musik und bunte Bilder des kleinen Dorfes, in dem Mubarak geboren worden war – Kafra el Meselha in einer Provinz im nördlichen Nildelta.
Je geringer die Rolle war, die ein Staatsmann in der täglichen Arbeit des Geheimdienstes spielte, und je seltener er im amerikanischen Fernsehen interviewt wurde, was äußerst aufschlußreich sein konnte, desto wertloser waren die erstellten Profile. Handelte es sich dagegen um einen Staatsmann von feststehender, internationaler Bedeutung, waren die

Profile dramatisch und effektvoll. Eines der besten war das des israelischen Premiers Begin. Auf den ersten Filmmetern sah man Bulldozer, deren Bedienungspersonal Masken trug und die in einem Konzentrationslager der Nazis Leichen zu Haufen zusammenschoben; darüber war Begins Stimme zu hören: »Nie wieder, nie wieder.« Das Profil war deshalb so wirkungsvoll, weil es den Betrachter gleichsam in die Gedanken Begins hineinversetzte.
In Begins Fall freilich war reichlich Material zu Hintergründen und Zielen seines Denkens vorhanden.
Reagan war von den Video-Profilen beeindruckt, und Kemp dachte sich, daß sie zur Information von Meese, Baker und Deaver nützlich sein konnten, die über Außenpolitik so gut wie nichts wußten. Deaver war von den Filmen so angetan, daß er die CIA wissen ließ, auch Reagan habe daran Gefallen gefunden; bald darauf begann die CIA mit der Zusammenstellung eines ganzen Katalogs geheimen Filmmaterials zur Vorbereitung von Reisen des Präsidenten in andere Länder und deren Hauptstädte.

Das Abkommen vom 17. Mai 1983 sah keine Zusammenarbeit des Libanon mit Israel vor. Trotzdem ließ Gemayel zu, daß geheime Beziehungen zwischen dem libanesischen Geheimdienst und dem israelischen Mossad bestanden und Informationen über den Aufenthalt von Palästinensern ausgetauscht wurden. Die Israelis hatten einen Dauerbefehl, nichts gegen Angriffe auf die Palästinenser im Libanon zu unternehmen, auch wenn sie nicht von oben genehmigt worden waren; mit zunehmender Häufigkeit kam es zu Luftangriffen.
Shultz, der früher bei den Marines gewesen war, drängte darauf, daß die 1600 Mann starke Friedenstruppe der Marines im Libanon blieb. Casey war im Prinzip einverstanden. Weinberger und das Oberkommando der Streitkräfte waren entschieden dagegen. Aber der Präsident wollte nicht, daß alles nach einem Rückzieher aussah, also blieben die Truppen. Kemp war zu der Überzeugung gelangt, daß die Präsenz der US-Truppen nichts bewirke. Und innerhalb der Administration gab es keinerlei Richtlinien, die bei der Beantwortung der grundlegenden Fragen helfen konnten: Angenommen, die Truppen fuhren sich in ihren Stellungen fest? Angenommen, sie wurden selber zu einem Teil des Problems, statt zu seiner Lösung beizutragen?

In dem Büro im Souterrain seines Hauses in Virginia konnte Stan Turner nicht länger stillhalten. Er schrieb Artikel – allein sechzehn waren im ersten Jahr nach seiner Pensionierung veröffentlicht worden – und arbeitete an Memoiren über seine Zeit bei der CIA. Turner saß vor seinem Radio-Shack-Computer, tippte seine Gedanken zu Nicaragua ein und feilte daran. Wie ausnahmslos alle CIA-Beamten hatte auch er, wie gefordert, sich damit einverstanden erklärt, alles, was er schreibe, der CIA zur Prüfung vorzulegen.
Die mit der Prüfung beauftragten Beamten der CIA waren bereits hart über Turner hergefallen und hatten ihm vorgeworfen, er als früherer Insider dürfe nicht als Tatsache hinstellen, daß die CIA heimlich die Contras unterstütze. Die CIA rechtfertigte die Zensur damit, daß es zu Turners Zeit als Direktor bereits eine kleinere geheime Hilfsoperation gegeben habe. Turner hielt das Argument für absurd. Die geheime paramilitärische Hilfsoperation der Reagan-Administration war etwas ganz anderes, und außerdem hatte es im Repräsentantenhaus schon die öffentliche Debatte über das Boland-Amendment gegeben. Der Nachrichtendienst ließ sich allerdings nicht von seiner Meinung abbringen, und Turner gewann den Eindruck, man wolle verhindern, daß er sich öffentlich gegen die Operation in Nicaragua äußerte. Nach einigem Hin und Her einigte man sich schließlich auf einen Kompromiß. Turner sollte sich auf die Presseberichte und die Debatte im Kongreß beziehen dürfen, aber keine Feststellungen im eigenen Namen treffen; seine persönlichen Schlußfolgerungen, Überlegungen und seine Kritik sollten sich an ein qualifizierendes »wenn« knüpfen.
Die endgültige und genehmigte Fassung Turners begann mit den Worten: »Wenn die CIA sich in dem Maß auf ›verdeckte‹ Hilfe für Guerillakommandos in Nicaragua eingelassen hat, wie es die vorliegenden Berichte behaupten, hat sie einen schlimmen Fehler gemacht.«
Turners Bericht erschien am Sonntag, dem 24. April 1983, in der *Washington Post* mit der Schlagzeile: EX-CIA-CHEF FORDERT: STOPPT GEHEIME OPERATION IN NICARAGUA. Casey war bereit, sich Kritik anzuhören, auch wenn sie von Turner kam. Aber er hielt den Artikel nur für eine nochmals aufgewärmte und von hinten aufgerollte Kritik à la Inman. Desillusionierung der Öffentlichkeit würde die Folge sein, wenn CIA und Administration nicht das Notwendige taten. Opposition würde es immer geben; das war so natürlich wie der tägliche Sonnenaufgang. Casey war aber mehr denn je entschlossen, sich von dieser Opposition

nicht einschüchtern und nicht das Steuer aus der Hand nehmen zu lassen. Zentralamerika durfte nicht den Kommunisten überlassen werden. Er würde es niemals zulassen. Und Casey hatte bei Ronald Reagan sondiert. Reagan war seiner Meinung.
Casey erklärte im Weißen Haus, daß die Operation in Nicaragua in Gefahr sei. Er brauche Hilfe. Der Präsident stimmte einer Kampagne zu, durch die sichergestellt werden sollte, daß der Kongreß keine Mittel streichen würde. In Dallas blies Shultz zum Angriff und sagte, daß Nicaragua Basis »einer neuen Art von Diktatur« geworden sei, die die Herrschaft »über ganz Zentralamerika« anstrebe. Reagan bestellte wichtige Kongreßabgeordnete ins Weiße Haus, um sie in persönlichen Gesprächen unter Druck zu setzen; mit einer Reihe weiterer Abgeordneter sprach er am Telefon.
Am Abend des 26. April hielt Reagan eine vom Fernsehen zur besten Sendezeit landesweit übertragene, 34minütige Rede vor den beiden Kammern des Kongresses. Es war das erste Mal seiner Zeit als Präsident, daß er vor dem versammelten Kongreß zur Außenpolitik sprach. Reagan forderte den Kongreß auf, seiner Bitte um 600 Millionen Dollar für offene Hilfe an Lateinamerika zu entsprechen. Reagan hielt sich an das Protokoll und erwähnte mit keinem Wort die verdeckte Unterstützung der Contras, aber jeder verstand, was gemeint war, als der Präsident sagte: »Wir dürfen und werden die Regierung Nicaraguas nicht vor dem Zorn des nicaraguanischen Volkes schützen.«
Senator Dodd wandte in seiner ebenfalls vom Fernsehen übertragenen Erwiderung der Demokraten eine für Reagan typische Taktik an: Er ging von einem anschaulichen und eindringlichen Bild aus. Dodd hatte El Salvador gewählt: »Ich habe dieses Land besucht und kenne die Totengräber, die jeden Morgen durch die Straßen kommen und die Leichen derer einsammeln, die in der Nacht vorher im Schnellverfahren von den Sicherheitskräften El Salvadors liquidiert worden sind. Es sind Gangstermethoden: Das Opfer kniet, die Daumen mit Draht auf den Rücken gefesselt, und bekommt eine Kugel durch den Kopf. Mit Schaudern schrecken wir vor diesem Bild zurück, das uns vor Augen führt, mit was für kriminellen Elementen wir zusammenarbeiten...«
Innerhalb weniger Minuten war eine hitzige außenpolitische Debatte entbrannt, allerdings nicht über die Rede des Präsidenten, sondern über die Rede Dodds. Die Demokraten selbst machten ihm Vorwürfe – war er zu weit gegangen? Hatte er den Präsidenten beleidigt, hatte er Amerika beleidigt?

Die Nationale Sicherheitsbehörde hatte einige Monate vorher, als Dodd Nicaragua besuchte, ein Gespräch von Mitgliedern der sandinistischen Regierung mitgehört. Thema des Gesprächs waren Überlegungen gewesen, wie man mit Dodd umgehen sollte; Dodd wurde dabei als gutmütiger Bursche eingestuft, der den Sandinisten mit Verständnis, wenn nicht Sympathie gegenüberstehe. Eine Kopie des Mitschnitts wurde dem Senatsausschuß für den Nachrichtendienst zugestellt, wie es immer der Fall war, wenn der Name eines Senators genannt wurde. Dodd war wütend darüber, daß man ihn offensichtlich mit Absicht durch den Dreck ziehen wollte. Er beklagte sich persönlich im Weißen Haus. Er hatte Kopien aus dem Schriftverkehr des State Department, aus denen hervorging, daß er in seinen Gesprächen mit den Sandinisten einen harten Kurs gesteuert hatte.
Casey hätte mit dem Verlauf der Ereignisse nicht zufriedener sein können. Der Streit drehte sich jetzt um Senator Dodd und seine Rede, nicht mehr um die CIA.
Doch als der Direktor am 3. Mai vor dem Ausschuß des Repräsentantenhauses erschien, beschloß dieser mit 9 zu 5 Stimmen, entsprechend den zwei Lagern, in die er sich gespalten hatte, die Mittel für verdeckte Aktionen zu streichen.
Am 6. Mai begab Casey sich zu einer Sitzung des Senatsausschusses. Es war seine letzte Chance. Er mischte sich zunächst nicht in das Gespräch ein, und die Diskussion kam auf eine technische Frage, die die Direktive des Präsidenten von 1981 betraf. Man sei, darin waren die Ausschußmitglieder sich einig, über das darin festgelegte Ziel einer bloßen Verhinderung von Waffenlieferungen hinausgegangen.
Casey nickte respektvoll. Jawohl, die Direktive mußte überarbeitet werden.
Goldwater war für eine ganz neue Direktive, die neue Ziele festsetzte – die Ausübung von Druck, Demokratisierung, Bemühungen, die Sandinisten zu Verhandlungen zu zwingen.
Casey gab sich versöhnlich. Die Administration würde das Programm überprüfen und die Ziele genauer formulieren. Das war ein gewichtiges Zugeständnis. Verfügungen des Präsidenten waren streng gehütetes Privileg der Exekutive – der Präsident beschließt eine verdeckte Operation, die Ausschüsse des Kongresses werden »informiert«.
Moynihan, Leahy und einige Republikaner glaubten, eine klare Mehrheit für die sofortige Streichung aller Mittel zu haben.

Goldwater, der sich vorher mit Reagan und Casey besprochen hatte, schlug einen Kompromiß vor – keine Fortsetzung im bisherigen Umfang, aber auch keine völlige Streichung der Mittel.
Casey wußte, daß Mitglieder der Legislative für Kompromisse empfänglich waren. Man brauchte ein Vorhaben nur Kompromiß zu nennen und Goldwaters Namen daraufzuschreiben, und man kam damit durch. Dem Kompromißvorschlag Goldwaters zufolge sollten Mittel für weitere fünf Monate bewilligt werden und für das folgende Haushaltsjahr weitere 19 Millionen Dollar, abhängig von einer neuen Direktive des Präsidenten, in der die Ziele des Programms beschrieben wurden. Außerdem wurde festgelegt, daß die 19 Millionen für das kommende Jahr »von der Mehrheit des Ausschusses gebilligt« werden müßten.
Moynihan und Leahy waren übereinstimmend der Meinung, daß der Kompromiß eine wichtige neue Bestätigung der Aufsicht des Kongresses über verdeckte Operationen darstellte, da er dem Ausschuß die Macht verlieh, für oder gegen eine Operation zu stimmen. Wörtlich sagte Moynihan: »Die Verfügung des Präsidenten muß durch einen mehrheitlichen Beschluß des Ausschusses gebilligt werden.«
Der Kompromiß wurde mit 13 zu 2 Stimmen angenommen, nur die beiden Republikaner Wallop und Chafee stimmten dagegen.
Casey war entzückt. Er hatte den Ausschuß herumgebracht. Die Zustimmung des Ausschusses zu Direktiven des Präsidenten würde er auch in Zukunft so wenig einholen, wie er den Ausschuß den Text der Direktiven schreiben lassen würde. In Worten hatte der Kongreß vorläufig gesiegt. Die CIA aber hatte ihr Geld bekommen.
Die Nachrichtenmedien bekamen eine Menge Informationen über die Strategie der CIA zugespielt. Casey war überzeugt, daß seine geschlagenen Gegner im Kongreß dadurch versuchen wollten, die Öffentlichkeit einzuschüchtern. Zwei Tage später prangte auf der Titelseite der *Washington Post* die breite Schlagzeile: US-GESTÜTZTE REBELLENARMEE IN NICARAGUA AUF 7000 MANN ANGEWACHSEN. Gespickt mit dunklen Anspielungen, äußerte der Artikel Zweifel an der »Aufrichtigkeit der CIA den Mitgliedern der Nachrichtenausschüsse gegenüber«. Ein Artikel der *New York Times* zitierte einen nicht namentlich genannten Demokraten aus dem Ausschuß des Repräsentantenhauses: »Die CIA lügt uns doch sowieso an.« Einige Tage darauf erschien dann der Aufmacher der *Times* unter der Schlagzeile: CIA SAGT STURZ DER SANDINISTEN VORAUS. Das stimmte nicht, und Casey brachte die *Times* dazu, sich am folgenden Tag auf der ersten Seite zu korrigieren.

Für den Abend desselben Tages hatte Casey 500 Gäste zu einem festlichen Bankett in den Grand Ballroom des Washington Hilton geladen; Anlaß war die Verleihung des Donovan Award an Richard Helms. Für Casey war damit ein Schlußstrich unter die 70er Jahre gezogen, das Ende einer CIA-feindlichen Zeit erreicht. Casey hielt eine Lobrede auf Helms. Bush schloß sich ihm an. Briefliche Grüße Präsident Reagans sprachen von Helms' Einsatz, mit dem er dem Ruf seines Gewissens gefolgt sei. Helms wurde gefeiert wie ein zurückgekehrter Kriegsheld. Er stand auf dem Podium vor einem auf drei mal drei Meter vergrößerten alten, grobgerasterten Foto Donovans: ein eindrucksvolles Gesicht, intelligent und weise, offenes Hemd, an dessen Kragen die Generalssterne zu sehen waren. »Ich bin gerührt und fühle mich geehrt«, erklärte Helms strahlend. »Meine Gründe dafür können Ihnen kein Geheimnis sein.«

Jeane J. Kirkpatrick, die amerikanische Botschafterin bei den Vereinten Nationen, saß bei den Sitzungen des Spitzengremiums der National Security Planning Group (NSPG, Planungsgruppe für Nationale Sicherheit), die im Situation Room abgehalten wurden, neben Casey. Es gab einiges an diesen »PGs«, wie Kirkpatrick sie nannte, das ihr gefiel. Hier war der innere Zirkel, der harte Kern der Außenpolitik versammelt und diskutierte ausgiebig über offene und verdeckte politische Aktionen in der ganzen Welt. Bei solchen Sitzungen dabeizusein war für die ehemalige Professorin für Politikwissenschaft eine der seltenen Gelegenheiten, selbst an der Planung der Außenpolitik mitzuwirken. Casey, der seine Hausaufgaben immer gemacht hatte, brachte jeweils einen getippten Kurzbericht mit, den er oft noch gründlich von Hand überarbeitet hatte. Ihn trug er dann nuschelnd Punkt für Punkt vor; er war sicher nicht der Mann, der andere durch Redegewandtheit oder leidenschaftlichen Schwung mitriß, aber er konnte Fragen beantworten, weil er mehr wußte als das, was in seinen Zusammenfassungen stand. Und das war mehr, wie Kirkpatrick traurig feststellen mußte, als man von den meisten anderen sagen konnte.

Als ein Planungsbeamter der mittleren Verwaltungsebene vorgeschlagen hatte, einige langfristige Ziele und Strategien der nationalen Außenpolitik zu formulieren, hatte Kirkpatrick erwidert: »Die Mühe können Sie sich sparen, weil die meisten Leute hier nichts davon verstehen ... Bill ist vielleicht die einzige Ausnahme.«

Die Aufmerksamkeit Reagans und einige Zeit später ihren Posten bei den Vereinten Nationen hatte Kirkpatrick durch einen 1980 in der Zeitschrift *Commentary* erschienenen Artikel mit dem Titel »Dictatorships and Double Standards« (Die zwei Gesichter der Diktatur) gewonnen. »Der Schah und Somoza waren nicht nur Antikommunisten, sie waren darüber hinaus Freunde der USA«, hatte sie geschrieben. Sie hatte damit Carters Unfähigkeit angeprangert, einzusehen, daß der Status quo dieser rechtsgerichteten Regimes mit ihren freundlichen Beziehungen zu den USA der Herrschaft eines Ayatollah oder der Sandinisten vorzuziehen sei.

Während der ersten zwei Jahre der Reagan-Administration hatte sie wiederholt überrascht feststellen müssen, daß die von Reagan, Casey, William Clark und ihr selbst vertretenen politischen Überzeugungen sich nicht überall hatten durchsetzen können. In zu vielen Fällen waren Bürokratie und Pragmatiker einen anderen Weg gegangen. Die einzige allgemeine Ausnahme waren die Operationen von Caseys Nachrichtendienst, hinter denen eine konsequente Strategie stand.

In diesen zwei Jahren hatte sich zwischen Kirkpatrick und Casey ein Gefühl starker Zuneigung und gegenseitigen Respekts entwickelt. Beide waren einer Meinung in bezug auf das, was Kirkpatrick in persönlichen Gesprächen den eigentlichen »Skandal« der Reagan-Administration nannte, nämlich die Ignoranz führender Politiker, darunter definitiv auch des Präsidenten, in Sachen Außenpolitik. Der Präsident hatte freilich eine so treuherzige Art, mit seinem Mangel an Wissen umzugehen, daß alle, auch Kirkpatrick und Casey, dazu neigten, ihm das nachzusehen. Das Ergebnis war nach Meinung beider eine inkompetente Außenpolitik ohne klare Linie.

Weinberger und Shultz, der Mitte 1982 Haig als Außenminister gefolgt war, lagen ununterbrochen im bürokratischen Krieg und bestimmten so den Ton nahezu aller Debatten. Entschlossen, die harmonischen Zustände im Pentagon zu wahren, hatte Weinberger nur das Ziel, die Streitkräfte aus allem herauszuhalten. Shultz war ein geschickter Diplomat, erhielt aber keine Erlaubnis, auf eigene Faust diplomatische Initiativen bei den Sowjets zu verfolgen, weil man sich damit möglicherweise durch Verhandlungen Vorteile vergeben hätte. Der Ausfall von Shultz und Weinberger hinterließ ein Vakuum, das gefüllt werden mußte. Reagan hatte weder das Wissen noch die Neigung, ein Machtwort zu sprechen und zu entscheiden, wer dafür in Frage kam. Vizepräsident Bush hatte nicht annähernd die notwendige Autorität. Bill Clark als Sicherheitsberater hatte weder den Hintergrund noch die Ausdauer, tiefer in die Materie einzudringen.

In der Praxis wurde die Lücke deshalb durch Stabschef James Baker und seine rechte Hand Richard Darman gefüllt. Zusammen mit Deaver erstellten sie den Terminplan des Präsidenten und kanalisierten die Aktenflut. Sie waren dafür verantwortlich, was Reagan tat, wen er sah, was er las. Wenn eine Entscheidung des Präsidenten anstand, prüften Baker und Darman zuvor alle relevanten Fakten, um eine sowohl für Shultz als auch für Weinberger akzeptable Lösung zu finden, und zogen führende Politiker des Kongresses und andere zu Rate. Dann wurde dem Präsidenten eine alle Meinungen unter einen Hut bringende Empfehlung vorgelegt.

Nach Meinung Kirkpatricks und Caseys würgte ein durch so viele Instanzen gehender Entscheidungsprozeß die eigentlichen Absichten des Präsidenten oft ab. Insgeheim beklagten sie, daß die Außenpolitik der Administration nur den kleinsten gemeinsamen Nenner der Meinungen repräsentiere.

Kirkpatrick hatte im Lauf der Zeit eine aufrichtige Bewunderung für Casey entwickelt. Casey hatte einen ausgeglichenen Lebensstil – er arbeitete viel, er spielte mit hohem Einsatz und hatte doch immer Zeit für einen Drink. Er hatte ihrer Meinung nach von der Musik bis zu Teppichen einen guten Geschmack. Er war welterfahren, reich, umfassend gebildet und kultiviert. Aus ihrer akademischen Zeit war sie an brillante Denker gewohnt, die beim Essen schmatzten oder nicht wußten bzw. sich nicht darum kümmerten, wie man eine Krawatte korrekt band. Vor langer Zeit hatte sie gelernt, daß solche Dinge unwichtig waren. In ihren Augen stand Casey mit dem Ernst und dem leidenschaftlichen Interesse, mit dem er sich der Politik widmete, in der NSPG allein da. Wenn die beiden sich auf einer Party in der Stadt trafen, hatten sie sich bald in eine Ecke zurückgezogen, um über Politik zu diskutieren.

Kirkpatrick war zu der Ansicht gekommen, daß verdeckte Aktionen der Reagan-Administration ohne die Unterstützung der Öffentlichkeit und eine öffentliche Debatte nicht erfolgreich sein konnten.

Casey war entschieden anderer Meinung, er sah darin nur eine Widerholung der Argumente McMahons. Für die gegenwärtige Administration gehe es nicht um die Alternative Diplomatie oder direkte militärische Aktion. Der Präsident wolle sich weder mit den Sowjets an einen Tisch setzen noch gegen sie Krieg führen. Verdeckte Aktivitäten seien das

Mittel, das Engagement der USA im Ausland zu zügeln und in Grenzen zu halten, während man zugleich das Nötige tue. Und außerdem war Casey dafür, so viel wie möglich geheimzuhalten.
Trotz ihrer verschiedenen Meinungen zu dieser Frage wurden Kirkpatrick und Casey enge Freunde. Kirkpatrick schätzte an Casey, daß er zuhören konnte und für die Ansichten anderer offen war. Wahrscheinlich war das auch der Grund, weshalb er sich noch nicht von John McMahon getrennt hatte. Casey hatte keine Angst, seine Entscheidungen der Kritik auszusetzen.
Kirkpatrick hatte außerdem mit Genugtuung festgestellt, daß Casey nicht zu einer jener Cliquen gehörte, die alles beschönigte, was dem Präsidenten vorgelegt wurde. Im Gegenteil, Casey war, in Kirkpatricks Augen völlig zu Recht, stolz auf seine unabhängige Meinung. Am stärksten machte sich Caseys Einfluß in der Frage nach Umfang und Fortbestand des sowjetischen Expansionismus bemerkbar. Hier waren alle Schlüsselfiguren der Administration seiner Meinung. In der verwirrenden Vielfalt von Problemen und Optionen der Außenpolitik waren Caseys verdeckte Operationen die Konstante. Jetzt, da Casey zumindest für weitere fünf Monate die Mittel für die Operation in Nicaragua gesichert hatte, war es Zeit, den nächsten Schritt zu tun.

Nach Enders' erzwungenem Abgang versuchten Casey und Kirkpatrick, Constantine Menges auf seine Stelle zu bekommen. Der Assistant Secretary für interamerikanische Angelegenheiten war automatisch Vorsitzender des aus Vertretern der Nachrichtendienste zusammengesetzten Gremiums, das die verdeckte Operation in Nicaragua leitete. Shultz allerdings wollte dafür keinen Mann vom rechten Flügel.
Als Kompromiß einigte man sich auf L. Anthony Motley, den US-Botschafter in Brasilien. Motley, eine weltzugewandte Frohnatur, 34 Jahre alt, war in Alaska Grundstücksmakler gewesen und hatte im Wahlkampf Geld für die Republikaner herangeschafft. Er war in Brasilien geboren und sprach fließend Portugiesisch. Reagan und Deaver waren schon auf einer früheren Reise nach Brasilien von seiner frisch zupackenden Art beeindruckt gewesen.
Casey hielt Motley für einen mutigen Mann. Im Frühjahr hatte die CIA Nachricht erhalten, daß nach Nicaragua fliegende Flugzeuge, die in Brasilien zwischenlanden sollten, Waffen an Bord hatten und nicht Medikamente, wie von den Libyern behauptet. Motley hatte Casey

angerufen. »Ich werde etwas unternehmen«, hatte er gesagt, »ich werde zum Außenminister gehen ... und die Flugzeuge aufhalten und durchsuchen lassen, aber ich muß sicher sein, daß es sich nicht nur um eine Vermutung handelt.« Casey war mit einer Kopie der Meldung des libyschen Informanten herausgerückt. Die Flugzeuge wurden angehalten und siebzig Tonnen Waffen, Munition und Sprengstoff gefunden – ein doppelter Propagandasieg über Libyen und Nicaragua.
Nicht weniger war Casey von der nachrichtendienstlichen Tätigkeit Motleys beeindruckt. Motley kam regelmäßig mit dem brasilianischen Präsidenten zu Steak und Bier zusammen und schickte Berichte, neben denen die Berichte der CIA-Station und der NSA verblaßten.
Was aber am meisten zählte: Motley war bereit, auch bei weniger sauberen Geschäften einmal kräftig zuzulangen. Als der Plan der CIA, den Staatschef von Surinam zu stürzen, sich als undurchführbar herausgestellt hatte, hatte der brasilianische Geheimdienst seine erste verdeckte Operation auf die Beine gestellt. Brasilien und Surinam haben eine gemeinsame Grenze von rund hundert Meilen. Ermutigt durch Motley und mit der – allerdings geringen – Unterstützung der CIA, hatte der brasilianische Geheimdienst als Lehrer getarnte Agenten nach Surinam eingeschleust, um die Regierung Surinams Kuba abspenstig zu machen. Später hatte sich Regierungschef Oberstleutnant Bouterse dann von den Kubanern abgewandt, und der Chef des brasilianischen Geheimdienstes hatte Motley darüber informiert, daß er sämtliche Unterlagen der heiklen Operation vernichtet habe.
Motley wurde nach Washington gerufen, wo Shultz ihm mitteilte, daß er zum Nachfolger von Enders befördert worden sei. »Aus der Contra-Operation soll kein Wahlkampfthema werden«, gab Shultz ihm dann gleich im Hinblick auf den Wahlkampf Reagans im folgenden Jahr zu verstehen. »Andererseits können wir die Sandinisten auch nicht einfach machen lassen.«
In einer Besprechung im Weißen Haus gab Jim Baker Motley denselben Rat. Die Politik des Präsidenten ziele darauf ab, Nicaragua unter größtmöglichen Druck zu setzen, zugleich aber eine öffentliche Diskussion zu vermeiden.
Casey war bewußt, daß hinter Baker Deaver stand. Deaver hatte sich um den Grad der Popularität des Präsidenten zu kümmern, der die treibende Kraft im Weißen Haus war. Nicaragua schlug dabei negativ zu Buch; man hatte es im Weißen Haus nie geschafft, die öffentliche Meinung dafür

einzunehmen, obwohl der Präsident überzeugt war, daß die Öffentlichkeit allem zustimmen würde, wenn sie erst aufgeklärt wäre.
Anders als Deaver war Bill Clark zu einer unverblümt anti-sandinistischen Politik zugunsten der Contras fest entschlossen. Von Jesuiten ausgebildet, glaubte er an direkte Befehlsübertragung vom lieben Gott an abwärts, und der Präsident war der liebe Gott der Außenpolitik. Im Augenblick allerdings hatten Deaver und die öffentliche Meinung die Oberhand. Das Resultat war ein zunehmend gespanntes Verhältnis zwischen Clark und Deaver.
Casey hatte Menges Shultz nicht verkaufen können und stand damit vor dem Problem, ihn aus der CIA hinauszubekommen, denn dort war Menges zum roten Tuch geworden. Die Analytiker der CIA waren übereinstimmend der Meinung, daß in der Welt eine von den Sowjets ausgehende kommunistische Bedrohung existiere und daß es ihre Aufgabe sei, herauszufinden, in welchem Grad und an welchem Ort. Menges dagegen sah das Böse überall und jederzeit am Werk. Seine zahlreichen Kritiker in der CIA hatten ihn deshalb von Constantine Menges in »Constant Menace« (ständige Bedrohung) umbenannt. Menges schaffte Spannungen zwischen Casey und McMahon. Er war die eine wichtige personelle Besetzung Caseys, über die McMahon sich nicht beruhigen konnte. Ideologischen Fanatismus konnte er nicht ertragen. Und Casey hatte das Gefühl, daß Menges seinen Zweck inzwischen erfüllt habe, indem er das Bewußtsein für die Möglichkeit subversiver Bedrohung im Alltag geschärft hatte. »Diese Bürokraten vom Nachrichtendienst wissen doch gar nicht, wovon sie reden«, pflegte Menges zu sagen, und Casey hatte das gern gehört. Es gefiel ihm, sich mit Mitarbeitern zu umgeben, die ihm das Gefühl gaben, daß seine Entscheidungen vernünftig waren. Aber Menges' Zeit war um, Casey machte also Clark und Menges mit dem Gedanken vertraut, Menges zum NSC zu versetzen. Dort, so sagte Casey zu Menges, werde er mehr Einfluß haben, Clark sei eine Schlüsselfigur, er genieße das Vertrauen Reagans und teile dessen Ansicht über die Sowjets.
Viele Analytiker und Beamte, die unter Stein in der Zentrale für Operationen arbeiteten und Menges nicht über den Weg trauten, fielen aus allen Wolken, als sie hörten, daß ein Mann, der beim CIA nicht mehr tragbar war, im Weißen Haus akzeptabel sein sollte. Im State Department staunte Motley nicht schlecht über die Fähigkeit Caseys, Probleme an andere weiterzugeben und sich sogar einen Schritt vom äußeren

rechten Flügel zu entfernen, ohne dabei Probleme für sich selbst zu schaffen. Genauso hatte Casey schon seine Schwierigkeiten mit Nestor Sanchez im Pentagon abgegeben. Er wußte nicht nur, wie er seine Probleme los wurde, er wußte sie so abzugeben, daß er im Bedarfsfall auch wieder auf die Männer zurückgreifen konnte. Motley nannte Casey »Sklavenhändler«.
Die Wahl von Menges' Nachfolger war eine Entscheidung von größter Wichtigkeit. Casey hatte den NIOs (National Intelligence Officers) – den keiner bestimmten Abteilung zugeordneten persönlichen Referenten des Direktors, die als Verbindungsglied und Verrechnungsstelle fungierten und für eine bestimmte Region oder ein Land verantwortlich waren – mehr Gewicht gegeben. Der NIO mußte erstens mit den anderen Analytikern in Kontakt stehen und von ihnen respektiert werden. Die besten NIOs mußten ferner gute Beziehungen zum DDO haben, sie mußten über Operationen im voraus Bescheid wissen, die Ziele der US-Politik kennen und über die Absichten des Präsidenten und Caseys unterrichtet sein. Drittens war der NIO ein entscheidendes Verbindungsglied zu den anderen Nachrichtendiensten, besonders der NSA und den Nachrichtendiensten des Pentagon. Viertens schließlich hatte der NIO als der Mann, bei dem die Analysen über die ihm zugewiesene Region zusammenliefen, selbst Einfluß auf die Politik. Eine gut begründete und dokumentierte Analyse konnte für die Politik so hilfreich sein wie gutes Nachrichtenmaterial. Und nichts war in diesen Tagen wichtiger als gute Analysen zur Situation in Lateinamerika. Einen energischen NIO für Lateinamerika zu haben, konnte viel ausmachen.
Casey wollte einen tüchtigen, altgedienten Haudegen, jemanden, der in seinem Krieg, dem Zweiten Weltkrieg, gedient hatte. Schwierig war nur, daß von den Altgedienten die meisten nicht mehr da waren, entweder pensioniert oder tot. Diese Generation war abgetreten. Aber Casey hatte schon früher ehemalige Beamte der Planungszentrale für Operationen aus dem Ruhestand geholt, und jetzt beschloß er, es wieder zu tun. John Horton schien genau der richtige Mann, ein erfahrener Beamter, der vor acht Jahren nach 27 Dienstjahren aus der CIA ausgeschieden war. Horton hatte einen Lebenslauf wie aus dem Bilderbuch: Offizier der Navy im Zweiten Weltkrieg, dann Dienst in verschiedenen CIA-Stationen im Fernen Osten, von 1965 bis 1968 Stationschef in Uruguay, Anfang der 70er Jahre Stationschef in Mexiko, dann Vize der lateinamerikanischen Abteilung in der Zentrale für geheime Operationen und

schließlich Chef der sowjetischen Abteilung. Horton war kein Ideologe. Er hatte sogar das Parteibuch der Demokraten. Aber was noch wichtiger war: Hortons Name wurde von den Altgedienten mit großem Respekt, ja Zuneigung genannt. Und seine doppelte Erfahrung mit der Sowjetunion und Lateinamerika war genau das, was gebraucht wurde. Wenn jemand der Sowjetunion in Lateinamerika auf die Spur kommen konnte, dann Horton.

Horton war 62 Jahre alt, lebte im nahen Maryland auf dem Land und baute Wein an. Durch Caseys Anruf geschmeichelt, ergriff er sofort die Gelegenheit für eine Rückkehr. Ganz offensichtlich war Casey dabei, die CIA neu wiederaufzubauen, und Lateinamerika war ein heißes Eisen. Nach einer Reihe vorbereitender Gespräche kam Horton mit Casey zusammen.

Auf Casey machte Horton einen etwas steifen und förmlichen, zugleich aber intelligenten und redegewandten Eindruck. Horton kannte die Aufgaben des Geheimdienstes und wußte, wie man Antworten formulierte, die der Sache auf den Grund gingen. Das Gespräch verlief liebenswürdig und höflich, Casey stellte ihn kurz darauf ein.

Horton übernahm sein Amt als NIO für Lateinamerika im Mai 1983 und setzte sich sofort mit seinem Kollegen in der Planungszentrale für Operationen in Verbindung – mit Clarridge. Clarridge machte Horton klar, für wen sie zu arbeiten hatten – für den Präsidenten und für Casey. Beide wollten ein Contra-Programm, und das würden sie von Clarridge bekommen. Eine andere Meinung sei nicht maßgeblich. Auf der Fahrt ins State Department zu einem von Tony Motley arrangierten Treffen der Vertreter der Geheimdienste versuchte Clarridge zu vermitteln, was während der letzten acht Jahre seit den öffentlichen Ermittlungen des Kongresses und der Presse gegen die CIA und seit der Pensionierung Hortons alles vorgefallen war.

»Die Lage hat sich geändert«, sagte er. »Jetzt ist Casey Chef, und der hat eine Menge Einfluß. Im State Department hören sie jetzt auf euch.« Casey vertrete die eigentliche Meinung Reagans, des Weißen Hauses und der Administration. »Im State Department wiegeln sie immer ab und tun nicht das, was die Administration will ... diese Hunde«, knurrte Clarridge. »Wenn die CIA auch mal so wird, dann verdienen wir nicht, daß es uns gibt.«

Was die Operation in Nicaragua am meisten hemme: »McMahon ist dagegen. Nie hat er einen Finger dafür krumm gemacht.« McMahon

habe Freunde im Kongreß, für Clarridge eine Todsünde, und sie bestärkten einander in ihren Zweifeln und ihrem Zögern.
Aber der Neue, Motley, der sei vielleicht ein Schritt nach vorn.
Horton nutzte die Gunst der Stunde und machte sich unverzüglich an die Arbeit. Die Operation in Nicaragua war das einzige Unternehmen in Lateinamerika, das voll im Mittelpunkt der Aufmerksamkeit stand.

Im Frühsommer setzte Casey eine geheime zweitägige Reise nach Zentralamerika auf den Terminplan. Er beschloß, McMahon mitzunehmen. Es war in höchstem Maße ungewöhnlich, daß sowohl Nummer eins als auch Nummer zwei der CIA das Land verließen, aber Casey wollte seinen Vizedirektor besser mit der Operation in Nicaragua vertraut machen. In der CIA kursierte der Witz, Casey wolle McMahon in die Sache hineinziehen, damit auch seine Fingerabdrücke auf dem geheimen Krieg waren. Natürlich kam auch Clarridge mit. Und um ein Versprechen einzulösen, beschloß Casey, daß auch sein neuer NIO Horton dabei sein sollte. Fünfter Mann der Gruppe war Bob MaGee, Chef der International Activities Division (IAD), einer Einheit innerhalb der Zentrale für geheime Operationen, die Aufträge nach außen vergab, an sogenannte »Talente«.
Die IAD war in raschem Wechsel an den verschiedensten geheimen Operationen beteiligt und half mit Logistik aus, vor allem mit Flugzeugen, Schiffen, Nachschub zur See und Hilfe bei Propagandaoperationen und psychologischer Kriegführung. Meist handelte es sich dabei um Auftragsarbeiten, die nach außen vergeben wurden. Mit der IAD, die vom ersten Stock des Hauptquartiers in Langley aus operierte, konnte man auf effiziente Weise Ausrüstung und unter Vertrag genommene Mitarbeiter von Operation zu Operation umdirigieren. Die IAD widmete sich etwa eine Woche lang den Contras, in der nächsten dann dem Widerstand in Afghanistan, dann einer Propagandaoperation in der Karibik oder einer Hilfsoperation für den Nachrichtendienst im Nahen Osten.
MaGee war ein Mann, der auch dem Druck Caseys standhalten konnte, der immer sofort und ohne Verzögerung Taten sehen wollte.
»Ach du lieber Gott«, hatte MaGee einmal erwidert, als Casey nachgefragt hatte, warum sich eine Operation, bei der Flugzeuge eingesetzt werden sollten, verzögert habe, »darauf möchte ich lieber gar nichts sagen.« Alle hatten gelacht, auch Casey.
MaGee hatte eine Theorie über Caseys Loyalität zu Sporkin entwickelt:

Beide gehörten zum Club der schlampigen Esser. Sporkin sei der einzige, der beim Essen noch mehr auf seine Krawatte sabbere als Casey.
Casey fühlte sich wohl in der Runde seiner vier Reisegefährten – McMahon, Clarridge, Horton und MaGee waren alle erfahrene Beamte der Planungszentrale.
McMahon und Horton fuhren gemeinsam zum Luftwaffenstützpunkt Andrews, wo eine zwölfsitzige Sondermaschine auf sie wartete. Gerade war ein sommerliches Gewitter aufgezogen. Sein erster Eindruck, bemerkte Horton, sei, daß die Arbeit der CIA überall in Zentralamerika ins Hintertreffen geraten sei. Die Stationen seien nicht mehr auf dem laufenden über sowjetische Aktivitäten. Von einer Beobachtung politischer Gruppierungen könne man in den meisten Ländern kaum oder gar nicht sprechen, da werde viel weniger getan, als er sich vorgestellt habe. Das alles sollte anders sein, aber die ganze Aufmerksamkeit werde auf Nicaragua gerichtet.
McMahon blieb stumm.
Nicaragua fresse alles auf, fuhr Horton fort.
»Ich kenne die Befehlshierarchie von oben nach unten und zurück«, sagte McMahon und schüttelte den Kopf. Er mache sich Sorgen. Die Operation verursache zu viel Rummel in der Öffentlichkeit, sie sei bereits zu sehr zu einem Politikum geworden. Wie könne sie da noch erfolgreich sein? McMahon stand der Operation mit großem Pessimismus gegenüber. Sie werde kein gutes Ende nehmen, auf keinen Fall. Aber Casey und Reagan seien felsenfest davon überzeugt.
Als sie beim Flugzeug waren, bat einer der Sicherheitsbeamten Caseys sie, Casey während des Fluges nicht einnicken zu lassen. »Wenn er das tut«, sagte der Mann, »dann bleibt er die ganze Nacht auf und redet und löchert jeden mit Fragen.«
Das Flugzeug hob ab, und Casey lehnte sich zurück. Er war ein abgebrühter Flieger, über Luftlöcher lachte er nur. »Wie Schlaglöcher in der Straße«, sagte er. Endlich war er mit seinen Jungs unterwegs, und sie planten einen Krieg.
Sie landeten in Tegucigalpa in Honduras. Casey ließ das Gepäck in der Residenz des US-Botschafters abladen, und schon ging es weiter wie der Wirbelwind. Alle wollte er sehen, er hatte ein Treffen nach dem anderen geplant, um sicherzustellen, daß er mit jedem einzelnen Beamten der CIA-Station zumindest ein paar Worte wechseln konnte. Die Gruppe ließ sich in die bereitgestellten Autos fallen und fuhr zu Ray Dotys

konspirativer Wohnung, von der aus die Contra-Operation geleitet wurde.
In den Gesprächen kam Clarridge immer wieder auf die praktischen Fragen zurück. Wie viele Waffen standen zur Verfügung? Waren genügend Leute angeheuert worden, sie zu bedienen? Gab es genug Waffen? Und Munition? Er sprühte förmlich vor neuen Vorschlägen.
Casey und McMahon versuchten, einen Schritt weiter zu denken. Sie überlegten, wie man die Operation dem Kongreß schmackhaft machen konnte. Der Besuch Senator Leahys in dieser Region früher im selben Jahr hatte aufgedeckt, daß die Ziele der Operation umfassender waren als vorgegeben, und immer wieder sickerte durch undichte Stellen durch, daß die Zahl der Contra-Guerillas ständig im Wachsen begriffen war. Außerdem war in den Reihen der CIA die Kritik aufgekommen, daß die Contras keinerlei politisches Bewußtsein hätten, daß es sich dabei nur um bewaffnete Banden unzufriedener Männer handelte, die die Berge unsicher machten. Casey sprach von weiterreichenden Zielen. Die Contras müßten die Berge verlassen und sich in die Städte begeben, dort ihre Botschaft verbreiten, die wachsenden anti-sandinistischen Ressentiments sammeln und zu einer politischen Kraft werden.
So etwas hörte Clarridge nicht gern. Er war dabei, eine Armee aufzubauen, keine politische Partei. Außerdem kamen solche Vorstellungen einer Verletzung des Boland-Amendment gefährlich nahe, die alle Bemühungen und Operationen »mit dem Ziel des Sturzes« der Sandinisten untersagte. Eine organisierte politische Kraft konnte eine Regierung stürzen und würde mit Sicherheit darauf abzielen; das politische Ziel einer Armee trat weniger deutlich zutage und ließ sich nicht so genau festlegen.
Casey wollte bewußt ein politisches Programm, er wollte, daß die Contras in Nicaragua zu einer politischen Kraft wurden. Er glaubte, daß das nicaraguanische Volk scharenweise einer neuen Kraft zulaufen würde, die sich für Demokratie und Kapitalismus einsetzte. Ideen gehörten dazu. Das Volk würde auf ein konkretes Programm mit Zustimmung reagieren.
»Nehmen Sie das Beispiel Savimbi«, sagte Casey. Der Führer des angolanischen Widerstands seit Mitte der 70er Jahre war für ihn das Modell des Freiheitskämpfers. Obwohl der CIA durch das Clark-Amendment von 1976 gesetzlich untersagt war, Savimbi zu unterstützen, war dieser zu einer stets präsenten Kraft des bewaffneten Widerstands in

Angola geworden und hielt damit zehntausende kubanischer Soldaten im Land fest, die sowjetische Waffen im Wert von einer Milliarde Dollar brauchten.

Ein Teil der Reisegruppe war allerdings der Ansicht, daß Casey das rosige Bild Savimbis, wie es der südafrikanische Geheimdienst malte, zu unkritisch schluckte. Savimbi war der Mann Südafrikas, und die dortige weiße Minderheitsregierung hatte ihm im Lauf der Jahre mehrere hundert Millionen Dollar zukommen lassen.

Schließlich flog die Gruppe 140 Meilen Richtung Westen nach El Salvador zu weiteren politischen und geheimdienstlichen Besprechungen. Casey nahm sich Zeit für ein freundliches Wort mit jedem der CIA-Agenten, jenen von ihm so geschätzten Männern und Frauen im Außendienst, die die eigentliche Arbeit machten. Im Umgang mit Menschen hatte er das Geschick des Politikers – er sah ihnen in die Augen, war im richtigen Moment mit einem kurzen, der Sache angemessenen Wort der Ermutigung zur Stelle und stellte präzise Fragen, um sich dann sogleich mit konzentrierter Aufmerksamkeit die Antwort anzuhören. Die Agenten hatten das Gefühl, er nehme an ihren Problemen mit aufrichtigem Interesse Anteil.

Ein weiterer Programmpunkt Caseys für El Salvador war eine strenge persönliche Verwarnung an die Adresse der Regierung, des militärischen und zivilen Geheimdienstes und des Sicherheitsdienstes; es ging um die fortgesetzten Aktivitäten der rechtsstehenden Todesschwadronen. Die berüchtigten Schwadronen, die Ende der 70er Jahre im Kampf gegen die bewaffnete Linke entstanden waren, hatten einen Erzbischof ermordet und vier amerikanische Nonnen umgebracht. Menschenrechtsgruppen hatten die Schwadronen beschuldigt, in den vergangenen vier Jahren annähernd 30 000 Menschen umgebracht zu haben. Auch wenn das wahrscheinlich eine Übertreibung war, so war das Problem selbst doch sehr ernst; jeder Gedanke an El Salvador war mit Bildern der Folter verbunden wie jenem des gefesselten Opfers, das Senator Dodds so plastisch gezeichnet hatte.

Der amtierende Präsident Alvaro Magana hatte die Gruppe für den Abend zum Essen eingeladen. Casey kam ohne Umschweife auf sein Problem zu sprechen: »Die Todesschwadronen sind für uns ein großes Problem«, sagte er bestimmt. »Wie kann hier Abhilfe geschaffen werden?«

Horton stellte fest, daß Caseys Meinung zu diesem Problem von der

Regierung El Salvadors mit großem Respekt gehört wurde. Man wußte, daß er dem rechten Flügel angehörte und die Linke nicht weniger verachtete als die Regierung. Casey argumentierte nicht vom moralischen, sondern vom pragmatischen Standpunkt aus. Die Todesschwadronen seien keine Lösung, sie würden El Salvador in Schwierigkeiten bringen, die in gar keinem Verhältnis zu dem Schaden stünden, den sie der Linken, den »Kommunisten«, wie Casey sie nannte, zufügten. Damit seien nicht nur viele Millionen Dollar an US-Hilfe in Gefahr, sondern auch die Unterstützung der Reagan-Administration. Gefühlvolle Appelle an die Menschenrechte spielten bei Caseys Drängen keine Rolle.

Casey traf mit allen Spitzenpolitikern zusammen; eines dieser Treffen war besonders delikat. Es fand in einem kleinen, in einem Seitenflügel gelegenen Raum statt. Casey gegenüber saß Oberst Nicolas Carranza, Chef der Finanzpolizei. Carranza war von 1979 bis 1980 stellvertretender Verteidigungsminister gewesen und hatte enge Beziehungen zur rechtsstehenden Republikanisch-Nationalen Allianzpartei (ARENA) des umstrittenen ehemaligen Majors Roberto D'Aubuisson. Im Jahr davor war Carranza als Präsidentschaftskandidat im Gespräch gewesen. Das war jetzt unmöglich geworden. Carranza war seit mindestens fünf Jahren bezahlter Informant der CIA mit rund 90 000 Dollar im Jahr.*

Es war die geheimdienstliche Sektion in Carranzas Finanzpolizei, die wahrscheinlich am stärksten für die Verletzungen der Menschenrechte verantwortlich war. Carranza selbst war im großen und ganzen sauber, aber die Gewalt war tief in Polizei und Armee verwurzelt. Einem gut bezahlten Agenten gegenüber konnte Casey mit Autorität auftreten. Die Schwadronen müßten weg, sagte er, die Beziehung zwischen den Vereinigten Staaten und El Salvador könnte an dieser einen schlechten Angewohnheit auseinandergehen. Um seinen Worten persönlichen Nachdruck zu verleihen, gab Casey außerdem zu verstehen, daß ein solcher Bruch natürlich auch die Einstellung sämtlicher Zahlungen und Unterstützungen an die Agenten bedeutete.

Am Ende der Reise fragte Horton Casey im Scherz, warum die Reise so kurz gewesen sei. Warum sie sich so sehr hätten beeilen müssen?

»Was zum Teufel wollen Sie denn sonst noch hier?« erwiderte Casey lächelnd, als ob er bewiesen hätte, daß er mit den anstehenden Problemen schneller und besser fertigwerden konnte als alle anderen.

13

Als Tony Motley sich in seinem neuen Büro im siebten Stock des State Department eingerichtet hatte, rief er Clarridge an. »Ich nehme mir einen ganzen Tag dafür Zeit, und ich komme gleich zu Ihnen rüber.« Motley wollte eine geballte Ladung Information.
Clarridge schleppte Landkarten, Listen, Diagramme und Akten an. Er war ein wandelndes Lexikon dieser Operation, er kannte sich in der Geographie aus, kannte jeden Hügel, jede Straße, das Wetter und alle wichtigen Männer der Contras. »Wirklich ein Arschloch«, sagte er öfters in bezug auf verschiedene Contra-Führer. Daneben gebe es allerdings auch viele harte Kämpfer, zum Beispiel »die Tiere da drunten im Süden«. Damit war Pastora gemeint, Commander Zero. Manchmal bezeichnete Clarridge auch jemanden als »netten Kerl«. In mancher Hinsicht waren die Contras eine Art Hell's Angels von Zentralamerika, doch Motley war, alles in allem, beeindruckt. Clarridge hatte eine Armee aufgestellt und sich ein praktisches Wissen angeeignet, das verblüffend war. »Wie kommt es«, fragte Motley, »daß Sie sich so gut auskennen, wo Sie doch in Europa und im Nahen Osten bei den Ölfritzen gearbeitet haben?«
»Die Leute hier gehören zur mediterranen Rasse«, sagte Clarridge. »Ich habe mit Italienern und Nordafrikanern zu tun gehabt. Ich kenne den Typ. Sie sagen dir, was du hören willst, sie sagen dir auf sechserlei Arten nein, sie sind mit Amerika in einer Haßliebe verbunden.«
Was der nächste Schritt sei, wollte Motley wissen.
»Der alte Casey will was für die Schlagzeilen«, sagte Clarridge. Er erklärte, daß sie alle unter enormem Druck stünden, die Contras aus den Bergen herauszubekommen. Sandinistengangs in den Bergen zusammenzuschlagen sei nicht mehr genug, klagte er. Casey verlange von den Contras, daß sie in der Stadt aktiv würden. Clarridge zitierte Casey: »Stellen Sie was auf die Beine.« Die »Schlagzeilen« seien nicht nur für die

heimische Politik in den Vereinigten Staaten bestimmt. Man wolle die Glaubwürdigkeit der Contras innerhalb Nicaragua stärken.
Das leuchtete Motley ein.
Aber man könne doch nicht so mir nichts dir nichts aus den Bergen in die Stadt spazieren, fuhr Clarridge empört fort. Es sei doch alles viel komplizierter. Die Contras aus den Bergen in der Stadt seien doch dort genauso verloren wie andere Leute aus den Bergen. Sie bräuchten vierzig Tage, um überhaupt eine Stadt zu erreichen, und die sich daraus ergebenden Versorgungsprobleme wären ein Alptraum.
Was er also tun werde?
Clarridge lächelte. Es würde einen Weg geben, es gab immer einen Weg. Ihm würde eine passende Operation einfallen, etwas, das einschlug wie eine Bombe. Krieg war die Hölle, da mußte man improvisieren.

Casey war entschlossen, alles in seiner Macht Stehende zu tun, um den Fortgang der Operation in Nicaragua sicherzustellen. Das bedeutete, daß er seine angegriffenen Beziehungen zu zwei potentiellen Saboteuren der Operation verbessern mußte – zum Kongreß und zu den Medien.
Im Rückblick auf die vergangenen zweieinhalb Jahre mußte Casey sich eingestehen, daß er mit J. William Doswell, dem Chef des Office of External Affairs (Abteilung für auswärtige Angelegenheiten) bei der CIA, den falschen Mann mit der Pflege dieser heiklen Beziehungen beauftragt hatte. Der 53jährige Doswell, der sein Leben lang Demokrat gewesen war, 1980 aber Reagan unterstützt hatte, hatte keine Erfahrung im Nachrichtendienst mitgebracht. Er war Verleger einer Zeitung gewesen und einer der erfolgreichsten Lobbyisten in der distinguierten Legislative von Virginia. Doswell war von der Nicaragua-Operation weniger angetan als Casey, und Casey konnte sich nicht länger einen Verkäufer leisten, der nicht zu seinem Produkt stand. Doswell vertrat außerdem die Meinung, Caseys Verachtung für den Kongreß und sein aggressiver Verhandlungsstil seien kontraproduktiv.
Doswell hatte schließlich genug und verließ die CIA. Casey beschloß, durch die Neueinrichtung zweier eigener, mit umfassenden Kompetenzen ausgestatteter Büros eine Anstrengung zur Verbesserung der Beziehungen zu unternehmen. An die Spitze beider Büros sollten CIA-Agenten treten – Männer also, die Erfahrung in der Kunst hatten, die sie verkaufen mußten.
Als Leiter des Büros für die Beziehungen zum Kongreß wählte Casey

Clair Elroy George aus, einen Veteranen der Abteilung für Operationen, der schon seit 27 Jahren dabei war. George war ein umgänglicher Mann mit Sinn für Humor und verstand sich darauf, die CIA anzupreisen. Innerhalb der CIA galt er als altes Schlachtroß und Symbol der besten und stolzesten Zeiten der CIA.

Auf dem Höhepunkt der Ermittlungen der Ausschüsse Churchs und Pikes 1975 war Richard Welch, Chef der CIA-Station in Athen, aus einem Hinterhalt vor seinem Haus niedergeschossen worden. Obwohl überall in Athen bekannt war, wo er wohnte – auf Busrundfahrten durch die Stadt wurde sogar darauf hingewiesen –, hatte der Mord eine Woge öffentlicher Sympathie für die CIA zur Folge. Welchs Zugehörigkeit zur CIA war von unzufriedenen ehemaligen Agenten an die Öffentlichkeit gebracht worden, die von der CIA-feindlichen Stimmung jener Zeit erfaßt worden waren. Noch der tote Welch freilich erwies der CIA einen Dienst: er wurde zum Märtyrer. Als seine Leiche in den USA eintraf, berichtete das Fernsehen ausführlich darüber; auf seiner Beerdigung, die mit vollen militärischen Ehren stattfand, waren der damalige CIA-Direktor William Colby und Präsident Ford anwesend; der Munitionswagen, auf dem der Sarg lag, war derselbe, auf dem schon die Leiche des ermordeten Präsidenten John F. Kennedy überführt worden war.

Trotz der Gefahr in Athen hatte die CIA einen Mann in die Bresche geschickt. Das war Clair E. George gewesen, dessen Wirken im Kongreß jetzt eine nützliche Erinnerung an den Mut jener Tage sein würde. George nahm seine Ernennung an, suchte die Ausschüsse in Senat und Repräsentantenhaus auf und versprach ihnen eine neue Ära der Kooperation und des gegenseitigen Vertrauens.

Ungefähr zur selben Zeit erfuhr George V. Lauder, die Nummer zwei im Büro des Inspector General, des internen Wachhunds der CIA, daß er bei Casey vorsprechen solle.

Lauder gehörte zur ersten Generation von CIA-Agenten aus den 50er Jahren, als die CIA noch in den Kinderschuhen gesteckt hatte. Er hatte Jura studiert und war seit fast 32 Jahren dabei. Lauder war groß, machte einen etwas zerknitterten Eindruck und trug Anzüge, die wie Überbleibsel aus der College-Zeit aussahen. Von der Mission der CIA und ihren Erfolgen war er fest überzeugt. Er war oft ungeschickt, sprach zu laut und mit übertriebener Betonung und Wortwahl und gestikulierte beim Sprechen wild mit seinen langen Armen; er war also keine »graue Eminenz«, trotzdem aber ein erfahrener Spion, der seine Arbeit ernst nahm.

Für Lauder war es Casey gewesen, der den dringend notwendigen frischen Wind in die CIA gebracht hatte. Casey hatte sich sofort in den geheimen Aktionen hinter den Kulissen zurechtgefunden – darin das genaue Gegenteil Turners. Als Turner DCI gewesen war und Lauder stellvertretender Leiter der Abteilung für Lateinamerika, hatte Lauder seinem Chef vergeblich auszureden versucht, daß die CIA in Jamaica eine geheime Operation ohne Wissen des Direktors durchführe. Genausowenig hatte er Turner davon überzeugen können, dem Redakteur einer ausländischen Zeitung, der der CIA ab und zu half, weiterhin ein mageres Honorar von jährlichen 1500 Dollar zu zahlen – und das nur, weil die Kongreßausschüsse nervös geworden waren. Casey hatte die Atmosphäre gegenseitigen Mißtrauens in der CIA beseitigt.

Als Lauder in Caseys Büro kam, wußte er, daß ihm eine neue Aufgabe zugedacht war, aber er hatte keine Ahnung, was Casey mit ihm vorhatte.

»Gratuliere«, sagte Casey.

»Wozu?« fragte Lauder argwöhnisch.

»Ich habe Sie zu meinem neuen Chef für Öffentlichkeitsarbeit ernannt.«

»Womit habe ich mir das verdient?«

Casey sagte, der Nachrichtendienst brauche jemanden, der mit den Medien umgehen könne – die für die CIA schädlichen Berichte müßten ein Ende haben. Es sei wohl doch ein Fehler gewesen, sich so völlig abzuschotten, weil die Medien sich über den Kongreß, das Weiße Haus, das State Department und das Pentagon ja doch Zugang zu Nachrichten über die CIA verschaffen könnten.

Lauder sagte, er sei den Medien ein Leben lang ausgewichen – nicht einmal einem Verwandten, der Berichterstatter bei einer Zeitung sei, habe er verraten, daß er CIA-Beamter sei.

»Sie sind ernannt«, wiederholte Casey bestimmt.

Lauder schlug zackig die Hacken zusammen.

Ein CIA-Agent empfindet instinktiv die Bedeutung eines solchen Augenblicks: der Ruf von oben. Im Gehorsam lag die tröstende, ja erhebende Erkenntnis, Teil eines größeren Ganzen zu sein. Lauder hatte sein Leben im Einsatz draußen viele Male riskiert. Der Presseraum konnte auch nicht gefährlicher sein.

Casey wußte, daß er mit Lauders Zustimmung rechnen konnte. Das war etwas, was ihm an den DO-Leuten gefiel. Und Lauder war, das zeigte seine Personalakte, unbedingt loyal. Außerdem war er Realist. Als stellvertretender Inspector General hatte er daran mitgewirkt, zu überprüfen, was für Waffen durch die Operation in Nicaragua abgefangen worden waren. Lauder war so ehrlich gewesen, zuzugeben, daß die Operation, obwohl man einige Waffenverstecke entdeckt hatte, die Waffenlieferungen nicht wesentlich beeinflußt hatten. »Wir haben so gut wie nichts gefunden«, hatte er gesagt. Trotzdem unterstützte er die Operation.

Lauders erste Aufgabe würde also sein, festzustellen, was getan werden mußte, und dann würde er es tun. Er mußte zunächst überall verbreiten, daß Casey jetzt einen eigenen Pressereferenten hatte. Dann mußte er die Journalisten kennenlernen und sich mit ihrer Arbeitsweise vertraut machen. Er würde ihnen für Auskünfte zur Verfügung stehen, Beziehungen mit ihnen anknüpfen, feststellen, wem man vertrauen konnte, und Casey zumindest wissen lassen, wenn ein Bericht im Anrollen war, der unangenehm werden konnte. Er würde sich überall umhören und vielleicht sogar versuchen müssen, Leute – »anzuwerben« war nicht das richtige Wort, aber es war nahe dran. Vielleicht war der Umgang mit Journalisten gar nicht so verschieden von seiner bisherigen Tätigkeit.

CASEY TÄTIGTE AKTIENGESCHÄFTE IN MILLIONENHÖHE, las John McMahon auf der Titelseite der *Washington Post* am Morgen des 2. Juni 1983. »Scheiße«, sagte er. Caseys alljährliche Offenlegung seiner Vermögensverhältnisse war für die Presse wieder ein gefundenes Fressen gewesen. Caseys Erklärung war zu entnehmen, daß er innerhalb von 26 Tagen Aktien im Wert von mindestens 1,5 Millionen Dollar gekauft hatte. McMahon hatte die ersten Male gelacht, als er den Witz gehört hatte, CIA heiße in Wirklichkeit »Casey Investiert Abermals«. Casey hatte sich immer eisern geweigert, seine Investitionen über einen Blind Trust vornehmen zu lassen, mit der Begründung, daß sein Anlageberater seit zwanzig Jahren die Entscheidungen für ihn treffe. Mit einer Ausnahme: McMahon hatte Casey einmal gezwungen, entweder seine IBM-Aktien zu verkaufen oder sich aus einer wichtigen Entscheidung über Computerkäufe der CIA wegen Befangenheit herauszuhalten. Casey hatte verkauft, und kurz darauf waren die Aktien auf das Doppelte gestiegen. Casey war der Ansicht, das habe seine Integrität bewiesen.

McMahon hatte einige Male vorsichtig versucht, Casey dazu zu überreden, seine Geschäfte über einen Blind Trust abzuwickeln. Casey hatte

sich geweigert. Es war dann zu einer verrückten Überprüfungsprozedur innerhalb der CIA gekommen, bei der McMahon und die anderen Spitzenbeamten regelmäßig eine Liste mit den Dutzenden von Gesellschaften erhielten, an denen Casey beteiligt war. Auch so war es unmöglich, ihm auf der Spur zu bleiben, und in Langley ertönten jedesmal Lachsalven, wenn wieder ein Memorandum herumging, das den verschlungenen Pfaden von Caseys Kapitalpolitik zu folgen versuchte (»füge Delta Airline hinzu, streiche La Quinta Motor Inns«, hieß es etwa auf einem der Memos). Auch Goldwater hatte sich eingeschaltet. Er hatte Casey einen sarkastischen Brief geschrieben, in dem stand, Casey sei reich genug, schließlich könne er seine Reichtümer nicht mit ins Grab nehmen. Casey hatte geantwortet, daß die Ausschußmitglieder denselben Zugang zu den entsprechenden delikaten Informationen hätten wie er, warum also sie nicht Treuhänder mit ihren Geschäften beauftragten? McMahon stellte bald fest, daß das Überprüfungsverfahren kein überwältigender Erfolg war. Nachforschungen ergaben, daß im vorausgehenden Jahr dreizehn der Firmen, an denen Casey beteiligt war, mit der CIA Geschäfte im Umfang bis zu knapp vier Millionen Dollar abgeschlossen hatten.
Mußte das sein? McMahon kam zu dem Schluß: nein. Er nahm sich vor, die unerschütterliche Ruhe des Steueranwalts in seinem Chef aus der Reserve zu locken.
Er suchte Casey auf. Die Öffentlichkeit habe den Eindruck, so McMahon, daß Casey von seinem Büro aus mehrmals am Tag mit seinem Börsenmakler telefoniere, mit Wall Street flirte und sich geheimer Informationen bediene, um anderen Investoren einen Schritt voraus zu sein.
»Eine verdammte Lüge«, sagte Casey.
Genau, erwiderte McMahon. Aber ein übler Beigeschmack lasse sich nicht verhindern. Casey sei in einer unhaltbaren Position. Auf der einen Seite beteuere er immer wieder, daß er selbst keinen Gebrauch von seiner guten Ausgangsposition mache, Aktien zu kaufen und zu verkaufen, sondern das seinem Börsenmakler überlasse. Auf der anderen Seite bestehe er darauf, sich diese eigene Option vorzubehalten. Beides lasse sich aber nicht vereinbaren. Es stelle sich also die Frage: Machte es einen Unterschied, wenn er seinem Berater die gesamte treuhänderische Verwaltung übergab, da er ihn ja doch die Entscheidungen treffen ließ?
»Eigentlich nicht«, erwiderte Casey.

»Dann machen Sie es doch so.«
Casey sah ihn starr an.
Am Montag, dem 18. Juli, gab Casey in einer öffentlichen Verlautbarung bekannt, daß er seine Vermögensanlagen während der vergangenen zweieinhalb Jahre als CIA-Direktor »de facto« von einem Treuhänder habe verwalten lassen und sich völlig ordnungsgemäß und legal verhalten habe. »Trotzdem beabsichtige ich, um zukünftigen Verwechslungen und Mißverständnissen vorzubeugen, jetzt in aller Form einen Blind Trust einzurichten.«

Im Spätsommer unternahm Casey eine geheimgehaltene Reise nach Afrika und in den Mittleren Osten, um die dortigen CIA-Stationen zu besuchen. Immer noch brauchte er das: hinzugehen an den Ort des Geschehens. Wie der Platz in Dallas, wo Kennedy ermordet worden war, sah alles ganz anders aus, hatte eine größere Wirkung, wenn man an Ort und Stelle stand. Die Stationschefs brauchten ab und zu seine persönliche Anwesenheit, um ihre Arbeit zu verrichten: Nachrichten zu beschaffen, außerhalb der Botschaft Beziehungen zu einheimischen Mitarbeitern voranzutreiben, unter Deckung politische Untergrundversammlungen zu besuchen.
Er hatte vor, in Begleitung von einem halben Dutzend Mitarbeitern und in einem VIP-Flugzeug der Luftwaffe in achtzehn Tagen elf Länder aufzusuchen. Oben auf der Liste standen Senegal und die Elefenbeinküste. In diesen Staaten besuchte Casey, wie in allen anderen Ländern, die dortigen Chefs des Nachrichtendienstes oder ihre Stellvertreter und die US-Botschafter; außerdem ließ er sich von den Stationschefs alles Wichtige vor Ort zeigen und löcherte sie mit Fragen. Wie weit die Kasernen vom Palast entfernt seien? Von der Universität? Wer Führer der Opposition sei? Wie die KGB-Leute seien?
Von Westafrika flog er weiter nach Nigeria. Die Straße vom Flughafen nach der Hauptstadt Lagos war völlig verstopft mit Autos und Straßenhändlern. Er brauchte Stunden, um durchzukommen. Der stellvertretende Chef des Nachrichtendienstes versuchte mit Hilfe seines Teams, den Weg zu bahnen. »Stellen Sie sich doch mal vor, John McMahon müßte versuchen, die George Washington Parkway für Sie freizukriegen«, sagte einer von Caseys Begleitern. In diesem Moment hielt der Wagen an. Sofort klopfte ein einheimischer Händler an die Scheibe und wollte dem DCI einen fast zwanzig Meter langen Gartenschlauch andre-

hen. »Nicht gerade das, was man spontan auf dem Weg vom Flughafen kauft«, sagte Casey.
In Zaire traf sich Casey mit Joseph Mobutu. Die Beziehungen der CIA zu Mobutu reichten bis ins Jahr 1960 zurück, als die CIA plante, den nationalistischen Führer Patrick Lumumba zu ermorden. Ein Kabel vom 25. August 1960 vom damaligen DCI Allen Dulles an den Stationschef betonte, Lumumbas »Beseitigung muß ein vorrangiges und dringendes Ziel sein und unter den herrschenden Bedingungen in unserer verdeckten Aktion oberste Priorität haben«. Bevor aber der Plan der CIA ausgeführt werden konnte, wurde Lumumba von einer anderen Gruppierung ermordet, die Mobutu unterstützte. Casey unterhielt zu Mobutu eine wichtige persönliche Beziehung, und jetzt tauschten sie Nachrichten und Informationen aus.
Casey notierte sich ein paar Sätze auf Französisch, die er anläßlich eines Dinners sagen wollte. »Nach dem Zweiten Weltkrieg«, begann er, »nahm ich an einem Dinner teil und sagte, wie heute, einige Worte auf Französisch. Am nächsten Tag stand in der Zeitung, Mr. Casey habe in seiner Muttersprache gesprochen. Ich fragte mich, ob man mein Französisch so gut gefunden habe, daß man glaubte, ich sei Franzose, oder aber so schlecht, daß man meinte, ich hätte Englisch gesprochen.«
Alles brach in Gelächter aus.
Das nächste Ziel war Sambia, danach folgte Südafrika. Casey bat den Piloten, so tief wie möglich hinunterzugehen, damit er die berühmten Viktoria-Fälle sehen könne. Einmal genügte ihm nicht, und er bat, den Tiefflug zu wiederholen, während er fasziniert aus dem Fenster starrte. In Pretoria machte er seine üblichen Besuche und nahm an einer Grillparty auf dem Land mit einem Dutzend südamerikanischen Geschäftsleuten teil. Einer von ihnen, der nicht wußte, was Caseys eigentlicher Job war, sagte danach: »Dieser Mann ist clever. Er hat eine Menge Geld gemacht.«
Casey bewunderte den südafrikanischen Geheimdienst und unterhielt enge Beziehungen zu ihm. Man war sich dort der kommunistischen Bedrohung voll bewußt und hatte den Rebellenführer Jonas Savimbi, der gegen das Regime in Angola kämpfte, mit 200 Millionen Dollar unterstützt. Casey hoffte noch immer, daß das Clark-Amendment von 1976 aufgehoben würde, das der CIA jegliche Unterstützung Savimbis untersagte. Er versprach den Agenten, sich zu beteiligen, sobald es ihm möglich sei.

Caseys schmutzige Wäsche hatte sich in der Hitze zu einem Berg gestapelt, und so gab er alles im Hotel ab, das einen Wäscheservice innerhalb von 24 Stunden versprach. Um Mitternacht vor dem auf 6 Uhr morgens festgesetzten Abflug waren seine Kleider noch nicht zurückgebracht worden. Seine Leute mußten in die Hotelwäscherei einbrechen, damit sie den Reiseplan einhalten konnten. Die nächsten Ziele sollten Simbabwe und Kenia sein. wo sie um 10 Uhr abends eintrafen. Casey hatte zwei Besprechungen mit Geschäftsleuten, die er kannte, und beim Frühstück am anderen Tag war es dem Stationschef schon fast peinlich, wie gut Casey über das Land Bescheid wußte.
Nach dem langen Flug nach Kairo traf sich Casey mit Ägyptens Staatschef Mubarak und verbrachte einige Stunden mit dem CIA-Stationschef, der eine der größten CIA-Stationen außerhalb der USA unter sich hatte. Der größte Teil der Waffen und anderer Unterstützung für die Widerstandskämpfer in Afghanistan ging über Ägypten. Danach wurde alles über die Türkei weitertransportiert, ein Land, das nach Caseys Ansicht mit seinen Grenzen zur Sowjetunion, zum Schwarzen Meer, Syrien, Irak und dem Mittelmeer von größter strategischer Bedeutung war und zu wenig Beachtung fand. Der letzte Besuch galt König Hassan in Marokko. Alle diese Beziehungen waren äußerst wichtig, und Casey wollte bei seinem Rundumbesuch keine Gelegenheit auslassen, sie zu pflegen. Die CIA unterstützte diese Länder mit Hilfen aller Art, darunter auch mit den neuesten Medikamenten, modernsten Flugzeugen und Beziehungen, die es Einheimischen ermöglichten, in den USA zu studieren.
Bei der Ankunft der Reisegruppe auf der Luftwaffenbasis Andrews waren die Mitarbeiter Caseys derart erschöpft, daß sie fast nach Hause getragen werden mußten. Casey selbst ging direkt nach Langley.

Senator William S. Cohen, ein der politischen Mitte angehörender Republikaner aus Maine, der erst seit neun Monaten Mitglied des Senatsausschusses war, ergriff nach einer Anhörung des Ausschusses die Gelegenheit, einige Worte mit Casey zu wechseln. Als Republikaner wolle er, Cohen, die Politik der Administration in Nicaragua unterstützen. Er wisse, daß Goldwater persönlich ihn für den Ausschuß vorgeschlagen habe. Aber, fügte er hinzu, er habe das Gefühl, daß Casey und Goldwater die Zustimmung des Ausschusses leicht verlieren könnten. Der Kompromiß, den Goldwater ausgehandelt habe, hänge an einem seidenen Faden.

Wenn der Ausschuß das Geld für die Operation in Nicaragua streiche, erklärte Casey, werde der Kongreß für die Folgen geradestehen müssen. Cohen wand sich. Casey mochte recht haben. Der Präsident hatte ihn persönlich angerufen. »Bill, was glauben Sie, weshalb ich Sie jetzt anrufe?« hatte Reagan gefragt und war wie immer sehr besorgt und persönlich bemüht gewesen. »Wir möchten gern, daß Sie uns helfen, wenn das möglich ist.« Cohen hatte dem Präsidenten gesagt, er unterstütze die Administration, mache sich aber Sorgen.

Casey gab Cohen den Rat, nach Zentralamerika zu gehen. Er solle sich die Sache mit eigenen Augen ansehen, Nicaragua aufsuchen, mit den Sandinisten reden. Mit einem US-Senator würden sie reden.

Für Cohen als ehemaligen Staatsanwalt war es eine verlockende Aussicht, den Tatort zu besuchen und Zeugen zu vernehmen. Es war ihm immer wichtig gewesen, genau zu sein und alle Fakten zu kennen. Um die geheimnisvolle Welt des Nachrichtendienstes kennenzulernen, hatte er das 1982 erschienene, 532 Seiten dicke Buch *The Puzzle Palace* von James Bamford über die Nationale Sicherheitsbehörde von der ersten bis zur letzten Seite durchgelesen. Eine Antwort auf die Operation in Nicaragua war aber nicht in einem Buch oder auf einer Informationssitzung zu finden, man mußte sie draußen vor Ort suchen.

Cohen ließ sich nur schwer in das politische Spektrum einordnen. Zum einen war er ein Dichter – 1978 hatte er den Gedichtband *Of Sons and Seasons* veröffentlicht. Zum andern aber auch ein Mann der Tatsachen. Cohens Stimme war 1974 entscheidend gewesen, als das House Judiciary Committee (Juristischer Ausschuß des Repräsentantenhauses) dafür gestimmt hatte, gegen Nixon ein Impeachment-Verfahren anzustrengen. Bevor die Bänder als unwiderlegbare Beweise vorgelegt worden waren, hatte Cohen in einer landesweit übertragenen Fernsehdebatte darüber gesprochen, wie man richtige Schlüsse zog.

»Wenn Sie schlafen gehen und draußen ist das Wetter wie heute, und am nächsten Morgen wachen Sie auf und der Boden ist schneebedeckt, dann schließen Sie doch sicher, und zwar völlig zu Recht, daß es in der Nacht geschneit hat, auch wenn Sie es nicht mit eigenen Augen gesehen haben.«

Einer der besten Freunde Bill Cohens im Senat war Gary Hart, ein Demokrat aus Colorado. Über mehrere Jahre hinweg hatten die beiden insgeheim an einem Spionageroman geschrieben. Die Idee dazu war nach einer spätabendlichen Sitzung des Senats entstanden, in der das

Mißtrauen gegenüber den Nachrichtendiensten und deren Beamten zur Sprache gekommen war. Auch wenn der Roman mit dem Titel *The Double Man* kein kommerzieller Erfolg werden würde, versprach man sich doch von ihm zumindest Aufsehen, da er von Mitgliedern beider Parteien geschrieben wurde. Held des Buches war ein Senator, der Ermittlungen gegen den weltweiten Terrorismus leitete; einer der Schurken war der CIA-Direktor, der dem Senatsausschuß Informationen vorenthielt und eine Frau als Maulwurf in den Ausschuß einschleuste, die der CIA über dessen Aktivitäten berichten sollte.

In der Kantine des Senats kam Cohen eines Nachmittags im Sommer 1983 auf Hart zu. Hart, der sowohl Mitglied des Church-Ausschusses als auch des Senatsausschusses für den Nachrichtendienst gewesen war, war damals einer der Bewerber um die Nominierung als Präsidentschaftskandidat der Demokraten für 1984, lag aber im Gesamtfeld mit nur vier Prozent Stimmen bei den Demokraten noch weit zurück.

»Ich gebe dir einen Rat«, sagte Cohen, »du mußt dein Programm erweitern.« Cohen schlug vor, Hart solle eins der Probleme in sein Programm aufnehmen, die gerade heiß diskutiert wurden – zum Beispiel Zentralamerika.

Nach seinen Erfahrungen im Church-Ausschuß hatte Hart den Schluß gezogen, daß die CIA eine Operation wie die in Nicaragua verpfuschen würde. Er hatte sich durch den geheimen, 8000 Seiten starken Bericht über die von der CIA geplanten Mordanschläge der 50er und 60er Jahre durchgefressen; die meisten der Anschläge hatten sich gegen Castro gerichtet. Es war eine makabre Lektüre gewesen: selbst die Kennedy-Brüder Robert und Jack – Harts Helden und Vorbilder – waren in diese trüben Machenschaften verwickelt, in der der Zweck die Mittel heiligte und alles abgestritten werden konnte. Über Genehmigung, Durchführung und letztliches Scheitern der Pläne existierten keinerlei offizielle Unterlagen. Allerdings waren erschütternde und abstoßende Details bekannt.

In einem Komplott gegen Castro zum Beispiel hatte ein CIA-Agent mit dem Kodenamen AM/LASH einen mit einer Injektionsnadel ausgerüsteten Kugelschreiber ausgehändigt bekommen; die Nadel war so dünn und fein, daß Castro den Einstich kaum merken würde. Der mit dem Fall beauftragte CIA-Beamte hatte zur Verwendung von Blackleaf-40 geraten, einer im Handel erhältlichen hochgiftigen Substanz. Die Übergabe der Mordwaffe fand am 22. November 1963 statt. In einem Bericht des

Inspector General von 1967, der dem Ausschuß zugeleitet wurde, findet sich mehr am Rande die Bemerkung: »Wahrscheinlich ist in genau diesem Augenblick Präsident Kennedy erschossen worden.«
Der Church-Ausschuß konnte keine Verbindung zwischen dem Kuba-Komplott und der Ermordung Kennedys feststellen, Hart aber glaubte nicht an einen Zufall. Es war fast wie der schneebedeckte Boden, von dem Cohen gesprochen hatte. Hart hatte den Schnee nicht fallen sehen, aber er wußte, daß etwas geschehen war.

Am frühen Morgen des 8. September, einem Donnerstag, starteten Cohen, Hart und ein Begleitoffizier von den Marines mit einer C-140 der Air Force nach Managua, wo sie um 9.15 Uhr eintreffen sollten. Etwa eine Stunde von der Hauptstadt Nicaraguas entfernt bekamen die Piloten über Funk Nachricht, der Flughafen Augusto César Sandino sei geschlossen, da es eine Art Luftangriff gegeben habe. Eine zweimotorige Cessna, unter deren Tragflächen man zwei 500-Pfund-Bomben befestigt hatte, war abgeschossen worden und in den Kontrollturm und die Abfertigungshalle gestürzt.
Die Militärmaschine der Senatoren kreiste eine Dreiviertelstunde über Nicaragua und wurde dann in die Hauptstadt von Honduras umgeleitet. Dort ließen die Senatoren sich mit Washington verbinden, um herauszufinden, was geschehen war. Inzwischen war von Managua die Nachricht eingetroffen, daß der dortige Flughafen für sie geöffnet werden würde.
Als sie schließlich am frühen Nachmittag am Flughafen von Managua eintrafen, war Hart über das Ausmaß der Zerstörung überrascht. Überall hing Rauch, und der mittlere Teil der Abfertigungshalle war vollkommen zerstört. Überall lagen Glasscherben, und ausgelaufenes Öl hatte Pfützen gebildet. Der Rumpf des abgeschossenen Flugzeugs war in zwei Hälften auseinandergebrochen. Pilot und Co-Pilot waren tot. Vierzig Menschen, die auf den Abflug ihrer Maschinen gewartet hatten, waren um ihr Leben gerannt. Ein Arbeiter war getötet worden. Auch der Raum für VIPs, in dem die Senatoren ihre Pressekonferenz hätten abhalten sollen, war getroffen worden. Cohen konnte sich leicht ausrechnen, daß auch sie jetzt möglicherweise tot wären, wenn sie vor der geplanten Zeit eingetroffen wären.
Die nicaraguanischen Medien hatten Vertreter geschickt, die nun Fragen stellten.

Ein Journalist äußerte die Ansicht, daß es sich bei dem Bombenattentat um einen Angriff der von der CIA unterstützten Contras handle.
»So dumm ist die CIA nicht«, erwiderte Cohen.
Nicaraguanische Beamte legten ihnen daraufhin eine Aktentasche vor, die man aus dem Flugzeug geholt hatte. Cohen und Hart warfen einen Blick hinein. Sie fanden eine Instruktion, in der der Pilot angewiesen wurde, jemanden in einem bestimmten Restaurant in Costa Rica zu treffen, außerdem einen Frachtbrief aus Miami, den Flugschein des Piloten aus Florida, seine US-Sozialversicherungskarte und amerikanische Kreditkarten.
Dann fanden sie noch weitere Papiere, darunter die kodierte Bezeichnung der Operation und den Vertrag. Cohen und Hart erkannten, daß es sich um authentische Schriftstücke der CIA handelte.
Die sandinistischen Beamten erklärten, daß der Flughafen normalerweise nur über zwei Flakgeschütze verfüge. An diesem Morgen aber sei ihre Zahl auf siebzehn erhöht worden. Man hatte also von dem Angriff Wind bekommen. Im Gespräch mit weiteren Beamten wurde den Senatoren klar, daß die Sandinisten Zugang zu internen Informationen der Contras hatten. Sie hörten sich Erklärungen zu militärischen Problemen an und trafen später mit Junta-Koordinator Daniel Ortega zusammen, der ihnen vor versammelter Presse eine geharnischte, gegen die USA gerichtete Lektion erteilte.
Als Cohen den Spieß umdrehen wollte und nach *La Prensa* fragte, der führenden Zeitung Nicaraguas, die wegen regierungsfeindlicher Kritik ihren Betrieb hatte einstellen müssen, legten die Fotografen ihre Kameras weg.
Am Abend waren Hart und Cohen bei Nora Astorga zum Essen eingeladen, einer Frau aus der nicaraguanischen Society, die sich der sandinistischen Guerilla zugewandt hatte. Nora Astorga war 34 Jahre alt und bereits zur Legende geworden. 1978 hatte sie Reynaldo Perez-Vega, einen hohen General Somozas und die Nummer zwei der verhaßten Nationalgarde, der unter dem Spitznamen »der Hund« berüchtigt war, in ihr Schlafzimmer gelockt, wo ihm von einem dreiköpfigen Sandinistenkommando die Kehle aufgeschlitzt wurde. Die Senatoren erfuhren außerdem, daß man dem »Hund« im revolutionären Überschwang die Hoden abgeschnitten hatte. Nora Astorga, eine zierliche und anziehende Frau, war vor einigen Monaten von Nicaragua als Botschafterin in den Vereinigten Staaten vorgeschlagen worden. Die Reagan-Administration

hatte sie abgelehnt. Die Senatoren grinsten über die Witze, die in Managua über sie kursierten: Frag Nora Astorga niemals »Bei dir oder bei mir?«, und sollte sie dich zu sich einladen, dann sag nein! Dies schien ein diesem Tag angemessener Abschluß zu sein.

Nach dem Essen begaben Cohen und Hart sich völlig erschöpft zu einem mitternächtlichen Treffen mit dem Chef der CIA-Station. Dort berichteten sie, daß Informationen über die Operationen der Contras zu den Sandinisten durchsickerten.

Der Stationschef wußte zunächst nicht, wie er am besten anfangen sollte, druckste herum und begann dann mit einer Rechtfertigung des Bombenattentats, bei dem es sich um eine erste Aktion von Edén Pastoras »neuer Luftwaffe« gehandelt habe.

Hart war geladen und legte sofort los. Solche absolut idiotischen Operationen seien es, die der CIA noch den Garaus machen würden, es solle bloß keiner glauben, daß man mit so etwas durchkomme. Der Pilot habe Namen und Telefonnummer eines CIA-Agenten an der US-Botschaft in Costa Rica in der Hosentasche gehabt!

Und ein ziviler Flughafen, schaltete sich Cohen ein, nicht einmal ein militärisches Ziel! Wie konnten sie glauben, daß man damit etwas ausrichtete? Es sei ein grundsätzlicher Fehler, das Volk von Nicaragua gegen die Contras aufzubringen, und genau das sei die Folge solcher Aktionen. Auf dem Flughafen hätten sich Dutzende von Zivilisten aufgehalten. Sie sollten sich doch mal vorstellen, es würde jemand versuchen, einen zivilen Flughafen in den Staaten zu bombardieren!

Der Stationschef sagte, die Absicht sei gewesen, zu zeigen, daß die Contras es ernst meinten und auch die Hauptstadt angreifen konnten.

Was er sich eigentlich denke, brüllte Hart, er halte das wohl für etwas wie den ersten Luftangriff Doolittles auf Tokio?

Er könne nichts dafür, erwiderte der Stationschef, die Contras seien frei in ihren Entscheidungen, die CIA könne sie nicht beaufsichtigen. Sie wählten ihre Ziele selber aus.

Was für ein Schwachkopf einer sein müsse, der CIA-Papiere in einer Aktentasche zu einem Bombenattentat mitnehme, sagte Hart. Narren seien sie alle, völlig inkompetent. Wutentbrannt und mit rotem Gesicht schrie er: »Das ist miserable Politik und miserable Diplomatie und eine miserable Operationsstrategie!«

Als die beiden Senatoren gegangen waren, schickte der Stationschef ein Telegramm mit höchster Dringlichkeitsstufe an die CIA-Zentrale, in dem stand, daß in Bälde mit der Rückkehr zweier äußerst unglücklicher Senatoren nach Washington zu rechnen sei.

Am selben Tag erfuhr auch Tony Motley, der sich in Honduras aufhielt, von dem fehlgeschlagenen Attentat. Er rief sofort Clarridge an.

»Dewey«, sagte Motley, »ihr seid ja völlig übergeschnappt! Wie könnt ihr so etwas veranstalten, wenn der für die Region zuständige Assistant Secretary des State Department in Honduras ist? In Zukunft verbitte ich mir so eine Scheiße, wenn ich verreist bin.«

»Schauen Sie«, erwiderte Clarridge, »so eine Operation läßt sich einfach nicht ständig überwachen. Sie können so etwas nicht genau festlegen – ob eine Operation an dem oder an dem Tag stattfindet. Ein Spielraum von einigen Tagen läßt sich nicht vermeiden.« Casey habe eine spektakuläre Aktion gewünscht, etwas, das Aufmerksamkeit errege, fügte Clarridge hinzu. Und jetzt, jetzt seien die Contras eben aus den Bergen gekommen, wie der Direktor es verlangt habe.

Am nächsten Tag flogen Cohen und Hart nach El Salvador. Dort besuchten sie San Lorenzo, ein Dorf, in dem ein Angriff der Rebellen die elektrische Versorgung zerstört, eine Kirche in Schutt und Asche gelegt und die Webstühle vernichtet hatte, die man zum Weben der Decken brauchte, die wichtigste Einnahmequelle der Dörfler.

Für ihre Reisen durch El Salvador benützten die Senatoren einen jener alten, türenlosen Helikopter, die in Vietnam eingesetzt worden waren. Cohen hatte sich einen Kopfhörer übergestülpt und konnte die Unterhaltung der Piloten mithören. Als sie sich in etwa 400 Meter Höhe über der Hauptstadt El Salvadors befanden, begann der Helikopter plötzlich an Höhe zu verlieren.

»Verdammt, ich verliere Flüssigkeit«, brüllte der Pilot. »Ich geh mit der blöden Kiste runter!«

Cohen glaubte schon, ihr letztes Stündlein habe geschlagen und sie würden über der Stadt abstürzen. Sie würden also nicht einmal durch die Hand der von den Kommunisten unterstützten Rebellen fallen, nicht im Flakfeuer und nicht durch eine Kugel, die im Verlauf dieses Ersatzkonfliktes der Supermächte von einem erbitterten Gegner abgefeuert worden war, sondern wegen einer lecken Hydraulik – wie passend zur ganzen Situation!

Der Pilot blätterte wild in seinem Handbuch, und plötzlich stieg der Helikopter steil nach oben, immer höher, bis er eine Höhe von über 3000 Metern erreicht hatte. Die Senatoren hatten jetzt nicht nur Angst; sie hatten auch ihre Mägen auf 300 Metern Höhe zurückgelassen.

»Was ist los?« wollte Cohen wissen.
»Wir müssen aus der Reichweite der 50er-MGs der Rebellen raus«, erwiderte der Begleitoffizier.
Cohen war der Meinung, daß er, wenn sie schon abstürzen würden, lieber aus 300 Metern abstürzen wollte als aus 3000. Eines seiner frühen Gedichte mit dem Titel »Freier Fall« fiel ihm ein: »Ich habe keine Angst vor dem Fliegen/ Keine Angst vor dem Tod. Vor dem Übergang/ Ja, dem Akt (dem Sekunden dauernden), Ja.«
Der Helikopter stürzte aber dann doch nicht ab.
Als Cohen wieder in Washington war, suchte Casey ihn in seinem Büro im Senat auf.
Die CIA, sagte Casey mit Nachdruck, habe das Bombenattentat nicht genehmigt.
Wie plump man es angestellt habe, erwiderte Cohen. Nicht einmal eine technisch ausgereifte Vorrichtung für das Abwerfen der Bomben sei vorhanden gewesen.
Casey äußerte sich weder zustimmend noch ablehnend. Er konnte sehen, wie aufgebracht Cohen war. Er wußte, wie verschieden ein Mensch, der dem Tod ins Auge geblickt hatte, die Dinge beurteilte. Teilnahmsvoll erkundigte er sich nach Cohens Eindrücken.
Cohen sagte, Casey müsse sich darüber im klaren sein, daß die Gegenseite von seinen Operationen – den Operationen der Contras – im voraus erfahre. Der Alptraum jedes militärischen Befehlshabers oder Geheimdienstchefs sei damit wahr geworden. Außerdem seien die Flakgeschütze des Flughafens von zwei auf siebzehn aufgestockt worden. Casey versprach, sich darum zu kümmern.
Später erfuhr Cohen, daß das für den Bombenanschlag verwendete Flugzeug von der CIA zur Verfügung gestellt worden war, und von einem CIA-Beamten hörte er, der Angriff sei bis in die höchsten Instanzen der CIA hinauf gebilligt worden.
Was er nicht erfuhr, war, daß die eigentliche Ursache Caseys Drängen gewesen war, für eine spektakuläre Aktion zu sorgen.
Trotzdem hatte Cohen das Gefühl, daß er von dem Attentat nicht allzu viel Aufhebens machen dürfe, da es sonst so aussehen könnte, als sei er nur um seine eigene Sicherheit besorgt gewesen. Er kam zum Schluß, das verdeckte Programm so lange zu unterstützen, als man damit bei den Sandinisten auf Verhandlungen drängen konnte, daß er es aber niemals vorbehaltlos akzeptieren würde. Casey war ihm suspekt geworden.

Casey war aalglatt. Und offensichtlich hatte er ihm nicht die volle Wahrheit gesagt.

Casey bat auch Hart um ein Gespräch bei einer Tasse Kaffee in der CIA-Zentrale.

Er wolle ihm nur versichern, keiner habe die Absicht gehabt, ihn zu töten, erklärte Casey.

Hart sagte, sein Problem sei, zu verstehen, wie jemand, ganz gleich wer – die CIA oder die Contras – auf eigene Faust auf eine so hirnverbrannte Idee kommen konnte. Ein Angriff auf Zivilisten habe doch immer einen unvorstellbaren Haß zur Folge.

Casey sagte, er könne nachfühlen, wie aufgebracht Cohen und Hart sein müßten.

Darum gehe es nicht, erwiderte Hart. Es gehe nicht um sein eigenes Leben, sondern um die Politik, die Ideen und die Menschen, die hinter soviel Dummheit steckten. Wie so etwas nur habe passieren können?

»Es ist unsere Politik, die demokratischen Kräfte zu stützen«, erklärte Casey. »Wir wollen, daß sie wieder die Macht im Land übernehmen, wenn wir die Sandinisten nicht zur Mäßigung zwingen können.«

Hart sah keinen Unterschied zwischen einer solchen »Übernahme« und einem »Sturz«, der durch das Boland-Amendment verboten war.

»Unser Mann dort unten ist Commander Zero«, sagte Casey. Er erwähnte Pastora nicht ohne Stolz. »Man muß ihnen ihre Handlungsfreiheit zugestehen.« Das Ziel der Bombardierung sei gewesen, zu zeigen, daß die Contra-Operation kein bloßes Grenzscharmützel war, sondern eine nationale Bewegung gegen die sandinistische Regierung.

Hart versuchte noch einmal, den CIA-Direktor in eine Diskussion über den Schaden zu verwickeln, den solche Operationen anrichteten.

Casey erwiderte, er halte einige von Harts Ideen zur Verteidigung für ganz vorzüglich und sei gern bereit, sich einmal mit Hart und Senator Sam Nunn aus Georgia, einem weiteren Verteidigungsexperten, zusammenzusetzen, um Fragen der Verteidigung durchzusprechen.

Als Hart ging, war er überzeugt, daß die CIA außer Kontrolle geriet und eines Tages in einer Katastrophe enden würde. Casey ließ nichts mehr von sich hören, von einem Gespräch über Fragen der Verteidigung war keine Rede mehr.

Zwei Wochen später, am 20. September 1983, erschienen Casey und Shultz vor dem Senatsausschuß, um für die Operation in Nicaragua zu

werben. Reagan hatte endlich auf eine schon vier Monate alte Eingabe des Ausschusses reagiert und eine neue Direktive unterzeichnet, die einen Kurs zwischen der bloßen Unterbindung von Waffenlieferungen und einem Sturz der Sandinisten festlegen sollte. Das streng geheime Dokument war zwei Seiten lang und umfaßte fünf Absätze – die längste Direktive, die Reagan je unterzeichnet hatte. Die Direktive ermächtigte zur »materiellen Unterstützung und Anleitung der Gruppen des Widerstands in Nicaragua«.
Die Ziele waren:
»die sandinistische Regierung in Nicaragua dazu zu bringen, in Verhandlungen mit den angrenzenden Ländern einzutreten«, und
»die Sandinisten und ihre Verbündeten durch Ausübung von Druck dazu zu veranlassen, die Versorgung linksstehender Guerillas in El Salvador mit Waffen, Ausbildung, Training sowie Befehls- und Kontrolleinrichtungen einzustellen und diesen Guerillas keinen Schutz mehr zu gewähren«.
In der Direktive sinngemäß enthalten war auch das Ziel der Demokratisierung Nicaraguas; man wollte auf die Einhaltung der Menschenrechte drängen, auf die bürgerlichen Freiheitsrechte, eine freie Presse und die Öffnung der politischen Szene für eine Opposition. Casey war sicher, daß solche Ziele für die Demokraten und die Gemäßigten beider Parteien attraktiv sein würden. Natürlich war ihm klar, daß man damit genau den Kompromiß anpeilte, für den Enders kritisiert worden war und der ihn zuletzt seine Stelle gekostet hatte. Aber die Mitte war Caseys einzige Hoffnung, seit das Repräsentantenhaus in einer Abstimmung beschlossen hatte, die 80 Millionen Dollar, die er für das verdeckte Programm gefordert hatte, zu streichen. Die Abstimmung mit 228 zu 195 Stimmen war das Ergebnis einer dreitägigen öffentlichen Debatte über die Operation in Nicaragua gewesen. Für Casey war die Debatte ein wenig erfreuliches Gefühlsbad in liberalen Schuldkomplexen gewesen.
Casey war froh, daß er Shultz auf seiner Seite hatte. Shultz galt als der gemäßigte Politiker der Administration. Als Shultz und Casey dem Ausschuß die Direktive in groben Umrissen erläuterten, schien zunächst alles gutzugehen.
Moynihan allerdings wurde den Gedanken nicht los, daß genau so der Vietnamkrieg angefangen haben müsse. Natürlich gab es viele Unterschiede, aber die unterschwelligen Strömungen waren dieselben – ein

rational durchdachter Schritt folgte auf den anderen und verdeckte die tatsächliche Bedeutung bestimmter Aktionen, indem er sie in einem vorteilhaften Licht erscheinen ließ, das den Tatsachen in keiner Weise entsprach. Moynihan hatte den Eindruck gewonnen, daß Casey und Shultz entweder sich selbst oder den Ausschuß zum Narren hielten. Für jeden, der wie er die Direktive gelesen hatte, mußten die sich daraus ergebenden Konsequenzen offen zutage treten, auch wenn sie versteckt waren und nirgends explizit formuliert wurden. So hieß es in der Direktive, die CIA wolle verhindern, daß die Sandinisten das Hauptziel ihrer Außenpolitik verwirklichten, nämlich die Ausbreitung der Revolution, und daß der Nachrichtendienst eine Veränderung der inneren politischen Zustände anstrebe; damit waren Wahlen gemeint und die Bürgerrechte, letztlich die ganze Form der Regierung. Es war, als sagte man jemandem, man wolle ihm eine Kugel durch den Kopf schießen, habe aber keinerlei Absicht, ihn umzubringen. Moynihan konnte nicht mehr stillhalten. Er schaltete sich in die Debatte ein und versuchte, seine Bedenken ruhig vorzutragen. Auch wenn die CIA behaupte, die Direktive ziele nicht auf den Sturz des Regimes ab, gehe aus den Aktionen und Absichtserklärungen insgesamt deutlich hervor, was die eigentlichen Ziele der Administration seien.

Wallop vom rechten Flügel der Republikaner stimmte im wesentlichen mit Moynihans Analyse überein, kam aber zu einer anderen Lösung: »Warum sagen wir nicht ganz offen, woran wir glauben?«

»Scheint mir ein guter Vorschlag«, meinte Goldwater.

»Stürzen sollten wir die«, rief Senator Jake Garn dazwischen, ein konservativer Republikaner aus Utah.

Casey und Shultz widersprachen. Sie wollten sich an die Bestimmung des Boland-Amendment halten – kein Unternehmen »mit dem Ziel« eines Sturzes der Regierung. Moynihans Argumente gingen in der Diskussion bald unter. Casey glaubte, daß man den Demokraten einen ausreichenden Köder hingeworfen hatte, als man den fundamentalen Antikommunismus der Reagan-Administration in Erklärungen zu den Menschenrechten verpackt hatte. Die Senatoren waren realistische Politiker. Etwas Besseres als diese Direktive würden sie nicht bekommen. Der Ausschuß hatte eine Umformulierung der Operationsziele in einer neuen Direktive gefordert. Die Senatoren waren seit fast zwei Jahren Mitwisser der verdeckten Operation, und die neue Direktive sprach nur aus, was bereits seit einiger Zeit passierte. Die Direktive jetzt nicht anzuerkennen hätte bedeutet, daß die Senatoren sich selbst diskreditierten. Und dieser Fall, rechnete Casey sich aus, würde kaum eintreten. Zwei Tage später stimmte der Ausschuß mit dreizehn zu zwei Stimmen für die Direktive; nur Senator Leahy und Senator Biden stimmten dagegen.

In diesem Sommer wurden in der Öffentlichkeit zum ersten Mal tiefergehende Meinungsverschiedenheiten im inneren Kreis um Reagan bekannt. Baker, der Stabschef des Weißen Hauses, behauptete, Casey habe ihm die Unterlagen zugänglich gemacht, mit denen Präsident Carter sich für die landesweit übertragene Fernsehdebatte des Präsidentschaftswahlkampfes 1980 vorbereitet hatte.
»Ich kann mich nicht daran erinnern, solche Unterlagen je erhalten oder von ihnen gehört oder sonstwie erfahren zu haben«, sagte Casey. Er setzte sich eines Sonntags zu einem klärenden Gespräch mit Baker zusammen; vielleicht konnte man den Streit auf diese Weise beilegen und sogar eine gemeinsame Basis zur Lösung der Meinungsverschiedenheit finden. »Sagen Sie doch einfach, Sie hätten die Unterlagen gesehen«, drängte Baker mit dem Hinweis, daß das Casey in keinerlei Schwierigkeiten bringen würde. Aber Casey versteifte sich auf seine Meinung. Nein, er habe sie nicht gesehen, und er habe sie weder an Baker noch an sonst jemanden weitergegeben.
Alte Memoranden aus der Zeit des Wahlkampfes tauchten wieder auf. Eines war von Hugel, dem damaligen Wahlkampfhelfer Caseys. Darin wurde behauptet, Reagans Wahlkampftruppe habe einen Maulwurf im Lager Carters gehabt. Wenn diese pikante Information stimmte, hieß das, daß Hugel schon vor seiner und Caseys Zeit bei der CIA für Casey als Spion tätig gewesen war.
Ich wollte herausfinden, ob es im Wahlkampf eine organisierte Spionageaktion gegeben hatte, und suchte deshalb am 28. September Casey im Executive Office Building neben dem Weißen Haus zu einem Interview auf. Ich kannte ihn noch nicht persönlich und hatte noch nie mit ihm gesprochen. Caseys Büro war ein geräumiges, mit Stuck verziertes Eckzimmer im viktorianischen Stil, für feierliche Anlässe sicher hervorragend geeignet. Er begrüßte mich warm und herzlich, sah mir aber nicht in die Augen. Er war viel größer, als ich erwartet hatte, und als er auf mich zukam, schwankte er leicht, als ob er jederzeit umkippen könnte. Gesicht und Kopf wirkten nicht nur alt, sondern geradezu abgehärmt.

Casey trug einen gutsitzenden Anzug in konservativem Blau. Sein Hemd war frisch gebügelt, der Kragen steif, und der Krawatte sah man an, daß sie viel gekostet hatte. Ich warf einen Blick auf den Schreibtisch. Die darauf aufgehäuften Stapel von Akten und Papieren waren fast einen halben Meter hoch. Auf den Aktendeckeln stand in Rot groß STRENG GEHEIM, es handelte sich also um aufgefangenes Nachrichtenmaterial. Casey kam hinter seinem Schreibtisch vor und setzte sich. Er machte einen leicht ungeduldigen Eindruck, als ob er sagen wollte: Kommen Sie zur Sache. Ich faßte in Stichworten zusammen, was ich gehört hatte.
»Gerede«, war Caseys einziger Kommentar.
Als ich mir Notizen machen wollte, fuhr er mich an: »Das ist inoffiziell.« Ich könne am nächsten Tag noch einmal für Zitate kommen, dieses Gespräch diene nur dazu, mir die Zusammenhänge verständlich zu machen. Er wolle mir zeigen, wie absurd Bakers Behauptung sei. Caseys Ton und Auftreten gaben mir zu verstehen, daß ich vor der Tür stehen würde, wenn ich nicht parierte. Jedesmal, wenn ich eine neue Frage anschnitt, zog er eine Akte heraus, um seine Position zu unterstreichen: einmal ein sechsseitiges Memorandum, ein andermal einen zehn Zentimeter dicken Hefter, den Hugel für den Wahlkampf zusammengestellt hatte. Er gab mir den Hefter, und ich fing an zu blättern. Die Schwarte enthielt die üblichen Agenturmeldungen, Pressemitteilungen und lange Listen der Gruppen und einzelnen Personen, die Reagan unterstützt hatten. Füllwerk.
Casey trat neben mich und riß mir den Band fast aus den Händen. »Steht nichts Geheimes drin, sehen Sie ja«, sagte er, als der Hefter von meinem Schoß verschwand.
Ich deutete an, daß ich gern noch etwas geblättert oder mir den Hefter ausführlicher angesehen hätte.
Casey lehnte ab.
Wenn wir also schon bei Hugel seien, begann ich. Ob es stimme, daß er ein Memorandum zum Wahlkampf verfaßt habe?
Das FBI habe das Memorandum Hugels in den abgelegten Akten des Wahlkampfes von 1980 gefunden.
Was in dem Memorandum gestanden habe?
Casey zuckte die Schultern. Er wußte es nicht, es interessierte ihn nicht, oder er wollte es nicht sagen.
Aber es habe ein solches Memorandum gegeben?
Casey nickte, sagte aber nichts und überließ es mir, mit der entstehenden

Pause fertigzuwerden. Unbewegt und beherrscht saß er da, und trotzdem hatte ich das Gefühl, als ob er mich ständig drängte, weiterzumachen und keine Zeit zu verschwenden.

Ob es Memoranden von Tony Dolan gebe, dem Mann von der Zeitung, den Casey für den Wahlkampf Reagans angeworben hatte und der jetzt für das Weiße Haus Reden schrieb?

Wieder ein Schulterzucken. Dann wühlte Casey erneut in den Akten und zeigte mir ein Memorandum über den angeblichen Mißbrauch von Regierungsangestellten durch das Weiße Haus unter Carter und sprach von einer »Quelle« Dolans in einem Ministerium.

»Kann ich eine Kopie haben?« fragte ich.

Casey nahm mir das Memorandum höflich, aber bestimmt wieder weg. Es fehlte nicht viel, und er hätte es mir regelrecht aus den Händen gerissen. »Nein«, sagte er.

Casey schob mir jetzt ein Memorandum nach dem anderen zu und ließ mich jeweils einen kurzen Blick darauf werfen. Er sagte, es sei ja doch alles dasselbe, die übliche Wahlinformation. »Es gab ein Memorandum von Dolan und eins von Hugel, in denen von Quellen die Rede war, aber das hat nichts zu bedeuten, es hat keine Spionageoperation gegeben.«

Ob er das unter Eid aussagen würde?

Natürlich, selbstverständlich, sagte er, strich mit den Fingern über die Stelle zwischen Unterlippe und Kinn und hob fragend den Kopf, als ob er nicht verstehen könnte, warum ich meine Zeit mit solchen Fragen verschwendete. »Das führt uns doch nirgendwo hin.« Casey verstand es, einfach abzuwarten, wenn ich eine Frage gestellt hatte, die er nicht beantworten wollte. Er saß einfach da. Es waren die Antworten auf solche kleinen Fragen, die ihn unversehens auf einen Weg festlegen konnten, den er gar nicht gehen wollte oder auf dem er sich nur in Schwierigkeiten und Widersprüche verwickeln würde. Er enthielt sich jeder Art von Spekulationen, jeder Art von Zustimmung oder Ablehnung, die von einem Journalisten sofort ausgenützt werden könnte.

Ich wollte noch einmal auf einen Punkt zurückkommen, über den wir schon gesprochen hatten.

Casey stand auf. »Ich habe leider eine Verabredung.« Er nahm den Stoß streng geheimer Papiere und wollte ihn in seine Aktentasche stopfen. Der Stoß war so hoch, daß er ihm aus den Händen glitt und sich auf dem Tisch ausbreitete. Wenige Sekunden später hatte Casey ihn in seiner Aktentasche verstaut und die Tasche zugemacht. Wir gingen hinaus, und

draußen übergab Casey die Tasche einem Sicherheitsbeamten. Casey schien tatsächlich zu spät zu einer Verabredung zu kommen. Wir redeten im Gehen. Als wir uns verabschiedet hatten, rannte er fast den Gang entlang. Zusammen mit dem Sicherheitsbeamten betrat er einen Aufzug. Lautlos schloß die Tür sich hinter den beiden, und sie waren verschwunden.
Es kam in dieser Sache nie zu Ermittlungen durch das FBI oder den Kongreß, es kam zu keinem »Debategate«. Im Senat hatte General Bill Quinn, ein Mitarbeiter Goldwaters und alter Freund Caseys, die Geschichte mitbekommen und sich königlich darüber amüsiert. Für ihn war das Ganze kein Rätsel. Der ehemalige G-2-Nachrichtenoffizier in Quinn spürte intuitiv, daß Casey die Finger drin hatte. Quinn hatte keine Beweise. Casey hatte sich, wie jeder gute Nachrichtenoffizier, an die Spielregeln gehalten. Eines der ersten Gebote der Spionage war der Schutz guter Quellen. Um die Quellen zu schützen, wurden oft umständliche Ablenkungsmanöver durchgeführt und falsche Spuren gelegt. Eine Lüge war da nichts, selbst eine öffentliche Lüge oder ein Meineid waren unbedeutend im Vergleich zu den Risiken, die die Quelle auf sich genommen hatte. Und wahrscheinlich gab nichts einem Informanten mehr Vertrauen und das verbindende Gefühl gemeinsamer Gefahr, als wenn er sah, daß der ihn betreuende Beamte vom Nachrichtendienst seinetwegen Schwierigkeiten bekam oder sogar der Kritik der Öffentlichkeit ausgesetzt war. Wenn es einen geheimen Informanten gab, schlief er nachts wahrscheinlich gut in dem Wissen, daß seine Preisgabe auch seinen Auftraggeber stürzen konnte, der in diesem Fall wahrscheinlich mit dem Direktor der CIA identisch war.

14

Tony Motley fuhr eines Morgens mit Casey zum Kapitol. Sie sollten zu der Operation in Nicaragua aussagen. »Arschlöcher«, nannte Casey die Senatoren. Ihre Vorstellungen und Ideen seien schlicht »Scheiße«. Als Casey dann vor dem Ausschuß aussagte, war Motley wie vom Donner gerührt über sein herausforderndes Auftreten, das an einen Piraten erinnerte. Die Senatoren ihrerseits hatten die Luken dichtgemacht. Motley sah, wie sie nach der Sitzung ungehalten hinausgingen und sagten, daß sie diesem Halunken nicht über den Weg trauten.
Glücklicherweise war vom Attentat auf den Flughafen von Managua nicht weiter die Rede gewesen. Casey, Motley und Clarridge glaubten also, daß sie freie Hand hatten, mit dem Krieg weiterzumachen. Mit der neuen Direktive des Präsidenten unter Dach und Fach war es für Casey jetzt Zeit, den Krieg auch auf die Wirtschaft auszudehnen. »Wir heizen ihnen ein«, sagte er zu Motley und Clarridge bei einer Besprechung, »wir heizen diesen Hunden schon ein.«
Wie man die Wirtschaft treffen könne? Was für Nicaragua wichtig sei? fragte Clarridge.
Öl! Clarridge entwarf einen Plan, wie man die nicaraguanischen Öltanklager an der Küste angreifen konnte. Die Durchführung sollte diesmal allerdings nicht unfähigen Contra-Amateuren überlassen werden; die CIA würde Koordination und Durchführung selbst in die Hand nehmen. Clarridge hatte sogenannte UCLAs angeworben, »unilateral controlled Latino assets«. Es handelte sich um Latinos, die Vollzeitagenten waren und dem Unternehmen einen »Contra«-Touch verleihen sollten.
Casey wußte, wie er mit dem Weißen Haus umgehen mußte. Er erklärte dem Präsidenten und NSC-Berater Clark, daß der Plan im Sinn der Direktive, die man dem Kongreß verkauft hatte, der nächste logische Schritt sei.
Am 11. Oktober führten von der CIA ausgebildete Mannschaften mit

Schnellbooten und einer eigenen Kampfgruppe aus UCLAs der CIA noch vor der Morgendämmerung einen Angriff auf das nicaraguanische Öltanklager im Hafen von Corinto an der Pazifikküste durch. Fünf Tanks, die wahrscheinlich das Gros der nicaraguanischen Ölreserven ausmachten, wurden in die Luft gejagt. Rund 20 000 Einwohner Corintos mußten wegen des Feuers evakuiert werden.
Casey war in Hochstimmung. Endlich kam Schwung in die Sache, es ging nicht mehr nur um belanglose Geplänkel an der Grenze. Sofort eilte er mit den Aufklärungsfotos zu Reagan. Auf Stabsbeamte des Weißen Hauses machte er den Eindruck eines Schuljungen, der mit einem guten Zeugnis nach Hause kommt.
In der CIA wurden kritische Stimmen zu Umfang und Auswirkung der Operation laut. Einige meinten, daß es sich hier um einen Kriegsakt handle. Clarridge erwiderte auf alle diesbezüglichen Fragen: »Der Präsident will es so. Er weiß Bescheid und möchte es so.«
Drei Tage später erfolgte ein Angriff auf Puerto Sandino, einen anderen großen Hafen Nicaraguas.
Motley fragte bei den amerikanischen Ölgesellschaften an, wie sie den Schaden einschätzten. Er wollte wissen, ob der Angriff kurzfristige oder langfristige Folgen haben würde. Die amerikanischen Gesellschaften ließen ihn wissen, daß sie Nicaragua um Vorauszahlungen gebeten hatten, ehe sie mit den Reparaturen anfingen.
Casey und Clarridge rieben sich die Hände. Nicaragua war als notorisch langsamer Zahler bekannt. Die Reparaturen würden sich also hinauszögern.
Überraschend erhielten die Ölgesellschaften kurz darauf einen Scheck über 100 000 Dollar von Nicaragua mit der Bitte, sofort mit den Reparaturen zu beginnen.
Casey und seine Mitarbeiter waren darüber noch mehr erfreut. Die Angriffe hatten also einen bedeutenden Schaden angerichtet.
Im weiteren Verlauf der CIA-Operation kam es zur Sabotage einer Pipeline in Nicaragua, und ein zur Exxon Corporation gehörender Konzern teilte Nicaragua mit, daß er in Zukunft keine Tanker mehr für Öltransporte zur Verfügung stellen könne.
Aber Casey war noch nicht zufrieden. Als eines Tages John Horton, der NIO für Lateinamerika, in seinem Büro war, fragte er ihn: »Womit können wir die Wirtschaft dieser Schweine noch treffen, daß ihnen Hören und Sehen vergeht?«

»Fällt mir nicht mehr viel ein«, erwiderte Horton.
»Aber wir brauchen was, verdammt nochmal, wir müssen noch was tun.«
Bis jetzt seien sie mit einem umfassenden Wirtschaftskrieg davongekommen. Der nächste Schritt aber könne die Sandinisten an die Wand drücken. Casey wollte ihren Sturz.
Horton erinnerte an das Boland-Amendment.
Kongreß-Fallgrube, erwiderte Casey nur.
Er setzte die Arbeitsgruppe Motleys unter Druck, verlangte neue Ideen, sagte, man solle großzügig denken. Motley hatte den Namen der Gruppe einige Male geändert und versucht, den Zugang auf so wenig Personen wie möglich zu beschränken, um die Treffen geheimzuhalten. Seit neuestem hieß die Gruppe deshalb RIG – Restricted Interagency Group. Motley, Clarridge und Oberstleutnant Oliver North vom Stab des NSC bildeten den Kern. North sagte, das Weiße Haus werde mitziehen, und wenn Shultz oder sonst jemand sich sträuben sollte, dann »soll der Außenminister mich am Arsch lecken«. Es war allerdings Clarridge, nicht North, der über das für die Operation nötige Know-how verfügte. Motley wiederum lehnte von drei Vorschlägen Clarridges zwei ab, aber er war selbst unaufhörlich kreativ; er war ein schwieriger Partner und nahm es nicht immer ganz genau, war aber immer originell.
Bei einer Besprechung im Situation Room des Weißen Hauses schlug Clarridge vor, die Häfen Nicaraguas zu verminen. Von seinen Studien des Russisch-Japanischen Krieges 1904/05 im Russian Institute der Columbia University her wußte er, was Minen ausrichten konnten. Der Befehlshaber der russischen Marine war in diesem Krieg umgekommen, als eine Mine losgegangen war und sein Flaggschiff versenkt hatte. Clarridge schlug ein weniger ehrgeiziges Programm vor. Ziel sollte sein, Mexiko und andere Länder, die Nicaragua per Schiff mit Öl versorgten, abzuschrecken. Und dafür brauche man nicht ein einziges Schiff zu versenken. Lloyd's in London würde die Versicherung für Schiffe, die verminte Häfen anliefen, kündigen oder die Versicherungsbeiträge so anheben, daß kein Schiff es mehr wagen würde, solche Häfen anzulaufen.
Alles, was sie bräuchten, sagte Motley, sei eine Mine, die gefährlich wirkte – »einen lauten Furz«.
Die Arbeitsgruppe billigte den Plan, Minen einzusetzen, die nur eine geringe Sprengkraft hatten, aber viel Lärm machten und so richtig herumspritzten. Motley schleppte Clarridge mit in sein Büro im sechsten

Stock des State Department, um ihm dort zwanzig Fragen zu stellen.
»Okay, Dewey, können wir noch einmal hören, wie alles ablaufen soll?«
Clarridge hatte die Antworten parat.
Wieder konnte Casey dem Präsidenten und Clark den Plan als reine Routinesache, als logische Folge der letzten Direktive präsentieren. Reagan gab seine Zustimmung.
Außenminister Shultz war bei der Besprechung nicht anwesend, Motley informierte ihn aber später darüber. Auch Shultz war einverstanden.
Bald stellte sich heraus, daß alle Minen des US-Arsenals dicke Brummer waren, dazu gedacht, Schiffe zu versenken. Die CIA machte also ein früher zu Martin Marietta gehöriges Fabrikgelände in Carolina ausfindig, auf dem man »Knallfrösche« Marke Eigenbau herstellen konnte, von denen einige immerhin bis zu 300 Pfund Sprengstoff enthalten sollten. Die CIA charterte ein großes Schiff, das aussah wie ein Schlepper und auf seinem flachen Achterdeck zwei Helikoptern Platz bot. Das Schiff sollte als Mutterschiff dienen, von dem aus Schnellboote und Helikopter zum Legen der Minen eingesetzt werden konnten. Es würde eine Operationsinsel in internationalen Gewässern sein, und man würde einige Monate Zeit haben, alles an Ort und Stelle zu schaffen.

In der Zwischenzeit sah Casey, wie eine für ihn lebenswichtige Beziehung zum Weißen Haus endete. Bill Clark war ein geschlagener Mann, der die erbitterten Personalintrigen im Weißen Haus gründlich satt hatte und spätabends oft mit Kopfschmerzen nach Hause ging. Mit Deaver sprach er kaum noch, und er wußte, daß Baker und Darman unaufhörlich mit bissiger Kritik auf ihm herumhackten – in seiner Anwesenheit oder, öfter noch, hinter seinem Rücken.
Casey versuchte Clark zum Durchhalten zu bewegen; die Auseinandersetzung im Weißen Haus sei der Angelpunkt, um den sich alles drehe. Am 13. Oktober allerdings ernannte der Präsident zur Verblüffung aller Clark zum neuen Innenminister. Clark folgte James Watt, der unter starkem Beschuß seinen Rücktritt eingereicht hatte. Caseys einzige Verbindungen zum Stab des Weißen Hauses waren jetzt der planlos agierende Meese und Dolan, der zu weit vom Zentrum des Geschehens entfernt war. Casey begann für UN-Botschafterin Kirkpatrick als Nachfolgerin Clarks zu werben. Er brauchte einen konservativen Sicherheitsberater. Sollte das Baker-Deaver-Darman-Trio hier einen eigenen Mann unterbringen können, wäre das ein schwerer Schlag für die CIA.

Einige Tage später wohnte Casey einer Sitzung der NSPG zum Thema Naher Osten bei. Plötzlich ließ Clark einen zusammengefalteten Zettel herumgehen, ein höchst ungewöhnlicher Vorgang. Casey sah den Zettel wie eine entsicherte Handgranate auf sich zukommen. Als der Zettel bei ihm angekommen war, faltete er ihn auf. Bestürzt las er, der Präsident habe beschlossen, Clarks Ausscheiden zu einer Reorganisation des Stabs im Weißen Haus zu nützen. Baker sollte neuer Sicherheitsberater werden, Darman sein Stellvertreter im NSC und Deaver neuer Stabschef im Weißen Haus. Eine entsprechende Pressemitteilung sei in Vorbereitung. Nach der Sitzung schloß Casey sich Clark, Meese und Weinberger an, die um eine Unterredung mit dem Präsidenten gebeten hatten. Clark und Meese sprachen am längsten und mit dem größten Nachdruck, Weinberger und Casey unterstützten sie nach Kräften.

Alle sagten dem Präsidenten übereinstimmend, daß man mit der Ernennung von Baker, Darman und Deaver den Sowjets ein falsches Signal gebe. Baker sei ein Gemäßigter, kein wahrer Konservativer, Darman ein Liberaler, ein Abklatsch Elliott Richardsons, Nixons Minister-für-Alles. Sie sähen sich außerstande, konstruktiv zu arbeiten, wenn die Stellen mit diesen Leuten besetzt würden.

Casey war besonders entsetzt über die Aussicht, Baker als neuen Sicherheitsberater zu bekommen. Das sei »unerträglich«, teilte er dem Präsidenten mit fast zitternder Stimme mit. Der Sicherheitsberater sei in mancherlei Hinsicht der Kanal für die Kommunikation des DCI mit dem Weißen Haus. Sämtliche Bemühungen der letzten zweieinhalb Jahre, die außenpolitische Linie Reagans in der Bürokratie und im Ausland durchzusetzen, seien mit einer solchen Ernennung hinfällig gemacht. Casey schlug nochmals Kirkpatrick vor.

Der Präsident, der merkte, daß vier seiner prominentesten Politiker kurz davor standen, mit ihrem Rücktritt zu drohen, gab zu verstehen, daß er mit der endgültigen Entscheidung noch abwarten werde.

Baker sah den ganzen rechten Flügel gegen sich verbündet. Auch wenn er jetzt gewann, seine Gegner würden bleiben. Stabschef im Weißen Haus zu sein war ein politisch vergleichsweise neutraler Verwaltungsposten, obwohl Baker viel mehr daraus gemacht hatte. Für die politisch wichtigere Rolle des Sicherheitsberaters würde er in allen politischen Fragen die Feuerprobe als Gläubiger der konservativen Sache bestehen müssen. Wenig später ging Baker ins Oval Office und schlug Reagan vor, die ganze Sache zu vergessen.

Der Präsident sagte, er sei Baker für seine Entscheidung dankbar. Vielleicht sei es letzten Endes doch besser, wenn Baker für den bevorstehenden Präsidentschaftswahlkampf als Stabschef zur Verfügung stehe.
Casey setzte sich nach wie vor für Kirkpatrick ein. Er besuchte sie in ihrer Wohnung in Bethesda, wo sie mit einer schweren Grippe im Bett lag. Die UN-Botschafterin hatte sich in Decken eingewickelt, schluckte Grippetabletten und las Alexis de Tocqueville. Es sehe aus, als würde sie die Stelle nicht bekommen. Wenn dem so sei, solle sie eine andere Stellung im Weißen Haus annehmen, drängte Casey, vielleicht als Berater des Präsidenten wie Meese. Die Konservativen bräuchten sie dort. Wenn sie nicht aufpaßten, würden die Pragmatiker ihnen bald zahlenmäßig überlegen sein.
Kirkpatrick klagte über schäbige Behandlung. Sie habe keinen persönlichen Kontakt zum Präsidenten. Und überall sickerten Gerüchte durch, und einem dieser Gerüchte zufolge solle sie als UN-Botschafterin ausgebootet werden.
Casey riet ihr, solche Gerüchte zu ignorieren. Er selber sei von undichten Stellen im Weißen Haus am meisten betroffen.
Mittlerweile hatten die beiden Hauptdrahtzieher und Fraktionsführer – Clark und Baker – sich auf einen Kompromißkandidaten geeinigt – Bud McFarlane, Clarks Nummer zwei beim NSC. Der Präsident stimmte dem Kompromiß zu.
Casey war der Meinung, man habe die Gelegenheit versäumt, eine entschiedene Sprecherin der Konservativen an vorderster Front in Reagans Außenpolitik unterzubringen. McFarlane war langsam und kein Freund von Sensationen. Seinen Referenzen war zu entnehmen, daß er ein altgedienter Stabsbeamter war – ehemals Oberstleutnant, der bei den Marines nicht mehr weitergekommen war, dann zwei Jahre lang Militärberater Kissingers und zwei weitere Jahre Angestellter im Senatsausschuß für die Streitkräfte. Seine Ernennung würde Baker stärken, und Baker wollte die Außenpolitik nach den Wünschen des Kongresses ausrichten.

Am 17. Oktober gab Reagan McFarlanes Ernennung bekannt. Danach redete er eine Stunde lang Kirkpatrick gut zu, die daraufhin ankündigte, sie werde UN-Botschafterin bleiben.
Im Libanon war am Tag davor ein sechster Soldat der Marines erschos-

sen worden. Ein Journalist fragte Reagan, warum das 1200 Mann starke Kontingent der Marines weiterhin in Beirut stationiert bleibe.
»Weil ich glaube, daß das für die Sicherheit der Vereinigten Staaten und des Westens von lebenswichtiger Bedeutung ist«, erwiderte Reagan mit fester Stimme.
Sechs Tage später, am Sonntag, dem 23. Oktober, fuhr um 6.22 Uhr morgens nach Beiruter Zeit ein großer, gelber Mercedeslaster auf das Kasernengelände der Marines im Libanon. Es kam zu einer Explosion, deren Sprengkraft 12 000 Pfund TNT entsprach und bei der 241 amerikanische Soldaten getötet wurden.
Über ein Jahr vorher war in einer Analyse vom 23. Juli 1982 zur Lage im Libanon warnend darauf hingewiesen worden, daß Friedenstruppen im Libanon vor »nicht in den Griff zu bekommenden« politischen und militärischen Problemen ständen. Casey mußte außerdem feststellen, daß die Nachrichtendienste in den sechs Monaten seit dem letzten Bombenattentat auf die US-Botschaft in rund hundert Fällen vor Autobomben gewarnt hatten. Schlimmer noch war, daß Casey nach dem Attentat damals CIA-Agenten zu Ermittlungen nach Beirut geschickt hatte. Die Agenten hatten das Attentat zum syrischen Geheimdienst zurückverfolgt, einer von ihnen hatte allerdings bei der Vernehmung der Verdächtigen Elektroschocks angewandt, um die Geständnisse zu beschleunigen, worauf einer der Vernommenen gestorben war. Der CIA-Beamte mußte gefeuert werden, und die ganze »Untersuchung« war wertlos.
Der Tod so vieler amerikanischer Soldaten war für die Administration ein politischer und emotionaler Schock größten Ausmaßes. Casey bat den Mossad, den militärischen Geheimdienst Israels, Untersuchungen anzustellen. Israels geheime Abteilung 40, die die geheimdienstlichen Ermittlungen gegen den Terrorismus koordinierte, nahm sich des Falls an.
Die israelischen Nachrichtendienste hatten im Lauf der Jahre dem Aufbau eines Informantennetzes in Syrien große Aufmerksamkeit gewidmet. Es war ein schwieriges und äußerst riskantes Unterfangen; die Syrer sollten durch unter falscher Flagge segelnde Spione getäuscht und ausgetrickst werden – Agenten des Mossad, die vorgaben, sie seien Geschäftsleute aus dem Libanon, aus anderen arabischen Ländern oder aus Europa, womit nicht nur Westeuropa, sondern auch die Länder des Ostblocks gemeint waren. In einigen Fällen gaben israelische Spione sich

sogar als Sowjetbürger aus. Die Agenten investierten große Geldsummen, um Informationen zu beschaffen. Durch die gleichzeitige Verwendung von Agenten verschiedener Nationalitäten – etwa eines Europäers, eines Arabers und eines Sowjetbürgers –, das sogenannte »interlocking false flags« (wörtlich etwa »Zusammenschluß falscher Flaggen«), konnte die Täuschung vervollkommnet werden. Da der Einsatz, nämlich die Existenz Israels, hoch war, waren Aufwand und Kosten gerechtfertigt. Man konnte mit phänomenalen Ergebnissen rechnen.

Wenig später ließ Israel der CIA Informationen zukommen, die das mysteriöse Todeskommando von Beirut in den Iran und nach Syrien zurückverfolgten. Den Informationen war zu entnehmen: Die Zahlung von 50 000 Dollar an einen im Hintergrund bleibenden Mittelsmann aus dem Libanon namens Hassan Hamiz. Sie war durch die iranische Botschaft in Damaskus erfolgt, die oft als »Gehirn der iranischen Außenpolitik« bezeichnet wird, wo die Fäden der iranischen Nahostpolitik und des organisierten Exports der iranischen Revolution zusammenlaufen.

Als zweites die Beteiligung eines Oberstleutnants des syrischen Geheimdienstes an der Planung des Anschlags einige Tage vorher. Ein großväterlich aussehender Mann mit schwarzem Turban und braunem Gewand war zum »Haus der sowjetisch-palästinensischen Freundschaft« in Damaskus zurückverfolgt worden, in dem man drei Tage vor dem Anschlag über dessen Durchführung gesprochen hatte. Es handelte sich um eine Schlüsselfigur der militanten Schiitenbewegung, Scheich Mohammed Hussein Fadlallah.

Alles in allem machten die Israelis dreizehn Personen ausfindig, die mit dem Attentat auf die Marines und einem weiteren Bombenanschlag auf das Hauptquartier der französischen Truppen in Beirut in Verbindung standen, bei dem 58 Soldaten ums Leben gekommen waren.

Casey war von dem Material beeindruckt. Weniger beeindruckt zeigten sich dagegen die Experten der Operationszentrale des CIA, darunter Charles Cogan, Leiter der Abteilung für den Nahen Osten, und Dick Holm, ein angesehener leitender Beamter der Zentrale. Ihrer Meinung nach mochten die israelischen Informanten zwar durchaus etwas taugen, aber ganz sicher sein konnte man eben nicht. Auch wenn die Hauptlinien – syrischer Geheimdienst, Iran in Damaskus, Fadlallah – einen stimmigen Eindruck machten, verifizieren lasse sich das nicht. »Wir haben keine unwiderlegbaren Beweise«, erklärte Holm. Er sagte weiter, daß die syrischen und iranischen Beamten, die an der Operation angeblich

beteiligt waren, gedeckt seien – sie kommunizierten über Kuriere und unzugängliche Diplomatenkoffer.
Im Weißen Haus genehmigte Reagan einen Vergeltungsschlag im Bekaa-Tal, in dem man die Operationsbasis der Terroristen vermutete. In letzter Minute zog er die Genehmigung wieder zurück und überließ die Vergeltung den Israelis und Franzosen, die verschiedene als Trainingslager der Terroristen verdächtigte Einrichtungen bombardierten, darunter das sogenannte Khomeini-Hospital. Israel war davon überzeugt, daß auch eine Moschee für die Herstellung von Autobomben verwendet wurde, aber hier kam eine Bombardierung nicht in Frage, der heilige Ort blieb also verschont.

Motley ließ mehr als dreißig Staaten in Lateinamerika überwachen – jeden Flecken, der eine eigene Flagge und eigene Briefmarken hatte. Die letzten zehn Tage hatte er sich hauptsächlich mit der kleinen Karibikinsel Grenada beschäftigt. Die Insel war nur 344 Quadratkilometer groß, hatte 110 000 Einwohner und war Produzent von rund einem Drittel des Weltjahresverbrauchs an Muskatnüssen. Die Insel war für den Präsidenten zu einer fixen Idee geworden. Der Regierungschef der Insel, Maurice Bishop, ein junger, charismatischer Marxist, baute eine drei Kilometer lange Startbahn für Flugzeuge; Kuba leistete dabei Hilfe, und den Sowjets hatte man schon im voraus die Erlaubnis zugesichert, die Startbahn zu benützen.
Reagan hatte sich in der Öffentlichkeit über die »sowjetisch-kubanische Militarisierung Grenadas« beklagt und eine bisher unter Verschluß gehaltene Fotografie der militärischen Aufklärung freigegeben, auf der eine kubanische Kaserne und eine provisorische Startbahn zu sehen waren. Die Administration befürchtete die Bildung eines roten Dreiecks in dieser Region mit Kuba im Norden, Nicaragua im Westen und dem 90 Meilen vom südamerikanischen Festland entfernten Grenada im Osten.
Motley war alarmiert worden, als eine Extremistengruppe, die laut Berichten der CIA den Kubanern noch näher stand als Bishop, einen Staatsstreich inszenierte. Am 19. Oktober wurde Bishop ermordet. Die neuen linken Machthaber verhängten eine ganztägige Ausgangssperre und stellten die ganze Insel mehr oder weniger unter Hausarrest. Motley rief den Krisenstab des State Department zusammen. Seine größte Sorge waren die tausend US-Bürger, in der Hauptsache Studenten, die auf

Grenada lebten. Das State Department hatte keinen Kontakt zu Personen, die sich als Angehörige der neuen Regierung bezeichneten; es sah so aus, als wolle sich überhaupt niemand als neue Regierung ausgeben, und ohne Regierung konnte es auch keine Diplomatie geben. Motley knüpfte also Kontakte zu den Briten und Kanadiern, um eine eventuelle gemeinsame Evakuierung der Bürger dieser Länder zu besprechen. Fortgesetzte Bemühungen, mit der Insel diplomatische Kontakte aufzunehmen, wurden schroff zurückgewiesen. Die CIA verfügte über keine Informanten im engeren Sinn. Die US-Regierung tappte also völlig im dunkeln, und die Beamten der Administration begannen, mit dem Schlimmsten zu rechnen.
Constantine Menges hatte einige Monate gebraucht, um seine Zelte bei der CIA abzubrechen, und erst zwei Wochen zuvor seinen neuen Posten als Abteilungsleiter für Lateinamerika beim NSC angetreten. Da er mit Clark als Chef gerechnet hatte, von dem er glaubte, daß er überlegt und im Sinne des Präsidenten handelte, war er tief enttäuscht, daß er jetzt unter McFarlane arbeiten mußte, den er für einen Vertreter der Kompromißler im State Department hielt.
Seiner Ansicht nach war McFarlane zu wenig auf Reagans Seite und besaß außerdem nicht genügend Courage, um ein wirklich guter Sicherheitsberater zu sein. Dennoch hatte Menges sich eifrig in das Problem Grenada eingearbeitet und einen kurzen Einsatzplan zum Schutz der US-Bürger entworfen. McFarlane wunderte sich zwar ein wenig darüber, hatte jedoch zugestimmt, sich die Sache anzuschauen.
Menges hatte seinen Plan übereinstimmend mit ein paar Freunden der harten Linie im Außenministerium angelegt. Er wurde gewarnt davor, McFarlane könnte dies als Vorwand benutzen, ihn auszuschalten. Menges zeigte ihn Oberstleutnant North: Dieser war skeptisch. Man habe immer wieder gezögert. Im State Department setze man auf Verhandlungen. Als Menges seinen Plan auch Casey gegenüber erwähnte, meinte dieser nur, es klinge interessant.
Menges argwöhnte, daß die Sowjets Grenada mit seinem tiefen Hafenbecken und der neuen Startbahn als Basis für atomar bestückte U-Boote und Flugzeuge verwenden wollten.
McFarlane willigte schließlich ein, eine Sitzung der CPPG (Crisis Pre-Planning Group), des geheimsten Krisenstabes, einzuberufen, um über den Fall Grenada zu beraten. Am selben Abend sprach Menges um halb sieben über eine geschützte Leitung mit Casey. Der DCI war kurz davor,

zu einer neuerlichen Auslandsreise aufzubrechen, und Menges wollte ihm gerade mitteilen, daß McFarlane von dem Plan wisse und in die Sitzung der CPPG eingewilligt habe. Als er jedoch überlegte, wie gering die Chance war, daß McFarlane tatsächlich handeln, geschweige denn, daß er den Plan dem Präsidenten vorlegen würde, sagte er Casey nichts davon.
Am Donnerstagmorgen, dem 20. Oktober, berief Vizeadmiral John Poindexter, McFarlanes Stellvertreter, einen der geheimsten Krisenstäbe der Administration ein – die sogenannte Crisis Pre-Planning Group (CPPG). Poindexter hatte Motley, Menges, North, Clarridge und die wichtigsten Leute aus dem Pentagon hergebeten. Um so wenig wie möglich Aufmerksamkeit zu erregen, versammelte sich die Gruppe in Raum 208 des Executive Office Building, einer Operationszentrale, die mit modernster Technik ausgerüstet war, unter anderem den weitestentwickelten Computern und abhörsicheren audiovisuellen Kommunikationssystemen.
Aus Informationen des Nachrichtendienstes ging hervor, daß im Hafen der kleinen Insel ein kubanischer Truppentransporter lag, die »Heroic Vietnam«. Menges sagte, daß Castro über etwa 300 000 Mann starke Streitkräfte verfüge und Tausende innerhalb kürzester Zeit nach Grenada einfliegen könne. Er schlug eine Blitzaktion vor. Er sah die Gelegenheit, den Kommunismus auf Grenada für immer auszurotten und die Demokratie, ebenfalls auf Dauer, wieder einzuführen. Zur Bekräftigung seiner Argumente sagte Menges noch, weniger zu tun heiße, die Insel den Kommunisten als Basis für Atomwaffen zu überlassen.
Um 6 Uhr abends berief Vizepräsident Bush die Special Situations Group ein, den Krisenstab auf der höchsten Ebene der Reagan-Administration.
Die Angst, daß eine neue linke Regierung amerikanische Geiseln nehmen könnte, beschwor die Erinnerung an die Geiselaffäre im Iran herauf. Die Besprechung des Krisenstabes drehte sich um die Konzepte einer »gewaltsamen Befreiung« und eines »gezielten Eingriffs«.
McFarlane wollte eine 21 Schiffe starke Flottille, darunter den Flugzeugträger USS-Independence, der auf dem Weg in den Libanon war, in die Karibik umdirigieren – für alle Fälle. Aber die Joint Chiefs of Staff weigerten sich, dem Antrag ohne Anordnung des Präsidenten nachzukommen. McFarlane sagte, es sei Blödsinn, auf eine Verfügung des Präsidenten zu warten, um einen Flugzeugträger und seine Begleitflotte

in ein bestimmtes Gebiet zu schicken, aber der Vorsitzende der Joint Chiefs of Staff, General John W. Vessey, beharrte auf seiner Meinung. McFarlane entwarf also einen Befehl, den der Präsident unterschreiben sollte. North wurde ins Quartier des Präsidenten entsandt, um die Unterschrift einzuholen, und kehrte bald damit zurück. Die Flotille der Navy nahm Kurs auf die Karibik.
General Vessey war zuerst gegen ein Eingreifen der Militärs. Als dann aber klar wurde, daß man vielleicht von verschiedenen Stellen der Insel Amerikaner retten mußte, sagte er, es sei nötig, die ganze Insel zu besetzen. Menges suchte Darman auf und versuchte ihm den Plan einer Wiedereinführung der Demokratie auf allen Ebenen schmackhaft zu machen. Er hoffte dadurch Jim Baker umzustimmen. Von seinen zwei Jahren bei der CIA hatte Menges die richtigen Argumente parat: in den 70er Jahren habe die kubanische Aggression sich ungehindert entfalten können; Castro habe Tausende von Soldaten nach Afrika geschickt – nach Angola, Mozambique und Äthiopien. Seit der Revolution in Nicaragua 1979 sei die westliche Hemisphäre das neue Ziel Kubas; Tausende kubanischer Berater seien im Einsatz, um den Sandinisten zu helfen. Grenada sei eine Chance, die sich in absehbarer Zeit nicht wiederholen würde; die Insel sei klein, eine entsprechende Operation leicht durchführbar.
Auch Casey und Shultz sahen eine günstige Gelegenheit. Der Umstand, daß es auf Grenada im Moment keine Regierung gab, eröffnete die seltene Möglichkeit, von den gegenseitigen Sicherheitsabkommen Gebrauch zu machen, die die USA mit anderen kleinen Inseln in der Karibik geschlossen hatten.
»Mit denen machen wir kurzen Prozeß«, meinte Casey.
Shultz dachte zunächst an ein zurückhaltenderes Vorgehen, aber er wollte für die Möglichkeit militärischen Eingreifens gewappnet sein. Auch die anderen, sonst eher widerspenstigen und unter sich zerstrittenen Berater und Kabinettsmitglieder Reagans waren dieser Meinung.
Freilich brauchte die Administration für ihr Eingreifen noch handfestere legale Gründe. Die drei Kilometer lange Startbahn, die Sorge um die tausend Amerikaner und das Nichtvorhandensein einer Regierung rechtfertigten noch keine Invasion. Die Berater des Präsidenten wollten nicht sagen müssen, die Administration habe soeben beschlossen, das internationale Völkerrecht zu übertreten.
Die Lösung ergab sich am nächsten Tag, am Freitag, dem 21. Oktober.

Premierministerin Eugenia Charles von Dominica, einer anderen kleinen Karibikinsel, war Vorsitzende einer Gemeinschaft, die sich Organization of Eastern Caribbean States nannte (OECS). Die Mitglieder dieser Organisation trafen sich an diesem Tag auf Barbados und erhielten dort die Nachricht, daß die Wahrscheinlichkeit militärischen Eingreifens seitens der USA beträchtlich steigen würde, wenn eine dementsprechende Bitte von außen an die USA herangetragen würde. Die OECS entschloß sich zu diesem Schritt und sprach die Bitte an die USA aus, bei der Wiederherstellung von Ordnung und Demokratie auf Grenada Hilfe zu leisten. Die mündliche Bitte wurde dem Weißen Haus zugeleitet, das jetzt seinerseits die OECS bat, auf dem formellen Weg schriftlich um Intervention zu ersuchen.
Eugenia Charles war 64 Jahre alt und eine derart leidenschaftliche Anhängerin der USA, daß Motley daneben die britische Premierministerin Margaret Thatcher wie ein zahmes Kätzchen vorkam. Für Menges war sie die Jeane Kirkpatrick der Karibik. Die USA stellten seit 1982 Mittel für den Bau einer 30 Meilen langen und 10 Millionen Dollar teuren Straße auf Dominica zur Verfügung.
Aus Akten der CIA geht hervor, daß Eugenia Charles zu einem bestimmten Zeitpunkt einmal persönlich 100 000 Dollar an geheimen Geldern erhalten hat. Sie selbst bestritt allerdings, von direkten Zahlungen an sie, ihre Partei oder die Regierung zu wissen. Sie sagte, ihre Entscheidung, die USA um Intervention zu bitten, basiere einzig und allein auf der Beurteilung der Lage durch sie und die Führer der anderen Inselstaaten Antigua, St. Lucia und St. Vincent.
Am Abend desselben Tages arbeiteten Menges und North in drei Stunden eine National Security Decision Directive (NSDD, Direktive zur nationalen Sicherheit) aus, durch die der Präsident die Invasion anordnen sollte. Sie schickten die Direktive an Reagan, Shultz und McFarlane, die ein Golfwochenende in Augusta in Georgia verbrachten. Reagan unterzeichnete die Direktive nicht.
Menges drängte den NSC, sich auf sowjetische Gegenzüge vorzubereiten. Die Sowjetunion konnte im Libanon einen neuen Anschlag der Terroristen unterstützen oder in Berlin oder Korea in Aktion treten. Menges rief Motley über ein gesichertes Telefon an und sagte ihm, daß eine Invasion in Grenada Surinam vielleicht davon abhalten konnte, sich enger an Kuba anzuschließen.
Um 9 Uhr morgens am Samstag, dem 22. Oktober, trat der Nationale

Sicherheitsrat zu einer Sitzung zusammen. In Washington versammelten sich in Raum 208 Bush, Poindexter, McMahon, Motley, Menges und North. Über eine gesicherte Leitung wurden aus Georgia der Präsident, Shultz und McFarlane zugeschaltet. Um 11.30 Uhr hatte man in allen Punkten Einigung erzielt.

Am 23. Oktober, dem Tag, an dem sich in Beirut das Bombenattentat auf die Kaserne der Marines ereignete, schickte Eugenia Charles' Organisation ein acht Punkte umfassendes schriftliches Interventionsgesuch. Der Tod der Soldaten in Beirut war für Reagan, dem seine Rolle als Oberbefehlshaber der Streitkräfte in aller Schärfe zu Bewußtsein kam, ein persönlicher Schlag. Seit Vietnam hatte es keine solchen Verluste gegeben. Reagan sagte, er habe das Gefühl, daß unheilvolle Kräfte am Werk seien – Terroristen im Libanon, Kommunisten auf Grenada. An diesem Tag unterzeichnete er den Befehl für eine Invasion Grenadas.

Casey hatte einige Wochen vorher eine Agentin – eine der wenigen Frauen der Operationszentrale – in streng geheimer Mission zur Beobachtung nach Grenada geschickt. Sie wurde ein zweites Mal entsandt, um vor der Invasion Nachrichten zu sammeln. Es würde die erste große militärische Intervention in dieser Region sein seit der Invasion von 1975 in der Dominikanischen Republik. Alle vier Abteilungen der US-Streitkräfte wollten sich an der Aktion beteiligen und bekamen auch einen Anteil daran zugewiesen.

Am nächsten Tag wurde Eugenia Charles heimlich mit einer Maschine der US-Regierung nach Washington geflogen.

North war besorgt, daß das Bombenattentat in Beirut alle Aufmerksamkeit auf sich ziehen und die Invasion deshalb abgesagt werden könnte. Er schlief in dieser Nacht in seinem Büro.

Am Morgen des 25. Oktober begannen US-Truppen, verstärkt um einige hundert Alibisoldaten derjenigen Karibikstaaten, die um die Invasion gebeten hatten, auf Grenada zu landen. Sie trafen auf zähen Widerstand und hatten zu ihrer Orientierung auf der Insel wenig mehr als Landkarten, auf denen die Tankstellen verzeichnet waren. Der Nachrichtendienst hatte vor keinerlei Flugabwehr gewarnt. Drei US-Helikopter wurden abgeschossen. Insgesamt wurden 19 US-Soldaten getötet und weitere 115 verwundet.

An diesem Morgen brannte im Kamin des Oval Office ein Feuer zu ungewöhnlich früher Stunde. Um 7.30 waren Reagan, Shultz, McFarlane und Menges dort mit Premierministerin Charles zu einer halbstündigen Besprechung mit Saft und Kaffee zusammengekommen. Der Präsident bat sie, ihn später zu einer Pressekonferenz zu begleiten. Sie war einverstanden. Menges ging mit ihr in den Speisesaal des Weißen Hauses und bereitete sie dort auf die feindselige und ablehnende Haltung der amerikanischen Medien vor, bei denen sie einen schweren Stand haben würde. Menges half ihr, Antworten auszuarbeiten, mit denen sie der Skepsis begegnen konnte.

In letzter Minute strich das State Department in der vorbereiteten Presseerklärung des Präsidenten die Formulierung »die Demokratie wiederherstellen«. Menges dagegen fand, daß es ohne die Formulierung so aussah, als wolle die Administration auf der Insel eine rechtsgerichtete Regierung einrichten. Die Formulierung wurde also wieder eingefügt.

Um 9.07 erschien der Präsident im Presseraum, um die Invasion bekanntzugeben.

»In den frühen Morgenstunden des heutigen Tages haben die Streitkräfte von sechs Demokratien der Karibik und die Streitkräfte der Vereinigten Staaten mit einem Landemanöver begonnen.« Der erste Grund, den Reagan für die Operation anführte, war »eine dringende, förmliche Bitte um Hilfe der fünf Mitgliedsstaaten der OECS« unter Vorsitz von Eugenia Charles. Reagan stellte Eugenia Charles vor, und sie sagte dann an seiner Seite: »Es geht hier nicht um eine Invasion. Es geht darum zu verhindern, daß sich diese Sache über alle Inseln ausbreitet.« Sie meinte den Marxismus.

Ihr energisches Auftreten im Weißen Haus und bei einer Reihe weiterer Interviews und Reden war für das Weiße Haus ein großer Publicity-Erfolg. Reagan bekam später eine Videoaufzeichnung der gemeinsamen Pressekonferenz mit Frau Charles zu sehen.

»Sie war großartig!« sagte er danach.

Menges erkannte, daß North nicht nur die Schlüsselfigur zu Grenada, sondern überhaupt für sämtliche Operationen war, die bewaffneten Widerstand erforderten, einschließlich diejenigen für die Contras. Die Geheimhaltung beim NSC war so streng, daß praktisch niemand außer McFarlane und Poindexter etwas darüber erfuhr. Alle Memoranden und sonstigen Informationen zu diesen Operationen wurden nur im kleinsten Kreis verteilt. Obwohl er Chef der Abteilung Lateinamerika war, wußte Menges nicht groß Bescheid, was alles geschah.

North bewältigte eine unglaubliche 85- bis 90-Stunden-Woche, also sehr viel mehr als die für NSC-Mitarbeiter üblichen 60 bis 65 Stunden.

»Ollie«, sagte Menges eines Tages zu ihm, »Sie haben vier prächtige Kinder. Wir sind nicht im Krieg zur Zeit. Warum verbringen Sie nicht mal einige Zeit mit Ihren vier prächtigen Kindern?«
»Sie haben recht«, antwortete North. »Das werde ich nächste Woche tun.«

Am Donnerstag abend, dem 27. Oktober – nur vier Tage nach dem Attentat in Beirut und zwei Tage nach Grenada – willigte Casey ein, sich mit mir zum Abendessen zu treffen. Ich hatte ihn zu mir eingeladen, doch er sagte, es wäre ihm lieber, wenn ich zu ihm käme. Von seinem CIA-Büro wurde mir mitgeteilt, ich solle um 18.30 Uhr kommen. Ich erhielt auch seine Adresse in einem vornehmen Viertel, das man auf dem alten Grundstück Nelson Rockefellers in der Nähe der Foxhall Road im Nordwesten Washingtons errichtet hatte. Reagan sollte an diesem Abend im Fernsehen zum amerikanischen Volk über Libanon und Grenada sprechen.
Ein junger CIA-Sicherheitsbeamter in dunklem Anzug und mit ausdruckslosem Gesicht öffnete mir gegen Sonnenuntergang die Tür von Caseys neuem, aus braunen Ziegeln erbautem Haus. Unmittelbar darauf erschien der DCI selbst in der kleinen Diele. Er begrüßte mich, zeigte auf eine Treppe und sagte, wir würden einen halben Stock tiefer gehen, um uns vor dem Essen noch einen Drink zu genehmigen. Wir kamen durch drei erlesen eingerichtete Wohnräume. Die Einrichtung war geschmackvoll und teuer, aber nicht aufdringlich – über Sessel und Sofas waren schöne Decken gebreitet, und überall waren kostbare Perserteppiche und orientalische Kunst zu sehen. Wir gingen bis zum dritten oder vierten Zimmer, das eine Art von gemütlicher Bude mit Bar war. Casey richtete zwei Scotch mit Soda. Wir zogen uns zwei Stühle in eine Ecke und setzten uns. Casey saß gelassen da, die Hände, die das Glas hielten, bewegten sich nicht.
»Damals in den 60er Jahren«, sagte er, »zu einer Zeit, als Allen Dulles Direktor war und Dick Helms Vize oder etwas in der Richtung, machte man sich Sorgen, daß immer mehr Agenten wegen schlechter Bezahlung die CIA verlassen würden ... Ich kam über Helms zur CIA.« Jetzt sei die CIA dabei, einen privaten Fonds einzurichten, um ihren Angestellten und Agenten Geld fürs College und ähnliches zu leihen. Casey fügte hinzu, daß auch er zu dem Fonds beisteuere. »Damals sind viele gegangen«, sagte er dann, »und ich habe Helms gefragt, warum er nicht auch

ging. Helms sagte: ›Wenn du jeden Tag hier arbeitest und mitbekommst, was die Russen alles tun, dann‹«, Casey machte eine Pause, »›dann hast du das Gefühl, daß der Feind auf allen Seiten lauert, und du kannst einfach nicht mehr weg.‹«
Casey bewegte sein Glas, und die Eiswürfel klirrten. Er selbst hätte nicht unbedingt von »lauern« gesprochen, aber das Gefühl, das darin zum Ausdruck komme, stimme. Er nickte.
Was er von George Kennan halte, der gesagt habe, wir verstünden die Sowjets einfach nicht, alles schreie blindlings nach Krieg und erst hinterher würde sich herausstellen, daß wir einander mißverstanden hätten?
Nein, nein, bei den Russen sei er sich sicher. Sie hätten sich vor Reagan sieben oder acht Länder geschnappt. »Grenada ist seit dem Zweiten Weltkrieg der erste Fall, in dem sie zurückstecken müssen«, sagte Casey mit Nachdruck, mit der Ausnahme Chiles, wo 1973 Allende gestürzt worden sei. Er vergaß, Ägypten zu erwähnen.
»Sehen Sie«, fuhr er fort, »in Grenada sehen wir zum ersten Mal ins Innere eines kommunistischen Regimes, es ist das erste Mal, daß ein solches Regime gestürzt worden ist. Dabei zeigt sich, daß es selbst in einem so frühen Stadium schlimmer aussieht, als wir gedacht haben. Der technische Standard ihrer Ausrüstung ist viel höher als erwartet. Geheime Dokumente waren durch Sprengsätze gesichert, um an sie zu kommen, mußten wir die Sprengsätze erst entschärfen.« In Caseys Augen schien die Begeisterung des Archivars für seine Dokumente auf. Man finde jede Menge Akten, sagte er, und aus ihnen werde man alles rekonstruieren können.
»Anfangs haben wir angenommen, daß sich etwa 600 Kubaner auf der Insel befinden. Die Kubaner behaupten, es seien 700, jetzt wissen wir aus Berichten unserer Invasionstruppen, daß es möglicherweise sogar tausend sind.« Dabei handle es sich um Bautrupps, die allerdings wie die Seabees der US-Marine zugleich Kampfeinheiten seien. Die kubanischen Arbeiter hätten ihre automatischen AK-47er an Haken neben ihren Betten aufgehängt. Und man habe »terroristische Kommunikationsausrüstung« gefunden.
Ich müsse solche Zahlen im Zusammenhang sehen, sagte Casey. Die tausend Kubaner machten ein Prozent der etwas über 100 000 Einwohner Grenadas aus. Diesem Prozentsatz entsprächen, gemessen an der Bevölkerung, in den Vereinigten Staaten gut zwei Millionen Menschen.

»Würden wir etwa hier bei uns eine ausländische Miliz oder Pioniereinheiten in dieser Stärke tolerieren?«

Auf der Insel gebe es ein kubanisches Trainingslager. Drei russische Diplomaten seien mit einer weißen Fahne aus ihrer Botschaft in Grenada gekommen und hätten angegeben, daß sich in der Botschaft inklusive der Angehörigen 49 Russen befänden. Außerdem seien auf Grenada zwanzig nordkoreanische Diplomaten gewesen, darunter ein hoher Funktionär. Des weiteren Ostdeutsche. Sie befänden sich jetzt alle in der sowjetischen Botschaft. Eine derart hohe Anzahl solcher Leute sei immer dort anzutreffen, wo die Sowjets einen Staat ihrem Einflußbereich bereits einverleibt hätten oder dies beabsichtigten. Auch Agenten des KGB seien auf der Insel.

Die Sowjets hätten auf Grenada dasselbe gemacht wie 1979 in Afghanistan, als sie mit ihrer Marionette nicht mehr zufrieden waren und sie umgebracht und ersetzt hatten. Die Sowjets hätten Mordkommandos geschickt und Maurice Bishop umbringen lassen. Casey sagte es mit nüchterner Stimme, hielt dann inne, nickte, als ob er es noch einmal bestätigen wollte, und stand dann abrupt auf und schlug vor, zum Essen hinaufzugehen.

Im Eßzimmer war für drei Personen gedeckt. Eine gutangezogene Frau Mitte Dreißig kam herein.

»Meine Tochter Bernadette«, stellte Casey vor. Bernadette war eine eindrucksvolle Frau. Sie war Schauspielerin in New York, wirkte welterfahren und hatte eine perfekte Frisur und ein perfektes Make-up.

Casey erklärte, daß seine Frau Sophia sich in ihrem Haus in Florida aufhalte und dort eine Säuberungsaktion überwache; Kinder seien in die Garage eingebrochen und hätten dort Feuer gemacht.

Bernadette hatte Lammkoteletts zubereitet. Die Mahlzeit war einfach und gut, nichts Ausgefallenes.

Casey war ein gieriger Esser, und das Essen, besonders die Lammkoteletts, beanspruchte fürs erste seine ganze Aufmerksamkeit. Ein paar Mal sah ich Bernadette an und bildete mir ein, sie lächle oder reagiere sonstwie darauf, aber ihre großen Augen sahen mich abweisend an, als hätte ich etwas Ungehöriges getan.

Grenada, sagte Casey, sei ein Zufall – eine »Gelegenheit«, die den amerikanischen Interessen entgegenkomme. Die neuen Führer seien alle jung und ständen für niemand als sich selbst.

Das Archiv sei allerdings kein großer Fund gewesen, gab Casey jetzt zu,

aber immerhin sei es ein wichtiges Nebenprodukt der Invasion. Die CIA habe fünf Beamte nach Grenada geschickt, um dort Kubaner zu vernehmen. »Wir wissen jetzt, daß wir mit mehr Widerstand von seiten der Kubaner rechnen müssen als erwartet. Die Kubaner haben hohe Offiziere wie Generäle, Oberste und Oberstleutnants auf Grenada. Es kann ein halbes Jahr dauern, bis die Demokratie eingerichtet ist, aber einrichten werden wir sie.«
Bernadette mischte sich nicht in das Gespräch ein. Grenada, fuhr Casey fort, müsse man im Kontext der ganzen Karibik sehen. Die Sowjets steckten jedes Jahr vier Milliarden Dollar in die Region – drei Milliarden gingen an Kuba, der Rest anderswohin. Viel Geld für die Sowjets. Sie hätten 6000 bis 7000 Soldaten auf Kuba. Die Kubaner könnten also etwa dieselbe Anzahl nach Nicaragua schicken. Jetzt wisse man, daß auf Grenada mehr Kubaner seien, als man gedacht habe. Es sei durchaus möglich, daß man auch das Ausmaß des sowjetisch-kubanischen Engagements in – Casey machte eine Pause und sprach dann schnell und undeutlich weiter – Nica-wha-wha unterschätze. Die Kubaner zum Beispiel, die nach Nicaragua geschickt würden, hätten Anweisung, ihre Castro-Bärte zu scheren und ihre kubanischen Uniformen zu verbrennen, und würden in die regulären Streitkräfte Nicaraguas eingegliedert. Man glaube, daß mittlerweile alle nicaraguanischen Einheiten mit Kubanern durchsetzt seien. Die Sowjetunion und Kuba unterhielten in Lateinamerika also rund 12 000 Soldaten. Im Gegensatz dazu gäben die Vereinigten Staaten etwa 400 Millionen Dollar aus und hätten rund hundert Berater in El Salvador. Ein Ungleichgewicht, das korrigiert werden müsse.
Woher er die Angabe vier Milliarden habe?
»Eine verrückte Zahl«, sagte Casey. Er wollte sich nicht dafür verbürgen. Dann sagte er noch, daß vier Milliarden die Zahl sei, von der Regierungskreise bei ihrer Arbeit ausgingen.
Nachdem er so seine eigenen Zahlen in Frage gestellt hatte, sagte er, daß die Sowjets nach derselben Rechnung jährlich eine Milliarde Dollar in Vietnam ausgäben.
Casey hatte gerade die Memoiren Lyndon B. Johnsons gelesen, *The Vantage Point*, in denen es um die Invasion der Dominikanischen Republik 1965 ging, und dabei festgestellt, daß die Gründe für die Intervention damals in etwa dieselben waren wie im Fall Grenadas – Pläne der Kommunisten zu durchkreuzen und amerikanische Bürger zu schützen.

Die Invasion auf Grenada sei wichtig, weil sie dazu beitrage, das Ungleichgewicht in dieser Region zu korrigieren. Dadurch gebe man Sowjets und Kubanern ein deutliches Zeichen.
»Ein Zeichen, daß wir auch in Nicaragua zuschlagen könnten.« Das Wort »zuschlagen« blieb im Raum stehen.
Aber die Sowjets würden natürlich vorsichtig sein, jetzt und in Zukunft. Ihr Ziel in dieser Hemisphäre sei es, unsere Aufmerksamkeit vom eigentlichen Feld der Auseinandersetzung, dem Nahen Osten, abzulenken. Casey sagte das, als sei es selbstverständlich. Strategische Bedeutung und Ölfelder machten den Nahen Osten zum Hauptproblem.
Essen und Dessert waren vorbei. Casey spielte mit dem silbernen Besteck. Bernadette trug ab und brachte dann Kaffee.
Casey stand auf und schlug vor, die Rede des Präsidenten im Fernsehen anzusehen, die gleich anfangen würde.
Die Karibik war also die Spielwiese, und eigentlich ging es um den Nahen Osten. Casey schien davon überzeugt.
Wir gingen also wieder nach unten zur Bar und zogen zwei Stühle vor den Fernseher. Wir mußten noch einige Minuten warten. Welchen Verlauf würde der Krieg in Afghanistan nehmen? Die geheime Unterstützung der CIA erwähnte ich nicht.
Casey runzelte die Stirn. Die Sowjets würden die Rebellen an die Wand drücken und überwältigen, sagte er.
Und der koreanische Düsenjet, der Flug KAL 007 der Korean Airlines, der vor zwei Monaten von den Sowjets abgeschossen worden war? Alle 269 Passagiere waren dabei umgekommen, und der Präsident hatte den Sowjets moralisch den Krieg erklärt und den Akt als »Barbarei« bezeichnet.
Caseys Antwort war frei von jedem falschen Pathos. Es habe sich herausgestellt, daß es sich in Wirklichkeit um ein Versehen der Sowjets handelte. Sie hätten einfach nicht genau hingesehen, was da für ein Flugzeug in ihren Luftraum eindrang. Es schien Casey nicht weiter zu berühren, daß er mit dieser Antwort dem Präsidenten widersprach.
»Ein Patzer«, meinte er und zwinkerte fast mit den Augen. Dann zuckte er die Schultern. Er schien überzeugt.
Auf dem Bildschirm erschien der Präsident an seinem Schreibtisch im Oval Office. Casey stellte den Ton lauter.
Reagan ging zunächst auf den Abschuß des koreanischen Passagierflugzeugs ein – ein »brutales Massaker«, sagte er.

Casey zuckte mit keiner Wimper. Sein Blick war respektvoll auf den Bildschirm gerichtet, auf dem Reagan eine Erklärung zum Bombenattentat auf die Marines und zur Invasion auf Grenada verlas.
Nur einmal zuckte Casey leicht zusammen, und zwar als Reagan sagte, am Morgen vor der Invasion hätten die US-Militärs nur »wenig Nachrichtenmaterial über die Zustände auf der Insel« zur Verfügung gehabt. Kein Anlaß zur Sorge, sagte Reagan, die Militärs hätten hervorragend geplant und »einen glänzenden Feldzug« geführt. Es habe »einige wenige« Tote gegeben, eine genauere Zahl wollte Reagan nicht nennen. Die auf der Insel vorgefundenen Kubaner und Waffen zeigten, daß Grenada »eine sowjetisch-kubanische Kolonie war, die zu einer großen militärischen Festung ausgebaut werden sollte, um von dort aus Terror zu verbreiten und die Demokratie zu untergraben. Wir sind gerade noch rechtzeitig gekommen.«
Casey zeigte keine Reaktion, obwohl Reagans Worte viel drastischer und düsterer waren als das, was ich gerade von Casey gehört hatte. Casey hatte mit keinem Wort davon gesprochen, daß die Vereinigten Staaten gerade noch rechtzeitig gekommen seien.
»Die Ereignisse im Libanon und auf Grenada hängen eng zusammen, auch wenn Ozeane die Länder trennen«, sagte Reagan. »Moskau hat nicht nur in beiden Ländern die Anwendung von Gewalt unterstützt und ermutigt, es leistet darüber hinaus direkte Hilfe durch ein Netz von Mittelsmännern und Terroristen.«
Dann sagte der Präsident im aufrichtigsten Ton der Welt: »Darf ich Ihnen jetzt etwas anvertrauen, von dem ich glaube, daß es Sie alle interessieren wird? Es handelt sich um etwas, das General Kelly, der Kommandant unseres Marine Corps, erlebt hat, als er unsere schwerverletzten Marines besuchte.« Da habe einer von ihnen gelegen, zitierte Reagan Kelly, »dessen Körper an unzählige Schläuche angeschlossen war ... Er konnte nicht mehr gut sehen. Er streckte einen Arm aus und packte mich an den Schulterklappen, um sich zu vergewissern, daß ich auch der war, für den ich mich ausgab. Dann hielt er meine Hand fest gedrückt ... Wir gaben ihm ein Blatt Papier in die Hand, und er schrieb darauf: Semper fi.«
Das sei die Kurzform für Semper fidelis, erklärte Reagan – »Getreu in Ewigkeit« – das Motto der Marines.
»General Kelly steht im Ruf, ein tüchtiger General und ein harter Marine zu sein. Aber als er diese Worte sah, weinte er. Wer kann es ihm verdenken?«

Casey war hingerissen.

Reagan beendete seine Rede mit einem Appell an Ehre, Ideale, Vaterland, Opfer, Gott, Gebet und Freiheit. Die 27minütige Rede war bewegend, ja erschütternd gewesen.

»Wissen Sie, wer die Rede geschrieben hat?« fragte Casey.

»Sie?« fragte ich. »Ronald Reagan«, erwiderte Casey. »Sein größtes Talent ist das Verfassen von Reden ... Das ist vielleicht die beste Rede, die er je gehalten hat.« Casey gab seiner Bewunderung unverhohlen Ausdruck; er war ein Fan Reagans, komme, was da wolle. »Wissen Sie, wieviel Energie man dazu braucht?«

Es war zweifellos eine wirkungsvolle, clevere Rede gewesen. Keiner von denen, die sie gehört hatten, würde das Bild des Marine-Soldaten, der nach den vier Sternen seines Kommandanten tastete, so leicht aus seinen Gedanken verbannen können oder vergessen, was »Semper fi« hieß. Aber die Fakten? Sowjets, Kubaner, Terroristen, alle waren in einen Topf geworfen worden. Die Stationierung des Marine Corps und Invasionen, hatte der Präsident anscheinend sagen wollen, seien darauf die einzige Antwort.

»Ich habe noch nie jemanden so schnell sprechen und soviel sagen hören«, sagte Casey, »ohne sich dabei zu versprechen.«

Er begleitete mich zur Tür und sagte, daß er am nächsten Tag vor dem Senatsausschuß aussagen werde.

Ob sonst noch etwas geschehen werde?

Er werde in zwei Tagen im Westminster College in Fulton in Missouri eine Rede halten, wo Churchill vor 37 Jahren, kurz nach Ende des Zweiten Weltkriegs, seine berühmte Rede über den Eisernen Vorhang gehalten habe. Casey gab mir ein Exemplar des 18seitigen Texts, auf dem er selbst von Hand Korrekturen angebracht hatte.

Ich wiederholte meine Frage.

Er sah mich mit versteinerter Miene an, als ob er sagen wollte, es sei jetzt wirklich an der Zeit, zu gehen.

Bernadette kam dazu und verabschiedete sich. Einige Jahre später erzählte Casey mir stolz, Art Buchwald habe seine Tochter in seiner Kolumne erwähnt, bevor er daraus eine ausschließlich satirische Sache gemacht habe. Es war 1956 gewesen. Casey hatte die damals Dreizehnjährige zu einem republikanischen Parteikonvent für Eisenhower in San Francisco mitgenommen. Buchwald hatte sie folgendermaßen zitiert: »Wir gehen hier ein bißchen rum und versuchen, die Leute davon zu

überzeugen, daß sie die Republikaner wählen sollen ... Wir sagen einfach, es sei die beste Partei.«
Und was sie sage, wenn die Leute sie fragten, warum es die beste Partei sei, hatte Buchwald gefragt.
»Weil mein Vater es mir gesagt hat. Deshalb.«

Als ich später am Abend an einem detaillierten Memorandum über den Besuch und das Gespräch mit Casey tippte, ergab sich als Gesamteindruck, daß Casey irgendwo zwischen der die russische Gefahr beschwörenden Rhetorik des Präsidenten und der Skepsis eines Journalisten stand. Ganz offensichtlich billigte er den Auftritt des Präsidenten, seine Rede und das darin enthaltene Weltbild, aber seine Zustimmung war ohne Hurra.
Die Rede, die Casey mir mitgegeben hatte, war in mancher Beziehung erhellend. Es hieß dort: »Um wieviel mehr wäre Churchill alarmiert, wenn er sich in der Welt von heute umsehen könnte und feststellen würde, wie stark die Sowjets geworden sind und wie sehr sie ihren Machtbereich ausgedehnt haben.« Casey zählte in diesem Zusammenhang fünf Regionen auf: Vietnam, Afghanistan, das Horn von Afrika (das an Äthiopien angrenzende Somalia), den Süden Afrikas (Angola, wo nach dem Clark-Amendment eine geheime Unterstützung durch die USA immer noch verboten war), die Karibik und Zentralamerika.
Im Zusammenhang mit Libanon und Grenada hieß es: »Aus Gründen, die Sie verstehen werden, bin ich nicht in der Lage, Ihnen mehr zu sagen als das, was Sie aus den Medien wissen, und wie jeder gute Journalist bin ich bereit, zum Schutz meiner Quellen ins Gefängnis zu gehen.«
Churchill hätte das Vorgehen auf Grenada »gutgeheißen«. Casey verglich die Situation mit der Bedrohung durch den Faschismus in den 30er Jahren. »Es hätte ihm eine innere Genugtuung bereitet, daß der Westen zum ersten Mal einer Kolonie des Sowjetreiches wieder die ihr geraubte Freiheit zurückgegeben hat.«
»Sowjetreich« – nicht »Reich des Bösen«, die umstrittene Bezeichnung, die der Präsident acht Monate zuvor in Florida verwendet hatte.
»Grenada demonstriert auf eindringliche Weise, wie die Sowjets von ihnen abhängige Völker zur Praktizierung eines schleichenden Imperialismus benützen ... Ein Abbild der Situation in Nicaragua im kleinen.«
Um dieser Strategie der Sowjets begegnen zu können, hieß es weiter, »brauchen die USA eine realistische Gegenstrategie«. Diese Strategie

müsse davon ausgehen, daß die genannten Länder der Dritten Welt »für viele Jahre im Mittelpunkt der Auseinandersetzungen zwischen den Vereinigten Staaten und der Sowjetunion stehen werden«.
Er wußte jeweils genau, was er sagen wollte, und schrieb seine Reden selbst oder redigierte sie zumindest ausgiebig. Seine Mitarbeiter spotteten oft darüber, und einer bemerkte einmal: »Es gibt nur eines, was noch schlimmer ist, als Präsident des Libanon zu sein, nämlich für Sie Reden schreiben zu müssen.«

Casey beschäftigte sich nicht nur theoretisch mit verdeckten Aktionen. Am Tag nach der Invasion auf Grenada erhielt er ein geheimes, vierseitiges Memorandum von Herbert E. Meyer, dem stellvertretenden Vorsitzenden des Gremiums, in dem die geheimdienstlichen Lagebeurteilungen erstellt wurden. Das Memorandum trug den Titel »Die Bedeutung Grenadas« und beschäftigte sich mit dem Sturz Bishops. »Der Putsch der letzten Woche in Grenada beendet vielleicht einen der augenfälligsten und wichtigsten Trends der politischen Lage der Gegenwart: die wachsende Zahl linksgerichteter Regierungen, deren Führer sich in verschiedenem Grade dem Westen annähern.« Meyer stellte fest, daß »zumindest sieben nach links tendierende Führer aus der Dritten Welt dem Westen Avancen machen«. Die sieben Länder waren der Südjemen, Surinam, Äthiopien, Angola, Mozambique, Kongo und Benin. Der gewaltsame Sturz Bishops, so Meyer, werde bewirken, daß »die Bestrebungen dieser Führer vorübergehend zum Stocken kommen«. Die Lösung, die er vorschlug, war nicht, die linksgerichteten Regimes auszumerzen. Ganz im Gegenteil; er stellte die Frage: »Wie kann man die amtierenden Staatschefs stützen?«
Für Casey war jedes Land der Dritten Welt ein Schlachtfeld des Ost-West-Konflikts, und die Politik von Administration und CIA mußte sorgfältig abgestimmt werden, wenn man gewinnen wollte. Wenn dies erforderte, vorübergehend eine linke Regierung zu fördern, hatte er nichts dagegen.

Noch vor dem Wochenende gab das Pentagon bekannt, daß sich rund 1100 Kubaner auf Grenada befänden. Man habe allerdings nur 600 Gefangene gemacht, Hunderte von Kubanern hätten sich in die Berge verzogen. Casey wollte eine schnelle, aber genaue Überprüfung dieser Zahlen. Wie viele Kubaner befanden sich tatsächlich in den Bergen?

Sollte Grenada, wie der Präsident gesagt hatte, »zu einer großen militärischen Festung ausgebaut werden, von der Terror ausgehen sollte«?
Am frühen Morgen des 30. Oktober, einem Sonntag, versammelten sich Analytiker der verschiedenen Nachrichtendienste im Pentagon. Bis zum Abend hatten sie eine zehnseitige, geheime Analyse abgefaßt, die sofort gedruckt und den entsprechenden Abteilungen zugeleitet wurde.
Casey erhielt sein Exemplar am Montag. Die Analyse stand in direktem Widerspruch zu den Äußerungen des Präsidenten, Caseys und des Pentagon. Ihr zufolge gab es keine Kubaner in den Bergen – alle Kubaner seien von den 6000 Mann starken US-Truppen getötet oder gefangengenommen worden. Die anfänglich zu hohen Schätzungen seien das Ergebnis von Verhören der ersten kubanischen Gefangenen und von Übertreibungen der gegnerischen Stärke durch unerfahrene US-Einheiten. Zweitens stellte die Analyse fest, daß die geheimen Waffenlager auf Grenada für den Eigenbedarf von Armee und Miliz gedacht waren und nicht dafür, die Regierungen der Nachbarinseln zu stürzen, wozu sie zahlenmäßig gar nicht ausgereicht hätten. Drittens handle es sich bei den kubanischen Bauarbeitern nicht um verkleidete Kampftruppen, obwohl sie Waffen hätten und auch kämpften.
Casey nannte die Analyse »phantasielos«. Sie wurde allerdings unter Geheimhaltung gestellt und nie öffentlich bekanntgemacht.
Im konservativen Lager der Administration war man über die Analyse teilweise aufgebracht. Herb Meyer sagte: »Für mich eine faule Sache.« Constatine Menges hatte im NSC angeregt, die Administration solle Castro veranlassen, in einer Rundfunkansprache seine Truppen auf Grenada zur Übergabe zu drängen, und jetzt stellte sich heraus, daß es auf Grenada gar keine kubanischen Truppen mehr gab. Zum Ausgleich schlug Menges vor, die gefangenen Kubaner nicht freizulassen. Die Kubaner sollten für das, was sie angestellt hatten, büßen.
»Wir haben gewonnen«, erwiderte Tony Motley nur, ohne auf den Vorschlag einzugehen. Die Kubaner wurden freigelassen.

Grenada wurde zu einem positiven Symbol und stärkte den Ruf der Administration. Bei jeder Gelegenheit sprach man von der Invasion als einem Zeichen der neuen harten Linie, als einer Bekräftigung der Monroe-Doktrin, einer Politik der Stärke und Kanonenbootdiplomatie – im Zeichen des Antikommunismus –, durch die das Gespenst des Geiseldramas im Iran ein für allemal gebannt sei. Im Gedächtnis blieben die

Bilder amerikanischer Studenten, die, aus Grenada zurückgekehrt, beim Verlassen des Flugzeugs amerikanischen Boden küßten, und der Eindruck von Premierministerin Charles, die an Reagans Seite herausfordernd verkündet hatte, die Vereinigten Staaten seien die Retter der Demokratie in der Karibik.
Einige Tage nach der Invasion wurde der US-Botschafter in Nicaragua zum dortigen Innenminister Borge bestellt. Wann immer er Amerikaner aus Nicaragua evakuieren wolle oder das für notwendig erachte, sagte Borge, gebe es dafür selbstverständlich Mittel und Wege. Die nicaraguanische Regierung werde behilflich sein. Alles kein Problem, versprach Borge.
In Langley empfing Casey die Nachricht mit Schadenfreude. Die Sandinisten waren offensichtlich besorgt.
Als Tony Motley später in Nicaragua mit Daniel Ortega zusammenkam, brachte er das Schicksal Maurice Bishops in Grenada zur Sprache. Linke Führer seien nicht vor anderen Linken sicher, meinte Motley. Ortega wolle doch sicher nicht der Maurice Bishop Nicaraguas werden. Tot, in der Kiste.
Immer wenn Motley einen Anruf von Premierministerin Eugenia Charles von Dominica erhielt, sagte er als erstes, er habe den Stift schon in der Hand, um ihre Wünsche zu notieren. Er kam sich wie eine Mischung aus Ortsvorsteher und öffentlichem Bauunternehmer vor, wenn er sich in allen Einzelheiten um den Bau der 30 Meilen langen und 10 Millionen Dollar teuren Straße kümmerte. Zur bereits laufenden finanziellen Hilfe der USA kamen im Lauf der Zeit noch zwei Millionen Dollar für Schulen auf Dominica hinzu und weitere 150 000 Dollar, mit denen die Einwohner der Insel in eigener Regie Möglichkeiten zum Überqueren der Flüsse auf der Insel schaffen sollten.
Casey war von der Notwendigkeit überzeugt, die Propagandabemühungen in der Karibik zu verstärken, und regte eine streng geheime Direktive an, die rund sieben Millionen Dollar für Sendegeräte, Lautsprecher – ein traditionelles Werkzeug lateinamerikanischer Politik – und weitere Propagandaarbeit der CIA in der Karibik bewilligen sollte. Reagan war begeistert und unterzeichnete die Direktive, ohne zu zögern.
Die politische Zukunft Grenadas war unsicher. Die einzige politische Organisation auf der Insel waren die Überreste der New-Jewel-Movement Bishops. Für Casey und andere wichtige Mitglieder der Admini-

stration stand fest, daß das, was man mit Gewalt gewonnen hatte, jetzt nicht an der Wahlurne verspielt werden durfte. Schließlich wurden durch eine weitere Direktive des Präsidenten 675 000 Dollar aus dem Fond für politische Aktionen der CIA verfügbar gemacht. Das Geld war zur Meinungsbildung und Mobilisierung der Wähler im Hinblick auf die kommenden Wahlen auf Grenada gedacht. Die CIA ließ durch einen Meinungsforscher Umfragen durchführen und analysierte die Ergebnisse, um sicherzustellen, daß ein in jeder Beziehung proamerikanischer Mann gewählt wurde. Dreizehn Monate nach der Invasion errang eine von den USA unterstützte Koalition unter dem grenadischen Politveteranen Herbert Blaize einen überwältigen Wahlsieg. Eine der ersten Amtshandlungen Blaizes als neuer Premierminister war die Bitte an Präsident Reagan, die 250 Mann starken US-Truppen weiterhin auf der Insel stationiert zu lassen.

15

Der sowjetische Angriff auf das koreanische Passagierflugzeug KAL 007 (269 Tote), das Bombenattentat auf die Marines in Beirut (241 Amerikaner getötet) und die Invasion auf Grenada (19 US-Soldaten getötet) hatten eine Atmosphäre geschaffen, die es Casey ermöglichte, in einer letzten Anstrengung die 24 Millionen Dollar für die Operation in Nicaragua zu bekommen. Die Welt war voller Gefahren; wer jetzt noch behauptete, es sei an der Zeit, nachzugeben, hatte einen schweren Stand. Casey konnte fordern, daß Amerikas Rückgrat gestärkt werden müsse. Und es gab ein paar Erkenntnisse, die die Gegner versöhnlich stimmten. Eine neue National Intelligence Estimate machte die Runde; die Analyse kam zu dem Schluß, daß ein Sturz der Sandinisten durch die Contras in jeder Hinsicht ausgeschlossen sei, daß weder ein militärischer noch ein politischer Sieg im Bereich des Möglichen liege. Das bedeutete, daß die Ziele der Operation weniger ehrgeizig waren, als Kritiker angenommen hatten. Und in der endgültigen Fassung der neuen, streng geheimen Direktive war zum ersten Mal davon die Rede, daß Präsident Reagan eine allgemeine Amnestie für die Contras anstrebe. Damit war die Möglichkeit einer politischen Lösung in Aussicht genommen.

In einer gemeinsamen Konferenz des Senats, der die 24 Millionen gebilligt hatte, und des Repräsentantenhauses, das sich für die Einstellung der Operation ausgesprochen hatte, hatte der Senat also alle Argumente auf seiner Seite. Den Senatoren zufolge erübrigte sich außerdem angesichts der neuen Direktive die Erneuerung des Boland-Amendment, das sicherstellen sollte, daß das Geld nicht zum Sturz der Sandinisten verwendet wurde; aus der neuen Direktive gehe klar hervor, daß dies nicht das Ziel der Operation sei.

Boland konnte nur ein wichtiges Zugeständnis erreichen. Man kam überein, daß die 24 Millionen die absolute Höchstgrenze sein sollten;

das Geld hatte für das ganze Jahr zu reichen, für zusätzliche Mittel würde die Administration wieder beim Kongreß anfragen müssen.
Am 9. Dezember 1983 unterzeichnete Reagan die entsprechende Ermächtigung und setzte sie dadurch in Kraft. Casey hatte gewonnen. Er ging jetzt daran, die Verminung der nicaraguanischen Häfen zu planen. Dazu mußte Clarridge ihm regelmäßig Berichte liefern. Standen die richtigen Leute zur Verfügung? Waren die Minen vorher erprobt worden? Vor allem aber: strengste Geheimhaltung.

Als sich in diesem Monat das dritte Amtsjahr Caseys als DCI dem Ende näherte, stand fest, daß die endlosen Diskussionen im Kongreß und in den Medien über die Operation in Nicaragua in mancherlei Hinsicht positiv zu Buche geschlagen hatten. Daß Informationen zu den Medien durchgesickert waren, war zunächst als Handicap empfunden worden, hatte jetzt aber eine willkommene Nebenwirkung. Die Arbeit des Nachrichtendienstes war wie Golf, Caseys Lieblingsspiel, ein Spiel mit mancherlei Fallen und Hindernissen. Nach einem schlechten Schlag oder ungünstigem Aufkommen des Balls mußte man die jeweilige Position zum größtmöglichen Vorteil nützen. Die Operation hatte erstens die Entschlossenheit in den Reihen der Administration gestärkt. Sie war, zweitens, in jeder Hinsicht politischer Ausdruck eines entschlossenen Antikommunismus. Drittens hatte sie die ganze Aufmerksamkeit und Kritik von Kongreß und Medien absorbiert. Daraus war, anfangs sicher unbeabsichtigt, von anderen wichtigen Aktionen des Nachrichtendienstes abgelenkt worden.
Von Beginn seiner Amtszeit an war Casey die Arbeit der Informanten immer besonders wichtig gewesen – er hatte in der Operationszentrale darauf gedrängt, das Informantennetz auszubauen. Casey wollte Informanten, mehr Informanten und noch mehr Informanten. Wenn ein Bericht über einen vielversprechenden jungen Politiker oder einen cleveren Minister auf seinem Schreibtisch landete, schrieb Casey meist an den Rand: »Rekrutierung möglich?« oder nur »Rekrutieren?« und unterzeichnete die Bemerkung mit »C«. Das Werben neuer Informanten war eine kostspielige Sache, dazu riskant und zeitaufwendig. McMahon und der DDO warnten Casey vor »unrealistischer Zeitplanung« – die Sowjets hatten angeblich Jahrzehnte darauf verwendet, ihre Agenten aufzubauen und in die entsprechenden Stellen einzuschleusen. Casey blieb hartnäckig, und seine Energie und Geduld zahlten sich schließlich aus.

Anfang Dezember, etwa zur selben Zeit, als Casey die 24 Millionen Dollar für Nicaragua bekam, stattete der sudanesische Präsident Numeiri Washington einen Besuch ab und kam in einem geheimen Treffen mit Dr. Mohamed Youssef Magarieff, dem Führer der libyschen Opposition, zusammen. Magarieff war Gaddafis oberster Wirtschaftsprüfer gewesen und 1979 freiwillig ins Exil nach Ägypten gegangen, von wo aus er Gaddafi öffentlich als korrupten Tyrannen angeprangert hatte, der Libyens Staatseinkünfte aus dem Ölexport verschwendete. Magarieff hatte die Nationale Front zur Rettung Libyens gegründet, die die Ermordung Gaddafis und den Sturz seines Regimes zum Ziel hatte.

Der Bericht eines für die Planungszentrale arbeitenden Informanten vom 5. Dezember 1983 enthielt eine vollständige Wiedergabe des Treffens zwischen Numeiri und Magarieff und ließ keinen Zweifel an den Schwierigkeiten, die auf Gaddafi zukamen. In der bei der Planungszentrale so genannten »Verfasserzeile« wurde die Quelle, aus der der Bericht stammte, als »hochrangiger sudanesischer Beamter« bezeichnet, »der sich darüber im klaren war, daß der Bericht in die Hände der US-Regierung gelangen würde«. Es handelte sich, in anderen Worten, um einen Mitarbeiter des Nachrichtendienstes, der entweder ein bezahlter Informant war oder ein Informant, der sein Wissen freiwillig weitergab. Ob Numeiri von dem Bericht wußte, war unsicher, aber durchaus möglich. Casey war mit Kürzeln anstelle des vollen Namens einverstanden, um die Quelle der Berichte zu schützen, die an viele Dienststellen weitergeleitet wurden. Er selbst wollte allerdings oft Genaueres wissen, und der DDO gab ihm Auskunft oder hielt die entsprechende Akte bereit.

Numeiris Verachtung für Gaddafi war bekannt, und in weiten Kreisen wurde vermutet, daß er die gegen Gaddafi gerichtete Opposition unterstützte. Dem Bericht der geheimen Quelle zufolge hatte Numeiri diesmal versprochen, er werde »die Unterstützung mit Ausbildungseinrichtungen, Waffen, Munition und Reiseerleichterungen in Form von sudanesischen Pässen und anderen Dokumenten verstärken«. Damit waren die wichtigsten Dinge genannt, die die libysche Opposition für ihre Arbeit in Libyen brauchen würde.

»Numeiri teilte Dr. Magarieff mit, er habe freie Hand für jede Art von Aktivität einschließlich einer militärischen Aktion.« Abgesehen von einer förmlichen Kriegserklärung konnte kein Land in seiner Unterstützung weiter gehen – der Sudan erlaubte praktisch, daß auf seinem

Territorium ein Angriff auf Libyen vorbereitet wurde. Numeiri bot der Exilbewegung außerdem an, weiterhin die Hilfe seines eigenen Geheimdienstes, des SSO (Sudanesische Sicherheitsorganisation), in Anspruch zu nehmen und sich beim Auftauchen von Problemen direkt an ihn zu wenden.

Dr. Magarieff sagte dem Bericht zufolge, »er glaube, der Sudan und die USA seien seine einzigen Freunde ... er hoffe, nach einer weiteren Ausbildungsphase eine Kampagne gegen Libyen starten zu können, die die Glaubwürdigkeit seiner Organisation stärken werde«.

Der Bericht enthielt einen Kommentar des Informanten, in dem es hieß, Magarieff habe »nicht ausdrücklich erwähnt, welche Art von Kampagne er im Sinn hat, dem Zusammenhang ist allerdings zu entnehmen, daß an ein militärisches Unternehmen gedacht ist, möglicherweise auf libyschem Boden«.

Dann kam Magarieff auf ein wichtiges Thema zu sprechen: Die Libyer hätten »Agenten in den marokkanischen Sicherheitsdienst eingeschleust, es sei für ihn deshalb nicht mehr sicher, Marokko zu besuchen, und seine Organisation könne nicht mehr von Marokko aus operieren.«

Die Möglichkeit einer dramatischen militärischen Aktion, die sich vom Boden Libyens aus gegen Gaddafi richtete, war für Casey attraktiv. Ein solches Unternehmen konnte zeigen, wie stark Magarieff und seine Befreiungsfront waren, und ehe sich das nicht gezeigt hatte, würde Casey vom Präsidenten keine Direktive zur Unterstützung dieser Bewegung erhalten. Die Stellung, in der Gaddafi sich verschanzt hatte, war zu stark – von den Sowjets erhielt er militärische Ausrüstung in Milliardenhöhe, oppositionelle Elemente verfolgte er in Libyen wie im Ausland ohne Rücksicht.

In der Zwischenzeit widmete Casey weiterhin Informanten, die Material über Gaddafi und Libyen zusammentrugen, besondere Aufmerksamkeit – Libyen war in seinen Augen eine Bedrohung für den Frieden in Nordafrika und im Nahen Osten. Über Gaddafi und Libyen gab es mehr ausgewertetes Material in Form von Prognosen, Analysen und anderem als über nahezu jedes andere Land. Die Zahl der Sitzungen in der CIA zu Libyen und die Aufmerksamkeit, die Gaddafi gewidmet wurde, standen in keinem Verhältnis mehr zu seiner Bedeutung. Libyen stand zeitweise mehr im Zentrum der Aufmerksamkeit als die Sowjetunion. Zahllose Agenten wurden auf Gaddafi angesetzt, versuchten, ihm auf den Fersen zu bleiben, ihm überallhin zu folgen, ihn und seinen Troß zu fotografieren, seine Streifzüge in die Wüste zu dokumentieren, seinen Nachrichtenverkehr zu entschlüsseln und seine Telefongespräche und andere Gespräche mitzuhören. Daß es in Tripolis keine US-Botschaft gab, erschwerte den Einsatz der Informanten, aber Casey ließ nicht locker, immer wieder wollte er von seinen Agenten wissen, was Gaddafi als nächstes im Schilde führte.

Die Rekrutierung von Informanten und der Aufbau eines Informantennetzes in der Sowjetunion war für Casey jedoch ebenfalls ein Projekt vordringlicher Wichtigkeit. Schon Bill Colby hatte vor drei Jahren, kurz vor der Übernahme des Postens des DCI durch Casey, auf einen solchen Ausbau gedrängt, und auch andere hatten sich wiederholt dementsprechend geäußert. Bei Casey kam außerdem hinzu, daß er sich schon rein instinktmäßig in diese Richtung gedrängt fühlte. Hier konnte man zeigen, wer man war. China und die Sowjetunion waren die eigentlichen Bewährungsproben, und die Sowjetunion war der schwierigste Fall, sie stellte dem Eindringen von Agenten die größten Hindernisse entgegen. Die russische Gesellschaft machte die kleinsten privaten Annäherungsversuche, durch die Agenten Kontakte für ihre Arbeit knüpften, fast unmöglich. Kaum ein Bereich war von der allumfassenden Überwachung ausgenommen – kein Anruf, der nicht mitgehört wurde, kein Treffen, das nicht sofort Verdacht erregte, keine Reise, die nicht überwacht wurde. Wahrscheinlich gab es außerhalb der US-Botschaft keinen Ort, der sicher war.
Casey war sich zugleich der Grenzen der Arbeit mit Informanten bewußt. Wenn mehr Informationen zur Verfügung standen, hieß das noch lange nicht, daß man damit auch Antworten auf die wichtigen Fragen wie die nach den wahren Absichten der Sowjets hatte. Das Sammeln von Daten war nicht alles. Und Gates, der neue Chef der analytischen Abteilung der CIA, hatte zusammen mit anderen Casey davon überzeugt, daß auch die Auswertung und Analyse der Daten noch keine vollständige Sicherheit gab. Für die Sowjets war es schließlich genauso schwierig, die Absichten der Vereinigten Staaten zu durchschauen. Wahrscheinlich saß ein Analytiker des KGB jetzt in Sibirien, weil er nicht vorausgesehen hatte, daß 1976 ein Erdnußfarmer den amtierenden Präsidenten verdrängen würde, und ein zweiter Analytiker leistete ihm Gesellschaft, weil er nicht vorhergesehen hatte, daß der Erdnußfarmer von einem Schauspieler aus Hollywood abgelöst werden würde, was zur

größten militärischen Aufrüstung führte, die die Vereinigten Staaten in Friedenszeiten je erlebt hatten.
Die Voraussetzungen für ein verbessertes Informantennetz waren schon in den 70er Jahren geschaffen worden. Damals waren in einem speziellen Programm »zielorientierte Bedingungen« für den Aufstieg in der CIA formuliert worden. Eine Bedingung für Beamte der Planungszentrale war, einen Informanten anzuwerben. Die Bedingung war freilich umstritten, weil Rekrutierungen im Ausland viel mit Glück zu tun hatten. Ein Agent der Planungszentrale, der an einer US-Botschaft im Ausland arbeitete, mußte seine Beziehung zu einem Offizier oder Regierungsbeamten des Gastgeberlandes manchmal Jahre pflegen, ehe er sein Angebot machen konnte. Die Spielregeln der Spionage schrieben dabei im allgemeinen vor, daß der Geheimagent das Angebot nicht selber machte, um seine Tarnung nicht zu gefährden. Er machte die für die Rekrutierung in Frage kommende Person also mit einem »Freund« bekannt, der ebenfalls CIA-Beamter war. Wenn die betreffende Person sich dann nicht anwerben ließ, würde der erste Agent sich ahnungslos stellen und die Empörung seines Bekannten teilen. Wenn dagegen alles klappte, dann war es der zweite CIA-Beamte, der, obwohl er kaum etwas getan hatte, den ganzen Erfolg für sich verbuchen konnte.
Casey hatte den Eindruck, daß man der Rekrutierung neuer Informanten unter Turner zu wenig Aufmerksamkeit gewidmet hatte. Es hatte einige Erfolge gegeben, aber in der Planungszentrale war man der Ansicht, daß Turner vor den Schwierigkeiten von Rekrutierungen in der Sowjetunion resigniert hatte. Casey ließ verstärkt nach Möglichkeiten suchen, diese Schwierigkeiten zu umgehen. Sowjetbürger reisten zum Beispiel mehr als früher, man konnte sie deshalb auch außerhalb der Sowjetunion ansprechen. Casey glaubte fest, daß alle Bürger der Sowjetunion Regierung und politisches System ihres Landes verabscheuten. In seinen Augen erwies man jemandem mit dem Angebot, für die Vereinigten Staaten arbeiten zu dürfen, einen Gefallen.
Ein streng geheimer Informant in der Sowjetunion war A. G. Tolgatschow, der noch vor der Ära Reagan angeworben worden war. Tolgatschow arbeitete in einem aeronautischen Institut in Moskau und stand über ein ausgeklügeltes System mit einem CIA-Agenten in Moskau in Verbindung, an den er auf diese Weise regelmäßig wichtige Geheimnisse weitergeben konnte.
Es gab auch Personen, die der CIA von sich aus ihre Dienste anboten.

Das Mißtrauen, auf das sie stießen, war in Caseys Augen übertrieben. Natürlich mußte die CIA aufpassen, daß es sich dabei nicht um Spitzel oder Doppelagenten handelte, aber Casey wollte jedermann wissen lassen, daß die Tür einer CIA-Station offenstand. Personen, die von sich aus zur CIA kamen, boten Vorteile. Man konnte mit ihnen schneller zur Sache kommen. Das jahrelange Vorfühlen, das Aufbauen einer Beziehung, oft indirekt und von zweifelhaftem Wert, waren überflüssig. Auch wenn viele dieser Informanten sich als unbrauchbar erwiesen oder Doppelagenten waren, war es für Casey die natürlichste Sache der Welt, daß ein Bürger der Sowjetunion oder des Ostblocks dem Westen helfen wollte.

Casey trieb seine Mitarbeiter unermüdlich an; immer wieder machte er in der für die Sowjetunion zuständigen Eliteabteilung der Planungszentrale die Rekrutierung von Informanten zum Thema. Er gab zu verstehen, daß er gewillt sei, Risiken einzugehen. Natürlich würde es Fehler geben. Er rechnete sogar fest damit. Er rechnete auch damit, daß man sich in einigen Fällen eine Abfuhr holte, wenn Sowjetbürger über einen Antrag beleidigt waren. »Und?« meinte er. »Es zeigt doch nur, daß wir aktiv sind.« Wenn es keine Fehler gebe, dann strenge man sich nicht genügend an. Jeder Anhaltspunkt sei zu verfolgen. Nicht der kleinste Fingerzeig, der geringste Hinweis dürfe außer acht gelassen werden, wenn man Namen und Akten von Sowjetbürgern auf deren Eignung als Informanten überprüfe. Das Spiel gegen den Hauptwidersacher der USA verlange Ausdauer und Scharfsinn. Casey wollte ein gutes, ein aggressives Spiel. Vielleicht würde das einmal den Ausschlag geben.

Die Zusammenarbeit mit dem FBI, dessen Aufgabenbereich die Spionageabwehr innerhalb der Vereinigten Staaten war, wurde verstärkt. Die CIA-Stationen erstellten aufgrund des Verhaltens von Sowjetbürgern im Ausland Listen mit Personen, die für die Rekrutierung in Frage kamen; wenn diese Personen – zum Beispiel Agenten des KGB oder Diplomaten – später an eine Handelsmission oder gar die russische Botschaft in den Staaten versetzt wurden, wurden Namen und Akten an das FBI weitergeleitet. Das FBI stellte umgekehrt der CIA die Namen der Sowjetbürger zur Verfügung, die in den Vereinigten Staaten gearbeitet hatten und dann auf eine andere Stelle im Ausland versetzt wurden, wo eine CIA-Station den Faden wieder aufnehmen konnte. Bei der CIA glaubte man, daß das FBI besonders von diesem Austausch profitierte, weil die physischen und psychischen Bedingungen für eine Rekrutierung in den

Vereinigten Staaten besonders günstig waren. Es gelang dem FBI auch tatsächlich, aufgrund von Hinweisen der CIA einige vielversprechende Informanten anzuwerben.

In den ersten Jahren der Reagan-Administration entstanden im Eisernen Vorhang deutlich wahrnehmbare Sprünge, besonders in Osteuropa. Die meiste Aufmerksamkeit zog Polen auf sich, aber in den anderen Ländern war der Reiseverkehr der Funktionäre teilweise noch reger. Der Verkehr zwischen Ost und West nahm zu, es wurde möglich, auf relativ leichte und billige Art Sondierungsoperationen durchzuführen, die feststellen sollten, wen man kaufen oder gewinnen konnte.

Nach drei Jahren verfügte Casey über mehr als fünfundzwanzig Informanten in der Sowjetunion und im übrigen Ostblock, die regelmäßig Bericht erstatteten. Fast alle waren unter ihm angeworben worden. Die Informanten kamen aus dem KGB, dem militärischen Geheimdienst, den Geheimdiensten der Ostblockstaaten, aus wissenschaftlichen Instituten und anderen Bereichen der kommunistischen Gesellschaft.

Auf eine dieser Quellen war Casey besonders stolz. Als die wenigen US-Beamten aus dem Kreis der BIGOT-Liste von der Stellung erfuhren, die der Informant bekleidete, waren sie beeindruckt.

Casey mußte allerdings zugeben, daß keiner seiner Informanten für sich allein Oberst Oleg Penkowski das Wasser reichen konnte. Penkowski, eine legendäre Figur der frühen 60er Jahre, war GRU-Beamter gewesen und hatte sechzehn Monate lang mehrere tausend Seiten geheimer Dokumente an die CIA weitergegeben, bis er verhaftet und hingerichtet wurde. Das von Penkowski weitergegebene Material hatte entscheidend geholfen, während der Kubakrise 1962 sowjetische Waffen zu identifizieren.

Im Weißen Haus wurde Caseys erfolgreichem Eindringen in die Sowjetunion keine allzu große Bedeutung beigemessen. Vor allem die Sicherheitsberater Allen, Clark und jetzt McFarlane hörte man immer wieder laut schimpfen, daß es keine Informationen direkt aus dem Politbüro gebe. Im Weißen Haus wollte man politische Informationen, die dem Präsidenten nützen konnten, und in dieser Richtung kam von Casey nicht eben viel. Im Weißen Haus war man vor allem versessen auf Nachrichtenmaterial, mit dessen Hilfe der Präsident die Sowjets ausmanövrieren konnte. Die Führungsqualitäten eines Präsidenten wurden unter anderem danach beurteilt, wie geschickt er mit den Russen umging. Insider-Informationen aus dem Politbüro waren unbezahlbar, aber hier hatte Casey nichts zu bieten. Zweitens wollte man im Weißen Haus Informationen für den Präsidenten in seiner Rolle als Chefarchitekt der US-Außenpolitik. Auch hier konnten Insider-Tips eine Gelegenheit für einen geschickten diplomatischen Schachzug gegen die Sowjets eröffnen, der sich als Prestigegewinn für den Präsidenten auszahlte. Selbst ein Hinweis, der es dem Präsidenten ermöglichte, die Sowjets in der internationalen Meinung durch eine Rede zur richtigen Zeit oder durch wissenschaftliche oder wirtschaftliche Erfolge auszustechen, konnte hilfreich sein.

Casey war der Ansicht, daß die CIA die besten Informationen in einem dritten Bereich liefere, der in der Verantwortung des Präsidenten vielleicht noch schwerer wog. Es ging um Informationen, die für den Präsidenten als Oberbefehlshaber der Streitkräfte wichtig waren, um militärische Spionage also und um der Frühwarnung dienendes Material. Perfekt war Caseys System nicht, das wußte er, aber in den meisten Fällen informierte es umfassend und zuverlässig und gab Präsident Reagan damit in Caseys Augen alles an die Hand, was er im Fall eines nuklearen Angriffs oder eines anderen militärischen Unternehmens der Sowjets brauchen würde. Einen großen Teil dieser Informationen verdankte man zugegebenermaßen der technischen Spionage – so die Erfassung von Truppenbewegungen entlang der Grenze durch Satelliten oder den von der NSA aufgefangenen Funkverkehr. Casey pries dennoch seinen Erfolg im Weißen Haus an und wies stolz darauf hin, daß die Reagan-Administration bis jetzt noch keine unliebsamen Überraschungen von den Sowjets erlebt habe, wenn man einmal von dem Abschuß der koreanischen Passagiermaschine absehe; und dabei habe es sich um einen Irrtum gehandelt, nicht um einen Plan, den die CIA hätte voraussehen müssen.

Casey war entschlossen, auch in den mit den Vereinigten Staaten befreundeten Ländern ein gut funktionierendes Informantennetz aufzubauen. Das war riskant, aber von entscheidender Bedeutung, wenn er dem Weißen Haus ein vollständiges, wahres Bild der Weltlage vorlegen wollte.

Ein bewährter, zuverlässiger Informant, der auf allen Kabinettssitzungen einer Regierung dabei war, war oft mehr wert als ein Stoß Papier mit den Aufzeichnungen elektronischer Abhöreinrichtungen zu jeder einzelnen Kabinettssitzung. Ein Informant konnte Gespräche auf dem Gang mithören, war vielleicht sogar selbst an welchen beteiligt, er bekam

Entscheidungen mit, die zwischen den Sitzungen gefällt wurden, er war ein Teil im Getriebe der Regierung und der Parteien und hörte jeden Klatsch. Er wußte, daß das, was ein Staatschef sagte, auch wenn er es nur vor wenigen Zuhörern sagte oder in einem Telefongespräch, nicht immer die volle Wahrheit war. Ein guter Informant konnte automatisch eine Auswahl unter den Informationen treffen, er konnte unter die Oberfläche sehen und die üblichen wohlklingenden Phrasen gleich aussortieren. Ein gutes Informantennetz war das höchste der Ziele, ein 24 Stunden am Tag funktionierendes Warnsystem.

In den politisch labilen Teilen der Welt – in Asien, Afrika, im Nahen Osten und in Lateinamerika – konnte man die Ängste der Staatschefs für den Aufbau eines Informantennetzes ausnützen. Eine Hauptsorge dieser Führer waren Versuche innerer wie äußerer Feinde, die Ordnung im Staat zu untergraben – durch Putschversuche, Terroranschläge, sogar politischen Mord. Fast überall auf der Welt verlangten solche Regimes deshalb nach Schutz. Schutz erforderte die Ausbildung von Sicherheitskräften, die Vermittlung entsprechender Sachkenntnis und modernste Ausrüstung. Kein Land war besser imstande, diese Art Schutz zu bieten, als die Vereinigten Staaten. Und keine Abteilung der US-Regierung hatte mehr Erfahrung in der geheimen Unterstützung ausländischer Staatschefs als die CIA.

Jedes Engagement im Ausland, mit dem die CIA Einfluß auf das Geschehen in dem jeweiligen Land nahm, war definitionsgemäß eine »verdeckte Aktion«, zu der eine formelle Direktive des Präsidenten notwendig war. Es galt die Regel, daß der Chef einer CIA-Station über das bloße Sammeln von Nachrichten hinausging, sobald er ein ausländisches Staatsoberhaupt, den Chef des ausländischen Geheimdienstes oder sonst jemanden beriet. Dies galt als verdeckte Aktion.

Der Aufbau von Sicherheitskräften und eines Nachrichtendienstes im Ausland war über die Jahre zu einer eigenen Kategorie von verdeckten Aktionen geworden. Es ging dabei nicht darum, ein Regime durch ein anderes zu ersetzen, ganz im Gegenteil, mit solchen Programmen sollte die amtierende Regierung stabilisiert werden.

Zu einem Preis, der sich irgendwo zwischen 300 000 Dollar und über einer Million Dollar für die Luxusausführung bewegte, schickte die CIA ein Team ins Land, das oft nur aus drei oder vier Agenten bestand. Die Agenten kamen aus der dafür zuständigen International Activities Division der CIA (Abteilung für internationale Aktivitäten) und wurden bei

der Ausbildung des einheimischen Personals und der Ablieferung der Ausrüstung von der technischen Abteilung und der Operationszentrale unterstützt.
Die Ausbildung war für die persönlichen Sicherheitskräfte bzw. die Palastwache des jeweiligen Staatschefs gedacht; oft nahm auch der Geheimdienst des Landes oder die örtliche Polizei daran teil.
Zur Ausrüstung gehörten die besten automatischen Waffen und Handfeuerwaffen, hochsensible Nachtsehgeräte und Walkie-Talkies, modernste Funksprechgeräte, die vielfach mit Chiffriervorrichtungen ausgerüstet waren. Besonders beliebt waren in diesen Ländern Hubschrauber der modernsten Ausführung. Weiter gab es Alarmsirenen, die leichten, aber wirkungsvollen kugelsicheren Westen, die der Präsident der Vereinigten Staaten zu seinem Schutz trug, und verschiedenes hochentwickeltes technisches Gerät zur Rundumverteidigung eines Gebäudes oder Palastes, zur Überwachung von Terroristen und zur Gewährleistung der Kommunikation zwischen Residenz und Geheimdienst oder Polizei.
Eines der verdeckten Hilfsprogramme war in Marokko durchgeführt worden, wo die CIA König Hassan II. seit Jahren mit technischer Ausrüstung und Ausbildung unterstützte. (Im Zweiten Weltkrieg hatte ein junger US-Offizier namens Vernon Walters den damals dreizehnjährigen Kronprinzen kennengelernt. Die beiden waren Freunde geworden, und ihre Freundschaft hatte auch noch bestanden, als Walters von 1972 bis 1976 stellvertretender Direktor der CIA war und zugleich praktisch der Sonderbeauftragte des Königs.) Die jahrelange CIA-Hilfe hatte großen Erfolg: Hassan war seit 1961 an der Macht; seine 22jährige Regierungszeit gehörte zu den längsten, die ein afrikanischer Staatschef aufweisen konnte. Im Gegenzug gab Hassan CIA und NSA in seinem Land praktisch freie Hand. Die US-Nachrichtendienste operierten in Marokko in umfassendem Maßstab und mit dem Einsatz modernster Technologien. Ihre besondere Bedeutung erhielten diese Operationen durch die strategische Lage Marokkos an der Straße von Gibraltar, von wo aus man den westlichen Zugang zum Mittelmeer unter Kontrolle hatte.
Die Amerikaner und die CIA verstanden sich also in Marokko – wie in Dutzenden anderer Länder – als Freunde, die nur ihre Verbündeten schützen wollten. Und angesichts der höchst prekären Verhältnisse im Innern dieser Länder konnte die Unterstützung durch die CIA für die dortigen Staatschefs das Überleben bedeuten.

Solche Hilfsoperationen hatten allerdings noch eine andere Seite. Mißtrauen und Opportunismus, zwei Bedingungen guter Spionagearbeit, spielten nach wie vor die entscheidende Rolle. Aus Freunden konnten über Nacht Feinde werden. Freundschaften wechselten mit der Definition nationaler Interessen. König Hassan mochte mit den Vereinigten Staaten in den meisten Dingen einer Meinung sein, doch würde es immer Punkte geben, in denen die Meinungen auseinandergingen. Credo des Paten der Mafia war es, mit Freunden engen Kontakt zu halten, mit Feinden dagegen noch engeren. Credo des Nachrichtendienstes mit seinen wechselnden Freunden und Feinden war es, zu allen Ländern gleichermaßen enge Beziehungen zu haben.

Durch persönlichen Kontakt mit dem Staatschef, mit seinem Lebensstil, mit den Angestellten seiner Büros oder seines Palastes lernten die Agenten des CIA-Teams fast alles kennen – die Terminkalender der Politiker, den politischen Alltag, die Personen, die wirklichen Einfluß hatten und am besten informiert waren, die Schrullen und kleinen Sünden des ständig lächelnden Staatschefs, seine Angehörigen, seine Berater. Es ergaben sich Gelegenheiten, Abhöreinrichtungen zu installieren, Telefone anzuzapfen und sich Zugang zu Büros und Wohnzimmern zu verschaffen. CIA und NSA wußten, welche Funkgeräte an Sicherheitskräfte und Geheimdienst ausgegeben wurden, wie sie funktionierten und mit welchen Frequenzen und, falls dafür eingerichtet, mit welchen Kodes sie arbeiteten.

Entscheidend waren die Möglichkeiten, die sich daraus für die Rekrutierung von Informanten ergaben. In den Wochen oder Monaten ihres Aufenthalts in dem betreffenden Land verkehrten die Agenten des CIA-Teams bzw. das Personal der CIA-Station täglich mit den Schlüsselbeamten der Sicherheitskräfte und des Geheimdienstes. Das CIA-Team hatte Zugang zum Personal, zu den Wachen und Funkern. Training, Diskussionen und Besprechungen, ausgedehnte Lunchpausen und noch ausgedehntere Mahlzeiten, das alles war Teil des Programms zum Schutz des Staatschefs; Fertigkeiten wollten perfektioniert werden, der Umgang mit den Geräten mußte erlernt werden, Risiko und Ziele waren gemeinsam. Die Folge war, daß der Nachrichtenfluß aus dem Ausland zunahm und die Zahl der Mitarbeiter stieg; die Art der neu angeworbenen Mitarbeiter variierte vom gutbezahlten Agenten bis zur informellen Bekanntschaft, zu der loser Kontakt bestand, der im Bedarfsfall aktiviert werden konnte.

Besonders viel versprach Casey sich von einflußreichen Persönlichkeiten, die gegen Bezahlung als Agenten arbeiteten oder ruhende Kontakte waren, an die man sich im Bedarfsfall wandte, wenn es um spezielle Informationen oder eine besondere Aufgabe ging. Diese Personen hatten oft überhaupt nicht das Gefühl, daß sie Agenten waren, da die CIA ja auf Einladung des Staatschefs ins Land gekommen war, die Beziehung zur CIA also in gewisser Weise »offiziell« sanktioniert war.
Andere gaben Informationen weiter, ohne es zu wissen. Das Ergebnis war ein effektiv arbeitendes, dichtes Netz von Maulwürfen und elektronischen Abhöreinrichtungen in den wichtigsten mit den USA befreundeten Ländern. Manche CIA-Beamte sahen darin eine große Gefahr – die Hilfsoperationen dienten in ihren Augen weniger der Unterstützung ausländischer Staatschefs als dem Sammeln von Nachrichten. Die CIA baute sich nach Meinung dieser Beamten durch ihre Operationen »trojanische Pferde« in den Gastländern, die mit Elektronik vollgestopft waren, und schlug aus der Hilfe für den Sicherheitsdienst des betreffenden Landes Kapital für die eigene geheimdienstliche Tätigkeit. Aber für Casey wäre es ein Verbrechen gewesen, von den hier sich bietenden Vorteilen keinen Gebrauch zu machen. Er bezeichnete solche Hilfsoperationen verschiedentlich als »Pflicht« und »Aufgabe«. Auch die Vereinigten Staaten seien verwundbar, und in der Auslandsspionage gebe es keine Vorschriften, keine Regeln oder Gesetze. Nur eines gelte: »Laß dich nicht schnappen. Und wenn du geschnappt wirst, gib nichts zu.«

Die Macht seiner Stationschefs im Ausland zu verstärken, war ein weiteres Ziel Caseys. Nichts verlieh einem Stationschef so viel Macht und Ansehen in dem betreffenden Land und in Langley wie die Hilfsoperationen. Die Stationschefs erhielten eine in eine Plastikfolie eingeschweißte Karte, auf der sämtliche verfügbaren Dienste einschließlich des Schutzes von Staatsoberhäuptern aufgelistet waren. Die Karte ging dann an das betreffende Staatsoberhaupt, das mit ihrer Hilfe sein Menu zusammenstellen konnte. Die Operationszentrale und die Abteilung Technik hatten so viele zwei bis drei Mann starke Teams im Einsatz, daß keiner, auch Casey nicht, ihre genaue Zahl wußte. Einige ausländische Staatschefs wurden regelrecht süchtig und bettelten ständig um die neueste Ausrüstung, die ihnen helfen sollte, an der Macht zu bleiben. Erfolgreich durchgeführte Operationen gaben den Stationschefs in der amerikanischen Botschaft unerhörten Einfluß, zumal wenn die Operation auch brauchbare politische Informationen aus den Kreisen um den Regierungschef erbracht hatte.

Auf Anordnung Caseys sollte die Durchführung einer Operation flexibel den jeweiligen Umständen angepaßt werden. Das führte in einigen Fällen, in denen ein Auffliegen der Operation die Beziehungen zu dem befreundeten Gastgeberland gefährdet hätte, auch zu einer Einschränkung der Spionagetätigkeit. In Indien war ein Spion der CIA aufgeflogen und verhaftet worden; die indische Premierministerin Indira Gandhi war wütend gewesen, daß die USA einen Spion in ihre unmittelbare Umgebung eingeschleust hatten. Die Regierungen beider Länder hatten jedoch beschlossen, die Sache in der Öffentlichkeit herunterzuspielen.
Wenn Casey sich vor unliebsamen Überraschungen aus dem Ausland vorsehen wollte, mußte er das Risiko eingehen, auch gegen befreundete Nationen zu spionieren. Kritiker innerhalb der CIA hatten vielleicht nicht ganz unrecht, wenn sie sagten, daß die Kosten des Scheiterns oder Auffliegens von Operationen zu wenig einkalkuliert wurden. Aber genau das war die Mentalität, gegen die Casey kämpfte – Defensive statt Offensive, Vorsicht statt Mut.
Und solche Operationen erbrachten schließlich auch Informationen der Art, wie sie die Beamten der Administration, der Außenminister, der Sicherheitsberater und das Weiße Haus wünschten.
Die Hilfsprogramme waren also ein Erfolg. Alles in allem hatte Casey zwölf davon gestartet. Empfänger der Hilfe waren:
Präsident Hissen Habre im Tschad, der ehemaligen französischen Kolonie südlich von Libyen. Habre war im Jahr zuvor an die Macht gekommen, nachdem er von der CIA paramilitärische Unterstützung erhalten hatte aufgrund einer Direktive aus der Anfangszeit der Reagan-Administration, mit der man Gaddafi hatte schädigen wollen. Gute Beziehungen zur Führung des Tschad waren wichtig, wollte man auf Gaddafi Druck ausüben.
Präsident Zia von Pakistan. Kein anderer Staatschef mußte wohl ein Land regieren, das geographisch so ungünstig gelegen und auf allen Seiten von feindlichen Nachbarn umringt war – im Westen der Iran, im Norden das von den Sowjets beherrschte Afghanistan, dann ein kleiner Zipfel der Sowjetunion, eine gleichfalls kurze gemeinsame Grenze mit China und im Osten und Süden der erbitterte Gegner Indien. Von äußerster Wichtigkeit war Präsident Zias Erlaubnis für die CIA, den

Rebellen in Afghanistan über Pakistan paramilitärische Hilfe zu leisten, deren Umfang immer größer wurde. Casey, die CIA und die Reagan-Administration wünschten übereinstimmend, daß Zia an der Macht blieb; sie mußten wissen, was in seiner Regierung vorging. Die CIA-Station in Islamabad gehörte zu den größten der Welt.
Liberias Regierungschef Stabsfeldwebel Samuel K. Doe. Der stellvertretende Chef der Leibwache Does, Oberstleutnant Moses Flanzamaton, ließ sich von der CIA anwerben und versuchte einige Zeit später, durch einen Anschlag auf Does Jeep an die Macht zu kommen. Doe blieb im Kugelhagel unverletzt, aber Flanzamaton wurde festgenommen und gestand seine Beziehungen zur CIA. Aus naheliegenden Gründen schmückte er seine Geschichte dahingehend aus, daß die CIA als Anstifterin des Attentats erschien. In Langley hielt man einige Tage den Atem an, man fürchtete, daß dem Nachrichtendienst jetzt ein Attentatsversuch in die Schuhe geschoben würde. Liberia war von freigelassenen amerikanischen Sklaven gegründet worden und die erste Republik auf afrikanischem Boden gewesen. Flanzamaton hatte sich offensichtlich der CIA angeschlossen, weil er sich davon eine Förderung seiner eigenen Ambitionen versprach. Eine Woche nach dem Putschversuch wurde er hingerichtet, und die Vorwürfe gegen die CIA starben mit ihm.
Die Grenztruppen Thailands, die man bei der Bewachung der Grenze zum kommunistisch regierten Kambodscha unterstützte.
Der philippinische Präsident Marcos, ein wichtiger Freund der USA, der den USA erlaubte, in seinem Land Luftwaffen- und Marinestützpunkte zu unterhalten. Marcos schlug sich außerdem mit kommunistischen Erhebungen herum.
Der sudanesische Präsident Numeiri, der enge Beziehungen zu den USA unterhielt und in Afrika ein weiterer Verbündeter gegen Gaddafi war.
Der libanesische Präsident Amin Gemayel. Die CIA wollte unter allen Umständen verhindern, daß er wie sein Bruder Beschir Gemayel gestürzt und umgebracht wurde.
Präsident Duarte von El Salvador. Angesichts der aufwendigen Versuche, Waffenlieferungen an die linken Rebellen in El Salvador abzufangen und eine Machtübernahme durch die Linke zu verhindern, war es von entscheidender Bedeutung, daß Duarte am Leben und an der Macht blieb.
Daneben gab es weitere Operationen – offensichtliche und weniger offensichtliche. Aber von allen geheimdienstlichen Aktivitäten Caseys

brachten die Hilfsprogramme, durch die eine ausländische Regierung geschützt werden sollte, mit die besten Ergebnisse. Casey erkannte, daß er sich für all diese verdeckten Aktionen und Operationen einsetzen mußte, auch dann, wenn sie nur marginale Ziele verfolgten oder sogar wirkungslos blieben. Es war eine Möglichkeit für die CIA, mitzureden. Er fragte sich, ob solche Dinge zu weit getrieben werden könnten, und kam zum Schluß: theoretisch, ja. Wie konnte man sie also unter Kontrolle halten? Seine Antwort war einfach: Er würde sie persönlich kontrollieren. Nach den Bestechungsskandalen in den 70er Jahren, zu deren Aufdeckung Sporkin, der damals für die SEC arbeitete, beigetragen hatte, hatte der Kongreß ein Gesetz verabschiedet, das Zahlungen an ausländische Interessenten im Gegengeschäft verbot. Zahlungen an ausländische Regierungschefs und Geheimdienste aber waren legal – legalisierte Bestechungsgelder, das war Casey wohl bewußt. So konnte er beispielsweise einfach zwei- oder dreimal im Jahr den pakistanischen Regierungschef Zia besuchen, und bald würde er derjenige sein, der von der gesamten Reagan-Administration den besten Draht zu ihm hatte. Wenn Zia Unterstützung irgendwelcher Art brauchte, würde er sich notgedrungen an ihn wenden, um sie zu erhalten.
Eine ähnliche Wirkung wie verdeckte Operationen hatten die militärische Präsenz und die militärischen Manöver der USA in verschiedenen Teilen der Welt. Das Pentagon hatte in den letzten Jahren zahlreiche Manöver in Honduras durchgeführt. Es handelte sich um Kanonenbootdiplomatie schwersten Kalibers, dazu gedacht, das angrenzende Nicaragua einzuschüchtern. Nach den Truppenübungen hatte man die Ausrüstung, die vorläufigen Basen und Rollbahnen in Honduras zurückgelassen. Solche Manöver wurden wie verdeckte Operationen behandelt. Die nachrichtendienstlichen Ausschüsse des Kongresses wurden in aller Form davon unterrichtet, da die Wirkung insgesamt der einer verdeckten Operation zur Unterstützung einer Regierung entsprach.
Die Unterstützung des verstorbenen ägyptischen Präsidenten Anwar as-Sadat durch die CIA machte Vor- und Nachteile der verdeckten Operationen deutlich. Sadat war nach Nassers Tod 1970 an die Macht gekommen, und zwei Jahre später hatte er die Russen aus Ägypten hinausgeworfen. Die CIA hatte bald eines ihrer umfangreichsten Programme zum Aufbau einer Leibwache und zur Unterstützung des ägyptischen Geheimdienstes eingeleitet. Zum einen wollten die USA, daß Sadat am Leben blieb, und zweitens konnte man jede Menge Insider-Informatio-

nen über Sadat und seine Politik gebrauchen. Der größte Teil dieser Informationen erwies sich als wertlos, sorgte aber bei der CIA für Heiterkeit, denn man bekam aus nächster Nähe die Kaprizen und Intrigen Dutzender von Ministern und Staatssekretären mit.
Die gesammelten Informationen wurden nicht immer auch entsprechend ausgewertet. Die Analytiker wurden von der Datenflut oft erdrückt, Quantität siegte über Qualität. Das Beschaffen von geheimen Daten wurde zur Sucht, zu Auswahl und Auswertung kam es zeitweise überhaupt nicht mehr. Je mehr die CIA wußte, desto weniger hatte sie in der Hand. Staatschefs wie Sadat sahen in den Operationen der CIA eine Art Türöffner, sie verhielten sich, als ob die Operationen sie zu einem besonderen Zugang zur US-Regierung berechtigten. Ohne die normalen diplomatischen Kanäle zu benützen, wandten sie sich direkt an die CIA und baten sie um spezielle Informationen und Gefälligkeiten, manchmal auch um Geld.
Sadat behandelte den DCI selbst manchmal wie einen Beamten, der zu seiner speziellen Verfügung stand. William Colby eröffnet seine Memoiren *Honorable Men* mit der Beschreibung einer Fahrt nach Florida 1975 »zu einem vom Protokoll vorgesehenen Treffen mit dem ägyptischen Präsidenten Anwar as-Sadat ... Ich wollte ihm meine Aufwartung machen.« Den ganzen Nachmittag hatte Colby sich vor Sadats Quartier die Beine in den Bauch gestanden, die Nacht hatte er im Auto verbracht, ohne Sadat ein einziges Mal zu sehen. Sadat hatte statt dessen Barbara Walters ein Interview gegeben. Colby erwähnt den Vorfall, weil er am selben Wochenende von Präsident Ford gefeuert wurde. Er war natürlich nicht nur wegen des Protokolls von Washington hergereist, und auch nicht nur, um seine Aufwartung zu machen. Auch der bescheidene und zurückhaltende Colby hätte nicht den ganzen Samstagabend im Auto verbracht, wenn es nicht wichtig gewesen wäre. Sadat war, im weitesten Sinn, ein Mitarbeiter des Nachrichtendienstes, auch wenn er nicht direkt von der CIA bezahlt und in keiner Weise von ihr kontrolliert wurde. Aber er hatte sich und sein Land der CIA geöffnet für eine Beziehung, die für ihn durch gegenseitiges Interesse bestimmt war. Aber obwohl die Beziehung auf Gegenseitigkeit beruhte, barg sie zugleich auch für beide Seiten Gefahren.
Einige erfahrene CIA-Beamte standen der Verbindung zu Sadat mit Skepsis gegenüber; daß Sadat bei jedermann den Eindruck erweckte, er vertraue sich ihm vorbehaltlos an, hielten sie für Taktik. In mancher

Hinsicht verkaufte Sadat sich an die Hauptbeteiligten des Spiels zu 110 Prozent. USA und die CIA glaubten, daß er zu ihnen gehöre; dasselbe glaubten die ägyptische Armee, die anderen arabischen Staaten und nach Camp David zeitweise sogar Israel. So gelang es Sadat, Verbindungen zu knüpfen. Vielleicht förderte es auch die Isolation Sadats von seinem Volk. Der Tag der Abrechnung kam wie ein Blitz aus heiterem Himmel: Leibwache und Sicherheitskräfte, die ihre Arbeit schon so lange verrichteten, versagten. Die Ermordung Sadats bei einer öffentlichen Parade am 6. Oktober 1981 beendete eine der wichtigsten Beziehungen der CIA.

Noch ein anderer Bereich der Spionage erwies sich für Casey besonders im Hinblick auf nützliche politische Informationen als äußerst ergiebig. Er war dabei Nutznießer eines Streits, der bereits 1978 unter der Carter-Administration entstanden und beigelegt worden war. CIA und NSA hatten damals beide relativ unabhängig voneinander in der technischen Nachrichtenüberwachung operiert und waren sich dabei oft ins Gehege gekommen. Die CIA arbeitete mit einer »Division D« genannten Eliteeinheit, die aus weniger als hundert CIA-Agenten bestand. Im allgemeinen war es Aufgabe der NSA, den Nachrichtenverkehr in der Luft abzufangen, während die »Division D« der CIA Telefone anzapfte und in Zimmern Abhörvorrichtungen anbrachte. In raschem Wechsel reiste die Einheit von Land zu Land und von US-Botschaft zu US-Botschaft, um dann in riskanten Aktionen in die Büros einer ausländischen Regierung einzubrechen und die Geräte anzubringen.
Konkurrenz und Kompetenzstreitigkeiten zwischen CIA und NSA drohten 1978 überhand zu nehmen. Die Kongreßausschüsse reagierten, indem sie der CIA-Einheit die Mittel strichen. CIA und NSA sahen sich so zu gemeinsamen Aktionen an den Botschaften gezwungen.
Ende 1983 arbeiteten an etwa einem Drittel der US-Botschaften im Ausland solche Gemeinschaftsteams aus CIA und NSA. Oft nur zwei oder drei Mann stark, arbeiteten die Teams unter strengster Geheimhaltung und verbanden das technische Expertenwissen der Leute von der NSA mit den eher praktisch orientierten und Mut erfordernden Aktionen der CIA-Agenten. Die Teams wurden Special Collection Elements oder Special Collection Sites genannt und lieferten hervorragendes Nachrichtenmaterial, besonders wenn die US-Botschaft günstig auf einem Hügel gelegen war oder in der Nähe des Außen- oder Verteidi-

gungsministeriums und anderer wichtiger Ministerien oder Amtssitze des Gastlandes. Der Teamchef gehörte entweder zur CIA oder zur NSA, je nachdem, welcher Art die Mission und das angestrebte Ziel waren. Besonders wirksam konnten solche Spezialeinheiten in osteuropäischen Hauptstädten eingesetzt werden.
Der Schlüssel zum Erfolg war dabei die moderne Technologie. CIA und NSA hatten Abhörtechniken entwickelt, von denen die Gastgeberländer sich kaum eine Vorstellung machten. Die dabei angewandten Methoden waren Film und Spionageroman weit voraus; Telefonleitungen und Zimmer konnten abgehört werden, ohne daß es eine physische Verbindung gab oder jemand vorher in den Raum eingedrungen war. Gespräche im Zimmer konnten über das Fenster abgehört werden, indem man die Schwingungen des Glases mit einem kleinen, unsichtbaren Strahl maß. Der Strahl ging von einem mehrere hundert Meter entfernten Sender aus, wurde im spitzen Winkel vom Fenster zurückgeworfen und von einem ebenfalls einige hundert Meter entfernten Empfänger aufgenommen und verstärkt. Eine andere Methode hatte man Ende der 70er Jahre beim US-Nachrichtendienst entwickelt: das Mikrophon eines ganz normalen, aufgelegten Telefonhörers gab schwache Impulse durch die Leitungen weiter, die isoliert und in Ton umgewandelt werden konnten. Wer sich Zugang zu den Telefonleitungen verschaffen konnte und die entsprechende hochentwickelte Ausrüstung zur Verfügung hatte, konnte das in den Telefonhörern aller Zimmer und Büros eingebaute Mikrophon als Wanze benützen.
Die Ergebnisse der Teams von CIA und NSA an Dutzenden von US-Botschaften wurden aber nicht nur immer besser, weil Technik und Verkleinerung der Hilfsmittel verbessert wurden, sondern weil Casey unermüdlich mehr verlangte.
Immer wieder war von ihm die Frage zu hören: »Warum haben wir über diesen Burschen keine Informationen?« Er wollte eine Antwort, und im allgemeinen vergaß er nicht, daß er eine Frage gestellt hatte. Im Lauf der Jahre wurde klar, daß die einzige Antwort, mit der er zufriedengestellt werden konnte, die war, die Informationen zu beschaffen.

Casey wußte sehr gut, daß ein großer Teil seiner Probleme darin lag, die aufgeblähte Verwaltung zu organisieren. Er hatte das Buch *In Search of Excellence: Lessons from America's Best-Run Companies* gelesen und war sehr beeindruckt gewesen davon. Er wollte all diese Erkenntnisse für

die CIA nutzen. Er hielt Besprechungen ab, verlangte, daß jede Abteilung Ideen vorbringen solle, wie man alles besser machen könne und wie die Mitarbeiter zufriedener würden. Zuletzt hatte er ungefähr achthundert Vorschläge zusammen, und als er einmal krank zu Hause lag, las er sie durch und hielt seine Schlußfolgerungen auf seinem Diktiergerät fest.
Im Februar 1984 wurde ein »CIA-Credo« von einer Seite verteilt, das neun Punkte umfaßte, von denen jeder mit »Wir . . . « begann, um deutlich zu machen, daß die CIA für den Präsidenten arbeitete.
Caseys Ziele gemäß diesem »Credo« waren: ». . . Einhaltung der Termine und höchste Qualität . . . Objektivität und Vorurteilslosigkeit . . . Bereitschaft, herkömmliche Ansichten über Bord zu werfen . . . Integrität, Moral und Ehrenhaftigkeit sowie Übereinstimmung mit Geist und Buchstabe von Gesetz und Verfassung . . . amerikanische Werte, nationale Sicherheit und Interessen . . . Verschwiegenheit . . . absolute Loyalität einander und ebenso dem gemeinsamen Ziel gegenüber . . . Initiative, größtmögliche Einsatzbereitschaft und die Energie, zu handeln.«
Über das »Credo« wurde in der CIA viel gespottet und gelacht.

Anfang 1984 erinnerte Clarridge Casey daran, daß sie mehr als die vom Kongreß bewilligten 24 Millionen Dollar benötigen würden. Ja, Casey wußte es. Sie kämpften mit einer Hand auf dem Rücken, und so wollte es der Kongreß haben. Es war absurd: 24 Millionen Dollar deckten gerade die Kosten für ein paar neue Düsenjets. Clarridge hatte ausgezeichnete Arbeit geleistet: er hatte eine Armee von mehr als 10 000 Contras aufgestellt und nebenher noch die Verminung der Häfen vorangetrieben – und das alles mit einer Handvoll Dollar. Casey hätte jetzt in der Mitte des Fiskaljahres um eine zusätzliche Finanzspritze in der Größenordnung von 20 Millionen Dollar bitten können. Doch das wäre erniedrigend und auch schwierig, angesichts des bevorstehenden Präsidentschaftswahlkampfes. Nicaragua schwebte über dem Land wie eine Seifenblase, die ständig zu zerplatzen drohte. Umfragen ergaben, daß die Mehrheit der Amerikaner vor einem Krieg in Zentralamerika Angst hatte, und im Weißen Haus klang die politische Einschätzung der Lage ganz simpel: Nicaragua und die CIA müssen aus den Schlagzeilen der Presse verschwinden. Jim Baker achtete darauf.
Casey brauchte ein abgekürztes Verfahren, um den Kongreß zu umgehen. Die Frage war, ob es einen Weg gab, den ständigen Kreislauf von Sitzungen und Konferenzen, Debatten und Informationsweitergabe der

Vergangenheit abzukürzen. Er war auf der Suche nach neuen Ideen. Gab es eine Möglichkeit, den Kongreß mit seinen eigenen Regeln zu schlagen?
Vor fast fünfzig Jahren hatte Casey die Erfahrung gemacht, daß man Regeln, ohne nachzudenken, einfach befolgen oder mit ein bißchen Phantasie interpretieren konnte. Das war 1937 gewesen, nachdem er mit 24 Jahren an der juristischen Fakultät sein Examen abgelegt hatte. Es war die Zeit der Depression, und Arbeit war schwer zu bekommen. Casey fand eine Anstellung beim amerikanischen Tax Research Institute in New York. Für 25 Dollar in der Woche mußte er sich eingehend mit der New Deal-Gesetzgebung befassen und Berichte herausgeben, in denen sie erläutert und zusammengefaßt wurde. Die Geschäftsleute, die Bosse der amerikanischen Industrie, wollten Roosevelts Bemühungen weder verstehen, noch waren sie damit einverstanden. Casey schrieb seine Zusammenfassungen auf einer primitiven Schreibmaschine, deren Walze noch mit Wachs beschichtet war. Er fand schnell heraus, daß die Geschäftsleute weder Kommentare noch Lob oder Kritik wollten. Statt dessen waren sie daran interessiert, zu erfahren, was man tun mußte, um das Gesetz nur soweit, wie unbedingt nötig, zu befolgen. Wie konnte man die neuen Programme Präsident Roosevelts und des Kongresses unterlaufen? Casey hatte es geschafft, in dieser Angelegenheit einen erstaunlichen Erfolg zu verbuchen.
Casey erklärte, er sei entschlossen, nicht gegen das Gesetz zu verstoßen. »Ich werde das Gesetz nicht brechen«, versicherte er. Er würde es einfach umgehen. Er würde die Regeln nur soweit befolgen, wie es nötig war, damit er und der Nachrichtendienst abgesichert waren und er dadurch mehr Geld für die Contras bekam. In den vergangenen Monaten hatte er mit einigem Erstaunen beobachtet, wie der Kongreß von einem seiner Mitglieder von innen heraus manipuliert wurde. Es war eine Fallstudie.
Zu der Zeit, als sich die CIA die 24 Millionen Dollar für die Contras schwer erkämpfen mußte, hatte sie um etwa 30 Millionen Dollar für das verdeckte Hilfsprogramm für den Widerstand in Afghanistan gebeten. Daraufhin hatte sich ein Kongreßabgeordneter gemeldet, der noch nicht einmal dem Geheimdienstausschuß des Repräsentantenhauses angehörte, und freiwillig weitere 40 Millionen Dollar für das Afghanistan-Programm zur Verfügung gestellt; das war mehr als das Doppelte des bisherigen Aufwands.

Dieser Kongreßabgeordnete, Charlie Wilson, war ein großer, schlaksiger und leutseliger Demokrat aus Texas, ein ausgesprochener »Falke«, dessen Kongreßwahlbezirk für das Draufgängertum der Texaner stand. Im vorangegangenen Jahr war Wilson dreimal nach Pakistan gereist, von wo aus das verdeckte Afghanistan-Programm geleitet wurde. Er hatte zusammen mit den Rebellen die Grenze des von der Sowjetunion beherrschten Afghanistan überschritten. Für Wilson war es der rechte Krieg zur rechten Zeit. Die 30 Millionen Dollar, erklärte er, seien ein »Klacks«. Er wollte noch mehr tote Russen. »Es gab 58 000 Tote in Vietnam, und wir sind den Russen noch einen schuldig.« Auf seiner letzten Reise nach Pakistan hatte Wilson erkannt, daß die sowjetischen Hubschrauber, die den Luftraum beherrschten, für die Rebellen ein großes Problem waren.
Wilson versuchte durchzusetzen, für die Rebellen einige moderne Flugabwehrwaffen zu bekommen. Er behauptete, die Idee stamme vom pakistanischen Präsidenten Zia, und schlug die hochentwickelte, in der Schweiz hergestellte Schnellfeuerwaffe Oerlikon vor. Normalerweise hätte Casey einen Kongreßabgeordneten, der versuchte, sich in die Geschäfte des Nachrichtendienstes einzumischen, sofort gestoppt. Doch Wilson hatte einen regelrechten Feldzug gestartet und innerhalb der Regeln des Kongresses Mittel und Wege gefunden. Der Geheimdienstausschuß des Repräsentantenhauses war der sogenannte »autorisierende« Ausschuß, doch insgesamt gesehen waren Machtverteilungen unter der Hand und die »Genehmigung« von Geldern lediglich der erste Schritt. Es gab ein zweistufiges System: die genehmigte Geldsumme mußte danach formell von einem besonderen, einflußreichen Ausschuß bestätigt werden. Dafür war das House Appropriations Committee (Bestätigungsausschuß des Repräsentantenhauses) zuständig, dem Wilson angehörte. Als dieser Ausschuß zusammentrat, um über das Budget des Verteidigungsministeriums zu beraten, erklärte Wilson, er wolle nur eins – mehr Geld für die afghanischen Rebellen, diese tapferen Freiheitskämpfer. Obwohl der Geheimdienstausschuß keine Genehmigung erteilt hatte, wollte er, daß man ihm das Geld bestätigte. Er berichtete, wie auf einer seiner Reisen in diese Region ein 11 jähriger afghanischer Junge zu ihm gekommen sei und gesagt habe: »Tötet nicht alle Russen«, denn er wollte, daß einer für ihn übrig blieb, damit er ihn töten konnte, wenn er erwachsen war. Wilson hatte seine Kollegen im Ausschuß weniger mit seiner Geschichte als mit seiner Hartnäckigkeit beeindruckt.

Wieviel mehr er haben wolle?
»40 Millionen Dollar«, antwortete Wilson. Diese Zahl war einfach aus der Luft gegriffen.
Da der Ausschuß gerade über einen Verteidigungshaushalt von annähernd 280 Milliarden Dollar verhandelte, erschien die Summe von 40 Millionen als ein Bruchteil, der kaum ins Gewicht fiel. Das Verhältnis war so, als würde der Ausschuß über 7000 Dollar beraten, während ein Mitglied nur von einem einzigen Gedanken besessen ist, zusätzlich einen Dollar bewilligt zu bekommen. Wilson erklärte, er sei gewillt, sich bei passender Gelegenheit zu revanchieren und bei einer Abstimmung diejenigen zu unterstützen, die jetzt für die Bewilligung der 40 Millionen Dollar stimmten. Er kam damit durch.
Als nächstes wurde Wilson in den Vermittlungsausschuß berufen, der zwischen Senat und Repräsentantenhaus eine Einigung über den gesamten Staatshaushalt herbeiführen sollte. Hier war sein Einfluß sogar noch größer, und er setzte sich erneut durch.
Auf einmal hatte Casey zusätzlich 40 Millionen Dollar für die Afghanistan-Operation zur Verfügung. Das Geld sollte aus dem Etat des Pentagon kommen, und die Beamten des Verteidigungsministeriums erhoben innerhalb der Administration lautstark Protest. Das Pentagon brachte eine geheime Studie in Umlauf, in der die Behauptung aufgestellt wurde, die Flugabwehrwaffe Oerlikon sei für einen Guerillakrieg ungeeignet. Die spezielle, teure und hochentwickelte Munition, mit der man Panzer durchbohren könne, entspreche dem neuesten Stand der Technik; die Waffe benötige eine sorgfältige Wartung, und auf der holprigen Straße zum Khyber-Paß werde sie nicht lange halten. Aber Wilson war Absolvent der Naval Academy und ein Freund des Pentagon, und das Pentagon gab schließlich nach.
Die Regierung übermittelte durch den Budget-Direktor David Stockman ein streng geheimes Schreiben an die beiden Geheimdienstausschüsse und bat darin um die »Genehmigung« für die 40 Millionen Dollar. Goldwater war wütend über den Versuch, seinen Ausschuß zu umgehen und die normale Genehmigungs- und Bewilligungsprozedur im Kongreß umzustoßen. Das war eine Frage der Machtbefugnis. Wenn der Geheimdienstausschuß über verdeckte Operationen keine Kontrolle mehr ausüben konnte, indem er die Mittel dafür genehmigte, dann war er praktisch überflüssig.
Wilson setzte seine Kampagne fort. Er belagerte die Büros der Mitglie-

der des Geheimdienstausschusses des Repräsentantenhauses und versuchte, die Abgeordneten zu beeinflussen. Dabei wußte er die umstrittene Operation in Nicaragua geschickt zu seinem Vorteil zu nutzen. Viele seiner Kollegen aus dem Repräsentantenhaus, die gegen die Operation in Nicaragua waren, wollten beweisen, daß sie die sowjetische Expansionspolitik keineswegs billigten. Nach Wilsons Meinung war die Unterstützung der Afghanistan-Operation der beste Beweis. Einige Demokraten vertraten die Ansicht, daß Nicaragua der »falsche« und das besetzte Afghanistan der »richtige« Kriegsschauplatz sei.

Schließlich legte DDCI John McMahon ein streng geheimes Schreiben vor, in dem der Mehrbetrag von 40 Millionen Dollar und die Oerlikon befürwortet wurden. Als die Operation während der Amtszeit von Präsident Carter eingeleitet worden war, war er DDO gewesen (Casey nannte McMahon den »Vater« der Afghanistan-Operation). Normalerweise stand McMahon verdeckten Operationen skeptisch gegenüber, doch die nahezu einmütige Zustimmung im Kongreß zu dem Unternehmen in Afghanistan hatte ihn überzeugt. Seine Meinung bewog den Senat wie auch das Repräsentantenhaus, die zusätzlichen Forderungen zu billigen.

Wilson erklärte den CIA-Beamten in der Operationszentrale, sie seien zu zaghaft; sie hätten selbst mehr Geld verlangen sollen.

Für Casey war es ein unverhoffter Glücksfall. Und das nicht nur, weil die 40 Millionen Dollar das Afghanistan-Programm wieder ankurbeln, sondern auch, weil es ein Beweis dafür war, daß der Kongreß von sich aus eine verdeckte Aktion befürworten und die Administration umgehen konnte. Casey sah darin einen überzeugenden Beweis der Entschlossenheit, was zumindest für den Augenblick ebenso wichtig war wie Geld oder neue Waffen. Die CIA war mit der Oerlikon nicht vertraut; sie besaß eine für Testzwecke, und der Kauf von neun weiteren war geplant. Es würde Monate, wenn nicht sogar mehr als ein Jahr dauern, bis man sie in Afghanistan einsetzen könnte. Doch für die CIA war die Stimmung günstig. Casey fragte sich, ob sie sich nicht auch für Nicaragua ausnützen ließe, obwohl es so aussah, als würde die Hilfe für Nicaragua eingeschränkt, je mehr die Unterstützung für Afghanistan zunahm. Das war ein klassischer gesetzgeberischer Kompromiß. Die entscheidende Lektion steckte jedoch in Wilsons Vorgehensweise. Er hatte das ganze System ins Rollen gebracht – die Operationszentrale, McMahon, Casey, die Administration, das Repräsentantenhaus und den Senat.

16

Assistant Secretary Tony Motley erkannte ebenfalls, daß die Operation in Nicaragua sich allmählich erschöpfte. Als Leiter des Projekts fühlte er sich verpflichtet, sein Teil dazu beizutragen. Senator Ted Stevens aus Alaska – Motleys Mentor – war Vorsitzender des Senatsunterausschusses für die Bestätigung von Verteidigungsausgaben. Anstatt mit Goldwaters Geheimdienstausschuß (dem autorisierenden Ausschuß) zu verhandeln, schlug Motley vor, die Administration solle es ebenfalls mit einem Spurt à la Charlie Wilson versuchen. Was solle man sich um den Geheimdienstausschuß kümmern, wenn die Administration doch direkt handeln könne, erklärte Motley – nämlich über den Bestätigungsausschuß, der die finanziellen Mittel eben bestätige. Daher trug er seine Bitte um weitere 21 Millionen Dollar für Nicaragua Stevens vor und sagte ihm, die Chancen stünden wahrscheinlich nur eins zu fünf, die Sache auf diese Weise durchzubringen.
Stevens war bereit, es auf einen Versuch ankommen zu lassen.
Doch noch ehe der erste Schritt getan werden konnte, kam Goldwater dahinter. »Diese verdammte Administration«, sagte er, »ist sich selbst der ärgste Feind.« Dies sei ein unsinniger, undiplomatischer Akt, der sämtlichen seit langem geltenden Regeln und Gebräuchen des Senats zuwiderlaufe. Er sei ihr Freund, stehe auf ihrer Seite und gehöre derselben Partei an. Der Verbindungsmann der CIA im Kongreß, Clair George, sagte, Tony Motley habe den Vorschlag gemacht, und das Weiße Haus habe nichts davon gewußt.
Dennoch schrieben Goldwater und Moynihan am 12. März 1984 einen geheimen Brief an Präsident Reagan persönlich und protestierten aufs schärfste gegen die Mißachtung des Senatsprotokolls. Casey erhielt eine Kopie des Schreibens. Außenminister George Shultz entschuldigte sich bei Goldwater.
Damit war Goldwater wieder mit der Administration versöhnt, und am

späten Donnerstag abend, dem 5. April, versuchte er, im Senat die 21 Millionen Dollar für Casey zu bekommen. Es war nach der Cocktail-Stunde, und Goldwater, der immer noch Schmerzen in der Hüfte hatte und unter den Nachwirkungen der Operationen litt, hatte einige Medikamente geschluckt. Mit seinen 75 Jahren war er noch zwei Jahre älter als Präsident Reagan, doch er war nach wie vor bereit, sich durchzuschlagen. Goldwater hielt die übliche regierungstreue Linie ein und tadelte seine Kollegen wegen der »Einmischung in die Bemühungen des Präsidenten, die nationale Sicherheit zu verteidigen«.

Während Goldwater sprach, saß Senator Biden, einer der Kritiker Caseys im Nachrichtendienstausschuß, auf seinem Platz und las ein geheimes Memorandum, das ein Mitarbeiter des Ausschusses verfaßt hatte. Darin wurde behauptet, daß die CIA bei der Installierung von Unterwasserminen in drei nicaraguanischen Häfen direkt beteiligt gewesen sei. Dem Memorandum zufolge war das alles von sogenannten UCLAs (»unilaterally controlled Latino assets«, Latinos, die als Vollzeitagenten der CIA arbeiteten) ausgeführt worden. Biden war überrascht. Er hatte nichts davon gewußt, aber es war durchaus möglich, daß er eine Anhörung verpaßt oder eine Mitteilung übersehen hatte. Er stand auf und brachte das Memorandum dem Republikaner Bill Cohen, der ebenfalls Mitglied des Ausschusses war.

Cohen las es aufmerksam durch. Das Memorandum machte deutlich, daß die CIA die Verminung von Häfen geplant, veranlaßt und durchgeführt hatte. Hier ging es nicht um Unterstützung oder Nachschub. Dies war eine unmittelbare Aktion der CIA. Die Verminung von Häfen war keine verdeckte Aktivität der Grenze entlang. Man war einen Schritt weiter gegangen als an jenem denkwürdigen Tag, an dem der Flughafen von Managua angegriffen wurde. Minen zu legen war eine Kriegshandlung. Dadurch kam die Erbärmlichkeit dieser ganzen Operation deutlicher zum Vorschein als je zuvor.

Cohen ging hinüber zu Goldwater und übergab ihm das Memorandum. »Barry, was zum Teufel ist das?« fragte Cohen schroff. »Ist das wahr? Warum hat man mir nichts davon gesagt?«

Goldwater wußte erst nicht, was er sagen sollte, doch dann tat er, was er für das beste hielt: er bat ums Wort und begann das geheime Memorandum vorzulesen. Goldwaters Stabschef Rob Simmons rannte zu Cohen hinüber und rief: »Holt ihn da runter, hindert ihn daran, weiterzulesen.« Es gehörte zu Simmons' Alpträumen, daß Goldwater oder ein anderer

Senator eines Tages mit geheimen Informationen ans Rednerpult treten könnte und damit der CIA und Casey einen Grund lieferte, um den Informationsfluß weiter einzuschränken und den Ausschuß als nicht vertrauenswürdig zu brandmarken.
Cohen war nicht schnell genug bei Goldwater, und Simmons stürmte selbst ans Rednerpult und riß Goldwater das Memorandum fast aus der Hand.
Goldwater und Simmons sahen sich fragend an. Verminung? Warum hatte man ihnen nichts davon gesagt? Wenn überhaupt jemand darüber Bescheid wissen mußte, dann waren sie es. War dies eine Sache, über die Casey Goldwater persönlich informiert hatte? Goldwater behauptete nein. Simmons sagte, er habe ebenfalls keine Ahnung gehabt. In den vergangenen Jahren hatten sie die verdeckte Operation immer wieder gerettet. Warum hatte man sie diesmal im unklaren gelassen?
»Treiben Sie Bill Casey auf«, sagte Goldwater, »und finden Sie heraus, was zum Teufel da vor sich geht.«
Simmons hatte aus dem Kongreßbericht gestrichen, was Goldwater vorgelesen hatte. Trotzdem bekam David Rogers, ein Journalist des *Wall Street Journal*, Wind von der Sache und brachte die Geschichte in der nächsten Frühausgabe. Die Schlagzeile war allerdings ein wenig untertrieben: ROLLE DER USA BEI DER VERMINUNG DER HÄFEN NICARAGUAS GRÖSSER ALS ANGENOMMEN.
Simmons brachte den nächsten Tag damit zu, John McMahon ans Telefon zu bekommen.
»Ich war beschäftigt«, erklärte McMahon, als Simmons ihn schließlich erreichte.
»Haben Sie davon gewußt?« fragte Simmons kühl.
McMahon wich der Frage aus, aber er erklärte, Casey habe es den Ausschußmitgliedern bei einem gemeinsamen Frühstück im CIA-Hauptquartier mitgeteilt.
Simmons prüfte diese Behauptung nach. Goldwater war nie bei einem Frühstück in der CIA-Zentrale gewesen.
Allmählich wurde die Nachricht auch im Senatsausschuß aufgenommen. Etwa 75 »Knallkörper«-Minen waren in drei nicaraguanischen Häfen versenkt worden. Aber viele der aus den USA stammenden Minen enthielten bis zu 300 Pfund C-4-Sprengstoff. Simmons kannte sich mit C-4 aus. Eine Ladung von 300 Pfund reichte für eine gewaltige Explosion aus. Eine Anzahl Händler oder Fischer war verwundet worden, und aus

einem Bericht ging hervor, daß ein Mensch getötet worden sei. Bevor in den Häfen Minen gelegt worden waren, hatte Nicaragua einen Großteil seines Erdöls aus Mexiko und Europa bezogen. Nun waren die Sowjets die Hauptlieferanten; der Ölimport aus der Sowjetunion machte jetzt 80 Prozent aus. Nach Simmons Einschätzung war das unmittelbare Ergebnis der Verminung, daß die Nicaraguaner den Sowjets weiter in die Arme getrieben wurden.
Aus seiner Zeit als Angehöriger der Operationszentrale konnte sich Simmons an den Ausdruck erinnern, den die wilden Cowboys für diese Art von Quälerei verwendeten: »Laßt uns ein bißchen auf sie pinkeln.« Die Verminung von Häfen war vergleichbar mit den CIA-Operationen, die in den 60er Jahren von Miami aus gegen Kuba unternommen worden waren. Die CIA wurde zum Schreckgespenst, und Castro hatte sich die totale und absolute Kontrolle über die Bevölkerung sichern können.
»Wissen Sie«, sagte Goldwater zu Simmons, »ich komme mir vor wie ein Idiot. Ich habe meine Kollegen irregeführt.« Der Ausschuß war dazu da, um solchen Überraschungen vorzubeugen, und Goldwater war sich bewußt, daß er versagt hatte.
Goldwater erklärte, die Verminung der Häfen gefährde die neutrale Schiffahrt. Ein britisches Schiff sei bereits auf eine Mine gelaufen. Man stelle sich vor, was passieren würde, wenn ein amerikanisches Schiff auf eine britische Mine laufen würde, die man heimlich in irgendeinem Hafen versenkt hatte. Goldwater schüttelte den Kopf. »Sagen Sie Casey, das sei seine Sache. Ich habe schon oft genug die Kastanien für ihn aus dem Feuer geholt.«
Goldwater fuhr übers Wochenende auf Quinns Farm an der Ostküste von Maryland. Dorthin zog er sich regelmäßig am Wochenende zurück und beschäftigte sich mit verschiedenen Dingen – er richtete die Fernsehantenne oder schloß Stereolautsprecher an. Es war ein herrliches Frühlingswochenende, aber Goldwater wurde das Gefühl nicht los, betrogen worden zu sein. Es verschlug ihm regelrecht die Sprache. Offensichtlich hatten die Administration und Casey kein Vertrauen mehr zu ihm.
Goldwater hatte ein kleines Diktiergerät bei sich, auf dem er regelmäßig Anmerkungen, Ideen und Briefe festhielt. Er drückte die Aufnahmetaste und fing an, einen Brief an Casey zu formulieren, der mit den Worten »Lieber Bill« begann.

»... Ich habe mir vorzustellen versucht, wie ich Ihnen am einfachsten schildern könnte, was ich empfinde, wenn ich daran denke, daß der Präsident der Verminung von Häfen in Zentralamerika zugestimmt hat. Es läßt sich mit einem Satz ausdrücken: Es kotzt mich an!«
Goldwater ordnete an, den Brief an Casey weiterzuleiten.
Casey rief Quinn an. »Ich verstehe nicht, warum er sich so aufregt«, meinte Casey. »Er ist doch soviel gewohnt.«
Quinn wies Casey darauf hin, daß sich Goldwater ebenso schnell wieder beruhige, wie er sich aufrege. Casey nahm es zur Kenntnis und legte auf. Ihn kotzte die ganze Sache auch an. Er fühlte sich eingekeilt zwischen dem Weißen Haus und dem State Department, die für mehr Aktivitäten in Nicaragua eintraten, und dem Kongreß, der das Gegenteil wollte.
Das Weiße Haus hatte bei Casey nachgefragt, ob nicht die Möglichkeit bestehe, von anderen CIA-Unternehmungen Geld abzuzweigen oder an »Schmiergelder« für die Operation in Nicaragua heranzukommen. Konnte die CIA nicht einfach auf den 50-Millionen-Dollar-Eventualfonds zurückgreifen? War das nicht der eigentliche Zweck dieses Fonds? Der Eventualfonds war für Operationen im Notfall gedacht oder sollte dann benutzt werden, wenn der Kongreß nicht tagte. Casey wußte, daß man ihn teeren und federn würde, wenn er auch nur einen Penny für Nicaragua aus dem Fonds nahm. Und außerdem widersetzten sich McMahon, General Counsel Sporkin und die anderen Mitarbeiter der Operationszentrale vehement jedem Versuch, der den Anschein erwekken könnte, der Wille des Kongresses werde unterlaufen. Es wurde ein Rechtsgutachten erstellt, in dem strengstens vor jedem Versuch gewarnt wurde, die Autorität des Kongresses in Wort und Sinn außer acht zu lassen.
Casey war der Ansicht gewesen, die Verminung der Häfen sei ein ideales Unternehmen, weil es Resultate bringe, ohne daß dabei richtig Blut vergossen würde. Doch jetzt sah es so aus, als würde sein Blut als einziges fließen. Berichte bewiesen, daß die Minen ganze Arbeit leisteten. Erst kürzlich waren in Corinto, dem größten Hafen Nicaraguas, sieben Schiffe auf Minen gelaufen. Andere Schiffe kehrten wieder um. Im Hafen türmte sich die Baumwolle bereits zwei Etagen hoch und wartete auf Schiffe, die es wagten, in den Hafen einzulaufen. Kaffeebohnen und Zuckerrohr – die beiden anderen Hauptexportgüter Nicaraguas – häuften sich ebenfalls an. In Nicaragua selbst sprach man von wirtschaftlicher Vernichtung.

In allen Zeitungen war über die Verminung der Häfen und die Auswirkungen ausführlich berichtet worden. Es wurden Stellungnahmen veröffentlicht, in denen die sandinistische Führung die Vereinigten Staaten dafür verantwortlich machte. Weshalb also zeigte sich der Senat überrascht? Casey und seine Mitarbeiter wandten sich den Protokollen seiner früheren Präsentation geheimer Vorlagen im Senat zu. Darin war, klar und deutlich, alles, was er brauchte – eine seltene Rechtfertigung.

Einen Monat zuvor, am 8. März, hatte Casey vor versammeltem Ausschuß erklärt: »Im Hafen von Corinto am Pazifik und im Hafen von El Bluff am Atlantik sowie im Ölumschlaghafen bei Puerto Sandino wurden Magnetminen versenkt.« Fünf Tage später, am 13. März, wiederholte Casey genau denselben Satz und ließ dabei nur das Wort »Magnet« weg, weil einige der Minen durch das Geräusch eines über sie hinwegfahrenden Schiffes gezündet wurden.
Es handelte sich nicht um eine leichtfertig dahergesagte Mitteilung. Er hatte es ihnen gesagt, und die Ausschußmitglieder hatten keine Fragen gestellt. Wenn es keiner begriffen hatte, dann war das ihr Problem. Casey suchte Bud McFarlane im Weißen Haus auf, wo die Verminung der Häfen, insbesondere von Jim Baker, als »Schnitzer« betrachtet wurde. Im Prinzip hatte niemand etwas gegen die Verminung einzuwenden gehabt, als man sie bewilligte. Die Frage war, warum die Sache nicht geheimgehalten werden konnte.
McFarlane war der Ansicht, Casey gehöre zu den starken, unabhängigen Kräften, die er zu koordinieren versuchen mußte. Casey besaß einen gesonderten, fest umrissenen Aufgabenbereich und ein vom Präsidenten vergebenes Mandat. Doch manchmal konnte Casey zum Problem werden, vor allem wenn es darum ging, geschickt zu lavieren und mit dem Kongreß Kompromisse auszuhandeln. McFarlane, der mehrere Jahre im Kapitol gearbeitet hatte, hielt es für stur und unsinnig, daß Casey sich nicht mit den Geheimdienstausschüssen arrangieren wollte – was offensichtlich zu den jüngsten Aufregungen geführt hatte.
Doch dieses Mal zitierte Casey den Wortlaut seiner Aussagen vom 8. und 13. März und legte dem Sicherheitsberater Kopien seiner Aussage vor. »Was erwartet man noch von mir?« Goldwater habe sich nur deshalb so aufgeführt, weil er erschöpft gewesen sei oder zu viele Medikamente eingenommen habe, oder beides.

McFarlane war anscheinend überzeugt.
Am Dienstag, dem 10. April, gab Casey einer Gruppe von Senatoren, die nicht dem Geheimdienstausschuß angehörten, eine detaillierte Schilderung der Sachlage und erläuterte, wie und wann er dem Ausschuß Mitteilung gemacht habe. Er habe im Kapitol hundert Stunden damit zugebracht, Aussagen zu machen, und wie immer erklärte er auch diesmal: »Wir haben jedes Mal alle Fragen, die der Ausschuß oder ein einzelner Senator an uns gestellt hat, beantwortet.« Im großen und ganzen sei die Verminung der Häfen ohnehin nicht so wichtig oder gar ein integraler Bestandteil der verdeckten Operation. Der ganze Wirbel sei vollkommen unnötig.
Einige Senatoren kritisierten die Willkür eines solchen Verminungsunternehmens. Bezüglich der Mine, die unter einem britischen Schiff explodiert war, fragte ein Senator: »Sind wir jetzt bereits soweit, daß wir unseren engsten Verbündeten belästigen?« Eine weitere Mine war neben einem sowjetischen Schiff detoniert. Wollte Casey den Dritten Weltkrieg entfachen? Wie würden die Vereinigten Staaten reagieren, wenn ein US-Handelsschiff in ein Minenfeld geraten wäre, das der KGB angelegt hatte?
Casey ging zum Geheimdienstausschuß. Die Reaktion, insbesondere unter den Republikanern, zeigte, daß es im Informationsaustausch zu einer enormen Fehlleistung gekommen war. Obwohl Casey von der Verminung gesprochen hatte, hatte es keiner begriffen oder überhaupt wahrgenommen.
Senator David Durenberger war skeptisch. Ihm schien es, als wolle der DCI behaupten, die Vereinigten Staaten hätten nur so zum Spaß eine Kriegshandlung begangen. Cohen war immer noch aufgeregt. Auch er störte sich am Fehler in der Logik. Casey behauptete, die Minen würden nur geringen Schaden anrichten, doch das Versenken von Minen war eben an sich schon ein Akt der Kriegsführung. Warum sollte man ein solches Risiko eingehen, wenn das ganze keinen militärischen oder strategischen Nutzen hatte? Die Verminung der Häfen wurde schließlich als Eskalation einer undurchsichtigen und unklaren Politik betrachtet. Wann würde man den geheimen Krieg endlich abbrechen, fragte sich Cohen. Wann wurde aus einer verdeckten Aktion ein simpler (oder komplizierter) Krieg? Der Ausschuß wurde als streng geheimer Resonanzboden benutzt; wenn er eine neue Operation ohne heftige Gegenwehr billigte, dann konnte man annehmen, daß sie auch von der Öffent-

lichkeit toleriert wurde. Der Ausschuß hätte Casey von der Verminung der Häfen abraten können.
Wallop gehörte zu den wenigen Senatoren, die auf Caseys Seite standen. Er bezeichnete die Verminung der Häfen als halbe Sache und meinte, man könne genausogut alles und jeden in Nicaragua in die Luft sprengen.
Mehrere liberale Demokraten äußerten die Ansicht, die einzige Möglichkeit, aus der Sache herauszukommen, bestehe darin, das gesamte Nicaragua-Programm offenzulegen, und sie deuteten an, daß sie den Plan dann unterstützen würden. Wallop lachte darüber. Er meinte, daß sie diese Ansicht höchstens in einer geheimen und geschlossenen Sitzung vertreten würden. Einige Demokraten ließen in aller Öffentlichkeit verlauten, daß man als nächstes Kampftruppen schicken werde, und in einigen Presseberichten wurde angedeutet, solche Pläne seien konkret in Vorbereitung. Aus diesem Grund gaben Casey, Shultz, Weinberger und McFarlane eine von allen unterzeichnete außerordentliche öffentliche Erklärung heraus, in der es unter anderem hieß: »Wir stellen mit Nachdruck fest, daß wir es weder in Erwägung gezogen noch geplant haben, US-Streitkräfte einzusetzen, um in Nicaragua oder in irgendein anderes Land Zentralamerikas einzumarschieren.«
Doch es war bereits zu spät. Der Senat, der von einem Anti-Kriegs-Fieber gepackt worden war, machte noch am selben Abend, an dem die Erklärung veröffentlicht wurde, eine überraschende Kehrtwendung. In einem Ton, der vermuten ließ, daß Casey auch auf seine Freunde schießen würde, erklärte Goldwater vor dem Senat, daß er in der vergangenen Woche einiges von dem, was er gesagt habe, aus dem Kongreßbericht gestrichen habe – zum ersten Mal in seiner 30jährigen Tätigkeit im Senat.
»Ich muß mich bei den Mitgliedern meines Ausschusses entschuldigen, weil ich in diesem Fall nicht mit den Fakten vertraut war«, sagte Goldwater. »Und aus demselben Grund entschuldige ich mich bei allen Mitgliedern des Senats.«
Es war eindeutig, daß eine moralische Grenze überschritten und ein widerwärtiger Teil eines nationalen Vergehens zutage gefördert worden war. Es gab eine deutliche Trennungslinie zwischen Annehmbarem und Unannehmbarem. Die Verminung von Häfen war unannehmbar. In der Debatte wurde die Frage gestellt: Besitzen wir als Nation keinen Anstand? Es war fast so, als sei die Versenkung von Minen ein »nationaler« Akt gewesen, eine Offenbarung des nationalen Charakters. Das Legen

von Minen war ein hinterlistiges und fragwürdiges Unterfangen, das man mit dem Installieren einer Bombe in einem Restaurant vergleichen konnte. In jedem Fall war es eine Falle für ahnungslose, unschuldige Menschen. Durch Goldwaters Mißbilligung wurde alles noch mehr aufgebauscht. Er spielte die Rolle des Schiedsrichters über Härte und gesunden Menschenverstand. Inoffiziell bezeichnete er die Verminung der Häfen als »die dümmste, idiotischste Idee, von der ich je gehört habe«.
Senator Edward Kennedy formulierte eine unverbindliche Erklärung für eine Kongreßresolution: er verurteilte die Verminung und erklärte, daß man für die »Planung, Durchführung oder Unterstützung der Verminung von Häfen oder territorialen Gewässern in Nicaragua« kein Geld ausgeben dürfe.
Sein Vorschlag wurde mit 84 zu 12 Stimmen angenommen.
Casey konnte fast nicht glauben, daß der von den Republikanern beherrschte Senat sowas tun konnte. Die Senatoren konnten zwar verschiedener Meinung sein, aber hier ging es schließlich um nationale Politik – vom Präsidenten gebilligt und von der CIA nach ordnungsgemäßer Benachrichtigung des Kongresses ausgeführt. Diese Abstimmung kam keiner Ablehnung, sondern einer Selbsterniedrigung gleich.
Auf einem Staatsempfang zu Ehren des Präsidenten der Dominikanischen Republik sagte Präsident Reagan öffentlich, wie er über die Abstimmung im Senat dachte: »Solange es nicht bindend ist, kann ich damit leben. Ich glaube, wegen dieser ganzen Sache ist es zu einer regelrechten Hysterie gekommen. Wir bewegen uns nicht auf einen Krieg zu.«
Goldwaters Brief an Casey wurde von jemandem im Senat an die Öffentlichkeit getragen und in den Medien verbreitet.

Am folgenden Tag, dem 11. April 1984, saß Senator Leahy mit zwei seiner Mitarbeiter in seinem etwas versteckten Büro im Senat bei einem Drink zusammen. Es war ein kleiner, höhlenartiger Raum, den einmal Daniel Webster benutzt hatte. Leahy war guter Stimmung. Für ihn war klar, daß die Verminung der Häfen die Bankrotterklärung der gesamten verdeckten Operation war. Außerdem, so erklärte er, wisse er genau, daß Casey weder die Senatoren, und insbesondere Goldwater, habe täuschen noch ihnen die Informationen über die Verminung der Häfen habe vorenthalten wollen.

Warum? Weil er, Leahy, bereits seit Wochen davon gewußt habe. Sein Vater sei gestorben, und er sei deshalb ein paar Wochen weg gewesen. Bei seiner Rückkehr habe er um einen Bericht der CIA gebeten, um sich über den neuesten Stand der Operation in Nicaragua zu informieren. Die CIA habe ihm die Verminung der Häfen im Detail beschrieben. Es sei keine Frage, daß sie es ihm niemals erzählt hätten, wenn sie auch nur die geringste Absicht gehabt hätten, es vor Goldwater geheimzuhalten. Weshalb er nichts gesagt oder getan habe?
»Weil die Verminung der Häfen die logische Ausweitung eines unerklärten heimlichen Krieges war«, sagte Leahy. Wenn man erst einmal die Voraussetzungen für solch eine verdeckte Operation akzeptiert habe, dann erscheine einem die Verminung sinnvoll. Selbstverständlich habe er niemals eine dieser Voraussetzungen akzeptiert. Er sei nicht der Ansicht, daß verdeckte Aktionen ein Ersatz für eine langfristige, gut durchdachte Außenpolitik seien. Jede verdeckte Operation sei unsicher, eine Übergangslösung, die man beliebig anfangen und wieder beenden könne. Eigentlich, so meinte Leahy, sei Casey mit Recht über den lautstarken Protest erstaunt gewesen. Schließlich habe der Kongreß allem anderen, das bisher in diesem heimlichen Krieg unternommen worden sei, zugestimmt. Weshalb also nicht auch in diesem Fall?
»Es handelt sich hier um eine Kriegshandlung«, sagte einer der Mitarbeiter.
Leahy mußte beinahe lachen. Wofür sie denn die Organisation und Unterstützung einer Armee von Tausenden von Contras hielten? Für eine Friedenshandlung?
»Diese Sache markiert einen Wendepunkt«, erklärte Leahy, »weil sie den Geheimdienstausschuß spalten und das Zweiparteienprinzip darin zerstören wird. Es hat viele einhellige Abstimmungen gegeben ... wir waren der Resonanzboden für viele blödsinnige Ideen.« Er kündigte an, daß es in Zukunft nicht mehr so reibungslos funktionieren werde. Casey und die Administration brauchten einen vereinten Ausschuß, der sie darauf aufmerksam mache, wenn ihre Pläne und Vorstellungen zu verrückt seien. Der Ausschuß sei die letzte Überprüfungsinstanz, und wenn dort allgemeine Einigkeit und Übereinstimmung herrsche, dann könne eine Sache in die Wege geleitet oder gestoppt werden.
»Ich habe Casey noch nie so in der Defensive gesehen«, sagte Leahy. »Die sitzen da unten wie ein Haufen Kinder. Es ist, als würde man miteinander Cowboy und Indianer oder andere Spiele spielen, wie bei

einer Samstagnachmittagvorstellung.« Das funktioniere nicht. »Wir haben Leute in Bewegung gesetzt, über die wir keine Kontrolle haben.« Das Endergebnis könnte seiner Ansicht nach eine gewaltsame Auseinandersetzung in Zentralamerika sein.
Clair George konnte zusehen, wie seine 27jährige Karriere in Flammen aufging. Er schwankte hin und her zwischen Verteidigung und Reue. »Wir haben uns den Arsch aufgerissen, um sie auf dem laufenden zu halten«, brüllte er ins Telefon. »Wir haben ihnen immer und immer wieder Informationen geliefert! Verdammt nochmal, ich weiß nicht, was wir noch tun sollen!« Und nun, so meinte er, würden die Senatoren denken: »Diese elenden Bastarde da draußen bei der CIA.« Dabei sei das alles Politik, und jeder Gesetzgeber richte sich nach dem letzten Stand der Dinge. »Das einzige, was wir noch hätten tun können, wäre gewesen, dort unten einen Fernschreiber zu installieren, damit sie die Kabel sehen konnten, die täglich eingingen!« Er gab zu, daß einige der Senatoren sich zu Recht beschweren. Aber andere wiederum nicht. Und wieder andere sagten einfach die Unwahrheit und setzten sich in Positur. »Wenn man einigen von ihnen Filme gezeigt hätte, dann wären sie auch nicht zufrieden gewesen.«
George hatte schon tiefer in der Klemme gesessen, und als er sich wieder beruhigt hatte, erkannte er, daß der heimliche Krieg und das Versenken von Minen natürlich ein heikles Thema waren. »Es ist eins der heikelsten Probleme, die es heutzutage überhaupt gibt, und nun hat man auch noch entdeckt, daß wir es geheimgehalten haben. Das ist so verdammt demoralisierend!«
Er wußte, daß Goldwater ein rechtschaffener und pflichtbewußter Mann war. Wenn Goldwater erklärte, er sei unzufrieden, dann hatte diese Aussage Gewicht. Und wenn er erklärte, es kotze ihn an, dann hatte er den gesamten Senat auf seiner Seite.
Wie Casey die Kritik hinnehme, wurde George gefragt. Casey war an diesem Tag bei der Beerdigung eines Angehörigen.
»Gelassen«, antwortete George und fügte bewundernd hinzu: »Er ist wie Magnesium!«
In den neun Monaten seiner Tätigkeit als führender Verbindungsmann der CIA zum Kongreß hatte George regelmäßig einmal im Monat mit Goldwaters Stabschef Rob Simmons in einem Restaurant in der City zu Abend gegessen, um sich zu vergewissern, daß ein regelmäßiger Informationsaustausch stattfand.

Simmons erkannte, daß er ausgenommen wurde. George behandelte den Kongreß wie die Regierung eines fremden Landes, in das er zu Spionagezwecken geschickt wurde. Simmons sagte zu George: »Ich betrachte Sie nicht als meinen Case Officer, und ich hoffe, Sie halten sich auch nicht für meinen.«
»Nein, nein, nein«, meinte George. Simmons sagte, daß die gegenseitigen Übereinkünfte unzureichend berücksichtigt würden, wenn man die Information über die Verminung von Häfen in zwei langen und langweiligen Erklärungen verstecke. Der Ausschuß benötige und erwarte einen Hinweis auf das, was tatsächlich wichtig sei. George hatte keine Antwort parat, und damit war ihre Beziehung beendet.

Am nächsten Tag fuhr ich zum Hauptquartier der CIA, um mir für eine Reise nach Libyen Informationen zu holen. Der libysche Außenminister hatte versprochen, daß ich mit Gaddafi ein Interview machen könne. Ich war überrascht, daß einer meiner Gesprächspartner ein sehr hochrangiger Beamter aus der Operationszentrale war, ein gelassener, perfekt gekleideter Mann, der keine Miene verzog. Er teilte mir mit, daß sich Gaddafi in zunehmendem Maße bedroht fühle, daß er mehr Druck auf Gruppen ausübe, die sich extern gegen ihn formierten, und daß er seine Killerkommandos verstärkt habe. Gaddafi sei ein Mann, der große, weitreichende Träume habe, ein Führer ohne feste Basis oder ein richtiges Zentrum, ein Mann auf der Suche nach einem Land, sagte er. Er sei ständig auf Achse und schlafe an verschiedenen Orten; er habe Angst und glaube, die CIA versuche, ihn umzubringen.
Ich fragte nicht, ob die CIA das tatsächlich vorhabe. Als ich die Frage dennoch stellen wollte, schien der Beamte sich von diesem Thema abzuwenden.
Gaddafi versuche, sich von einer psychologischen Untugend zu befreien, erklärte er mir. Er sei unnachgiebig wie Castro, doch nach Art der Araber versuche er auch, sich seinen Feinden zu nähern, und signalisiere den Vereinigten Staaten Gesprächsbereitschaft. Er bezeichnete Gaddafi abwechselnd als verräterisch und schwach. Zum Beispiel habe Gaddafi weibliche Leibwächter, weil er genau wisse, daß es für einen arabischen Attentäter schwierig wäre, auf eine Frau zu schießen. Clever, meinte der Beamte. Gaddafis neue Interpretation des Islam habe Probleme verursacht, und sein »rechtswidriger Fundamentalismus« überschatte sein Verhältnis zum Iran und der schiitischen Welt. Khomeini habe sich

geweigert, eine Einladung zu einem Treffen mit Gaddafi anzunehmen; das sei »eine außerordentliche Brüskierung«.
Gaddafis Beziehung zu den Sowjets sei zynisch und praktisch zugleich. Es gebe keine formelle oder geheime Abmachung zwischen beiden Ländern. Bei dieser Beziehung spiele lediglich das Geld eine Rolle. Gaddafi kaufe sehr viel von den Russen. Er gebe pro Jahr Milliarden aus, doch damit wolle er gleichzeitig für eine gewisse Redundanz sorgen, damit er nicht um Ersatzteile betteln müsse, erklärte der Beamte.
Was mit den Berichten sei, in denen behauptet wurde, Gaddafi liefere Waffen an Nicaragua?
Sie stammten vom »Klub Dritte Welt«, meinte der Beamte. Mehr Solidarität als sonstwas. Die Waffenlieferungen an Nicaragua seien unbedeutend, da es sich lediglich um Handfeuerwaffen handle.
Er erklärte mir, daß die libysche Wirtschaft völlig unmodern sei und man ihr deshalb nur schwerlich Schaden zufügen könne. Wirtschaftliche Sanktionen seien kaum von Bedeutung.
Was sollte ich Gaddafi fragen?
Mit unbewegter Miene schlug mir der Beamte vor, folgende Frage zu stellen: »Ich sehe, daß Sie mit Schlaftabletten vollgepumpt sind ... Sie sehen aus, als ständen Sie unter Drogen ... Leiden Sie unter Schlafstörungen?«
In dem Gespräch war eine Art von sozialer und intellektueller Verachtung gegenüber Gaddafi spürbar, eine Tendenz, sich über ihn lustig zu machen, aber auf der anderen Seite auch der Respekt vor dem Kämpfer. Der Beamte erklärte, Gaddafi habe in seiner Jugend Probleme mit den Atmungsorganen gehabt und seine Gesundheit sei nicht besonders gut gewesen. Gaddafi, sagte er, sei überreizt und nervös; er sei imstande, viel, manchmal aber auch nur wenig zu tun, und erst kürzlich habe er in seinen Reden düstere Andeutungen gemacht.
Ich war der Meinung, daß ich wertvolle Informationen und eine ziemlich gründliche Einführung erhalten hatte, doch ich wurde das Gefühl nicht los, daß dieser Meisterspion etwas damit bezwecken wollte. Er hatte leicht übertrieben und den libyschen Führer etwas zu drastisch als Blödmann hingestellt. Als ich über unser Gespräch nachdachte und meine Notizen durchsah, wurde ich unsicher, ob ich mit Informationen »gefüttert« worden war oder nicht. Als Fakten oder für eine Analyse schienen die Informationen aufrichtig und sicherlich hilfreich zu sein. Doch ich konnte mich des Gedankens nicht erwehren, daß hinter der

Frage, die ich nach Meinung des Beamten Gaddafi stellen sollte, andere Ziele versteckt waren.
Als ich an diesem Spätnachmittag das Gebäude der CIA gerade verlassen wollte, nahm mich einer von Caseys hochrangigen Mitarbeitern beiseite und schlug mir ein Gespräch unter vier Augen vor. Wir gingen in sein Büro im siebten Stock und schlossen die Tür hinter uns. Er sagte, es gehe um »Hintergrundinformationen«, und ließ sich auf einen Stuhl fallen. Das bedeutete, daß ich die Informationen verwerten konnte, solange ich weder ihn noch die CIA dabei erwähnte.
Die Nicaragua-Operation sei praktisch am Ende, sagte er frei heraus. Man habe der Operationszentrale soeben mitgeteilt, daß das Geld nächste Woche aufgebraucht sei, möglicherweise bereits am Sonntag. Also noch drei Tage. Die Buchhaltung habe festgestellt, daß vor zwei Wochen bereits 22 Millionen Dollar von den bereitgestellten 24 Millionen ausgegeben worden und nun lediglich zwei Millionen Dollar übrig seien. Natürlich könne man in diesem Fall nicht damit rechnen, daß der aufgebrachte Kongreß die zusätzlich geforderten 21 Millionen zur Verfügung stellen werde. Er lachte kurz auf, als er an die Abstimmung im Senat dachte, wo man sich mit 84 zu 12 Stimmen gegen die Verminung von Häfen ausgesprochen hatte, und meinte, es sei wohl ziemlich sicher, daß das Repräsentantenhaus dasselbe zu tun gedenke (einige Stunden später lag das Abstimmungsergebnis vor: 281 zu 111 Stimmen). Nun würden Schritte unternommen, um den mühsamen Prozeß einzuleiten, sich aus der Sache zurückzuziehen und den Nachrichtendienst ganz herauszulösen.
Casey, fuhr der Beamte fort, spiele mit dem Gedanken, ein anderes befreundetes Land zu bitten, die brachliegenden Kräfte zu nutzen und den Contras Geld zu schicken, bis das finanzielle Problem gelöst sei.
Sie sagten, man sei kurz davor, sich aus der Sache zurückzuziehen?
Oh, meinte er, Casey glaube, daß er eventuell doch mehr Geld bekommen und daß sich der Entrüstungssturm über die Verminung der Häfen wieder legen könnte. Doch der »Direktor«, betonte er mit Nachdruck, sei der einzige hier, der das noch denke.
Welches Land er um Hilfe bitten werde?
Wahrscheinlich Saudi-Arabien, aber es sei noch keine endgültige Entscheidung gefallen.
Ich schrieb es in mein Notizbuch. Es war klar, daß ich diese Informationen veröffentlichen würde, doch es war nicht sicher, ob das, was ich

erfahren hatte, nur ein Versuchsballon war oder ob man es mir gesagt hatte, in der Hoffnung, daß eine Veröffentlichung es unmöglich machen würde, die Saudis um Hilfe zu bitten.

Der Beamte erklärte mir, daß Casey die treibende Kraft gewesen sei, die hinter dem heimlichen Krieg und der umstrittenen Verminung der Häfen steckte. »Casey hat sich die ganze Sache einfallen lassen«, sagte er mit Bestimmtheit.

Ich kritzelte das Wort »Distanzierung« in mein Notizbuch; dies war offenbar ein Versuch, die CIA von Casey und »seinem« Krieg abzutrennen.

Hier im Haus rege sich ziemlicher Widerstand gegen die ganze Sache, gab mir der Beamte zu verstehen. John McMahon sei von Anfang an der Meinung gewesen, daß der Plan verrückt und unausgegoren sei.

Ich hatte bereits früher Gerüchte darüber gehört, aber ich war überrascht, daß man es mir jetzt so direkt sagte, und ich stellte ein paar Fragen. Der Beamte sah mich daraufhin an, als ob ich ihn gefragt hätte, auf welcher Seite Abraham Lincoln während des amerikanischen Bürgerkrieges gestanden habe.

»John wußte einfach, daß es soweit kommen würde, daß uns die Öffentlichkeit und der Kongreß nicht genügend unterstützen würden und daß wir uns zurückziehen müßten«, sagte er. Dann kam er auf das State Department zu sprechen, das erst vor kurzem ein Rechtsgutachten erstellt habe, in dem die Verminung von Häfen als »Selbstverteidigung« bezeichnet wurde.

Das Gutachten des State Department »ist leider Scheiße«, meinte der Beamte spöttisch. Das Problem sei, daß dieser Fall wieder einmal den Beweis dafür liefere, daß die linke bzw. die rechte Hand der Administration nicht wisse, was die andere tue. Sowas wäre in der Rechtsabteilung der CIA nicht passiert, meinte er.

Die ganze Operation, fuhr er bedrückt fort, sei eine einzige Pleite. Das Unternehmen habe der Wirtschaft Nicaraguas erheblichen Schaden zugefügt, jedoch sei der Zustrom an Waffen nach El Salvador nicht eingedämmt worden. »Nach Grenada ging er zurück, aber jetzt nimmt er wieder zu und wird vielleicht noch größer.«

Aber wir alle wüßten ja den wahren Zweck der Operation, nämlich die Sandinisten zu stürzen, sagte ich.

Er lachte und lachte gleich noch einmal. Ha, ha, ha. Oh, das sei wirklich ein Witz, denn da bestehe doch nicht die leiseste Chance.

Das sei eine ganz einfache Rechnung, meinte er. Die Sandinisten seien mit vier zu eins in der Überzahl. Militär und Polizeikräfte stellten zusammen etwa 75 000 Mann. Und der Nationale Sicherheitsrat habe die Zahl der Contras, die von der CIA unterstützt werden, auf eine Höchstgrenze von 18 000 festgesetzt. Maximal hätten die Contras zur Zeit 15 000 Mann zur Verfügung, und der Geldhahn sei fast zugedreht. Ende der Operation.

Ich erledigte eine Anzahl von Telefonanrufen, um zu sehen, ob die Informationen, die ich erhalten hatte, richtig seien. Ich fand heraus, daß es zumindest die Position des Kerns der CIA war. Ich hatte mit George Lauder, dem Pressereferenten der CIA, über McMahons Einstellung zu der Operation in Nicaragua gesprochen. Beim Nachrichtendienst und im Kapitol sei McMahons ablehnende Haltung gegenüber der Operation allgemein bekannt, erklärte er. Lauder fügte lediglich hinzu, daß McMahon keine laufende Operation der CIA ablehne, was immer er auch an persönlichen Meinungen und Schlußfolgerungen verlauten lasse. Die Story rangierte in der nächsten Morgenausgabe auf der Titelseite an erster Stelle; über drei großen Spalten prangte die Schlagzeile: CIA OHNE GELD FÜR VERDECKTE OPERATION.
Als ich am nächsten Morgen ins Büro kam, rief mich Lauder an. Ich war ziemlich sicher, daß Casey über die Behauptung, er sei der Hauptinitiator der Operation, verärgert war. Einer seiner Mitarbeiter, der in dem Artikel als »gut unterrichtete Quelle« bezeichnet wurde, wurde mit folgenden Worten zitiert: »Casey hat sich die ganze Sache einfallen lassen.« Lauders Stimme am Telefon war eisig, als er sagte, er habe eine schriftliche Erklärung in Händen, die er in McMahons Auftrag so rasch wie möglich an alle wichtigen Nachrichtenmedien weiterleiten müsse.
»McMahon?« fragte ich.
Lauder fing an zu vorzulesen: »Mir liegt sehr viel daran, die Behauptung, die am 13. April in der *Washington Post* hinsichtlich meiner Ansichten über unsere Aktivitäten in Nicaragua aufgestellt wurde, zu widerlegen. Obwohl Direktor Casey eine Debatte über all unsere geheimen Vorschläge anregt, sind er und ich, was die Aktivitäten des Nachrichtendienstes betrifft, einer Meinung, und das schließt die Aktivitäten mit ein, von denen die Sandinisten in Nicaragua betroffen sind. Diese Haltung wird auch von anderen hochrangigen CIA-Beamten geteilt.«
Was zum Teufel ich damit machen solle, fragte ich.

Er wisse es nicht, entgegnete Lauder. Es sei mein Problem, und er sei auf dem Sprung. McMahons Erklärung wurde am nächsten Tag in den Schlußteil eines Artikels über die Verminung von nicaraguanischen Häfen eingefügt – es standen jetzt jeden Tag drei oder vier solche Artikel in der Zeitung. Es gab inzwischen innerhalb der CIA selbst intellektuelle Kräfte, die sich gegen Casey formierten. Der CIA-Beamte, der mich am Tag zuvor mit Informationen versehen hatte, wußte, wie man Propaganda macht: Streue die Saat des Zweifels aus, begieße sie, laß sie wachsen und schneide sie, wenn es nötig ist. Die Vorarbeit für die nachträgliche Diskussion über die Operation in Nicaragua war geleistet. McMahon, der Hüter des gesunden Menschenverstandes, war die ganze Zeit dagegen gewesen und hatte die unvermeidliche Bürgschaft von Caseys Krieg vorausgesehen. Gleichzeitig gab er eine Erklärung ab, in der er seine Loyalität zum Direktor der CIA zum Ausdruck brachte. McMahon war für alle Eventualitäten gewappnet. Falls sich die Operation, wie es den Anschein hatte, als Fehlschlag erweisen sollte, konnten er und seine Bundesgenossen auf die ursprüngliche Darstellung und auf seine Zweifel verweisen. Sollte die Operation jedoch erfolgreich sein, konnten sie auf seine öffentliche Stellungnahme hinweisen, in der er sich zu Casey bekannt hatte.

Drüben im State Department las Tony Motley recht amüsiert McMahons öffentliche Erklärung. Während seiner fast einjährigen Tätigkeit als Verbindungsmann der Administration, die er über die verdeckte Nicaragua-Operation auf dem laufenden hielt, war Motley zu einer äußerst zynischen Ansicht über die internen Manöver der CIA gelangt. McMahon war der fähigste interne Streiter unter den Bürokraten. So etwas gab es nicht noch einmal. Jeder, der ihn kannte, wußte, daß es McMahon um mehr ging als nur um Nicaragua. Er hatte es auf das paramilitärische Potential abgesehen, das Casey wiederherstellen wollte. McMahon war der Meinung, die Zeit des Kommandierens sei für die CIA, mit geringen Ausnahmen wie etwa Afghanistan, endgültig vorbei. Er hatte es schon hundert Mal gesagt: Die CIA war dazu da, an geheimes Material heranzukommen und Analysen zu erstellen.
Motley aber fand, McMahon sei illoyal. Schließlich war er derjenige, der, oft innerhalb weniger Stunden, Casey aufsuchte und dabei sorgsam und geschickt die Politik des Direktors in eine andere Richtung zu rücken

versuchte. Es war schwierig, eine einzige Redewendung oder einen Satz von McMahon ausfindig zu machen, der seinem Chef widersprach. Er verstand es, einen entgegengesetzten Standpunkt zu präsentieren, indem er ihn als Abstraktum formulierte: »Kritiker werden behaupten...« Doch oftmals äußerte McMahon in seinen Erklärungen und seiner Einstellung das Gegenteil. »John, ich bin verwirrt«, sagte Motley einmal zu McMahon. »Der Direktor hat genau das Gegenteil gesagt.« Es war ein Drahtseilakt, und Motley erwartete oftmals, daß McMahon es einmal übertreiben könnte und am Ende gefeuert würde. Doch nichts dergleichen geschah. Motley gelangte schließlich zu der Einsicht, daß McMahon Casey besser einschätzen könne als irgend jemand sonst. Er begriff, daß Casey jemanden brauchte, der ihm hart zusetzte. Doch das war keine ausreichende Erklärung, und Motley fragte sich, ob McMahon vielleicht etwas gegen Casey in der Hand hatte. Er hatte einmal scherzhaft gesagt: »McMahon muß Casey bei irgendeiner Schweinerei erwischt haben!«

Als McMahon das hörte, brach er in ein unkontrolliertes Gelächter aus, und sein schwammiges Gesicht lief rot an wie eine Rübe. Er sah aus, als würde er im nächsten Moment explodieren, über die orangefarbenen Sessel in seinem Büro im siebten Stock hinwegfliegen, das Glas der großen Aussichtsfenster durchbrechen und über den Balkon in die Landschaft Virginias eintauchen. Die Übermäßigkeit seiner Reaktion war ein perfektes Ablenkungsmanöver, um nichts äußern zu müssen. Sein Gelächter ebbte allmählich ab, und er hatte kein Wort gesagt.

An seiner Schule, Holy Cross, hatte man ihn »Smiling Jack« und »Mother Hen« genannt, und seinem Jahrbuch zufolge war er »bei jedem anregenden Männergespräch sehr willkommen«. Man konnte sicher sein, daß auf jede Anekdote sein herzhaftes Lachen folgte, das sogar in einem überfüllten, dunklen Kino noch herauszuhören war – »ein Donnern aus der Kehle«. Das Thema seiner Doktorarbeit lautete: »Der emotionale Konflikt bei vier tragischen Heldinnen Shakespeares.« Als Kenner von rätselhaften Kräften, Konflikten und Widersprüchen, ausgestattet mit einem beißenden Humor, verstand er es, mit Casey perfekt umzugehen.

Casey wollte einfach nicht glauben, daß McMahon illoyal gewesen sei. »Ich glaube es nicht«, sagte Casey mit Bestimmtheit, als man ihn nach einer möglichen Illoyalität oder Diskrepanz in seinen Äußerungen fragte.

Motley gab sich schließlich folgende Antwort: Die CIA macht gerade eine Identitätskrise durch und ringt mit der Rolle, die sie in der Welt zu spielen hat. Waren sie alle schmutzige Betrüger? Ja, aber nur, wenn es von ihnen verlangt wurde. Sie dienten dem Direktor und dem Präsidenten. Bekämpften sie die Sowjets auf Schritt und Tritt und um jeden Preis? Ja. Überwachten sie die ganze Welt? Sie versuchten es zumindest. Waren sie die intellektuellen, hochkarätigen Analytiker, die einen Satz einfach umdrehten und brillante »Papiere« ausarbeiteten, von denen sich die wenigen, die sie überhaupt lesen durften, blenden ließen? Taten sie, was Casey oder die Institution, mit McMahon als ihrem Sprecher, ihnen auftrugen?

Motly kam zu dem Schluß, daß diese Fragen nicht vollständig beantwortet werden konnten und sich außerdem die Antworten von Tag zu Tag zu ändern schienen. Dadurch geriet der Nachrichtendienst in eine Atmosphäre voller Widersprüchlichkeiten.

Motley war sich bewußt, daß es zu mehr als einer Identitätskrise führte, wenn man täglich mit wechselnden Antworten auf die gleichen Fragen konfrontiert wurde. Wenn man in diesem Fall nicht stabil genug war, konnte das Ergebnis, selbst bei einer Institution, ein Nervenzusammenbruch sein. Das war bereits in den 70er Jahren geschehen, und es konnte jederzeit wieder passieren. Die eine Hälfte der CIA-Mitarbeiter folgte Casey anscheinend in allem und jedem und beugte sich seinem Willen – zum Beispiel Dewey Clarridge. Und die andere Hälfte schien abzuwarten – wie beispielsweise John McMahon – und über folgende Frage nachzudenken: Was kommt nach dem Sturm, den dieser Mann entfacht hat?

Am Freitag nachmittag, dem 13. April, reiste Goldwater in den Fernen Osten. Moynihan übernahm den Vorsitz im Senatsausschuß für die Nachrichtendienste, und somit mußte er sich mit dem Fiasko der Verminung befassen. Moynihan war es äußerst peinlich, daß er erst aus dem *Wall Street Journal* von der Sache erfahren hatte, denn er war an dem besagten Abend nicht im Senatsausschuß gewesen. Er hatte Clair George angerufen.

»Clair, was haben Sie getan?« fragte Moynihan. »Was tun Sie uns an?«
»Das Schiff, das die Minen versenkt hat«, antwortete George, »passiert in diesem Moment, wo wir uns hier unterhalten, den Panamakanal.« Er versprach, daß keine weiteren Minen versenkt würden.

Doch das war nicht genug. Moynihan hatte mit gemischten Gefühlen beobachtet, wie Goldwater seinen Brief vorgelegt hatte, in dem stand, daß es ihn »ankotze«, und wie sich der Kongreß danach mit Nachdruck gegen die Verminung von Häfen in Nicaragua ausgesprochen hatte. Casey und McMahon wollten später vorbeikommen, um die ganze Angelegenheit mit Moynihan durchzusprechen. Vielleicht würden sich die Dinge dadurch klären lassen.

Als Casey und McMahon zu Moynihans Büro kamen, trat dieser lächelnd vor die Tür und umarmte Casey. Casey hatte nur eine Frage: Ob Goldwater nicht mehr alle Tassen im Schrank habe?

Moynihan war anscheinend bereit, ihm zu vergeben, weil Casey sich halbwegs zu entschuldigen schien. Später entdeckte Moynihan jedoch die Titelstory in der *Washington Times*, in der die Stellungnahme von Sicherheitsberater McFarlane zur Verminung der nicaraguanischen Häfen abgedruckt war, zu der er sich auf einem Treffen der Naval Academy geäußert hatte: »Jedes wichtige Detail ... vollumfänglich ... wie vom Gesetzgeber vorgesehen ... aufs genaueste« den Kontrollausschüssen mitgeteilt. Moynihan hatte damals an dem Entwurf des »Intelligence Oversight Act« (Gesetz zur Nachrichtendienstüberwachung) von 1980 mitgearbeitet; darin wurde verlangt, daß die Ausschüsse »vollumfänglich und laufend über sämtliche Aktivitäten der Nachrichtendienste informiert« werden müßten.

Doch genau das war nicht geschehen. Die Verminung der Häfen wurde lediglich mit 27 Worten erwähnt, das waren etwa zehn Sekunden in einer Präsentation, die zwei Stunden und 18 Minuten gedauert hatte; es war ein einziger Satz in einem 84 Seiten umfassenden Protokoll. Moynihan war der Ansicht, daß die Haltung der CIA einer kategorischen Ablehnung von Goldwaters Brief gleichkomme. In einem Interview mit ABC für eine Sendung mit David Brinkley, die am Sonntag, dem 15. April, ausgestrahlt werden sollte, sagte Moynihan an diesem Nachmittag: »Senator Goldwater sagte seine Meinung so deutlich, wie man es mit Worten tun kann, und vier oder fünf Tage später wird sein Urteil immer noch zurückgewiesen. Deshalb soll man jetzt meine Meinung dazu hören, und zwar in der einzigen Form, in der ich sie ausdrücken kann: Ich trete zurück.« Damit legte er sein Amt als stellvertretender Vorsitzender des Senatsausschusses nieder.

Senator Durenberger sagte daraufhin, »auf einer Skala von 0 bis 10 in puncto Vertrauen nimmt Casey gerade noch Stufe 2 ein«. In *Time* ging er sogar noch weiter: »Es hat keinen Zweck, daß wir mit Bill Casey sprechen. Keiner von uns glaubt ihm. Mit seiner unbekümmerten, ja fast arroganten Art, mit der er uns stets behandelte, hat er den gesamten Ausschuß gegen sich aufgebracht.«

Präsident Reagan hielt sich aus dieser Auseinandersetzung heraus. Am Wochenende erschien er im Washingtoner Hilton Hotel zum alljährlich stattfindenden offiziellen Empfang der White House Correspondents Association (Vereinigung der im Weißen Haus akkreditierten Journalisten), bei dem Smoking vorgeschrieben war.
»Was soll das ganze Gerede über einen Zusammenbruch des Kommunikationssystems im Weißen Haus? Wie kommt es, daß mir keiner etwas davon gesagt hat?« (Gelächter) »Ich weiß nur eins: Ab jetzt gilt die Vorschrift, daß mir jeder über alles, was passiert, Bescheid sagt und daß man mich wecken soll, egal um wieviel Uhr, selbst wenn es mitten in einer Kabinettssitzung ist.« (Gelächter) In den offiziellen Protokollen des Präsidenten wurde vermerkt, daß er 26 weitere Lacherfolge für sich verbuchen konnte.
Die Verminung der Häfen in Nicaragua erwähnte er mit keiner Silbe. Casey gab dem *U.S. News & World Report* ein ausführliches Interview, in dem er erklärte: »Ich glaube, daß die Leute auf längere Sicht weniger über die Berichte von der Verminung nicaraguanischer Häfen besorgt sind als über die drohende Flut von Einwanderern, die über dieses Land hereinbrechen könnte, falls Zentralamerika oder ein Teil davon unter die Herrschaft von Sowjets und Kubanern fallen sollte.« Um die Behauptung zu unterstützen, gab die CIA am Wochenende Zahlen über die Bedrohung der Region durch die Sowjetunion und Kuba bekannt. Nahezu 10 000 Sowjets in Kuba, wenn auch nur hundert in Nicaragua; dafür aber möglicherweise 10 000 Kubaner in Nicaragua. CIA und DIA hatten sich mehrmals zu jeweils sechsstündigen Treffen zusammengesetzt, um auf eine verläßliche Schätzung zu kommen, doch ihre Bemühungen waren gescheitert. Die Zahlen schwankten. Doch Zahlen konnten das Problem nicht aus der Welt schaffen, und ebensowenig eine Erklärung der CIA, die lautete: »Das Thema Verminung von nicaraguanischen Häfen wurde mit Ausschußmitgliedern und anderen Mitgliedern des Kongresses elfmal erörtert.«
Simmons putzte Clair George in aller Öffentlichkeit herunter, indem er behauptete, der Verbindungsmann der CIA zum Kongreß habe »diesel-

be Gesinnung wie Casey ... Bei diesem Gespann sind Katastrophen quasi vorprogrammiert.«
Bei der CIA erkannte John McMahon, daß die Situation außer Kontrolle geriet und daß Casey und der Nachrichtendienst mal wieder in der Klemme saßen. Da sich Goldwater im Fernen Osten aufhielt und Moynihan sich auf dem Kriegspfad befand, rief McMahon Simmons an. McMahon, ein Verwaltungsbeamter, wußte, was es hieß, von Informationen abgeschnitten zu sein. Es war gut möglich, daß Simmons zornig war und sich wie ein Idiot vorkam. Sicher, er sollte von der CIA Informationen bekommen, aber es war auch seine Aufgabe, selbst etwas herauszufinden. Simmons hätte aufgrund seiner früheren Tätigkeit bei der CIA wissen müssen, daß man wertvolle Informationen – sogar solche, auf die man ein Anrecht hat – nicht auf einem silbernen Tablett serviert bekommt. Simmons hatte gewiß eine kleine Aufmunterung nötig.
»Hallo Rob«, meldete sich McMahon.
»Hallo John«, antwortete Simmons.
»Hören Sie«, meinte McMahon, »wir müssen unbedingt den Geräuschpegel senken. Das ist für alle schmerzlich. Warum erledigen Sie nicht Ihren Job und ich meinen?« Sie seien doch alle dabei, sich selbst zu opfern. McMahons Rede zielte auf die Feststellung ab, daß sie einfach alle verrückte Vorgesetzte hätten und es bei ihnen liege, das Schiff über Wasser zu halten – getreue Mitarbeiter bis zum Schluß.
Simmons entgegnete, daß man Goldwater angegriffen habe, daß falsche und irreführende Erklärungen an die Presse weitergeleitet worden seien und daß er unter diesen Umständen nicht anders könne, als die Sache geradezubiegen. Casey und Clair George hätten sie nicht auf dem laufenden gehalten. Man habe Goldwaters fünfjährige Tätigkeit im Ausschuß untergraben. Seine Arbeit hätte dazu führen sollen, der CIA ein neues Image zu schaffen, für alle Protektion und Geld sicherzustellen und die Brücken wieder neu aufzubauen. Fünf Jahre aufrichtigen Bemühens würden durch diesen idiotischen Fehler im Informationsaustausch einfach zunichte gemacht. Barry und er kämen sich vor wie in einer Mülltonne, und ihre Prinzipien – Vertrauen, Zuversicht – seien mit Füßen getreten worden.
McMahon zeigte Verständnis. Sicher müsse man die Scherben wieder aufsammeln. Er sprach ihm Mut zu.

»Ich bin froh, daß ich mal endlich alles los geworden bin«, gab Simmons endlich nach. »Okay, mäßigen wir unseren Tonfall.«
Im Weißen Haus und im Nationalen Sicherheitsrat war man besorgt, Casey könnte die gute Atmosphäre im Kongreß vergiftet haben und damit weitere nachrichtendienstliche Aktivitäten oder außenpolitische Manöver der Administration erschweren. Das Weiße Haus hielt nach wie vor an einer aggressiven Politik in Zentralamerika fest. Man wollte die Debatte erneut aufleben lassen und sie von einer Diskussion über Caseys Unverfrorenheit, über die CIA und über verdeckte Aktionen ablenken.
Casey hingegen betrachtete den geheimen Krieg in Nicaragua teilweise als Nervenkrieg, bei dem entscheidend war, daß die CIA gegenüber den Sandinisten nicht locker ließ. Druck, Schikane, Ablenkungsmanöver. Man mußte sie von allen Seiten einkreisen. An allen Fronten.
Casey befürchtete, daß das Weiße Haus durch die ganze Aufregung ins Zaudern geraten könnte. Er durfte nie außer acht lassen, wo die eigentliche Macht lag. Dabei wurde Casey mit dem immer wiederkehrenden Problem konfrontiert, zu verstehen, was das Weiße Haus wollte. Es sprach mit zu vielen Stimmen. Man konnte sich leicht vorstellen, was der Präsident wollte – keine US-Kampftruppen und so viel verdeckte Hilfe wie möglich. Doch bei dem allgemeinen Tauziehen unter den Mitarbeitern des Stabes traten Wünsche und Vorstellungen mitunter ganz anders in Erscheinung. Einerseits hatte Jim Baker verfügt, im Wahljahr Vorsicht walten zu lassen. Andererseits dachten sich Mitarbeiter aus dem Stab von McFarlanes Nationalem Sicherheitsrat immer wieder neue Aktionspläne aus. Einer forderte sogar eine Blockade Nicaraguas. In seiner extremen Fassung sah der Plan anscheinend vor, fast die halbe US-Flotte einzusetzen, um sämtliche Schiffahrtswege nach Nicaragua zu kontrollieren. Casey nahm viele dieser Vorschläge nicht ernst. Doch er konnte sie auch nicht einfach ignorieren. Es ließ sich nicht sagen, wann der Präsident etwas unternehmen würde. Die Sache mit Grenada war praktisch über Nacht passiert.
Reagans Passivität bei der Entscheidungsfindung verstärkte das Problem noch. Casey kannte Ronald Reagans Standpunkt genau und wußte, was er dachte, doch es war schwer zu sagen, was er entscheiden würde. Zunächst würde der Präsident »Ja« sagen. Dann »Na ja«. Und schließlich »Nein«. »Ja ... na ja ... nein« wurde zu einem geflügelten Wort. Es gab noch eine Menge anderer Versionen – von einem anfänglichen

»Nein« vorbei an einem »Ja« zur Unentschlossenheit. Jim Baker hatte Reagans Entscheidungsfindung völlig blockiert. Casey erfuhr, was er dachte, und er konnte sogar ein privates Gespräch mit Reagan im Weißen Haus führen. Casey spielte diese Trumpfkarte etwa zweimal im Jahr aus. Der Präsident war stets freundlich, hörte ihm zu und nickte. Doch zum Schluß des Gesprächs, oder auch danach, kam durch Baker oder McFarlane die unausweichliche Frage: Was meinen George und Cap? Damit wurden Shultz und Weinberger in die Entscheidung hineingezogen. Das war wohl richtig, aber dann begann wieder das ständige Hin und Her: »Ja ... na ja ... nein.«

Sitzungen des Nationalen Sicherheitsrates oder wichtige Zusammenkünfte der NSPG führte Reagan weder formell oder informell, sondern McFarlane übernahm den Vorsitz. Reagan erhielt nur ein Blatt Papier, auf dem die Tagesordnung aufgeführt war und angezeigt wurde, worüber und wie lange jeder Redner sprechen würde. Die meiste Zeit wurde mit Lageberichten vergeudet. Oftmals wurden die Beschlüsse mit McFarlanes Unterschrift für den Präsidenten herausgegeben.

Bei Baker und Darman gab es keine undichte Stelle im System. Sie erhielten täglich die Aufzeichnungen der Telefonanrufe, die Reagan bekam oder die er selbst tätigte. Gespräche, die über das reguläre Telefonnetz abgewickelt wurden, und solche, die über abhörsichere Leitungen geführt wurden, wurden getrennt aufgezeichnet. Reagan mochte die abhörsichere Leitung nicht, weil er Probleme mit seinem Gehör hatte. Der Secret Service führte auch Buch über jeden Schritt und jedes Gespräch des Präsidenten; sogar die Pförtner im Weißen Haus registrierten alles. Es gab extra Aufzeichnungen für das Wochenende, in denen Nancys soziale Engagements sowie ihre Verabredungen zum Mittag- oder Abendessen festgehalten waren. Einige von Nancys Aktivitäten griffen merklich in den Machtbereich des Präsidenten ein. Ein Gespräch mit dem Präsidenten nach einer knappen Begrüßung oder einem kurzen »Hallo« konnte, nach Ansicht des Besuchers, in einer entschlossenen Äußerung oder sogar in einer Entscheidung enden. Daher verfolgten Baker und Darman alles, um sicherzugehen, daß ihnen nichts entging. Der Präsident war offenbar mit dem System zufrieden, und niemand durchbrach es.

Nachdem die Verminung der Häfen in Nicaragua bekannt geworden war, mußte das Weiße Haus einige Entscheidungen treffen. Casey besaß geheime Berichte, die besagten, daß tonnenweise Material, einiges davon aus Nicaragua, nach El Salvador geschafft wurde. Er setzte das Weiße Haus mit geheimen Informationen unter Druck, wonach im Herbst möglicherweise mit einer größeren Offensive von seiten der linksgerichteten Rebellen in El Salvador zu rechnen sei. Er verglich diesen möglichen Fall mit der »Tet-Offensive« 1968 in Vietnam. Das war zwar etwas übertrieben, aber im Wahljahr war es geboten, daran zu erinnern.

Motley glaubte den Informationen, doch sie waren nur bruchstückhaft und nicht unproblematisch. »Alles, was Sie brauchen, ist ein 30 Sekunden dauernder Nachrichtenausschnitt im Fernsehen, der beweist, daß man diese Debatte vergessen kann«, sagte er zu Casey. Doch der Nachrichtenausschnitt wurde nie gesendet.

Nach einer Reihe von Sitzungen und Diskussionen im Weißen Haus bekam Casey vom Präsidenten eine derart eindeutige Entscheidung, wie er sie nur wünschen konnte. Reagan war mit folgender Regelung einverstanden: bis zur Wahl im November sollte die CIA hinsichtlich des verdeckten Programms eine »abwartende Haltung« einnehmen. Nach seiner zu erwartenden Wiederwahl würde sich die Regierung ins Zeug legen, mehr Geld für die Contras beschaffen, die Oberhand gewinnen und siegen.

Abwarten bedeutete für Casey, daß er im Kongreß einige Hindernisse aus dem Weg räumen mußte. Dazu gehörte ein persönlicher Kniefall von Tür zu Tür. Einer der ersten, die er aufsuchte, war Senator Richard Lugar, ein republikanischer Abgeordneter aus Indiana, der dem Geheimdienstausschuß angehörte und gleichzeitig Vorsitzender des Wahlkampfkomitees der Republikaner im Senat war. Lugar sagte, sie befänden sich in einer schlimmen Situation, und Casey meinte, er habe versucht, alle auf dem laufenden zu halten, doch er mußte auch zugeben, daß die knappe Erwähnung der Verminung nicht zufriedenstellend gewesen war.

Casey wollte Moynihans Rücktritt rückgängig machen. Was die Außenpolitik betraf, verfolgte Moynihan im Grunde einen harten Kurs, und er war bisher für die CIA von Nutzen gewesen. Ein eher liberaler, CIA-feindlicher Demokrat als stellvertretender Vorsitzender des Geheimdienstausschusses, wie etwa Leahy, wäre eine Katastrophe.

Casey suchte Moynihan in seinem Senatsbüro auf. Der Direktor setzte sich in einen Ledersessel neben dem Kamin und machte ein zerknirschtes Gesicht.

Er stellte klar, daß es seine Aufgabe gewesen wäre, den Ausschuß so gründlich auf dem laufenden zu halten, wie es die Senatoren für erforderlich erachteten. Wenn sie nicht zufrieden seien, dann habe er, ganz gleich wie ernsthaft oder wie gewissenhaft seine Bemühungen auch gewesen sein mögen, versagt. Er ging jedoch nicht soweit, zu behaupten, daß durch sein Fehlverhalten die rechtliche Voraussetzung hinsichtlich der Information des Kongresses nicht eingehalten worden sei. »Ich bitte vielmals um Entschuldigung«, sagte Casey. Darauf wandte er sich mit einem persönlichen Appell an Moynihan und bat ihn, seinen Posten als stellvertretender Vorsitzender beizubehalten.
Moynihan war gerührt. Casey schien in diesem Moment ganz aufrichtig zu sein – was für ein komplizierter Mann er doch war, mit so vielen unterschiedlichen Charakterzügen. Es gab keinen Grund, solch eine Entschuldigung zurückzuweisen. Moynihan war bereit, seinen Rücktritt zu widerrufen.
Caseys letzte Buße war ein handgeschriebener Brief an Goldwater, in dem er sich entschuldigte.
Am Donnerstag, den 26. April stellte Casey sich dem gesamten Ausschuß. Es herrschte eine gespannte Atmosphäre, weil einige das Gefühl hatten, daß Casey bis zu diesem Zeitpunkt nicht mehr gesagt habe, als daß das, was passiert sei, nicht wieder vorkommen würde.
Doch Casey änderte seinen Standpunkt schnell und gab zu, daß die Informationen unzureichend gewesen seien. Er wünschte, er hätte mehr getan. Es gebe keinen Grund, etwas zu verheimlichen; einige Senatoren und der Kongreß seien unterrichtet worden.
Ob die Verminung von Häfen nicht illegal sei?
Nein, sagte Casey.
Dies setzte den ganzen aufgestauten Ärger frei, und fast alle Anwesenden stürzten sich förmlich auf Casey. Fragen zur Gesetzmäßigkeit, über gesunden Menschenverstand, Urteilsvermögen, Durchführbarkeit und Kompetenz wurden laut. Waren nicht Schiffe der Verbündeten Großbritannien und Frankreich auf Minen gelaufen? Weshalb hatte die Regierung im voraus erklärt, sie werde sich nicht an den Beschluß des Internationalen Gerichtshofs halten, und sich vor den Augen der übrigen Welt über diese Instanz hinweggesetzt? War das Legen von Minen nicht staatlich unterstützter Terrorismus? War das nicht alles darauf hinausgelaufen, die Vereinigten Staaten vor den Augen der Weltöffentlichkeit zu desavouieren?

Casey sagte nur: »Ich bitte vielmals um Entschuldigung.«
Jake Garn, ein Republikaner aus Utah, war wütend. Er war der Ansicht, Caseys Worte seien eindeutig gewesen und hätten der Informationspflicht durchaus genügt. Die CIA habe seine Fragen stets beantwortet, auch wenn er dafür habe zum Hauptquartier fahren müssen, um sich die Antworten abzuholen.
»Ihr seid alle Arschlöcher«, schrie Garn, »ihr seid alle Arschlöcher ... Der ganze Kongreß sitzt voller Arschlöcher, alle 535 Mitglieder sind Arschlöcher.«
Die Ausschußmitglieder, einschließlich Moynihan, erhoben sich von ihren Plätzen. Moynihan wollte eine weitere Konfrontation verhindern und sagte: »Lächeln Sie wenigstens, wenn Sie mich schon Arschloch nennen.«
Garn schrieb später einen Brief an Goldwater, in dem er sich für sein Benehmen entschuldigte.
Nach der Sitzung gab der Ausschuß eine öffentliche Stellungnahme ab, die besagte, Casey habe der Einschätzung zugestimmt, daß der Ausschuß über die Verminung und über die Angriffe von Schnellbooten auf nicaraguanische Häfen »nicht rechtzeitig und in angemessener Weise unterrichtet worden sei«. Der Ausschuß und Casey seien übereingekommen, ein neues Verfahren zu entwickeln, damit dieser Fehler nicht noch einmal vorkommen könne.

Bei einer Sitzung des PFIAB schlug Casey vor, einen Unterausschuß zu bilden, um die Hintergründe der Verminung zu untersuchen. Die hauptsächliche Frage, die es zu beantworten gelte, laute: Wie konnte davon etwas durchsickern?
»Sie sind doch ein Meister der Ablenkung«, meinte Edward Bennett Williams, ein Mitglied des Gremiums. »Wenn man Sie mit einem rauchenden Revolver in der Hand erwischt, dann brüllen Sie einfach Überfall!«
Casey lachte. Es wurde nie untersucht, wo die undichte Stelle war.
Später, als McFarlane im Senat war, bestritt Moynihan, öffentlich behauptet zu haben, der Ausschuß sei vollständig und ausreichend über die Verminung unterrichtet worden.
»Dann war das, was man mir erzählt hat, entweder falsch, oder jemand hat gelogen«, entgegnete McFarlane.
Bei einer Ausschußsitzung hinter verschlossenen Türen äußerte sich

McFarlane abschließend zum Fall der Verminung von Häfen in Nicaragua: »Darüber hinaus müssen Sie nicht nur in die Zukunft blicken, sondern auch aus der Vergangenheit lernen, um sicherzugehen, daß Sie denselben Fehler nicht noch einmal begehen, *falls Sie ihn tatsächlich begangen haben.*«

17

In diesem Frühjahr wurde Casey im Hinblick auf Zentralamerika noch von einer weiteren Sorge gequält. Er war davon überzeugt, daß Mexiko mit seinen 77 Millionen Einwohnern eine Zeitbombe war.
Obwohl Constantine Menges nicht mehr bei der CIA war, sondern inzwischen beim Nationalen Sicherheitsrat, waren sein Schatten und seine Ängste bezüglich Mexikos zurückgeblieben. Er hatte Casey weitgehend davon überzeugen können, daß sich die Lage in Mexiko zu einer zweiten Irankrise ausweiten könnte. Kein anderer Vergleich hätte ein so starkes Echo gefunden – im Iran hatte die CIA unter der Carter-Administration voll und ganz versagt.
Menges vertrat die Ansicht, Mexiko sei reif für eine Revolution; die Regierung war in bedenklichem Maße anti-amerikanisch und anti-kapitalistisch eingestellt, und aufgrund der hohen Verschuldung drohte dem Land die Enteignung durch ausländische Kapitalanleger. Die sozialen Verhältnisse des Landes waren ein Nährboden für die radikale Linke.
Casey wußte, daß der mexikanische Präsident Miguel de la Madrid der US-Regierung Kopfzerbrechen bereitete. Der Harvard-Absolvent de la Madrid war besessen von seiner Anti-Korruptionskampagne, die auch »moralische Erneuerung« genannt wurde. Casey hielt das zwar für eine lobenswerte Sache, doch de la Madrids tatsächliche Probleme lagen im Bereich der Wirtschaft, und die 80 Milliarden Dollar Auslandsschulden erdrückten das Land fast. De la Madrid hatte obendrein die fixe Idee, die Vereinigten Staaten und Nicaragua dazu zu bringen, ihre Meinungsverschiedenheiten beizulegen. Das würde bedeuten, daß man die Contras ihrem Schicksal überlassen mußte. Casey war strikt dagegen und ärgerte sich über diese Einmischung in die inneren Angelegenheiten der USA. Im Prinzip waren Verhandlungen mit Kommunisten Quatsch. De la Madrid hörte sich an wie ein Professor, der vor einer linksgerichteten Strategiekommission Nichteinmischung predigte und behauptete, die

USA würden mit ihren Aktionen die Sandinisten radikalisieren. Nach Caseys Einschätzung war das der übliche linke Schwachsinn, den man nur schwer ertragen konnte. Und noch schlimmer war es, wenn dieser Schwachsinn aus dem Munde eines Nachbarn und angeblichen Verbündeten kam. Casey veranlaßte, daß über Mexiko und de la Madrid in verstärktem Maße Informationsmaterial gesammelt wurde; in der Folge wurde die CIA mit einer Flut von Daten überschüttet.

Casey hatte behauptet, die Operation in Nicaragua sei teilweise zum Schutze Mexikos gedacht. Wenn Nicaragua als Modell eines linksgerichteten Staates existieren dürfe, dann könnte die Revolution auch auf den Norden übergreifen. Gegenwärtig richte sich die linke Offensive gegen El Salvador, aber danach blieben nur noch Honduras und Guatemala übrig. Damit würde eine ungeheure Immigrationswelle ausgelöst – die Massen, oder das »Fußvolk« wie Casey es nannte, flüchteten immer vor dem Kommunismus.

Der Beraterausschuß des Präsidenten für Auslandsnachrichten (PFIAB) hatte ihm einen streng geheimen Bericht zukommen lassen. In dem fünfseitigen Bericht wurde der CIA vorgeworfen, sie stecke den Kopf in den Sand und habe keine Ahnung, was in Mexiko vor sich gehe. Zu den Verfassern des Berichts gehörte auch Anne Armstrong, die Vorsitzende des PFIAB und ehemalige US-Botschafterin in Großbritannien. Sie besaß eine große Rinderfarm in Armstrong, Texas, im Süden der USA nahe der mexikanischen Grenze. Weitere Mitglieder des Gremiums versuchten deutlich zu machen, daß es in ihren Augen ein höchst unfreundlicher Akt der Mexikaner sei, zuzulassen, daß die Sowjets von der sowjetischen Botschaft in Mexiko aus Spionage gegen die USA betrieben. Das Gremium hatte einen Mann angestellt, der in den späten siebziger Jahren Stationschef der CIA in Mexiko war, und dieser hatte vorgeschlagen, der CIA-Station in Mexiko City mehr Mitarbeiter zur Verfügung zu stellen.

In dem Bericht wurde zudem vor Aktivitäten der Linken, speziell im Gebiet um Acapulco, gewarnt, und de la Madrid wurde darin als Technokrat bezeichnet. Nachteilige Anekdoten und Gerüchte, die von Geschäftsleuten in die Welt gesetzt worden waren, wurden als Tatsachen behandelt. Der Bericht spiegelte eine ziemlich primitive Einstellung gegenüber Mexiko und seiner Bevölkerung wider.

Casey beauftragte die Operationszentrale, festzustellen, ob irgend etwas davon tatsächlich zutreffe. Obwohl es sich bei dem Bericht nicht um

»geheime Informationen« handelte, mußte Casey ihn ernst nehmen. Die Fakten und Methoden waren zwar eher seltsam, aber dennoch konnte die Schlußfolgerung richtig sein.
Ein Jahr zuvor hatte Menges mit der Ausarbeitung einer geheimen Studie über Mexiko begonnen, doch angesichts viel dringlicherer Probleme in Zentralamerika hatte sich seine Arbeit festgefahren. Bereits seit mehreren Jahren war keine Lagebeurteilung über Mexiko mehr fertiggestellt worden. Casey hatte Menges' Nachfolger John Horton, einem ehemaligen Stationschef von Mexiko City, erklärt, daß eine seiner ersten Aufgaben die Ausarbeitung der Studie über Mexiko sein werde, doch als er monatelang kaum Fortschritte in dieser Angelegenheit sah, begann er zu drängen, dieses verdammte Ding müsse endlich fertig werden.
»Ich verstehe nicht, warum das so lange dauert«, schnauzte er Horton eines Tages an. »Ich könnte das in einer Stunde aufs Papier hauen.«
Daraufhin beauftragte Horton den Analytiker Brian Latell mit der Ausarbeitung des ersten Entwurfs. Latell war ein Draufgängertyp, der Casey gefiel. Er hatte bereits ein geheimes Papier über Fidel Castro erstellt, das Casey fast umgehauen hatte. Darin war Castro als ein Mann beschrieben, der eine verspätete Midlife-Crisis durchmacht, der unfähig ist, mit seiner nicht verwirklichten Revolution fertigzuwerden, und der sich nicht sicher ist, welchen Platz er in der Geschichte einnimmt. Kubanische Experten hatten Latells Papier zurückgewiesen und ihm vorgeworfen, er habe eine Parodie einer geheimen Studie über Castro, eine Psycho-Fiktion, abgeliefert.
Latell fuhr für etwa eine Woche nach Mexiko, um sich selbst einen Eindruck zu verschaffen – eine neue Vergünstigung, die den Analytikern dank Caseys Budgetzuwachs zuteil wurde.
Als der Entwurf mit dem Titel »Mexiko unter de la Madrid« fertig war, übergab Latell ihn Horton.
»Casey meint, das sei so okay«, erklärte er.
Hortons Gesicht fing an zu glühen. Man hatte vereinbart, daß Casey die Entwürfe der Studie zur selben Zeit bekommen sollte wie die anderen Chefs der Nachrichtendienste und nicht schon vorher, doch Latell hatte sich einfach über diese Anweisung hinweggesetzt. Caseys Einfluß stand in keinem Verhältnis zu seinem Wissen. Mit einer beiläufigen Bemerkung konnte er die Verhältnisse einfach verzerren. Und er schreckte nicht davor zurück, es zu tun. Caseys Vorurteile konnten die Studie in eine bestimmte Richtung lenken.

Casey regte sich manchmal derart auf, daß er jemandem den Finger gegen die Brust drückte und schrie »Falsch! Falsch!«, wenn er mit etwas nicht einverstanden war. Horton wollte jedoch nichts weiter, als daß nüchterne Informationen den richtigen Weg wiesen.

Horton beschloß, den erschreckend umfangreichen Entwurf für alle Fälle zu lesen. Er besagte, daß sich Mexiko am Rande einer Revolution befinde. In den Städten wie auch unter der ländlichen Bevölkerung gebe es Unruhen, und die Kapitalflucht nehme alarmierende Ausmaße an – Kapitalanleger und Geschäftsleute verließen das Land panikartig, die Geschäftswelt setze nur wenig Vertrauen in die Regierung und überall herrsche Korruption.

Ein leitender Angestellter einer führenden Rüstungsfirma, der in Mexiko aufgewachsen war, hatte Latell seine Eindrücke geschildert, und diese wurden nun als »geheime Informationen« weitergegeben.

Jeder, der Latells Entwurf las – sei es der Präsident oder der Außenminister –, bekam den Eindruck, daß im Süden eine gefährliche Instabilität herrsche. In dem Entwurf wurde auf mögliche Krawalle hingewiesen und vorgeschlagen, die mexikanische Armee einzuschalten, um die Unruhen im Keim zu ersticken. Das waren Anklänge an die Vorgänge im Iran.

Man hatte Horton nicht nur ausgetrickst, er wußte auch, daß die geheimen Informationen in den Akten die Folgerungen, die in dem Entwurf gezogen wurden, nicht stützten.

Horton mußte zwar eingestehen, daß in Mexiko Korruption, Unruhen und Arbeitslosigkeit herrschten, doch der Bericht ging anscheinend davon aus, daß Amerikaner in derselben Situation revolutionär oder radikal würden. Für Horton war das der typische Irrtum eines Amateurs. Es gab keinerlei Anzeichen dafür, daß sich die Mexikaner wie Amerikaner verhalten würden.

Am erschreckendsten war die Andeutung, daß sich Sowjets und Kubaner insgeheim in Mexiko organisierten, oder es in Kürze tun würden. Horton wußte, daß Casey ein beunruhigendes Dokument haben wollte, mit dem er sich das Weiße Haus und den PFIAB vom Halse schaffen wollte. Er wollte beweisen, daß Mexiko schwach war. Casey und seine Anhänger verstanden nicht, daß Mexiko von alters her an dem Grundsatz der Nichteinmischung in die Angelegenheiten fremder Länder festhielt. Es war unwahrscheinlich, daß ein mexikanischer Präsident die Vereinigten Staaten hinsichtlich der Contras in Nicaragua unterstützen würde.

»Sie sind immer nur an herkömmlichen Einsichten interessiert«, meinte Casey, nachdem Horton Bedenken geäußert hatte. »Und Sie liefern noch zusätzlich Argumente dafür.«
Die Schlußfolgerungen, antwortete Horton, würden – im allgemeinen wie im besonderen – nicht durch Informationen erhärtet, sie müßten sich aus der Studie ergeben. Die Studie sei vollkommen verzerrt.
»Warten Sie«, sagte Casey. »Es sollten doch einige Standpunkte in der Studie enthalten sein.«
Gerüchte und Anekdoten, die Eindrücke einiger Geschäftsleute, die Mexiko nur auf der Durchreise kennengelernt oder in Acapulco ihren Urlaub verbracht hätten, könnten, so Horton, nicht als gut unterrichtete Quellen bezeichnet werden. Es handle sich dabei noch nicht einmal um »weiche« Informationen.
Casey behauptete, Horton wolle Beweismaterial unterschlagen.
Horton erstarrte. Das war eine schwere Anschuldigung, die er Casey sehr übel nahm.
»In Mexiko könnte sich dasselbe wiederholen wie im Iran«, erklärte Casey trotzig.
Das war der Auftakt zu einer Reihe fast täglich stattfindender Diskussionen und Streitereien zwischen Casey und Horton, während sie ihre täglichen Aufgaben erledigten. Horton war entschlossen, alles aus dem Entwurf zu entfernen, was nicht durch Quellen belegt war. Mochte es auch die Reagan-Administration vorziehen, auf der Basis von subjektiven »Gefühlen« und »Gesprächen« oder flüchtigen Bemerkungen von Mitgliedern republikanischer Klubs oder Spendeneintreibern Politik zu betreiben, so würde es Horton doch nicht zulassen, daß solche Elemente in der geheimen Studie berücksichtigt wurden.
Horton bekam von Casey ein langes, mit einzeiligem Abstand geschriebenes Memorandum, in dem er versuchte, einiges von dem Material in die noch nicht abgeschlossene Studie zurückzuleiten. Dann gab es ein zweites Memorandum von Casey, das nach Hortons Ansicht von Menges verfaßt worden war. Es gehörte zu Caseys üblicher Taktik, den Entwurf eines Papiers oder eines Berichts, der ihm nicht gefiel, einem inoffiziellen konservativen Beratergremium vorzulegen und es um eine Stellungnahme zu bitten. Wenn ihm die Stellungnahme zusagte, dann leitete er sie unter seinem Namen weiter.
Die beiden Memoranden stützten sich auf Meldungen über die Unzufriedenheit unter der ländlichen Bevölkerung, über Unruhen in den Slums

von Mexiko und über eine von Kuba unterstützte Gruppe in einem entlegenen Teil des Landes. Vieles davon war nicht nachweisbar, und Horton sah keinen Anlaß, seine Meinung zu ändern.

Der stellvertretende Chef der Analyseabteilung, Bob Gates, zielte auf einen neutralen Standpunkt ab, doch Horton war der Ansicht, daß ein neutraler Standpunkt nicht genüge. Es gehe vielmehr um die Frage, wie man mit geheimen Informationen umgehe, die man sich schwer erkämpft habe. Entweder hätten sie Gewicht, oder sie würden durch Tratsch und Mutmaßungen verzerrt. Und Horton sah noch ein weiteres Problem. Casey faßte Hortons Trotzhaltung so auf, als habe dieser eine andere Politik im Auge. Caseys vorrangige politische Sorge galt der Operation in Nicaragua. Unruhen in Mexiko kamen da sehr gelegen. Eine Prognose, die keine Unruhen versprach, paßte nicht in Caseys Konzept. Es bedeutete, daß de la Madrid noch lange an der Macht bleiben würde. Und wenn man nicht in naher Zukunft ein Übergreifen des Kommunismus und eine damit verbundene Einwanderungsflut befürchten mußte, war auch die Unterstützung der Contras nicht mehr so dringend.

Je öfter die Studie erwähnt wurde, desto mehr ärgerte sich Casey. Solche Studien wurden als Dokumente des DCI in seinem Namen herausgegeben; die übrigen Geheimdienste konnten dagegen Einspruch erheben. Das reichte. Ein einzelner Analytiker – selbst ein so geachteter und erfahrener NIO wie Horton – konnte die Sache nur so lange blockieren. Im Augenblick hatte Horton aber noch die Kontrolle über den Entwurf, und er würde nichts darin lassen, für das es keine Belege gab. Um noch vor der NFIB-Konferenz der Geheimdienstchefs etwas vorlegen zu können, willigte Casey schließlich ein, einen von Horton überarbeiteten Entwurf in Umlauf zu bringen.

Herb Meyer, einer von Caseys Mitarbeitern und stellvertretender Vorsitzender des National Intelligence Council, der zur Zeit die Lageberichte prüfte, rief sämtliche Geheimdienstchefs an, um ihnen mitzuteilen, daß sie in Kürze einen Entwurf erhalten würden. Nachdem sie erfahren hatten, daß Horton und Casey sich deswegen fast gegenseitig umbrachten, waren sie besonders gespannt.

Etwa zur selben Zeit, als im Senat die Verminung von Häfen in Nicaragua bekannt wurde, fand Anfang April 1984 im Hauptquartier aller Nachrichtendienste in der F Street, einem tristen Gebäude, das einen Häuserblock vom alten Bürogebäude entfernt lag, die Sitzung statt. Horton faßte die wichtigsten Punkte zusammen und erklärte, es gebe

Anzeichen für eine Krise, aber von einem Zusammenbruch Mexikos könne nicht die Rede sein.
Casey stellte fest, daß in dem Entwurf ein beruhigender Standpunkt vertreten werde. Und er sei darüber verärgert, fügte er hinzu, daß der Entwurf nicht auch die anderen Möglichkeiten in Betracht ziehe. Er wolle wissen, wie die Chancen stünden, daß Mexiko zusammenbreche. Er stellte klar, daß Mexiko seiner Überzeugung nach kurz davor stehe.
Der Vertreter des State Department gab zu bedenken, daß man auch andere lateinamerikanische Staaten wie Argentinien oder Brasilien, die im Ausland hoch verschuldet seien, nicht aus den Augen verlieren sollte. Sie böten ebenfalls Grund zur Besorgnis.
Der stellvertretende Direktor des FBI verwies auf die Operationen der Sowjets in Mexiko. Der Sitz des KGB in Mexiko sei der hauptsächliche Ausgangspunkt für Spionageoperationen in den Vereinigten Staaten; Mexiko sei quasi eine feuerfreie Zone für Spione, von der aus der KGB ungehindert schalten und walten könne. Neuesten Meldungen zufolge habe die CIA einige sowjetische Agenten, die im mexikanischen Außenministerium tätig seien, identifiziert, aber dies habe auf die Mexikaner keinen großen Eindruck gemacht.
Ein Mitglied des NFIB bemerkte, daß das nichts mit Mexikos Instabilität, dem eigentlichen Thema der Studie, zu tun habe.
Irgend jemand wies darauf hin, daß das ein Beweis für den wachsenden Einfluß der Sowjets sei.
Der Vertreter des Handelsministeriums, der zeitweilig als Analytiker für die CIA arbeitete, schien geradezu bereit, vor Casey auf die Knie zu fallen. Horton fand dies ein schmieriges Getue.
Beim Finanzministerium teilte man die düsteren Ansichten, was zum größten Teil darauf zurückzuführen war, daß man sich um die hohe Verschuldung des Landes Sorgen machte. Amerikanische Banken hatten in Mexiko Milliarden investiert.
Die militärischen Geheimdienste – NSA, DIA, Armee, Luftwaffe und Marine – hatten dagegen nur geringe Bedenken wegen Mexiko. Da die Streitkräfte insgesamt nur aus etwa 120 000 Mann bestanden, hatte das mexikanische Militär keine strategische Bedeutung.
Abgesehen vom FBI, sowie dem Handels- und dem Finanzministerium – die Geheimdienste mit der geringsten Bedeutung – stand Casey nahezu allein da. Er beschloß, eine Entscheidung zu erzwingen.
»Ich verlange, daß darüber abgestimmt wird, wie die Chancen für ein

totales Chaos stehen«, sagte er und schlug mit der Faust auf den Tisch. Persönlich sei er der Meinung, daß die Chancen für einen Zusammenbruch Mexikos fünfzig zu fünfzig stünden. Doch als Casey nochmals in die Runde schaute, bekam er wieder nur von den eben genannten drei Geheimdiensten Unterstützung.

»Ich nehme an, Sie wissen, daß die Chancen eins zu fünf stehen«, sagte Casey, der nun auf einen neutralen Standpunkt setzte.

Niemand antwortete.

Er verlange, daß dieser Entwurf noch einmal überarbeitet werde und daß diese Zahlen – die Möglichkeit von 20 Prozent für einen Zusammenbruch – in die Studie übernommen würden. Es sei undenkbar, daß er dem Präsidenten eine Studie vorlege, in der diese Möglichkeit nicht erwähnt werde.

Horton war davon überzeugt, daß die Fachleute auf seiner Seite standen. Die 20 Prozent kamen nur mit rein, weil Casey am oberen Ende des Tisches saß.

Nach der Sitzung feuerte Casey gegen Horton eine obszöne Bemerkung ab und beauftragte Herb Meyer, die Schlüsselstellen der Studie neu zu formulieren.

Horton beschwerte sich bei Gates, und dieser versprach, Meyers Entwurf im Auge zu behalten. Doch Horton warf kurz darauf selbst einen Blick in Meyers Fassung, korrigierte geschichtliche Fehler und milderte die drastischeren Aussagen ab. Die Studie sollte nicht das von Casey gewünschte »Szenario des Jüngsten Gerichts« werden. Der endgültige Entwurf war mehr oder weniger ein seichtes Plätschern. Einige der militärischen Geheimdienste brachten ihre Mißbilligung in einer auffälligen Fußnote auf der ersten Seite der Studie zum Ausdruck. Sie erklärten, sie teilten die Meinung nicht, daß die Wahrscheinlichkeit des Unterganges von Mexiko bei 20 Prozent liege.

Die endgültige Fassung der Studie wurde als geheim eingestuft und an einige hundert Beamte verteilt. Doch wahrscheinlich wurde sie nur von einer Handvoll Leute gelesen, und Horton blieb nichts weiter übrig, als sich zu fragen, was das alles sollte. Doch es gab auch ein konkretes Ergebnis: in Mexiko City würden mehr CIA-Beamte eingesetzt werden, um sich mit den Sowjets zu befassen. Dafür war die Studie eigentlich nicht gedacht gewesen. Wenigstens hatte Horton den Eindruck, daß das Verfahren offen geführt worden war. Doch je mehr er darüber nachdachte, desto unruhiger wurde er. Man hatte für all das einen hohen persönlichen Preis gezahlt. Casey hatte sich zwar nach der Sitzung entschuldigt, doch ihre Beziehung war zu Ende. Casey mißtraute ihm, und er mißtraute Casey.

Da man bei der CIA immer noch verstört war wegen der Versäumnisse im Iran, glaubte man, sich vor einer Wiederholung dieses Debakels schützen zu können, indem man für Mexiko Revolution, Zusammenbruch und Katastrophe voraussagte. Man war der Ansicht, daß man damit niemals »falsch« liegen könne. Aber es konnte auch nicht »richtig« sein, wenn Studien herausgegeben wurden, die blinden Alarm schlugen. Die Sache mit dem Iran hatte eine schlimme Narbe hinterlassen, schlimmer, als Horton zunächst angenommen hatte. Er hatte gehört, wie Casey die Stationschefs in Lateinamerika warnte: »Haltet nach einem Ayatollah Ausschau ... einem Mann, der die aufgebrachte Menge anführen könnte.« Dieser Gedanke sorgte bei der CIA für zusätzliche Verunsicherung.

Horton hatte noch anderen Ärger mit Casey. Bei Gelegenheit hatte Casey von General Paul F. Gorman, dem US-Kommandanten in Panama, erfahren, daß sich die Lage in El Salvador entspanne, weil Präsident José Duarte das Kommando an redliche Offiziere übertragen habe, die nicht gegen die Menschenrechte verstoßen hätten.

»Warum steht nichts davon in unseren Berichten?« wollte Casey wissen. Horton wurde damit beauftragt, der Sache nachzugehen. Er kehrte daraufhin mit der Nachricht zurück, daß die Information im NID stehe, das an die hochrangigen Beamten verteilt werde.

»Diesen Blödsinn liest doch kein Mensch«, hatte Casey ihn angefahren. Damit wollte er ausdrücken, daß weder der Präsident noch der Außen- oder der Verteidigungsminister noch die nationalen Sicherheitsberater – also diejenigen, auf die es letztendlich ankam – dem NID besondere Aufmerksamkeit schenkten. Es war eine gedankenlose Bemerkung gewesen, denn Casey hatte damit den Eindruck vermittelt, es handle sich bei dem streng geheimen NID lediglich um einen unwichtigen Ableger aus der Nachrichtenflut. Es war natürlich möglich, daß Casey nicht wirklich gemeint hatte, was er sagte. Schließlich war er derjenige, der ständig versuchte, die Zahl derer, die Zugang zum NID hatten, einzuschränken, und der verhindern wollte, daß Kopien davon angefertigt wurden. Außerdem beschwerte er sich, wenn Auszüge daraus in der Presse erschienen. Doch diese Bemerkung spiegelte auch sein mangelndes Taktgefühl wider und ließ einen Hang erkennen, seinem Ärger sofort

Luft zu machen. Caseys Mitarbeiter gaben sich viel Mühe bei der Ausarbeitung des NID. Wenn Casey das Bulletin leichtfertig als Blödsinn abtat, war es wohl mehr als wahrscheinlich, daß er dies bei anderer Gelegenheit wiederholte. Und in diese abschätzige Beurteilung bezog er damit auch diejenigen ein, die sich jeden Tag bei der Zusammenstellung des NID abrackerten.
In dem Jahr, in dem er NIO für Lateinamerika gewesen war, hatte Horton wegen mancher nachrichtendienstlicher Aktivitäten ein ungutes Gefühl gehabt. Casey hatte eine Beurteilung darüber angefordert, wie stark der Widerstand gegen Castro innerhalb Kubas sei. Horton war nicht in der Lage gewesen, mit harten Tatsachen aufzuwarten, weil es sie einfach nicht gab. Es stimmte, daß die CIA in Kuba über sehr spärliche Quellen verfügte, doch Horton kam zu dem Schluß, daß es ebensogut möglich war, daß sich im Land selbst kaum Widerstand gegen Castro regte. Diese Auskunft paßte Casey gar nicht, und er reagierte mit Mißtrauen, als ob seine Verachtung für Kommunisten allgemein verbreitet sein müßte und es deshalb unmöglich wäre, daß Castro keine Widersacher habe. Doch Caseys verbohrte und arrogante Vorahnungen waren kein Ersatz für tatsächliche Informationen.
Es war eine intellektuelle Falle. Casey war nur dann zufrieden, wenn ihm jemand Informationen lieferte, die seine vorgefaßte Meinung oder die Regierungspolitik stützten.
Ein Jahr vor den Wahlen in Argentinien hatte Horton die Ausarbeitung einer SNIE übernommen, um eine Prognose für den Wahlausgang zu erstellen. Es habe den Anschein, als würde dieser Raoul Alfonsin, ein Anwalt der Mitte-Links-Koalition und Anführer einer Partei, die sich »Radikale Bürgerliche Union« nenne, die Wahl gewinnen, sagte Horton zu Casey. Casey murmelte eine Frage vor sich hin, und Horton erklärte, daß ein Sieg Alfonsins Argentinien nach acht Jahren Militärdiktatur guttun würde. Doch für die Vereinigten Staaten wäre eine Regierung links der Mitte wahrscheinlich nicht von Vorteil.
Casey starrte Horton an und fragte: »Ist er Marxist-Leninist?«
Horton wunderte sich, daß dies das einzige war, was der DCI wissen wollte.
Alfonsin gewann die Wahl.
Einige Tage nachdem die Mexiko-Studie in Umlauf gebracht worden war, ging Horton zu Gates und erklärte, er wolle sein Amt zur Verfügung stellen, aber noch so lange auf seinem Posten bleiben, bis man einen

Nachfolger gefunden habe. Doch es geschah nichts, und es erschien auch kein Nachfolger. Deshalb ging Horton noch einmal zu Gates und sagte: »Sehen Sie, mein Vertrag läuft Ende Mai aus ... soll ich dann nicht einfach aufhören?« Gates war einverstanden.

Horton war sauer. Vielleicht war es unfair, aber er fand einen Vergleich, der seiner Ansicht nach genau auf die Situation paßte: Casey war wie der neue Boß einer großen Gesellschaft, der alles aus ihr herausholte, was er nur konnte, bevor er sie wieder abschob. Er betrachtete sich wohl als alten OSS-Agenten und hatte sentimentale Anwandlungen, wenn es um nachrichtendienstliche Aufgaben ging, doch wenn jemand den Kopf für Zentralamerika hinhalten mußte, dann waren das gewiß nicht Reagan oder Casey, sondern Mitarbeiter der CIA. Die Saat für einen gewaltigen Gegenschlag – eine Wiederholung der Untersuchungen von Church und Pike – war gesät.

Horton war sich darüber im klaren, daß man es Casey als Verdienst anrechnen mußte, mit vielen Leuten in Kontakt zu stehen, doch fast alle diese Leute teilten seine Weltanschauung, was der Fall Mexiko gezeigt hatte. Horton hatte stundenlang in Caseys Büro gesessen, weil er ihn gerufen hatte, um über dies und jenes zu diskutieren. Casey war einfach zu grob mit den Leuten, mit Horton.

Horton hatte den Eindruck, daß Casey der CIA und ihrem Bedürfnis nach Unabhängigkeit nicht genügend entgegenkam. Die CIA war wieder einmal zum Werkzeug einer Regierung geworden, die der Welt unbedingt ihren Standpunkt aufzwingen wollte. Verzerrte Darstellungen und Tricks gab es in Hülle und Fülle. Einige waren sehr raffiniert ausgetüftelt. Horton wußte, daß er dies nicht lange aushalten würde. Er wollte kein Märtyrer sein. Es war eine persönliche Angelegenheit. Ein anderer hätte mit Casey besser gekonnt. Gates zum Beispiel. Ihm würden wahrscheinlich einige oder auch viele Kompromisse in einer Studie nicht allzu viel ausmachen.

Es gab noch einen Grund, weshalb Horton nicht mehr im Amt bleiben wollte. Es war schwierig für ihn, dessen Bedeutung abzuschätzen, aber es war nicht nur deshalb, weil er mit Casey nicht klarkam. Der DCI war ein Tyrann.

Zehn Tage nachdem ich bei der CIA Erkundigungen über Gaddafi eingezogen und mich gefragt hatte, ob ich wirklich mit Informationen »gefüttert« worden sei, flog ich nach Tripolis. Wie die meisten Besucher

mußte ich tagelang auf einen Termin warten, um mit dem libyschen Führer sprechen zu können. Schließlich bezog sein Dolmetscher das benachbarte Zimmer im 12. Stock des Hotels Bab el Bahar am Mittelmeer. Wir blieben fast die ganze Nacht auf, redeten, lasen und warteten. Erschöpft vom langen Warten, ging jeder ein bißchen aus sich heraus. Bei einem Spaziergang am Meer in der kühlen Morgenluft meinte der Dolmetscher, ein großer und kräftiger Mann, er sei besonders beunruhigt wegen des scharfen Vorgehens gegen Andersdenkende in seinem Land. Insgesamt seien allein in diesem Monat 23 Studenten und Dissidenten öffentlich hingerichtet worden. Er fügte hinzu, daß es Tausende von politischen Gefangenen gebe, die sich gegen die Revolution und gegen Gaddafi ausgesprochen hätten.
»Wie?« sagte ich ungläubig. »Tausende?«
»Wenn ich es Ihnen sage, es sind Tausende«, erklärte er mit Nachdruck.
»Das Land ist in Aufruhr. Wir erwarten etwas.«
Ich erzählte ihm, daß ich einen Bericht über die Hinrichtung von zwei libyschen Studenten an der Universität von Tripolis eingeschickt hätte. In einem Hof der Universität seien Galgen errichtet worden, und man habe Tausende von Studenten gezwungen, das Schauspiel mit anzusehen. Viele hätten sich übergeben müssen und seien schreiend davongerannt.
Gegen 5 Uhr erfuhr ich, daß heute kein Interview mehr stattfinden würde. Am nächsten Tag verbrachten wir ebenfalls die meiste Zeit mit Warten. Ich verlor nur deshalb nicht die Geduld, weil außer mir auch Gaddafis Dolmetscher praktisch keine Verbindung zur Außenwelt hatte.
Anscheinend war er im Zimmer nebenan ebenso aufgebracht wie ich. Wir gingen zusammen in die Hotelhalle hinunter.
»Ich wünschte, Sie würden ihn sehen«, rief der Dolmetscher, der wütend auf Gaddafi war. »Sie sollten mal sehen, wie klein ... wie verrückt er ist!« Er tippte mit dem Zeigefinger an seine Stirn, um damit anzudeuten, daß Gaddafi geistesgestört sei.
»Verrückt?« sagte ich.
»Wahnsinnig«, entgegnete er und nahm Daumen und Zeigefinger ein wenig auseinander. »So wenig Gehirn!« sagte er, als wolle er beweisen, wie gut er den amerikanischen Slang beherrschte.
Er erzählte mir, daß Gaddafi Schlaftabletten und Drogen einnehme, und er beschrieb Gaddafis merkwürdiges Leben als Einsiedler und

Halbgott. Es war eine genaue Kopie der Beschreibung, die mir der Abteilungsleiter für geheime Operationen bei der CIA von Gaddafi gegeben hatte. Nicht nur die Worte glichen sich, etwa die Anspielung auf die Schlaftabletten oder die restliche Beschreibung, sondern auch der Spott und die Verachtung auf der einen sowie die Verwunderung und der widerwillige Respekt auf der anderen Seite. Es hatte den Anschein, als hätten der Dolmetscher, der bereits Hunderte von Stunden mit Gaddafi verbracht hatte, und der CIA-Beamte, der sich stundenlang mit ihm befaßt hatte, dieselbe Erfahrung gemacht.

Ich zog die Möglichkeiten in Betracht, daß der Dolmetscher ein CIA-Agent und das Ganze eine abgekartete Sache war, oder daß sowohl die CIA als auch der Dolmetscher recht hatten.

Doch eine Kopie meines Artikels über die öffentlichen Hinrichtungen war ins Außenministerium gelangt, und ich wurde in aller Eile zum Flughafen gebracht und so schnell in die Staaten zurückgeschickt, daß es einer Ausweisung gleichkam.

Nach meiner Rückkehr nach Washington veröffentlichten wir einen ausführlichen Artikel über Libyen. Die Informationen des Dolmetschers über die Schlaftabletten und die der CIA wurden zusammengefaßt. Der Artikel erschien am folgenden Sonntag unter der Überschrift: GADDAFIS AUTORITÄT ANGEBLICH GESCHWÄCHT.

Am 8. Mai, zwei Wochen nach meiner Rückkehr aus Libyen, hielt ich mich gerade im Gebäude der *Post* auf, als Eilmeldungen über Libyen eintrafen, nach denen es zu einem Putschversuch gegen Gaddafi und zu einem Anschlag auf seine Asisja-Kaserne gekommen war. In den Meldungen hieß es weiter, daß in der Stadt stundenlange Straßenkämpfe stattgefunden hätten. In einem Bericht wurde fälschlicherweise behauptet, Gaddafi sei getötet worden.

Nachdem die Berichte in Langley analysiert worden waren, stand fest, daß dies in den fünfzehn Jahren, in denen Gaddafi bereits an der Macht war, der größte Putschversuch in Libyen gewesen war. Und zum ersten Mal hatten sich offenbar gaddafifeindliche Truppen außerhalb und innerhalb Libyens zusammengeschlossen. Der Putsch wurde vereitelt, weil drei der Verschwörer an der Grenze zu Tunesien gefaßt worden waren. Man hatte sie gefoltert, und schließlich hatten sie Gaddafis Streitkräfte zu fünfzehn Rebellen geführt, die sich in Tripolis verschanzt hatten und einen Anschlag auf Gaddafi vorbereiteten.

Die Unterstützung der Verschwörer durch den sudanesischen Präsidenten Numeiri hatte zumindest dazu beigetragen, etwas auf die Beine zu stellen, auch wenn der Plan letztendlich fehlgeschlagen war.

»Damit haben wir zum ersten Mal den Beweis, daß die Libyer sogar bereit sind, zu sterben, nur um diesen Bastard endlich loszuwerden«, meinte Casey. Er ordnete umgehend eine Untersuchung an, um festzustellen, wo Gaddafis wunde Punkte lagen. Es war an der Zeit, mehr zu tun als bisher.

Casey war beunruhigt, weil erneut eine öffentliche Untersuchung über seine persönlichen Finanzen eingeleitet wurde. Das Finanzamt bombardierte ihn auf unfreundliche und bürokratische Weise mit Briefen und Bescheiden. Es forderte von ihm Steuern für einige geschäftliche Abschreibungen zurück, die Casey in den späten 70er Jahren vorgenommen hatte, bevor er zur CIA kam. Normalerweise wurden solche Kontroversen zwischen dem Steuerzahler und dem Finanzamt intern geregelt. Doch einige von Caseys Geschäftspartnern legten gegen die Forderungen Beschwerde beim Steuergericht ein, und damit wurde auch sein Name an die Öffentlichkeit gezerrt.

Das war der Bereich öffentlicher Kritik, der Casey am stärksten zur Raserei brachte. Die meisten Leute verstanden das kapitalistische System einfach nicht. Wie viele andere Dinge reichte sein Verständnis davon in die Zeit des OSS und des Zweiten Weltkrieges zurück. Damals hatte das OSS eine wichtige, aber simple Unternehmung gestartet, die der Informationsbeschaffung diente. Die US-Bürger wurden aufgefordert, Urlaubsfotos einzuschicken, die sie in Europa, insbesondere in Häfen und an Küsten aufgenommen hatten. Ein Mitarbeiter des OSS hatte die Fotos auf Mikrofilm übertragen und sie auf Computerkarten geklebt. Das wurde alles von Hand mit Kleister und Schere bewerkstelligt, doch in den Unterlagen war schließlich jede Küste oder jeder Hafen erwähnt, so daß die alliierten Streitkräfte zumindest etwas hatten, wonach sie sich vor dem Abwurf eines Kampfstoffes, einem Kommandoüberfall, einer Landung oder einer Bombardierung richten konnten. Während des Krieges hatte ein Geschäftsmann Casey auf die Idee gebracht, daß es für dieses Mikrofilm-Planungssystem zahlreiche kommerzielle Verwendungsmöglichkeiten geben könnte.

Nach dem Krieg setzte sich dieser Geschäftsmann wieder mit Casey in Verbindung und stellte das nötige Kapital bereit. Casey beauftragte eine Maschinenbaufirma in Boston, eine Maschine zu bauen, die die Arbeit des Schneidens und Klebens übernahm. Man gründete eine Firma namens Film Sort, und Casey begann, Maschinen und technisches Wissen im ganzen Land zu verkaufen. 1949 wurde die Firma wieder verkauft. Caseys Geschäftsanteil belief sich auf mehrere hunderttausend Dollar. Das war in jenen Nachkriegstagen ein beträchtliches Vermögen. Es war der erste Haufen Geld, den er verdient hatte. Für 50 000 Dollar erwarb er Mayknoll.

Seit damals hatte Casey sich immer besonders bemüht, nach vorn zu schauen, um Bedürfnisse sowie Verbindungen zu entdecken, die andere übersahen. Er hätte sein Geld genausogut in Aktiengesellschaften investieren können und wäre frei gewesen von jeglicher Führungsverpflichtung, von Auseinandersetzungen und Prozessen. Statt dessen investierte er in ein abenteuerliches Unternehmen mit Mini-U-Booten, mit denen vor Key West versunkene Schätze gehoben werden sollten, außerdem in eine Firma, die Teppiche aus Jugoslawien und Belgien importierte, sowie in ein Computerprogramm für Steuerrückforderungen, in eine Immobilienfirma und in eine Firma, die Tennisbälle herstellte.

Eine der Firmen, an denen er sich beteiligte, sollte einen Kugelschreiber entwickeln, der Handschriftliches direkt in einen Computer übertrug. Casey hatte für einen Anteil von einem Prozent 95 Dollar investiert. Die Gesellschaft PenVerter Partners hatte einer anderen Firma für vier Millionen Dollar vertrauliches technologisches Know-how abgekauft, aber nur 100 000 Dollar sofort bezahlt. Die übrigen 3,9 Millionen Dollar sollten erst dann gezahlt werden, wenn der Kugelschreiber entwickelt und auf dem Markt war. Mit solchen Methoden brachte es die PenVerter innerhalb von vier Jahren auf Verluste in Höhe von sechs Millionen Dollar. Mit seinem Anteil von einem Prozent für 95 Dollar hatte Casey einen Steuernachlaß von 60 000 Dollar in Anspruch genommen – und das war es, was das Finanzamt nun im nachhinein nicht akzeptierte.

Der Umstand war möglicherweise sehr brisant – der CIA-Direktor bekommt das 600fache seiner Investition an Steuernachlaß! Attorney General William French Smith war gerade öffentlich gerügt worden, weil er einen Nachlaß, der das Vierfache seiner Investition betrug, in Anspruch genommen hatte.

Am 10. Mai rief mich Casey wegen der Recherchen an, die Chuck Babcock, ein Reporter meiner Redaktion bei der *Post*, über Caseys Schwierigkeiten mit dem Finanzamt angestellt hatte. Casey gab zu, daß er wahrscheinlich 100 000 Dollar Nachsteuern zahlen müsse. Doch das sei ein Klacks, meinte er, und er werde es gerne bezahlen, denn er könne es sich leisten.

Babcock schrieb einen langen Artikel über Caseys Schwierigkeiten mit der Steuer und mit Investitionen; die Schlagzeile lautete: CIA-DIREKTOR IM DISPUT MIT DEM FINANZAMT UM EINE NACHSTEUER VON 100 000 DOLLAR. Bei einer Anhörung vor dem Steuergericht in New York am 29. Juni ging Casey in die Offensive und setzte sich gegen die Behauptung des Anwalts der Gegenseite zur Wehr, er habe sich an dem Geschäft beteiligt, um sich »Steuervergünstigungen zu erkaufen«.

»Ich nehme Anstoß an der Behauptung, ich hätte mir einen Steuernachlaß erkauft«, sagte Casey. »Ich habe die Zukunft der Firma im Auge gehabt ... Doch zu behaupten, ich hätte Steuernachlässe erkauft, ist eine unerhörte Verzerrung der Tatsachen.« Er erwähnte noch, daß er 1952 das erste Buch über Steuerschutz mit dem Titel *Tax Sheltered Investments* geschrieben habe. »Ich habe das Ganze erst ins Rollen gebracht«, erklärte er lächelnd und fügte wie nach einer katholischen Beichte hinzu: »Als ich Vorsitzender der SEC wurde, habe ich meine Sünden abgebüßt.«

Niemand im Kongreß oder bei den Medien hatte Lust, noch einmal einen Blick in das Dickicht von Caseys persönlichen Finanzen zu werfen. Casey war überrascht. Mit ein wenig Offenheit und Ehrlichkeit hatte er es weit gebracht.

Obwohl der Kongreß sich scheue, die 21 Millionen Dollar zu bewilligen, wolle kein gewählter Beamter, vor allem kein Demokrat unter dem Republikaner Reagan, das »blaue Auge« einstecken, das mit Sicherheit die Folge sein würde, wenn man die Contras im Stich lasse. Casey bat McFarlane und den Präsidenten eindringlich, diese politische Trumpfkarte auszuspielen. Doch er wußte auch, daß der Kongreß tun konnte, was ihm beliebte, und daß es wahrscheinlich zu einem Aufschub kommen würde. Die Administration brauchte einen Ausfallplan. Casey schrieb deshalb am 27. März 1984 ein Memorandum mit dem Kennwort »Nur für den DCI bestimmt« an McFarlane: »Da vorauszusehen ist, daß bei der Bewilligung von weiteren Geldern für die geheime Operation in Nicaragua in diesem Jahr Schwierigkeiten auftreten werden, bin ich absolut damit einverstanden, daß Sie nach alternativen Geldquellen bei den Saudis, den Israelis und anderen Ausschau halten.

Wenn Sie die gesetzlichen Möglichkeiten genau geprüft haben, wird es

Ihnen vielleicht möglich sein, eine geeignete Lösung auf der Basis eines privaten Fonds ins Auge zu fassen«, dem nicht-offzielle Gelder zufließen könnten.
Er unterzeichnete das Memorandum mit einem schwungvollen C, übergab es im Weißen Haus McFarlane persönlich und bat den Sicherheitsberater, es ihm zurückzugeben, sobald er es gelesen habe. Es sollte keine Kopien, keinerlei Verteilung an andere geben.
Casey wußte, daß McFarlane kein großes Vertrauen in die Nicaragua-Operation hatte. Er machte gerade soviel, wie der Präsident verlangte. McFarlane war ein Durchschnittsspieler im Team, kein Spielführer, auch kein Schiedsrichter. Casey mußte seine eigenen Wege gehen.
Auf dem Rückweg nach Langley ließ Casey mitteilen, daß er sämtliche Leute, die an der Nicaragua-Operation entscheidend teilhatten, bei seiner Ankunft im Hauptquartier in seinem Büro sehen wolle. Als er eintrat und Mantel und Hut an die Garderobe gehängt hatte, setzte er sich seelenruhig in seinen blauen Drehsessel und holte ein Bündel Papiere hervor.
»Ihr wißt, Leute«, begann er, »daß im Weißen Haus einige Entscheidungen bezüglich der Contras anstehen. Was haben wir dazu zu sagen?«
Es wurden einige Details genannt über die Aktivitäten der Sandinisten und über andere Ereignisse im Land.
»Was zum Teufel sind wir eigentlich? Eine verdammte Denkmühle? Die Contras werden in der Tagesordnung ganz oben stehen, das sage ich euch ... Und jetzt werden wir uns überlegen, was der Präsident braucht, und dann werden wir herausfinden, wie es zu bewerkstelligen ist.«

Man nannte Chuck Cogan, den Operationschef für den Nahen Osten, allgemein »Mr. Hathaway Shirt«. Cogan war groß und schlank, und sein Schnurrbart war perfekt gestutzt.
Cogan war 56 Jahre alt und hatte früher bereits als CIA-Beamter in Indien, im Kongo, im Sudan und in Marokko, wo er Stationschef gewesen war, Dienst geleistet. 1949 hatte er in Harvard sein Examen gemacht und war in den 50er Jahren in der zweiten Periode des kalten Krieges zur CIA gekommen. Er hatte einen kalten, geschäftsmäßigen Händedruck und Augen wie ein Detektiv.
Ein Abteilungsleiter im Hauptquartier in Langley hatte nicht nur die Aufgabe, Nachrichten zu lesen und Befehle an die einzelnen Stationen herauszugeben. Es gehörte auch zu seinen Pflichten, wichtige Kontakte

zu den entsprechenden Botschaften in Washington aufrechtzuerhalten – über diese Verbindungen kam man an wichtige Informationen und politische Daten heran. Sie konnten ebenso wichtig sein wie Kontakte, die vor Ort geknüpft wurden.

Zu Cogans Informanten im Hintergrund gehörte unter anderem Prinz Bandar, der saudi-arabische Botschafter in den Vereinigten Staaten. Als auffallender, gutaussehender Lebemann und 35jähriger Sohn des einflußreichen saudischen Verteidigungsministers verkörperte Bandar die neue Spezies von Botschafter – aktiv, charmant, ohne Skrupel. Der ehemalige Luftwaffenpilot war eine Art arabischer Gatsby, der mit kubanischen Zigarren um sich warf, laut lachte und seinen Gästen in seinem Büro auf Silbertabletts seine geliebten Big Macs von McDonald's servierte.

Während der Amtszeit von Präsident Carter hatte Bandar, bevor er zum Botschafter ernannt wurde, über Hamilton Jordan Verbindungen zum Weißen Haus aufgenommen und sie seither gehegt und gepflegt. Durch Hamilton war es ihm möglich gewesen, jederzeit Gehör zu finden, wenn es um Saudi-Arabien ging. Unter Reagan war das anders. Bandar erkannte, daß die Macht in den Abteilungen und unter den verschiedenen Gruppen im Weißen Haus verteilt war. Angesichts der pro-israelischen Haltung der Reagan-Administration, insbesondere von Außenminister Shultz, war der inoffizielle Kontakt durch Cogan von Bedeutung. Als Botschafter verfügte Bandar über einen ungewöhnlichen Handlungsspielraum. Er hatte Zugang zu unermeßlichen Reichtümern. Unter der saudischen Monarchie gab es keine Legislative, keine Gerichte oder Aufsichtsgremien, die die Befugnis hatten, Kritik zu üben. Im State Department war man sich dessen bewußt. Man konnte die Saudis um militärische oder wirtschaftliche Unterstützung bitten, wenn man etwas vorhatte, das der Kongreß ablehnte. Wenn die Operationen mit der saudischen Außenpolitik in Einklang standen, wurde diese Unterstützung oft gewährt. Dadurch fanden die Saudis Anerkennung in dem Land, dem sie halfen, und bei den Vereinigten Staaten. Ihre Dollars erfüllten ihre Aufgabe gleich doppelt.

Auf nachrichtendienstlichem Gebiet gab es für derartige Vereinbarungen unendlich viele und verlockende Möglichkeiten. Beispielsweise unterstützten die Saudis die Widerstandsbewegung gegen die marxistische Regierung in Äthiopien. Für die Saudis war das selbstverständlich; sie hatten etwas gegen extreme Linke oder Kommunisten, vor allem

gegen diejenigen jenseits des Roten Meeres. Casey und die CIA waren ihnen dankbar.
Die Beziehungen zwischen der CIA und dem saudischen Geheimdienst waren im allgemeinen gut. Sie reichten zurück bis in die Zeit, als der legendäre und enorm reiche Kamal Adham Chef des Geheimdienstes war. 1970 hatte Adham dem damaligen ägyptischen Vizepräsidenten Sadat ein regelmäßiges Einkommen verschafft. Zwei Jahre später, nachdem Sadat Präsident geworden war, verwies er die Sowjets des Landes, und danach verbesserten sich die Beziehungen zwischen den USA und Ägypten stetig. Es war unmöglich festzustellen, wo die saudischen Interessen bei diesen Vereinbarungen aufhörten und wo die Interessen der CIA anfingen.
Im Frühjahr 1984 verließ Cogan die Nahost-Abteilung. In einem letzten Gespräch mit Bandar erwähnte er ganz nebenbei, welche Schwierigkeiten Casey hatte, Geld für die Contras aufzutreiben. Cogan erinnerte an einen Artikel in der *Post* vom vergangenen Monat, in dem die Vermutung geäußert wurde, daß Saudi-Arabien Geld an die Contras weiterleite. Ob er dieses Gerücht in die Welt gesetzt habe, fragte Cogan Bandar. Ob die Quelle dafür die saudi-arabische Botschaft sei? Bandar sagte, nein.
Es könnte ein Versuchsballon gewesen sein, meinte Cogan. Jemand von hier oder von sonstwo habe offenbar Interesse daran. Es wäre sicherlich hilfreich. Die Contras benötigten zwanzig bis dreißig Millionen Dollar. »Ein Klacks«, fügte Cogan hinzu. Er erwähnte, daß das Verhältnis von gutem Willen und Geld in diesem Fall so groß wie nur irgend möglich wäre.
Bandar erklärte, er habe außer in dem Artikel der *Post* nichts gehört, was so klinge, als käme es von der CIA oder der Regierung. In dem Artikel war behauptet worden, Casey überlege, ob er ein anderes Land, wie zum Beispiel Saudi-Arabien, um Hilfe bitten sollte.
Cogan sagte, die CIA habe kein anderes Land um Hilfe gebeten.
Bandar verstand. Er sagte, er werde der Regierung in Riad auf den Zahn fühlen, um zu sehen, ob irgendein Interesse bestehe. »Wir wollen eine offizielle Antwort einholen«, meinte er.
Innerhalb weniger Tage erhielt Botschafter Bandar eine abschlägige Antwort aus Riad. Folgende Gründe wurden genannt:
    die CIA könne oder wolle als Gegenleistung nichts anbieten; zumindest sei nichts dergleichen angeboten worden;

die saudische Außenpolitik in Zentralamerika sei nicht vereinbar mit der US-Politik. Die sandinistische Regierung in Nicaragua sei im wesentlichen pro-arabisch eingestellt, während sich die von den USA unterstützten Regime in Costa Rica und El Salvador erst kürzlich einer unverkennbar anti-arabischen Diplomatie zugewandt hätten, indem sie ihre Botschaften in Israel von Tel Aviv nach Jerusalem verlegten; die Saudis glaubten nicht daran, daß unter der Regierung Reagan Geheimnisse gewahrt werden könnten; jede verdeckte Hilfe der Saudis für die Contras würde bekannt werden und alle in Verlegenheit bringen.

Bandar ließ die CIA wissen, daß es unmöglich sei. Da die ganze Sache lediglich inoffiziell vonstatten gegangen war, kamen beide Parteien überein, die CIA habe niemals gefragt und die Saudis hätten niemals nein gesagt.

Bandar empfing noch andere Abgesandte, die mit ihm über die Contras sprechen wollten. Zwei leitende Angestellte von bedeutenden amerikanischen Unternehmen baten ihn, finanzielle Mittel zur Verfügung zu stellen. Bandar lehnte ab. Ein Mitarbeiter des Generalmajors a. D. Richard V. Secord, der die Contras aktiv unterstützte, suchte ihn auf und fragte, ob die Saudis helfen könnten. Bandar, der Secord für arrogant hielt, antwortete: »Können Sie Secord persönlich eine Botschaft überbringen?« Der Mitarbeiter versicherte dem Botschafter, daß er das tun könne. »Sagen Sie ihm, er solle sich selbst am Arsch lecken.«

Die Vorarbeit für die Absage war sorgfältig geleistet worden. Bandar hatte viel Zeit mit McFarlane verbracht. Sie hatten zusammen mehrere geheime Missionen im Nahen Osten ausgeführt. McFarlane hatte als Sicherheitsberater eindeutig einen Minderwertigkeitskomplex, weil er im Schatten von Kissinger operierte und endlose negative Vergleiche über sich ergehen lassen mußte. Das war Bandars Ansicht. Aber mit der großen Loyalität eines ehemaligen Marineangehörigen war er für den Präsidenten der richtige Mann. Er stand voll auf Reagans Seite und hatte gute Beziehungen zu ihm.

Bei einem Treffen in Bandars Villa in McLean, Virginia, sagte ihm McFarlane, die Contras hätten Schwierigkeiten, Geld aufzutreiben. Das Ergebnis werde für die Politik des Präsidenten außerordentlich große negative Auswirkungen haben. Freunde der USA in Zentralamerika, darunter Honduras, Costa Rica und El Salvador, könnten nicht mehr gestützt werden.

Bandar war derselben Ansicht. Er wunderte sich ein wenig über die Inkonsequenz der amerikanischen Außenpolitik. Warum gingen sie den Contras gegenüber Verpflichtungen ein, wenn sie sie nicht erfüllen konnten?
Während des Gesprächs merkte McFarlane, daß Bandar mehr als bereit war, ihm zu helfen. Sie fielen sich fast in die Arme und beschlossen rasch, daß die Saudis acht bis zehn Millionen Dollar für die Contras stellen würden, und zwar eine Million pro Monat. Es würde unter größter Geheimhaltung bewerkstelligt werden: eine jener Angelegenheiten zwischen zwei Nationen, die für immer und ewig unter dem Mantel der Verschwiegenheit bleiben mußte, was immer auch geschah.
Bandar wußte nur zu gut, daß die NSA seine diplomatischen Gespräche abhören konnte, und sandte deshalb seine Botschaft an König Fahd durch einen Kurier.
Im gleichen Monat nahm die Bedrohung der Öltransporter durch den Iran im Persischen Golf wieder zu, und Bandar traf sich deswegen mit Shultz. Bald danach schickte Präsident Reagan einen Brief an König Fahd, in dem er den saudischen Schiffen amerikanische Unterstützung zusagte. Fahd und Bandar wollten zusätzlich mehrere hundert Stinger-Flugabwehrraketen, doch während der Verhandlungen wurden von den USA bezüglich des Verkaufs einige Einschränkungen gemacht. Daraufhin sandte Fahd einen siebenseitigen Brief an Bandar mit genauen Anweisungen, die er direkt dem Präsidenten vortragen sollte. Im Weißen Haus las Präsident Reagan den Brief, dann schaute er auf und sagte: »Freunden stellen wir keine Bedingungen.«
Reagan veranlaßte eine besonders schnelle Abwicklung des Waffenverkaufs, um den Kongreß zu umgehen, und nach dem Wochenende vom Memorial Day wurden vierhundert Stingers unter strenger Geheimhaltung nach Saudi-Arabien geflogen.
Danach reiste Bandar nach Saudi-Arabien und erhielt mit Billigung des Königs einen Scheck der Regierung über acht Millionen Dollar für die verdeckte Hilfe an die Contras. McFarlane richtete für seinen NSC-Mitarbeiter North ein Bankkonto für die Contras ein; es hatte die Nummer 541-48 bei der BAC International Bank auf den Kaiman-Inseln. Am Freitag, dem 22. Juni, trafen sich Bandar und McFarlane im Weißen Haus, und McFarlane händigte Bandar die Kontokarte aus. Damit alles wirklich geheimgehalten werden konnte, bot Bandar an, persönlich nach Genf zu fahren, wo er ein Haus besaß, um die Überwei-

sung von dort aus in die Wege zu leiten. Sie kamen überein, daß Bandar sofort melden solle, wenn das Geld unterwegs war. Sollte es nötig sein, die Operation am Telefon zu erwähnen, würden sie das Kodewort »Zigaretten« verwenden.
Am 27. Juni traf Bandar in Genf ein und bat einen Angestellten des Schweizerischen Bankvereins, zu ihm nach Hause zu kommen, und übergab ihm den Scheck über acht Millionen sowie die Kontonummer der BAC, auf die er eine Million überweisen sollte. Er verfügte, daß die acht Millionen auf das allgemeine Konto des Bankvereins gebucht werden sollten, so daß nicht festgestellt werden konnte, woher das Geld kam.
In der Zwischenzeit regte sich McFarlane bereits darüber auf, daß es so lange dauerte. Er rief Bandar an. »Mein Freund hat die Zigaretten nicht bekommen«, sagte er, »und er ist ein sehr starker Raucher.«
Der Bankverein brauchte über eine Woche, um den Scheck einzulösen, und am 6. Juli wurde die erste Million überwiesen.
McFarlane unterrichtete den Präsidenten schriftlich darüber, daß die Saudis jetzt den Contras geheime Unterstützung leisteten. Der Präsident war darüber sehr befriedigt. Während der nächsten acht Monate leiteten die Saudis die acht Millionen an die Contras weiter. Für die Contras war dies die Rettung vor dem Untergang.
Nach den Besprechungen mit Casey und Clarridge über die notwendigen Sofortmaßnahmen und die logistischen Bedürfnisse der Contras sandte North ein Memorandum an McFarlane mit der Bitte um Erlaubnis, nach Zentralamerika fahren zu dürfen. McFarlane unterzeichnete seine Antwort mit RCM und schrieb: »Strengste Geheimhaltung unerläßlich. Keine offenen Treffen. Die Presse darf von Ihrer Anwesenheit in diesem Gebiet nichts erfahren.«

Auf Israel konnte Casey größeren Druck ausüben. Er hatte den Israelis einen breiteren Zugang zu US-Satellitenfotos verschafft. Wie es sich gehörte, war Israel dankbar und bereit, Regeln zu umgehen. Israels Geheimdienste hielten dafür stets die Augen offen – nach wirksamen Gefälligkeiten, für die man sich bei Casey und den USA revanchieren konnte. Bei ihrer Botschaft in Washington bemerkte man, daß in den Nachrichten mehr über Nicaragua als über die Sowjetunion berichtet wurde.
Offiziell hatte Israel bereits dementiert, daß es die Contras unterstütze. Aber die Gerüchte hielten sich weiterhin. Kein Land bewahrte seine

Informationen und andere Geheimnisse besser als Israel, möglicherweise deshalb, weil sein Überleben oftmals davon abhing, Geheimnisse, Beziehungen und Quellen nicht preiszugeben. Es war klar, daß man von Israel im Kongreß und bei der Regierung annahm, daß es Möglichkeiten gefunden hatte, den Contras für mehrere Millionen Dollar Waffen und Geld zukommen zu lassen – vielleicht durch einen südamerikanischen Mittelsmann. Doch dies allein erbrachte noch nicht den Beweis, daß sie tatsächlich etwas unternahmen.

Bei meinen Recherchen stieß ich schließlich auf eine gut unterrichtete Quelle, die bestätigte, daß es so sei. Die Gelegenheit sei zu günstig – einmalig, sauber, billig. Der Informant fügte hinzu, daß die Vereinigten Staaten einen Weg finden würden, Israel das Geld im Zuge der gegenwärtig bei 2,5 Milliarden Dollar liegenden Militär- und Wirtschaftshilfe zurückzuerstatten. Falls die Wiedergutmachung angesichts der »technischen« Probleme im Kongreß nicht mit Geld erfolgen könnte, gebe es noch viele andere Möglichkeiten. Der Informant erwähnte lediglich, es gebe etwas, was von einigen »Caseys Geschenk« genannt werde. Dabei handle es sich nicht nur um Satellitenfotos, sondern um einen stattlichen Haufen geheimer Informationen. Doch Israel erhalte weder Echtzeit-Übermittlungen des hochentwickelten KH-11-Satelliten, noch bestehe bei den US-Satelliten eine Blockzeitübertragung an Israel, worum man ausdrücklich gebeten habe.

Der Informant bemerkte, die USA hätten keinen Sinn für die wahre Bedeutung von zeitlich abgestimmten taktischen Informationen. Der Austausch von nachrichtendienstlichen Erkenntnissen sei ebenso wichtig wie der diplomatische Austausch zwischen den Außenministerien. Jede Hilfe für die Contras würde geheimgehalten, meinte er. Zuviel Erfolg oder sichtbarer Erfolg wäre ein Fehler. Die CIA und Casey könnten leicht die Gefahr übersehen, die in einer Entdeckung liege. Wie es zwischen zwei Menschen private Angelegenheiten gebe, so gebe es sie auch zwischen zwei befreundeten Nationen – verschleiert und nicht in Worten auszudrücken. Sie bedürften keiner Interpretation und keiner Erläuterung. Doch es sei so, obwohl keine Details angeführt werden könnten. Er selber kenne die Details auch nicht.

Wie er dann behaupten könne, daß es wahr sei?

Es gebe Wahrheiten, die keine Details benötigten, sagte er.

Israel verkaufe beispielsweise Waffen an Honduras, das Land, von dem aus die Contras operieren. Die Antwort könnte dort liegen.

Ob sie wirklich dort liege?
Er bezweifle es, meinte er. In Wirklichkeit sei wohl alles komplizierter, und offenkundige Tatsachen würden möglichst umgangen. »Abschnitte«, sagte er, »Zuträger, Leute dazwischen, die vielleicht nicht einmal wüßten, für wen sie arbeiteten, für wen sie Waffen und Geld beschafften oder an wen sie es lieferten.«
Am 18. Mai bat ich um ein Telefongespräch mit Casey. Er rief mich kurz darauf zurück, und ich fragte ihn, ob die CIA bezüglich finanzieller Hilfe für die Contras an die Saudis herangetreten sei.
»Absolut unautorisiert.«
Und was mit den Israelis sei?
»Eine Menge Gespräche«, sagte Casey, »aber nichts Offizielles.«
Was mit dem israelischen General Saguy, dem ehemaligen Chef des militärischen Geheimdienstes, und mit diesen Satellitenfotos sei?
»Ein netter Kerl«, entgegnete Casey, »ich kenne ihn gut.«
Und die Fotos?
»Diese Beziehungen ... Ich möchte nicht darüber sprechen.«
Ich fragte weiter, woher die Contras Geld bekämen. Im letzten Monat sei die Lage doch fast hoffnungslos gewesen, und nun diese Zuversicht?
»Unsere Lage war nicht hoffnungslos«, meinte er. Die Contras »wollen um keinen Preis aufgeben«.
Aber das sei kein Ersatz für Geld.
»Es wird viel herumgesucht.«
Wie? Wo?
»Wir sollen das nicht wissen.« Mehr hatte er nicht dazu zu sagen.
Werden sie etwas erreichen? Und Sie? Letzten Monat waren alle verzweifelt.
»Verzweifelt ist übertrieben«, meinte Casey.
Wie Casey so etwas sagen könne? Die CIA habe exakt den Tag genannt (Sonntag), an dem das Geld ausgehen werde.
»Das ist die menschliche Natur«, antwortete er und stellte seine Krisen-Theorie vor. Sobald ein Problem auftauche oder schlechte Nachrichten einträfen, fingen die Leute an zu übertreiben. Nach einiger Zeit konzentrierten sie sich dann auf Lösungen. »Sie beruhigen sich wieder und werden mit dem Problem fertig ... es ist eine innerliche Veränderung ... nichts Externes.« Er schien diese Theorie sowohl auf sich selbst als auch auf die Contras zu beziehen.
Ob er die 21 Millionen Dollar vom Kongreß bekommen werde?

Er meinte, er sei zuversichtlich. »Die Demokraten wollen die Verantwortung nicht übernehmen«, sagte er. Das sei »der unausgesprochene Faktor auf dem Schachbrett«.
Die politische Angst, erklärte Casey, sei solch ein Umstand. Erst gestern hätten die Demokraten versucht, einen Kompromiß zu schließen – einen »Hilfsfonds« einzurichten, eine Art Abfindung von mehreren Millionen für einen geordneten und humanitären Rückzug und für die Umsiedlung der Contras. Die Regierung und die CIA würden diesem Plan nicht zustimmen. Casey wiederholte seinen Standpunkt von einer bevorstehenden »Herbstoffensive« in El Salvador; es gebe Anzeichen dafür, daß sie »sehr heftig« und »frühzeitig« stattfinden werde.
In der Ausgabe der Post vom folgenden Tag, dem 19. Mai, erschien auf der Titelseite ein Artikel unter der Schlagzeile CIA SUCHT CONTRA-HILFE BEI DRITTLAND, in dem in etwas abgeschwächter Form die Möglichkeit angedeutet wurde, daß die Saudis und Israel die Contras unterstützten. Der dritte Abschnitt enthielt das heftige Dementi eines hohen israelischen Beamten: »Wir haben weder direkt noch indirekt Geld an die Contras weitergeleitet. Wir liefern weder bewußt noch unbewußt irgend etwas an die Contras ... Wir sind kein Ersatz für die Vereinigten Staaten.«
Der Beamte, der mit mir gesprochen hatte, rief mich an. Er war erfreut, ja fast begeistert. Der Artikel sei fair. Offenbar hatte ich genau das wiedergegeben, was man allgemein annahm. Es hatte den Anschein, als würde er mir durchs Telefon zuzwinkern. Für die Israelis war der Artikel perfekt. Es war darin sowohl Anerkennung als auch ein Dementi enthalten – dabei wurde das eine oder andere im Hinblick auf ihre Verbündeten im Kongreß und in der Regierung, je nachdem, ob sie für oder gegen die Contras waren, hervorgehoben.
Dann rief mich der Sprecher der CIA, George Lauder, an. Auch er war hocherfreut, doch wollte er, auf höfliche Weise versteht sich, noch etwas zu dem Artikel sagen. Er entspreche nicht den Tatsachen. »Wir haben es nicht getan«, erklärte er. Die CIA habe nichts dergleichen getan, sie habe weder die Saudis noch die Israelis noch sonst irgend jemanden weder offiziell noch inoffiziell um Hilfe gebeten. »Es stimmt einfach nicht.« Die CIA werde keine Stellungnahme veröffentlichen und wolle nicht, daß dergleichen gedruckt würde. Die »Tatsache« wolle er aber ganz nebenbei erwähnen.
Ich war nicht überrascht, daß Lauder nicht wußte, was Cogan und Casey

taten. Ich wollte ihm gegenüber nicht erwähnen, daß ich mit Casey gesprochen hatte. Ich erklärte ihm lediglich, daß meine Quellen zuverlässig seien.

Er meinte, das könne einfach nicht wahr sein. Er habe alles gründlich überprüft, mit allen gesprochen und sei sogar bis zu »dem Mann« vorgedrungen. Dem Mordskerl, sagte Lauder.

»Wer?«

»John McMahon«, meinte Lauder zögernd und deutete damit an, daß er sich damit auf höchste Autorität berufe.

Ich fragte ihn, ob er noch mit jemand anderem gesprochen habe.

Weshalb er der Sache weiter hätte nachgehen sollen, meinte Lauder.

Schnell versuchte ich, ihn von Casey abzulenken, aber es war zu spät.

»Oh, okay«, sagte Lauder und hielt einen Moment inne. Mit seinem Schweigen schien er andeuten zu wollen, daß es ihm eingefallen war, daß er einen unkontrollierbaren DCI hatte. Ich nahm an, daß Ähnliches schon früher vorgekommen war.

Casey wickelte also nicht nur die Contra-Operation und die Geldbeschaffung außerhalb seines Büros ab, sondern er hatte auch sein eigenes Büro für öffentliche Angelegenheiten. Er erzählte nicht einmal McMahon, was er vorhatte.

Ein paar Tage später, am 24. Mai, empfing Casey den Präsidenten am Hubschrauber, der beim Hauptquartier in Langley gelandet war. Es war ein freundlicher Frühlingstag, und ein strahlender Casey geleitete Reagan zu einer Menge von zweitausend CIA-Mitarbeitern, die es sich an einem sonnigen Hang auf Caseys »Campus« bequem gemacht hatten.

Der Präsident war anläßlich der Grundsteinlegung für einen 190 Millionen Dollar teuren Erweiterungsbau ins Hauptquartier gekommen, der oft »Casey Memorial Wing« genannt wird. Wachstum, insbesondere der Mehrbedarf an Computern und Datenspeichern, erforderte ein zusätzliches siebenstöckiges Gebäude. Schaufelschwingend gruben Reagan, Bush und Casey symbolisch die Erde um.

Bei dieser Grundsteinlegung erklärte Reagan vor versammelter Menge: »Ihre Arbeit, die Arbeit Ihres Direktors und der anderen hohen Beamten ist für Ihre amerikanischen Mitbürger und für die Menschen anderswo ein Ansporn gewesen.«

Casey war irritiert durch den fortwährenden Druck von seiten des Senatsausschusses, der eine formelle Verzichtserklärung hinsichtlich der nicaraguanischen Verminungsoperation verlangte, die nach wie vor als schweres Vergehen angesehen wurde. Der Ausschuß drängte auf ein Abkommen, wonach der DCI den Ausschuß im voraus über jede Aktivität bei einer laufenden größeren oder heiklen verdeckten Operation oder über eine Aktion, die vom Präsidenten genehmigt war, informieren mußte. Mit Moynihan als treibender Kraft sollte das Abkommen dafür sorgen, daß die CIA:

ausführliches schriftliches Material zur Verfügung stellte, sobald der Präsident eine neue Direktive unterzeichnet hatte, einschließlich der ergänzenden Details im Rahmenbericht, in dem die genaue Art, die Ziele und Risiken der verdeckten Operation umrissen wurden;

dem Ausschuß über neue Aktivitäten innerhalb einer laufenden verdeckten Operation Mitteilung machte, wenn die Aktivität politisch brisant wurde, wenn es nachteilige Folgen haben konnte, falls sie in der Öffentlichkeit bekannt würde, wenn sich der Umfang der Operation änderte, neues Personal gebraucht wurde, oder wenn der Nationale Sicherheitsrat oder der Präsident zugestimmt hatten;

den Ausschuß regelmäßig über alle laufenden verdeckten Aktionen auf dem laufenden hielt und ihm jährlich einen ausführlichen Bericht über alle verdeckten Aktionen ablieferte;

über jede Art von Aktivität berichtete, an der der Ausschuß besonderes Interesse bekundete oder bei der er Bedenken hatte.

Goldwater und Moynihan unterzeichneten das Abkommen am 6. Juni, und sie verlangten Caseys Unterschrift sofort. Beide Senatoren wollten unterrichtet werden, falls Casey an diesem Tag nicht unterschreiben würde. Ausschußberater Gary Chase, der früher als stellvertretender Generalberater bei der CIA tätig gewesen war, wurde um 14 Uhr nach Langley geschickt, um sich Caseys Unterschrift zu holen. Das war höchstwahrscheinlich eine äußerst unangenehme Aufgabe. Man schlug Chase vor, sich die Unterschrift zu holen und anschließend nach Hause zu fahren und sich einen Drink zu genehmigen.

In Langley teilte man Chase mit, daß Casey ihn nicht sehen wolle und folgendes gesagt habe: »Sagen Sie Chase, er soll sich aus meinem Gebäude und zum Teufel scheren.«

»Sie wollen doch nicht wirklich, daß ich dies dem Vorsitzenden des Ausschusses und seinem Stellvertreter übermittle?« fragte Chase. Er fügte hinzu, das Dokument sei mit seinen Mitarbeitern besprochen und ausgearbeitet worden, so daß die Unterschrift eine reine Routinesache sei.

Casey sagte, er werde seine Mitarbeiter fragen, ob dies stimme, und Chase sollte unterdessen warten – in der Lobby. Chase teilte dies dem Senatsausschuß mit und wurde angewiesen, zu warten.

Oben in seinem Büro saß ein wütender Casey. Das Abkommen gab dem Ausschuß Einblick in seine Arbeit; man konnte genausogut sein Telefon anzapfen und jemanden beauftragen, in seinem Büro zu sitzen, mit ihm herumzureisen, sich die ganze Zeit Notizen zu machen und seine Schreibtischschubladen und Akten zu durchwühlen. Es war eine Art Überwachung durch einen Stellvertreterchef und ging weit über das hinaus, was das Weiße Haus tat, oder etwas, das irgendwo sonst in der Verwaltungsbranche unternommen wurde. Der Ausschuß war ein Eindringling. Aber so sahen offenbar die Bedingungen aus, unter denen er das Geschäft weiterführen mußte. Casey wurde allmählich klar, daß die bösen Geister aus dem Senat wieder losgelassen würden, falls er Chase nicht empfing.

Nach einer Stunde ließ Casey Chase melden, er erwarte ihn in seinem Büro.

»Was ist das?« fragte Casey und starrte auf das Abkommen.

Chase erklärte Casey, was dieser bereits wußte.

»Sie sind Anwalt«, meinte Casey. Er bemerkte, daß er mündlich zugestimmt und einen formalen Kontrakt geschlossen habe, und fügte hinzu: »Sie wissen ja, eine Unterschrift macht da keinen Unterschied.«

Doch Chase entgegnete, daß der Vorsitzende und der stellvertretende Vorsitzende gerne seine Unterschrift haben wollten, um die Sache perfekt zu machen. Daraufhin nahm Casey das Dokument, kritzelte seinen Namen darunter und legte es außer Chase's Reichweite auf seinen Schreibtisch.

Sorry, Sir, sagte Chase, aber er müsse es wieder mitnehmen.

Casey ließ es zornig über seinen Schreibtisch schlittern.

Anstatt nach Hause zu gehen und sich einen Drink zu gönnen, fuhr Chase zum Senat zurück und begab sich in die Büros des Ausschusses. Die Mitarbeiter umjubelten ihn, als er triumphierend das Dokument hochhielt und sich vorkam wie Neville Chamberlain – Friede in unserer Zeit. Ihm fehlte nur noch der Regenschirm.

18

Casey erkannte, daß Außenminister George Shultz nach dem Präsidenten die wichtigste Persönlichkeit in der Administration war, ein Mann von hohem Rang und mit Erfahrung, die Stimme der Vernunft – nachdenklich und fähig, sich klar auszudrücken. Dieses Frühjahr bemerkte Casey, daß mit Shultz eine sonderbare Wandlung vor sich ging. Bei Sitzungen im Weißen Haus saß er mit wie zum Gebet gefalteten Händen und überschritt offensichtlich eine innere Hemmschwelle: es ging um die Anwendung von Gewalt – verdeckt oder offen – als Antwort auf den Terrorismus. Nachdem man im Libanon mit Diplomatie nichts hatte ausrichten können, war es nun an der Zeit, etwas zu unternehmen. Gespräche wurden von Terroristen und von Ländern wie Iran und Syrien lediglich zur Verschleierung von Tatsachen benutzt. Der Terrorismus hatte die Vereinigten Staaten aus dem Libanon vertrieben. Dieses Problem konnte nicht auf diplomatischem Wege gelöst werden. Während die Diskussionen darüber andauerten, drängte Shultz auf eine tatkräftige Reaktion. Vergeltungsmaßnahmen oder Präventivschläge seien die einzige Sprache, die Terroristen und Terrorstaaten verständen. Casey tolerierte Shultz. Der Wirtschaftswissenschaftler und Geschäftsmann war hart im Nehmen und wurde mit der Zeit immer unnachgiebiger. Als sich Shultz während einer Sitzung der NSPG an Reagan wandte und mit seiner tiefen Stimme sagte: »Mr. President...«, hörten alle gespannt zu. Die Glaubwürdigkeit Amerikas und die Außenpolitik würden davon abhängen, ob man beweisen könne, daß die USA sich auf die neuen Schlächter einzustellen vermöchten und sich gegen sie zur Wehr setzen könnten, sagte Shultz. Darauf beruhe letztendlich ihre Autorität im Nahen Osten.
Laut NSDD 30, die Reagan 1982 unterzeichnet hatte, war für den Bereich Terrorismus das State Department zuständig. Shultz deutete an, daß er das Pentagon und die CIA noch mehr mit einbeziehen wolle. Schließlich müsse jemand die Dreckarbeit machen.

Aufgrund dieser Initiative des Außenministers formierte sich eine Reihe von Arbeitsgruppen, und es wurden Sitzungen abgehalten, die vom Weißen Haus und dem Mitarbeiterstab des NSC koordiniert wurden. Oberstleutnant North entwarf eine Entschließungsurkunde für den Präsidenten. In North's Jargon hieß das, daß es endlich Zeit werde, diese »schwanzlutschenden Terroristen« zu beseitigen. Seinem Entwurf zufolge sollten von der CIA unterstützte und ausgebildete Gruppen von ausländischen Staatsangehörigen solche Terroristen »neutralisieren«, von denen bekannt war, daß sie Anschläge auf amerikanische Staatsbürger verübt hatten oder vorbereiteten.

McMahon erhielt eine Kopie von North's Entwurf. Er erreichte North erst nach Mitternacht zu Hause.

»Arschloch!«, brüllte McMahon ins Telefon. Ob North seinen Kopf in den 70er Jahren nur in den Sand gesteckt habe? Ob er denn Reagans Durchführungsverordnung, die jede Beteiligung an Attentaten verbot, vergessen habe? Ob ihm bewußt sei, was er hiermit der CIA anzuhängen versuche? Für wie groß er die Chancen halte, jemals an Informationen heranzukommen, die stichhaltig genug wären, um einen Präventivschlag zu rechtfertigen?

North sagte nur: »Ja, Sir« und legte den Hörer auf. Jedesmal, wenn etwas endlich in Gang kam, mischte sich McMahon ein. »McMahon hat die Nerven verloren«, sagte North zu einem Freund. »Vielleicht war er ja mal wirklich von Wert, aber für Casey ist er jetzt wertlos.«

Casey erwartete engagiertes Handeln, und deshalb betraute er seinen Generalberater Sporkin mit dieser Angelegenheit. Wie üblich wollte er umgehend eine Antwort haben.

Sporkin kam zu dem Schluß, daß Aktionen gegen Terroristen Mord nicht mit einbeziehen dürften – das Verbot beziehe sich auf politische Anschläge und auf die damaligen Komplotte gegen Castro. Doch unter der Voraussetzung, daß die Fakten der CIA stimmten, daß das Risiko für die Zivilbevölkerung gering wäre, daß der Präsident eine formelle Direktive unterzeichnete und daß die Kongreßausschüsse ordnungsgemäß unterrichtet würden, gäbe es keinerlei Probleme. Falls schlüssige Beweise vorlägen, daß Terroristen einen Anschlag vorbereiteten, dann wäre man aufgrund des Rechts auf Selbstverteidigung entlastet.

Casey hatte beim Pentagon nicht so viel Erfolg. Weinberger hatte ein ungutes Gefühl dabei, Kriegsschiffe im Kampf gegen Terroristen einzusetzen, so wie man es im Libanon getan hatte, und das Pentagon stand

Plänen, wonach die CIA Anschlägen von Terroristen zuvorkommen sollte, skeptisch gegenüber. Im Verteidigungsministerium war man zwar teilweise erleichtert, daß die CIA die Dreckarbeit erledigen und für Fehlschläge verantwortlich sein sollte. Doch andererseits nahm man eine sture und bürokratische Haltung ein. Paramilitärische Aktionen und jede derartige Schulung durch die CIA würden eine Konkurrenz zum Pentagon darstellen.

McFarlane wußte, daß kaum etwas unternommen würde, wenn die Berater des Präsidenten nicht einer Meinung waren. Er legte eine umfassende Studie vor, und als Präsident Reagan die geheime NSDD 138 hinsichtlich Gegenmaßnahmen gegen Terroristen am 3. April unterzeichnete, war das etwas mehr als nur ein Planungsdokument, das an 26 zentrale Abteilungen und Ämter appellierte, Vorschläge zu machen, wie man Terroristen aufhalten könnte. Im Prinzip wurde darin die Idee von Präventivschlägen und Vergeltungsmaßnahmen gebilligt.

An diesem Abend forderte Shultz in einer Rede, anläßlich eines Banketts in Washington, eine »aktive Verteidigung« und deutete die Notwendigkeit von »Präventivmaßnahmen« an. Er legte ausführlich seine düsteren Anschauungen dar. Und er brachte fast den ganzen folgenden Monat damit zu, seine Aussage auf Wahlveranstaltungen zu wiederholen.

betrachtete das Problem aus einem anderen Blickwinkel. Die Art von Terror, die die Iraner und Syrer im Libanon praktizierten, war undurchsichtig und schwer einzuordnen. Obwohl Casey überzeugt war, daß der Iran und Syrien hinter vielen Anschlägen steckten, konnte er nicht den Beweis erbringen, der nach amerikanischem Recht oder ganz einfach nach dem gesunden Menschenverstand erforderlich war.

Da Casey Libyen besondere Aufmerksamkeit schenkte, bewiesen regelmäßige geheime Meldungen, daß Gaddafi seine Hände mit im Spiel hatte. Es gab ein paar schamlose Beispiele. Im März lieferten abgefangene Meldungen, Satellitenfotos und einige Informanten den eindeutigen Beweis, daß Libyen im Sudan intervenierte. Libyen hatte ein Tu-22-Jagdflugzeug sowjetischer Bauart losgeschickt, um eine sudanesische Radiostation außerhalb der Hauptstadt Khartum zu bombardieren. Die Information war derart stichhaltig, daß Shultz vorbehaltlos und mit strenger Professorenmiene öffentlich erklären konnte: »Es ist eine Tatsache, daß Libyen den Angriff ausgeführt hat.« Shultz verschwieg dabei allerdings, daß man den libyschen Piloten gefangengenommen und daß er zugegeben hatte, es habe sich um einen Übungsflug für künftige Luftangriffe auf Kairo gehandelt.

Die Meldungen belegten außerdem, daß Libyen mit Griechenland ein Abkommen über die Zusammenarbeit im Bereich der Marine unterzeichnet hatte. Da Griechenland immer noch Mitglied der NATO war, konnte dieses Abkommen eine Bedrohung für die Geheimnisse des wichtigsten westlichen Bündnisses darstellen. In den Vereinigten Staaten besaß das FBI konkrete Anhaltspunkte, daß ein libysches Studentenkomitee in einem Washingtoner Vorort in geheimdienstliche und terroristische Machenschaften verwickelt war. Daraufhin wurde der Vorschlag gemacht, das Volkskomitee libyscher Studenten aus den Vereinigten Staaten auszuweisen, doch das FBI argumentierte, daß diese Gruppe Aufschluß über libysche Aktivitäten in den Vereinigten Staaten geben könnte. Man war vor allem besorgt wegen der bevorstehenden Parteitage der Republikaner und Demokraten und wegen der Olympischen Sommerspiele in Los Angeles. Die Parteitage und die Olympiade wären eine günstige Gelegenheit für einen spektakulären Terroranschlag.
Gaddafi war bei seinen Nachbarn derart unbeliebt, daß der Sudan, Ägypten und der Irak insgeheim die oppositionelle Nationale Front für die Rettung Libyens (NFSL) unterstützten.
Casey schleuste weiterhin solche Informationen durch das System; einmal hieß es im NID: »Satellitenfoto liefert den Beweis, daß am Freitag im Umkreis von Gaddafis Lager normale Geschäftigkeit herrschte.« Der Angriff vom 8. Mai auf das Lager Gaddafis verstärkte den Eindruck, daß die Gelegenheit günstig war. Casey ermutigte Shultz, die Initiative zu ergreifen; ohne die Unterstützung des State Department würde die Regierung nicht viel ausrichten. Shultz' Stellvertreter und alter Freund Kenneth W. Dam unterzog die Politik gegen Libyen einer eingehenden Prüfung.
Auch die Arbeitsgruppe für Terroranschläge im Nationalen Sicherheitsrat, die sich aus mittleren Beamten aus Schlüsselabteilungen und -ämtern zusammensetzte, behielt Gaddafi im Auge.
Am 18. Mai erhielt Dam von der Nachrichtenabteilung des State Department ein zehnseitiges geheimes und sensitives Papier mit dem Titel »Maßnahmen gegen libyschen Terrorismus«. Darin waren die verschiedenen Ansichten innerhalb der Regierung zusammengefaßt – der Wunsch nach Anti-Terror-Maßnahmen, gaddafifeindliche Gesinnungen, stichhaltige Informationen und das Abwarten einer günstigen Gelegenheit.
Die Optionen waren auf den Seiten sechs und sieben aufgeführt. Sie

reichten von dem Vorschlag, »nichts zu tun«, bis hin zur positiveren Option 8: »Aufstellen eines Plans für die unmittelbare Reaktion auf libyschen Terror durch Konzentration auf sorgfältig ausgesuchte libysche Ziele... « Option 9 lautete: »Erstellen eines Programms für verdeckte Aktionen, um Libyens Plänen zuvorzukommen, sie zu durchkreuzen und zunichte zu machen.« Und schließlich Option 10: »Versuchen, das Regime zu verändern.«
Am folgenden Tag, einem Samstag, hatte Dam in seinem Büro eine Besprechung mit einer Handvoll hochrangiger Beamter. Es wurden vier Optionen eingebracht. Die vierte sah vor, »die gegenwärtige Politik überzeugend auszuweiten... zum Beispiel die Durchführbarkeit anderer militärischer oder verdeckter Optionen erneut zu überprüfen«.
Am 13. Juni wurde Bob Gates ein geheimes und sensitives Gesuch von Hugh Montgomery, dem Leiter der Nachrichtenabteilung beim State Department, vorgelegt: »In Zusammenhang mit dem äußerst brisanten politischen Überblick, mit dem sich Ken Dam im Augenblick befaßt, hat er um ein Gutachten aller Geheimdienste über die Bedrohung von US-Interessen durch Libyen gebeten.« Es stellte eine vorläufige Liste von Themen unter der formellen Bezeichnung »Richtlinien« vor, die behandelt werden sollten. Gates sollte sich ein Urteil darüber bilden, wie groß die weltweite Bedrohung durch Gaddafi sei. War er der Erzterrorist, der die USA zu einer Reaktion herausforderte? Oder war er, was man in Europa allgemein glaubte, nur eine Plage, die man tolerieren mußte? Das Außenministerium wollte innerhalb von drei Wochen eine Antwort haben. »Man hat uns außerdem gebeten, die Brisanz dieses Themas zu betonen und die Notwendigkeit hervorzuheben, unser Wissen geheimzuhalten... «
Der NIO für den Nahen Osten und das südliche Asien hatte die Aufgabe übernommen, einen noch heikleren und streng geheimen Überblick auszuarbeiten. Er widmete sich Gaddafis Verwundbarkeit. Wo lag Gaddafis Schwäche? Wie und wo konnten die USA mit ihrer Politik Druck machen? Vertreter von CIA, DIA, Außenministerium und NSA machten sich an die Arbeit.
Im Gegensatz zu den Politikern im Außenministerium, die endlich Taten sehen wollten, standen die Vertreter der Geheimdienstabteilung des Außenministeriums den wenigen Informationen, die auf beträchtliche Unruhen in Libyen hindeuteten, äußerst skeptisch gegenüber. Libyen war so etwas wie ein diplomatisches »Schwarzes Loch«, und das State

Department zweifelte an den abgefangenen Meldungen und den Berichten von Informanten.

Dennoch waren sich alle einig, daß die gegenwärtige US-Politik mit ihren Handelsbeschränkungen lächerlich ineffektiv war, obwohl ein plötzlicher Abzug von amerikanischen und britischen Arbeitern von den Ölfeldern auf kurze Sicht einen Rückgang von 25 bis 50 Prozent der libyschen Ölproduktion bedeuten könnte. Einige geheime Berichte bewiesen, daß Gaddafis auf fünf Jahre angelegte Kampagne zur »Erwekkung« eines neuen revolutionären Geistes in Libyen ins Auge gegangen war und ein Klima geschaffen hatte, das eher seinen Sturz förderte.
Mitglieder von Gaddafis eigenem Beduinenstamm hatten ihn mit allem Nachdruck gebeten, seine totalitäre Politik aufzugeben, und ihn gewarnt, daß sein Stamm und seine Familie der Isolation und Schande ausgesetzt wären, wenn er nicht einen gemäßigteren Kurs einschlage.
Die Gruppe des NIO gelangte zu der Schlußfolgerung, daß Gaddafis Argwohn sein psychologisch wundester Punkt, wenn auch gleichzeitig ein Schutz für ihn sei. Geheimen Berichten zufolge trug Gaddafi eine kugelsichere Weste, und eine speziell ausgerüstete militärische Eliteeinheit, eine »Abwehr«-Truppe, bewachte sein Hauptquartier in Tripolis, wo die wichtigsten Kommunikationsnetze und die Radiostation der Stadt untergebracht waren.
Dechiffrierte Meldungen und geheime Berichte von Verbindungsmännern lieferten den Beweis, daß die gaddafifeindliche Exilbewegung von sechs Ländern unterstützt wurde:

von Ägypten, Gaddafis Obsession;
von Irak, teilweise als Antwort darauf, daß Gaddafi den Iran im Krieg zwischen Iran und Irak unterstützte;
von Marokko, obwohl sich die Beziehungen verbessert hatten;
von Saudi-Arabien, dessen Hilfe streng geheim war;
vom Sudan, dem Land, das Gaddafi ständig zu kaufen oder zu unterwerfen versuchte;
von Tunesien, obwohl Gaddafi enge Beziehungen zu einem hochrangigen Minister unterhielt, der praktisch auf seiner Gehaltsliste stand.

Auf der Liste standen drei von den sechs Ländern, die an Libyen grenzten. Und mit einem vierten Land, dem Tschad, befand sich Gaddafi im Krieg.
Doch Ägypten und bis zu einem gewissen Grad auch Algerien waren der Schlüssel, um auf militärischem Weg und anderweitig Druck auf

Gaddafi auszuüben. Die Vertreter der Geheimdienste einigten sich auf folgende Beurteilung Ägyptens und Algeriens: »Beide Staaten werden ernste Bedenken haben, mit den USA zusammenzuarbeiten, wenn es sich um verdeckte Aktionen handelt, die darauf abzielen, Gaddafi zu stürzen. Diese Vorbehalte basieren teilweise darauf, daß den USA eine gewisse Abneigung und ein Unvermögen zugeschrieben wird, sich effektiv und sinnvoll an einer Unternehmung zu beteiligen, und daß man die Vereinigten Staaten für unfähig hält, zu verhindern, daß solche Aktionen öffentlich bekannt werden.«
Die Vertreter von CIA, DIA und NSA kamen zu dem Ergebnis, daß innerhalb des libyschen Militärs erhebliche Unzufriedenheit herrschte. Bezüglich einiger Einwände, die das Außenministerium vorgebracht hatte, hieß es: »Erfolgreiche interne Operationen auf einer relativ spektakulären Ebene und mit einiger Häufigkeit, verbunden mit weiterem externen Druck und Rückschlägen, könnten dazu führen, daß es durch unzufriedene Elemente innerhalb des Militärs zu Aktionen gegen Gaddafi kommt.« Gaddafis Stellvertreter, Major Salaam Jalloud, sowie der Chef der Streitkräfte und dessen Stellvertreter hätten »möglicherweise die überzeugendsten Motive«.
Die Beurteilung fand paradoxerweise Anklang beim Außenministerium, obwohl man sich dort nach außen hin gegen Beschlüsse zur Wehr setzte, die eine verdeckte Operation befürworteten, um Gaddafi zu schwächen oder zu stürzen. Doch die anderen verfolgten ihren Kurs weiter, und auf Seite 5 der Beurteilung ging man noch einige Schritte weiter und sprach sich praktisch für ein entschlossenes Eingreifen der Vereinigten Staaten aus:
»Wir sind der festen Überzeugung, daß die Exilgruppen, wenn man sie tatkräftig unterstützt, in Kürze mit einem intermittierenden Feldzug der Sabotage und Gewalt beginnen können, der weitere Angriffe auf Gaddafis Autorität nach sich ziehen könnte. Wenn die Aktivitäten der Exilgruppen mit anderen Faktoren verknüpft würden – mit zunehmender Propaganda, sich zusehends verschlechternden Beziehungen zu anderen Ländern und mit umfangreichem wirtschaftlichen Druck – könnten unzufriedene Elemente im Militär zu Attentatsversuchen angespornt oder dazu gebracht werden, sich mit den Exilgruppen gegen Gaddafi zu verbünden. Eine ausgedehnte Militärrevolte ist allerdings kaum zu erwarten.«

Das kam fast einer Aufforderung gleich, sich an einem Anschlag gegen Gaddafi zu beteiligen, trotz der Durchführungsverordnung des Präsidenten, wonach jede Beteiligung, direkt oder indirekt, an der Unterstützung und Planung von Anschlägen verboten war. Reagans Verordnung (Executive Order 12333) hielt fest: »Verbot von Mordanschlägen. Niemand, der von der US-Regierung angestellt ist oder im Auftrag der USA handelt, darf Mordanschläge planen oder sich daran beteiligen.« Die Beurteilung war, um das mindeste zu sagen, ein ungewöhnlich provokatives Dokument, in dem geradezu auf koordinierte Aktionen gedrängt und vor halbherzigen Bemühungen gewarnt wurde:

»Dieses Papier kommt zu dem Schluß, daß nichts anderes zu einer bedeutsamen und anhaltenden Veränderung in der libyschen Politik führen kann als Bemühungen, die zum Sturz der Regierung Gaddafis beitragen. Das Papier kommt zu der grundlegenden Erkenntnis, daß Libyen markante wunde Punkte hat, doch diese können nur durch ein breit angelegtes Kooperationsprogramm zusammen mit wichtigen Ländern und durch Verbindung von politischen, wirtschaftlichen und paramilitärischen Aktionen erfolgreich ausgenutzt werden. Einzelne paramilitärische, wirtschaftliche oder politische Aktionen haben wahrscheinlich nur wenig oder gar keine Wirkung.«

Dies war ein eindeutiger Ruf nach einer größeren verdeckten Aktion, doch die Geheimdienstabteilung des Außenministeriums wehrte sich gegen die Grundlage, auf der die Schlußfolgerungen beruhten – die eigentlichen Informationen. In einer Fußnote auf der ersten Seite brachte man die abweichende Meinung zum Ausdruck: »Das Papier stützt sich zu sehr auf bruchstückhafte und unbegründete Berichte und versäumt dabei, Gaddafis anhaltender Popularität genügend Gewicht beizumessen. Gaddafis Sicherheitsnetz ist so eng geknüpft, daß wahrscheinlich jeder Anschlag fehlschlägt.«

Am Ende umfaßte die Beurteilung 29 Seiten und wurde wie folgt klassifiziert:

STRENG GEHEIM, mit den Codewörtern UMBRA (enthält Informationen aus dechiffrierten Meldungen), NOFORN (nicht für Ausländer bestimmt), NOCONTRACT (nicht für Teilzeitbeschäftigte bestimmt), PROPIN (enthält geschäftliche Insider-Informationen), ORCON (der Urheber kontrolliert die Verbreitung, und alle Kopien werden numeriert).

Das Dokument wurde am 18. Juni verteilt. Es sorgte unter den wenigen

Regierungsbeamten, die es lesen durften, für Kontroversen. Die Erwähnung von und der Ruf nach »paramilitärischen Operationen« sowie der Vorschlag, die USA sollten das libysche Militär zu Attentatsversuchen anspornen, sprangen sofort ins Auge.

Am 4. Juli gab die CIA ein weiteres streng geheimes Papier über Libyen heraus. Es ging darin um die Einschätzung der Bedrohung durch Gaddafi. Darin wurde behauptet, daß Gaddafi pausenlos gegen US-Interessen handle und daß die unmittelbare Sorge der Frage gelte, was Gaddafi im Sudan vorhabe.

Weiter hieß es in dem Papier: »Ein libyscher Terrorakt in den Vereinigten Staaten ist nicht auszuschließen, aber wir sind überzeugt, daß Libyen unter großem Druck steht, eine erfolgreiche Operation zu organisieren. Libyen hat sicherlich ein paar Agenten unter den schätzungsweise 1500 libyschen Studenten in den Vereinigten Staaten, einschließlich der etwa zweihundert fanatischen Gaddafi-Anhänger unter den hiesigen Studenten.«

Hinsichtlich der Befürchtung, Gaddafi könnte sich Nuklearwaffen beschaffen, wurde auf Seite 13 der Beurteilung vermerkt: »Wir sind davon überzeugt, daß sich Libyen innerhalb der nächsten zehn Jahre kein nukleares Waffenpotential schaffen kann.«

Eine Gruppe von Vertretern der Geheimdienste im Weißen Haus begann, Pläne für verdeckte Hilfe für im Exil lebende Libyer auszuarbeiten und eine Aufstellung über verdeckte nicht tödliche und verdeckte tödliche Alternativen zu machen. Der rhetorische Schlagabtausch zwischen den Vereinigten Staaten und Libyen hatte sich derart zugespitzt, daß die Beamten eine ungewöhnliche Frage in Erwägung ziehen mußten: »Was macht es für einen Eindruck, wenn wir nichts unternehmen?« Der Zwang zu handeln war immens. Es gab eine Menge anstrengender Gespräche. Keiner wollte Schwäche zeigen. Optionen wurden entworfen und in Umlauf gebracht.

Casey war gerade nicht in der Stadt, als diese Optionen bei der CIA eintrafen. McMahon nahm die Papiere in Empfang, und wieder einmal war es mit seiner Gelassenheit vorbei. Dies war der reine Wahnsinn.

McMahon kannte einige CIA-Geschichten über Libyen. In den Jahren nach 1969, als Gaddafi an die Macht gekommen war, hatte es Diskussionen darüber gegeben, ob man ihn stürzen sollte, aber das State Department hatte sich dagegen gewehrt und gewonnen. Direktor Helms und das State Department waren sich einig, daß es keine Möglichkeit dafür

gab. Während Carters Amtszeit hatte Turner einmal nachgefragt, was man im Fall Gaddafi unternehmen könnte. McMahon, der damals DDO war, hatte geantwortet: »Nicht viel.«
McMahon hatte den Eindruck, daß die Gruppe, die die Option entworfen hatte, die Sache mit den Exilgruppen nicht im Griff hatte. Sie kamen ihm vor wie Pfadfinder. Geheime Berichte deuteten darauf hin, daß sie nicht einmal mit einem Schlauchboot an der libyschen Küste landen, geschweige denn eine Regierung stürzen oder die Herrschaft in Libyen an sich reißen und das Land regieren könnten. Gaddafi hatte die Bewegung taktisch durchdrungen und beobachtete jeden ihrer Schritte. Gaddafi hätte in dieser »degradierten« Bewegung einen potentiell starken Führer sofort ausgeschaltet.
McMahon verstand es, eine verdeckte Operation mit Fragen zunichte zu machen, indem er Details verlangte, die keiner vorlegen konnte. Hatte die CIA Verbindungsleute? Wie viele Leibwächter hatte Gaddafi? Waren sie loyal? Wie gut waren die Chancen auf Erfolg? Wie erwartet, waren die Antworten ziemlich vage. McMahon meinte, daß man, selbst wenn nur eine halbarschige Chance bestünde, den Plan nicht weiterführen könne, aber man sei ja nicht einmal soweit. »Wenn Ihr weder das Werkzeug noch die Leute habt, dann pfuscht nicht herum«, argumentierte er. Und was mit dem Verbot von Anschlägen sei? In diesem Falle handle es sich nicht um eine Operation gegen ein Regime, sondern um eine Aktion gegen einen Einzelnen. Es gebe keinen denkbaren, glaubwürdigen Weg, etwas Derartiges in Gang zu setzen und dann den Exillibyern zu verbieten, Gaddafi zu töten.
Als Casey zurückkehrte, stärkte er McMahon aus vielerlei Gründen den Rücken. Erstens würden Amerikas Verbündete, vor allem in Europa, nicht zustimmen. Es ärgerte Casey, daß Gaddafi in Europa mehr an Achtung gewann als verlor – das geheime Abkommen zwischen Libyen und Griechenland war nur ein Beispiel. Ohne die Unterstützung der westlichen Allianz aber gebe es keine Möglichkeit, Druck auszuüben oder Operationen durchzuführen. Wenn die CIA dennoch einen Vorstoß unternehme, würden die USA am Ende isoliert dastehen. Zweitens reiche die politische Unterstützung für solch eine Operation innerhalb der Administration nicht aus. Der Anschlag vom 8. Mai habe lediglich gezeigt, daß es eine Möglichkeit gebe, Gaddafi zu stürzen, aber er habe nichts dazu beigetragen, was eine unmittelbare Bedrohung darstelle und einen Anschlag rechtfertige.

Da Casey wegen der Operation in Nicaragua immer noch Schwierigkeiten mit dem Kongreß hatte, war er nicht in Stimmung für einen neuen Streit. Er, die CIA und die Regierung würden das nicht überstehen. In wenigen Monaten fand die Präsidentschaftswahl von 1984 statt. Casey hatte keine Lust, sich von einer Klippe zu stürzen, obgleich er sicher war, daß eine Operation gegen Gaddafi bei seinen zwei wichtigsten Kunden – der Öffentlichkeit und Ronald Reagan – Beifall finden würde.

Am 22. Juni fand Casey in seinem Postfach einen streng geheimen Brief von Generalstaatsanwalt William French Smith vor. Das bedeutete Ärger. Der Brief enthielt die Zusammenfassung einer sehr heiklen Untersuchung des FBI über undichte Stellen im System, die bereits vor fast zwei Jahren durchgeführt worden war. Am 13. Juli 1982 hatte die NSA Geschäftsgespräche zwischen der Mitsubishi-Niederlassung in Washington und Japan abgehört und mußte mit Bestürzung feststellen, daß Mitsubishi über detaillierte, wörtliche Informationen aus dem streng geheimen NID vom 7. und 9. Juli verfügte. In dem Kommuniqué von Mitsubishi war von iranisch-irakischen Truppenbewegungen die Rede, einschließlich der Massierung von 120 000 iranischen Soldaten, die sich 80 000 Irakern an einem bestimmten Standort an der Grenze entgegenstellen sollten. Geheimen Berichten zufolge sollte der irakische Führer fallen, bevor es zu Friedensgesprächen kommen konnte. Mitsubishi gab als Quelle für diese Information ein ungenanntes Mitglied eines Geheimdienstes der US-Regierung an, der die Information an eine Beraterfirma in Washington weitergeleitet hatte, die von Mitsubishi angeheuert worden war. Eine weitere von der NSA abgefangene Meldung der japanischen Gesellschaft außerhalb Washingtons vom 29. Juli 1982 enthielt ausführliche Zitate aus dem drei Tage zuvor erschienenen NID. NSA-Direktor Lincoln Fauer war sehr bemüht, die undichte Stelle zu finden, und hatte um eine Untersuchung gebeten.
Das FBI hatte sich auf Caseys erfahrenen Analytiker Charles Waterman, den stellvertretenden Vorsitzenden des National Intelligence Council (NIC), konzentriert. Waterman war ein schmaler, nervöser Mann mit schütterem Haar und 20jähriger Erfahrung im Nachrichtendienst. Er war ermächtigt, mit der Beraterfirma in Washington zu verhandeln, die zweimal im Monat ein Mitteilungsblatt herausgab. Es enthielt oftmals enormes Material über den Nahen Osten, und man konnte sagen, daß Waterman von der Beraterfirma sogar gute Informationen erhielt.

Waterman mußte 1983 Lügendetektortests von FBI und CIA über sich ergehen lassen, und Casey erinnerte sich, daß die ganze Sache ein heilloses Durcheinander gewesen war. Das Sicherheitsbüro der CIA hatte Watermans Rücktritt verlangt. Waterman war ein rechtschaffener Mann, der bestritt, geheime Informationen weitergegeben zu haben, und Casey war der Meinung, daß alle, die vom Nachrichtendienst beauftragt wurden, Nachrichten zu beschaffen und Kontakte zu pflegen, mehr redeten, als sie sollten. Was waren schon ein paar gottverdammte Zahlen über die Stärke iranischer und irakischer Truppen – typischer Blödsinn aus dem NID. Ein Rausschmiß Watermans würde im Hauptquartier in Langley einen falschen Eindruck hinterlassen. Deshalb wies Casey mit McMahons Zustimmung die Empfehlung des Sicherheitsbüros der CIA zurück. Man würde Waterman lediglich verwarnen – mit zwei Wochen unbezahltem Urlaub.

Aber das FBI hatte seine Nachforschungen noch nicht abgeschlossen und einen Spionageprozeß eröffnet. Waterman hatte im Dezember 1983 bezahlten Urlaub bekommen, während das FBI seine Untersuchung fortsetzte.

Sieben Monate später erklärte Generalstaatsanwalt Smith, daß das Justizministerium Waterman nicht strafrechtlich verfolgen könne, weil bei einem Prozeß geheime Quellen und Methoden offengelegt werden müßten, doch die Untersuchung sei an einem Punkt angelangt, wo es für die CIA angebracht wäre, etwas zu unternehmen; die Entlassung Watermans und eine öffentliche Erklärung über die Gründe würden anderen als Abschreckung dienen; schließlich wollte der Generalstaatsanwalt wissen, welche Maßnahmen letztendlich ergriffen würden.

»Dieser verdammte Bill Smith«, schrie Casey. Der Brief stammte offensichtlich vom Justizministerium oder von der FBI-Bürokratie, die beide partout ihren Arsch retten wollten. Sie konnten die undichte Stelle nicht finden, deshalb wollten sie versuchen, Casey dazu zu bringen, Waterman rauszuschmeißen, damit es so aussah, als hätten sie sie gefunden. Smith hatte den Brief ungelesen unterschrieben. Kopien des Schreibens waren an alle Abteilungen und Agenturen in der Stadt verteilt worden.

»Von dieser verdammten Sache wird nichts durchsickern«, sagte Casey. Doch er wußte, daß der Brief von Smith, der Casey als zu nachsichtig gegenüber einem Mann zeigte, der geheime Informationen weitergab, nur zu wahrscheinlich durchsickern würde.

Casey rief Sporkin zu sich, zeigte ihm den Brief und einen Bericht des

Justizministeriums über die Untersuchung. Sporkin war fuchsteufelswild. Er war überzeugt, daß Waterman unschuldig war. Waterman hatte unter Eid bestritten, Informationen weitergegeben zu haben, und für die Zeit, als die Informationen durchgesickert waren, stand in seinem Terminkalender nichts über irgendwelche Treffen mit den Herausgebern des Mitteilungsblattes. Diese hatten ebenfalls bestritten, daß Waterman der Informant gewesen sei. Sporkin tat Waterman leid. Nachdem man ihn beurlaubt hatte, hatte Sporkin ihm bei der Suche nach einem Rechtsanwalt geholfen. Als Sporkin drei Monate zuvor zur Außenstelle des FBI in Washington gegangen war, um die Angelegenheit in Ordnung zu bringen, hatten FBI-Agenten angedeutet, Sporkin könnte sie bei ihren Ermittlungen behindern.
Bezüglich der Wirksamkeit von Lügendetektoren stimmte er nicht mit Casey überein. Er meinte, die Unschuldsvermutung würde dadurch unmöglich gemacht. Wenn derjenige, der die Maschine bediene, sage, der Apparat zeige eine Täuschung an, dann gelte die Aussage als solche. Es gebe keine Möglichkeit, das zu widerlegen. Das Ergebnis sei ein Patt. Der Brief des Generalstaatsanwalts sei der Beweis dafür. Sporkin war jedoch auch der Meinung, daß man der Sache deshalb nicht weiter nachgehe, weil das Belastungsmaterial nicht für ein Verfahren ausreiche, und nicht, weil ein Prozeß möglicherweise Quellen und Methoden aufdecken würde. Das Justizministerium verlange, daß Casey jemandem einen Fußtritt gebe. Der Lügendetektor sei nicht besser als eine Folterbank oder Daumenschrauben aus dem finsteren Mittelalter. Es sei mehr eine seelische als eine körperliche Folter. Aber das sei auch schon der einzige Unterschied.
Casey hingegen war der Ansicht, daß man dort, wo undichte Stellen und Spione waren, alle zur Verfügung stehenden Mittel, sogar Lügendetektoren, anwenden müsse. Solche Tests hätten bereits beeindruckende Ergebnisse gebracht; es mache den Leuten Angst; es führe zu Geständnissen und warne die CIA davor, unzuverlässige Leute einzustellen. Casey rief Waterman an und bat ihn, am nächsten Tag vorbeizukommen. Waterman war froh, daß endlich etwas geschehen sollte, und er fuhr nach Langley, um mit Casey zu sprechen. Diese sieben Monate der Ungewißheit waren die schlimmsten Monate seines Lebens gewesen. Seit 1964 war er bei seiner Tätigkeit für die CIA schon in manch schreckliche Situation gekommen, als er für die Stationen im Nahen Osten arbeitete. Er war in Beirut, Kairo, Jordanien und wieder in Beirut gewesen, und

schließlich Stationschef in Saudi-Arabien. Er hatte schon früher Lügendetektortests angewendet und selbst durchgemacht, aber er traute dieser Methode nicht. Es waren vier schreckliche halbe Tage gewesen, während denen er an diese Maschine angeschlossen gewesen war und über den Vorfall bei Mitsubishi hatte Auskunft geben müssen. Der Beamte am Lügendetektor beim FBI hatte zu ihm gesagt: »Sie sind in großen Schwierigkeiten«, doch die Ergebnisse des Tests waren nach Watermans Eindruck nur das Abbild seiner inneren Unruhe. Er hatte mit einem der Herausgeber des Mitteilungsblattes über den Krieg zwischen Iran und Irak gesprochen; vielleicht hatte er dabei auch die internen Zahlen der CIA über die Truppenstärke genannt, aber sie stimmten mehr oder weniger mit den Zahlen überein, die überall in den Nachrichtenberichten aufgeführt waren. Er hatte keine geheimen Informationen weitergegeben. Die Idee, er würde etwas wortwörtlich wiedergeben, war einfach absurd. Waterman vermutete, daß John McMahon der Ansicht war, er habe etwas ausgeplaudert, aber er wußte auch, daß Casey ihm eine Chance geben würde.
Als Waterman das Büro im siebten Stock betrat, war er erleichtert, Casey allein anzutreffen.
Casey erläuterte ihm das Schreiben des Generalstaatsanwalts und übergab Waterman den Bericht des Justizministeriums.
Es stimme einfach nicht, erklärte Waterman so überzeugend wie möglich. Er hatte große, unschuldige Augen.
Was man also tun könne, fragte Casey.
Die Führung der Analyseabteilung würde die aggressive Politik nach außen nicht fortsetzen, wenn sie ihn entließen, meinte Waterman.
Seine Hände seien gebunden, erwiderte Casey.
»Ich habe es nicht getan«, sagte Waterman und sah dem DCI direkt in die Augen.
Casey sagte, er glaube ihm. Doch es gebe drei Gründe für eine Entlassung: »Hier in der Stadt können wir Sie nicht mehr einsetzen. Sie sitzen in der Klemme, weil das FBI zu dem Schluß gekommen ist, daß Sie es getan haben müssen. Und wenn es bekannt wird, dann wird man mich beschuldigen, einen Mann, der geheime Informationen weitergegeben hat, zu verhätscheln.«
Alles, was das FBI bei seinen Nachforschungen unternommen habe, sei darauf ausgerichtet gewesen, den Beweis zu liefern, daß der Lügendetektor keine Fehler mache, meinte Waterman. Es habe gar keine richtige

Untersuchung gegeben. Jemand anders habe die Informationen weitergegeben und sei unentdeckt geblieben.
Er werde sich die Sache noch einmal durch den Kopf gehen lassen, sagte Casey und zögerte damit eine Entscheidung hinaus. Waterman ging.
Casey litt Höllenqualen. Er wollte auf keinen Fall gegen seine eigenen Grundsätze im Hinblick auf Risikobereitschaft verstoßen. Wenn er seine Leute nach draußen schickte, um Informationen zu sammeln, dann sollten sie auch Informationen austauschen – geben und nehmen. So war das auf der Welt; die Verfasser des Mitteilungsblattes hätten sich keinesfalls mit Waterman getroffen, wenn es eine einseitige Sache gewesen wäre. Ein Profi wie Waterman kannte die Grenzen und wußte, was wirklich heikel war. Casey mußte seinen Leuten Rückendeckung geben, wenn sie Fehler machten. Wenn er es nicht tat, dann würden sie aufhören und sich in ihr Schneckenhaus verkriechen, wie es unter der vorherigen Regierung der Fall gewesen war. 1977, in den ersten Monaten seiner Amtszeit als Direktor der CIA, hatte Stan Turner zwei CIA-Leute gefeuert, weil sie mit dem abtrünnigen, ehemaligen CIA-Agenten Edwin Wilson Kontakte gepflegt hatten. Turner hatte damals einen hohen Preis für den Erhalt der Moral bezahlen müssen.
Casey war der Ansicht, daß CIA-Leute nur dann gefeuert werden sollten, wenn sie durch grobes Versagen auffielen und unzulängliche Leistungen erbrachten. Das traf in diesem Fall nicht zu. An diesem Abend führte Casey mit sich selbst heftige Debatten. Das war das Schlimmste, was er in den nahezu vier Jahren als DCI erlebt hatte. Waterman war der Typ Mann, der getreu seine Pflicht tat und der die Entschlossenheit verkörperte, die Casey brauchte.
Am nächsten Tag rief er Waterman an und vereinbarte ein Treffen. Als Waterman eintraf, sah er sehr verwundbar aus.
Er habe gesucht und gesucht, sagte Casey, und er habe nichts gefunden, das helfen könnte. Es tue ihm leid, aber man könne nichts tun.
Waterman schluckte trocken und hielt einen Moment inne. Dann sagte er nur: »Ja, Sir«, grüßte und ging. Auf dem Weg nach draußen mußte er daran denken, daß sie bei ihrer Arbeit alle von der Gnade des DCI abhingen. Das mußte wohl so sein. Es bedeutete, daß seine zwanzig Jahre als CIA-Mann jetzt vorüber waren. Er konnte sich noch an sein erstes geheimes Treffen erinnern. Das war 1964 in Kuwait gewesen. Man hatte ihn damals in die furchtbare Hitze und Ungewißheit hinausgeschickt. Er hatte die Anweisung, zu einem bestimmten Zeitpunkt an

einem bestimmten Ort »einen Araber, der aussah, als habe er sich gerade einen runtergeholt«, ausfindig zu machen. Was das heißen sollte, wußte er nicht. Doch er hatte seinen Kontaktmann trotzdem gefunden.
In seinem ersten Jahr als DCI hätte Casey Waterman nicht gehen lassen. Aber jetzt, da er bereits im vierten Jahr seiner Amtszeit stand, hatte er keine andere Wahl. Undichte Stellen waren ein größeres Problem als die Moral.

Die in aller Öffentlichkeit ausgetragene Kontroverse um die Operation in Nicaragua legte die Planungszentrale für geheime Operationen ein wenig lahm. Man befürchtete, daß die Medien und die Öffentlichkeit sich wieder einmal gegen die CIA wenden könnten. Casey entschied, daß es an der Zeit sei, die Zentrale zu säubern, das heißt DDO Stein zu ersetzen. Der Posten des Inspector General entsprach mehr seinem Temperament. Stein war ein guter, solider Geheimdienstoffizier, aber ein bißchen zu vorsichtig, und Clair George mußte vor dem Kapitol gerettet werden. George hatte sich ebenso wie Casey an der Sache mit der Verminung nicaraguanischer Häfen kräftig die Finger verbrannt. Dennoch behielt George Boden unter den Füßen. Casey gefiel die Art, wie er mit der ganzen Angelegenheit fertig geworden war – gewitzt, loyal, direkt, bereit, Schläge einzustecken und auszuteilen, wobei er sich doch zugleich der Absurdität jeder Einmischung des Kongresses bewußt war.
Der Unterschied zwischen Stein, der in den 60er Jahren zur CIA gekommen, und George, der in den 50er Jahren dazugestossen war, war für Casey entscheidend.
George war ein Überlebenskünstler, vorsichtig genug, aber mit Instinkten, die er sich im kalten Krieg erworben hatte. Verwegene nachrichtendienstliche Arbeit – Bestechung, Verrat, elektronische Lauschangriffe – waren für ihn etwas Selbstverständliches. Er hatte das Gespür, das ein Geheimdienstangehöriger bei seiner Tätigkeit brauchte. Er wußte genau, daß die Arbeit dreckig war und daß sie alle mit Widersprüchen leben mußten.
Casey machte den Wechsel Ende Juni publik. Die im Gang befindlichen Operationen waren eine ziemlich gemischte Angelegenheit – der Einsatz von Geld und Leuten machte an einigen Stellen gute Fortschritte, während er bei anderen immer wieder ins Stocken kam.
Im Juli erwirkte der Kongreßabgeordnete Charlie Wilson für verdeckte

Operationen in Afghanistan weitere 50 Millionen Dollar, zusätzlich zu den Mitteln, die er bereits früher bekommen hatte, und zusätzlich zu der von der CIA beantragten Summe, die 120 Millionen Dollar ausmachte; es war sogar im Gespräch, daß sich diese Summe im kommenden Jahr noch verdoppeln würde. Zusammen mit dem Geld der Saudis, die Dollar für Dollar gleichzogen, würde den afghanischen Rebellen bald eine halbe Milliarde zufließen. Das war ganz nach Caseys Geschmack. Doch wenn er die Gesamtsituation auf dem Globus betrachtete, mußte er sich eingestehen, daß es unvernünftig war, so ziemlich alle geheimdienstlichen Eier in einen einzigen Korb zu legen.

Es gab mindestens noch zwei weitere geheime Hilfsoperationen, die sehr wichtig waren, nicht so sehr wegen der Geldaufwendungen, sondern wegen ihres prinzipiellen Charakters. Casey hatte es noch geschafft, sie geheim zu halten. Die eine bestand in dem 5-Millionen-Dollar-Budget für die Unterstützung des Widerstandes in Kambodscha. Er hatte die Absicht, hier noch weitere 12 Millionen Dollar bis zum Jahresende hinzuzufügen, auch wenn dadurch indirekt den Roten Khmer geholfen wurde. Die zweite war eine begrenzte, nicht auf Vernichtung ausgerichtete Hilfsoperation in Höhe von etwa 500 000 Dollar pro Jahr für die Opposition gegen das marxistische Regime in Äthiopien, die ebenfalls von den Saudis heimlich unterstützt wurde. Sie hatte eine linksgerichtete politische Orientierung. In beiden Fällen war Casey dazu bereit, behutsam mit dem Teufel zu tanzen. Er sah die kommunistischen Widerstandsbewegungen als eine Einheit: Nicaragua, Afghanistan, Angola, Äthiopien und Kambodscha waren die Schlachtfelder. So lautete die »Reagan-Doktrin«.

Casey hatte das geheime Budget für Propaganda-Operationen beträchtlich aufgestockt. Es gab mittlerweile zwei Dutzend solcher Operationen, und zwar hauptsächlich solche, die im Ausland für Zeitungen, Denkfabriken und andere Institute Geld beschafften. Genau wie bei den verdeckten paramilitärischen Operationen mußte er sich dabei bis ins Detail mit den Geschäftsgrundlagen und -abläufen des Kongresses auseinandersetzen.

In den 50er und 60er Jahren hatte die CIA sehr erfolgreich Propagandakampagnen zugunsten der NATO lanciert. Das Ergebnis war ein klares und deutliches Bekenntnis in Europa zur NATO gewesen. Jetzt versuchte die Reagan-Administration Unterstützung zu erlangen, um die Pershing-II-Raketen in Europa zu stationieren. 1983 hatte Casey mehrere Millionen Dollar in seinem Haushalt bereitgestellt, um in der europäischen Presse für die Raketen die Werbetrommel zu rühren. Wie vorauszusehen war, hatten die Geheimdienstausschüsse die Mittel zusammengestrichen. 1984 unternahm Casey erneut den Versuch, die Ausschüsse zur Bereitstellung mehrerer Millionen Dollar für den genannten Zweck zu bewegen. Die Demokraten vertraten in geheimen Sitzungen die Auffassung, daß solche Anstrengungen als Einmischung in die inneren Angelegenheiten der NATO-Verbündeten ausgelegt werden könnten. Die Pershing II sei ein hitzig umkämpfter Streitpunkt in Großbritannien, in der Bundesrepublik und in Italien. Falls sich herausstellen sollte, daß die CIA dabei sei, die Verbündeten mit Propaganda zu überschütten, könnten die Auswirkungen verheerend sein, sowohl im Hinblick auf die politischen Beziehungen als auch bezüglich der beabsichtigten Raketenstationierung. Es bestehe zudem Besorgnis darüber, daß die Propaganda auf die US-Nachrichtenmedien »zurückschlagen« könnte.

Casey vertrat den Standpunkt, daß die paar Millionen gerade ausreichten, um das Propagandanetz an Journalisten und anderen Aktivisten aufrechtzuerhalten. Seiner Ansicht nach blockten die Ausschüsse mit geradezu trivialen Argumenten ab: Mehrere Millionen Dollar seien nicht genug, um die Sache durchzuführen; warum man denn überhaupt damit anfange? Schließlich nahm man die Summe aus dem Haushalt heraus und wies die CIA an, auf Fonds von bereits laufenden Projekten zurückzugreifen, um ein paar europäische Leute in Bereitschaft zu halten. Wieder einmal, so kam es Casey vor, hatte man die CIA angewiesen, sich bereit zu halten, aber nur ja nichts zu unternehmen. Die Ausschüsse kämmten die einzelnen Haushaltsposten in dem fast einen Meter dicken Stapel der als sehr geheim klassifizierten Etatbände durch. Auch andere im Kongreß, besonders Senator William Proxmire aus Wisconsin, der immer irgendeiner Verschwendung auf der Spur war, meckerten an den nachrichtendienstlichen Operationen herum.

Bei einer Einrichtung der US-Streitkräfte in Übersee, die regelmäßig einem sowjetischen Inspektionsteam zugänglich gemacht wurde, gab es heiße Wannenbäder zur Entspannung nach dem Dienst. Der Geheimdienst hatte ausgeklügelte Lauscheinrichtungen installiert und war gerade im Begriff, die Abhöranlagen weiter auszubauen. Die hohen finanziellen Aufwendungen dafür hatte man im Militärbudget versteckt, der entsprechende Haushaltsposten lautete auf Verbesserung der heißen Wannenbäder. Dies war eine öffentliche Einladung für Proxmires monatliche Auszeichnung mit dem Goldenen Vlies wegen Aufdeckens vergeudeter Steuergelder. Der Chef des Nachrichtendienstes der Streitkräfte, Generalleutnant William Odom, mußte eingreifen und erläutern, daß mit der Streichung der Gelder eine ziemlich delikate Lauschoperation der Geheimdienste aufs Spiel gesetzt würde.

Die US-Nachrichtendienste hatten sich in New York in einem teuren Distrikt Immobilien zugelegt, die ebenfalls ein Ziel von Proxmires Goldenem Vlies wurden. Jemand wies darauf hin, daß die Belohnung eine perfekte Tarnung darstelle, denn die Regierung würde es nie zulassen, daß eine heikle Operation so viel Publizität erlangte. Am Ende jedoch gab die CIA eine falsche Eigentümergesellschaft an, die außer Reichweite von Proxmires Spürhunden lag.

Es gab in jenem Sommer noch etwas, das Casey Sorge bereitete. Die katholische Kirche Nicaraguas hatte sich zur mächtigsten Kraft gegen die Sandinisten entwickelt. Erzbischof Miguel Obando Bravo, Oberhaupt über neun Bischöfe und über alle Katholiken Nicaraguas, organisierte die Kirche, um die Leute vor dem Marxismus-Leninismus zu warnen. *La Barricada*, die offizielle Zeitung der Sandinisten, hatte behauptet, daß er »in politische Aktivitäten zum Sturz der nicaraguanischen Regierung« verwickelt sei. Außerdem wurde er als Saufkumpan Somozas dargestellt. Eine Karikatur zeigte einen Bischof, der das Kreuz Christi zum Hakenkreuz der Nazis umbog.

Durch die allgemeine Direktive zur Mittelamerika-Propaganda schwamm die CIA in zusätzlichen Geldmitteln; und auf einer unteren Ebene des DO hatte ein Geheimdienstoffizier entschieden, 25 000 Dollar bereitzustellen, die über eine private US-Stiftung der katholischen Kirche in Nicaragua als Hilfe zugeleitet werden sollten. Es war eine höchst brisante Verbindung.

Senator Moynihan dachte zuerst, es sei ein schlechter Scherz. Als er herausfand, daß dem nicht so war, rief er einen ranghohen CIA-Beamten zu sich und warf ihn mit Macht gegen den Kamin in seinem Privatbüro: »Tut es ja nicht. Dieser Mann, dieser Erzbischof, ist eine moralische Kraft da unten. Er darf unter keinen Umständen kompromittiert werden.« Casey stimmte mit Moynihan überein und ließ die 25 000 Dollar streichen.

Um die für Propagandazwecke bestimmten Gelder loszuwerden, bedurfte es vieler Wege. Wann immer Gelder an private Einrichtungen gingen, verlor die CIA die Kontrolle darüber, aber Moynihan ging es nicht so sehr um die Kontrolle als um Überlegungen grundsätzlicher Art. Jene 25 000 Dollar hätten ein Tropfen Gift sein können. Wo blieb die politische Sorgfalt? Wer führte die Risikoabschätzung durch? Wo war die moralische Dimension? Dies war genau das, was dem Bild vom häßlichen Amerikaner Nahrung gab. War es nur eine Sache, bei der man Geld zur Tür hinausschaufelte? Hatte der Kongreß etwa die Haushaltsmittel für die Nachrichtendienste zu sehr erhöht? Gab es überhaupt jemanden, der diese Fragen stellte?
Casey entgegnete, der Erzbischof hätte nie etwas über die Quelle erfahren, da man die Gelder zwischen anderen Fonds versteckt hätte. Aber seine hauptsächlichen Bemühungen bestanden darin, sicherzustellen, daß die ganze Geschichte nicht herauskam. Man würde sie unweigerlich mißverstehen. Schlimmstenfalls würde es sogar so aussehen, als ob die CIA, der es nicht gelungen war, zusätzliche Mittel zur finanziellen Unterstützung der Contras bewilligt zu bekommen, den Versuch unternommen hätte, den Contras über die Kirche Gelder zuzuspielen. Dies war zwar nicht der Fall, aber Casey vertraute nicht darauf, daß irgend jemand das richtig verstehen würde.
Die Geschichte begann größere Kreise zu ziehen. Binnen kurzer Zeit rief Casey bei der *Washington Post* an. Er erklärte, daß der Erzbischof »tot« sei, wenn die Geschichte gedruckt würde. Die Geschichte wurde nicht veröffentlicht.
Man leitete eine Untersuchung weiterer Fonds ein, die für Propagandazwecke angelegt worden waren. Ein weniger bedeutender, geheimer Kanal über die katholische Kirchenorganisation in Polen, der dazu dienen sollte, CIA-Gelder in Höhe von 20 000 bis 30 000 Dollar zum Nutzen der Gewerkschaft »Solidarität« durchzuschleusen, wurde wegen des damit verbundenen politischen Risikos stillgelegt.

Als der Wahlkampf für die Präsidentschaftswahl von 1984 begann, wurde Casey umgangen, denn der Direktor der CIA konnte nicht gut Sitzungen besuchen, auf denen Wahlkampfstrategien diskutiert wurden. Bei seinen häufigen Besuchen im Weißen Haus blieb Casey nichts anderes übrig, als ein bißchen an den Rändern des Wahlkampfes zu knabbern. Er schaute meist kurz bei Edward J. Rollins vorbei, einem ausgesprochen rechtsstehenden Kalifornier, der der Chefstratege von Reagans Kampagne für seine Wiederwahl war. Beide waren sich einig, daß es ganz nach einem Sieg für Reagan aussehe.

Die drei Aktenköfferchen, die Casey gewöhnlich am Abend mit nach Hause nahm, enthielten Stapel von Zeitungen, Zeitungsausschnitten und Magazinen. Er verfolgte die Berichte in den Medien mit dem geschulten Auge eines Analytikers vom Nachrichtendienst. Die öffentlichen Medien oder »offenen Quellen« konnten einem manchmal mit den besten Hinweisen über das ewige Hin und Her innerhalb der Regierung Aufschluß geben. Am 30. August wurde seine Aufmerksamkeit auf einen Artikel in der *Washington Times* gelenkt: FÜNF LEUTE FÜR CASEYS POSTEN AUSERSEHEN.

Was für ein Unsinn, dachte Casey. Die *Washington Times*, begründet durch Sun Myung Moon von der Vereinigungskirche, hatte guten Anschluß an Reagans konservatives Washington gefunden. Eine Reihe ihrer Leitartikler hatte beim NSC gearbeitet. Die *Washington Times* war Pflichtlektüre, wenn man über die Dinge, die in der Pennsylvania Avenue 1600 passierten, informiert bleiben wollte.

Casey las mit Bestürzung und Ärger, daß er »die Absicht geäußert hat, nach den Wahlen aus dem Staatsdienst auszuscheiden«, unabhängig davon, ob Reagan gewinnen oder verlieren würde.

Casey hatte einmal ernsthaft in Erwägung gezogen, den Präsidenten zu bitten, ihn nicht mehr zu ernennen, aber John McMahon und andere innerhalb der CIA hatten ihn bearbeitet und gesagt, er sei der einzige, der den Schwung aufrechterhalten könne, dem die anhaltende Unterstützung des Präsidenten sicher sei und der den reibungslosen Fluß von Geld und die guten Beziehungen zu anderen Nachrichtendiensten im Ausland fortführen könne. Ihre Fürsprache hatte Casey sehr gerührt. Sie hatten ihn davon überzeugt, daß, auch wenn die CIA oder er persönlich Schläge von seiten der Presse einstecken müßten, er das beste Zeichen dafür sei, daß die CIA nichts von ihrer Autorität in der Regierung, im Weißen Haus oder gar beim Präsidenten eingebüßt habe. Eine solche Autorität und Glaubwürdigkeit seien lebensnotwendig, wenn die CIA weiterhin im Aufwind bleiben wolle. Er hatte damals zugestimmt, zu bleiben.

Der Artikel wurde »hochrangigen Angehörigen der Reagan-Administration« und »Insidern des Weißen Hauses« zugeschrieben. Einer der Autoren war das frühere Mitglied des NSC, Jeremiah O'Leary. In dem

Artikel wurde erwähnt, daß das Weiße Haus begonnen habe, eine Liste möglicher Nachfolger zusammenzustellen. Ganz oben auf der Liste stand: »Stabschef im Weißen Haus, James A. Baker III.«

In solchen Augenblicken senkte sich Caseys Unterkiefer, und er dachte angestrengt nach. Ein einziger Zeitungsartikel war wie eine nicht verifizierte Quelle, die der Bestätigung bedurfte. Fünf Tage später entdeckte er in der *New York Post* folgende Schlagzeile: CIA-BOSS CASEY NIMMT DEN HUT. Der Artikel stellte Casey als den Urheber des Gerüchts dar; er habe angeblich das Weiße Haus davon »unterrichtet«, daß er sich ins Privatleben zurückziehen wolle. Wieder führte Jim Baker die Liste der möglichen Nachfolger an.

Das war brisant. Die Demoskopien verhießen Reagan einen Vorsprung von zehn Prozentpunkten und mehr gegenüber Mondale. Eine zweite Reagan-Administration war beinahe unvermeidlich. Was wurde gespielt? Jedes Ausscheiden eines wichtigen Kabinettsmitgliedes oder eines Angehörigen des Weißen Hauses würde eine Kettenreaktion auslösen. George Shultz war der Schlüssel. Weinberger, Jeane Kirkpatrick, Jim Baker, ja Casey selbst wären gern ins State Department übergewechselt. Aber es schien ziemlich klar zu sein, daß Shultz vorhatte, dort zu bleiben. Das bedeutete, daß Weinberger höchstwahrscheinlich an der Spitze des Verteidigungsministeriums blieb. Das State Department und das Verteidigungsministerium waren die einzigen weiteren Ressorts, die Casey interessierten.

Und außerdem gefiel es ihm bei der CIA jetzt mehr denn je. Bei einer zweiten Amtszeit würde seiner Ansicht nach der politische Apparat des Weißen Hauses eine geringere Rolle bei wichtigen politischen Entscheidungen spielen. Dies galt besonders für die Außenpolitik und die Operationen der CIA. Reagan wäre sicher eher dazu geneigt, seinen Instinkten zu folgen.

Die Artikel der *Washington Times* und *New York Post* wurden in Regierungskreisen ernst genommen. Casey bekam viele Fragen gestellt und wurde mit Spott bedacht.

Eines Abends, bei etlichen Drinks, forderte ihn Tony Motley heraus: »Also Jim Baker bekommt jetzt Ihren Posten?«

»Er ist der letzte Arsch, der diesen Posten kriegen wird«, erwiderte Casey scharf.

Es war zwar Casey gewesen, der zusammen mit Weinberger, Clark und Jeane Kirkpatrick verhindert hatte, daß Baker im vergangenen Jahr auf den Posten des Nationalen Sicherheitsberaters vorgerückt war, aber es war ihm nicht klar, was unternommen werden konnte, um Baker davon abzuhalten, DCI zu werden. Wenn man ihn dazu auffordern würde, seinen Posten aufzugeben, hätte Casey im Hinblick auf seinen Nachfolger ein Mitspracherecht, aber kein Vetorecht. Baker hatte Reagans Vertrauen gewonnen und dem Präsidenten vielleicht ein Versprechen entlockt. Das Ganze hatte trotzdem einige Mißtöne. Casey wußte, daß Baker Erfahrungen im Bereich der Außenpolitik sammeln wollte. Seine Ambitionen waren vermutlich grenzenlos – Außenminister in einer künftigen Regierung von George Bush oder gar das Präsidentenamt selbst. Die CIA paßte irgendwie nicht in sein Konzept.

Caseys Faustregel war, daß undichte Stellen häufig dann aufgespürt werden konnten, wenn man sich fragte: Wer profitiert davon? Wem ist daran gelegen, daß eine solche Geschichte herauskommt? Die Antwort lag in diesem Fall bei jemandem, der seinen Posten haben oder ihn einfach absägen wollte. Seine Bemühungen, die undichte Stelle zu finden, blieben ohne Erfolg, so daß Casey sich entschloß, seinen Wohltäter direkt zu fragen. Casey nannte das »irisch« und »stur«. Er schrieb einen Brief an Reagan, in dem er seine Besorgnis über die Geschichten, die angeblich aus dem Weißen Haus kamen, zum Ausdruck brachte. Wie der Präsident wisse, habe er nicht darum gebeten, sich ins Privatleben zurückzuziehen, und er habe dies auch nicht vor, es sei denn, der Präsident wünschte es. Casey führte aus, daß er mit Freuden während der vollen Amtszeit Reagans dienen wollte. Er fügte hinzu, daß es, wie der Präsident wohl wisse, noch wichtige, ja lebenswichtige Arbeit in den Geheimdiensten zu erledigen gebe. Er legte die Ausschnitte der beiden Zeitungsartikel bei und vergaß auch nicht, darauf hinzuweisen, daß solche Berichte die Moral der CIA untergraben, eine Atmosphäre der Unsicherheit geschaffen und die Stabilität, die man mühselig erreicht habe, unterminiert hätten. Die Arbeit von nahezu vier Jahren könnte so einen großen Rückschlag erleiden. Diese falschen Berichte sollten einfach unterbunden werden.

Casey hatte seinen Brief so konzipiert, daß er damit den Ton traf, der sich deckte mit Reagans Antipathie gegen die Presse und gegen Enthüllungsstorys sowie seiner Sympathie für die CIA. Reagan rief ihn fast umgehend zurück. Er sicherte ihm seine volle Unterstützung zu. »Natürlich möchte ich, Bill, daß Sie bleiben, wenn es zu einer zweiten Amtsperiode kommt. Sie sind mein Mann bei der CIA, solange ich Präsident bin.«

Casey war zufrieden. Das war mehr als eine Garantie oder ein unterschriebener Vertrag. Casey hatte die größte Lust, einfach in die Pennsylvania Avenue zu fahren und den Präsidenten zu küssen. Verdammt nochmal, wie er diesen Mann bewunderte! Das war eine gute Lektion in Menschenführung: »Pick and Stick! – Wähl dir deine Leute aus und halte an ihnen fest!«

19

Im September 1984 verbrachte Casey viel Zeit in Langley, um an das erhöhte Risiko für einen möglichen terroristischen Anschlag in den letzten Wochen des Wahlkampfes zu erinnern. Die einen Einsatzoffiziere und Analytiker rief er in sein Büro, mit anderen telefonierte er; er durchstöberte das ganze Gebäude, stapfte durch die Korridore und platzte in die Büros und in die Planungszentrale hinein. Er versetzte sämtliche Nachrichtendienste in Alarmbereitschaft. Er fürchtete, daß ein weiterer Schlag durch verrückte Bombenleger die Ohnmacht der USA offenbaren würde und daß die politischen Auswirkungen beträchtlich sein könnten. Reagans Präsidentschaft stand für Stärke. Nichts hatte in den vergangenen Jahren die Schwäche der USA stärker offenbart als die Unfähigkeit, diese Anschläge zu verhindern.
Seit nunmehr 17 Monaten war Casey dabei, diesem Problem mit allerhand Aufwand zu begegnen: mit Schulungsmaßnahmen, mit Informationsaustausch, mit der Entwicklung eines Netzes, das ungefähr hundert Länder umfaßte. In vierzig Ländern hatte man in bedeutendem Umfang die Kapazitäten der CIA auf dem Gebiet der paramilitärischen Ausbildung, der Geiselbefreiung und des Personenschutzes ausgeweitet. Etwa sechzig Libanesen hatten soeben ein Schulungsprogramm durchlaufen. Annähernd fünfzig Personen im CIA-Hauptquartier beschäftigten sich ausschließlich mit dem Terrorismus, ebenso ein Dutzend weitere bei der NSA und in den militärischen Geheimdiensten. Casey verlangte Ergebnisse, und es gab auch schon Erfolge zu verzeichnen. Geheime Informationen bewiesen, daß Spaniens Botschafter im Libanon beschattet worden war, und die CIA hatte ihn gewarnt und ihm geraten, den Libanon zu verlassen. Er hörte nicht darauf und wurde später entführt.
Die Aufmerksamkeit, die dem Terrorismus gewidmet wurde, erzeugte immer mehr Berichte und führte schließlich zu einer wahren Flut von Informationen. Keiner konnte sicher sein, inwieweit dies alles nur

Gerede war. Vor Ort hatte die CIA allerdings so gut wie kein Glück, etwa nahöstliche Terroristengruppen zu infiltrieren. Casey folgerte, daß es dafür einen einfachen Grund gebe. Die Terroristen wußten, daß CIA-Agenten niemanden umbrachten, weil es ihnen verboten war, tödliche Anschläge auszuführen. Ein Bewerber für eine Terrorgruppe mußte daher umgehend eine Mutprobe bestehen – er mußte losziehen und jemanden umbringen.

Einige der konkretesten Informationen kamen in als geheim eingestuften Berichten herein: sie machten deutlich, daß Sprengstoffe und Zeitbomben von Iranern, die unter diplomatischer Immunität von ihrer Botschaft in Damaskus aus operierten, verschoben wurden. Im August hatten Berichte aufgedeckt, daß Sprengstoff in den Libanon transportiert worden war. Dort verlor sich dann die Spur. Nachdem die Marines abgezogen worden waren, wurden der Sitz des amerikanischen Botschafters und die Nebengebäude der Botschaft im sonst relativ sicheren christlichen Ostteil von Beirut zur vornehmlichen Zielscheibe. Die CIA und andere Geheimdienste machten viel Lärm um die Berichte. Es hatte den Beigeschmack von »Jetzt geht's erst richtig los«, aber die konkreten Warnungen waren alles andere als exakt.

Am Donnerstag, dem 20. September, fuhr gegen 11.40 Uhr ein Lieferwagen mit diplomatischem Kennzeichen vor dem Gebäudekomplex der US-Botschaft in Ostbeirut vor, der sich im Zickzackkurs einen Weg durch die Verhaue aus Beton gebahnt hatte, die sämtliche Fahrzeuge zu langsamer Fahrt zwangen. Die M16 eines Wachpostens ging los. Ein Sicherheitsbeamter des britischen Botschafters, der gerade die Botschaft besuchte, eröffnete das Feuer und gab fünf Schüsse auf den Wagen ab, der auf ein parkendes Auto zusteuerte und dabei nur um wenige Meter die Rampe verfehlte, die zur Garage unter der Botschaft führte. Der Lieferwagen flog in die Luft und hinterließ einen Krater von mehreren Metern Durchmesser. Mindestens 24 Personen kamen dabei ums Leben, darunter zwei amerikanische Militärs. Weitere 90 Personen wurden verletzt, darunter der amerikanische Botschafter Reginald Bartholomew, der von den Trümmern begraben wurde, aber mit nur leichten Verletzungen davonkam.

Casey war außer sich. Streng geheime Luftaufnahmen zeigten später, daß derselbe Lieferwagen, oder ein ganz ähnlicher, den Anschlag vor einer Nachbildung des Nebengebäudes der Botschaft im Bekaatal geübt hatte. Den amerikanischen Geheimdiensten war klar, daß die Hizballah

(Gottespartei) und Scheich Fadlallah hinter diesem Anschlag steckten, ebenso wie hinter den Bombenattentaten auf die Botschaft und die Kaserne der Marines 1983. Casey erkannte, daß in der Vorwahlkampfzeit niemand im Weißen Haus in der Stimmung war, Vergeltung zu üben, zumal man sich so viele Monate zurückgehalten hatte, und zwar nach weitaus ernsteren Anschlägen. Auch dieser hier hätte schließlich noch viel schlimmer ausgehen können.

Einer der interessantesten Berichte nach diesem Zwischenfall kam von einem Oberstleutnant des libanesischen Geheimdienstes. Darin wurde die straffe Planung aufgedeckt, die dieser Operation vorangegangen war. Der Lieferwagen hatte an jenem Morgen das moslemische West-Beirut verlassen. Zwei Komplizen in der Uniform der libanesischen Polizei folgten in einem orangefarbenen BMW. Auf dem Weg zum Botschaftsgebäude stieß der Lieferwagen zufällig mit einem kleinen Opel zusammen. Der Fahrer des Opel stieg aus dem Fahrzeug und versuchte, mit dem Fahrer des Lieferwagens zu verhandeln. Der Fahrer schien benommen und nicht ansprechbar. Er blickte weder nach rechts noch nach links. Dem Opelfahrer gelang es nicht, seine Aufmerksamkeit auf sich zu lenken. Das war der Zeitpunkt, da die zwei Komplizen in Polizeiuniform eingriffen. Sie boten dem Opelfahrer 2000 libanesische Pfund an – etwa 300 Dollar –, das Mehrfache der Kosten für die Reparatur des Wagens. Der Fahrer nahm das Geld und verschwand. Ein Libanese, der als Augenzeuge den Vorfall beobachtet hatte, vernahm etwa zehn Minuten später die Explosion auf dem Gelände der US-Botschaft und ging zum libanesischen Geheimdienst. Der Fahrer des Opel konnte nie ausfindig gemacht werden, aber man schenkte der Geschichte des Augenzeugen dennoch Glauben. Die CIA konnte zwar nicht sicher sein, aber der Bericht ließ zumindest vermuten, daß der Fahrer des Lieferwagens vor seinem Kamikaze-Einsatz unter Drogen gesetzt worden war.

Der libanesische Geheimdienst verlangte bald mehr als die zwei Millionen Dollar, die er jedes Jahr erhielt, um Agenten zu bezahlen, und Casey hatte versprochen, dafür zu sorgen, daß er mehr bekommen würde. Die Libanesen taten alles, was sie konnten, um Informationen über Terroranschläge zu liefern. Die Beziehung zwischen der CIA und dem libanesischen Geheimdienst wurde nach dem Zwischenfall noch enger.

Casey traute den Israelis nicht. Er wußte, daß sie im Libanon und in Syrien über erstklassige Agenten verfügten, aber es bestand Grund zu der Annahme, daß die Israelis sich aus gewissen Dingen heraushielten und daß dies womöglich amerikanische Staatsbürger gefährdete. Die Beziehungen zwischen der CIA und dem Mossad hatten sich verschlechtert, seit Israel in den Libanon einmarschiert war und die USA ihre Marines abgezogen hatten. Der Libanon war für beide Länder eine einzige Katastrophe gewesen – und nichts ließ Beziehungen mehr versauern als geteilter Mißerfolg. Die beiden Geheimdienste arbeiteten zusammen, ohne viel Sympathien füreinander zu haben. Die Beamten des Mossad bezeichneten die Agenten der CIA als »Spieler, die nicht spielen können«. Peter Mandy, die Nummer 2 des Mossad, hatte die Kontrolle über die Verbindungen zur CIA. Im Libanon war es den Agenten der CIA und des Mossad nicht gestattet, direkten Kontakt zu haben. Da Mandy den Zapfhahn kontrollierte, war man bei der CIA der Meinung, er sei ein Geizkragen, der die kostbaren Informantenberichte des Mossad unter Verschluß halte und nur dann etwas herausgebe, wenn es israelischen Interessen diene.

In Langley betrachtete man daher die nachrichtendienstliche Kooperation zwischen der CIA und den Israelis als Einbahnstraße. Casey mußte den Israelis Daumenschrauben anlegen und sie wissen lassen, daß es Unannehmlichkeiten gab. Dies persönlich zu tun, hätte jedoch möglicherweise zu große Folgen.

Er entschloß sich schließlich dazu, McMahon nach Israel zu schicken. McMahon hatte genügend Gewicht, um mit dem Mossad Tacheles zu reden: Von nun an erwarte die CIA jede Information, die sich auf einen Terroranschlag gegen US-Einrichtungen beziehe. McMahon versuchte es mit gutem Zureden und mit Drohungen. Er spürte aber, daß er allenfalls nach außen hin Fortschritte erzielt hatte; der Mossad war letztendlich wie die CIA – er traute niemandem.

Das Bombenattentat vom 20. September spitzte die nachrichtendienstlichen Probleme dramatisch zu, ja es führte sogar zu einem regelrechten Zusammenbruch, und Casey hatte deswegen im Weißen Haus einiges zu erklären. Seine Antwort war einfach. Er erwähnte die Church-Untersuchungen sowie die Carter-Administration – beides habe die CIA schwer erschüttert. Man habe sich danach mehr vor den Schwierigkeiten gefürchtet, die eine Lauschoperation oder die Förderung eines Informanten nach sich ziehen könnten, als den darin liegenden Nutzen zu erkennen. Und für ihn sei es unmöglich, dies in vier Jahren wieder auszubügeln und ein neues Informantennetz aufzubauen.

So hatte Präsident Carter zum Beispiel 1977 die geheimen Zahlungen an König Hussein von Jordanien eingestellt, als die Presse davon erfahren hatte. Carter war der Meinung, so etwas sei widerwärtig. Unter Casey hatte die CIA eine neue verdeckte Operation mit Jordanien begonnen, um Informationen über Terroristen und über die PLO zu sammeln und gegenseitig auszutauschen. Aber nachdem der König von Carter öffentlich an den Pranger gestellt worden war, war er unfreundlich und mißtrauisch. Es hatte viel Mühe gekostet, Carters Fauxpas wieder auszumerzen. Im Nahen Osten hielten schlechte Erinnerungen lange vor, wie Casey ausdrücklich hervorhob.

Bei einer Person stießen Caseys Argumente nicht auf taube Ohren: bei Präsident Reagan. Sechs Tage nach dem jüngsten Bombenanschlag in Beirut befand sich der Präsident auf Wahlkampfreise in Bowling Green, Ohio. Ein Student fragte ihn nach der Sicherheit der US-Botschaften. Er antwortete: »Wir bekommen jetzt die Auswirkungen der fast geglückten Vernichtung unserer Geheimdienstkapazitäten in den Jahren vor unserem Amtsantritt zu spüren.« Er fügte hinzu, daß man früher den Standpunkt vertreten habe: »Spionieren ist irgendwie unehrenhaft, und wir wollen unsere Agenten loswerden ... Und wir haben das auch in großem Umfang getan.«

Wenn es irgendwelche Zweifel darüber gab, wem diese Worte gelten sollten, dann erklärten Sprecher des Weißen Hauses später, sie seien auf Carter und Turner gemünzt gewesen. Am nächsten Tag schoß Carter zurück, indem er behauptete, Reagans Angriff sei »eine persönliche Beleidigung und in ihrer Bedeutung zu ungeheuerlich, um sie einfach zu ignorieren«. Carter bezeichnete die Angriffe als »völlig fehl am Platz« und führte weiter aus, daß die Schwierigkeiten im Nahen Osten ein Resultat der »mit zahlreichen Makeln behafteten eigenen Politik des Präsidenten und der ungenügenden Sicherheitsvorkehrungen angesichts einer erwiesenen Gefahr« seien.

Turner erwiderte öffentlich und mit fast bebender Stimme, als er eine Erklärung verlas: »Mr. Reagans Stellungnahmen sind eines Präsidenten durch und durch unwürdig.« Gerade Reagan sei derjenige, der die CIA schädige, indem er dort Leute mit fragwürdigem Charakter unterbringe ... er habe die CIA mit Casey politisiert. Er fragte: »Was liest man heutzutage über die CIA? Man liest über einen Direktor, der undurch-

sichtige finanzielle Transaktionen durchführt und unter fragwürdigem juristischem und moralischem Deckmantel in den geheimen Krieg in Nicaragua verwickelt ist ... Kein Wunder, daß sie keine Zeit haben, in Beirut geheimdienstliche Informationen zu beschaffen, wenn sie versuchen, die Regierung in Nicaragua zu unterminieren!«
Casey las das alles sorgfältig, aber er wollte nicht ins parteipolitische Kreuzfeuer hineingezogen werden. Er lehnte jede öffentliche Stellungnahme ab. Doch er wußte, was Reagan hatte sagen wollen. Es ging nicht so sehr um Zahlen, Geld oder Personal, obwohl auch das damit zusammenhing. Das eigentliche Problem war das Klima von Unsicherheit, das Turner erzeugt hatte. Die Einstellung der CIA mußte lauten: »Es ist machbar.« Turner hatte jedoch daraus ein »Untersteh dich!« gemacht. Die lautstarke Auseinandersetzung legte sich, und Casey war zufrieden, daß die Wähler zeigten, daß sie verstanden, worum es ging.

Nachdem er den Sommer über darüber nachgedacht hatte, ob er seinen Rücktritt als NIO für Lateinamerika einreichen sollte, sprach John Horton ein langes Interview auf Band, das für eine Zeitung in Portland, Maine, aufgezeichnet wurde. Ohne Mexiko namentlich zu erwähnen, erklärte Horton, daß er dazu eine wichtige geheimdienstliche Studie ausgearbeitet habe und daß Casey »ständig Druck auf mich ausübte, ich solle sie überarbeiten«.
»Ich weigerte mich, so daß er schließlich das Ganze neu konzipieren ließ, sozusagen über meine Leiche.« Horton sagte weiter: »Als Geheimdienstbeamter will ich nicht für eine bestimmte Administration arbeiten, sondern schlichtweg für die Regierung.«
Es dauerte drei Wochen, bis die Neuigkeiten von Hortons öffentlich vorgebrachter Beschwerde die Medien in Washington in vollem Umfang erreichten. Am 28. September brachte die *New York Times* folgende Titelstory: ANALYTIKER BERICHTETE, ER WOLLE DIE CIA WEGEN EINES STREITES MIT CASEY ÜBER MEXIKO VERLASSEN.
Bob Gates, stellvertretender Geheimdienstchef, fühlte sich etwas hintergangen. Horton hatte nie angedeutet, daß er an die Öffentlichkeit gehen wolle. Es ging hier um Hortons persönliche Erfahrung mit der Arbeit bei der CIA, und offenbar verstand er deren Welt nicht. »Druck ausüben« nannte man dieses Spiel. Es wurde ständig Druck ausgeübt, sei es vom State Department, vom Pentagon, von der Marine, der Armee oder vom Weißen Haus. Wenn kein Schwein sich für die analytische Arbeit der

CIA interessierte, dann gäbe es nach Gates' Meinung auch keinen Druck. Nur dann, wenn man tatsächlich den Nerv traf oder ein wichtiges Thema aufgriff, oder wenn Schlußfolgerungen möglicherweise eine Wirkung auf die Politik hatten, begannen die Leute aufzuschreien.
Zum Beispiel nahm das State Department gegenüber der Südafrikapolitik der CIA eine feindselige Haltung ein, und der stellvertretende Verteidigungsminister Richard Perle, der einen harten Kurs verfolgte, widersprach ständig den Analysen der CIA über die strategischen Fähigkeiten der Sowjets. Gates selbst hatte im Jahr zuvor die Frage der sowjetischen Verteidigungsausgaben erneut aufgeworfen und war dabei zu dem Schluß gekommen, daß diese so hoch waren, wie die DIA gesagt hatte. Dies kam dem Versuch gleich, eines der Zehn Gebote zu korrigieren, doch Gates war in das Fettnäpfchen getreten. Eben dies war das Spiel. Horton verstand nicht, was Druck tatsächlich bedeutete. Jawohl, die Debatte konnte ziemlich heftig werden. Casey konnte Schläge austeilen. Aber ebenso konnte er auch Schläge einstecken. Solche Dinge mußten einfach ausprobiert werden; dabei wurde die Diskussion häufig kontrovers, ja richtiggehend hitzig. Gates war der Ansicht, daß Horton legitimen, intellektuellen Druck als politischen Druck mißdeutet hatte. Casey war regelrecht verärgert. Gerade sechs Wochen vor der Präsidentschaftswahl mußte er jetzt mit Horton kämpfen. Er wußte, daß Horton versucht hatte, sich aus den Teilen der Studie herauszuhalten, die die Möglichkeit eines Zusammenbruchs Mexikos erwähnten. Doch Casey war fest entschlossen, daß es unter seiner Aufsicht keine Studie geben würde, die noch einmal etwas in der Art verlautbaren ließ, wie zum Beispiel, der Schah von Persien werde noch fünf Jahre an der Macht bleiben, während er in Wirklichkeit innerhalb weniger Monate das Land verlassen mußte.
Der Direktor war auch über Hortons Anspruch, er arbeite für »die Regierung« und nicht nur für irgendeine bestimmte Administration, ziemlich verärgert. Es klang, als ob Horton damit sagen wollte, es gebe eine zusätzliche Regierung, sozusagen ein ständiges Corps von Regierungsinhabern. Nach Caseys Ansicht war gerade das die Bürokratie. Und genau hier lagen die Schwierigkeiten des Regierens, nicht die Lösung.
Casey schrieb Horton einen persönlichen Brief. Als Horton ihn las, hatte er das Gefühl, als würde Casey ihm zu lange Haare und Drogenmißbrauch vorwerfen. Trotz seines Eintretens für ein möglichst breites

Meinungsbild hatte Casey doch offensichtlich keine andere Art, einen Lagebericht auszuarbeiten, gebilligt als seine eigene. Casey war Teil der politischen Kabale der Reagan-Administration geworden, und sein größtes Interesse war der Wunsch, die Regierung in Nicaragua zu stürzen. Und Mexiko machte da nicht mit. Das Land hatte eine eigene Art von Außenpolitik; es steuerte einen unabhängigen Kurs der Nichteinmischung und Diplomatie. Wenn auch vielleicht unbewußt, war die Studie doch ein Dolchstoß, der auf das Herz Mexikos zielte.

Die Demokraten im Geheimdienstausschuß des Senats witterten eine günstige Gelegenheit. Moynihan las die Studie. Die Wahrscheinlichkeit einer politischen Instabilität von 1:5 schien gut fundiert zu sein. Da Mexiko – um Gottes willen! – praktisch bankrott war, gab es nach Moynihans Ansicht durchaus vernünftige Gründe, dort mit Problemen zu rechnen. Es gefiel ihm, daß diese Wahrscheinlichkeitsquote in Zahlen ausgedrückt wurde. Es war jedenfalls eine Voraussage, an die man sich halten konnte, während man sich durch die so wunderbar ausgetüftelten Begründungen hindurcharbeitete. Man nahm ja auch seinen Regenschirm mit, wenn vorausgesagt wurde, daß es mit 80 bis 90 Prozent Sicherheit regnen wird.

Der Geheimdienstausschuß des Repräsentantenhauses, der Casey keinesfalls freundschaftlich gesinnt war, trat dennoch zu seiner Verteidigung an, indem er in einer öffentlichen Verlautbarung sagte, er habe »die früheren Entwürfe und die endgültige Fassung des NIE geprüft und ist zu dem Ergebnis gelangt, daß die abweichende Meinung ganz zu Anfang der Studie doch gedruckt worden ist – eine Praxis, der der Ausschuß ausdrücklich zustimmt«.

Am Freitag, dem 12. Oktober 1984, gab Casey einen Empfang für die beiden Geheimdienstausschüsse von Senat und Repräsentantenhaus im Speiseraum im siebten Stock des Hauptquartiers der CIA in Langley. Es war ein Akt der Versöhnung. Er wollte sich auch bei ihnen bedanken für die Verabschiedung eines neuen Gesetzes, das die Planungszentrale für Operationen auf wissenschaftlichem wie auf technischem Gebiet sowie Sicherheitsdokumente vom Freedom of Information Act befreite. Der Präsident sollte es am Montag unterzeichnen, womit es Rechtskraft erlangte. Die Verabschiedung symbolisierte eine neue positive Einstellung gegenüber der CIA.*

Bei dem Empfang haute Casey ganz schön auf die Pauke, als er seine

Runden drehte. Er hatte seit fünf Monaten nicht mehr vor dem Geheimdienstausschuß des Senats aussagen müssen, und er wollte es auch in absehbarer Zeit nicht tun.

Rob Simmons ging auf Casey zu und bemerkte, daß die wesentlichen Punkte des republikanischen Wahlprogramms von 1980, soweit sie sich auf die Geheimdienste bezögen, bereits verwirklicht worden seien. Zusätzlich zur Revision des Freedom of Information Act war bereits folgendes unternommen worden: die Neuordnung des PFIAB, eine Gesetzesvorlage über die Identifizierung von Agenten, die bereits 1982 verabschiedet worden war und die die mutwillige Veröffentlichung der Namen von Agenten unter Strafe stellte, Reorganisation und Aufwertung der Gegenspionage und die Erhöhung des Budgets der Nachrichtendienste um 50 Prozent während der letzten vier Jahre.

Casey notierte sich dies auf einem Stück Papier. Es war eine gute Bilanz.

Am nächsten Tag, einem Samstag, stand Casey früh auf. Es war ein wunderschöner Herbsttag in Washington, ein typisches Football-Wochenende oder auch eine passende Gelegenheit, um Golf zu spielen. Casey würde statt dessen in sein Büro gehen. Er war vor kurzem im Ausland gewesen, um Stationen der CIA zu besuchen, und jetzt wollte er in Langley dafür sorgen, daß der Schwung erhalten blieb. Die samstägliche Anwesenheit des Direktors im Hauptquartier der CIA bedeutete eine Botschaft an alle, die da waren, und auch die, die nicht da waren. Am Montag würden überall Notizzettel mit Vermerken über Telefonate und hingekritzelten Erkundigungen daliegen. Casey hinterließ eine Spur. Er wollte einfach nicht einrosten. Obwohl er wie üblich einen blauen Blazer, Hemd und Krawatte trug, hatte er seine karierten Hosen angezogen – seine »Spendeneintreiber für die Republikanische Partei« –, um das Informelle des Samstags zu markieren.

Einer seiner wichtigsten Mitarbeiter innerhalb der CIA suchte ihn um 8.30 Uhr zu Hause auf, um mit ihm zu frühstücken. Es war eine Gelegenheit, die erste Amtszeit Revue passieren zu lassen, obgleich Casey mit seinen Gedanken bereits bei der zweiten war. Es waren nur noch 24 Tage bis zur Wahl – und damit 24 Tage bis zu nahezu sicheren vier weiteren Jahren sowohl für Reagan als auch für Casey. Sophia servierte im Bademantel Apfelsaft, gebratene Eier, Speck und ganze Ladungen Toast. Casey war entspannt und guter Dinge, während er am Eßtisch saß.

Sophia stand voll und ganz hinter ihm. Sie war für ihn der totale Gegensatz zur Ehefrau von John Le Carrés Romanhelden, dem britischen Meisterspion George Smiley. Ann Smiley war egozentrisch und nicht verläßlich. Sophia aber war ihrem Mann ganz ergeben und lebte ohne Extravaganzen. Seit sie während des Krieges am Tag von George Washingtons Geburtstag geheiratet hatten, hielt sie zu ihm. Ihre Ehe war auf Fels gebaut. Sophia war ein unermeßlicher Vorteil, den Casey George Smiley gegenüber hatte.

Der DCI spürte, daß er seine Aufgabe bei der CIA erfüllt, das heißt die ausdrückliche Botschaft der Reagan-Administration – Amerika und Stärke – an seine Leute weitergegeben hatte. Die Welt war nicht sicherer, weil die Sowjets sich immer noch auf Expansionskurs befanden, doch die Vereinigten Staaten waren in einer besseren Position, um mitzuhalten.

Er schüttelte den Kopf bei dem Hinweis auf seine angebliche und vielfach erwähnte Vorliebe für verdeckte Operationen. »Das ist einfach Quatsch«, meinte Casey. »Ich bin der Chefanalytiker.« Seine eigentliche Aufgabe bestehe, wie Bill Colby sie beschrieben habe, darin, das Weiße Haus so rasch wie möglich mit Nachrichtenanalysen, das heißt mit neuen Informationen, zu versorgen. Jeden Tag gebe es ein anderes Problem in einem anderen Teil der Welt.

Ein entscheidender Angelpunkt der Reagan-Jahre war die Sowjetunion, das war Casey klar. Den Sowjets ging es nicht besonders; den besten und aktuellsten Informationen der CIA zufolge war ihre wirtschaftliche Lage eine einzige Katastrophe, und die Korruption nahm immer mehr zu. Der Slogan »Uns gehört die Zukunft« war nach und nach verstummt, weil er einfach nicht mehr zutraf. Wenn Casey die Weltlage insgesamt betrachtete, konnte er feststellen, daß so einiges sich durch verdeckte Aktionen zur Unterstützung von Widerstandsbewegungen zum Besseren wendete. Trotz seiner Prahlerei, er sei der Chefanalytiker, kam Casey immer wieder auf das Thema verdeckte Aktion zu sprechen.

Die Nachrichten über die Operation in Afghanistan waren besonders gut. Das lag Caseys Ansicht nach daran, daß die Russen in den Bergen, die zum gefürchtetsten Terrain auf der Welt zählten, die Hucke voll bekamen und die Unterstützung der Rebellen durch die CIA zunahm.

In Angola gab es – obwohl dort die verdeckte Unterstützung durch die CIA unterbunden worden war – eine Rebellenbewegung unter der

Führung von Jonas Savimbi, die über eine Stärke von 250 000 Mann verfügte.
In Kambodscha kämpften 50 000 Mann mit Hilfe der CIA gegen die vietnamesische Armee, und damit gegen die viertgrößte Armee der Welt, die praktisch nichts mehr ausrichten konnte. Und die CIA kostete dies trotzdem nur fünf Millionen Dollar im Jahr.
In Äthiopien war der Widerstand gegen die marxistische Regierung ebenfalls gut in Form, wenn auch die wirkungsvollste Hilfe verdeckt von Saudi-Arabien kam und die Rolle der CIA lediglich in nicht militärischer Unterstützung bestand.
In Nicaragua waren die Contras immer noch aktiv, obwohl die USA ihre Hilfe offiziell eingestellt hatten. Im großen und ganzen war diese umstrittene Operation ein voller Erfolg gewesen. Casey war fest davon überzeugt, daß die Sandinisten verlieren würden, wenn dort freie Wahlen stattfänden, und daß die Unterstützung der Sandinisten infolge der Opposition der Kirche und des Druckes von seiten der Contras praktisch aufgehört habe.
In El Salvador war die mit Rückendeckung der USA vorgehende Armee gegenüber den vier Rebellenorganisationen aggressiver geworden. Abgefangene Nachrichten wiesen darauf hin, daß die Sowjets und Kubaner langsam zum Schluß kamen, sie könnten diesmal nicht gewinnen, und zum Rückzug blasen wollten, um ihre Position in Nicaragua zu konsolidieren. Casey war davon überzeugt, daß die USA El Salvador verloren hätten, wenn der Druck dort nicht aufrechterhalten worden wäre.

Casey räumte ein, daß einiges davon nicht ganz sauber, riskant und gefährlich sei. Doch die Alternative dazu wäre, die Dinge treiben zu lassen wie unter Präsident Carter. In Zusammenhang mit einem umfassenden Programm diplomatischer, propagandistischer und ökonomischer Druckausübung seien verdeckte Aktionen durchaus wirkungsvoll. Es habe allerdings Zeiten gegeben, gab Casey zu, da verdeckte Aktionen in Nicaragua insgesamt betrachtet einen zu großen Raum eingenommen hätten.
Er glaubte, daß er in den vergangenen dreieinhalb Jahren bei seinen Kritikern einen Punkt hatte richtigstellen können. Die CIA konnte sich nicht wie besessen um ihren Ruf kümmern. Sie arbeitete in erster Linie für den Präsidenten. Wenn die Politik des Präsidenten Prügel einstecken mußte, dann auch die CIA. Doch für das State Department und für die

Armee galt dasselbe. Diese Einrichtungen – CIA, State Department, Armee – waren nicht so empfindlich, daß sie nicht auch Rückschläge und Kritik ertragen konnten.

Casey hatte immer ziemlich Druck gemacht und auf Unternehmungen bestanden. Und wenn er seine Bilanz überblickte, dann konnte er noch weitere wichtige Erfolge abhaken:

Zum ersten Mal schenkte man dem Problem des Technologietransfers die nötige Beachtung, das heißt den Hunderten von den Sowjets angeregten oder unterstützten Scheinfirmen, die gegründet worden waren, um unter Umgehung der geltenden Gesetze Hochtechnologieausrüstung und -pläne zu erwerben.

Die nachrichtendienstliche Zusammenarbeit mit China war erstklassig und fruchtbar. Man hatte nicht nur Horchposten, sondern auch andere mit Hilfe von Menschen oder der Technik arbeitende Möglichkeiten der Informationsgewinnung. Vor allem die Sowjets wären schockiert, wenn sie wüßten, was hier alles lief.

Die Überwachung der Sowjetunion hatte sich auf allen Gebieten verbessert. Es gab bessere Techniken zur Kontrolle von U-Boot-Raketenträgern.

Fast fantastisch mutete die Infiltration des internationalen Bankensystems an, die ständig Informationen aus den wirklich geheimen Buchhaltungen lieferte, die von vielen ausländischen Banken geführt wurden, und die die versteckte Investitionstätigkeit der Sowjetunion offenlegte.

Eine verbesserte Gegenspionage der CIA hatte zu weiteren Infiltrationen geführt. Es hatte auch mehrere hochrangige Überläufer aus den Reihen des KGB gegeben, über die in der Öffentlichkeit nicht berichtet werden konnte. Die CIA bezweifelte, daß sie Doppelagenten waren.

Die CIA war zum ersten Mal dem Ziel einer weltweiten Überwachung ganz nahe gekommen – es gab Bestrebungen, in jedem Land der Welt, und sei es noch so weit entfernt oder klein, einige Mitarbeiter und Informanten zu gewinnen. Die Anwerbung von Agenten in der Dritten Welt hatte stark zugenommen, in Zentralamerika hatte sie sich verdoppelt.

Das Hauptaugenmerk der CIA hatte sich auf einige langfristige Probleme konzentriert. Die CIA war die einzige Behörde, die systematisch nach möglichen Problemen Ausschau hielt, die in fünf, zehn oder mehr Jahren auftauchen konnten. Für die Dritte Welt wurden Studien über Trends erstellt, die bis ins Jahr 2000 reichten – über Nahrungsmittelreserven,

Rohstoffe, Wasser und wirtschaftliche Entwicklung. Fragen wie: Was passiert, wenn die Bevölkerung von Mexiko City auf 40 Millionen Einwohner steigt? Wie sind die Auswirkungen des Drogennachschubs in Lateinamerika bis weit in die Zukunft? Was geschieht mit Ländern, die Bauxit produzieren, angesichts der Tatsache, daß beim Bau von Kraftfahrzeugen immer mehr Plastik und immer weniger Aluminium verwendet wird? Eines dieser Länder war Surinam; fast zwei Drittel seines Bruttosozialprodukts hingen mit der Bauxitproduktion zusammen. Durch die Überwachung konnten solche Probleme in einigen Fällen vielleicht früher erkannt und mit geringerem Kostenaufwand gelöst werden. Auf jeden Fall aber wollte Casey, daß darauf hingewiesen wurde.
In Abrüstungsfragen war Casey nicht darauf vorbereitet, zu sagen, ob ein künftiges Abkommen verifiziert werden könnte oder nicht. Er hielt Abrüstung ohnehin für ein vollkommen untaugliches Mittel.
Vierteljährlich wurde eine besondere Kontrolliste über potentiell politisch instabile Länder in Umlauf gesetzt. Ganz oben auf der Liste standen die Philippinen, wo Unruhen und die innenpolitisch ungewisse Lage besonders brisant waren.

Casey hatte die CIA so geformt und organisiert, daß er seinen treuen Kunden beistehen konnte: davon gab es sechs – den Präsidenten, den Vizepräsidenten, den Stabschef des Weißen Hauses, den Außenminister, den Verteidigungsminister und den Sicherheitsberater. Die CIA war nicht dazu da, um dem Kongreß zu dienen, sie war nicht für die Nachrichtenmedien oder für die Öffentlichkeit da. Obwohl er gelegentlich auch anderen den Hof machte, so lautete Caseys hauptsächliche Botschaft gegenüber allen außer seinen wichtigsten Klienten dennoch: »Rutscht mir den Buckel runter.«
Casey begriff seine Direktorenschaft in vieler Hinsicht als einen Hochseilakt, bei dem er keinen anderen realen Zwängen unterworfen war als denen, die er sich selbst auferlegte. Da Selbstverneinung nicht sein Stil war und da er schalten und walten konnte, wie er wollte, forderte er alles. Das NSA-Abhörprogramm zum Beispiel war inzwischen so umfassend, daß führende Beamte Zugang zu mehr Material hatten, das sich auf ihre eigenen Äußerungen oder vermeintlichen Äußerungen bezog. Der unschuldige Privatbesuch eines Botschaftsempfangs konnte für ein Kabinettsmitglied eine peinliche Note bekommen,

wenn sich in dem allmorgendlichen Paket abgehörter Meldungen der Bericht des Botschafters fand, den dieser in seine Hauptstadt zurückschickte und in dem ein ungenannter US-Beamter zitiert wurde. Es gehörte zwar zu den Gepflogenheiten der NSA, die Namen von US-Bürgern, selbst die von Kabinettsmitgliedern, zu streichen, doch in Zeiten, da die Gesellschaftsspalten der Zeitungen darüber berichteten, wer sich auf Botschaftsparties tummelte, genügte minimaler detektivischer Spürsinn, um herauszufinden, um wen es sich handelte.

Das abgehörte Material enthüllte auch, wie oft ausländische Botschafter Berichte frisierten und ihre freundschaftlichen Beziehungen zu US-Beamten übertrieben. Die Folge war, daß US-Beamte in einigen Fällen ihren Umgang mit den Botschaftsangehörigen drastisch einschränkten und Cocktailparties fortan mieden.

In einem Fall zeigten abgefangene Berichte, daß die Japaner für wichtige Wirtschaftsverhandlungen einen wertvollen Informanten im State Department sitzen hatten. Mit einiger Verwunderung konnten US-Beamte Punkt für Punkt amerikanische Positionen nachlesen, noch bevor man sie an andere Ministerien weitergeleitet hatte, die mit den Verhandlungen befaßt waren.

Casey lächelte darüber nur. Er sorgte für eine Trendwende. Er brachte die Vereinigten Staaten an allen Fronten wieder in die Position des Siegers.

In seiner eigenwilligen persönlichen Art hielt er Idealismus für die Grundlage der Spionage. Es gab etwas, für das es sich zu kämpfen lohnte, und in diesem Fall waren das die Vereinigten Staaten, auch wenn dieser Kampf hart und schmutzig war. Casey war mit seiner CIA zufrieden, aber dennoch hätte er ihr auf einer Notenskala von 1 bis 10 nur eine 7 gegeben. Dies fand er angemessen. Sie war gut, aber nicht so gut, daß man es nicht noch besser machen konnte. Und genau das war der Grund, weshalb er an diesem Samstag morgen zur Arbeit ging. Ganz einfach, um die guten Ideen in Bewegung zu halten. Eben das, was ihn interessierte. Er brachte wenig Geduld für großspurig aufgezogene Einsatzbesprechungen und Verwaltungsangelegenheiten auf. Er war derjenige, der die Berichte und Anfragen im Fluß hielt. Winston Churchill hatte einen Notizblock mit der Überschrift: »Action Today« besessen. Das war es, was Casey wollte.

Am nächsten Tag, einem Sonntag, wurde Casey durch eine Nachricht der Associated Press alarmiert, die von der Existenz einer CIA-Broschüre

für die Ausbildung zum Guerillakampf berichtete, in der den nicaraguanischen Contras zur »selektiven Anwendung von Gewalt« geraten wurde, um »planmäßig und sorgfältig ausgewählte Zielgruppen wie Richter, Polizisten und staatliche Sicherheitsbeamte usw. zu neutralisieren«. Am Dienstag brachte die *New York Times* die Geschichte auf der ersten Seite: CIA-BROSCHÜRE BERÄT NICARAGUANISCHE REBELLEN, WIE MAN TÖTET. Daß mit »neutralisieren« nichts anderes als Mord gemeint war, ließ sich nur schwerlich leugnen. Das 90-Seiten-Handbuch wies die Contras ferner dazu an, »alle Funktionäre und Vertreter der sandinistischen Regierung zu kidnappen...«
Casey hatte die Broschüre noch nicht zu Gesicht bekommen, aber ihm war sofort klar, daß in dieser Geschichte eine Menge Sprengstoff steckte und daß er selbst indirekt darin verwickelt war.
Die Anleitung »Psychologische Kriegsführung im Guerillakampf« war vor einem Jahr, nach Caseys Reise nach Mittelamerika, verfaßt und in begrenzter Auflage an die Contras verteilt worden. Casey hatte sehr darauf gedrängt, den Contras politischen Hintergrund zu vermitteln, und immer wieder das Argument ins Feld geführt, Banden, die sich nur in den Bergen herumtrieben, Überfälle inszenierten und dann wieder verschwanden, könnten nichts Entscheidendes bewirken. Die Contras müßten in die Dörfer und Städte gehen, dort ihre Botschaft unters Volk bringen, eine politische Organisation aufbauen und sich politischen Rückhalt verschaffen. Eigentlich war die Broschüre als erzieherisches Instrument gedacht gewesen.
Jetzt ging Casey das Handbuch durch. Mit einem Stift machte er Anmerkungen und Unterstreichungen. Das Buch war ein Sammelsurium wirrer, oft widersprüchlicher Ideen, angefüllt mit revolutionären und psychologischen Phrasen wie »Selbstkritik«, »Gruppendiskussion« usw.
Es enthielt Anleitungen zum Bau eines Guerillalagers sowie detaillierte Instruktionen darüber, wie man Antipathien von seiten der einheimischen Bevölkerung vorbeugt. »Baut Latrinen und vergrabt Müll und Abfälle.« Casey lachte. Dummheit trieb noch immer die schönsten Blüten! Die Broschüre plädierte für »impliziten Terror« und verurteilte »expliziten Terror«.
Unter »Stoßtrupps« bei Demonstrationen las er: »Diese Männer sollten mit Waffen ausgerüstet sein (mit Messern, Rasiermessern, Ketten, Keulen, Totschlägern) und in der zweiten Linie hinter den arglosen und naiven Mitläufern gehen.«

Das Wort »neutralisieren« tauchte unter der Überschrift »Selektive Anwendung von Gewalt für propagandistische Zwecke« auf. Nachdem man einen sandinistischen Funktionär ausgesondert habe, hieß es in der Broschüre, sei »es unbedingt notwendig, die betroffene Bevölkerung zusammenzurufen, damit sie dem Akt beiwohnen und Anklagen gegen den Unterdrücker vorbringen« könne. Einen Satz hatte man bei einigen Ausgaben der Broschüre gestrichen, leider nicht bei allen. Er lautete: »Nach Möglichkeit werden professionelle Kriminelle für Sonderaufgaben angeworben.« Wer würde sich da nicht an John Roselli erinnern, jenen Mafioso, den die CIA in den frühen 60er Jahren angeworben hatte, um Castro zu ermorden.
Auf Mord reagierte die amerikanische Psyche wie auf kein zweites Thema, das wußte Casey. Wer gab die Befehle? Welches Interesse steckte wirklich dahinter? Kein anderes Thema forderte das Selbstverständnis und die moralische Glaubwürdigkeit der Nation in vergleichbarem Maß heraus. Mord war das Stigma der amerikanischen Politik. Und häßlicher noch als »Mord« klang wahrscheinlich das Wort »neutralisieren«, denn es erinnerte an die zwielichtige, trügerische Verschleierungstaktik, die in den Augen vieler zu einer CIA-Operation gehörte wie die Butter aufs Brot. In der Welt der Heimlichkeiten, in der sich die CIA bewegte, wurden die Dinge nie bei ihrem Namen genannt.
Casey war zutiefst betroffen darüber, daß niemand in der Befehlshierarchie der CIA erkannt hatte, wie gefährlich der Versuch war, sich über Kriegsführung schriftlich auszulassen. Es war widersinnig, gleichzeitig zwei Richtungen einzuschlagen: Gewalt zu verurteilen und zu propagieren.
Im Dschungelkrieg wurden keine Gefangenen gemacht, und jede andere Vorstellung wäre in der Tat naiv. Aber war es nötig, das schwarz auf weiß zu Papier zu bringen?
Ein politisches Gewitter brach los. Boland, der Vorsitzende des Nachrichtendienst-Ausschusses des Repräsentantenhauses, sagte, die Broschüre »hält es mit der Doktrin Lenins, nicht mit der Jeffersons. Sie verschreibt sich der revolutionären Taktik der Kommunisten, die weltweit zu bekämpfen die Vereinigten Staaten gelobt haben«. Goldwater verlangte eine Vollversammlung des Senatsausschusses. Rufe wurden laut nach einem Sonderermittler, manche forderten Caseys Kopf. Vor allem Demokraten erhoben den Vorwurf, die USA finanzierten den Terrorismus. Am Ende dieses Tages war Casey reif für den Abschuß.

Am Tag darauf entschloß er sich, eine Erklärung abzugeben, in der er eine Untersuchung versprechen wollte, aber die Broschüre und alles, was damit zusammenhing, sorgte für einen solchen Wirbel in den Medien, daß er es vorzog, das Weiße Haus aufzusuchen. Der Präsident schaltete sich jetzt in die Affäre ein, um die Dinge in den Griff zu bekommen. Eine Erklärung wurde herausgegeben, doch statt Caseys Unterschrift trug sie die des Präsidenten. Es hieß darin: »Die Regierung hat politische Morde oder Übergriffe jedweder Art gegen Zivilisten weder entschuldigt noch befürwortet, und sie wird es auch in Zukunft nicht tun.« Casey bekam Order, den Inspector General der CIA auf die Angelegenheit anzusetzen, und der Kontrollausschuß des Präsidenten wurde beauftragt, unabhängig davon eigene Ermittlungen anzustellen. Die Ausschüsse des Senats und des Repräsentantenhauses begannen ihrerseits mit Untersuchungen.

Etwas in Casey drängte ihn, an die Öffentlichkeit zu gehen und zurückzuschlagen. Was erwartete man denn? Hier ging es um einen Krieg, nicht um ein Picknick. Eine gemeine, schmutzige und gewalttätige Sache. Da unten wurden Leute umgebracht. So war das eben. Die Welt war nun mal so.

Am Sonntag, dem 21. Oktober 1984, wurde die erste Fernsehdiskussion der beiden Präsidentschaftskandidaten Reagan und Mondale ausgestrahlt. Wie -zig Millionen andere saß auch Casey vor dem Apparat. Schon die erste Frage an Reagan hatte es in sich. Sie betraf die Mordbroschüre, wie sie mittlerweile genannt wurde.

»Ist das nicht unser eigener, staatlich finanzierter Terrorismus?« wurde Reagan von der Kolumnistin Georgie Anne Geyer gefragt.

»Nein«, antwortete Reagan, »aber ich bin froh, daß Sie mir diese Frage stellen, denn ich weiß, daß viele Leute so denken.« Stockend fuhr er fort und behauptete, lediglich zwölf Kopien der Broschüre mit dem anstößigen Text seien verteilt worden. Verantwortlich für Druck und Herausgabe der Broschüre sei der CIA-Chef in Nicaragua gewesen.

»Mr. President, wollen Sie damit andeuten, daß die CIA in Nicaragua die Contras befehligt?« fragte Geyer.

»Ich fürchte, ich habe mich versprochen, als ich von einem CIA-Chef in Nicaragua sprach. Es gibt niemanden da unten, der alle diese Aktivitäten leitet.« Dann fügte er hinzu, es handle sich um CIA-Leute, die anderswo in Mittelamerika stationiert seien.

»Wozu verpflichtet sich der Präsident, wenn er seinen Amtseid ablegt?«

505

konterte Mondale und hielt Reagan einen Vortrag über politischen Terror und Mord.
Reagan stolperte mehr schlecht als recht durch die Diskussion. Viele fragten sich, ob der Präsident senil sei. Das *Wall Street Journal* stellte die Frage unumwunden und in aller Öffentlichkeit auf der ersten Seite der Ausgabe vom 9. Oktober: NEUE FRAGE IM WAHLKAMPF: ZEIGT SICH JETZT DAS WAHRE ALTER DES ÄLTESTEN PRÄSIDENTEN?
Casey machte sich Sorgen. Diese Affäre trug alle Züge nahenden Unheils. Obwohl der Kongreß in den Parlamentsferien war, forderte der Nachrichtenausschuß des Senats eine Sitzung der Mitglieder, die noch in der Stadt weilten. Auch nach einer Stabsbesprechung wurde verlangt. Zwei relativ unbedeutende Beamte der Planungszentrale für geheime Operationen, die erst seit knapp einem Monat an der Operation Nicaragua beteiligt waren, wurden zum Kongreß geschickt.
Casey konnte sicherstellen, daß die Ermittlungen vor der Wahl nicht eingestellt oder abgeschlossen sein würden. Bis dahin mußte er jemanden auftreiben, der sich öffentlich vor die CIA stellte. Ein Unbeteiligter müßte es sein, einer, der Glaubwürdigkeit genoß. Und weil seine Beziehungen zu Goldwater seit dem Minen-Fiasko wieder einigermaßen im Lot waren, entschloß sich Casey zu einem Versuch, den Senator für sich zu gewinnen. Doch der Vorsitzende des Senatsausschusses für den Nachrichtendienst hielt sich in seinem Haus in Arizona auf. Casey schickte per Kurier ein Schreiben. Er hatte eine Pressemitteilung entworfen, in der die Bedeutung des Handbuchs heruntergespielt wurde. Goldwater sollte sie unter seinem Namen veröffentlichen.
Doch Goldwater antwortete aus Arizona, daß er, solange die Ermittlungen nicht abgeschlossen seien, keinen Kommentar abgeben könne und auch nicht wolle, und wie auch damals bei der Minen-Geschichte fügte er hinzu: »Ich habe keine Lust mehr, für Casey die Kastanien aus dem Feuer zu holen.« Casey solle auch niemanden schicken, er sei im Urlaub.
Casey mußte schwerere Geschütze auffahren. Trotz Goldwaters Abfuhr beschloß er, Clair George, den DDO persönlich, in Begleitung eines zweiten hohen Beamten aus der Planungszentrale für geheime Operationen, Vincent M. Cannistraro, nach Arizona zu schicken. Der Senator würde beeindruckt sein, daß diese wichtigen Leute eigens den Flug über den Kontinent auf sich nahmen.
George und Cannistraro buchten unter Decknamen einen Nachmittagsflug, landeten um 4 Uhr nachmittags in Arizona und fuhren in einem

Taxi hinaus zu Goldwaters Haus. Goldwaters Laune war nicht die beste. Nein, er wolle nichts hören, nein, er sei nicht bereit, eine Erklärung abzugeben.
Bitte, hören Sie ... , versuchte es George in freundlichem Ton.
Nein, sagte Goldwater klar und unmißverständlich. Sie sollten besser wieder gehen. Wenig später saßen der DDO und sein Assistent im Flugzeug, das sie nach Washington zurückbrachte.

Senator Moynihan verstand das Handbuch als das, was es war. In Harvard hatte er eine Schrift über Maos revolutionäre Taktik gelesen: Stelle fest, wer der Grundbesitzer ist, sondere ihn ab und halte öffentlich über ihn Gericht. Lenke den Haß auf eine Person, laß die Leute im Dorf über sie Urteil sprechen und dann der Hinrichtung beiwohnen. Es war eine wirksame Taktik, Menschen für sich zu gewinnen. Ähnliches hatte er in einem Handbuch der Green Berets während des Vietnamkriegs gelesen. Auf diese Weise wurde der Pöbel zur Rebellion angestachelt. Man gab ihm einen Halt, ein Gefühl der Befriedigung, und man machte ihn glauben, daß sich alles zum Guten wenden, daß die Gerechtigkeit siegen werde.
Nachdem man sich bei der CIA Gewißheit verschafft hatte, daß keiner der Top-Beamten das Handbuch geprüft oder gebilligt hatte – weder Casey noch McMahon, Stein oder Clarridge, der es nicht einmal lesen konnte, weil er des Spanischen nicht mächtig war –, wurde dieses Ergebnis dem Weißen Haus mitgeteilt. Viele Ermittlungen waren jetzt überflüssig, und Casey war aus der direkten Schußlinie.
Am folgenden Tag schrieb Casey einen persönlichen Brief an sämtliche Mitglieder der Nachrichtendienst-Ausschüsse des Senats und des Repräsentantenhauses, in dem er versuchte, die Angelegenheit durch eine Erklärung aus der Welt zu schaffen. Man müsse das Handbuch als Ganzes betrachten und bei seiner Beurteilung die besonderen Umstände berücksichtigen. Ziel und Zweck des Handbuchs sei gewesen, zur Mäßigung anzuhalten.
Aber der DCI war wütend und erschöpft. In seinen Augen war der eigentliche Skandal, wie Presse und demokratische Kongreßabgeordnete sich gegenseitig zuarbeiteten. Ein Journalist der Associated Press hatte sich in den Besitz einer Kopie des Handbuchs gebracht und sie dem Nachrichtendienst-Ausschuß des Repräsentantenhauses übergeben. Der Ausschuß hatte die Echtheit der CIA-Broschüre bestätigt, der

Journalist hatte seine Story, und im Ausschuß war der Teufel los. Caseys Pressemann, George Lauder, drohte damit, er werde eines Tages eine Story schreiben über die undichten Stellen in den Kongreßausschüssen. Lauder scherzte, sein Buch werde den Titel »Wie jeder auf Amerika pißte« bekommen.

Shultz hatte unterdessen einen Friedensplan für Nicaragua entworfen und wollte ihn dem Präsidenten vorlegen, der sich gerade in Des Moines aufhielt. Casey beriet sich mit Weinberger und Jeane Kirkpatrick. Sie kamen überein, daß Shultz unbedingt davon abgehalten werden müsse. Casey mußte sich fast vor das Fahrwerk des Flugzeugs der Air Force werfen und alle Register ziehen, um den Außenminister davon zu überzeugen, daß es eine Menge von Rücktritten nach sich ziehen würde, wenn er sein Vorhaben ausführte. Shultz ließ davon ab.

Am 6. November 1984 wurde Reagan mit 59 Prozent der Stimmen wiedergewählt. Er gewann in 49 Staaten, in allen bis auf Mondales Minnesota und den District von Columbia.

20

Das Feuer prasselte im Kamin des Oval Office und verbreitete an jenem Herbstnachmittag, wenige Tage nach Reagans Wahlsieg, eine intime, fast heimelige Atmosphäre. Casey stürmte herein, Papiere unter dem Arm und einen losen Zettel in der Hand, auf dem er die Punkte notiert hatte, über die er reden wollte. Er war überzeugt, das Problem auf den Punkt gebracht zu haben. Und mit der zweiten Amtsperiode war endlich der Zeitpunkt zum Handeln gekommen. Casey schwebte eine Direktive des Präsidenten vor, mit dem Reagan die CIA beauftragen sollte, im Nahen Osten kleine Kommandogruppen von Ausländern auszubilden und zu finanzieren, deren Aufgabe es sein würde, Präventivschläge gegen Terroristen zu führen. Lagen Erkenntnisse vor, daß irgend jemand einen Anschlag gegen eine US-Einrichtung – eine Botschaft oder eine Militärbasis – plante, würden diese Gruppen in Aktion treten, die Terroristen außer Gefecht setzen oder töten. Der Präsident wußte nur zu gut, daß Anschläge von Fanatikern oder Selbstmordkommandos die Ohnmacht seiner Regierung vor aller Welt augenfällig demonstrierten. Er war einverstanden. Man mußte etwas tun.
Weinberger hatte eine Beteiligung des Militärs abgelehnt. Die Beschießung des Libanon durch das Schlachtschiff New Jersey habe nichts gebracht – ohne klar definiertes Ziel habe man wild und wahllos herumgeschossen. Und Angriffe aus der Luft würden nicht nur Terroristen töten, sondern auch Unschuldige treffen. Nein, danke, ohne uns, hatte es aus dem Pentagon geheißen. Weinberger hatte die Arme verschränkt und kategorisch abgelehnt.
Auch Caseys CIA hatte sich mit Händen und Füßen gegen eine Beteiligung gewehrt, von McMahon war nur ein »Nein danke« gekommen; die CIA sei ein Nachrichtendienst, keine Killertruppe. Aber Casey war hartnäckig geblieben, und Shultz hatte ihm den Rücken gestärkt.
Casey erklärte dem Präsidenten, diese Direktive betreffe nur Ausbil-

dung und Stationierung der Kommandogruppen. Eine zweite werde erst dann angefordert, wenn man in einem konkreten Fall in Aktion treten wolle. Mehr Erfahrung mit dieser Art von Präventivmaßnahmen hätten zwar die Israelis, die amerikanische Regierung müsse jedoch unbedingt vermeiden, mit ihnen in einen Topf geworfen zu werden. US-Aktionen richteten sich gegen Terroristen, nicht gegen die Araber. Das müsse man deutlich machen.

Mit etwas Glück würde nie jemand von der Existenz solcher Kommandoeinheiten erfahren. Zuerst wolle man Gruppen von drei bis fünf Mann ausbilden und im Libanon stationieren. Jeder Präventivschlag solle verdeckt durchgeführt werden; nichts dürfe auf eine Verbindung zur CIA oder zu den USA schließen lassen; alles müsse so arrangiert werden, daß man eine Beteiligung leugnen könne.

Der Präsident beauftragte Casey, den Kongreßausschuß für den Nachrichtendienst zu informieren. Allerdings sollte er sich dabei auf die gesetzliche Bestimmung berufen, nach der nur vier Personen eingeweiht zu werden brauchten – die Vorsitzenden der Ausschüsse von Senat und Repräsentantenhaus sowie ihre Stellvertreter.

Casey antwortete, er werde sich persönlich darum kümmern. Das würde unterstreichen, wie heikel die Angelegenheit war. Die Plaudertaschen im Stab sollten kein Wort erfahren. Hier konnte seine CIA endlich den Beweis erbringen, daß sie imstande war, geheime Operationen durchzuführen, die das Prädikat geheim auch wirklich verdienten.

Reagan unterzeichnete die formelle Direktive und eine begleitende National Security Decision Directive (NSDD). Die unmittelbar entstehenden Kosten für die libanesischen Einheiten wurden mit einer Million Dollar veranschlagt. Für den Fall einer Ausweitung des Projekts auf andere Länder sollte die Summe auf 5,3 Millionen erhöht werden.

Vizeadmiral John M. Poindexter, McFarlanes Stellvertreter, der an diesem Gespräch teilnahm, schilderte die Nachmittagssitzung später einem Kollegen: »Casey murmelte vor sich hin, und Ronald Reagan döste ein.«

Casey war entschlossen, diese Sache durchzuboxen, auch wenn McMahon ihm bei jedem Schritt Steine in den Weg legte und Zweifel anmeldete: Konnte man den Ausländern eigentlich trauen, insbesondere den Libanesen? War die CIA imstande, sie unter Kontrolle zu halten? Nach McMahons Ansicht war es belanglos, wie die Antwort auf die zweite Frage ausfiel. Probleme würden sich in beiden Fällen ergeben. Ange-

nommen, der CIA gelang es, alles unter Kontrolle zu halten, machte sie sich dann nicht der Mittäterschaft an politischen Morden schuldig? Und waren Präventivschläge denn etwas anderes als Mordkomplotte, und somit durch Reagans Executive Order verboten, gleichgültig, auf welchen Namen man das Kind taufte? Und was, wenn die CIA die Kontrolle über die Kommandos verlor: Hatte sie dann nicht eine tickende Zeitbombe in die Welt gesetzt? Ganz davon abgesehen, räsonierte McMahon weiter, konnte man überhaupt mit Informationen rechnen, die so exakt, verläßlich und aktuell waren, daß sie zu einem Präventivschlag berechtigten? Bis dato, so McMahon, sei das jedenfalls noch nie der Fall gewesen.
Doch Sporkin hatte Caseys theoretischer Rechtfertigung auf die Beine geholfen. Er hatte ein juristisches Gutachten verfaßt, in dem er darlegte, daß man bei Präventivschlägen ebensowenig von Mord sprechen könne, wie in dem Fall eines Polizisten, der den ersten Schuß auf einen Mann abfeuere, der mit seiner Waffe auf ihn ziele. Sporkin nannte das »präventive Selbstverteidigung«.
Caseys Blicke waren nach Beirut gerichtet. Die vergangenen acht Monate hatten die CIA in eine emotionale Krise gestürzt. William Buckley, der am 16. März 1985 entführt und offiziell als politischer Beamter der US-Botschaft bezeichnet worden war, war in Wirklichkeit Chef der CIA-Station. Casey ging davon aus, daß die moslemischen Extremisten wußten, wen sie in ihrer Gewalt hatten. Fast täglich hatte er die Planungsabteilung der CIA gedrängt, Vorschläge auf den Tisch zu legen, wie man Buckley aufspüren und retten könnte. Und er hatte außergewöhnliche Maßnahmen angeordnet. Er bewilligte Gelder für Informanten, ließ in der Hoffnung auf irgendeinen Fingerzeig Abhörmaßnahmen verstärken und Satellitenfotos vergrößern und stellte eine Sondereinsatzgruppe für die Rettung von Geiseln zusammen. Er wußte, daß er oder die CIA mit den Entführern keine Abmachungen treffen konnten, ohne gegen Direktiven der Regierung zu verstoßen, die jede Verhandlung über die Auslösung von Geiseln verbot. Diese Nervenprobe war demütigend. Man hatte die Station in Beirut bis auf einen neuen Stationschef und einige Sicherheitsbeamte zusammenstreichen müssen. Viele der Aufgaben hatte man dem libanesischen Geheimdienst übertragen, einer zähen, knallharten Truppe, die in der Hauptstadt gewissermaßen einen letzten Rest von Regierungsgewalt ausübte. Geld, Ausrüstung und technische Hilfsmittel wurden von der CIA gestellt.

Eine Gruppe, die sich selbst Heiliger Islamischer Krieg nannte, hatte die Verantwortung für die Entführung Buckleys übernommen. Casey war überzeugt, daß dieser Name nur ein Schlachtruf oder eine Parole für die Extremisten war. Sie waren auch in die Bombenanschläge auf amerikanische Einrichtungen in Beirut verwickelt gewesen.

Bei DDO Clair George, der von 1975 bis 1976 selbst Stationschef in Beirut gewesen war, wurden mit der Entführung Buckleys alte Alpträume wieder lebendig. Während seiner Zeit in Beirut waren zwei US-Regierungsbeamte entführt und vier Monate als Geiseln gefangen gehalten worden, bevor man sie wieder auf freien Fuß gesetzt hatte. Er selbst hatte damals Höllenqualen ausgestanden. Nach dem Spuk hatte George in Athen die Nachfolge des ermordeten CIA-Stationschef Richard S. Welch angetreten. George stellte die Planungsabteilung auf den Kopf, um Buckley zu retten. Es ging nicht nur darum, Buckley frei zu bekommen, die Rettungsbemühungen sollten auch den Tausenden von DO-Beamten im Ausland signalisieren, daß die CIA alles in ihrer Macht Stehende unternahm, um einen der Ihren zu retten. Ein Expertenteam des FBI, das darauf trainiert war, Opfer von Entführungen aufzuspüren, wurde nach Beirut entsandt. Einen Monat später kam es unverrichteter Dinge zurück.

Es war an der Zeit zurückzuschlagen. Aber die Ausbildung der Libanesen entpuppte sich als Problem. Man konnte sie nicht an der Leine halten; sie waren bereit, Morde zu begehen, mehr als bereit. Caseys eigene CIA-Leute begannen zu bremsen. Niemand wollte sich zu weit vorwagen. Casey sah ihre versteinerten Mienen. Der Schreck über die greifbar nahe Gefahr hatte sich in ihre Gesichter eingegraben. In den vergangenen vier Jahren hatte er sie ein gutes Stück vorangebracht, aber viele von ihnen, McMahon, die Griffelspitzer in der Buchhaltung und die Planungsabteilung teilten seine Auffasung ihrer Verpflichtungen nicht. Der ganze kühne Plan entpuppte sich allmählich als unnützes Unterfangen. Casey beschloß, sich an den saudischen Nachrichtendienst und an König Fahd zu wenden. Die Saudis versprachen Hilfe in Form von drei Millionen Dollar.

An einem Tag im Frühjahr 1985 empfing der saudische Botschafter Prinz Bandar einen Kurier des Königs. Die Botschaft enthielt geheime Instruktionen, mit Casey zusammenzuarbeiten. Bandar verabredete umgehend einen Termin mit Casey in Langley. Casey empfing ihn, schlug aber ein zweites Treffen an einem anderen Ort vor: »Lassen Sie uns

zusammen essen.« Als wolle er nicht im Hauptquartier seiner eigenen CIA reden. Sie verabredeten sich fürs Wochenende zum Lunch in Bandars Residenz, einem luxuriösen Besitz, nur eine Meile die Chain Bridge Road hinunter. Casey sagte, er werde seine Frau Sophia mitbringen. Sophia erkannte das Haus wieder. Sie und ihr Mann hatten es schon einmal in Augenschein genommen und erwogen, es zu kaufen. Casey gefiel die riesige Bibliothek. Sophia fand die Frau des Botschafters sehr freundlich und schön. Der Lunch war für sie nur ein ganz normaler gesellschaftlicher Pflichttakt, wie viele andere auch in Washington. »Ich konnte keinen besonderen Zweck darin sehen«, sagte sie später.
Nach dem Lunch gingen Casey und Bandar allein in den Garten. Als sie so weit wie möglich von Haus und Leibwächtern entfernt waren, zog Casey eine kleine Karte aus der Hosentasche und steckte sie dem Botschafter zu. Darauf stand von Hand geschrieben die Kontonummer einer Genfer Bank. Dorthin sollten die drei Millionen.
»Sobald ich es überwiesen habe«, sagte der Botschafter, »löse ich das Konto auf und verbrenne das Papier.« Er werde dafür sorgen, daß keine Spur zu der saudischen Seite führe.
»Keine Sorge«, erwiderte Casey. Auch seine Seite werde sauber gemacht. »Wir werden das Konto sofort auflösen.«
Bandar hatte Amerikaner oft als naiv empfunden, aber hier hatte er es mit einem Mann ohne Skrupel zu tun. Casey war für ihn der J. Edgar Hoover der CIA.
Bandar wußte, wie man Gespräche führte, die offiziell nie stattgefunden hatten. Den Contras ließ er Millionen zufließen, und Vermutungen darüber wurden weiterum angestellt. Darauf angesprochen aber dementierte Bandar gewöhnlich mit selbstbewußtem Lachen und einem langen Vortrag über die Unsinnigkeit eines solchen Verdachts. Casey schätzte Beziehungen zu Leuten wie ihm, Beziehungen, bei denen Männer in einflußreichen Positionen freimütige Gespräche führen konnten, die sich bei Bedarf auch abstreiten ließen und bei denen man Vereinbarungen traf, von denen kein dritter erfuhr.
Bandar und Casey waren einer Meinung: ein empfindlicher Schlag gegen die Terroristen wäre sowohl amerikanischen wie auch saudi-arabischen Interessen förderlich. Beide wußten, daß Scheich Fadlallah, der Führer der moslemischen Fundamentalisten und Chef der Gottespartei (Hizballah), Drahtzieher und Symbolfigur des Terrorismus in Beirut war. Fadlallah wurde mit allen drei Anschlägen gegen amerikanische Einrich-

tungen in Beirut in Verbindung gebracht. Er mußte verschwinden, darin waren sich die beiden Männer einig.
Später wurde beschlossen, die effektive Kontrolle der Operation den Saudis zu übergeben, vor allem auch deshalb, weil sich innerhalb der CIA mehr und mehr Opposition gegen aktive Unternehmungen gegen den Terrorismus regte. Die Saudis hatten einen Engländer an der Hand, der in den British Special Air Services, einem Elitekommando für Sonderoperationen, gedient hatte. Dieser Mann unternahm viele Reisen im Nahen und Mittleren Osten, häufig pendelte er zwischen dem Libanon und einem anderen arabischen Staat. Einer wie er wäre der ideale Anführer für eine heikle und komplizierte Operation. Die CIA selbst durfte natürlich mit »Eliminierung« nichts zu tun haben. Die Saudis würden, falls jemand fragen sollte, ein Dementi der CIA bezüglich der Beteiligung oder Mitwisserschaft stützen. Die Zusammenarbeit mit ausländischen Geheimdiensten war eine der CIA-Aktivitäten, die sich der Kontrolle durch den Kongreß entzogen. Casey hatte sich rundweg geweigert, dem Ausschuß über diesen sensiblen Bereich Auskunft zu geben. In diesem speziellen Fall wußte nicht einmal die CIA als Institution Bescheid. Nichts war schriftlich niedergelegt, Bänder existierten nicht. Dem prallen Staatssäckel der Saudis wurden drei Millionen Dollar entnommen, auf sicheren, von der CIA empfohlenen Auslandskonten deponiert und durch den Transfer auf andere Bankkonten »gewaschen«, so daß es praktisch unmöglich war, den Weg des Geldes zurückzuverfolgen.
Der Engländer teilte Operationseinheiten ein, die spezielle Teile des Mordplans ausführen sollten. Kontakt untereinander hatten sie ausschließlich durch ihn. Mehrere Männer wurden angeheuert, um eine größere Menge Sprengstoff zu beschaffen; eine andere Gruppe besorgte einen Wagen; Informanten wurden bezahlt, die herausfinden sollten, wo sich Fadlallah zu einer ganz bestimmten Zeit aufhalten würde; eine weitere Gruppe sollte nach der Tat eine fingierte Spur legen, damit man die Saudis und die CIA mit der Sache nicht in Verbindung brachte; der libanesische Geheimdienst warb Männer an, die die Operation durchführen sollten.
Am 8. März 1985 wurde ein mit Sprengstoff beladenes Auto in einem Beiruter Vorort etwa fünfzig Meter vor dem Hochhaus, in dem Fadlallah wohnte, abgestellt. Das Auto explodierte, achtzig Menschen wurden getötet, zweihundert verletzt. Zurück blieb eine Stätte der Verwüstung:

eingestürzte Häuser, Brände. Jeder, der sich zufällig in unmittelbarer Nähe befand, wurde entweder getötet oder verletzt. Glücklich, wer nur mit dem Schrecken davonkam. Fadlallah selbst blieb unversehrt. Seine Anhänger pflanzten vor einem Gebäude, das in Schutt und Asche lag, eine riesige Fahne auf mit der Aufschrift »Made in USA«.
Jede Spur mußte peinlichst genau verwischt werden. Gerüchte wurden ausgestreut, wonach die Israelis hinter dem Bombenanschlag steckten. Das allein genügte aber nicht, um zu beweisen, daß die Saudis mit der Sache nichts tun hatten. Es gab für sie nur eine Möglichkeit: Sie legten unwiderlegbare Beweise vor, die Fadlallah zu einigen der angeheuerten Verschwörer führten. Bandar erklärte das so: »Ich schieße auf Sie. Wenn Sie mich verdächtigen, bringe ich meinen Chauffeur ins Spiel und sage, er war's. Sie werden mich dann nicht mehr verdächtigen.«
Doch Fadlallah war ein größeres Problem als vorher. Die Saudis machten eine Avance und versuchten, ihn als Frühwarnsystem für Terroranschläge gegen saudische und amerikanische Einrichtungen in ihre Dienste zu nehmen. Fadlallah war einverstanden, verlangte aber kein Geld als Lohn, sondern Naturalien, Arzneimittel und Lehrmittel für seine Leute. Das würde seine Position unter seinen Anhängern stärken. Die Saudis waren damit einverstanden.
Von diesem Zeitpunkt an gab es keine Terroranschläge mehr von Fadlallahs Anhängern gegen Amerikaner.
»Es war leichter, ihn zu bestechen, als ihn zu töten«, sagte Bandar.
Casey war mehr als erstaunt, daß sich ein derart großes Problem mit derart wenig finanziellen Mitteln erledigen ließ.
Auf Geheiß Caseys unternahm er noch zwei weitere verdeckte Operationen. Die eine kostete die Saudis acht Millionen Dollar und unterstützte den Widerstand gegen Gaddafi im Tschad, die andere zwei Millionen; sie sollte verhindern, daß die Kommunisten in Italien an die Macht kamen. Bei keiner der beiden Operationen führte eine Spur zu den Saudis, keine wurde aufgedeckt.
Obwohl die Operation Fadlallah ein Fehlschlag war und obwohl der libanesische Geheimdienst dabei nur eine Statistenrolle gespielt hatte, nahm er insgeheim den Ruhm für sich in Anspruch. Eine Demonstration der Stärke sei fällig gewesen. Man habe endlich zeigen müssen, daß Blut mit Blut vergolten werde, Terrorismus mit Terrorismus. Casey war kleinlaut geworden. Die Zusammenarbeit der CIA mit dem libanesischen Geheimdienst bei der Ausbildung von Kommandoeinheiten wurde für

die CIA zu einer Gefahr. Sie war zu sehr in den Dunstkreis von Mordkomplotten geraten. McMahon, der von der Rolle der Saudis nichts wußte, wollte eine Trennung von den Libanesen. Er riet dringend dazu, die CIA von dem Anti-Terror-Projekt abzukoppeln. Casey blieb keine andere Wahl, die Direktive für Präventivaktionen wurde aufgehoben.

Trotzdem konnten die Beziehungen zum libanesischen Geheimdienst nicht ganz eingefroren werden, denn die CIA war im Nahen Osten von den Libanesen abhängig: sie lieferten Informationen, betrieben Horchposten und stellten Sicherheitskräfte. Im März kamen drei Obersten und zwei Majore des libanesischen Geheimdienstes nach Washington, um an einem dreiwöchigen Managementseminar für Führungskräfte teilzunehmen. Sie wurden im Four Seasons Hotel in Georgetown untergebracht und täglich zu einem Sicherheitsgebäude in McLean befördert, wo sie Lektionen in Materntechnik erhielten, mit höheren CIA-Beamten konferierten und ein chinesischer Koch für ihr leibliches Wohl sorgte.

Etwa um die Zeit des Bombenanschlags vom 8. März 1985 bekam Casey den bedeutendsten Geheimdienstbericht seiner Amtszeit auf den Schreibtisch. Er kam von einem wichtigen Informanten aus der Sowjetunion. Die CIA hatte die langwierige Krankheit des Sowjetführers Tschernenko mitverfolgt, der erst wenig mehr als ein Jahr im Amt war. In dem Bericht hieß es, er sei tot, doch sein Tod werde vor dem sowjetischen Volk und der übrigen Welt geheimgehalten, solange man im Politbüro einen neuen Parteichef wähle. Casey sandte den Bericht ins Weiße Haus. Mehrere Tage vergingen. Der Bericht erhielt keine Bestätigung, trotzdem hatte Casey Vertrauen in den Informanten. Am Sonntag, dem 10. März, wurde ein höherer Sowjetbeamter, der sich zu einem Besuch in den Vereinigten Staaten aufhielt, zurückbeordert, und am nächsten Morgen kam das unmißverständliche Signal: Radio Moskau strahlte klassische Musik aus, unter anderem Rachmaninow. Um 6 Uhr morgens kam die Nachricht vom Tod des Parteichefs. Vier Stunden später wurde bekanntgegeben, man habe das jüngste Mitglied des amtierenden, zehnköpfigen Politbüros, Michail S. Gorbatschow, 54, zum neuen Generalsekretär gewählt. Die unglaublich schnelle Entscheidung über den Nachfolger bewies, daß der CIA-Informant recht gehabt hatte: Tschernenkos Tod war mehrere Tage lang vertuscht worden. In gewisser Hinsicht war das ein Erfolg für die CIA; keine Aufgabe war wichtiger als die Überwachung der sowjetischen Führung. Aber das Ausbleiben einer Bestätigung oder weiterer Details brachte die Lücken in der Nachrichtenversorgung um so deutlicher an den Tag. Wie nutzlos solch streng geheime Informationen doch sein konnten. Was sollte das Weiße Haus damit anfangen? Und das wenige, das nach außen drang, offenbarte, wie wenig die CIA über die inneren Vorgänge im Sowjetsystem wußte. Von der Debatte über den Nachfolger hatte man praktisch nichts erfahren. Casey amüsierte sich über Presseberichte, die den neuen Sowjetführer Gorbatschow als aufgeschlossenen Pragmatiker bejubelten. Trotz allem war er ein Produkt des Sowjetsystems, das jedenfalls war Caseys Ansicht. Die Sowjetunion war in der jüngsten Vergangenheit von drei Männern geführt worden – Breschnew, Andropow und Tschernenko –, die bereits vom Tod gezeichnet waren. War es da ein Wunder, daß Gorbatschow völlig verschieden von ihnen erschien? Casey war überzeugt, daß das nur rein äußerlich war. Er prophezeite, Gorbatschow werde wie gehabt Subversion und Schwierigkeiten exportieren, nur mit mehr Elan. Er bewunderte die Art Gorbatschows, wie er seine Trümpfe ausspielte und seine Leute in Schlüsselpositionen und ins Politbüro hievte. Caseys Berichte ans Weiße Haus waren Warnungen, sich nicht von Äußerlichkeiten blenden zu lassen.

Noch immer brauchten die Contras Geld. Seit der Kongreß im Oktober 1984 den Geldhahn zugedreht hatte, operierte Casey unter einem Gesetz, das ihm nur wenig Spielraum ließ. Es verbot den Einsatz von CIA-Geldern »mit dem Ziel, direkt oder indirekt militärische oder paramilitärische Operationen von seiten einer Nation, Gruppe, Organisation, Bewegung oder Einzelner in Nicaragua zu unterstützen oder Maßnahmen zu finanzieren, die diesem Ziel Vorschub leisten«.
Casey hatte ein Telegramm mit folgendem Inhalt abgesegnet: »Feldstationen sind aufzugeben und jegliche Aktivität hat zu unterbleiben, die als direkte oder indirekte Unterstützung von Einheiten ausgelegt werden kann, mit denen wir während des Programms zusammenarbeiteten.« Jeder Kontakt zu den Contras solle »ausschließlich, ich wiederhole: ausschließlich dem Zweck dienen, Spionageabwehr zu betreiben und Informationen zu sammeln, die für die Vereinigten Staaten von Interesse sind«.
Selbst als der saudische Botschafter, Prinz Bandar, in einem Gespräch mit Casey ganz beiläufig das Thema Contras anschnitt, sagte der DCI im

Beisein eines Protokollanten: »Hoheit, von Gesetz wegen ist es mir verboten, mit Ihnen dieses Thema zu erörtern.«
Als John K. Singlaub, Generalleutnant a.D. der Army und ehemaliger OSS-Angehöriger, der Privatspenden für die Contras sammelte, dieses Thema vor Casey ansprach, gab ihm der DCI zur Antwort: »Jack, ich werfe Sie aus meinem Büro.«
Aber in einem halben Dutzend Gesprächen mit dem Contra-Führer Adolfo Calero, der ihn im privaten Kreis »Onkel Bill« nannte, lauschte der DCI aufmerksam den Berichten über Fortschritte bei den Contras und entschuldigte sich dafür, daß die CIA direkt nichts tun könne.
Joseph Coors, wohlhabender Brauereichef aus Colorado und alter Freund Caseys, besuchte den Direktor in seinem Büro im Old Executive Office Building und wollte für die Contras spenden. Casey sagte ihm rundheraus: »Da müssen Sie zu Ollie North.« Coors, dem großen Förderer der konservativen Sache, wurde gesagt, Norths Büro sei gleich um die Ecke. North überredete ihn, 65 000 Dollar für die Anschaffung eines leichten Flugzeugs zu spenden, das auf kurzen Landebahnen eingesetzt werden konnte. North zeigte Coors ein Foto der Maschine und sagte: »Das ist Ihr Flugzeug.« Das Flugzeug, eine Maule, wurde General Secords Privatunternehmen einverleibt, das von McFarlane und North vom NSC aus aufgebaut worden war.
Im Frühjahr 1985 gab Casey gleich vier verschiedene schriftliche Lagebeurteilungen in Auftrag: über die Aufstockung der sandinistischen Armee auf 65 000 Mann; die Bemühungen der nicaraguanischen Regierung, ihre Machtposition zu stärken; die ausländische Unterstützung durch Kuba und die Sowjets; und die Versuche der Sandinisten, die Revolution ins benachbarte El Salvador und in andere Länder Mittelamerikas zu exportieren. Für den Präsidenten faßte Casey die vier Dokumente in einem einzigen Satz zusammen: »Die Sowjetunion und Kuba haben sich einen Brückenkopf errichtet und bauen ihn aus, und sie investieren Hunderte von Millionen Dollar ... in aggressive Subversion.«
Nach der zweiten Amtseinführung Reagans am 20. Januar 1985 nahm Casey mit Freude zur Kenntnis, daß Jim Baker und Finanzminister Donald T. Regan ihre Posten tauschten. Baker wechselte ins Schatzministerium, und Regan, ein langjähriger Freund Caseys aus Wall-Street-Zeiten, wurde Stabschef im Weißen Haus. Baker hatte immer eine private Tagesordnung gehabt und den Präsidenten damit schwer unter Druck gesetzt. Unter dem Trio Baker, Meese und Deaver hatte Reagan

mit einem System konkurrierender Möchtegern-Präsidenten zu kämpfen, von denen jeder versucht hatte, den anderen auszustechen. Auf diese Weise war keiner richtig zum Zug gekommen. Don Regan, Millionär und früherer Chef von Merrill Lynch, legte demgegenüber gesteigerten Wert darauf, die Wünsche des Präsidenten umzusetzen, und zwar mit Hilfe eines einzigen Mitarbeiterstabs, der nur auf sein Kommando hörte. Reagan wirkte auf Casey entspannter und gelöster, seit diese Neuerung eingeführt war. Er war wieder mehr im Einklang mit sich selbst, seinen Überzeugungen, Standpunkten, seinen Gefühlen. Statt Reagan dazu anzuhalten, sich durch die Klippen unterschiedlichster Interessen zu manövrieren, ohne beim Kongreß, den Medien oder »Washingtoner Kreisen« anzuecken, was Bakers politischem Weltbild entsprochen hatte, lockte Don Regan den Präsidenten bei Sitzungen aus der Reserve. Reagan sprach wieder mehr; seinen Vorstellungen wurde jetzt wieder Priorität eingeräumt. Was wollen Sie? lautete die Standardfrage des neuen Stabschefs.

Casey witterte die Chance, durch eine konzertierte Aktion Gelder für die Contras locker zu machen. Doch immer, wenn er mit Kongreßausschüssen verhandelte, wollte man wissen, wann die Contras endlich Resultate vorzuweisen hätten. »Ich bin doch kein Hellseher«, sagte er einigen Republikanern im privaten Gespräch, »ich kann es Ihnen nicht sagen.«

Einer der ersten Staatsgäste der zweiten Amtsperiode war der saudische König Fahd. Am 11. Februar 1985 traf er in Washington ein. McFarlane und Prinz Bandar hatten sich einige Tage vorher getroffen. Zweck der Unterredung: Dem König sollte eine außergewöhnliche Behandlung zuteil werden. Durch eine symbolische Geste wollte man Autorität und Bedeutung des Königs unterstreichen. Man einigte sich auf ein privates Treffen mit Ronald Reagan.
Bei den Beratungen zwischen McFarlane und Bandar wurde auch das Thema Contras angesprochen. McFarlane fand Bandar erneut sehr entgegenkommend. Bandar fühlte sich angebettelt. Wie auch immer, der Prinz signalisierte die Bereitschaft der Saudis, die Spenden auf zwei Millionen Dollar im Monat aufzustocken. Alles in allem wollten sie mindestens weitere 15 Millionen überweisen.
Am 12. Februar 1985 führten Reagan und Fahd ein kurzes Privatgespräch. Der König versicherte Reagan, daß die Saudis die Zahlungen für die Contras erhöhen würden, und Reagan dankte ihm. Auch McFarlane

519

unterrichtete Reagan von der erfreulichen Neuigkeit. Aber es war nur eine vorübergehende Finanzspritze, und McFarlane war besorgt. Seiner Überzeugung nach konnten Hilfsmaßnahmen für die Contras nur dann effektiv sein, wenn es gelang, die offene Unterstützung des Kongresses zu gewinnen. Was not tat, war eine erneute und direkte finanzielle Unterstützung aus dem US-Etat.

Der Präsident beherzigte Caseys Rat und erklärte öffentlich, die Contras seien »unsere Brüder«, und »wir können sie nicht im Stich lassen, gerade jetzt, wo sie uns brauchen«. Man wolle die Sandinisten soweit bringen, daß sie klein beigeben, und in einer späteren Rede sagte er über die Contras, »sie sind das moralische Äquivalent der Gründerväter«.

Aber in diesem Frühjahr mußte Casey konsterniert zusehen, wie das Weiße Haus durch eine Affäre besonderer Art abgelenkt wurde. Der geplante Besuch des Präsidenten auf dem deutschen Nazi-Friedhof in Bitburg, auf dem einige SS-Männer begraben lagen, hatte in der Öffentlichkeit einen Sturm der Entrüstung entfacht. Vorwürfe des Antisemitismus und mangelnden Fingerspitzengefühls prasselten auf Reagan nieder. Die Administration war wie paralysiert, sie war in der Defensive, zauderte und zögerte.

Casey machte sich Sorgen, weil das Weiße Haus trotz einer bevorstehenden wichtigen Abstimmung über die Contra-Hilfe keine Strategie entwickelte, um auf das Parlament einzuwirken. Und er selbst konnte nur wenig tun. Er war für die Ausschüsse eine Negativfigur und durfte sich nicht exponieren. In der Woche, in der die Abstimmung angesetzt war, ging er nach Pittsburgh, um einen Vortrag zu halten und Zeitungsinterviews zu geben. Im Weißen Haus herrschte Funkstille. Am 24. April führten demokratische Contra-Gegner im Repräsentantenhaus die Frage zur Entscheidung. Eine verwässerte Vorlage über 14 Millionen Dollar für nicht-militärische Unterstützung der Contras wurde mit 215 gegen 213 Stimmen abgelehnt. Casey war am Boden zerstört. Man war so nah dran gewesen. Eine Stimme mehr hätte das Patt gebracht, zwei den Sieg. »Ohne Tip O'Neills Nonnen aus Maryknoll und ihre Briefe«, sagte Casey, »hätten wir das Contra-Programm durchgebracht.«

Casey hielt regelmäßig überall im Land Vorträge. Der erste, den ich besuchte, fand am 17. April 1985 in Cambridge, Massachusetts, bei einer Tagung statt, die von der Fletcher School of Law and Diplomacy veranstaltet wurde. Das Thema seines Vortrags war Terrorismus. Eine

Dreiviertelstunde lang stand er mit krummem Rücken auf dem Podium und las aus einem 21seitigen Manuskript, wobei er so nuschelte, daß er nur mit Mühe zu verstehen war. Ich unterstrich zwei Sätze in der Kopie, die er mir vor der Veranstaltung in die Hand gedrückt hatte. »Wir können und wir werden auf gewaltsame Aktionen nicht verzichten, wenn die besonderen Umstände die Anwendung von Gewalt geraten erscheinen lassen, sei es um Terrorakte zu verhindern, ihnen zuvorzukommen oder zurückzuschlagen. Viele Länder, unter ihnen auch die Vereinigten Staaten, verfügen über die notwendigen Mittel und Sondereinheiten, um Operationen gegen terroristische Gruppen durchzuführen.«
Casey hatte kein Gefühl dafür, wie man eine Rede so aufbaut, daß sie in einem Resümee oder Schlußwort endet. Am Ende seines Vortrags angelangt, hielt er nur abrupt inne und keiner der Zuhörer realisierte zunächst, daß er fertig war, bis er schließlich sagte: »Ich danke Ihnen für Ihre Aufmerksamkeit.« Der Applaus war sehr verhalten. Casey blieb noch zwanzig Minuten, um Fragen zu beantworten, aber er ließ sich deutlich anmerken, daß er sich langweilte.
Ein Zuhörer, der sich deutlich vom restlichen, vorwiegend aus konservativen Akademikern bestehenden Publikum abhob, stellte die Frage: »Was ist der Unterschied zwischen den Contras und der PLO?« Casey fragte bissig: »Was?« Die Frage wurde wiederholt. Casey stotterte zunächst und sagte dann schließlich: »Die Contras haben ein Vaterland und versuchen, es sich zurückzuholen, die PLO hat keines.«
Der DCI wußte von meiner Absicht, ein Buch über die CIA zu schreiben. Er kam zu mir und lud mich ein, im Flugzeug der CIA mit ihm zurück nach Washington zu fliegen. Es war etwa 10 Uhr abends, und ich hatte mir ein Zimmer in dem Hotel reservieren lassen, in dem die Tagung stattfand. Ich machte die Buchung schleunigst rückgängig. Casey verließ das Hotel in einem teuren, schweren Mantel. Er hatte ihn falsch zugeknöpft, wie ein Kind, das sich ohne die Hilfe der Mutter nicht anziehen kann.
Seine Maschine war eine propellergetriebene Gulfstream. Ich durfte mich also auf eine gemächliche Reise einrichten. Casey setzte sich, lockerte die Krawatte und bestellte bei seinem Leibwächter zwei Scotch und eine Dose mit Erdnüssen, die er sich handvollweise in den Mund stopfte. Der Sicherheitsbeamte zog den schweren Vorhang vor und ließ uns für die kommenden zwei Stunden allein, so daß wir uns ungestört unterhalten konnten. Casey sagte, ihm sei nicht ganz wohl dabei, so ganz

ohne einen Mitarbeiter, der ihn kontrolliere, und er erinnerte mich daran, daß er von seinen CIA-Beamten verlangte, sich mit Journalisten auf Interviews unter vier Augen nicht einzulassen. Dennoch beantwortete er mir bereitwillig viele Fragen. Wir streiften die unterschiedlichsten Themen wie General Donovan, den neuen Allwettersatelliten Lacrosse, die Operation in Nicaragua, die Entführung von Stationschef Buckley in Beirut, die republikanischen Parteikonvente, an denen er seit 1940 teilgenommen hatte, Reagan, Reagans Kabinett, McMahon und die CIA. Über seinen Vater wollte er nicht mehr als einen Satz sagen: »Er arbeitete sein ganzes Leben als Beamter auf dem New Yorker Rentenamt.«

Zwei Wochen später flog ich nach New York, um im Metropolitan Club eine Tischrede von Casey zu hören.

»Wenn man mich bittet, irgendwo eine Rede zu halten, antworte ich gewöhnlich, daß ich über die Situation des Nachrichtendienstes sprechen werde«, begann er, »ein Thema, über das ich allerdings nicht sehr offen reden darf. Deshalb rede ich über die weltpolitische Lage. Darin kenne ich mich zwar weniger aus, aber ich kann frei sprechen.« Er erntete lautes, lang anhaltendes Gelächter. Er fühlte sich hier sichtlich wohler als in Cambridge. Die Weigerung des Kongresses in jenen Wochen, mehr Gelder für die Contras zu bewilligen, hatte ihn offenbar erzürnt und gesprächiger gemacht. Die Kernaussage seiner Rede war, daß die Vereinigten Staaten mit den Sowjets im Krieg lägen: »Es ist ein Krieg, der nie offiziell erklärt wurde«, und er verglich unsere Zeit mit den Jahren, als man Hitler nicht ernst genommen hatte. Marxismus und Leninismus hätten die vier Apokalyptischen Reiter losgelassen: Hunger, Pest, Krieg und Tod.

Wie nie zuvor steigerte er sich in einen rhetorischen Wortschwall. »In den besetzten Ländern Afghanistan, Kambodscha, Äthiopien, Angola und Nicaragua, denen marxistische Regime entweder aufgezwungen wurden oder deren Regime von außen gestützt werden ... findet ein Holocaust statt, der mit dem vergleichbar ist, den Nazi-Deutschland vor vierzig Jahren Europa zufügte.«

Wieder bot er mir an, mit ihm zurückzufliegen. Wir sprachen über Reagan, die Contras, den Libanon, Terrorismus, seine Freunde, sein Geld, seine Ziele. Er erzählte von seiner Kindheit in Queens, einer Welt einfacher, dauerhafter Bindungen. Auf dem Schulweg zu den Public Schools 13 und 89 sei es immer zu Schlägereien gekommen, erinnerte er

sich. In den 20er Jahren, nach dem Ersten Weltkrieg, hätten sich die Jungs nur rumgetrieben und geprügelt. »Manchmal habe ich gewonnen, manchmal verloren«, sagte er. Ob er sich noch an Jungs erinnere, die ihn schlugen? »Natürlich. Glauben Sie etwa, ich vergesse jemals überhaupt jemanden?« Sein Blick wurde hart, an seinen Zähnen klebten Erdnüsse. »Besonders einen, der mich geschlagen hat!«
Bald kam das Gespräch wieder auf die Contras und die Abstimmungsniederlage im Kongreß. »Ein katastrophaler Handel«, sagte er, »das Weiße Haus kann nicht zwei Dinge zugleich tun ... Der Präsident zeigt kein Interesse. Er besitzt noch immer den richtigen politischen Instinkt, aber er will sich nicht auf Ziele konzentrieren, geschweige denn auf Mittel, sie durchzusetzen.« Betroffen schüttelte er den Kopf. »Der Präsident schenkt der schleichenden sowjetischen Expansion keine Beachtung.« Casey war bestürzt über die Apathie des Präsidenten, seine Untätigkeit im Amt, seine passive Einstellung zum Leben. Weder beraume er von sich aus Sitzungen an, noch bestimme er jemals selbst die Tagesordnung. Nie habe er zu Casey gesagt: »Lassen Sie uns das in Angriff nehmen« oder: »Machen Sie das für mich«, es sei denn, er mußte auf die Initiative Dritter oder auf ein Ereignis reagieren. Der Mann habe eine emotionale Sperre. Vielleicht, so Casey, gehe das auf seinen Vater zurück, einen Alkoholiker, der während der Depression arbeitslos gewesen sei. Casey habe mit Befremden feststellen müssen, daß der Präsident der Vereinigten Staaten montags, dienstags und donnerstags nur von 9 bis 17 Uhr arbeite, mittwochs gar nur von 9 bis 13 Uhr, weil er sich den Nachmittag für einen Ausritt oder für gymnastische Übungen freihalte. Freitags fliege Reagan irgendwann zwischen 13 und 15 Uhr nach Camp David. Während der Arbeitszeit im Oval Office gebe es viel Leerlauf, oft zwei bis drei Stunden. Dann lasse sich Reagan seine Fanpost kommen, lese und schreibe Antwortbriefe. Die meisten Abende verbringe er mit Nancy zu Hause und diniere auf einem Servierbrett vor dem Fernseher. An den Samstagabenden in Camp David, wohin sie wen auch immer einladen könnten, sähen sich die beiden zusammen mit dem Personal zwei alte oder neue Filme an. Casey wollte wohl sagen, die politische Macht liege brach, die Verantwortung werde vernachlässigt.
Casey fand Reagan seltsam. Reagan habe gesagt, er wäre beim Film geblieben, wenn er mehr Erfolg gehabt hätte. Er sei immer jovial, aber wahrscheinlich habe er außer Nancy keine wirklichen Freunde. Obwohl er bequem und oft verwirrt sei, besitze er ein annähernd fotografisches

Gedächtnis. Er brauche die Textseite eines Skriptes oder einer Rede nur wenige Minuten anzuschauen und sei danach in der Lage, sie perfekt vorzutragen. Casey beobachtete Reagan genau, aber er sagte, er sei noch immer nicht ganz schlau aus ihm geworden.

Das Flugzeug landete schließlich auf der Andrew Air Force Base, von wo Casey gleich im Anschluß zu einer zehntägigen Reise in den Fernen Osten starten sollte, unter anderem auf die Philippinen, wo es Probleme gab. Casey wollte darüber mit Präsident Marcos konferieren.

»Sagen Sie zu niemandem ein Wort«, befahl er mir und bat mich, hinten in der Maschine zu bleiben und mich so lange zu verstecken, bis er in den großen Jet eingestiegen war, der auf ihn wartete. Ich konnte sehen, daß eine Gruppe von CIA-Leuten ihn am Fuß der Gangway erwartete. Ein Dienstwagen werde mich zu einem Taxi bringen, sagte er. »Die könnten denken, ich sei indiskret, weil ich Sie mit hierher gebracht habe.«

Ich weiß bis heute nicht, warum er zu diesen und manchen weiteren Gesprächen mit mir bereit war.

Nur Tage nach der Abstimmung im Kongreß flog der nicaraguanische Präsident Ortega nach Moskau, um wegen einer Finanzspritze über 200 Millionen Dollar anzuklopfen. Das wurmte viele der Volksvertreter im Repräsentantenhaus, die gegen die Contra-Hilfe votiert hatten. Einige sagten, es sei so peinlich, daß sie für die Contra-Millionen gestimmt hätten, wenn sie davon vorher gewußt hätten. Nur zwei Stimmen mehr wären nötig gewesen, um das Ergebnis umzukehren. Casey wußte nicht, wessen Zeitgefühl miserabler war, das Ortegas oder das der Administration.

Aber die Ablehnung durch den Kongreß war nicht notwendigerweise das Ende, das wußte Casey. Im Weißen Haus stieß Oliver North, Stabsoffizier im Nationalen Sicherheitsrat, mit einem Alternativplan in die Bresche. In einem Memorandum an McFarlane schlug er vor, der Präsident solle öffentlich zu einer privaten Spendenaktion für die Contras aufrufen. McFarlane sagte ihm, er solle am Ball bleiben, und genehmigte die Gründung eines »Nicaragua-Freiheitsfonds«. Der Fonds erhielt den Status einer gemeinnützigen Vereinigung, so daß die Spender ihre Beiträge von der Steuer absetzen konnten. Die Saudis überwiesen innerhalb von 27 Tagen 24 Millionen Dollar. North rechnete hoch, daß man mit weiteren 15 bis 20 Millionen vielleicht in der Lage sei, die Contra-Armee auf 35 000 Mann aufzustocken.

North traf auch mit Südkorea und Taiwan Vereinbarungen über Hilfsgelder für die Contras und schlüpfte immer mehr in die Rolle des Machers. Einmal schlug er vor, den Frachter Monimbo zu versenken, der den Sandinisten Waffen lieferte.

Es war ein Monat vergangen, seitdem ich erfahren hatte, daß Präsident Reagan die Direktive zur Bildung dreier libanesischer Einsatzgruppen für Präventivschläge gegen Terroristen unterzeichnet hatte. Lauder, Caseys Pressemann, hatte versucht, die *Post* davon abzubringen, die Geschichte zu bringen. Wir hatten ferner herausgefunden, daß die streng geheime Direktive nach der Autobombe, die in Beirut achtzig Menschen getötet hatte, wieder außer Kraft gesetzt worden war, wußten zum damaligen Zeitpunkt aber nur von der Beteiligung des libanesischen Geheimdienstes. Von der Rolle der Saudis und den drei Millionen, die sie in das Unternehmen gesteckt hatten, war uns jedoch nichts bekannt. Wir sahen keine Veranlassung, die Geschichte zurückzuhalten, da die Operation ihr Ziel verfehlt hatte und die Direktive nicht mehr aktuell war.

»Sie reißen alte Wunden wieder auf«, wetterte Lauder. Die Geschichte kam am 12. Mai: ANTI-TERROR-PLAN NACH NICHT AUTORISIERTEM BOMBENANSCHLAG AUFGEGEBEN.

Drei Tage später schrieb George Lauder an Casey: »Es liegt auf der Hand, daß Woodward immer vorhatte, die Geschichte zu bringen, ohne Rücksicht darauf, was ich ihm sagte. Ich habe ihm eindringlich klargemacht, daß es unverantwortlich sei, die Geschichte zu bringen, geradezu eine Einladung zum Mord. Ich sagte ihm, angenommen, er wäre Fadlallah und hätte miterlebt, wie eine große Zahl von Anhängern, darunter Frauen und Kinder, in die Luft gesprengt wurden, und angenommen, er würde später den Artikel in der *Washington Post* lesen, dann könnte er gar nicht anders als losgehen und sich an den Amerikanern im Libanon, an Beamten und anderen, rächen ... Ich sagte Woodward, daß McMahon mir aufgetragen habe, ihm zu sagen, daß er nie wieder einen Fuß in dieses Gebäude setzen dürfe, falls die Geschichte erscheine.

Ich fügte hinzu, daß derartig unverantwortliche Artikel für uns ein deutliches Zeichen seien, daß die *Washington Post* nicht nur auf das Leben der Amerikaner in Beirut keine Rücksicht nehme, sondern auch wie gehabt einen Kreuzzug gegen das Establishment führe, diesmal im Schulterschluß mit Ausschußmitgliedern und Leuten aus den Stäben, die

verdeckte Aktionen kaputt machten und den Nachrichtendiensten nur Schwierigkeiten bereiteten.
... Ich fügte hinzu, daß ich seine und die Handlungsweise der *Post* niederträchtig finde und daß wir ihn zukünftig keinen Deut besser behandeln würden als Jack Anderson, die TASS oder andere Journalisten dieser Sorte.«*
Casey rief mich bei der Zeitung an: »Hier sind Menschenleben in Gefahr ... Ich bin nicht sicher, ob es unbedingt nötig war, diese Geschichte zu schreiben, doch ich kann sowas nicht verhindern. Vielleicht sollte ich es. Es liegt an der Art, wie die Story aufgemacht ist ... als ob wir dort einen eigenen Stoßtrupp im Einsatz hätten.« Er sagte, die Geschichte werde ihm und seiner CIA das Leben nur noch schwerer machen. Die Sache habe tödliche Konsequenzen, und man müsse es nicht nur mit den Fakten peinlich genau nehmen, sondern auch auf den Eindruck achten, der hervorgerufen werde. »Sie hätten es nicht bringen sollen.« Sein Ton war bisher sachlich gewesen, jetzt wurde er frostig: »An Ihren Händen wird Blut kleben, noch bevor alles vorbei ist.«

21

»Zur Politik gegenüber dem Iran«, las Casey zwei Tage später. Er hatte ein fünfseitiges Memorandum seines NIO für den Nahen Osten und Südasien, Graham Fuller, vor sich liegen.
»Die Vereinigten Staaten stehen vor einer denkbar schlechten Ausgangssituation, um eine neue Politik gegenüber dem Iran einzuleiten ... Mit aller Deutlichkeit zeigt sich, daß Khomeinis Regime wackelt und für ihn möglicherweise bald die Stunde der Wahrheit schlägt; wir werden bald einen Kampf um die Nachfolge erleben. Die USA haben keine Trümpfe in der Hand, die Sowjetunion viele.«
Fuller kam auf die »beiden Säulen« der US-Politik zu sprechen – das Waffenembargo gegen den Iran und die Bereitschaft, Terrorakte zu erwidern, die vom Iran finanziert wurden. Diese Politik habe sich als glatter Mißerfolg herausgestellt und »dürfte jetzt sowjetischen Interessen mehr zustatten kommen als unseren eigenen«.
»Es ist daher dringend erforderlich, daß wir in Kategorien einer beherzteren, möglicherweise auch riskanteren Politik denken, die der Stimme der USA in der sich entwickelnden Lage zumindest mehr Gewicht verleiht.«
»Niemand hat eine brillante Idee, wie wir in Teheran wieder Fuß fassen können.«
Nach Caseys Empfinden war es dafür aber höchste Zeit. Seit Monaten hatte er bei Fuller Dampf gemacht, einige Vorschläge auf den Tisch zu legen. Er hatte sich für die zweite Amtsperiode viel vorgenommen. Jeden Monat sollten bei der CIA einige Angelegenheiten erledigt werden. Man brauchte ein klares Ziel vor Augen. Er hatte die Freiheit, Initiativen zu ergreifen, Dinge anzukurbeln, einige neue Ideen zu entwerfen. Er sandte eine Kopie der Studie Fullers an Shultz.
Drei Tage später las er eine Außerordentliche Lagebeurteilung (SNIE) mit dem Titel »Iran: Aussichten bei bevorstehender Instabilität«, in der

es im wesentlichen hieß, die USA würden im Iran keine Rolle spielen. Casey war erfreut, als einige von McFarlanes Stabsleuten im Nationalen Sicherheitsrat den Entwurf für eine National Security Decision Directive (NSDD) dem Präsidenten zur Unterzeichnung vorlegten, die die USA unter anderem dazu autorisieren würde, einige Waffen an den Iran zu verkaufen. Die vorsichtige Formulierung in dem Entwurf lautete: »Dazu gehört auch die Beschaffung ausgewählten Kriegsgeräts, worüber aber von Fall zu Fall zu entscheiden sein wird.«

Casey schrieb an McFarlane: »Ich unterstütze nachdrücklich den Vorstoß mit dieser NSDD zur US-Politik gegenüber dem Iran. Insbesondere, weil darin betont wird, daß wir konkrete und sofortige Schritte unternehmen müssen, um den US-Einfluß zu verstärken und dadurch zu garantieren, daß die UdSSR nicht der Hauptnutznießer der Veränderungen und Unruhen in diesem so gefährlichen Land wird.«

Shultz schrieb an McFarlane, um ihm mitzuteilen, daß er besonders deshalb nicht mit einem solchen Vorschlag einverstanden sein könne, »weil Gruppen, die über Verbindungen zum Iran verfügen, im Libanon amerikanische Geiseln in ihrer Gewalt haben«. Weinberger schrieb auf seine Kopie »absurd«. Genauso lächerlich wäre es, Gaddafi zu einem gemütlichen Lunch einzuladen.

Doch Casey wußte, daß die Idee nicht gestorben war, auch wenn sich die Minister im Pentagon und State Department querlegten.

Weitere Amerikaner wurden in Beirut als Geiseln genommen. David P. Jacobsen, der Direktor des amerikanischen University Hospital, wurde am 28. Mai 1985 entführt. CIA-Stationschef Buckley befand sich bereits seit über einem Jahr in Gefangenschaft. Es mußte etwas unternommen werden, und wenn man zu unkonventionellen Mitteln greifen mußte.

Im Weißen Haus hatte North einen Plan ausgearbeitet. Zwei Agenten der Drogenfahndungsbehörde hatten einen Informanten kontaktiert, der im Nahen Osten auf den Heroinhandel angesetzt worden war. Er sagte, mit 200 000 Dollar könne man zwei Geiseln auslösen, eine sei Buckley. CIA-Beamte des DO meldeten schwere Bedenken an. Es widerspreche der offiziellen US-Politik, Lösegelder zu bezahlen. Und wie könne man sicher sein, daß der Informant zu solchen Versprechen bevollmächtigt sei? McFarlane gewann die Zustimmung des Präsidenten, die Gelder aus privater Quelle zu besorgen. Diese Aufgabe fiel

North zu. Er nahm Kontakt zu dem texanischen Milliardär H. Ross Perot auf, der 1979 ein Sieben-Mann-Kommando angeheuert hatte, um zwei seiner Angestellten zu retten, die im Iran gefangengehalten wurden. Dieses Unternehmen hat Ken Follet in seinem Bestseller *On Wings of Eagles* nacherzählt, das Fernsehen hat einen Film darüber gedreht. Perot, seit 1982 Mitglied im PFIAB, war immer bereit, dem Weißen Haus unter die Arme zu greifen. Er schickte das Geld.
In einem vierseitigen, streng geheimen Memorandum vom 7. Juni 1985 teilte North McFarlane mit, die 200 000 Dollar seien nur eine Anzahlung. Er habe sich in Washington mit dem »Mitarbeiter« oder »Mittelsmann« der Drogenfahndungsbehörde getroffen. »Mit Bestechungsgeldern in Höhe von einer Million pro Kopf können die Geiseln freigekauft werden«, schrieb er weiter. »Es ist anzunehmen, daß der Kopfpreis nicht heruntergehandelt werden kann, da zu viele Leute ihren Anteil an dem Bestechungsgeld fordern.« McFarlane setzte seine Initialen RCM unter das Papier und legte es in das Fach für »genehmigt«. Die 200 000 Dollar wurden überwiesen. Doch nichts geschah.
Am 14. Juni 1985 entführten zwei Libanesen die Maschine des TWA-Flugs 847 Athen – Rom, zwangen sie zur Zwischenlandung in Beirut und dann zum Weiterflug nach Algier. Damit begann ein siebzehntägiges Geiseldrama über die Bildschirme zu flimmern. Im Situation Room des Weißen Hauses, in der CIA-Einsatzzentrale, ja auf der ganzen Welt wurde man bestens mit Informationen versorgt. Fernsehleute interviewten den Piloten und übermittelten unentwegt Bilder vom Ort des Geschehens. Der 23jährige Robert Dean Stethem, Matrose bei der US-Navy, wurde ermordet, alle anderen Passagiere, einschließlich die 39 an Bord befindlichen Amerikaner, konnte man schließlich unversehrt freibekommen.
McFarlane, Casey und die anderen Hüter der Nationalen Sicherheit meinten, verglichen mit dem iranischen Geiseldrama, das 444 Tage gedauert hatte, habe die Administration noch Glück gehabt. Dennoch hatten sie den Atem angehalten. Der Flug TWA 847 hatte einmal mehr die Schwächen der Anti-Terror-Maßnahmen der Administration und das Fehlen einer effektiven Politik aufgedeckt. Die Bilder der Erniedrigung und Verwundbarkeit forderten Verrückte und Fanatiker geradezu heraus, loszuschlagen und danach vor surrenden Fernsehkameras auch noch Erklärungen abzugeben.
Auch wenn Casey nicht sicher war, wer hinter der Entführung steckte,

hatte die CIA, was die Finanzierung von Terroranschlägen betraf, noch immer die besten Informationen über Gaddafi und Libyen. Gaddafi benutzte weniger komplizierte Verschlüsselungsgeräte und Kodes. Sie wurden regelmäßig von der NSA geknackt. Allein die Zahl der abgefangenen Meldungen beförderte Gaddafi in den Augen der CIA zum aktivsten und engagiertesten Terroristen. Seine Leute waren nachlässig und hinterließen Spuren. Syrien und der Iran waren demgegenüber disziplinierter, sie operierten im dunkeln.

Es erschien hier opportun, zwei Fliegen mit einer Klappe zu schlagen: Gaddafi und den Terrorismus.

Casey war am Ball geblieben. Durch Geheimdienstberichte und regelmäßige offizielle Analysen von Gaddafis Aktivitäten hatte er das Problem ins Bewußtsein gerückt. Drei Monate zuvor hatte er eine Außerordentliche Lagebeurteilung mit dem Titel »Libyens Gaddafi: Eine Gefahr für die Interessen der Vereinigten Staaten und des Westens« erstellen lassen. Der geheime, 23seitige Bericht sagte voraus, daß Gaddafi in den kommenden achtzehn Monaten weltweit für Schwierigkeiten sorgen werde; Informationen belegten, daß Libyen »dreißig aufständische, radikale oder terroristische Gruppen mit Geld und Waffen versorgt, ausbildet, ihnen eine Operationsbasis zur Verfügung stellt oder Reiseunterstützung gewährt«.

Die Studie enthielt auch eine bunte, faltbare Weltkarte, die zeigte, wie Gaddafi seine subversiven Fühler nach allen Teilen der Erde ausstreckte, vergleichbar mit den Darstellungen der sowjetischen Expansion in den 50er Jahren durch die John Birch Society, auf denen sich die Welt langsam rot einfärbte. Auf der Karte zum Bericht über Libyen waren diejenigen Länder rot eingezeichnet, in denen Geheimdienstberichten zufolge Gaddafi aufständische oder terroristische Gruppen unterstützte. Dazu gehörten Guatemala, El Salvador, Kolumbien, Chile, die Dominikanische Republik, Spanien, die Türkei, Irak, Libanon, Pakistan, Bangladesch, Thailand, die Philippinen, Niger, Tschad, Sudan, Namibia und weitere acht afrikanische Staaten.

Eine andere Gruppe von Ländern war gelb eingefärbt. Das bedeutete, daß Gaddafi dort nach vorliegenden Erkenntnissen Einmischungspolitik betrieb, indem er die politische Opposition oder linke Politiker finanziell unterstützte. Dazu gehörten Österreich, Großbritannien, Costa Rica, St. Lucia, Dominica, Antigua und Australien.

Eine zweite Karte zeigte einen weit gezogenen Kreis mit Zentrum in

Libyen, der sich über die nördliche Hälfte Afrikas, über den Mittelmeerraum und bis nach Moskau erstreckte. So weit reichte Gaddafis militärischer Arm dank der sowjetischen TU-22 Bomber und der Unterseeboote der F-Klassen. In der Analyse hieß es, Gaddafi habe sich zu einem »klugen politischen Rechner« entwickelt und sein gestärktes Selbstvertrauen könnte ihn »zu weiteren, möglicherweise noch gefährlicheren Abenteuern veranlassen«.

In einem zentralen Abschnitt hieß es: »Wir glauben, daß Gaddafi direkt US-Bürger oder US-Einrichtungen angreifen würde, wenn er erstens: bei einem Übergriff nicht mit Vergeltungsmaßnahmen der USA zu rechnen hätte, zweitens: der Ansicht wäre, die USA planten einen direkten Anschlag gegen seine Person oder versuchten aktiv, seine Regierung zu stürzen.«

Casey war stolz auf diese Studie, da sie seiner Ansicht nach den Kern des Problems traf. Die Nachrichtenabteilung des State Department erhob leisen Einspruch. Gaddafis Hauptziel sei, so ließ man wissen, seine Gegner zu beseitigen, und sein zweites Ziel sei, die Vorherrschaft in der Region zu erlangen.

Im Weißen Haus behandelte McFarlane Gaddafi weiter als Problem erster Ordnung. Präsident Reagan unterschrieb am 30. April die NSDD, Nr. 168, zur »US-Politik in Nordafrika«. Die sechsseitige, geheime Direktive forderte »die Bildung einer Arbeitsgruppe aus allen Nachrichtendiensten unter Vorsitz des Nationalen Sicherheitsrats, die die US-Strategie gegenüber Libyen überprüfen und politische Optionen ausarbeiten soll, die geeignet sind, Gaddafis subversive Aktivitäten einzudämmen«. Die Direktive enthielt sechs Anweisungen für die wichtigsten Ministerien. Die bemerkenswerteste war: »Das Verteidigungsministerium wird das Programm für das Stairstep-Manöver überprüfen und Optionen und Empfehlungen ausarbeiten.« »Stairstep« war der Name eines Manövers, das vor der Küste Libyens durchgeführt werden sollte.*

Casey machte weiter gegen Gaddafi Front. Die NSA und die Analytiker in allen Nachrichtendiensten wußten, daß Casey Berichte wollte, also schürten sie das Feuer. Das streng geheime National Intelligence Daily (NID, Tägliches Bulletin der Nachrichtendienste) vom 9. Mai 1985 enthielt einen Bericht über Libyen. Äußerer Anlaß war der erste Jahrestag des Putschversuchs vom 8. Mai 1984, als Gaddafis Hauptquartier angegriffen worden war. In diesem NID war zu lesen, der Oberst sei noch immer aktiver Terrorist, und Libyen unterstütze gegenwärtig eine Verschwörung, deren Ziel es sei, mit einer Lastwagenbombe die US-Botschaft in Kairo in die Luft zu jagen. Laut NID hofften libysche Dissidenten und Exilbewegungen unter der Führung der Nationalen Front für die Rettung Libyens, eine Militäreinrichtung in Libyen in die Luft sprengen zu können, um dadurch ihre Präsenz auf Gaddafis Boden zu demonstrieren.

Die libyschen Aktivitäten blieben keinen Tag unbeobachtet. Libyen beriet über den Kauf von modernisierten MIG-29 und T-32-Panzern von den Sowjets, verhandelte mit Griechenland über ein 500-Millionen-Dollar-Waffengeschäft und plante zusammen mit der Türkei ein zweimonatiges Truppenmanöver. Ein Agent berichtete über die Schaffung zweier »Spezialeinheiten der Marine zur Durchführung von Kommandounternehmen und terroristischen« Überfällen unter der Führung von Oberstleutnant Hijazi, »einem Vertrauten des libyschen Staatschefs Gaddafi«. Ferner lagen Berichte vor mit Satellitenfotos über die Raketenbestückung libyscher MIG-23 Flogger-B Abfangjäger und so weiter. Ein Bericht kam zu dem Schluß, daß »von Gaddafis Gegnern im Exil noch immer keine größere, direkte Bedrohung ausgehe«, stellte aber auch fest, »daß die Exilanten Geld und Ausbildung von Ägypten, Algerien, Sudan, Irak und von Arafats PLO-Fraktion bekommen«.

Jetzt, nach der TWA-Krise im Juni, richtete sich die Administration darauf ein, in Aktion zu treten. Mitte Juli tagte die National Security Planning Group (NSPG). Die Sitzung, an der neben Reagan die wichtigsten außenpolitischen Berater teilnahmen, wurde von McFarlane mit der Feststellung eröffnet, wirtschaftliche Sanktionen und diplomatischer Druck hätten Gaddafi nicht zur Raison gebracht. Man müsse zu schärferen Maßnahmen greifen. Casey, Shultz, Weinberger und die anderen pflichteten ihm bei. Ein solch breiter Konsens war selten, und ein Gesamtplan wurde verabschiedet.

Unter dem streng geheimen Kodewort FLOWER wurden alle Operationen und Pläne gegen Gaddafi zusammengefaßt. Nur etwa zwei Dutzend Beamten, der Präsident und Casey mitgerechnet, wurde Zugang zu diesem Material eingeräumt.

TULIP war das Kodewort für eine verdeckte CIA-Operation, deren erklärtes Ziel es war, den libyschen Obersten durch Unterstützung von ihm feindlich gesinnten Exilbewegungen – darunter der Nationalen Front zur Rettung Libyens – und von Drittländern wie Ägypten, die Gaddafi aus dem Weg haben wollten, zu stürzen.

ROSE war ein weiteres Kodewort, und zwar für militärische Präventivschläge gegen Libyen, die als gemeinsame Aktionen mit US-Verbündeten, besonders mit Ägypten, geplant waren. Die USA sollten dabei für Unterstützung aus der Luft sorgen. Ein Angriffsziel war Gaddafis Hauptquartier. Dort vermutete man sein militärisches und terroristisches Koordinationszentrum.

Bei einer der Sitzungen rückte eine wichtige Frage in den Mittelpunkt, die der Regierung schon seit Jahren Kopfzerbrechen bereitete: Wäre eine solche Aktion gleichbedeutend mit Mord? Der Präsident sagte, man solle sich wegen des Verbots von Mordanschlägen keine Gedanken machen. Sollte Gaddafi getötet werden, würde er persönlich dafür den Kopf hinhalten.

Mehr konnte man nicht verlangen. Die Frage konnte damit als erledigt betrachtet werden.

Der Druck des Unternehmens TULIP und die geplanten militärischen Aktionen unter dem Kodewort ROSE sollten sich gegenseitig in ihrer Wirkung verstärken. Selbst wenn beide ihr Ziel verfehlen sollten, so würden sie doch im Zusammenwirken Libyen in Alarmzustand versetzen und eine Krise hervorrufen, die Gaddafi-Gegnern im libyschen Militär Gelegenheit zu einem Staatsstreich bot.

Für den Fall, daß ein Präventivschlag oder ein Vergeltungsangriff bekanntgegeben werden mußte, wurde eine Erklärung des Präsidenten aufgesetzt, die man bei Bedarf aus der Schublade ziehen konnte.

In Langley verfaßte Bob Gates für Casey eiligst eine zusammenfassende Studie, in der er das Pro und Contra präventiver militärischer Aktionen abwog. In einem streng geheimen Papier vom 15. Juli legte Gates sein Ergebnis vor: Trotz gewisser Schwachpunkte seien die Aktionen eine Chance, die Landkarte Nordafrikas neu zu gestalten.

Während der Geiselnahme der TWA-747-Flugpassagiere im Juni 1985 hatte Casey von seinem alten Freund John Shaheen gehört, daß ein Mann, der wegen versuchten Waffenverkaufs an den Iran unter Anklage stand, behauptet habe, das iranische Außenministerium sei geradezu erpicht darauf, Geiseln gegen TOW-Panzerabwehrraketen zu tauschen. Daraufhin hatte der Iran bei der Auslösung der restlichen TWA-Geiseln geholfen. Casey verstand das als Signal.

Als die Libyen-Pläne heranreiften, nahm Casey am 8. August an einer NSPG-Besprechung im Weißen Haus teil. Mit von der Partie waren der

Präsident, Bush, Shultz, Weinberger, Don Regan, McFarlane und Poindexter. McFarlane legte einen Plan vor, der die Lieferung von TOW-Panzerabwehrraketen durch Israel an den Iran vorsah. Die Vereinigten Staaten würden das Arsenal der Israelis wieder auffüllen, und als Zeichen guten Willens sollte der Iran auf die Freilassung der übrigen amerikanische Geiseln hinwirken, die noch immer im Libanon gefangengehalten wurden.

Shultz und Weinberger waren dagegen, doch Casey gefiel dieser Vorschlag, den David Kimche, der zweite Mann im israelischen Außenministerium und die frühere Nr. 2 im Geheimdienst Mossad, ausgearbeitet hatte. McFarlane war den Plan schon vor der Sitzung mit Casey durchgegangen. Kimche hatte McFarlane zwar gebeten, niemanden in der US-Regierung zu konsultieren, aber McFarlane hatte geantwortet, er brauche Caseys Urteil. Die CIA werde sich aus der Operation heraushalten; hier gehe es um ein inoffizielles, diplomatisches Geschäft, mit dessen Hilfe man einige Geiseln freibekommen könne. Die Beteiligung der CIA würde eine Direktive des Präsidenten erforderlich machen und folglich auch die Benachrichtigung des Geheimdienstausschusses des Kongresses. Aber hier handle es sich genau um die Art Operation, die man dem Kongreß nicht anvertrauen könne.

Obwohl der CIA Berichte vorlagen, wonach der Chef der Beiruter CIA-Station, Buckley – mittlerweile seit mehr als einem Jahr als Geisel in der Hand von Entführern –, ermordet worden war, klammerte sich Casey an die Hoffnung, Buckley könnte vielleicht doch wieder aus der Versenkung auftauchen, wenn es in den Beziehungen zum Iran zu einem Neuanfang käme.

Oberstleutnant North sollte die praktische Seite des Unternehmens abwickeln. Das State Department stellte ihm einen Paß auf den Namen William P. Goode aus, und Admiral Poindexter, McFarlanes Stellvertreter, ließ sich im Computersystem des Nationalen Sicherheitsrats eine interne, private Leitung zu North legen. Ihre Bezeichnung: »Private Blank Check«.

Am 12. September setzte sich North mit Charles Allen, Caseys NIO für Terrorismusbekämpfung, in Verbindung, einem der besten Irankenner innerhalb der Nachrichtendienste. North wußte, daß dem Iran nicht zu trauen war, und wollte alle verfügbaren Informationen. Er bat die NSA, einige Personen im Iran und Libanon unter Beobachtung zu stellen, so auch den iranischen Mittelsmann Manucher Ghorbanifar. Er sollte auf die Liste der vorrangig zu observierenden Leute gesetzt werden, das hieß: seine Telefongespräche wurden abgehört, seine Fernschreiben und Kontobewegungen wurden überwacht. Ghorbanifar war der Hauptvermittler in dem Waffentransfer zwischen Israel und dem Iran. Das abgefangene Material sollte nach Anordnung Norths nur Casey, McFarlane, ihm selbst und Weinberger zugänglich gemacht werden. Letzterer mußte allein schon deshalb informiert werden, weil sein Ministerium die israelischen Waffenbestände wieder auffüllen sollte. Shultz und alle anderen im State Department sollten außen vor bleiben.

Ghorbanifar war ein alter Bekannter der CIA. Schon 1974 hatte er als Informant in CIA-Diensten gestanden. Er gehörte zu der verwegenen, undurchsichtigen Spezies von Männern, die, halb Politiker, halb Geschäftsmann, immer am Bühneneingang der Nachrichtendienste herumlungerten. Doch immer wenn Ghorbanifar dort mit einem Blumenstrauß auftauchte, wurde ihm die Tür vor der Nase zugeknallt. 1981 hatte er Öl ins Feuer gegossen, als Gerüchte laut geworden waren, Libyen habe Killerkommandos in die Vereinigten Staaten entsandt, um Reagan und wichtige Regierungsmitglieder zu ermorden. Die CIA war zu dem Schluß gekommen, daß Ghorbanifars Informationen nicht nur unrichtig, sondern vorsätzlich gefälscht waren. 1983 hatte die CIA ihre Zweckehe mit ihm als Informanten einseitig gelöst. 1984 folgte eine schriftliche Warnung an die Mitarbeiter, in der Ghorbanifar als »geschickter Fälscher« apostrophiert wurde. Einmal hatte er sich angeboten, für ein Drittland Informationen über den Iran zu beschaffen. Als Gegenleistung sollte seinen Geschäftspartnern erlaubt werden, Drogen aus diesem Land zu schmuggeln. Bei CIA-Tests am Lügendetektor war er zweimal durchgefallen.

Casey war vor Ghorbanifar auf der Hut. Doch Männer wie er wurden oft Geheimagenten: gerade schäbige Individuen konnten von Nutzen sein. Die Abwicklung der Waffenverkäufe wurde durch das beiderseitige Mißtrauen zwischen Israel und dem Iran kompliziert. Der Iran wollte erst bezahlen, wenn er die Waffen erhalten hatte, und Israel wollte die TOW-Raketen nicht liefern, solange noch nicht bezahlt war. Den Weg aus dieser festgefahrenen Situation ebnete Ghorbanifar, als er mit einem »Überbrückungskredit« des saudi-arabischen Geschäftsmanns Adnan Khashoggi aufwartete, der fünf Millionen Dollar als Pfand für die Raketen hinterlegte. Am 5. September wurde Reverend Benjamin Weir, eine der amerikanischen Geiseln, freigelassen.

Casey wußte, daß Geiselnahmen und Terrorismus dem Weißen Haus und dem Präsidenten gewaltig zusetzten, an seinen Nerven zehrten. Weirs Freilassung wurde im Weißen Haus fast wie eine Messe gefeiert.

Inzwischen wurden im Nationalen Sicherheitsrat die Pläne für einen gemeinsamen Angriff der USA und Ägyptens auf Libyen vorangetrieben. Wie in der Iran-Frage taten sich unter Reagans Top-Beratern auch hier tiefe Gräben auf. Shultz war dagegen und hatte heimlich den US-Botschafter in Ägypten, Nicholas A. Veliotes, nach Washington zurückbeordert, um mit seiner Hilfe den Plan des Sicherheitsrats auszuhöhlen. »Sie glauben ja nicht, was diese Idioten im Weißen Haus jetzt wieder aufgetischt haben«, sagte einer von Shultz' Mitarbeitern zu Veliotes bei dessen Eintreffen in Washington. Shultz und Veliotes verbrachten ein arbeitsintensives Wochenende. Danach glaubten sie, sie hätten den ursprünglichen Plan in einen Vorschlag für »unvorhergesehene Zwischenfälle« und in ein »Szenario für Reaktion und Verteidigung« umgewandelt.

McFarlane steckte in den Vorbereitungen für den bevorstehenden Gipfel Reagan-Gorbatschow, so daß sein Stellvertreter Poindexter mit den Planungen in Sachen Libyen betraut wurde. Poindexter bestand darauf, persönlich nach Kairo zu reisen, um mit dem ägyptischen Präsidenten Hosni Mubarak weiter über ROSE zu verhandeln. Das State Department und Veliotes versuchten, dies zu verhindern, doch am Wochenende des Labor Day Anfang September traf Poindexter in Kairo ein. Im Reisegepäck hatte er Präsident Reagans Zusage, Kampfhandlungen direkt zu unterstützen. Doch bevor Poindexter seine kompromißlose Version des Planes unterbreiten konnte, unterbrach ihn der ägyptische Präsident – ein ungeduldiger Mann, der lieber selbst redete, als anderen zuzuhören.

»Sehen Sie, Admiral«, sagte Mubarak, »falls wir uns entschließen, Libyen anzugreifen, dann werden wir das selbst entscheiden und nach unserem eigenen Zeitplan.«

Mehr Anklang fand Poindexters Standpunkt im Verteidigungsministerium, wo er mit wichtigen Leuten konferierte. Trotz offensichtlicher Vorbehalte – davon war Poindexter überzeugt – hatte Mubarak Verständnis für Präsident Reagans Wunsch, zu handeln, und das konnte schließlich zu einem wichtigen Faktor werden.

Im Oktober wurde der italienische Vergnügungsdampfer Achille Lauro

mit 438 Menschen an Bord entführt. Im Weißen Haus wurde Terror-Alarm ausgelöst. Der 69jährige Amerikaner Leon Klinghoffer wurde in seinem Rollstuhl ermordet und über Bord geworfen. Sein Tod lieferte das benötigte Signal. Als der Dampfer in Ägypten anlegte, war er noch immer in der Gewalt der Entführer.
Mubarak haßte das Sicherheitssprechsystem, das ihm die Amerikaner installiert hatten. Der Hörer hatte eine Sprechtaste, so daß die Person am anderen Ende der Leitung nicht gleichzeitig sprechen und empfangen konnte. Mit anderen Worten: es war schwierig, dem Gesprächspartner ins Wort zu fallen. Mubarak griff deshalb auf ein normales Telefon zurück. Wegen der Schiffsentführung hatten die USA jedoch die Abhörtätigkeit durch NSA und Nachrichtensatelliten in Ägypten intensiviert. So kam es, daß am frühen Morgen des 10. Oktober ein Telefongespräch Mubaraks abgehört wurde und eine halbe Stunde später als streng geheime, verschlüsselte Nachricht im Situation Room des Weißen Hauses eintraf. Die Nachricht bestand aus dem kurzen Protokoll eines Gesprächs, das Mubarak mit seinem Außenminister geführt hatte. Mubarak hatte zuvor noch öffentlich erklärt, die vier PLO-Entführer hätten Ägypten bereits wieder verlassen. Das Telefonat bot eine andere Version der Geschichte. Mubarak teilte darin seinem Außenminister mit, daß sich die Entführer noch auf ägyptischem Boden befänden. Er brüllte, Shultz sei »verrückt«, wenn er glaube, Ägypten könne die Entführer, wie verlangt, an die Vereinigten Staaten ausliefern. Ägypten sei ein arabisches Land und könne seinen Brüdern von der PLO schließlich nicht in den Rücken fallen.
Um 11 Uhr traf ein zweites Protokoll im Situation Room ein. Mubarak erwähnte darin die Nummer der Maschine, die in wenigen Stunden mit den Entführern an Bord starten würde. Aber noch stand die Boeing 737 der Egypt Air auf dem Rollfeld des Al Maza Luftstützpunkts in Kairo. North wußte, daß derartig präzise Informationen eine Seltenheit waren. Und auch in diesem Fall würde das nicht lange so bleiben. Er schlug Poindexter einen kühnen Plan vor: die Maschine der Egypt Air mit US-Jets abzufangen, zur Landung auf einem Nato-Stützpunkt in Sizilien zu zwingen und die Entführer festzunehmen.
Die Idee wurde an den Präsidenten weitergeleitet, der sich gerade in Chicago aufhielt. Er gab seine Zustimmung.
Im Laufe des Nachmittags schickte die NSA noch zehn weitere Protokolle, in denen Mubarak den endgültigen Plan zur Evakuierung der Entfüh-

rer offenlegte. Für North und Poindexter war es, als säßen sie im Büro des ägyptischen Präsidenten. Die Protokolle machten deutlich, wie unwohl Mubarak bei seinem Manöver war. Zuerst hatte er keine Kenntnis von dem Mord an Klinghoffer gehabt, und als er schließlich davon erfuhr, begriff er sofort die Konsequenzen. Ihm wurde klar, daß die Vereinigten Staaten jetzt handeln mußten. Er tobte und brüllte seine Mitarbeiter an, warum man ihn nicht sofort informiert habe.
Die NSA gab dem Weißen Haus durch, wann die vier Entführer bei der Maschine eintreffen würden, dazu die Flugnummer und die Route nach Algerien. Am Spätnachmittag fingen vier F-14 vom US-Stützpunkt Saragota die Maschine der Egypt Air ab und zwangen sie zur Landung in Sizilien. Die Entführer sollten in Italien vor Gericht gestellt werden.
Als Poindexter am nächsten Morgen den Raum betrat, stand Reagan auf, hob die Hand und salutierte: »Ich grüße die Navy.«
Ein kleiner Packen Papier, einige Dutzend Protokolle von Mubaraks Telefonaten waren der Schlüssel zum Erfolg gewesen. Sie hatten Mubaraks Pläne, Absichten und Stimmungslagen enthüllt, sie hatten über seine Entscheidung, die PLO-Entführer auszufliegen, und das Wann und Wie der Aktion exakt Auskunft gegeben. Reagan wurde von der Öffentlichkeit, von Republikanern wie von Demokraten, mit Lob überschüttet. Man feierte den ersten klaren Sieg über den Terrorismus. Reagan wußte, welchen Löwenanteil am Erfolg die Abhöraktionen hatten. Jedesmal, wenn er in der Folgezeit Casey begegnete, machte er, der Oberbefehlshaber, fast eine Verbeugung vor seinem DCI.
Casey kostete diesen Sieg aus. Viele Skeptiker, unter ihnen Bob Gates, hatten behauptet, die Hoffnung, jemals rechtzeitig an taktische Informationen heranzukommen, sei unrealistisch. Und wenn es dem Nachrichtendienst doch mal gelang, war das für Gates nur unverschämtes Glück. Aber Casey war rundum zufrieden. Dafür hatte er gearbeitet: Er hatte den Nachweis erbracht, daß Spionage wertvolle Dienste leistete.
Etwa zwei Wochen später entdeckte Mubarak am Telefon in seinem Büro eine Wanze, doch die NSA verfügte über noch raffiniertere Methoden und hörte weiterhin seine Gespräche ab, unter anderem auch eines, das etwa einen Monat später stattfand: Mubarak tobte, weil die Syrer Klinghoffers Leichnam, der inzwischen an Land gespült worden war, der Regierung der Vereinigten Staaten übergeben hatten.

Fasziniert las Casey einen Bericht, wonach drei sowjetische Diplomaten, die im Herbst in Beirut entführt worden waren, nach einem Monat freigelassen worden waren. Ein vierter war unmittelbar nach der Entführung ermordet worden, doch die anderen blieben unversehrt. Verläßlichen Informationen zufolge, die Casey aus israelischer Quelle zugingen, steckte folgendes hinter diesem Kunststück: Der KGB hatte den Verwandten eines radikalen Moslemführers aus dem Umfeld der Hizballah gefangengenommen, ihn kastriert, ihm die Hoden in den Mund gesteckt, ihn in den Kopf geschossen und die Leiche an die Hizballah geschickt. Beigelegt war die Warnung des KGB, daß weitere Mitglieder der Gottespartei auf ähnliche Weise sterben würden, falls die Sowjets nicht freigelassen werden sollten. Kurz danach wurden die drei – ein Attaché, ein Handelsvertreter und der Botschaftsarzt – wenige Blocks von der sowjetischen Botschaft entfernt auf freien Fuß gesetzt. In einer telefonischen Erklärung, die bei Nachrichtenagenturen einging, hieß es, die Freilassung sei eine Geste des »guten Willens«.
Casey war nun überzeugt, daß die Sowjets die Sprache der Hizballah beherrschten.

Im Herbst des gleichen Jahres lud Casey Bernard McMahon, der vor neun Monaten zum Stabschef des Senatsausschusses für den Nachrichtendienst ernannt worden war, zu einem Gespräch zu sich ins Büro nach Langley ein. McMahon, ehemaliger Kapitän zu See bei der Navy und nicht verwandt mit John McMahon, war mehrere Jahre als Turners Executive Assistant bei der CIA tätig gewesen. Casey stellte eine Menge Fragen über Turner, seinen Arbeitsstil, seine Art und seine Mitarbeiter. Er erkundigte sich gezielt nach einzelnen Leuten, wollte McMahons Meinung hören über die CIA früher und heute, und zwar ganz aufrichtig. Sind die Leute hier nicht wundervoll? fragte Casey.
McMahon pflichtete ihm bei. Hohes Niveau, viele kluge Köpfe.
»Was denken Sie, warum sie das tun, was sie hier tun?« fragte Casey todernst. »Was glauben Sie, warum sie hier sind? Was dahintersteckt, worum es ihnen geht?«
Aufregende Arbeit, Patriotismus.
»Nein, nein, nein«, sagte Casey und ruderte mit den Armen, »Wir haben die Chance, unsere eigene Außenpolitik durchzusetzen. Wir sind die Speerspitze. Wir sind das ausführende Organ der Regierung.«

Ebenfalls in jenem Herbst hatte ich den Tip bekommen, daß die fixe Idee Gaddafi im Weißen Haus und in der CIA ihren dramatischen Höhepunkt erreicht habe und daß man im Begriff sei, Pläne für eine bedeutende verdeckte Aktion zu schmieden, um Gaddafis Position auszuhöhlen. »Shultz flößt den anderen Vertrauen ein«, sagte mir einer meiner Informanten und fügte hinzu, der Außenminister sei schon immer der entschiedenste Verfechter gewesen, »er legt den Plan dar, als sei er eine Idee des lieben Gottes persönlich«. Der Informant sagte: »Ich würde die Sache nicht einmal mit einer zehn Meter langen Stange anfassen.« Worauf ein zweiter, höher gestellter Informant entgegnete: »Warum eine so kurze Stange? Ich würde mich nicht einmal mit einer zwanzig Meter langen Stange herantrauen.«
Der CIA-Anteil des Plans TULIP wurde den Ausschüssen von Senat und Repräsentantenhaus vorgelegt. Nur mit hauchdünnen Mehrheiten wurde der Plan gegen Gaddafi gebilligt – 8 zu 7 Stimmen im Senatsausschuß, 9 zu 7 Stimmen im Ausschuß des Repräsentantenhauses.
Obwohl der Vorsitzende des Senatsausschusses, T.K. Durenberger, und sein Vize Leahy gegen die Vorlage waren, war es ihnen nicht gelungen, die Mehrheit ihres Ausschusses hinter sich zu bringen. Sie fragten, wie ein solcher Plan zur Unterstützung der Exilanten und Dissidenten mit dem Verbot politischer Morde zu vereinbaren sei, wo doch bekannt sei, daß die Exilbewegung Gaddafis Tod wünsche.
Casey antwortete, die CIA unterstütze diejenigen, die Gaddafi absetzen wollten. Möglich, daß sie versuchen könnten, ihn zu ermorden, doch das gehöre nicht zum CIA-Plan.
Durenberger und Leahy argumentierten, die Unterstützung potentieller Mörder sei Mord. Punktum.
Doch Casey hielt die Stellung. Der Präsident habe sein Ja gegeben; der Kongreß könne ja die Gelder sperren.
Okay, sagten die beiden Senatoren, und dann erkundigten sie sich nach allen Einzelheiten des Plans, wer was wann wie und wo tun werde. Sie steckten die Nase in jede Akte, schielten unter jedes Bett. Die beiden Senatoren schrieben einen streng geheimen Brief an Reagan persönlich, in dem sie energisch protestierten und fragten, was diese Aktion denn von »Mord« unterscheide. Das Weiße Haus antwortete, man plane keinen Mord, und die Senatoren sollten dieses Hetzwort aus ihrem Brief streichen. Sie weigerten sich.
Leahy hatte den Verdacht, daß die Administration dem Ausschuß und

nicht zuletzt auch sich selbst etwas vormachte. Unter dem Vorwand, den Terrorismus zu bekämpfen – so wie sie in Nicaragua den Kommunismus bekämpfte – war sie drauf und dran, das Land in einen weiteren geheimen Krieg hineinzuziehen. Wie in Nicaragua würde er nicht lange geheim bleiben. Und am Ende würde er, genau wie die Nicaragua-Operation, außer Kontrolle geraten.
Casey war fuchsteufelswild über die Anmaßung des Ausschusses, sich in Details von Operationen einzumischen.
Samstag, den 2. November, rief ich Direktor Casey an. Sein Freund und Kamerad aus OSS-Zeiten, John Shaheen, war am Vortag gestorben. Ich sprach Casey mein Beileid aus.
»Danke«, sagte Casey wehmütig, »er war ein feiner Mann.«
Ich sagte, wir würden einen Artikel darüber bringen, daß Reagan die CIA autorisiert habe, Gaddafis Position heimlich zu unterminieren. Die *Post* werde keine Einzelheiten enthüllen, sondern nur, daß das Ganze in Form von CIA-Hilfe für nicht näher benannte Drittländer oder Exilgruppen, die auf Gaddafis Sturz hinarbeiteten, geschehen solle.
»Manch anderer würde das nicht bringen«, sagte Casey. »Aber Ihnen kann ich's wohl nicht ausreden, oder?«
Da die Debatte innerhalb der Administration und der Geheimdienst-Ausschüsse so wichtig sei, sagte ich, sähe ich keine Veranlassung, die Story zurückzuhalten.
Er murrte.
Ich kam auf das Problem politischer Morde zu sprechen; es würde in dem Artikel vorrangig behandelt werden.
»Nun, wir bringen niemanden um«, erwiderte Casey. Er machte auf mich einen zerstreuten Eindruck und schien nichts mehr sagen zu wollen, verabschiedete sich aber freundlich.
Binnen einer halben Stunde rief er zurück, um einen zentralen Punkt klarzustellen: der Präsident, der Außenminister und er seien nur daran interessiert, den Terrorismus zu stoppen, keinesfalls aber wollten sie Beihilfe zum Mord an Gaddafi leisten. Wenn man an höchster Regierungsstelle eine Operation in Erwägung ziehe, dann nur, weil man ehrenwerteste Absichten verfolge.
Ich antwortete, daß dieser Punkt in dem Artikel deutlich gemacht werde.
Er sagte nichts mehr und legte auf.
Mir fiel wieder Bradlees Schilderung von Caseys verhaltenem Protest ein, den dieser vor dreieinhalb Jahren gegen Bradlees Entscheidung vorge-

bracht hatte, den Artikel über die Nicaragua-Operation zu drucken. Der CIA-Direktor hatte damals weder die Auffassung gelten lassen, eine Enthüllung sei unvermeidlich, noch war er der Ansicht gewesen, es könne für ihn und die Ziele der CIA in irgendeiner Form von Nutzen sein, wenn verdeckte Aktionen ans Licht kämen.
Der Artikel erschien tags darauf, Sonntag, den 3. November 1985. Noch am selben Tag schob der Präsident nach seiner Rückkehr von Camp David alle Fragen zu dieser Angelegenheit beiseite. In der öffentlichen Stellungnahme des Weißen Hauses hieß es: »Obwohl der Präsident den Behauptungen und Folgerungen in dem Artikel der *Washington Post* über Libyen jede Glaubwürdigkeit abspricht, ordnet er wegen der Enthüllung von Dokumenten des US-Nachrichtendienstes, die in diesem Artikel zitiert werden, Nachforschungen an, um festzustellen, wer für diese Indiskretion verantwortlich ist, und um geeignete Maßnahmen zu ergreifen.«
In Wirklichkeit war man im Weißen Haus erleichtert. Nur TULIP, der geheime CIA-Plan, war durchgesickert, und der Artikel war sehr allgemein gehalten gewesen. Der streng geheime militärische Einsatzplan war nicht bekannt geworden; Unternehmen ROSE konnte also weitergehen.
Casey suchte den Präsidenten auf und warf ihm eine Kopie des *Post*-Artikels auf den Schreibtisch. »Sehen Sie sich das an. Ich wußte, daß die Kontrolle durch den Kongreß nicht funktioniert. Diese Bastarde halten nicht dicht.« Er erklärte Reagan, daß der Geheimdienstausschuß ihn exakt mit dieser Frage – politischer Mord ja oder nein – gelöchert habe; das stamme direkt aus den Hearings. Keine Frage.
Der Präsident schrieb dem Ausschuß einen zweiseitigen Brief, in dem er unumwunden behauptete, die Ausschüsse hätten nicht dicht gehalten. Es sei gewissenlos, auf diese Art und Weise eine verdeckte Aktion zu stoppen, die eine Minderheit der Ausschußmitglieder nicht billige. Indiskretion sei ungefähr das Schlimmste, was man der nationalen Sicherheit je zufügen könne, und sie wecke Zweifel an der Kontrollfunktion des Kongresses. Im Klartext warf er dem Kongreß Verrat vor.
Senator Durenberger rief Don Regan an: »Wir werden alles daransetzen, um den Verantwortlichen zu finden«, sagte der Ausschußvorsitzende. Beide Ausschüsse stellten Nachforschungen an und fanden heraus, daß der Artikel Zitate aus einem 29seitigen streng geheimen »Vulnerability Assessment« (Analyse der Schwachstellen des Gegners) enthielt, das in dem Schluß gipfelte, unzufriedene Angehörige der libyschen

Armee »könnten zum Mord angestachelt werden«. Keiner der beiden Ausschüsse hatte das Papier zu Gesicht bekommen. Die Vermutung drängte sich also auf, die undichte Stelle müsse irgendwo in der Administration sein. Nach etwa einer Woche konnten sich die Ausschüsse in einem Antwortschreiben an Reagan von jedem Verdacht reinwaschen. Reagan antwortete nicht.

In Kairo traf sich US-Botschafter Veliotes mit dem ägyptischen Verteidigungsminster Ghazalla, der in Ägypten am vehementesten für einen Sturz Gaddafis eintrat. Ghazalla war wütend, daß der CIA-Teil der Operation bekannt geworden war, und fragte, wie Ägypten den Vereinigten Staaten noch trauen könne. Er äußerte Bedenken hinsichtlich der militärischen Planung. Siehe Schweinebucht. Würden die Vereinigten Staaten einmal mehr in letzter Sekunde abspringen?

Veliotes entgegnete, der Präsident sei über die Indiskretion selbst außer sich, und man werde Maßnahmen gegen diejenigen ergreifen, die Geheimnisse ausgeplaudert hätten. Gleichzeitig, so Veliotes, werde die ganze Geschichte wieder in Vergessenheit geraten, weil es keine politische Kontroverse gebe. Jedermann in den USA wolle Gaddafi loswerden.

Casey ließ von einem Analytiker eine detaillierte Angriffsstudie zu Libyen ausarbeiten. Das streng geheime Dokument im grauen Aktendeckel favorisierte die Zeit kurz vor Sonnenaufgang als günstigsten Zeitpunkt für Luftangriffe. Aber auch das Pentagon fertigte eine hauseigene Studie über eine direkte militärische Aktion der USA an. Die Erfolgsaussichten eines solchen Unternehmens wurden darin in düsteren Farben gemalt, man riet offen davon ab. Bei dieser Studie war man von einem Überraschungsangriff gegen Libyen in Kooperation mit Ägypten ausgegangen. Das Pentagon betonte, für eine militärische US-Operation brauche man unter Umständen sechs Divisionen, also 90 000 Mann. Die Planer im Pentagon gingen von praktischen Erwägungen aus, als sie fragten: »Wollen wir Krieg mit Libyen?«
Die Antwort Weinbergers und der Joint Chiefs of Staff lautete: Nein!

In jenem Herbst unterzog sich Casey einer ärztlichen Untersuchung. Irgend etwas war nicht in Ordnung, das wußte er. Die Diagnose lautete: Prostata-Krebs – keine rosigen Aussichten für einen 72jährigen. Er besorgte sich alle verfügbare Literatur über diese Krankheit und war bald bereit, sich dem strengen Regiment täglicher Bestrahlungen und

einer chemotherapeutischen Behandlung zu unterwerfen. Seiner Frau Sophia teilte er die schreckliche Neuigkeit mit, aber, so entschied er, kein Angehöriger der CIA und kein Regierungsbeamter sollte davon erfahren. Nicht einer.
Er wußte jetzt, daß auch seine Zeit nicht unbegrenzt war. Die Dinge mußten forciert werden.
Am Abend des 21. November rief North Dewey Clarridge an, der von der Sektion Lateinamerika versetzt worden und nun Leiter der Sektion Europa war. North war in heller Aufregung und sagte, er brauche Hilfe, um für eine israelische Maschine, die in humanitärer Mission unterwegs sei, eine Landeerlaubnis für Portugal zu bekommen.
Clarridge sandte über seine Privatkanäle eine Flash-Botschaft mit höchster Priorität nach Portugal und berief den dortigen Stationschef um 3 Uhr nachts in die Botschaft. In einer ganzen Serie von Depeschen beauftragte Clarridge ihn, »alle Hindernisse aus dem Weg zu räumen«. »Es geht um eine Initiative des Nationalen Sicherheitsrates, die die höchsten Interessen der US-Regierung vertreten wird«, sagte Clarridge. Portugal müsse wissen, daß die »Unterstützung dieses Vorhabens aufmerksam registriert und honoriert wird ... Der Botschafter soll nicht informiert werden.« Der Stationschef wurde beauftragt, sich mit General Secord zu treffen, der unter dem Namen Richard Copp nach Lissabon geflogen sei. Aber Portugal lehnte ab. North sagte dann, er brauche den Namen einer vertrauenswürdigen Charter-Fluggesellschaft, und zwar dringend.
Die zuständige CIA-Abteilung schlug eine Gesellschaft vor, die für die CIA geheime Aufträge ausführte – St. Lucia Airways.
Clair George war nicht erreichbar, deshalb setzte sich Clarridge mit dem stellvertretenden DDO, Ed Juchniewicz, in Verbindung, der North wissen ließ, daß St. Lucia Airways nicht nur für die CIA arbeite, sondern auch kommerzielle Aufträge übernehme. Deshalb könne jedermann bei ihr chartern.
North bestellte bei St. Lucia Airways zwei Maschinen vom Typ Boeing 707. Sie sollten 80 Hawk-Flugabwehrraketen nach Israel bringen, wo die Hawks für den Weitertransport in den Iran in israelische Maschinen umgeladen werden sollten. Die Kosten beliefen sich auf 18 Millionen Dollar. North wickelte die Transaktion über ein Schweizer Bankkonto ab, Lake Resources Inc. (Kto. Nr. 386-430-22-1 bei der Schweizerischen Kreditanstalt).

Da Clarridge so kurzfristig eine Fluggesellschaft aufgetan hatte, ließ North Poindexter über den Bürocomputer wissen: »Clarridge verdient einen Orden.« Doch den Israelis war die Zeit inzwischen zu lang geworden; sie gaben die Flugzeuge frei, die für den Waffentransport in den Iran vorgesehen waren. North nannte das eine »Sparmaßnahme« der Israelis. Er mußte sich etwas einfallen lassen. Es gelang ihm, eine von General Secords Maschinen aufzutreiben, mit der eigentlich eine Ladung Munition zu den Contras hätte gebracht werden sollen (Richard Secord, ehemaliger Generalmajor der Air Force und Veteran des heimlichen Laos-Kriegs, unterhielt ein privates Verteilernetz für Waffentransporte).
»Ehrenwort, einen solchen Schlamassel hab ich in meinem ganzen Leben noch nicht erlebt«, so eine Computernachricht von North an Poindexter, die er ihm laut Unterlagen um 17.20 Uhr übermittelte. Weiter hieß es darin, er werde sich noch in der Nacht mit einem Contra-Führer treffen, um ihm zu sagen, daß die Munition erst einige Tage später geliefert werde. »Zu dumm, dies wäre unser erster Direktflug zu den Widerstandskämpfern gewesen.«
Am Sonntag morgen ging North im Situation Room die Berichte über die Entführung eines Düsenverkehrsflugzeuges der Egypt Air nach Malta durch. Er ließ sich eine Kopie des Artikels bringen, der vor drei Wochen in der *Post* zu der verdeckten Operation gegen Gaddafi erschienen war. Außerdem verlangte er die übersetzten Protokolle der abgehörten Telefonate, die Gaddafi an jenem Morgen geführt hatte. Vielleicht, sagte sich North, war irgendein Hinweis darauf zu finden, daß der *Post*-Artikel den Anstoß zu der Flugzeugentführung gegeben hatte. Doch die Unterlagen enthielten nichts, was auf eine Verwicklung Libyens in die Entführung schließen ließ. Noch am selben Tag stürmte ein ägyptisches Militärkommando die Maschine. Die Bilanz: 57 der an Bord befindlichen 80 Menschen kamen ums Leben.
Am Montag, dem 25. November, wurde John McMahon darüber informiert, daß die CIA Portugal um Durchflugerlaubnis für den Waffentransport ersucht habe. Bei McMahon läuteten die Alarmglocken. Es bestand ein Waffenembargo gegenüber dem Iran, und trotzdem hatten CIA-Leute aktiv mitgewirkt. Also handelte es sich faktisch um eine verdeckte Aktion. Wo aber war die Direktive des Präsidenten, die die CIA dazu autorisierte?
Juchniewicz sagte, genaugenommen habe die CIA mit der Sache nichts zu tun. North sei an sie herangetreten. Man habe ihm gesagt, die CIA

könne das nicht machen. North habe den Namen der St. Lucia Airlines schon gewußt, und seine Abmachungen mit der Fluggesellschaft seien rein geschäftlicher Natur, keine verdeckte Aktion.

Er erkenne auf Anhieb, ob er es mit einer verdeckten Aktion zu tun habe oder nicht, antwortete McMahon trocken. Oliver North sei eine Gefahr, früher oder später müsse es Probleme mit ihm geben. Und jetzt habe er die CIA in eine faule Sache hineingezogen. Clarridge habe über zwei Dutzend Botschaften nach Portugal gesandt oder von dort erhalten. Zu allem Überfluß existierte seit Watergate eine Dienstvorschrift, wonach der DCI oder sein Stellvertreter persönlich jedes Gesuch um praktische Unterstützung aus dem Weißen Haus genehmigen mußte. Sie hieß »G. Gordon Liddy«-Vorschrift, weil Liddys Watergate-Einbrecherteam von der CIA mit einer falschen Identität, einem Gerät für Stimmenverzerrung und einer roten Perücke ausgestattet worden war und die CIA damit auf immer in den Watergatesumpf hineingezogen hatte. Kein Zweifel, diese Vorschrift war verletzt worden. Casey hielt sich momentan in China auf, aber McMahon wußte, daß er schnell handeln mußte. Am Spätnachmittag rief er Sporkin an und beauftragte ihn, einen Entwurf für eine Direktive des Präsidenten auszuarbeiten, »um im nachhinein die Benutzung der CIA-eigenen Fluggesellschaft« zu decken. »Ich schicke einige Leute von der Planungszentrale zu Ihnen hinüber, die Sie über die Sache informieren werden«, sagte McMahon. Sie kamen und faßten sich kurz; in zwanzig Minuten war die Situation klar: Es handelte sich um ein Austauschgeschäft von Waffen gegen Geiseln.

Sporkin schaltete einige seiner besten Juristen ein. Er nahm seine klobige, buchstarke Brieftasche aus der Anzugtasche und verstaute sie im Schreibtisch – bei ihm ein untrügliches Zeichen, daß eine lange Nacht bevorstand. Jetzt wurde es ernst, und Sporkin war sich der Bedeutung des Augenblicks bewußt.»Wir müssen den Präsidenten dazu kriegen, daß er es genehmigt«, sagte er den Mitarbeitern. Er wolle den Stempel des Präsidenten unter dem Papier. Eine Direktive sei eine Lebensversicherung für die CIA und für Casey. Der Präsident habe die Macht, er könne sie schützen.

Die Probleme waren brisant wie selten: Waffenlieferungen in den Iran, die Geiseln und ihre Sicherheit; dazu Stationschef Buckley, der jetzt seit 20 Monaten gefangen war, vielleicht schon tot, vielleicht noch am Leben. Diesmal durfte die Geschichte nicht durchsickern. Die Möglichkeit, die Benachrichtigung des Kongreßausschusses zu unterlassen, war schon

vorher diskutiert worden. Doch Casey hatte Angst, die Ausschüsse zu übergehen. Die Direktiven sickerten durch; die über Präventivschläge gegen Terroristen habe in der Zeitung gestanden, und der Gaddafi-Direktive sei es nicht anders ergangen. Dasselbe werde auch mit dieser hier passieren, und wegen einer Indiskretion würde man die Operation dann begraben müssen. Aber das Gesetz, das eine »rechtzeitige« Unterrichtung der Ausschüsse verlangte, öffnete ein Hintertürchen. Es räumte unmißverständlich die Möglichkeit außergewöhnlicher – allerdings nicht näher definierter – Umstände ein, bei denen die vorherige Unterrichtung der Ausschüsse unterbleiben konnte. Aber das Gesetz war hier nicht klar festgelegt. Für Sporkin war es das typische Beispiel eines raffiniert ausgetüftelten parlamentarischen Kompromisses. Obwohl das Gesetz nicht ausdrücklich sagte, der Präsident könne eine Benachrichtigung aussetzen oder hinausschieben, hieß es darin doch im Hinblick auf solche Fälle, daß er »in einem Statement begründen soll, warum nicht im voraus Bericht erstattet« wurde.
Sporkin machte sich an die Arbeit und brachte eine Direktive zu Papier, die nicht länger war als eine Seite. »Hiermit ergeht an den Direktor aller Nachrichtendienste die Anweisung, den Kongreß der Vereinigten Staaten nicht zu informieren ... dies gilt bis zu dem Tag, an dem ich anders verfüge.«
Sporkin wußte aus seiner Zeit bei der SEC, daß es in einigen Chefetagen der Geschäftswelt durchaus nicht ungewöhnlich war, Aktivitäten im nachhinein abzusegnen, solange sie mit der Betriebspolitik übereinstimmten. Um die CIA-Beamten abzusichern, die North bereits behilflich gewesen waren, schrieb Sporkin: »Alle früheren Schritte, die von Beamten der US-Regierung zur Förderung dieser Angelegenheit unternommen wurden, werden hiermit genehmigt.« Die Direktive beschrieb nichts anderes als ein Austauschgeschäft von Waffen gegen Geiseln.
Casey hatte sich nie mit den umständlichen Prozeduren des Regierungsapparats anfreunden können, und auch der Präsident sah in der Bürokratie nur einen unbeweglichen Koloß. Darauf baute Sporkin auf. Erst lange nach dem Dinner war er fertig. Am nächsten Tag legte er den Entwurf McMahon vor, der ihn an Casey weiterkabelte. McMahon wollte in dieser Sache keinen Alleingang unternehmen. Casey hielt die Direktive für ein juristisches Bravourstück, das dem Präsidenten erlaube, von seiner Amtsgewalt Gebrauch zu machen.
Casey hatte von den Geheimdienstausschüssen die Nase endgültig voll.

Die Bösartigkeiten des Senatsausschußvorsitzenden Durenberger hatten einen neuen Höhepunkt erreicht. Man mußte den Senatoren endlich sagen, sie sollten sich zum Teufel scheren. Den ganzen Herbst über hatten die Ärgernisse zugenommen.

Zuerst war Vitaly Jurtschenko, ein KGB-Überläufer, der im Sommer zur CIA gestoßen war, seinen Betreuern in einem Restaurant in Georgetown ausgebüchst und zu den Sowjets zurückgekehrt. In der Sowjetbotschaft in Washington hatte er eine Pressekonferenz gegeben und mit der Erklärung Aufsehen erregt, die CIA habe ihn gekidnappt. Außerdem hatte er von einem Dinner mit Casey berichtet, zu dem der DCI mit offenem Hosenschlitz erschienen sei. Dafür hatte er lautes Gelächter geerntet. Casey gab zu, daß man Jurtschenko falsch angepackt hatte. Der Russe hatte 25 Jahre beim KGB zugebracht und war ein alter Hase. Ohne Zweifel hatte ihn eine Katerstimmung gepackt, wie das bei Überläufern oft der Fall war. Die CIA hatte es versäumt, ihm eine ausreichende Zahl Russisch sprechender Begleiter an die Seite zu stellen, und hatte sich nicht genügend in die Psyche eines Mannes hineinversetzt, der im Begriff war, sein Land zu verraten. Aber Durenberger und sein Ausschuß waren mit Casey Schlitten gefahren und hatten behauptet, die CIA habe alles verpfuscht. Die Senatoren schienen überhaupt fast täglich in den Nachrichten zu sein und höhnische Kritik an Casey und seiner Institution zu üben.

Dann kam noch etwas hinzu, was die Angelegenheit unendlich komplizierte, für die CIA einerseits schlimmer, andererseits angenehmer machte: Jurtschenko hatte zwei Verräter im US-Nachrichtendienst identifiziert. Jurtschenko war ein mürrischer, 49jähriger KGB-Profi, der unmittelbar vor seiner Flucht zum Stellvertreter der Ersten Abteilung des KGB befördert worden war, die für Spionage in den USA und in Kanada zuständig war. Als die CIA ihn zwei Monate später unter ihre Fittiche genommen hatte, war er natürlich gefragt worden, ob der KGB einen Agenten eingeschleust oder einen Maulwurf im US-Nachrichtendienst sitzen habe. Nur einen ehemaligen CIA-Beamten, hatte Jurtschenko geantwortet und damit böse Vorahnungen geweckt. Dieser Mann sei für die CIA-Station in Moskau vorgesehen gewesen, sei dort aber nie angekommen. Sein Deckname sei »Robert« gewesen. Vor einem Jahr habe er in Österreich Kontakt mit dem KGB aufgenommen und ihm wertvolle Geheiminformationen verkauft.

Unglücklicherweise brauchte die Sowjet-Abteilung der CIA nicht lange zu suchen. Die Hinweise führten geradewegs zur Akte eines gewissen Edward Lee Howard. 1981 war Howard zur CIA gestoßen. Der damals 29jährige hatte 1972 an der Universität von Texas seinen Abschluß gemacht (cum laude) und zwei Jahre im Friedenscorps in Kolumbien verbracht. Außerdem war er Magister der Betriebswirtschaft. Er sprach fließend mehrere Sprachen, war schnell von Begriff, gewieft und mit allen Wassern gewaschen. Mit anderen Worten: sein Persönlichkeitsprofil entsprach dem Idealbild des Geheimagenten in Caseys CIA. Er kannte sich mit Waffen aus und war trinkfest. Er hatte zugegeben, Drogen genommen zu haben, aber das sei eine Modeerscheinung gewesen und für ihn längst kein Thema mehr.

Howard war für die Eliteabteilung Sowjetunion ausgewählt worden und sollte in der Moskauer Station geheimdienstliche Aufgaben übernehmen. Er war intensiv in Überwachungstechnik ausgebildet worden, ebenso in den Methoden, sich einer Überwachung zu entziehen. In Moskau sollte er als Agentenbetreuer arbeiten, als einer der wenigen, die an vorderster Front Kontakt zu den Informanten halten und technische Datenbeschaffungsanlagen warten.

Vor 1972 hatte man die Geheimdienstoperationen in Moskau von Langley aus gesteuert. Die Beamten waren an der kurzen Leine gehalten worden und hatten lediglich als Datenübermittler oder Laufburschen fungiert. Weder war ihnen die wirkliche Identität der Informanten bekannt gewesen, noch hatten sie das Datenmaterial zu Gesicht bekommen, das die elektronischen Abhörvorrichtungen lieferten. Das hatte zwar die Sicherheit erhöht, effektive Spionage hatte man auf diese Weise jedoch nicht betreiben können. Nach 1972 leitete der Moskauer Stationschef die Operationen. Es war eine kleine Station. Die feindselige Umgebung in Moskau wurde nur noch von der Wichtigkeit der Aufgaben übertroffen: die wenigen Beamten waren überlastet, und jeder, vom jüngsten bis hinauf zum Stationschef, mußte jederzeit in der Lage sein, für den anderen einzuspringen. Es gab keine eigentliche Hierarchie in diesem Schützengraben, daher auch keine Abteilungen. Jeder einzelne Beamte war über alles im Bilde. Ein Neuer wie Howard mußte sich zuerst mit allem gründlich vertraut machen, so daß er, wenn er nach Moskau kam, die Informationsquellen und Arbeitsmethoden in- und auswendig kannte und sofort mit der Arbeit beginnen konnte. Die anderen Beamten hätten unmöglich Zeit gehabt, womöglich Tage oder

Wochen damit zuzubringen, ihn zu informieren und einsatzfähig zu machen.
Um in der Abteilung Sowjetunion und in der Moskauer Station überleben zu können, brauchten die Beamten ein Gegengewicht zur »russischen« Atmosphäre des Mißtrauens; sie brauchten etwas, was sie zusammenschweißte, und das war rückhaltloses Vertrauen und ein System gegenseitiger Unterstützung.
Bevor Howard also nach Moskau geschickt werden konnte, wurden ihm sämtliche Instruktionen und Langley-Akten vorgelegt. Er mußte alles genauestens studieren. Im Frühjahr 1983, kurz vor seiner Abreise nach Moskau, mußte er sich dem Lügendetektor-Test unterziehen. Dabei kam ein Rattennest zum Vorschein – Betrug, Alkoholismus, Drogenkonsum, Frauengeschichten, sogar ein Bagatelldiebstahl. Howard kam nicht nach Moskau. Er wurde gefeuert, auf die Straße gesetzt. Was hätte man sonst mit ihm anstellen können? In eine Entziehungsanstalt stecken? Er hatte seine verfassungsmäßigen Rechte. Nicht einmal Casey wußte von Howard. Das war Sache der Personalabteilung.
Jetzt fügten sich die Teile ineinander. Vor einem Jahr hatte der Moskauer Stationschef an Casey gekabelt, etwas Furchtbares sei im Busch. Informanten seien hochgenommen worden, technische Einrichtungen, die lange Zeit Daten geliefert hatten, seien plötzlich verstummt. Die Nachricht hatte geklungen wie der Auftakt zu einer Spionagegeschichte, aber niemand hatte gewußt, was tun. Es waren damals einfach keine Anhaltspunkte zu finden. Es konnte vielleicht alles nur ein Zufall sein. Kein Informant, keine Abhörvorrichtung konnte ewig Nachrichten liefern. Im Sommer war jedoch Paul M. Stombaugh, als »Zweiter Botschaftssekretär« getarnter CIA-Agent, verhaftet und wegen Spionage ausgewiesen worden.
Stombaugh war der Verbindungsmann zum Luftfahrt-Experten Tolgatschow gewesen, der jahrelang höchst brisante Informationen über geheime sowjetische Forschungen an einer Anti-Radar-Technologie geliefert hatte. Bald danach hatte man Tolgatschow verhaftet und später hingerichtet. Vier andere getarnte CIA-Männer waren in der Folgezeit aus Moskau ausgewiesen worden. Praktisch hatte das für die Moskauer Station und ihre Aktivitäten das Ende bedeutet.
Erst als der Überläufer Jurtschenko der CIA einen Tip gab, war man in der Lage, die naheliegenden Schlüsse zu ziehen. Das FBI spürte Howard in New Mexico auf und stellte ihn unter intensive Beschattung, aber

Howard, darauf trainiert, unentdeckt und unbeschattet durch Moskau zu schleichen, schlüpfte dem FBI durchs Netz und entkam. Möglicherweise tauchte er danach in Moskau auf und erhielt politisches Asyl.
Der Senatsausschuß hatte die CIA wegen dieser Sache heftig kritisiert. Einige Senatoren fragten, ob sich vielleicht noch andere sowjetische Maulwürfe in der CIA eingenistet hätten. Casey und der CIA gelang es, die Schuld an der Panne auf den Chef der Abteilung Sowjetunion abzuwälzen, der daraufhin aus dem Amt schied. Trotzdem: Verlust und Absprung Howards waren ein schwerer Schlag. Die Moskauer Station der Abteilung Sowjetunion war das Allerheiligste, das man hüten mußte wie seinen Augapfel. Dieser Fall demonstrierte, daß irgend jemand, vielleicht auch alle geschlafen hatten und daß die Arbeit in der Sowjetunion nicht gebührend ernst genommen wurde. Der Fall wurde von manchen Experten als so schwerwiegend betrachtet, daß er Caseys positive Errungenschaften zu überschatten drohte.
Casey war abwechselnd niedergeschlagen oder in Verteidigungsstellung. Bei der CIA schnauzte er die Mitarbeiter an, nach außen errichtete er eine Mauer. Einem Senator aus dem Ausschuß sagte er: »Bei jedem Geschäft gibt es ein Risiko. Wir hatten ein faules Ei im Nest und haben Mist gemacht. Gut. Aber verdammt noch mal, lassen Sie uns in Ruhe. Wir kümmern uns um die Angelegenheit. Wir wissen, wie ernst sie ist. Wir werden das ausbügeln.«
Alle Welt hatte Probleme mit der Spionageabwehr. In der Zeit, als Goldwater noch den Vorsitz im Senatsausschuß für den Nachrichtendienst führte, wurde sein Büro zweimal die Woche nach Wanzen durchkämmt. Einmal fand er in seinem Schreibtisch ein Mikrophon. Es gelang allerdings nicht, festzustellen, wie es dort hingekommen war. Bei anderer Gelegenheit wurde ein Aufnahmegerät entdeckt. Wieder kam man nicht dahinter, wer es plaziert hatte, ob der KGB oder ein anderer ausländischer Geheimdienst. So gelangten selbst aus Goldwaters Büro Geheiminformationen nach draußen.*

In einer anderen, lange schwelenden Kontroverse hatte der Kongreß endlich beschlossen, das Clark-Amendment aus dem Jahre 1976 aufzuheben, das verdeckte militärische Hilfe für die Rebellen in Angola verboten hatte. Bei einer NSPG-Sitzung im Weißen Haus erklärte der Präsident: »Savimbi soll wissen, daß die Kavallerie im Anrücken ist.« Er unterzeichnete eine Direktive, die annähernd 13 Millionen Dollar für paramilitärische Hilfe zur Verfügung stellte. Auch das sickerte schnell durch. Diesmal stritt der Präsident nichts ab. In einer Gesprächsrunde mit Journalisten und Fernsehmoderatoren sagte Reagan am 22. November 1985: »Wir alle sind davon überzeugt, daß eine verdeckte Operation im Moment für uns nützlicher wäre und mehr Aussicht auf Erfolg hätte als eine offene Initiative.« Das war ein außergewöhnlicher Moment, denn immerhin lüftete die Regierung den Schleier über ihren Geheimnissen. Doch er ging nahezu unbemerkt vorüber. Zu viele verdeckte Aktionen waren schon bekannt geworden.

Es war unglaublich, aber Durenberger hatte in Interviews gesagt, Caseys CIA habe keine klare Orientierung und verstehe die Sowjets nicht. Casey war wütend und nahm sich vor, mit einem offenen Brief zu antworten. Ein Mitarbeiter Durenbergers erwischte Casey am Autotelefon und drängte ihn, davon Abstand zu nehmen. Durenberger mache momentan eine schwierige Phase durch, neige dazu, grob zu werden, und habe einen etwas eigenartigen Sinn für Humor. »Tun Sie es nicht. Sie werden sich schaden und uns allen.«

»Zum Donnerwetter, ich sage, was ich will«, brüllte der Direktor in sein Autotelefon und knallte den Hörer in die Halterung.

In dem offenen Brief brachte Casey zum Ausdruck, daß er sich verraten fühle. Durenberger übe seine Kontrolle über den Nachrichtendienst »in allen Nachrichtenmedien« aus, und zwar in einer Art und Weise, die »leichtfertig und wiederholt geheime Nachrichtenquellen und nachrichtendienstliche Methoden gefährdet«. Außerdem mache Durenberger eine Midlife-Crisis durch. Er habe seine Frau verlassen, danach eine Affäre mit einer früheren Sekretärin gehabt, der er einen Job im Weißen Haus verschaffte, und sei dann in ein Christliches Wohnheim gezogen. Seine Kollegen aus dem Senat würden ihn als »Jesus-Freak« bezeichnen und sagten, er sei »labil« und stehe »kurz vor dem Zusammenklappen«. Und diesen Mann sollte Casey nun von Gesetz wegen in die intimsten Geheimnisse der Nation einweihen.

Was folgte, war in gewisser Hinsicht eine leichte Übung. Casey schickte den Entwurf für die Iran-Direktive mit der speziellen Order des Präsidenten an den DCI, den Kongreß nicht zu informieren, ins Weiße Haus. In einem vertraulichen Memorandum an Poindexter schrieb Casey, der Entwurf »sollte dem Präsidenten zur Unterzeichnung vorgelegt und nicht in den unteren Etagen herumgereicht werden«.

In derselben Woche trat McFarlane, erschöpft und am Rande des Nervenzusammenbruchs, von seinem Posten als Nationaler Sicherheitsberater zurück. Poindexter sah wie der sichere Nachfolger aus, denn er war es, der in Sachen Iran, Libyen und Contras Dampf machte. Mike Deaver, der sich einige Monate zuvor aus dem Weißen Haus verabschiedet hatte, um eine eigene Werbeagentur aufzubauen, bekam davon Wind. Er rief Nancy Reagan an, um ihr seine Bedenken mitzuteilen. Seiner Meinung nach sei ein Militär nicht der richtige Mann für den Posten des Sicherheitsberaters. »Aber was sollen wir tun?« fragte Nancy. Aus einer New Yorker Telefonzelle rief Deaver George Shultz an. »Ist Poindexter der richtige Mann?« fragte er den Außenminister. Der Admiral arbeite zu sehr im verborgenen, Reagan habe eine Schwäche für so etwas, und Poindexter würde das ausnützen. Als zweiter Mann sei Poindexter gut, aber auf dem Spitzenposten ein Risikofaktor, meinte Deaver.
»Nein«, entgegnete Shultz. »Ich denke, er ist der richtige. Jetzt ist es ohnehin zu spät. Der Präsident hat die Ernennung abgesegnet, und in einer Viertelstunde wird sie offiziell bekanntgegeben.«
Casey war die Umbesetzung willkommen. Poindexter verfocht einen harten Kurs und sah keine Veranlassung, dem Kongreß und den Medien schönzutun. Er würde einen Konsens herstellen.
Bei seiner ersten Unterredung mit dem Präsidenten in seiner neuen Rolle als Nationaler Sicherheitsberater legte Poindexter Reagan am 5. Dezember die Iran-Direktive vor, die die CIA ausgearbeitet hatte. McMahon hatte Poindexter die ganze Woche keine Ruhe gelassen: Der Präsident müsse das Papier unterzeichnen, um der CIA aus der Patsche zu helfen. Für Poindexter war die Direktive nichts anderes als eine Selbstschutzmaßnahme der CIA. Die magere, nur eine Seite umfassende Direktive bezog sich nur auf Geiseln und Waffen, nicht die Spur einer breit angelegten Strategie gegenüber dem Iran. Doch Reagan las und unterzeichnete sie. Poindexter legte das einzige Exemplar in seinen Safe und teilte der CIA über North mit, die Direktive sei abgesegnet.
Am 7. Dezember beraumte Poindexter im Weißen Haus eine weitere Sitzung zum Thema Iran an. McMahon nahm für Casey daran teil. Shultz war gegen das Waffen-Geiseln-Geschäft. Es könnte den Iran auf die Idee bringen, daß aus der Entführung von Menschen Profit zu schlagen sei. Weinberger sagte, es setze die Vereinigten Staaten der Gefahr aus, vom Iran und von Israel erpreßt zu werden. McMahon zog

die Prämisse in Zweifel, daß es im Iran gemäßigte Kräfte gäbe, die als Verhandlungspartner der Vereinigten Staaten in Frage kämen. Die seien doch alle entweder abgeschlachtet oder ins Gefängnis gesteckt worden, als Khomeini das Ruder übernommen habe. Der Präsident traf noch keine Entscheidung, doch McFarlane – jetzt nur noch in seiner Eigenschaft als Privatmann – und Oberstleutnant North wurden nach London entsandt, wo sie sich mit dem iranischen Unterhändler Ghorbanifar treffen sollten.

Am 10. Dezember erstattete McFarlane dem Präsidenten, Weinberger und Casey Bericht. Er hatte eine schlechte Meinung von Ghorbanifar und schilderte ihn als einen Mann, dem es an Integrität und Vertrauenswürdigkeit fehle. Der Präsident war nachdenklich geworden und plädierte verhalten für eine Fortsetzung der israelischen Waffenlieferungen an den Iran. Man könnte sie später als Versuch der Vereinigten Staaten rechtfertigen, auf die Zukunft dieses Landes Einfluß zu nehmen.

Casey wies darauf hin, daß es für diese Politik schon einen Präzedenzfall gebe. Seit Jahren folge Israel mit seinen heimlichen Waffenverkäufen in Höhe von 500 Millionen Dollar an den Ayatollah dieser Überlegung. Keiner Nation könne gleichgültig sein, wie es mit dem Iran weitergehe. Noch am selben Tag schickte Casey ein Memorandum an McMahon: »Nach der Sitzung kam mir der Gedanke, daß der Präsident die Idee noch nicht ganz aufgegeben hat, die Israelis zur Fortsetzung des Geschäfts mit den Iranern zu ermutigen. Ich denke, er könnte gewillt sein, ein Risiko einzugehen und seinen Kopf hinzuhalten, wenn er damit nur die Geiseln herausholen kann. Es scheint, als sei Bud am Zug.«

Neun Tage später traf sich Casey mit Michael Ledeen, Berater im Nationalen Sicherheitsrat und Spezi von North und McFarlane. Ledeen erzählte ihm, Ghorbanifar komme nach Washington mit wichtigen Informationen und Vorschlägen für Operationen. Casey brachte Ledeen und North mit dem Chef der Iran-Abteilung der CIA zusammen.

Ghorbanifar stieg im Washingtoner Madison Hotel unter dem Decknamen Nicholas Kralis ab. In einer Reihe von Gesprächen mit der CIA, North und Ledeen schlug Ghorbanifar eine »Nepper«-Operation gegen Gaddafi vor. Der libysche Führer sollte zehn Millionen Dollar bezahlen für die Beseitigung des libyschen Exilführers Magarieff, den man anschließend, zu Gaddafis Leidwesen, wieder aus der Versenkung holen würde. Außerdem berichtete er, er habe Informationen über ein dreiköpfiges iranisches Einsatzkommando, das in Europa agiere und iranische Exilanten ermorde. Ghorbanifars Quelle erwies sich als unzuverlässig. Der Chef der CIA-Abteilung Iran ließ Casey ein Memorandum zukommen, in dem es hieß, »Ghorbanifars Bericht über dieses Kommando erinnert stark an seine früheren Berichte über Terroristen, die sich nach Ermittlungen und Lügendetektor-Tests als gefälscht herausstellten ... In den vier Jahren, die wir den Mann kennen, hatten wir immer dasselbe Problem ... Es ist schwierig, in seiner Akte irgendeinen Fall zu finden, in dem sich sein Bericht tatsächlich als solid erwies«.

Zwei Tage vor Weihnachten übersandte Casey dem Präsidenten ein streng geheimes Memorandum über fünf verschiedene Operationen zur Geiselbefreiung. Er sagte darin, er fahre nach New York und es tue ihm leid, ihn, den Präsidenten, über die Feiertage nicht zu sehen. Bei den ersten vier Operationen ging es um Länder, die die CIA heimlich unterstützten, die fünfte betraf den Iran. Im Zusammenhang mit Ghorbanifar sagte Casey, es sei ein gefährliches, möglicherweise aber lohnendes Spiel. Ghorbanifars Information über ein Mordkommando klinge sehr beunruhigend. »Wir haben ihr Tun überprüft, aber nicht feststellen können, was sie vorhaben«, ließ der DCI den Präsidenten wissen. »Es könnte eine abgekartete Sache sein, um uns zu beeindrucken. Was Ghorbanifar sagt, ist nur mit Vorsicht zu genießen. Als sich unser Mann am Samstag mit ihm unterhielt und ihn fragte, ob er sich einem weiteren Lügendetektor-Test unterziehen würde, erklärte er sich dazu bereit. Was wir dabei erfahren können, denke ich, rechtfertigt noch einen Versuch.«

22

Casey bemühte sich weiter um direkte US-Unterstützung für die bedrängten Contras. Bevor McFarlane sein Amt niederlegte, hatte er für Norths Bemühungen um private Spenden und Zuschüsse die Verantwortung übernommen, indem er vor dem Kongreß kategorisch bestritt, North habe zu Privatspenden aufgerufen und sie gefördert. Derweil spekulierte Casey darauf, die Querelen im Kongreß zu seinem Vorteil auszunutzen. Nur die »äußerste Linke« wollte die Contras ganz fallenlassen. So waren im Sommer ohne nennenswerte Schwierigkeiten 27 Millionen Dollar für humanitäre Hilfe in Form von Lebensmitteln und Medikamenten gebilligt worden. Und Casey hatte einen weiteren Vorstoß unternommen. Er mußte sicherstellen, daß die Contras von der weitaus stärkeren Armee der Sandinisten nicht weggefegt wurden. Die CIA hatte also vorgeschlagen, begrenzte Aktivitäten auf dem Gebiet Kommunikation, Kommunikationseinrichtungen und nachrichtendienstliche »Beratung« zuzulassen. Auch dieser Vorschlag hatte die parlamentarische Hürde genommen. Allerdings waren sich die Gesetzgeber nicht einig, was darunter im einzelnen zu verstehen war, und zwischen den Ausschüssen des Kongresses und des Repräsentantenhauses wanderten geheime Briefe hin und her, in denen man zu definieren versuchte, ob Beraterdienste auch auf die Bereiche Nachschub und Logistik ausgeweitet werden durften.
Praktisch hatte Casey die Erlaubnis für einen halben Krieg in der Tasche. Die Definitionsprobleme hatten zur Folge, daß die CIA mehr Spielraum bekam. Casey hatte begriffen, daß in einem Dschungelkrieg Kommunikationslinien und Vermittlung nachrichtendienstlicher Informationen an Guerillagruppen unter Umständen wichtiger waren als neue Waffen oder Munition. Eine Direktive wurde aufgesetzt und Reagan zur Unterzeichnung vorgelegt. 13 Millionen Dollar wurden für dieses Projekt zur Verfügung gestellt.*

Casey war es aufgrund der neuen gesetzlichen Grundlage möglich, persönlich und direkt in die Sache mit den Contras einzugreifen. North empfahl ihm, sich mit General Secord in Verbindung zu setzen, der die Waffenversorgung auf privater Basis besorgte. Kurz vor Weihnachten rief Casey Secord an und bestellte ihn zu sich nach Langley. Das Wetter war schlecht, und Secord kam zu spät, aber Casey erwartete ihn und ließ ihn sofort zu sich kommen, als er eintraf. Sie sahen sich zwar zum ersten Mal, doch sie wußten eine Menge voneinander.
Secord war ein selbstbewußter Mann und ein Experte auf dem Gebiet des militärischen Nachschubs und der Logistik. Er war überhaupt nicht aufgeregt. Er sagte, die Contras hätten absolut keine Chance, wenn der Nachschub auf dem Luftweg nicht über Land weitergeführt werden könne. So, wie es jetzt der Fall sei, könnte die Hilfe zwar das Gebiet erreichen, jedoch nicht die genauen Orte des Widerstandskampfes im Dschungel. Und selbst wenn der Nachschub direkt klappen würde, meinte er, bestünden ernsthafte Zweifel darüber, ob die Contras in der Lage wären, einen entscheidenden Durchbruch zu erreichen. Es gebe keine südliche Kampflinie zu Costa Rica. Und zusätzlich zum ungenügenden Nachschub liege auch die Informationsbeschaffung und -weiterleitung im argen. Und offen gesagt, traue er der Führung der Contras einfach keinen entscheidenden militärischen Sieg zu.
Casey stimmte ihm zu. Er hatte großen Respekt vor der energischen Art, in der der General die Sache auch unter schwierigen Bedingungen anging. Was er tun könne, um zu helfen, fragte er.
Mehr Information.
Casey notierte sich das und versprach, sich darum zu kümmern.
»Mr. Director«, sagte Secord. »wenn immer Sie Ihre Jagdlizenz zurückerhalten sollten, dann können Sie über alles, was wir auf dem Gebiet aufbauen, verfügen. Ich meine, die Leute können einfach herkommen, und Sie sagen ihnen, was sie für Sie tun sollen.«
»Ich danke Ihnen«, sagte Casey.

Zwei Tage nach Weihnachten kamen bei zwei koordinierten terroristischen Anschlägen auf die Flughäfen Wien und Rom neunzehn Menschen ums Leben, darunter fünf Amerikaner und die 11jährige Natasha Simpson. Die Fernsehbilder von diesem Feiertagsgemetzel waren besonders grauenhaft. Leichen und Trümmer verunzierten die Bildschirme, man fühlte sich an einen Mafiakrieg erinnert. Reagan, der sich auf seiner

Ranch in Kalifornien aufhielt, war konsterniert. Sowohl die CIA als auch der NSC vermuteten die Verantwortlichen in Libyen. Im Weißen Haus begann eine Reihe von Beratungen. Caseys Vertreter bei diesen Krisensitzungen waren Bert Dunn von der Planungszentrale und Gates' Stellvertreter Richard Kerr. Beide gingen davon aus, daß Abu Nidal, der sich zum damaligen Zeitpunkt in Libyen aufhielt, hinter den Anschlägen steckte. Doch eindeutige Beweise fehlten. Das stichhaltigste Indiz war nicht überzeugend: Einem Bericht zufolge hatten Gaddafis Agenten Abu Nidal eine Million Dollar auf dessen Bankkonto in Bulgarien überwiesen, doch das war schon mehrere Jahre her.

Nun wurde nach Zielen für einen militärischen Vergeltungsschlag Ausschau gehalten. Die Palette reichte von einem Trainingscamp für Terroristen in der Nähe eines ehemaligen Golfplatzes in Tripolis bis hin zu Gaddafis Geheimdienst-Hauptquartier mitten in Tripolis. Am zweiten Tag der Verhandlungsrunde wurden warnende Stimmen aus dem Pentagon laut. Die Sowjets hätten 1500 Berater in Libyen, davon seien 600 bei der Luftabwehr im Einsatz. Wie viele Sowjets bei einem US-Angriff ums Leben kommen würden? Was die Folgen wären? Die ganze Angelegenheit wurde bis zur Rückkehr des Präsidenten auf Eis gelegt.

Inzwischen hatte North Sporkin gebeten, einen Entwurf für eine neue Iran-Direktive auszuarbeiten. Ihr Inhalt: eine verdeckte Operation, die in Zusammenarbeit mit befreundeten ausländischen Geheimdiensten (z.B. Israel) und Einzelpersonen (z.B. Ghorbanifar) durchgeführt werden sollte. Die Vorlage steckte zwei Ziele ab: »Einsetzung einer gemäßigteren Regierung im Iran und Sammlung wichtiger nachrichtendienstlicher Erkenntnisse, die nur mit Hilfe dieser Partner zu beschaffen sind...«

Von Geiseln oder Geiselbefreiung stand nichts darin. Sporkin holte Casey von einem Golfplatz in Florida weg ans Telefon. Die Leitung war nicht gesichert, so sagte Sporkin nur, er sei um »gewisse Dienste« für das Weiße Haus gebeten worden sowie zu einem zweiten Treffen. Ob Casey irgendwas darüber wisse?

Casey sagte nein.

»Möchten Sie, daß ich an dem Treffen teilnehme?«

Er solle das tun, ihn aber auf dem laufenden halten, sagte der DCI.

An diesem Abend, am 3. Januar 1986, traf sich Sporkin mit North, der sagte, er werde Casey beraten.

Am Sonntag morgen, dem 5. Januar, rief North Sporkin an. Die beiden

sollten sich später mit dem DCI, der von Florida her unterwegs war, in dessen Haus treffen.
Später am gleichen Tag las Casey die neue Iran-Direktive und sagte zu North und Sporkin, sie sei in Ordnung.
Als sie Casey verließen, fragte Sporkin North im Flur: »Sagen Sie mir noch einmal, warum Sie die Sache mit den Geiseln nicht in die Direktive aufgenommen haben?«
North gab zur Antwort, das State Department habe dies nicht gewollt, weil es aussehen würde, als würden Geiseln gegen Waffen eingetauscht.
»Ich muß Ihnen aber sagen, daß ich dies nicht richtig finde. Kommen Sie, wir wollen zu Casey zurückgehen.«
Sie gingen zurück, und Sporkin sagte, sie hätten hier eine Direktive, die zu den brisantesten gehöre und dies auch bleiben werde. Er sei deshalb der Ansicht, man sollte sie besser ehrlich formulieren. Daraufhin fügten sie den zwei bestehenden noch einen dritten Zweck hinzu: »Bemühung um die Freilassung der in Beirut festgehaltenen amerikanischen Geiseln.«
In der folgenden Woche thronten abwechselnd Libyen und der Iran ganz oben auf der Prioritätenliste im Weißen Haus. Bei einer Sitzung der NSPG im Situation Room zum Thema Libyen billigte der Präsident am Montag, dem 6. Januar, das Vorhaben, die geheimdienstlichen Bemühungen zur Unterminierung Gaddafis zu intensivieren und auszubauen und mit den Planungen (Operation ROSE) für einen gemeinsamen Schlag gegen Libyen durch die USA und Ägypten fortzufahren. Die Entscheidung über einen direkten Bombenangriff der USA schob er auf.
Am nächsten Tag tagte die NSPG erneut, um über die militärische Option zu beraten. Shultz legte ein Statement der juristischen Abteilung des State Department vor, in dem es hieß, Terrorismus sei »bewaffnete Aggression« und ein militärischer Gegenschlag »legitime Selbstverteidigung«. Weinberger war dagegen. Angenommen, Gaddafi schoß amerikanische Flugzeuge ab und nahm die Piloten gefangen? Dann gäbe es noch mehr »Geiseln«. Das Wort geisterte förmlich durch den Raum.
Der Präsident verwarf die militärische Option, und ein lächelnder Weinberger verließ die Sitzung.
Der Präsident, sein Vize, Shultz, Weinberger, Casey, Don Regan, Meese und Poindexter versammelten sich wieder im Oval Office, um die Iran-Frage zu erörtern.
Poindexter schlug vor, die Waffenverkäufe fortzusetzen. Der Iran wolle

ein Zeichen des Vertrauens. Die Transaktion werde innerhalb kurzer Zeit – 30 bis 60 Tage – über die Bühne gehen, und der Iran werde die restlichen Geiseln herausholen. Allerdings sei der Handel sehr riskant. Um die Geiseln nicht unnötig in Gefahr zu bringen, wolle er die Kongreßausschüsse erst dann unterrichten, wenn die Geiseln frei seien und in einem Flugzeug in Richtung USA säßen. Man hätte dann einen Trumpf in der Hand, wenn alles bekannt würde. Bis dahin könnte man jegliche US-Beteiligung leugnen.

Shultz war übernervös. Er sei dagegen. Auf diese Weise unterlaufe man die Terrorismus-Politik der Vereinigten Staaten, die, so erinnerte er die Umsitzenden, sich zum Grundsatz gemacht habe, nicht mit Terroristen zu verhandeln, ihnen keine Waffen zu verkaufen und keine Geiseln auszulösen.

Auch Weinberger war dagegen. Das Vorhaben setze die USA der übelsten Form der Erpressung aus: immer, wenn der Iran nicht bekomme, was er wolle, könnte er damit drohen, dieses Geschäft »à la Nahost« aufzudecken.

Poindexter erwiderte, man stehe vor einer außergewöhnlichen Situation; man setze sich nicht in Widerspruch zur Gesamtpolitik, vielmehr handle es sich um einen einmaligen Sonderfall.

Es könne nicht klappen, sagte Shultz. Wunschdenken und graue Theorie sei es, zu glauben, so etwas lasse sich verheimlichen. Und sarkastisch fügte er hinzu, vor einiger Zeit, in den 70er Jahren unter Nixons Regierung, sei sowas schon einmal versucht worden, und man habe ja erlebt, daß es nicht funktioniere.

Doch Casey war sehr dafür. Der Handel wäre schnell abgewickelt. Und sollten die ersten Waffenlieferungen keine Resultate bringen, sei die Sache eben gestorben. Der Iran nehme eine Sonderstellung in der Welt ein. Allein schon aufgrund seiner geographischen Lage, genau an der verwundbaren Flanke Rußlands, könnten die Vereinigten Staaten dem Iran nicht den Rücken zukehren und zulassen, daß er unter sowjetischen Einfluß gerate.

Wie es mit diesem iranischen Mittelsmann Ghorbanifar stehe? fragte jemand aus der Runde. 1984 habe die CIA noch vor ihm gewarnt und ihn als geschickten Fälscher apostrophiert. Ob man mit einem solchen Mann zusammenarbeiten, geschweige denn sich auf ihn verlassen könne?

Casey antwortete, Ghorbanifar könne von Nutzen sein, die Freilassung Weirs vor drei Monaten sei der Beweis. Er habe unglaubliche Verbin-

dungen im Iran, und obwohl er bei früheren Tests am Lügendetektor durchgefallen sei, lasse er sich erneut testen.
Als sich die Runde auflöste, herrschte der Eindruck vor, der Präsident wolle die Sache in Angriff nehmen.

Vier Tage später, am 11. Januar, kam Ghorbanifar nach Washington, wo er sich am Nachmittag und Abend im Four Seasons Hotel einem erneuten Lügendetektor-Test der CIA unterzog. Das Testergebnis gelangte auf Caseys Schreibtisch. »Lügendetektor-Test Ghorbanifar: Er war praktisch bei allen relevanten Fragen unaufrichtig. Seine Informationen über terroristische Aktivitäten waren erlogen bzw. gefälscht ... er ist eindeutig ein Fälscher und Geschäftemacher, der Aktivitäten nachging, die US-Interessen Schaden zufügten.«
»Bei dreizehn von fünfzehn relevanten Fragen wurde Unaufrichtigkeit angezeigt.«
Die Personen, über die Ghorbanifar befragt wurde bzw. die er von sich aus erwähnte, wurden mit Kennbuchstaben von IDEN A bis IDEN L belegt, um mögliche Informanten zu schützen. Ghorbanifar hatte zum Beispiel »neue« Informationen über IDEN C, der einen anderen Iraner um 300 Kilogramm Plastiksprengstoff gebeten habe, um ihn gegen US-Einrichtungen in Saudi-Arabien einzusetzen; IDEN C habe ferner einen Plan für die Lieferung von terroristischen Waffen im Wert von sechs Millionen Dollar.
Am 13. Januar führte Charlie Allen in Caseys Auftrag ein fünfstündiges Gespräch mit Ghorbanifar. Bald lag Casey ein neunseitiger Bericht vor. Ghorbanifar »ist ein energischer, leicht erregbarer Charakter mit ungewöhnlich stark ausgeprägtem Selbstwertgefühl, das ständig Bestätigung sucht. Er ist intelligent und hat durch Waffenschiebereien und andere Dienstleistungen beträchtliche Summen verdient. Er bekennt relativ freimütig, was er sich von einem Arrangement mit den Vereinigten Staaten erhofft.«
In bezug auf die Geiseln berichtete Allen: »Er würde in dieser Sache weiter mit dem Weißen Haus zusammenarbeiten; diesen Dienst würde er strikt von allem anderen trennen. Uns liegen eindeutige Erkenntnisse darüber vor, daß er mit dem Ministerpräsidenten, dem Erdölminister und anderen hohen Beamten auf sehr gutem Fuß steht ... Andererseits steht unzweifelhaft fest, daß er übertreibt und sich aufspielt. Völlig verkehrt wäre der Versuch, ihn zu belehren.«

Am nächsten Tag traf sich Casey mit North. Er erklärte, daß Weinberger sich weiterhin querstellen werde, solange Poindexter ihm nicht klipp und klar sage, daß nach dem Wunsch des Präsidenten jetzt Bewegung in die Sache kommen müsse. Casey schlug eine Beratung vor. Sie fand am 16 Januar in Poindexters Büro statt. Anwesend waren Casey, Weinberger und Meese. Justizminister Meese sagte, daß die Nicht-Unterrichtung des Kongresses seiner Ansicht nach durch die vorgeschlagene Direktive legalisiert werde. Der Kongreß könne unterrichtet werden, sobald die Geiseln frei seien. Gleichzeitig vereinbarten sie, daß der Präsident einen Bericht für den Kongreß verfassen müsse, um sein Vorgehen zu rechtfertigen, auch wenn dies zum Ende seiner Tage im Präsidentenamt führen sollte.

Am nächsten Tag unterzeichnete Präsident Reagan die Direktive, mit der er den Waffenverkauf an den Iran durch die CIA autorisierte. Poindexter deponierte die einzige Kopie in seinem Safe.
DDO Clair George begab sich ins Weiße Haus, um die Direktive in Poindexters Büro zu lesen. Die CIA mußte 4508 TOW-Raketen beschaffen. Aufgrund der früheren Geschäfte mit Ghorbanifar und der Tests – die einzige Antwort, die der Polygraph als wahrheitsgemäß akzeptierte, war sein Name – war George gegen eine Zusammenarbeit mit Ghorbanifar.
Casey schaltete sich ein. Ghorbanifar sei ein Gauner, gewiß, und die CIA habe zur Genüge Erfahrungen mit ihm gesammelt, die seine Unzuverlässigkeit bewiesen hätten. Aber in diesem Fall könne es klappen. Es sei einen Versuch wert, man habe keine Alternative, also sollte man es auf einen Versuch ankommen lassen. Wenn Ghorbanifar die Erwartungen nicht erfülle, werde man ihn rausschmeißen.
Auch McMahon ging in Poindexters Büro, um die Direktive zu lesen. Bei dieser Gelegenheit weihte ihn der Sicherheitsberater in seinen Plan ein, den Iranern nachrichtendienstliche Erkenntnisse zuzuspielen, um sie in ihrem Krieg gegen den Irak zu unterstützen.
»Das könnte ihnen zu einer entscheidenden Offensive verhelfen«, sagte McMahon erregt, »und die gesamte Situation an der Front verändern.«
Um Gottes willen, es sei ja schon eine Operation im Gang, bei der man die Iraker mit Nachrichten über die Front versorge. Sollte die Regierung der Vereinigten Staaten etwa beide Seiten mit Informationen beliefern? Das wäre zu zynisch.

Frontaufklärung könnte unsere ehrlichen Absichten unterstreichen, beharrte Poindexter, und mit tausend TOW-Raketen könne man testen, ob die Geiseln freigelassen würden.
McMahon brachte erneut Einwände vor.
»Hier bietet sich eine Gelegenheit, die wir nicht ungenutzt lassen sollten«, sagte Poindexter, ohne jedoch direkt auf McMahons Einwände einzugehen, »wir sollten sie jetzt endlich beim Schopf packen. Was haben wir schon verloren, wenn es nicht klappt: ein wenig geheimes Nachrichtenmaterial und tausend TOW-Raketen. Doch wenn es klappt, können wir vielleicht vieles im Nahen Osten ändern.«
McMahon eilte zurück nach Langley. Über Kabel informierte er Casey, der sich gerade im Ausland aufhielt. Casey war im Bilde und billigte die Operation. McMahon überredete North, die Iraner nicht mit einem Gesamtpanorama der Front zu versorgen, sondern nur mit einem Ausschnitt. Das würde als vertrauensbildende Maßnahme genügen, ohne den Iranern einen strategischen Vorteil zu verschaffen. North war einverstanden.

Am 23. Januar, etwa um 17 Uhr, marschierte ein aufrechter, finster dreinschauender Poindexter, den Wintermantel über dem Arm, durch die Nachrichtenzentrale der *Post* und erhobenen Hauptes in Bradlees Büro. Für die Ausgabe des nächsten Tages hatte ich einen Artikel über Libyen verfaßt. Darin stand, daß der Präsident Generalleutnant Dale Vesser, den Planungschef des Oberkommandos der Streitkräfte, am nächsten Tag in geheimer Mission nach Kairo entsenden wolle, um die militärische Planung für einen möglichen koordinierten Angriff (ROSE) auf Gaddafis Libyen voranzutreiben. Poindexter sagte zu Bradlee, daß eine Veröffentlichung den Handlungsspielraum des Präsidenten, gegen Gaddafi und den Terrorismus vorzugehen, einschränke. In einem erklärten Krieg – und das hier sei fast einer – würde keine amerikanische Zeitung auch nur in Betracht ziehen, derartig geheime Pläne zu veröffentlichen. Die Ägypter würden die Mission Vessers abblasen, wenn die *Post* damit an die Öffentlichkeit gehe. Poindexter sagte, der Plan sei zwar umfassender und komplexer, aber die *Post* wisse in groben Zügen Bescheid. Die Sache sei nicht so ernst, sagte der Admiral. Bradlee antwortete, dann verstehe er nicht, warum Poindexter die nationale Sicherheit beschwöre, wenn der Präsident nichts Ernstes plane. Poindexter forderte Bradlee auf, ihn über das zu informieren, was er zu veröffentlichen beabsichtige, und ging.

Nach einigem Hin und Her entschied Bradlee, eine kurze Notiz über Vessers Mission in einem Artikel über die Verlegung zweier Flugzeugträger-Gruppen vor die Küste Libyens, wo sie eine Übung durchführen sollten, unterzubringen. Im fünften Absatz sollte nun stehen, Reagan habe angeordnet, »wegen weiterer Gespräche über eine Koordination möglicher militärischer Operationen einen Bevollmächtigten nach Ägypten zu entsenden«.
Bradlee rief Poindexter an, um ihm das zu sagen. Weder werde Vesser namentlich genannt, noch werde seine für den nächsten Tag geplante Abreise im Artikel erwähnt. Poindexter erhob vehement Einspruch. Der Artikel werde eine Aussetzung der geheimen Mission Vessers erzwingen, denn die Ägypter seien in puncto Indiskretion unglaublich empfindlich.
Im Weißen Haus bereitete Poindexter den NSC schon mal auf die zu erwartenden Schlagzeilen des nächsten Tages vor.
Aber alle Medien berichteten tags darauf über den Plan, Flugzeugträger zu Übungen vor Libyens Küste zu dirigieren. Die Notiz über einen namentlich nicht genannten Gesandten in der *Post* ging unter. Es gab weder eine Presseanfrage an das Weiße Haus, noch rief jemand aus der ägyptischen Botschaft im State Department oder beim NSC an. Poindexter konnte es kaum fassen. Als jemand im NSC fragte, was man tun solle, antwortete Poindexters Stellvertreter, »Einfuhrstopp für die *Washington Post* in Ägypten«, und alles lachte.
Poindexter verschob Vessers Mission um mehrere Wochen. Nach einer späteren Beratung im Weißen Haus schrieb Poindexter, der Präsident habe die Fortsetzung von FLOWER und ROSE gebilligt. Im Falle eines Angriffs auf Libyen, so Poindexter, würden die Vereinigten Staaten »innerhalb Libyens Kampfunterstützung« leisten. Vesser sollte vier Optionen mit den Ägyptern diskutieren: drei galten für den Verteidigungsfall bei einem libyschen Angriff; die vierte, die auf Weisung des Weißen Hauses hinzugenommen wurde, bezog sich auf einen eventuellen Präventivschlag gegen Libyen. Vesser berichtete Poindexter, er habe sehr fruchtbare Gespräche geführt.

Casey blätterte den vierteljährlichen Bericht über politische Instabilität durch. Im allgemeinen wurden in dem Bericht etwa drei Dutzend Länder behandelt. Seit Gates und er ein neues System eingeführt hatten, wies das Deckblatt des Berichts ein graphisches Gitter auf. Von oben nach unten war das Blatt in drei Rubriken eingeteilt: Länder von großer strategischer Bedeutung für die USA, solche von mittlerer und solche von geringer Bedeutung. Dazu kam eine waagrechte Einteilung in drei weitere Rubriken: hohe, mäßige und geringe politische Stabilität. Daraus ergaben sich neue »Kästchen«.

Im wichtigsten Kästchen – große strategische Bedeutung und hohe politische Instabilität – waren die Philippinen enthalten. Der korrupte, unpopuläre Präsident Ferdinand E. Marcos war nach 20jähriger Herrschaft – allein zehn davon hatte er unter Kriegsrecht regiert – zunehmend in Isolation geraten. Zudem war er ein kranker Mann. Casey schwante eine fernöstliche Parallele zur Wachablösung des Schah. Der Stationschef von Manila, Robert F. Grealy, war in die USA zurückgekehrt, um in der Planungszentrale die Leitung der Abteilung Fernost zu übernehmen. Er bereicherte Caseys irische Mafia in Langley und bestand darauf, die CIA-Kontakte nicht auf Marcos zu beschränken. Man müsse auch zu Marcos' politischen Gegnern Tuchfühlung aufnehmen. Schon seit mehreren Jahren hatte man ernsthaft erwogen, die Opposition auf den Philippinen heimlich zu unterstützen. Mit der vergleichsweise geringen Summe von 100 000 Dollar für die Finanzierung von Reisen und Flugblättern hätte die CIA wichtige Brücken zu diesen Gruppen oder zukünftigen Spitzenpolitikern schlagen können. Aber schließlich war man in der Planungsabteilung zu der Überzeugung gelangt, daß eine solche verdeckte Aktion durchsickern würde. Der drohende Schaden wäre mit den 100 000 Dollar für die Knüpfung von Kontakten nicht wettzumachen gewesen. Marcos war noch immer ein mächtiger Mann und ein Freund. Der Plan wurde nicht in Angriff genommen. Casey hatte die Philippinen besucht und versucht, Marcos' Sinn für die politischen Realitäten zu schärfen und ihn dazu zu bringen, vorgezogene Wahlen auszuschreiben. Aber Marcos war hart geblieben. Casey sah sich einem Mann gegenüber, der gegen einen gigantischen Strudel anschwamm. Gemessen an einem Chaos auf den Philippinen hätte sich die Revolution im Iran vergleichsweise harmlos ausgenommen. Immerhin unterhielten die Vereinigten Staaten mit der Clark Air Force Base und der Subic Bay Naval Base auf den Philippinen die beiden größten amerikanischen Militärstützpunkte außerhalb der USA.

»Was ist mit den Philippinen?« lautete Caseys Standardfrage bei der CIA. Seiner Meinung nach war nicht Marcos das Problem, sondern der kommunistische Aufstand. Das State Department und Caseys Analyti-

ker sahen es anders und betonten weiterhin Marcos' Korruption, seine fehlende Popularität und seine Isolation. Auch nach der Lektüre zweier Studien hielt Casey noch an Marcos fest. Die Alternative, Corazon Aquino, die Witwe des Oppositionsführers Benigno Aquino jr., der 1983 ermordet worden war, sei zu schwach und würde das Land endgültig den Kommunisten ausliefern. Sie sei Hausfrau und verfüge über keinerlei politische Erfahrung; geradezu lächerlich die Vorstellung, sie könnte sich gegen die Kommunisten behaupten, sagte Casey.
Schließlich wechselte auch Shultz das Lager und meinte, Marcos sei am Ende. Doch der Präsident (von Imelda Marcos sehr angetan) und Casey rückten nicht von ihrer Position ab. Für Shultz war es der sichtbarste Beweis, daß Casey jeden Blick für offenkundige politische Realitäten verloren hatte. Casey hätte den Präsidenten bedrängen und zum Umschwenken bewegen können. Aber durch stures Festhalten an Marcos reihte sich die Regierung ins Lager des kampfbereiten Staatschefs ein. Voller Zuversicht hatte Marcos für den Februar 1986 vorgezogene Wahlen ausgeschrieben. Die Wahl wurde weltweit aufmerksam verfolgt. Eine Beobachtergruppe des US-Kongresses erhob den Vorwurf, Marcos versuche, sie zu manipulieren. Fernsehberichte zeigten die Leichen ermordeter Wahlhelfer Aquinos. Aber trotzdem sagte Reagan bei einer Pressekonferenz, es gebe »die Möglichkeit von Betrug, doch es könnte sein, daß alles auf das Konto beider Seiten geht...« Die Bemerkung des Präsidenten sprach den Tatsachen und Beweisen Hohn, die auf Dauer weder er noch Casey ignorieren konnte. Schließlich mußten sie sich ins Unvermeidliche fügen. Sie schickten Marcos ins Exil, und Frau Aquino wurde Präsidentin.

Am 27. Februar 1986 berieten sich Casey und Clair George mit Poindexter wegen des Iran-Geschäfts. Casey wollte sowohl Israel als auch Ghorbanifar aus den weiteren Verhandlungen soweit wie möglich heraushalten. Weiter sagte der DCI: »Wir können es uns nicht mehr erlauben, Telefonate zu führen, die von den Sowjets und von anderen abgehört werden können ... Wir müssen ständig vorausplanen für den Fall, daß irgend etwas durchsickert. Die Tatsache, daß zwischen den Vereinigten Staaten und dem Iran Gespräche stattfinden, könnte die gesamte Welt verändern ... Die arabische Welt könnte verrückt spielen, es sei denn, wir haben für die Gespräche eine adäquate und hinreichende Erklärung parat.«

Im Hinblick auf die nächsten Schritte, unter anderem ein Treffen McFarlanes mit einem iranischen Vertreter, sagte Casey: »Wir sollten uns über eines klar werden: Allein das Faktum, daß dieses Treffen stattfindet, könnte bei Bekanntwerden so verstanden werden, daß wir den Israelis zuarbeiten. Nur vier Männer in Israel wissen Bescheid... «
Alle drei waren inzwischen davon überzeugt, daß Rafsanjani, der iranische Parlamentspräsident, zu Verhandlungen mit McFarlane nach Europa kommen würde. North war gerade aus Deutschland zurückgekehrt, wo er sich mit einem Mitarbeiter Rafsanjanis getroffen hatte.
Von seinem Privathaus schickte McFarlane per Computer eine Nachricht an North: »Alles Roger, Ollie. Gute Arbeit – wenn die Leute wüßten, wie oft Sie für die US-Politik den Anschein von Integrität und Schneid gerettet haben, würden sie Sie zum Außenminister machen. Aber sie können es nicht wissen, und wenn sie es wüßten, würden sie es Ihnen vorwerfen – so steht es mit der Demokratie im 20. Jahrhundert.«
In derselben Nacht antwortete North: »Bin überzeugt, wir haben den richtigen Kurs eingeschlagen ... So Gott will, wird Shultz seinen Segen geben, wenn ihn JMP [Poindexter] morgen informiert. Mit Gottes Hilfe und noch mehr harter Arbeit werden wir bald fünf AMCITS [amerikanische Geiseln] zu Hause haben und auf dem besten Weg zu positiveren Beziehungen sein, Beziehungen, die über den Tausch von Geiseln und TOWs hinausgehen ... [Poindexter] steht, wie Sie sich vorstellen können, unter enormem Druck in dieser Angelegenheit und ist sehr daran interessiert, daß alles nach Plan läuft. Gemessen an seinem Teil der Aufgabe war meiner leicht. Ich brauchte nur mit unseren Feinden zu verhandeln. Er muß mit dem Kabinett verhandeln.«
North fügte hinzu, er bemühe sich um ein Gespräch mit McFarlane, Poindexter und Richard Secord, Generalmajor a.D. der Air Force und Waffenspediteur. »Dick kommt morgen nacht aus Europa zurück, wo er eine Waffenlieferung für den nicaraguanischen Widerstand angeleiert hat. Der gute alte Secord ist ein vielseitiges Talent.«
Tom Twetten, Leiter von Caseys Nahost-Abteilung, der North zu dem Gespräch in Europa begleitet hatte, beurteilte die Perspektiven etwas weniger optimistisch. Rafsanjanis Mitarbeiter hatte sich als wortkarger, ängstlicher Mann erwiesen, der in den Vereinigten Staaten den leibhaftigen Teufel sah. Ghorbanifar, der auch an der Runde teilgenommen hatte, hatte wie gewohnt beide Seiten belogen: den Amerikanern hatte er die Freilassung sämtlicher Geiseln in Aussicht gestellt, den Iranern

alle möglichen modernen Raketen und anderes Kriegsgerät. Freilich hatte er das vor allem deshalb getan, um beide Seiten an den Verhandlungstisch zu locken. Als sie dann endlich dort saßen, hatte sich Ghorbanifar zurückgelehnt und dem Schlagabtausch zugeschaut.
Weitere tausend TOW-Raketen wurden in den Iran geliefert – die erste direkte US-Lieferung –, doch nicht eine Geisel wurde freigelassen. Ghorbanifar tat so, als wäre es noch immer an den USA, den ersten Schritt zu tun. Den Iranern sei klargeworden, so seine Begründung, daß sie im Grunde gar keine TOWs wollten und daß die TOWs deshalb nicht zählten.
Poindexter hatte die Nase voll und wollte den ganzen Handel abblasen. Vergessen wir es, sagte er, zu viele Betrügereien und unberechenbare Motive. Da sei nichts zu machen.
Doch North blieb am Ball. Er wußte, daß sich der Präsident in dieser Frage emotional sehr engagierte, daß er geradezu besessen war von dem Gedanken, die Geiseln freizubekommen. Reagan fürchtete, man könnte ihm die Geiselnahmen ankreiden; er hatte Angst, wie schon sein Vorgänger über den Iran zu stolpern.
Auch Casey war dafür, die Initiative voranzutreiben. Die Risiken waren gering, die Waffen, um die es ging, waren nicht allzu bedeutend, und nachrichtendienstliche Erkenntnisse zeigten, daß der Iran nicht in der Lage war, im Krieg gegen den Irak eine Entscheidung herbeizuführen. McMahon machte sich große Sorgen wegen des von der CIA ausgearbeiteten, streng geheimen Abkommens mit dem Irak über die Vermittlung nachrichtendienstlicher Erkenntnisse. Bisher wurde ausschließlich der Irak mit Daten von Satellitenfotos versorgt. Sollten jetzt aber beiden Seiten Informationen zugespielt werden, würde die CIA eine Pattsituation schaffen. Und hier handelte es sich nicht mehr um bloße Abstraktion. Dieser Krieg war blutige Realität. Die Iraner setzten menschliche »Angriffswellen« ein, die sich aus Halbwüchsigen und irregulären Truppen zusammensetzten. Fast eine Million Menschen waren in diesem Krieg bisher auf beiden Seiten gefallen, verwundet worden oder in Gefangenschaft geraten. Nein, das war kein militärisches Sandkastenspiel mehr. Das war Menschenschlächterei.
Dieses Waffenprojekt und die damit verbundene Täuschung des Kongresses war eine Zeitbombe, davon war McMahon überzeugt. Und für ihn war es der Tropfen, der das Faß zum Überlaufen brachte. Er ging zu Casey und sagte, vier Jahre als stellvertretender DCI und 34 Jahre bei

der CIA seien genug. Seine Ehe sei zerrüttet, das sei für ihn als Katholiken eine besonders schmerzliche Erfahrung. Er brauche eine Veränderung und wolle den Dienst quittieren.
Casey war enttäuscht. McMahon war eine gute Stütze. Gewiß, er bockte gelegentlich, wenn es um verdeckte Aktionen ging, aber in seinen endgültigen Analysen beugte er sich der Autorität des Präsidenten und des DCI. McMahon sagte, er habe vor, als Vorstandsmitglied bei Lockheed einzusteigen und für die kalifornische Niederlassung Projekte zu leiten. Er sei zu schade, um Flugzeuge zu verkaufen, sagte Casey. Er solle sich auf eigene Füße stellen, ein eigenes Unternehmen aufbauen, die Möglichkeiten des Kapitalismus nutzen.
McMahon lächelte und setzte sein Rücktrittsgesuch an den Präsidenten auf, in dem er erklärte, daß er mit »gemischten Gefühlen« gehe und daß er, der Präsident, in Casey »einen großartigen Mitarbeiter« habe. Sein Ausscheiden eröffnete Casey die Möglichkeit, Gates zum DDCI zu befördern. Mit der Ernennung eines Analytikers zur Nummer 2 würde er demonstrieren, daß er sich momentan nicht mit verdeckten Aktionen beschäftigte.

Am 1. März 1986 gab Bernadette Casey zum 45. Hochzeitstag ihrer Eltern ein Dinner im Watergate Hotel. Zu diesem festlichen Abend wurden siebzig Gäste erwartet, darunter Kissinger, Sporkin, Tony Dolan, Jeane Kirkpatrick, McMahon, Gates, Jim Baker und Meese. Allerdings nicht Reagan. Mit Bush hatte man eigentlich gerechnet, aber er kam nicht. Nach dem Essen erhob sich Bernadette: »Dieser Abend sollte wenigstens eine halbe Überraschung werden.« Sie machte eine Pause. »Aber Sie alle wissen, wie schwer es ist, ein Geheimnis zu hüten, gerade gegenüber Dad.« Alles lachte, und einer, der es wissen mußte, rief aus dem Hintergrund: »Genau das haben auch unsere Verbündeten gesagt.« Das Gelächter schwoll an. Dann ergriff Meese das Wort und sagte, ohne Caseys Arbeit im achtziger Wahlkampf wären »die meisten Leute in diesem Raum heute nicht hier«. Weiter sagte er, Bill und Sophia führten eine »bemerkenswert harmonische« Ehe. Wieder ergriff Bernadette das Wort: »Ich hoffe, wir kommen in 45 Jahren wieder zusammen, um ihren 90. Hochzeitstag zu feiern.« Wieder kam ein Zuruf aus dem Kreis der Geladenen: »Ich dachte, das sei heute schon der Fall.«

Obwohl sein Rücktrittsgesuch bereits lief, war McMahons Arbeit noch nicht beendet. Am 14. März nahm er in Vertretung Caseys an der Sitzung der NSPG zum Thema Libyen teil. Keiner der wichtigen Leute fehlte, als der Präsident Order gab, drei Flugzeugträgergruppen für eine Operation mit Namen »Prairie Fire« vor der libyschen Küste auffahren zu lassen. Er unterzeichnete eine Direktive, in der die Verhaltensregeln festgelegt wurden:
Im Falle eines libyschen Angriffs auf ein Flugzeug oder ein Schiff der USA sollte bei der Erwiderung die Verhältnismäßigkeit der Mittel gewahrt bleiben, und *nur* der unmittelbare Angreifer – ein bestimmtes Schiff, Flugzeug oder eine Raketenstellung – angegriffen werden. Ernsthaft war in Erwägung gezogen worden, dem US-Kommandanten die Option unverhältnismäßiger Gegenmaßnahmen einzuräumen, um Gaddafi etwaige Attacken auf die US-Streitkräfte doppelt zurückzuzahlen. Doch dieses Ansinnen wurde von Weinberger energisch zurückgewiesen. Er wollte militärische Handlungen auf ein Mindestmaß beschränken.
War auf amerikanischer Seite auch nur ein einziges Opfer zu beklagen, und vorausgesetzt, der Präsident gab grünes Licht, sollten fünf militärische Ziele bombardiert werden.
Hauptangriffsziel sollten libysche Flugzeuge sowjetischer Herkunft am Boden sein.
Bei aggressiven Handlungen Gaddafis sollten US-Kampfflugzeuge – wieder vorausgesetzt, der Präsident gab seine ausdrückliche Genehmigung – Ziele im Landesinnern angreifen, insbesondere Öl-Pumpstationen und andere industrielle Einrichtungen.

Außerdem wurde über Gaddafis Persönlichkeit diskutiert. Der Präsident interessierte sich besonders für Einzelheiten aus Gaddafis Privatleben, die man bei der CIA zusammengetragen hatte. Bei einer Reise nach Spanien und nach Mallorca hatte der libysche Führer Make-up aufgelegt und Schuhe mit hohen Absätzen getragen; seine Mitarbeiter hatten ihm einen Teddybären besorgt; und anscheinend hatte er den Bettlaken in seinem Hotel nicht getraut und seine Leute losgeschickt, um in mehreren Geschäften neue Laken zu kaufen. Reagan kam immer wieder auf dieses Thema zurück, wobei er einmal die Bemerkung fallenließ: »Gaddafi kann jederzeit einen Blick in Nancys Kleiderschrank werfen.«
Und man bescheinigte sich gegenseitig, wie hart gesotten man sei. Man

werde Gaddafi »zupflastern«, ihn »zerschmettern«, und man habe genug »Rückgrat«, um es auch den anderen beizubringen, besonders den europäischen Verbündeten. Man werde »vorpreschen«. Mehr als einmal fiel das Stichwort Grenada.
An einem bestimmten Punkt der Diskussion fragte Donald Regan: »Werden auch Atomwaffen eingesetzt?« Die anderen fuhren auf. Nein. Der Stabschef des Weißen Hauses sagte, er habe das nur klarstellen wollen.

Vor dem Startschuß zu Prairie Fire flog Weinberger nach London, um den Kommandanten der 6. Flotte, Vizeadmiral Frank B. Kelso II., zu instruieren. Er ordnete an, soweit als möglich »intelligente« Waffen einzusetzen, falls die USA einen Angriff oder eine Provokation erwidern müßten. Diese Punktzielwaffen steuern selbsttätig ihr Ziel an und können den Schaden daher begrenzen, jedenfalls mehr als Bomben. Den Schaden möglichst klein halten, ihnen den Hut vom Kopf schießen, keine unnötigen Bombardements und Gefechte. So lautete Weinbergers Befehl.
Poindexter und sein Stellvertreter Fortier vertraten demgegenüber den Standpunkt, daß ein empfindlicher Schlag gegen das libysche Militär Gaddafis Offiziere zu dem Schluß veranlassen könnte, daß sie ihre Unannehmlichkeiten Gaddafis terroristischen Abenteuern verdankten. Vielleicht würden sie dann gegen ihn putschen.
Casey war da nicht so sicher. Im Gegenteil. Militärische Aktionen, die Androhung militärischer Aktionen, das Säbelrasseln, das mit den geheimen, gemeinsamen Planungen für einen ägyptisch-amerikanischen Angriff einherging – alles schön und gut. Das alles unterstützte er voll und ganz. Aber offene Aktionen würden die Durchführung der geheimen CIA-Pläne gegen Gaddafi um einiges erschweren und Gaddafis Position im eigenen Land und innerhalb der arabischen Staaten stärken. Sie würden ihm neue Sympathien verschaffen und seiner Behauptung Glaubwürdigkeit verleihen, die Vereinigten Staaten seien der Imperialist Nr. 1.
Die libyschen Exilanten schienen ihrer Aufgabe nicht gewachsen. McMahon hatte recht behalten. Sie waren Schwächlinge, Pfadfinder, Amateure. Die CIA hatte beim israelischen Geheimdienst um Ideen nachgefragt, wie man Gaddafi loswerden könnte, doch der Mossad hatte abgewinkt. Die Franzosen ließen wissen, das Problem Gaddafi sei nur

durch verdeckte Aktionen zu lösen, und sie entwarfen kühne Pläne. Als sie aber um Hilfe gebeten wurden, zogen sie den Kopf ein und äußerten die Befürchtung, militärische oder verdeckte Aktionen würden Gaddafi nur unnötig reizen, da sie ohnehin nicht dafür gedacht seien, ihn endgültig zu beseitigen.

Für Casey bestand die einzige Lösung darin, die Direktive des Präsidenten zu ändern und die CIA zu autorisieren, direkt gegen Gaddafi vorzugehen, anstatt sich der Exilanten zu bedienen oder sich mit ihnen zusammenzutun. Aber das Weiße Haus war voll mit Prairie Fire beschäftigt.

Der Beginn des Manövers wurde auf Samstag nacht, den 22. März gelegt, mußte aber wegen des stürmischen Wetters in der Großen Syrte um einen Tag verschoben werden. Die Hochsee-Übung begann daher am Sonntag, den 23. März mit dem Auftauchen einer imposanten US-Armada am Horizont: 45 Schiffe, 200 Flugzeuge und sogar hochmoderne, atomgetriebene Kampf-U-Boote vom Typ Los Angeles class 688. Drei Schiffe passierten den 32. Breitengrad – Gaddafis »Todeslinie«, die er unter Mißachtung der international anerkannten 12-Meilen-Zone mehr als 120 Meilen vor seiner Küste gezogen hatte. Mehr als hundert US-Flugzeuge bildeten einen fliegenden Schutzschild für die Flotte. Innerhalb von zwei Stunden feuerte eine landgestützte Raketenbasis Libyens zwei SA5-Raketen auf amerikanische Aufklärungsflugzeuge ab. Die Raketen sowjetischer Herkunft verfehlten ihr Ziel. Mindestens vier weitere Raketen wurden auf US-Maschinen abgeschossen.

Aus einer Distanz von etwa vierzig Meilen schlugen amerikanische A-7-Jagdbomber mit radarsuchenden Hochgeschwindigkeitsraketen vom Typ HARM zurück, die selbsttätig das libysche Radar ansteuerten, zerstörten und auf diese Weise mit hochbrisanten, 46 Pfund schweren Sprengköpfen den Libyern, wenigstens vorübergehend, die »Augen ausschossen« und die libyschen Verluste auf ein Minimum beschränkten. An den folgenden beiden Tagen wurden von den US-Streitkräften mindestens zwei libysche Patrouillen-Boote versenkt.

Obwohl Reagan regelmäßige Berichte auf den Tisch bekam, fragte er, ob es amerikanische Verluste gegeben habe. Es hatte keine gegeben. Nachrichtendienstlichen Schätzungen zufolge sollen 72 Libyer umgekommen sein.

Am Dienstag, dem 26. März, um 13.30 Uhr Washingtoner Ortszeit, wurde Prairie Fire abgeblasen. In einem Artikel vom selben Morgen gab die *Post* einige Fakten der Planung bekannt und berichtete, daß Poindexter und Fortier vor sechs Monaten in geheimer Mission Ägypten besucht hätten, »um mögliche gemeinsame militärische Operationen gegen Libyen zu koordinieren«.

Am Spätnachmittag erhielt ich einen Anruf von einem Beamten des Nationalen Sicherheitsrats, der mir sagte, er rufe im Auftrag Poindexters und Fortiers an.

»Ich muß Ihnen sagen, daß man hier sehr ungehalten ist. Poindexters und Fortiers Namen im Zusammenhang mit einer geheimen Mission nach Ägypten zu erwähnen ... gerade jetzt, wo wir eine Konfrontation mit Gaddafi haben und Gaddafi doch zu Mord und Terror neigt. An diesem Punkt der Konfrontation ... die Aufmerksamkeit auf eine geheime Mission zu lenken, ihre Anonymität preiszugeben, bringt sie in Gefahr ... die Leute machen sich Sorgen um ihre Familien ... das ist jenseits der Grenze des Erlaubten.

Poindexter und Fortier sind schon auf der Abschußliste«, sagte er, als wolle er andeuten, daß dies durch nachrichtendienstliche Erkenntnisse gestützt sei.

Weiter sagte der Beamte: »Ich habe ihn [Fortier] noch nie wegen irgendeiner Sache so außer sich gesehen ... er will sie anrufen ... Sie haben das Risiko für Poindexter und Fortier erhöht. Das verträgt sich nicht mit dem Job. Ich weiß nicht, was wir tun sollen«, sagte er in schierer Verzweiflung.

Zwei Tage später, am Freitag, dem 28. März, um 16 Uhr, erhielt Bradlee einen Anruf von Poindexter.

»Ich rufe an, um mich wegen Bob Woodwards Artikel zu beschweren ...« sagte der Admiral. Insbesondere darüber, daß Fortiers Name und seiner erwähnt worden seien. »Wenn so etwas in der Zeitung steht, lenkt das ihr Denken in eine bestimmte Richtung.«

Ob er damit sagen wolle, so Bradlee, daß die Nennung der Namen ihn und Fortier auf Gaddafis Abschußliste bringe?

»Genau!«

Bradlee antwortete, er halte das für übertrieben. Da draußen an der Front müßten Männer auf ihren Schiffen den Kopf hinhalten, und außerdem könne Gaddafi leicht herausfinden, wer in Sicherheitsfragen mitentscheide.

»Ich wollte nur ganz offiziell protestiert haben«, sagte Poindexter. Wenn man ihn oder Fortier zerfetzt oder von Kugeln durchsiebt auffinden

sollte, trage die *Post* die volle Verantwortung. Poindexters zweiter Vorwurf: »Bob hat niemanden angerufen.« Man habe ihm nicht Bescheid gesagt, daß die Namen erwähnt würden.
»Wir haben mit vielen Leuten gesprochen, wie Sie sich denken können«, antwortete Bradlee.
»Nun ja«, entgegnete Poindexter, »Sie haben Ihren Job und ich meinen.« Bradlee schickte mir später einen kurzen Bericht über Poindexters Anruf. Poindexters Vorstellung sei nicht nur »schwach«, sie sei »ein Trauerspiel« gewesen.
Einige Tage später sprach ich mit einem Gewährsmann, der in der Administration einen hohen Posten bekleidete, und erzählte ihm von Poindexters und Fortiers Sorge. »Ach«, sagte er, »die waren nur verstimmt, weil der Krieg abgeblasen wurde.«
»Aber er wird kommen«, fügte er hinzu. Die Entschlossenheit, Gaddafi zu »kriegen« oder irgendwie zurückzuschlagen, gehe gefährlich auf einen Höhepunkt zu.

Diesmal wurde die *Post*-Notiz über die geheimen militärischen Planungen in Kairo gelesen, und der Chefredakteur der halbamtlichen Zeitung *Al-Achram,* Ibrahim Nafeh, ein Mann mit guten Kontakten zu Präsident Mubarak, schrieb, »die Vereinigten Staaten haben mehr als einmal versucht, sich einer Aktion gegen Libyen anzuschließen«. Er führte drei Versuche an und behauptete, Ägypten habe alle Offerten zurückgewiesen. Doch US-Botschafter Veliotes kabelte in einer geheimen Nachricht nach Washington, Mubarak habe ihm unter vier Augen beteuert, daß Ägypten an den Planungen festhalte und daß die Enthüllungen durch die amerikanische Presse ohne nennenswerte Konsequenzen blieben, sie seien nur kleine Unebenheiten auf dem gemeinsamen Weg.

Obwohl die Rolle der CIA durch Prairie Fire und den Schlag gegen Gaddafi festgelegt worden war, wurde sich Casey erst jetzt zunehmend bewußt, daß der Präsident einen Machtwechsel in Libyen anstrebte und nichts weniger. Nur der absolut unanfechtbare Beweis, der Libyen mit einer terroristischen Aktion in Verbindung brachte, hatte bisher für einen Präventivschlag oder eine Vergeltungsmaßnahme gefehlt. Casey mobilisierte CIA und NSA und brachte verstärkt Nachrichtensatelliten zum Einsatz. Er wollte Resultate. Die besten Leute wurden angesetzt, alles konzentrierte sich auf diese Sache. Die Festnahme der Geiselnehmer der Achille Lauro hatte demonstriert, daß mit guter Geheimdienstarbeit etwas zu erreichen war.

Schon mehrere Wochen vor dem Manöver in der Großen Syrte hatten Caseys Leute begonnen, regelmäßig Nachrichten aus Gaddafis Geheimdienst-Hauptquartier in Tripolis abzufangen – ein spektakulärer Geheimdienst-Coup. Nach welcher Methode man dabei vorging, blieb ein streng gehütetes Geheimnis, doch eine Zählung ergab, daß 388 Meldungen abgefangen und entschlüsselt worden waren. Am 25. März, also unmittelbar nach Prairie Fire, wurde von Tripolis aus eine Nachricht an acht Volksbüros – so der Name der libyschen Auslandsbotschaften – gesandt. Die Drei-Zeilen-Nachricht enthielt die Order, sich bereit zu halten oder sich für einen Angriff auf amerikanische Ziele vorzubereiten und den »Plan« auszuführen.

Absender war der Leiter oder Chef des Libyschen Nachrichtendienstes LIS.

Zehn Tage später, am 4. April, wurde eine Nachricht des libyschen Volksbüros Ost-Berlin an das Hauptquartier in Tripolis abgefangen, in der es hieß: »Tripolis wird sich freuen, wenn es morgen die Schlagzeilen liest.«

Nur wenige Stunden später, am 5. April, in den ersten Stunden nach Mitternacht, wurde von Ost-Berlin nach Tripolis gemeldet, daß eine Operation »im Gange ist« und keine Spur zu den Libyern nach Ost-Berlin führe. Zehn Minuten später, morgens um 1.49 Uhr Berliner Ortszeit, explodierte in der Diskothek La Belle in West-Berlin, einem bekannten Freizeittreffpunkt amerikanischer Soldaten, eine Bombe. Der amerikanische Sergeant Kenneth Ford, 21, und eine junge türkische Frau wurden getötet. 230 Personen wurden verletzt, darunter 50 Angehörige der US-Armee.

Die abgefangene Meldung hätte beinahe für ein Vorwarnung ausgereicht. Um ein Haar hätte das Unglück verhindert werden können: Beamte, die die Diskothek räumen lassen wollten, kamen nur fünfzehn Minuten zu spät.

Jetzt hatte Casey seinen »rauchenden Colt«, einen unwiderlegbaren Beweis. Obwohl die Meldungen, jede für sich genommen, durchaus zweideutig waren, so enthielten sie doch als Ganzes alles, was seine Analytiker für entscheidend erachteten: ein Motiv, einen Befehl, Angabe von Zeit und Ort sowie einen Vollzugsbericht nach der Tat. Zwar lag keine Order aus Tripolis für den Anschlag auf die Diskothek vor, doch das entsprach der üblichen Vorgehensweise. Tripolis war nie an der Auswahl der Ziele und des Zeitpunkts beteiligt. Das wurde den Agenten vor Ort überlassen. Jetzt waren sogar die letzten Skeptiker überzeugt. Geheime Vorbereitungen für einen sofortigen militärischen Vergeltungsschlag liefen an. Während der folgenden zehn Tage drangen aus den Reihen der Administration eine Fülle widersprüchlicher Statements nach draußen – die einen verbürgten sich regelrecht für einen baldigen Gegenschlag, andere stellten diese Möglichkeit in Abrede. Darin spiegelte sich zweierlei wider: Verwirrung innerhalb der Administration und Zweifel einiger Leute, daß Reagan jemals auf den Knopf drücken würde. Einer der größten Skeptiker war Oberstleutnant North. In seinen Augen war Gaddafi der Chefterrorist; sich selbst verstand er als Terroristenbekämpfer Nr. 1. Und zu seinem Leidwesen fand immer jemand in der Administration einen Anlaß, den Präsidenten zurückzuhalten oder ihm Maßnahmen auszureden.

Die abgefangenen Informationen waren eindeutig wie selten, so daß einige wichtige Beamte nicht länger stillhalten wollten. Richard R. Burns, US-Botschafter in der Bundesrepublik Deutschland, sagte öffentlich über den Bombenanschlag auf die Diskothek La Belle: »Es liegen eindeutige Erkenntnisse vor, daß Libyen in die Sache verwickelt ist.« NATO-Oberbefehlshaber Bernard W. Rogers erklärte am 9. April in einer Rede, es gebe »unstrittige Erkenntnisse«, daß Libyen verantwortlich sei.

Die NSA reagierte sofort mit einem geheimen Papier, in dem es hieß, derartige Kommentare würden ihre Fähigkeiten der Informationsbeschaffung »ernsthaft beeinträchtigen«; eine neue, restriktivere Abteilung wurde geschaffen und der Kreis derer, die Zugang zu den Kodes des abgehörten und dechiffrierten Nachrichtenmaterials erhielten, weiter eingeengt.

Der 14. April 1986 war ein beschaulicher Frühlingsmontag. Viele Leute bastelten noch in letzter Minute an ihrer Einkommensteuererklärung, um die um Mitternacht ablaufende Frist einzuhalten. Um 19 Uhr – 2 Uhr libyscher Zeit – griffen etwa dreißig Bomber der Air Force und Navy die libysche Hauptstadt Tripolis und Bengasi, eine Hafenstadt etwa 450 Meilen östlich von Tripolis, an. Acht, vielleicht auch neun Jagdbomber vom Typ F 111, jeder mit vier lasergelenkten 950-Kilo-Bomben bestückt, sollten Gaddafis Asisija-Kaserne angreifen. Mindestens

32 Bomben der F 111 hätten den Komplex treffen sollen, aber bestenfalls vier, vielleicht sogar nur zwei, trafen auch tatsächlich. Mehrere F 111 hatten auf dem 14stündigen, 2800 Meilen langen Flug von England kehrt machen müssen, weil Frankreich die Überflugsrechte verweigerte. Es war eine High-Tech-Panne, die geheimgehalten wurde; selbst Analytiker der DIA im Pentagon erhielten keine Details. Gaddafi, der in einem Beduinenzelt auf dem Hof geschlafen hatte, blieb unverletzt. Zwei seiner Söhne wurden verwundet und ein 15 Monate altes Mädchen, nach Aussagen von Libyern seine Ziehtochter, wurde getötet.
Um 21 Uhr gab Reagan den Angriff, der elfeinhalb Minuten gedauert hatte, in einer Fernsehrede bekannt. Er berief sich auf »unwiderlegbare« Beweise für die libysche Beteiligung an dem Anschlag von Berlin, erwähnte die drei abgefangenen libyschen Meldungen und erklärte, es habe sich um einen Akt der »Selbstverteidigung« gehandelt.
»Heute«, sagte er aus dem Oval Office, »haben wir getan, was wir tun mußten. Wenn nötig, werden wir es wieder tun.«

23

Seit über sechs Monaten schlug sich Casey mit einem neuerlichen Spionage-Trauma herum. Bevor der KGB-Überläufer Jurtschenko zu den Sowjets zurückgekehrt war, hatte er nicht nur dazu beigetragen, Howard zu entlarven, sondern auch die Spur zu einem weiteren Spion gelegt, diesmal einem Angehörigen der NSA. Jurtschenko hatte seinen CIA-Betreuern von einer Begebenheit berichtet, die sich während seiner Tätigkeit als Chef des KGB-Sicherheitsdienstes an der Sowjetbotschaft in Washington (1975–1980) zugetragen hatte. Die Sowjetspionage hatte damals einen dicken Fisch an Land gezogen – einen NSA-Mann, der von sich aus auf die Sowjets zugekommen war, sich einfach per Telefon bei ihnen gemeldet hatte. Jurtschenko kannte seinen Namen nicht, aber er erinnerte sich daran, daß er mit dem Betreffenden telefoniert hatte. Die CIA leitete die Information an das FBI weiter, das sich alte Tonbänder vornahm, die in der fraglichen Zeit von Leitungen der Sowjetbotschaft abgezapft worden waren. Auf einem sechs Jahre alten Band fand sich ein anonymer Anrufer: »Ich habe Informationen für Sie, über die ich mit Ihnen reden muß... « Dieses Indiz und Jurtschenkos Hinweis, der Anrufer sei von der NSA gewesen, veranlaßte das FBI, seine Ermittlungen auf die NSA-Eliteabteilung Sowjetunion mit ihren rund tausend Angestellten zu konzentrieren. Einigen Mitarbeitern wurde das Band vorgespielt. Sie erkannten ihren früheren Kollegen Ronald W. Pelton, der von 1965 bis 1979 bei der NSA gearbeitet hatte, bis er sich von dem Job im Zentrum der Abteilung Sowjetunion bei einem Jahresgehalt von 24 000 Dollar verabschiedet hatte. Stimmenanalysen ergaben, daß es sich tatsächlich um Pelton handelte. Obwohl nicht in leitender Position tätig gewesen, hatte er doch breitesten Zugang gehabt zu den Informationen der sechzig von der NSA abgehörten und chiffrierten Nachrichtenquellen in der Sowjetunion, die unter speziellen Kodewörtern abgelegt waren. Sein Aufgabenbereich hatte Kostenrechnung, Materialbeschaffung, Programmplanung und Problemlösung umfaßt. Pelton, damals 38, war selbstsicher, ein guter Vermittler und verfügte über ein außergewöhnliches Gedächtnis. Mit anderen Worten: die Sowjets hatten einen Spitzeninformanten frei Haus bekommen. Hätten sie ihn selbst aus den Tausenden von NSA-Angestellten herauspicken müssen, ihre Wahl hätte nicht besser ausfallen können. Pelton war einer jener wichtigen kleinen Beamten, die es in jeder Bürokratie gibt und die sowohl das technische Verständnis mitbringen als auch über den breiten Überblick einer Führungskraft verfügen.

Das FBI machte Pelton in Annapolis, Maryland, ausfindig, wo er Segelboote verkaufte. Zwei Beamte verhörten ihn im Hilton Hotel von Annapolis. Pelton legte ein Teilgeständnis ab. Interessanterweise hatte er sich 1979, als er noch der NSA angehörte, persönlich bankrott gemeldet, aber niemand in der Behörde hatte offensichtlich davon erfahren. Nach einer Reihe von beruflichen Fehlschlägen hatte er 1980 mit den Sowjets Kontakt aufgenommen und war später nach Wien gereist, um mit dem KGB zu verhandeln. Einmal hatte er sogar mehrere Tage beim sowjetischen Botschafter gewohnt. Für seine Informationen über Spionagetechnologie, die zigMillionen Dollar wert gewesen waren, hatte man ihm 35 000 Dollar bezahlt.

Unmittelbar nach dem Verhör durch die beiden FBI-Beamten wurde Pelton verhaftet und der Spionage angeklagt. In der Anklageschrift wurde Pelton vom FBI vorgeworfen, sowjetischen Agenten Informationen »über ein Nachrichtenbeschaffungs-Projekt der Vereinigten Staaten in der Sowjetunion« zugespielt zu haben. Dies nährte in der Presse Spekulationen, daß möglicherweise eine der Edel-Operationen der NSA verraten worden sei.

Bei einer Verhandlung über Peltons Freilassung auf Kaution erwähnte sein Pflichtverteidiger den Kodenamen IVY BELLS. Der Richter brach die Befragung ab und verbot die weitere Erörterung dieses Themas.

Das Projekt IVY BELLS stammte aus den späten 70er Jahren, als Turner noch DCI war, und war bereits 1981 aufgeflogen. Aber erst jetzt, nachdem man Pelton auf die Schliche gekommen war, konnten die NSA und Casey die Zusammenhänge erkennen. Tief auf dem Meeresgrund im Ochotskischen Meer, vor der sowjetischen Ostküste, hatte ein Team der US-Navy und der NSA, das von einem U-Boot aus operierte, ein raffiniertes, verkleinertes und wasserdichtes Abhörgerät installiert – eines der modernsten seiner Art überhaupt. Das Gerät lag wie eine

Hülse um ein Tiefseekabel der Sowjets, in dem wichtige militärische und andere Nachrichtenleitungen gebündelt waren, und zwar so, daß es das Kabel elektronisch »anzapfte«, ohne direkt mit den einzelnen Leitungen im Innern in Berührung zu kommen. Wurde das Kabel zu Inspektions- oder Wartungsarbeiten gehoben, gab es keinen sichtbaren Beweis, daß es angezapft worden war. Das Gerät löste sich in solch einem Fall vom Kabel und blieb unentdeckt auf dem Meeresgrund zurück. Die Bänder in dem Gerät zeichneten vier bis sechs Wochen lang Nachrichten und Signale verschiedener Nachrichtenleitungen auf. Das Abhörgerät war nur für zwei Aufnahmeperioden im Jahr installiert worden.

Zu den gefährlichsten Unternehmungen des Projekts IVY BELLS gehörte der Zeitpunkt, wenn speziell für diese Aufgabe ausgerüstete US-Unterseeboote in das Ochotskische Meer zurückkehren mußten, um die Bänder mit den gesammelten Nachrichten zu bergen. Froschmänner mußten die Bänder in Mini-U-Booten oder sogar mit einem Unterwasserroboter dem Gerät entnehmen und durch andere ersetzen. Die Bänder wurden zur Abschrift oder zur etwaigen Entschlüsselung an die NSA geschickt. Obwohl die Informationen, die aufgezeichnet worden waren, Monate alt waren, hatte die Operation eine reiche Datenausbeute erbracht.

Von besonderem Interesse waren Informationen, die sich auf sowjetische Tests mit ballistischen Raketen bezogen. Bei vielen dieser Tests landeten die Raketen in der Nähe der Halbinsel Kamtschatka am Ochotskischen Meer, und sowjetische Nachrichten über diese Raketentests wurden durch das Tiefseekabel geschickt.

Die Sowjets gingen davon aus, daß ihre Tiefseekabel wie auch die Erdkabel auf dem Festland für amerikanische Abhörspezialisten praktisch unerreichbar waren. Dementsprechend wurden auf einigen Leitungen im Ochotskischen Meer veraltete und weniger komplizierte Kodesysteme verwendet. Durch manche Leitungen schickte man sogar unverschlüsselte Nachrichten. Die besten sowjetischen Kodesysteme blieben für den Bereich der drahtlosen Übermittlung reserviert – für Radio- und Mikrowellen und für den Satellitenfunkverkehr –, um den größeren Abhörrisiken vorzubeugen.

Die Operation im Ochotskischen Meer hatte bis 1981 funktioniert. Dann entdeckte man auf einem Foto eines US-Satelliten mehrere Dutzend sowjetischer Schiffe über der Stelle, wo das Aufnahmegerät an das Tiefseekabel angebracht worden war. Eines der Schiffe, das gewöhnlich bei Bergungsarbeiten auf hoher See eingesetzt wurde, war um die halbe Welt gefahren, um an der Operation teilzunehmen. Als das amerikanische U-Boot später in diese Gewässer zurückkehrte, um die Bänder einzusammeln und zu wechseln, war das Gerät verschwunden. Bei der NSA vermutete man, das Gerät sei den Sowjets in die Hände gefallen und die Operation aufgeflogen. Die Navy studierte alle vorliegenden nachrichtendienstlichen Erkenntnisse und verfaßte einen Bericht, der so geheim war, daß er nur von einer Handvoll Leute eingesehen werden durfte. Der Bericht schloß Zufall oder Glück aus; die Sowjets hatten ohne Zweifel genau gewußt, was sie taten, und exakt den Punkt angesteuert, an dem sich das Gerät befunden hatte. Es mußte eine undichte Stelle geben, höchstwahrscheinlich steckte Spionage dahinter. Mit an Sicherheit grenzender Wahrscheinlichkeit sei davon auszugehen, so die Schlußfolgerung des Berichts, daß die Sowjets einen Informanten hätten. Freilich wußte niemand, wer es war und wie er an die Informationen kommen konnte.

Dieser Rückschlag von 1981 war bis zu dem Tag ein ungelöstes Rätsel geblieben, an dem Jurtschenkos Hinweise nach vier Jahren auf Peltons Spur führten.

Casey hoffte, der Fall Pelton könne verhandelt werden, ohne daß etwas über IVY BELLS oder andere geheime Projekte der Informationsbeschaffung enthüllt werde.

Ich hatte von der Operation IVY BELLS im Frühjahr 1985 erfahren, doch wir waren nicht absolut sicher gewesen, ob sie bereits aufgeflogen war. Bradlee hatte deshalb entschieden, die Geschichte zurückzuhalten. Erst nach der Verhaftung Peltons hatten wir die Bestätigung, daß es sich bei einem der wichtigeren Projekte der Nachrichtenbeschaffung, die er verraten hatte, um IVY BELLS handelte. Weil die Sowjets jetzt im Besitz des Geräts waren und sicherlich wußten, daß man damit ihr Kabel angezapft hatte, war es nach Bradlees Ansicht legitim, Einzelheiten zu veröffentlichen, um zu veranschaulichen, welchen Schaden einer von den mehreren tausend Angestellten, Technikern, Übersetzern und Sachbearbeitern anrichten konnte, die mit den modernsten Spionagetechnologien zu tun hatten.

Am 5. Dezember suchten Bradlee und Leonard Downie, Chef vom Dienst bei der *Post*, den Direktor der NSA, Generalleutnant William Odom, auf. Als Oberstleutnant war Odom vor zehn Jahren in Carters

Nationalen Sicherheitsrat berufen worden – ein Sprungbrett für seine Karriere. Odom war ein hagerer, angespannter Mann und einer der Superfalken, die für eine harte außenpolitische Gangart gegenüber den Sowjets eintraten. Er war außerdem überzeugter Anhänger technischer Informationsbeschaffung. Jeder Artikel über IVY BELLS, sagte er, liefere den Russen etwas, was sie nicht wüßten. Aber während der dreißig Minuten, die das Gespräch dauerte, ließ er sich nicht herbei, zu präzisieren, was. Er schien sehr auf der Hut zu sein und gab zu verstehen, daß wichtige Fragen der nationalen Sicherheit auf dem Spiel stünden.

Nach dem Gespräch sagte Downie, Odom werde gewiß versuchen, etwas über unsere Informationsquellen herauszubekommen. Bradlee ging davon aus, daß unsere Telefone angezapft würden.

Pat Tyler und ich sprachen mit einigen Leuten, allerdings nicht am Telefon. Beamte des Nachrichtendienstes wollten den Fall Pelton nicht öffentlich verhandelt sehen. Einer sagte, es sei die übliche Taktik der NSA, die Presse hinzuhalten und Zeit zu schinden. Kein Projekt in einem gegnerischen Land und keine Operation sei von ewiger Dauer; von einem Tag auf den anderen könne es vorbei sein, und Geheimdienste seien oft dankbar für jede zusätzliche Woche. Trotz Peltons Verrat an die Sowjets sei es denkbar, daß den Sowjets irgend etwas entgangen sei. US-Geheimdienstler seien jedenfalls erstaunt, was alles ein Mann in Peltons Position den Sowjets offenbar nicht verraten habe oder aber die Sowjets nicht begriffen hätten.

Außer IVY BELLS, so stellte sich heraus, hatte Pelton wahrscheinlich sieben weitere geheime Operationen verraten, darunter eine, die von der US-Botschaft in Moskau aus durchgeführt wurde, sowie eine gemeinsame Operation der USA und Großbritanniens. Bei einer dritten ging es um eine neue und effektive Methode, sowjetische Mikrowellen-Übermittlungen abzuhören, bei einer weiteren um ein Gerät, das abgefangene Meldungen zur sofortigen Analyse an Computer weiterleitete. Die Beamten befürchteten, ein Artikel über IVY BELLS könnte in den Nachrichtenmedien einen Wettlauf nach neuen Informationen auslösen. Eine Reihe von Artikeln wäre die Folge, immer neue Einzelheiten würden enthüllt werden. Die Journalisten würden heikle Fragen aufwerfen: Woran hat sich Pelton erinnert? Hat er etwas für sich behalten? Was genau hat er den Sowjets verraten? Wie haben sie es aufgefaßt? Haben sie ihm geglaubt? Verrat zog nicht zwangsläufig nach sich, daß eine Methode, Technik oder Informationsquelle für immer verloren war.

Neue Artikel über Pelton aber könnten die Schleusentore öffnen. NSA-Operationen, bisher eine Tabuzone, könnten für Pressereporter zu einem gefundenen Fressen werden.
Alte Zeitungsausschnitte förderten Überraschendes zutage. Vor mehr als zehn Jahren hatte Seymour M. Hersh auf der ersten Seite der *New York Times* von umstrittenen Operationen amerikanischer U-Boote vor der sowjetischen Küste berichtet: »Nach Aussagen eines Informanten gelang es den U-Booten, sowjetische Nachrichtenkabel, die auf dem Meeresgrund verlegt sind, anzuzapfen und auf diese Weise hochkarätige militärische Meldungen und andere Nachrichten abzuhören, die für so wichtig erachtet wurden, daß man sie nicht per Funk oder auf anderen, weniger sicheren Übertragungswegen übermittelte.«
In einem Bericht des Pike-Ausschusses aus dem Jahr 1976 über die Aktivitäten des Nachrichtendienstes hieß es, ein »High-tech-Aufklärungsprogramm der US-Navy, das häufig in feindlichen Gewässern durchgeführt wird, hat in den letzten zehn Jahren zu mindestens neun Begegnungen mit feindlichen Schiffen geführt, in über 110 Fällen kam es beinahe zu einer Entdeckung, und schließlich gab es drei Enthüllungen in der Presse«. Weiter hatte der Ausschuß erklärt, die Navy-Einschätzung des Programms als »ein Unternehmen mit geringem Risiko« sei »falsch«. Die Navy habe die Risiken nur »routinemäßig und pro forma« analysiert.
Tyler und ich zeigten Bradlee den Bericht. General Odom hatte ihn wissen lassen, daß die Fähigkeit amerikanischer U-Boote, Kabel anzuzapfen, sowie ihre Ausrüstung absolutes Staatsgeheimnis seien; jede Erwähnung in der Presse könne katastrophale Folgen haben. Bradlee rief Odom an.
»Ich hatte gehofft, Sie würden das nicht entdecken«, sagte der NSA-Direktor.
Bradlee antwortete, seine Leute seien an dem Fall dran. Er fühlte sich verschaukelt und war besonders erbost darüber, daß der alte Artikel über das Kabelprojekt aus der *New York Times* in einer jüngst erschienenen Harvard-Publikation wieder aufgegriffen wurde.* Wenn er dort abgedruckt werden konnte, warum nicht auch in der *Post*?
Vier Tage später, am 27. Januar 1986, um 14 Uhr, gingen Robert G. Kaiser, Bradlee und ich ins Hauptquartier der Nachrichtendienste, F Street 1724, wo uns Odom mit zwei Mitarbeitern zu einem Gespräch erwartete. Wir hatten einen Artikel über IVY BELLS aufgesetzt, den wir

zu veröffentlichen beabsichtigten, und wir hofften, sie würden uns die Stellen zeigen, die ihrer Ansicht nach der nationalen Sicherheit schaden könnten. Die NSA-Beamten steckten die Köpfe über dem Artikel zusammen und lasen, während wir warteten. Odom nahm es sehr genau; seine Mitarbeiter tuschelten. Wenn die Sowjets ohnehin schon alles darüber wüßten, warum sollte es die *Post* dann nicht veröffentlichen? fragte Bradlee. Sie hätten alles von Pelton erfahren, hätten das Aufnahmegerät vom Meeresgrund geborgen, mitgenommen und untersucht. Und jetzt werde Pelton vor Gericht gestellt. Warum man die Sache der Öffentlichkeit vorenthalten solle?

Odom antwortete, er werde den Artikel dabehalten, studieren, sich alles durch den Kopf gehen lassen, darüber schlafen und dann an Bradlee zurückgeben.

Einen Tag später, am 28. Januar, wenige Stunden nach der Explosion der Raumfähre Challenger, rief Odom bei Bradlee an. Er, die NSA und die US-Regierung seien gegen die Veröffentlichung dieses Artikels. Er sei nicht bereit, bei einer Überarbeitung des Artikels zu helfen oder eine »bereinigte« Version auszuhandeln, sofern das überhaupt möglich wäre. Eine Veröffentlichung würde Aufmerksamkeit erregen, und genau das sei destruktiv und unerwünscht. Selbst wenn die Sowjets Bescheid wüßten, so wüßten sie doch nicht genau, wovon alles die Vereinigten Staaten wüßten, daß sie es wüßten. Und das sollte auch so bleiben. Hinter der ganzen Angelegenheit stehe ein dickes Fragezeichen, und daran wolle er nichts ändern.

Am 7. Februar hatten wir – Bradlee, Downie, Kaiser und ich – ein Gespräch mit einem ehemaligen hohen CIA-Beamten, der zwar schon seit längerer Zeit nicht mehr im aktiven Dienst war, der die Spannungen zwischen nationaler Sicherheit und den Medien aber scharfsinnig analysierte. Bradlee umriß, was wir über IVY BELLS, Peltons Verrat und das bevorstehende Gerichtsverfahren wußten. Warum dieser Widerstand? fragte er.

»Eine Glucke, die ihre Küken hütet«, antwortete der Ex-CIA-Mann, »ist nichts im Vergleich zu einem Geheimdienstbeamten, der eine Operation schützen will.«

Aber die Sowjets wüßten doch Bescheid, entgegnete Bradlee.

So? Was sie denn so genau wüßten? Und wer von den Sowjets? Niemand könne das sagen. Die Entdeckung des Aufnahmegeräts sei möglicherweise ein solcher Triumph für sie gewesen, daß sie gar nicht anders

hätten handeln können, als die Führung zu informieren. Andererseits sei das Kabel über lange Zeit hinweg angezapft worden, und möglicherweise sei das einigen verantwortlichen Herren in der Armee oder im KGB sehr peinlich gewesen. Vielleicht habe man die Sache intern vertuscht. So was komme vor.
»Das weiß man nie, man kann nie ganz sicher sein.« Das sei das Dilemma. Seiner Ansicht nach betrachte die *Post* die ganze Angelegenheit von einem falschen Blickwinkel aus. Man müsse sie aus sowjetischer Sicht sehen: ein Spionagecoup, der vor vier oder fünf Jahren in irgendeinem Meer in aller Stille vonstatten gegangen war, ein US-Prozeß, von dem keinerlei Aufhebens gemacht wird, und dann Ende der Vorstellung. Was aber wäre die Alternative bei einer Veröffentlichung? Großalarm im sowjetischen Militär und beim KGB, Forderung nach lückenloser Untersuchung. Das Vaterland Opfer eines Spionageakts! Wo und wann genau war das passiert? Möglicherweise wurde gar die sowjetische Souveränität verletzt. Eine Suche würde beginnen nach weiteren Spionageunternehmen, eine krampfhafte und schwerfällige Suche zwar, aber die Sowjets wären jetzt auf dem Posten. Und genau das, so unser Gesprächspartner, wollten die Vereinigten Staaten nicht. Dies könnte zur Entdeckung anderer Operationen führen, die mit IVY BELLS in keinem Zusammenhang stünden. Er beteuerte, daß er über die Kabel-Operation nichts wisse; was er sage, sei rein hypothetisch. Das Ziel des Geheimdienstlers sei, die andere Seite einzuschläfern, sie so lange in Sicherheit zu wiegen, bis ihre Achtsamkeit nachlasse. Deshalb sei der US-Nachrichtendienst selbstverständlich gegen den Artikel. Er würde nur die andere Seite alarmieren.
Auf freundliche Weise machte er uns klar, daß ein Artikel der *Post* die Frage auf den Schreibtisch des neuen Sowjetführers Gorbatschow bringen könnte, der gerade seit elf Monaten an der Macht war. Eine Veröffentlichung »dieses US-Spionagecoups würde ihm Feuer unter dem Hintern machen ... wahrscheinlich haben sie [der KGB] ihm kein Wort gesagt ... Pannen im Sowjetsystem werden genauso verheimlicht wie bei uns, und die Sache mit dem Kabel war eine Panne, auch wenn man das Gerät später gefunden hat, denn es hätte überhaupt niemals dort sein dürfen«.
Später nannten wir seine Ausführungen das »Gorbatschow-Effekt-Statement«, um uns vor der Veröffentlichung eines Artikels immer daran zu erinnern, abzuschätzen, was Gorbatschow wußte und wann er es erfuhr.

Praktisch gesprochen: Wir kamen der Sache nicht näher. Wir waren zwar davon überzeugt, konnten aber nicht absolut sicher sein, daß die Information schon in den Händen einiger Sowjets war. Vielleicht kannte sie auch Gorbatschow, vielleicht auch nicht. Aber das gemeinsame Gespräch hatte seinen Zweck erfüllt. Es hatte uns daran erinnert, daß der Artikel eine heikle Angelegenheit war. Er konnte unerwartete Folgen zeitigen.
Wir mußten mit dem Artikel hausieren gehen, das war unsere momentane Situation. Vielleicht fand sich doch noch eine untadelige Fachautorität, die zu einer Veröffentlichung ihr Okay gab. Bisher waren wir von offizieller und inoffizieller Seite nur gewarnt worden. Bradlee sagte, zu viele Ampeln stünden auf Rot; er wolle die Sache auf Eis legen und abwarten, bis man klarer sehe.
Bislang hatte uns noch niemand gesagt, was denn so Schädliches an dem Artikel sei. Es war klar, daß die oberen Chargen des Nachrichtendienstes es nicht gern sahen, wenn die Medien in ihrem Revier herumstöberten. Möglich, daß sie dafür gute Gründe hatten, auch wenn sie uns bis jetzt nicht bekannt waren. Aber vielleicht wollten sie nur keine weitere Untersuchung und Diskussion ihrer geheimen Operationen. Auch dafür hatten sie möglicherweise gute Gründe, oder auch nicht. Wie auch immer: für uns stand die Ampel erst auf Gelb, Bereitschaftsposition, noch nicht auf Rot.
Ich brachte die neueste Version des Artikels ins Weiße Haus, gab sie einem höhergestellten Beamten und fragte, ob er ihn begutachten lassen könnte; falls es immer noch irgendwelche Einwände gebe, hofften wir genauer zu erfahren, wogegen. Vier kleinere Details des früheren Entwurfs, den wir General Odom vorgelegt hatten, waren schon gestrichen worden, weil anzunehmen war, daß sie den Sowjets unter Umständen nicht bekannt waren. In dem jüngsten Entwurf stand, Pelton habe »eine langfristige Abhöroperation der US-Navy, bei der sowjetische Tiefseekabel angezapft wurden«, preisgegeben. Ferner: Der Verrat gehe auf das Jahr 1981 zurück, die Operation IVY BELLS habe im Ochotskischen Meer stattgefunden. Der Beamte aus dem Weißen Haus versprach, einen Versuch zu unternehmen.
Am 20. Februar 1986 flog Präsident Reagan zur Feier des Sieges von 1983 nach Grenada. Im Flug Air Force One diskutierte der Beamte aus dem Weißen Haus mit Shultz, Weinberger, Poindexter und Don Regan unseren Artikel über IVY BELLS. Ihre Ablehnung war einhellig: Die

jüngste Version sei die am wenigsten akzeptable. Sie registrierten allerdings auch mit Genugtuung, daß sie die *Post* in die Ecke gedrängt hatten. Das ungewöhnliche Vorgehen, der NSA und dem Weißen Haus mehrere Entwürfe des Artikels vorzulegen, verriet unsere Unschlüssigkeit und Verunsicherung. Die Beamten entschieden, der Artikel gefährde die nationalen Sicherheit, weniger durch Preisgabe von Geheimnissen als vielmehr dadurch, daß er sich auf die politischen Beziehungen zwischen den Vereinigten Staaten und der Sowjetunion nachteilig auswirke. Sollten die Sowjets annehmen, der Artikel sei von höchster Stelle autorisiert, könnte eben das eintreten, wovor General Odom gewarnt hatte: Die Sowjets könnten erfahren, was die Amerikaner darüber wußten, was die Sowjets wußten. Außerdem seien die Operationen der NSA eine ineinander greifende Kette von Geheimunternehmen; es sei schwierig, ein einzelnes Glied – eine Operation – herauszubrechen und vor der Öffentlichkeit zu diskutieren, ohne dem Ganzen zu schaden. Ihre Hauptsorge galt allerdings der Dynamik der amerikanisch-sowjetischen Beziehungen. Der Artikel könne den Beziehungen schaden, und wenn überhaupt etwas unter die Kategorie nationale Sicherheit falle, dann dies.

Der Beamte aus dem Weißen Haus erstattete uns Bericht: »Eine Begutachtung von noch höherer Stelle war bei meiner Gehaltsstufe nicht zu bekommen.« Er empfahl Bradlee, mit Admiral Poindexter zu reden.

Downie war nicht davon überzeugt, daß wir den Russen nicht vielleicht doch etwas Neues mitteilen würden. Vor einer Veröffentlichung sollten wir das aber mit Sicherheit ausschließen können.

Ich entgegnete, wir hätten genügend Leute befragt, um sicherzugehen, daß in dieser Hinsicht nichts passieren könnte.

Aber, sagte Bradlee, es habe ein halbes Dutzend Entwürfe gegeben. Immer mehr Details seien gestrichen worden. Die ersten Versionen hätten uns in Schwierigkeiten bringen können. »Wir sollten nichts veröffentlichen, wofür andere Leute als Verräter strafrechtlich verfolgt werden.« Und überhaupt, welchen Nutzen die Allgemeinheit von dieser Geschichte denn habe?

Pelton, antwortete ich, sei einer der größten Spione, den die Sowjets jemals gehabt hätten. Er habe die kostbarsten Operationen auf dem Gebiet der Informationsbeschaffung preisgegeben, nicht nur IVY BELLS. Durch seinen Job bei der NSA habe Pelton Zugang zu allen Informationen über nachrichtendienstliche Operationen mit Zielrich-

tung Sowjetunion gehabt. Pelton sei von den Sowjets über Jahre hinweg bei mehreren Reisen nach Wien tagelang ausgehorcht worden. Wir, die *Post*, hätten herauszufinden versucht, was er den Russen verkauft habe, um es unseren Lesern mitzuteilen. Darüber hinaus könne die Geschichte zeigen, wie leicht es sei, in die sowjetische Botschaft zu spazieren und Geheimnisse auszuplaudern.
Doch sie blieben unschlüssig. Bradlee sagte, er werde Poindexter anrufen.*
Mitte März berichtete uns ein höherer FBI-Beamter, das Justizministerium habe bei dem Streit um Peltons Anklage fast den kürzeren gezogen, weil man von anderer Seite befürchtete, eine Verhandlung könnte Geheimnisse preisgeben.
Warum wir nicht drucken sollten, was die Sowjets eh schon wüßten?
Seiner Ansicht nach hing es mit dem geistigen und psychischen Umfeld von Geheimdienstoperationen zusammen. Jede Veröffentlichung, die grundlegende Fakten über Datenbeschaffung ans Licht bringe, schärfe das Bewußtsein überall in der Welt. Die besten Geheimdienstcoups seien oft nur deshalb möglich, weil die andere Seite Fehler begehe, etwas übersehe, nachlässig kontrolliere. Die größten Löcher im Sicherheitsnetz würden manchmal übersehen. Wenn man dann auf bestimmte nachrichtendienstliche Fragen aufmerksam mache, könne das Kräfte bei der Spionageabwehr freisetzen, die man lieber unter Verschluß gehalten hätte. »Wenn Sie wollen, spreche ich mit dem Justizminister«, bot er mir an.
Nicht nötig, antwortete ich, obwohl Meese der einzige hohe Beamte war, den wir nicht konsultiert hatten.

Freitag, den 21. März 1986, traf ich Casey bei einem großen Empfang des *New York Times*-Herausgebers Arthur Ochs Sulzberger wieder. Die Party war fast vorüber, und der Saal im International Club in Washington leerte sich. Casey unterhielt sich mit einem Journalisten der *Times*. Er hatte sich über einen Drink gebeugt und rührte mit dem Finger darin herum. Ich ging zu ihm hin und fragte, ob er mir nicht die Hand geben wolle.
»Wir haben uns doch eben unterhalten«, antwortete er, legte seinen Arm um mich und zog mich zu sich heran, »Ihre Party ist wunderbar.«
Einige Leute im Saal schienen ebenso erstaunt wie ich, was Casey freilich nicht daran hinderte, weiterhin von »Ihren Gästen« zu reden.

Peinlich berührt – ganz offensichtlich hielt er mich für Punch Sulzberger – erklärte ich ihm, ich sei von der *Washington Post*.
Für den Bruchteil einer Sekunde schien er es für einen Scherz zu halten und lachte. Dann aber drehte er sich um, suchte mit seinem Blick den Saal ab und entdeckte Sulzberger. Offenbar um mir zu zeigen, daß er mich erkannt hatte, fragte er nach dem Buch über ihn und die CIA. Seit über einem Jahr wußte er, daß ich daran arbeitete, wir hatten oft darüber gesprochen. Er fragte, ob man ein Sicherheits-Gutachten machen könne, nur um sicherzugehen, daß ich nichts enthüllte, was geheim bleiben sollte. Ich antwortete, ich würde mir jederzeit Vorschläge anhören, wie man das bewerkstelligen könnte, aber ich hätte meine Zweifel, daß es machbar sei.
»Machen Sie weiter und kritisieren Sie mich, wenn Sie wollen«, sagte er. »Es ist Ihr Buch.«
Bald fanden wir uns allein in einer Ecke wieder, und ich fragte, warum uns General Odom und andere wegen des Artikels über Pelton und die Operation IVY BELLS, die dieser an die Sowjets verkauft hatte, so zusetzten.
»Wenn Sie das bringen«, antwortete er und umklammerte das Glas mit beiden Händen, »wenn Sie damit unter die Leute gehen ... würde sich eine ... könnte sich eine öffentliche Meinung bilden, so daß wir es nicht tun können ... Ich überlasse das Bill Odom. Er weiß mehr darüber.«
Ich verstand nicht. Öffentliche Meinung?
Casey antwortete nicht und ließ im unklaren, ob er mit »es« das Anzapfen von Kabeln oder U-Boot-Operationen vor der sowjetischen Küste meinte. Oder vielleicht beides.
Nach dem Wochenende, berichtete ich Bradlee von Caseys Behauptung, die »öffentliche Meinung« sei das Problem. Ich könne mir keinen Reim darauf machen, was er damit meinte. Bradlee gab mir zu verstehen, daß er im Moment kein Interesse mehr an Pelton habe. Er schien nicht gerade glücklich darüber, daß wir immer noch an der Geschichte dran waren.
Noch am selben Abend schrieb ich ein Memorandum an Bradlee. Ich teilte ihm mit, ich hielte es für einen schweren Fehler, die Recherchen zu stoppen. Irgendwie müßten wir Licht in die Sache bringen.
Bradlee lud mich zum Lunch ein. Schon unzählige Male hatte er mir in den letzten Jahren ein und dieselbe Frage zur CIA gestellt: »Sie ist tatsächlich außer Kontrolle geraten, oder?« Ich hatte die Frage nie

beantworten können und konnte es auch jetzt nicht. Viele Leute beim Nachrichtendienst, aber auch andere, die die CIA-Arbeit nutzten, seien besorgt, sagte ich. Besonders wegen Casey. Sie fragten sich, ob die Vereinigten Staaten nicht nur durch verdeckte Aktionen, sondern vor allem auch durch ihre Art der Nachrichtenbeschaffung zuviel Druck ausübten. Vor allem auf die Sowjets. Das Resultat sei, so die Meinung einiger Leute, eine Art von Kriegserklärung des Geheimdiensts. Bei all den Projekten der »passiven« Informationsbeschaffung – hier eine Wanze, dort ein Satellit, überall Horchposten, ein U-Boot in irgendeinem Meer – könnte unterm Strich mehr herauskommen als nur die Summe ihrer selbst. Die USA seien den Sowjets in technologischer Hinsicht weit voraus, und die amerikanische Technologie jage den Sowjets eine Heidenangst ein. Dazu noch die verdeckten Aktionen – das Resultat könnte durchaus ein Geheimdienstkrieg sein.

Was die Allgemeinheit davon habe, wenn wir darüber berichteten, wollte Bradlee wissen. Wir könnten nicht jede Einzelheit, jede geheime Information veröffentlichen, fügte er hinzu.

Dem stimmte ich zu. Doch in einem früheren Stadium der U-Boot-Operationen gegen die Sowjets hätten Pläne bestanden, ein Atom-Unterseeboot nicht nur in ihre Hoheitsgewässer, sondern einen ihrer Flüsse hinaufzuschicken.

Mein Gott, sagte Bradlee.

Mir lägen widersprüchliche Informationen vor, ob es jemals dazu gekommen sei. Vielleicht sei es nie dazu gekommen, sagte ich. Vielleicht aber doch. Man stelle sich vor: Eines unserer U-Boote in einem Fluß oder Hafen in der Sowjetunion aufgebracht! Daneben nähme sich der Pueblo-Zwischenfall von 1968 harmlos aus. Das US-Spionageschiff Pueblo war damals 13 Meilen vor der nordkoreanischen Küste gekapert worden.

Odoms Ausführungen, so sagte ich, liefen auf den Satz hinaus »Vertrauen Sie mir«. Oder auch: »Unterstehen Sie sich.« Viel fehlte nicht zu der Frage: »Auf welcher Seite stehen Sie eigentlich?«

Ob alles unter Kontrolle sei? fragte Bradlee wieder.

Die NSA, soviel wisse ich, klinke sich weltweit in alle möglichen nichtsowjetischen Tiefseekabel ein, weil die Vereinigten Staaten mit den meisten wichtigen Kabelnetzen verbunden seien, im Atlantik wie im Pazifik. Wieder müsse man sich fragen, ob das einen Sinn habe oder nicht. Oder ein bekannteres Beispiel: Ernst zu nehmende Leute seien

besorgt, weil die Vereinigten Staaten zuließen, daß die Sowjets in ganz Washington Telefongespräche von Mikrowellentürmen abfingen. Das sei eine massive Verletzung der Privatsphäre von US-Bürgern. So weit ich die Sache überschaue, gebe es so etwas wie ein stillschweigendes Einvernehmen. Die USA könnten im Gegenzug von der Moskauer Botschaft aus elektronische Datensammlungen durchführen.
Bradlee wollte noch immer nicht. Keiner von uns könne wirklich sagen – mit Bestimmtheit sagen –, daß wir keine legitimen Sicherheitsinteressen verletzen würden.
Wir einigten uns darauf, daß Bradlee direkt mit einem unserer Informanten in dieser Sache reden würde, einem ehemaligen Beamten des Nachrichtendienstes, der in dieser Angelegenheit besser Bescheid wußte als jedes Mitglied der gegenwärtigen Regierung. Er würde »mit Bestimmtheit« sagen können, daß wir mit dem Artikel über IVY BELLS den Russen nichts erzählen würden, was sie nicht schon wußten.

Fast den ganzen April 1986 hindurch war der Bombenangriff auf Libyen das beherrschende Thema, und Bradlee fand erst gegen Ende des Monats Zeit, sich mit dem früheren Beamten des Nachrichtendienstes zu treffen, um über IVY BELLS zu sprechen. Der Beamte überzeugte ihn, daß der Artikel in seiner jetzt vorliegenden Form nichts preisgeben würde, was die Sowjets nicht schon wüßten. Freitag, den 25. April, gegen 15 Uhr, gab er mir den Auftrag, das Weiße Haus telefonisch darüber zu unterrichten, daß der Artikel in zwei Tagen erscheinen werde.
»Dagegen müssen wir protestieren«, sagte der Sprecher für nationale Sicherheit im Weißen Haus und behauptete einmal mehr, der Artikel »als Ganzes« würde den Sowjets Dinge vermitteln, die sie nicht wüßten. Bradlee schulde General Odom einen Anruf vor der Veröffentlichung. »Odom meint, man habe ihm gegenüber eine Verpflichtung und sie sei nicht eingehalten worden.«
Am nächsten Morgen rief Odom Bradlee an, der übers Wochenende nach Long Island gefahren war, um ihm zu sagen, daß er nach wie vor gegen eine Publikation sei.
»Ich habe mit Leuten gesprochen, die Ihnen, was Rang und Loyalität gegenüber den Vereinigten Staaten anbelangt, in nichts nachstehen«, antwortete Bradlee. »Sie können in dem Artikel nichts entdecken, was die Sowjets nicht wissen.«

Odom räumte ein, daß die Geschichte den Sowjets nichts Neues sagen würde. Wirklich Sorgen mache er sich wegen anderer Länder, die nicht wüßten, was alles für die USA machbar sei.
Bradlee sagte, es sei ziemlich spät dafür, das Argument mit den Sowjets fallenzulassen und ein neues ins Spiel zu bringen.
Odom drängte Bradlee, seine Entscheidung aufzuschieben, bis sie miteinander sprechen könnten.
Bradlee blieb keine andere Wahl, wenn er nicht unentwegt über rote Ampeln fahren wollte.
Inzwischen versuchten einige Angehörige der verschiedenen US-Nachrichtendienste Odom dazu zu überreden, Bradlee offen zu sagen, was ihn beunruhige. Doch Odom weigerte sich. Er wolle die Katze nicht aus dem Sack lassen, es wäre ein Spiel mit dem Feuer.
Am 1. Mai frühstückten Bradlee und Odom zusammen. Odom, inzwischen gelassener, blieb dabei: Es gehe um jene anderen Länder, er werde aber kein Beispiel nennen. Bradlee wandte ein, daß er, sollte es einen konkreten Grund geben, ihn erfahren müsse.
Odom sagte, er fühle sich zermürbt. Zu viel brisantes nachrichtendienstliches Material werde an die Öffentlichkeit gezerrt. Er und andere prüften momentan die Möglichkeit, das Gesetz aus dem Jahr 1950 zur Anwendung zu bringen, das jedem Strafen androhe, der geheimes Material über die Nachrichtendienste »veröffentliche«.
Bradlee sagte, er werde veröffentlichen.
Ob die Sache damit erledigt wäre? fragte Odom. Ob dies der letzte Artikel über IVY BELLS wäre?
Bradlee antwortete, das könne er nicht mit Bestimmtheit sagen. Jedenfalls habe er nicht die Absicht, sein ganzes Leben diesem Thema zu widmen, und die *Post* werde die Fakten nicht häppchenweise unter die Leute bringen. Als Bradlee ging, hatte er den Eindruck, Odom schicke ein Stoßgebet zum Himmel.
Noch am selben Tag sagte Bradlee, jetzt gebe es kein Halten mehr. »Mein Entschluß steht fest.« Wir nahmen uns den Entwurf vor und machten ihn rund. Am nächsten Sonntag sollte er erscheinen.
Sofern an dem Argument, wir sollten die mögliche Wirkung auf Gorbatschow berücksichtigen, überhaupt etwas dran war, hatten wir einen günstigen Zeitpunkt erwischt, denn der sowjetische Parteichef hatte im Moment wichtigere Dinge im Kopf: Das Reaktorunglück von Tschernobyl war gerade passiert.

Am nächsten Tag, Freitag, den 2. Mai, suchte Casey D. Lowell Jensen auf, den Leiter der Abteilung Strafrecht im Justizministerium. Er teilte mit, das Ministerium solle die Möglichkeit prüfen, im Sinne des Gesetzes aus dem Jahr 1950 strafrechtliche Verfahren einzuleiten. Er habe eine Liste von fünf Publikationsorganen, die unlängst Fakten aus abgehörten Meldungen veröffentlicht hätten: *Post, New York Times, Washington Times, Time* und *Newsweek*. Den Artikel, den er der *Post* anlastete, hatte ich geschrieben. Es ging darin um die abgehörten Meldungen, die Gaddafis Verantwortlichkeit für den Bombenanschlag auf die Berliner Diskothek bewiesen.

Jensen konnte sich für den Gedanken, Journalisten strafrechtlich zu verfolgen, nicht erwärmen. Er wollte keinen Streit um das First Amendment, das unter anderem die Pressefreiheit garantierte.

»Diese Dreckskerle muß man hart anpacken«, meinte Casey. Jensen solle in Erwägung ziehen, ob man die *Post* nicht durch eine einstweilige Verfügung an der Veröffentlichung des Artikels über IVY BELLS hindern könne. Nach Jensens Auffassung war auch das nicht zu machen. Damals im Fall der Pentagon-Papiere habe eine Regierung zum ersten Mal versucht, die Veröffentlichung von Dokumenten zu verhindern, und vor dem Obersten Bundesgericht verloren.

Am Nachmittag rief Casey von seinem Auto aus Bradlee an. Wir müssen miteinander reden sagte er, und schlug als Treffpunkt die Bar im University Club direkt hinter der *Post* und ganz in der Nähe der sowjetischen Botschaft vor.

Um 4 Uhr gingen Bradlee und Downie hinüber und legten Casey eine Kopie des Artikels vor. Er las langsam. Schließlich blickte er auf und schleuderte ihn beiseite.

»Sie können diese Geschichte nicht bringen, ohne der nationalen Sicherheit Schaden zuzufügen«, sagte Casey. Er nippte an seinem Scotch mit Wasser. »Ich will Ihnen nicht drohen, aber Sie sollten eines wissen: Wenn Sie das veröffentlichen, werde ich vorschlagen, gerichtlich gegen Sie vorzugehen.« Natürlich gelte das nicht nur für die *Post*. »Wir haben schon fünf absolut klare Rechtsverstöße.«

Er erklärte, er spreche von der *Post* und vier anderen Publikationen. Ganz sachlich fügte er hinzu, daß er gerade aus dem Justizministerium komme, wo alle fünf Fälle auf seine Initiative hin anhängig seien. Er ließ durchblicken, der Zug sei schon abgefahren.

Bradlee fragte, ob es um das Gesetz aus dem Jahr 1950 gehe.

»Ja, ja«, antwortete Casey, »ich praktiziere nicht mehr als Anwalt. Aber Sie wissen, wovon ich rede.«
Bradlee und Downie versuchten, ihm konkrete Anhaltspunkte zu entlocken. Was das eigentliche Problem sei? Zuerst seien es die Sowjets gewesen, dann andere Länder und jetzt?
»Hören Sie«, antwortete Casey, »halten Sie den Artikel eine Woche zurück.« Er wolle mit dem Präsidenten reden, der sich wegen eines Wirtschaftsgipfels in Japan aufhielt. Der Präsident würde sich dann mit Bradlee in Verbindung setzen.
»So wichtig?« fragte Bradlee.
Ja, antwortete Casey und tischte sein letztes Argument auf: Es sei durchaus möglich, daß eine Veröffentlichung Leben gefährde. Mehr sagte er nicht. Während sie hinausgingen, sagte Casey zu Downie: »Wie kommen Sie mit Ollie zurecht?« Downie hatte zu einer Publikation, in der North namentlich als jener Beamte des NSC genannt wurde, der für die Contra-Hilfe zuständig sei, sein Okay gegeben. North hatte daraufhin mit einem Brief an Downie reagiert. Casey wußte das alles.
Die plötzliche Zuspitzung veranlaßte Bradlee und Downie, den Artikel am Sonntag nicht zu veröffentlichen. Wieder im Büro, hielten die beiden Redakteure Kriegsrat mit unseren Anwälten. Niemand hatte das 50er Gesetz jemals besonders beachtet, doch es legte eindeutig fest, daß sich jeder, der nachrichtendienstliches Material »veröffentlicht«, der Gefahr strafrechtlicher Verfolgung aussetze. Die Anwälte zweifelten zwar an der Verfassungsmäßigkeit des Gesetzes, doch ganz sicher waren sie ihrer Sache nicht und rieten deshalb dringend zur Vorsicht.
Bradlee meinte, falls es zu einer Anklage komme und vor dem Obersten Bundesgericht geprüft werde, ob das 50er Gesetz verfassungswidrig sei, dann müßten wir uns auf eine sehr feindselige Reaktion von der CIA gefaßt machen.
Tyler und ich waren der Ansicht, der Artikel könne unmöglich Schaden anrichten. Er war zu einem harmlosen Stück Papier zurechtgebügelt worden, und es war ziemlich wahrscheinlich, daß Casey bluffte. Er wollte die Nachrichtenmedien in Zukunft aus solchen Themen heraushalten. Tyler brachte es auf den Punkt: »Der Artikel erzeugt eine Stimmung, in der Schlußfolgerungen gezogen werden, und genau das wollen sie vermeiden.«
Bradlee beschloß, das Problem publik zu machen. Am Dienstag, den 6. Mai übergab er seine Notizen von dem Gespräch mit Casey George

Lardner, einem Journalisten der *Post*. So wie ein Hund nicht unbedingt bellen muß, um sich mitzuteilen, so konnte das auch ein Artikel, der nicht erschien.
Um 17.45 Uhr erhielt Bradlee einen Anruf von Casey. Der DCI sagte, er habe gerade mit Henry Grunwald telefoniert, dem Chefredakteur der *Time*. Es sei von einem Zeitungsbericht die Rede gewesen, in dem stehe, daß gegen die *Time* ermittelt werde. Ob Bradlee etwas darüber wisse.
Sicher, antwortete Bradlee. Er habe einen Journalisten beauftragt, für die nächste Ausgabe einen Artikel darüber zu schreiben.
»Ich dachte, wir hätten ein privates Gespräch geführt?«
Er, Casey, habe um das Gespräch gebeten, sagte Bradlee. Keinerlei Spielregeln seien festgelegt worden. Casey habe ihm eine Mitteilung von äußerster Wichtigkeit gemacht. Die Namen der anderen Zeitungen habe er erraten. Die *Post* müsse darüber berichten. Es sei eine Neuigkeit.
Damit endete das Gespräch, doch ein paar Minuten später rief Casey wieder an und fragte, welche Schritte Bradlee als nächstes unternehmen werde. Ob es in der Zeitung stehen werde?
Ja, antwortete Bradlee.
»Ich dachte, wir würden uns nochmal darüber unterhalten«, sagte Casey.
Was es dazu noch zu sagen gebe?
»Wann wird es in der Zeitung stehen?«
Morgen früh.
»Wird mein Name erwähnt?«
Natürlich.
Casey sagte, kein Journalist habe ihn angerufen.
Ein Journalist habe seine Mitarbeiter angerufen, gleich heute morgen, sagte Bradlee.
»Das erste Mal, daß ich davon höre«, sagte Casey. »Ist Ihnen das schon mal passiert?«
Nicht wenn er anrufe, antwortete Bradlee. Wollen Sie unseren Reporter sprechen?
Nein.
Der Artikel erschien am nächsten Tag auf der ersten Seite: DIE USA ERWÄGEN STRAFRECHTLICHE SCHRITTE GEGEN PRESSE-INDISKRETIONEN. Erwähnt wurden die fünf Zeitungen auf Caseys Liste. Ferner wurde

berichtet, die *Post* halte wegen einer drohenden Anklage »einen fertigen Artikel über die Fähigkeiten des US-Nachrichtendienstes zurück«.
Tags darauf frühstückte Casey mit unserem Anwalt, Edward Bennett Williams. Williams erstattete uns später Bericht. Die Regierung konnte durchaus ein Verfahren einleiten, aber Williams zweifelte daran, daß sie es tatsächlich tun werde: »Ich habe ihre Feigheit zur Genüge kennengelernt.« Aber jetzt standen sich die *Post* und Casey als Gegner in einer verfahrenen Situation gegenüber. Williams sagte, wir sollten abwarten.
Am Freitag brachte die *New York Times* einen Artikel, in dem es hieß: »Unterrichteten Kreisen zufolge hat die CIA bei der Regierung Bedenken gegen die Veröffentlichung eines Artikels der *Washington Post* angemeldet, weil er bestätigen und erläutern würde, was die Sowjetunion schon von Mr. Pelton erfahren hat. Sie behauptet, die sowjetischen Behörden hätten bis dato keine Gewähr für das, was sie von Mr. Pelton erfahren haben... «
Es klang, als könnten wir dem KGB alles Nötige an die Hand geben, um die Informationen zu überprüfen, die ihm Pelton während der Marathon-Sitzungen in Wien ausgeplaudert hatte!
Einen Tag später, am Samstag, dem 10. Mai, erhielt Katharine Graham, Vorstandsvorsitzende der Washington Post Company, einen Anruf des Präsidenten.
Sie beglückwünschte ihn zum Wirtschaftsgipfel.
Reagan sagte, er habe mit Casey gesprochen. Diese Geschichte über Pelton würde Schaden anrichten. Geheimnisse von unschätzbarem Wert stünden auf dem Spiel. Durch gute Geheimdienstarbeit habe man im letzten Jahr 125 Terroranschläge verhindern können. Die Zahl hatte Reagan neulich schon bei einer Pressekonferenz vorgetragen, doch er erweckte den Eindruck, als stünde sie in irgendeinem Zusammenhang mit IVY BELLS.
Graham sagte Reagan, Bradlee sei vorsichtig gewesen. Sie als Besitzerin oder ihr Sohn, als Herausgeber, könnten natürlich eine Veröffentlichung verbieten. Aber sie hätten es nicht getan. Es sei besser für alle Beteiligten, wenn Bradlee die Entscheidung treffe.
Reagan schien zu verstehen und verabschiedete sich.
Katharine Graham erzählte Bradlee, Reagans Argument habe sie beeindruckt. Sie frage sich, warum er unbedingt über diese Geschichte schreiben müsse. Wenn Geheimdienste versuchten, die Regierung zu stürzen, müßte man wahrscheinlich berichten, gut. Aber wie die Vereinigten

Staaten denn zu viele Informationen sammeln, zuviel abhören könnten? Die Sowjets machten doch das gleiche mit uns. Auch wenn wir in verschiedenen Technologien die Nase vorn hätten, könnten wir doch nicht warten, bis die Sowjets uns eingeholt hätten?
Bradlee erklärte, in unserem Artikel gehe es um eine Operation – IVY BELLS –, die vor fünf Jahren von Pelton verraten worden sei. Um nichts mehr. Graham sagte, der Präsident sorge sich um weit mehr, und sie hoffe, Bradlee gehe besonders vorsichtig zu Werke.
Casey dachte, er habe die beiden Trümpfe in der Hand – Ronald Reagan und Katharine Graham.
Am Morgen des 19. Mai, als die Geschworenen für den Spionageprozeß gegen Pelton bestimmt wurden, sagte James Polk, Korrespondent der NBC in der Today Show: »Pelton gab offenbar eines der größten Geheimnisse der NSA preis – eine Operation mit dem Decknamen IVY BELLS. Man nimmt an, daß es sich dabei um eine streng geheime Unterwasser-Abhöroperation gehandelt hat, die von amerikanischen U-Booten in sowjetischen Häfen durchgeführt wurde.«
Bradlee rief Casey an, der über die NBC-Sendung nicht informiert war, und fragte: »Uns haben Sie gesagt, wir sollten das nicht veröffentlichen. Was gedenken Sie zu tun?« Am Nachmittag gab Casey eine Erklärung heraus, in der es hieß, er werde wegen eines möglichen Verfahrens gegen die NBC das Justizministerium einschalten.
Jetzt war klar, daß wir unseren Artikel bringen mußten, selbst in seiner verstümmelten Form. Er erschien am 21. Mai unter der Überschrift ABHÖRSYSTEM VERRATEN. HIGH-TECH-GERÄT DURCH PELTONS ENTHÜLLUNG IN SOWJETISCHER HAND. Weiter war zu lesen, Pelton habe »eine kostspielige und äußerst erfolgreiche Langzeit-Operation der USA, bei der mit raffinierter Technologie sowjetische Nachrichten abgehört wurden«, gefährdet. Bei der Operation seien U-Boote im Einsatz gewesen – ein Detail, das erst in allerletzter Minute eingefügt wurde –, und das Gerät sei geborgen worden und befinde sich in sowjetischer Hand.
Casey gab eine zurückhaltende Erklärung ab. Unser Artikel werde daraufhin geprüft, ob eine Strafverfolgung eingeleitet werden müsse.
Peltons Prozeß begann am nächsten Tag. Tyler und ich ließen von nun an mehr und mehr Details in die Artikel über IVY BELLS einfließen. So erwähnten wir am ersten Tag den Ort, wo die Operation IVY BELLS stattgefunden hatte, das Ochotskische Meer.
Fünf Tage später gaben Casey und Odom ein gemeinsames öffentliches

Statement ab. Sie warnten »vor Spekulationen und Veröffentlichungen von Details, die über das hinausgehen, was vor Gericht tatsächlich zur Sprache kommt. Derartige Spekulationen und weitere Fakten sind nichtautorisierte Enthüllungen, die nationalen Sicherheitsinteressen schweren Schaden zufügen können«. Die Erklärung erntete überall Hohn und Spott; die Absicht der Regierung, gegen »Spekulationen« zu Felde zu ziehen, war geradezu absurd.

In einem Versuch, die Wogen etwas zu glätten, teilte Casey am 29. Mai Associated Press mit: »Ich denke, daß speziell die Presse sehr hysterisch reagierte, als sie uns den Versuch unterstellte, das First Amendment zu untergraben und die Pressefreiheit auszuhöhlen. Das liegt nicht in unserer Absicht.« Und zu seiner Warnung vor »Spekulationen« sagte Casey, »wenn ich es nochmal tun müßte, würde ich dieses Wort nicht mehr verwenden. Es bedarf der näheren Erläuterung.«

Casey rief Bradlee an. Es war mittlerweile etwa das zwanzigste Gespräch in diesem Jahr.

Der DCI sagte: »Ich möchte nicht, daß wir uns gegenseitig anpinkeln.«*

24

Während die Regierung Reagan auf der öffentlichen politischen Bühne in diesem Frühjahr ganz mit Libyen beschäftigt war, beherrschte hinter den Kulissen der Iran die politische Tagesordnung im Weißen Haus und in der CIA.
Am 10. März 1986, um 21 Uhr, saß McFarlane am Schreibtisch in seiner Washingtoner Vorstadtwohnung. Er stellte eine Computerverbindung zum Weißen Haus her und tippte den Kode ein, über den er geheime Nachrichten abrufen konnte. Ein Lichtsignal zeigte an, daß eine PROF-Nachricht auf ihn wartete. Wahrscheinlich von Ollie. Er drückte eine Taste und las: »Anfrage von Ihrem alten Freund Gorba [Ghorbanifar], traf ihn Samstag in Paris. Er hielt mir einen langen Vortrag. Wir würden versuchen, ihn auszubooten. Er sei für den Fortgang unentbehrlich und könne die Geiseln freibekommen. Wir müßten die Suppe nur mit einigen kleinen Leckerbissen schmackhafter machen – mit weiteren Waffen usw... Bob Gates hat eine feine Geheimdienststudie über die sowjetische Bedrohung zusammengestellt...«
North bat auch um einen persönlichen Rat: Ob es nicht Zeit sei, zum echten Marine Corps zurückzukehren?
McFarlane vermißte das Weiße Haus. So toll war es »draußen« nun auch wieder nicht. Er sehnte sich nach einer Aufgabe dort, und dabei waren erst drei Monate seit seinem Rücktritt vergangen. Er antwortete North, ja, sie sollten über Norths Zukunft reden. »Offen gestanden rechne ich damit«, tippte McFarlane, »daß Ihnen im Sommer aus Richtung Kongreß ein scharfer Wind ins Gesicht blasen wird. Daher halte ich es für klug, wenn Sie das Weiße Haus verlassen. Andererseits wäre dann niemand mehr da, der all die Arbeit tut (oder auch nur einen Bruchteil davon), die Sie geleistet haben. Wenn die Arbeit liegenbleibt, werden praktisch alle unsere Investitionen der letzten fünf Jahre wirkungslos verpuffen.

Was halten Sie von folgendem schönem Plan: North verläßt das Weiße Haus im Mai und nimmt 30 Tage Urlaub ... (North schließt sich derselben Denkfabrik an wie McFarlane) ... McFarlane/North arbeiten weiter an der Iran-Sache, bauen aber auch andere geheime Unternehmen auf; Bedarf besteht allemal.«

Für North war die Iran-Initiative noch keineswegs am Ende. Jetzt seine Machtbasis aufgeben, die er mit seinem privaten Computer-System so wirkungsvoll ausgebaut hatte? Er dachte nicht daran. Im Frühjahr hatte er von der NSA 15 Chiffriergeräte KL-34 erhalten. Damit war er in der Lage, geheime Botschaften mit seinen Helfern auszutauschen, die ihn im Kampf gegen den Terror und bei seiner Geiselinitiative unterstützten. Er setzte die Geräte auch zur Unterstützung der Contras ein. Eines ging an General Secord, einen der Hauptakteure im privaten Versorgungsnetz der Contras, ein zweites an den Chef der CIA-Station in Costa Rica, der unter dem Decknamen Tomas Castillo operierte und gute Dienste leistete.

Um Rückenstärkung durch das Weiße Haus zu demonstrieren, posierte Präsident Reagan im Oval Office mit Castillo, North, dem Minister für Innere Sicherheit von Costa Rica und Poindexter an einem kurzen Fototermin.

Im April hatte North das Unternehmen Iran und die Unterstützung der Contras vollständig aneinandergekoppelt. Am 7. April ließ er McFarlane wissen: »Auf Anfrage von JMP [Poindexter] habe ich für unseren Boss eine Zusammenstellung über die Vorbereitungen für die nächste Waffenlieferung in den Iran angefertigt.« In der Zusammenstellung mit der Überschrift »Freilassung der amerikanischen Geiseln in Beirut« schlug er vor, den Hauptteil der 15 Millionen Dollar, die der Iran für die Waffen bezahlen mußte, für die Contras abzuzweigen. Zwar rangen Casey und die Regierung noch immer um die Genehmigung des Kongresses für Waffenlieferungen und direkte militärische Unterstützung der Contras, aber das brauchte seine Zeit. Das übliche parlamentarische Hin und Her. »... für den Erwerb dringend benötigter Versorgungsgüter für die Demokratischen Nicaraguanischen Freiheitskämpfer werden 12 Millionen Dollar benötigt ... um die Zeitspanne zu überbrücken, bis vom Kongreß genehmigte militärische Unterstützung geleistet werden kann.«

Unter »Empfehlung« schrieb North: »Der Präsident sollte zustimmen.«

Am 8. April fertigte das Intelligence Oversight Board, eine vom Präsidenten eingesetzte interne Kontrollkommission, die nach den Fehltritten der 70er Jahre ins Leben gerufen worden war und über Gesetzmäßigkeit und politischen Anstand in den Nachrichtendiensten wachen sollte, für Poindexter ein Rechtsgutachten an. Darin hieß es, unter der geltenden Direktive des Präsidenten (»Kommunikation« und »Beratung«) sei eine »militärische Grundausbildung« der Contras durch den US-Nachrichtendienst legal, allerdings mit einer Einschränkung: Diese Ausbildungstätigkeit schließe »die Teilnahme an Planung und Durchführung« militärischer Operationen aus.

Über das private Kommunikationsnetz erreichten North Nachrichten von Secord. Es ging um »Abwürfe« von Munition. Am 12. April informierte ihn der CIA-Mann Castillo von einem erfolgreichen »Abwurf« für die Contras und von seinen Plänen für die kommenden Wochen: »Mein Ziel ist eine 2500 Mann starke Truppe, die im Nordwesten zuschlägt und Verbindung herstellt ... um eine schlagkräftige Südarmee zu bilden. Fasse außerdem entschlossenen Widerstand an der Atlantikküste ins Auge, Versorgung über den Seeweg. Weiß, daß das hochfliegende Pläne sind, glaube aber, es mit Ihrer Hilfe zu schaffen.«

North fragte McFarlane über Computer-Leitung um Rat: »Wir suchen nach einem Weg, an zehn Blowpipe-Raketenwerfer und zwanzig Raketen heranzukommen ... Dick Secord hat auf die Lieferung schon 10 Prozent angezahlt.« Das wichtige Endverbraucher-Zertifikat war schon besorgt.

McFarlane antwortete: »Könnten Sie die CIA bitten festzustellen, an welche Länder die Briten sie verkauft haben? Wenigstens zu einem sollte ich Kontakt haben ... Sind die ausstehenden Fragen bei den Materiallieferungen geklärt? Kann ich irgend etwas tun? Wenn Sie aus irgendeinem Grund Granatwerfer oder andere Artillerie brauchen, woran ich aber zweifle, lassen Sie es mich bitte wissen.«

Um im Old Executive Office Building von Zimmer 302 zu Zimmer 345 zu gelangen, brauchte man nur um die Ecke zu gehen. In weniger als einer Minute war man dort. Immer häufiger legte Oberstleutnant North diese Strecke zwischen seinem und Caseys Büro zurück. Der DCI war für ihn zur Vaterfigur geworden, er war für ihn in die Rolle eines Vertrauten und Ratgebers hineingewachsen. Seit der Oberstleutnant 1984 die geheime Hilfsoperation für die Contras in Angriff genommen hatte, ging er nach einem Plan vor, der weitgehend auf Caseys Ideen beruhte. Casey hatte ihn instruiert, eine private Organisation zu gründen mit einem Mann an der Spitze, der nicht der Regierung angehörte. Die verdeckte Operation brauchte eine nicht-offizielle Tarnung. So wenig wie möglich sollte auf eine Verbindung zur CIA hinweisen. Casey hatte General Secord für diese Aufgabe vorgeschlagen und North erklärt, er solle ein Konto für kleinere Beträge, für Reisekosten und Sondereinsätze gegen die Sandinisten in Managua einrichten, das er von seinem Büro im Nationalen Sicherheitsrat aus verwalten könne.

Norths Aktivitäten wurden im Lauf der Zeit immer riskanter und verzweigter. Einer der wenigen, die davon wußten, war Casey. Für North war Caseys Rat von unschätzbarem Wert: Casey wußte, wie man die Dinge anpackte, und hatte keine Bedenken. Er warnte North davor, für Gespräche nach Mittelamerika offene Telefonverbindungen zu benutzen. Wahrscheinlich würden sie von Horchposten des KGB auf Kuba abgehört. Deshalb bekam North von der NSA die Chiffriergeräte KL-43. Casey beschaffte aktuelle Informationen über die Waffenhändler der Contras und gab North den Rat, zwei dieser Händler wegen fragwürdiger Aktivitäten und Verbindungen fallenzulassen; einer werde des Technologietransfers in den Ostblock verdächtigt.

North weihte den DCI in den Plan ein, den er zusammen mit den Israelis ausgearbeitet hatte, um die Gewinne aus den Waffenverkäufen den Contras zufließen zu lassen. Casey war begeistert. Sofort begriff er die Ironie. Der Iran hatte früher versucht, den Sandinisten Waffen zu verkaufen, und hatte sie über Jahre hinweg auf Kreditbasis mit Öl im Wert von ungefähr hundert Millionen Dollar beliefert. Den Ayatollah jetzt für die Unterstützung der Contras einzuspannen, war eine strategische Glanzleistung, ein unglaubliches Täuschungsmanöver: durch einen Feind einen Freund finanzieren. Der DCI sprach von einer »verdeckten Operation, die durch nichts zu überbieten ist«.

North schottete seine Aktivitäten mehr und mehr von der Außenwelt ab. Der geheimste Nachrichtenkanal im NSC, System IV, erschien ihm nicht sicher genug. North wickelte seine Schreibarbeiten außerhalb jeglicher »Ablage« ab, sie galten als »out-of-system«. Aber mit dem DCI konnte er offen sprechen. Casey war der Pate der Iran-Operation und der Contra-Hilfsaktion.

Casey warnte North, Ghorbanifar sei höchstwahrscheinlich ein Agent des israelischen Geheimdienstes. Sie brauchten die Zusammenarbeit mit

ihm deshalb nicht einzustellen, aber doppelte Vorsicht sei angebracht. Sich immer darüber im klaren sein, mit wem man es zu tun habe, dozierte Casey. Als sich abzeichnete, daß North zu einer Sondierungsreise nach Teheran fliegen würde, wies ihn Casey darauf hin, daß er selbst als Geisel festgehalten werden könnte. Er müsse damit rechnen, gefoltert zu werden. Dagegen gebe es nur ein Mittel. North müsse etwas mitnehmen, womit er sich im Notfall selbst das Leben nehmen könne.
Bald schien sich das ganze Leben von North außerhalb der normalen Bahnen abzuspielen. Es gab ihn nur für die wenigen, die eingeweiht waren. Nicht einmal Poindexters Stellvertreter wußte Bescheid. North war das Glied in der Kette, das man notfalls verleugnen mußte. Casey sagte, jemand müsse diese Rolle übernehmen, müsse bereit sein, den Kopf hinzuhalten, falls die geheime NSC-Operation je bekannt werden sollte. North antwortete, er wisse, was seine Pflicht sei. Er werde alles auf seine Kappe nehmen.
North war voller Bewunderung für Casey. Casey war für ihn so etwas wie ein Intellektueller. Während einer Flugreise pflegte er ein ganzes Buch zu lesen; er schien jeden zu kennen, der etwas Bedeutendes geleistet hatte. North begriff, daß Casey die treibende Kraft war bei den Bemühungen, diverse anti-kommunistische Widerstandbewegungen in aller Welt zu unterstützen. Er hatte die Vision, die Welt nach den Interessen der amerikanischen Außenpolitik neu zu gestalten. Er hatte ein Konzept, er war ein Mann mit Ideen.
Und North erkannte, daß Casey von allen Mitgliedern der Administration am stärksten über den nächsten Tag hinaus in die Zukunft blickte. Überzeugend legte er ihm dar, daß man eine selbständige, unabhängige und sich selbst tragende Organisation brauche, die bei ihren Operationen nicht auf den Kongreß und die Bewilligung von Geldern angewiesen sei. Sie sollte unter wirklicher Geheimhaltung agieren, entweder auf eigene Faust oder im Verbund mit befreundeten Geheimdiensten. Offensichtlich meinte er den saudischen und den israelischen. Jederzeit, so Casey, könne glaubwürdig alles abgeleugnet werden. In bester kapitalistischer Tradition werde die Organisation Rendite bringen. Casey nannte sie eine »Full-Service Covert Operation«.
Nicht nur die Auslösung oder Rettung von Geiseln, nicht nur die Bekämpfung des Terrorismus, sondern auch andere Operationen wurden ins Auge gefaßt. North hatte einige Vorschläge mit Kodenamen belegt: TH-1, TH-2, TH-3. Aus Erfahrung wußten Casey und North, daß

sie jederzeit in der Lage sein mußten, sofort in Aktion zu treten. Wie hatte Casey gesagt? »Wenn man etwas braucht, zieht man die Schublade auf und hat es auf Anhieb.«
Poindexter, der von Norths Aktivitäten an allen Fronten sehr wohl wußte, sandte am 15. Mai 1986 eine private Computernachricht. Überschrift: »Seien Sie vorsichtig.« Er warnte: »Ich fürchte, Sie lassen Ihre Aktivitäten zu publik werden. Ich möchte, daß Sie von heute an nur noch mit mir und sonst mit niemandem, auch nicht mit Casey, über irgendeine Ihrer Aktivitäten sprechen. Sie sollten sich jetzt wirklich eine Geschichte ausdenken, die das Ganze verschleiert. Es muß so aussehen, als hätte ich darauf bestanden, daß Sie aufhören.«
North berichtete Poindexter, für die Contras stünden ihm jetzt mehr als sechs Millionen Dollar zur freien Verfügung. »Wir sind jetzt nicht mehr wie bisher auf die Hilfe von Drittländern angewiesen. Trotzdem müssen wir unbedingt darauf hinwirken, daß die CIA wieder die Leitung des Programms übernimmt.
Wenn uns das nicht gelingt, gehen wir ein wachsendes Risiko ein, wenn wir versuchen, das Programm weiterhin von hier aus zu leiten – trotz der damit verbundenen körperlichen Belastungen und politischen Verpflichtungen. Ich beklage mich nicht, und Sie wissen, daß ich meine Arbeit liebe, aber wir müssen einen Teil der CIA übertragen. Nur so komme ich wieder zu mehr als nur zwei bis drei Stunden Schlaf pro Nacht.« Bald stehe mehr Geld zur Verfügung, und die Hilfe werde sichtbarer; das werde sicherlich die demokratischen Contra-Gegner im Kongreß auf die Palme bringen.
»Das schert mich zwar keinen Deut, aber den Präsidenten und Sie könnte das politisch in Verlegenheit bringen.«
»Der Präsident weiß offensichtlich genau, warum er sich mit einigen ausgesuchten Leuten getroffen hat, um ihnen für ihr ›Eintreten für die Demokratie‹ in Mittelamerika seinen Dank auszusprechen.«
Einige Tage später machte North den Vorschlag, eine geheime Sitzung ohne Protokollanten einzuberufen. Teilnehmen sollten der Präsident, McFarlane, Casey, Shultz und Weinberger. McFarlane und er wollten in Kürze Waffen nach Teheran bringen. »Ich will kein Gespräch mit RR, Shultz und Weinberger«, antwortete Poindexter am 19. Mai.
Casey geriet durch General Secord unter moralischen Druck. »Mr. Director, wir beide sind zu alt, um lange um den heißen Brei herumzureden. Ich bin hier, weil ich mich über Ihre Organisation beschweren

möchte ... Ich bekomme keinerlei Unterstützung. Ich wollte nachrichtendienstliche Informationen, Beratung, was immer Sie uns geben können, ich möchte ... Statt dessen bekommen wir eine Menge Fragen vorgelegt über die Art unserer Organisation. Wie ist sie organisiert? Wem gehört sie? Wer ist beteiligt? Was spielt Secord für eine Rolle? Als ob man gegen unsere Organisation ermittelte ... Ich brauche keine Ermittlungen, ich brauche Unterstützung.«
Casey versprach, sich darum zu kümmern. Tage später rief Casey von seinem Büro im Old Executive Office Building North an und bat ihn herüberzukommen. North erschien, Secord im Gefolge.
»Schön, Sie zu sehen, General«, sagte Casey.
North informierte ihn, daß die Spenden für die Contras nur spärlich flössen. Man sei wieder in einem finanziellen Engpaß.
Casey antwortete, einige Leute in der Regierung seien optimistisch, was die Genehmigung direkter Militärhilfe für die Contras durch den Kongreß angehe. Man rechne noch diesen Sommer damit. Er selbst sei allerdings, wie er gestand, nicht dieser Meinung und eher pessimistisch.
North bat Secord um einen Lagebericht.
Secord antwortete, man sei momentan knapp bei Kasse und brauche teure, moderne Navigationssysteme und Wetter-Radaranlagen.
»Wieviel Geld brauchen Sie?« fragte Casey.
»Nun, das hängt davon ab, von welchem Zeitraum Sie sprechen. Wenn die US-Regierung nicht zu einer Unterstützung der Contras zurückkehrt, können wir einpacken.« Damit hatte er sein zentrales Anliegen vorgebracht.
Nach Secords Schätzung wurden weitere zehn Millionen benötigt.
»Zehn Millionen«, wiederholte Casey. »Zehn Millionen Dollar.« Die Saudis würden sie hinblättern. »Aber ich kann nicht an sie herantreten.« Nach gültigem Gesetz könnte zwar das State Department für die Contras werben, allerdings nur für humanitäre Unterstützung. Casey sah den General an: »Aber Sie können es tun.«
»Aber, Mr. Director, ich bin kein Beamter der amerikanischen Regierung. Ich glaube nicht, daß diese Leute sonderlich an einem Privatmann interessiert sind. Ich denke, das wäre ziemlich töricht.«
»Verdammt«, warf North dazwischen. »Es ist an der Zeit, daß sich endlich jemand darum kümmert, denn die Lage ist verdammt verzweifelt.«
Casey antwortete, Shultz könnte sich an die Saudis wenden. Er werde mit dem Minister reden.

Das State Department wandte sich aber nicht an die Saudis. Man konnte die zehn Millionen später von anderer Seite beschaffen, nämlich vom Sultan von Brunei, einem kleinen Ölstaat auf der Insel Borneo. Die Spende war das Resultat eines dreistündigen Gesprächs zwischen Shultz und dem Sultan. Ein Jahr zuvor hatte die CIA den Sultan mit einem Sicherheitssystem ausgestattet. Das Projekt war durch eine Rahmendirektive für verdeckte Aktionen autorisiert, das der CIA erlaubte, den Schutz pro-amerikanischer Staatsmänner auszubauen und engere Kontakte zu ihnen zu knüpfen.

North lieferte die Kontonummer der Schweizer Bank, auf die der Sultan das Geld überweisen sollte. Seine Sekretärin, Fawn Hall, vertauschte zwei Ziffern der Nummer, mit dem Ergebnis, daß die zehn Millionen auf ein falsches Konto und nicht zu den Contras gelangten.

Gegen Ende Mai flogen McFarlane, North und einige andere, darunter auch George Cave, ein ehemaliger CIA-Stationschef in Teheran, der Farsi sprach, mit einer Waffenladung nach Teheran. Sie hofften, alle Geiseln frei zu bekommen. Doch McFarlane und North kehrten mit leeren Händen zurück. In einem von Caves Berichten an Casey hieß es, Ghorbanifar habe vorgeschlagen, die Sonderfonds aus den Waffenverkäufen für die Contras und die afghanischen Widerstandskämpfer zu verwenden.

McFarlane teilte am 10. Juni 1986 Poindexter seine Sorgen bezüglich North mit: »Es zeichnet sich immer mehr ab, daß ihm die demokratische Linke im Wahljahr etwas anhängen will und ihn eventuell auch zu fassen kriegt.« McFarlane schlug vor, North im Bethesda Naval Medical Hospital auf seinen Gesundheitszustand untersuchen zu lassen, damit er das Corps aufgrund des Berichts verlassen könnte. »Das wäre zwar ein enormer Verlust für den Stab und für die Sache der Contras, doch ich denke, wir werden einen Weg finden weiterzumachen.«

Die Mehrheitsverhältnisse waren inzwischen zu Ungunsten der Sandinisten gekippt. Am 25. Juni verabschiedete das Repräsentantenhaus mit 221 gegen 209 Stimmen eine vom Senat gebilligte Vorlage für Contra-Hilfe über hundert Millionen Dollar. Am 1. Oktober sollte das Gesetz in Kraft treten. Die CIA würde dann wieder im Geschäft sein.

Im Sommer wurde North vom Geheimdienstausschuß des Repräsentantenhauses vernommen, doch er bestritt, die Contras militärisch beraten oder jemals von einzelnen militärischen Aktionen der Contras gewußt zu

haben. Als Poindexter aus einem Bericht von Norths Dementis erfuhr, schickte er ihm eine Nachricht: »Gut gemacht.«
North war klar, daß er sich jetzt, nachdem die Contra-Hilfe über hundert Millionen Dollar die parlamentarischen Hürden genommen hatte, aus dem Geschäft zurückziehen mußte. Er löste sein privates Netz »Projekt Demokratie« auf, und am 24. Juli schrieb er Poindexter, die CIA müsse jetzt die Bestände des Unternehmens aufkaufen. North schätzte ihren Gesamtwert auf 4,5 Millionen Dollar; dazu gehörten »sechs Flugzeuge, Lagerhäuser, Vorräte, Wartungsanlagen, Schiffe, Boote, gepachtete Häuser, Fahrzeuge, Artillerie, Munition, Fernmeldeeinrichtungen und die 6520 Fuß lange Rollbahn« in Costa Rica. »Alle diese Vermögenswerte – und das Personal – gehören bzw. werden von Unternehmen in Übersee bezahlt, die in keiner Verbindung zu den USA stehen ... Es wäre absurd, wenn das alles einfach verschwinden müßte, nur weil die CIA diese Objekte nicht übernehmen will, um sich nicht die Finger schmutzig zu machen. Wochen oder Monate später müßte sie dann acht bis zehn Millionen investieren, um alles zu ersetzen.«
Poindexter war einverstanden, die Angelegenheit schrittweise abzuwickeln, und wies North an, mit Casey darüber zu sprechen. Doch Casey wollte die CIA auf Distanz halten.

Ghorbanifar wußte von den Versuchen, ihn aus dem Iran-Waffengeschäft zu drängen. Über den Neffen des einflußreichen iranischen Parlamentspräsidenten Rafsanjani hatten die USA neue geheime Kanäle aufgetan. Ghorbanifar reizte seine Verbindungen bis zum letzten aus, und am 26. Juli wurde Pater Lawrence Jenco, der 18 Monate lang in der Gewalt von Geiselnehmern gewesen war, freigelassen. Casey schrieb ein streng geheimes Memorandum an Poindexter: »Es ist unbestreitbar, daß unsere Kontakte im Iran zur Zeit funktionieren, nach all den Fehlschlägen... Mit einem Wort: Aufgrund der mir vorliegenden Erkenntnisse bin ich dafür, weiterzumachen ... Ich bin davon überzeugt, daß das angesichts der labilen Kräfteverhältnisse im Iran die einzige Perspektive ist.«

Casey und Shultz waren entschlossen, das, was sie begonnen hatten, auch zu Ende zu führen. Die CIA streute Informationen über die sieben von Gaddafi bevorzugten Wohnsitze aus, in der Hoffnung, einiges würde bis zu dem Obersten durchsickern und ihn daran erinnern, daß man ein Auge auf ihn hatte. Es verfehlte nicht seine Wirkung. Einem Bericht aus geheimer Quelle zufolge hatte sich Gaddafi bei einer Sitzung mit jemenitischen Regierungsvertretern benommen, als stünde er kurz vor einem Nervenzusammenbruch. Gaddafi hing angeschlagen in den Seilen, das jedenfalls war Caseys Eindruck. Man mußte weiter Druck auf ihn ausüben, ihm zusetzen, sein Selbstvertrauen erschüttern, einen solchen Wirbel veranstalten, daß sein Regime und er selbst aus den Angeln gehoben wurde. Das Pentagon könnte Flugzeuge direkt vor die libysche Küste schicken. Das Gedonner, wenn sie die Schallmauer durchbrachen, würde ihm zusetzen. »Demütigt ihn«, sagte Casey. Der 17. Jahrestag der libyschen Revolution stand vor der Tür. Wie gewöhnlich sollte Revolutionsführer Gaddafi eine Rede halten. Vielleicht könnte man ihn so einschüchtern, daß er vor einem öffentlichen Auftritt zurückschreckte? Sein militärisches Hauptquartier hatte er schon Hunderte von Kilometern von der Küste ins Hinterland verlegt, wo US-Bomber ihn nicht so leicht erreichen konnten.

Casey schickte seinen DDI Richard Kerr und Tom Twetten (die beiden waren bekannt als Tom und Dick) ins Weiße Haus. Sie sollten darstellen, wie die CIA auf Gaddafi psychologischen Druck ausüben konnte. Twetten, ein CIA-Veteran aus dem DO und in den 60er Jahren in der libyschen Stadt Bengasi aktiv, sagte, es sei für die CIA kein Problem, falsche Meldungen in ausländische Zeitungen zu lancieren, um Gaddafi zu entnerven. Der endgültige Todesstoß sei nur noch eine Frage der Zeit. Es war Sommer, und es gab relativ wenig zu tun. Gaddafi konnte zu einem Triumph für Ronald Reagan werden. Momentan kriselte es nirgendwo auf der Welt, und dennoch wurde für den 7. August eine Sitzung der Crisis Pre-Planning Group, eines Krisenstabes ohne Ministerbeteiligung, im Situation Room anberaumt. Das State Department legte den elf Teilnehmern aus dem Weißen Haus, dem Außen- und Verteidigungsministerium und der CIA ein streng geheimes, siebenseitiges Memorandum vor: Das Kodewort war VECTOR.

Das State Department forderte darin »exakt aufeinander abgestimmte verdeckte, diplomatische, militärische und öffentliche Aktionen, mit dem Ziel, Gaddafis Sturz durch libysche Staatsbürger herbeizuführen ... eine Abfolge von wirklichen Aktionen und Scheinaktionen«.

»Die möglichen nächsten Schritte: Ziel unserer Strategie für die nähere Zukunft sollte sein, Gaddafis Paranoia neue Nahrung zu geben, damit er, erstens, in Atem gehalten wird und sein inneres Gleichgewicht nicht wiedererlangt und, zweitens, die Überzeugung gewinnt, daß die Armee

und andere Gruppen in Libyen ein Komplott gegen ihn schmieden (eventuell mit sowjetischer Unterstützung). Wenn er das glaubt, wird er möglicherweise den Druck auf die Armee verstärken; das könnte als Reaktion einen Putsch- oder Mordversuch provozieren.
Die Zusammenarbeit mit Exilgruppen wird wahrscheinlich nicht zum Sturz des Regimes führen. Dennoch sollten wir sie vor Gaddafi aufwerten. Wir müssen verstärkt zu verdeckten Aktionen greifen; eine zunehmende Unterstützung [von seiten des Verteidigungsministeriums] ist daher erforderlich. Offene Aktionen [des Verteidigungsministeriums] sind notwendig, um den Gerüchten, die USA planten weitere Aktionen, Glaubwürdigkeit zu verleihen.«
Das State Department empfahl die Entsendung eines Sonderbeauftragten nach Großbritannien, Frankreich und Italien. Er solle darlegen, daß »der Druck auf Gaddafi verstärkt werden muß – ohne jedoch in die Einzelheiten unserer Strategie zu gehen ... Allein daß solche Gespräche stattfinden, wird in Libyen Gerüchte über einen neuen US-Angriff schüren.«
In dem Memorandum wurde außerdem vorgeschlagen, die Regierung der Vereinigten Staaten solle »den Medien Hintergrundinformationen zuspielen: 1. über Querelen und Auseinandersetzungen innerhalb libyscher Gruppen um die beste Startposition für die Ära nach Gaddafi, 2. über die Gefahr eines Wiederaufflammens des Terrors, die Bedrohung der libyschen Nachbarstaaten und die Notwendigkeit, Gaddafi weiter in Schach zu halten, 3. über Gaddafis voraussichtliche Nachfolger und 4. über die allgemeine Misere in Libyen unter Gaddafi«.
Die Reise eines hohen Beamten aus dem Verteidigungsministerium »in den Tschad gegen Ende des Monats bietet Gelegenheit für Desinformation. Gaddafi soll zu Ohren kommen, daß die USA und Frankreich an Plänen für eine ›Tschad Option‹ arbeiten«. Der Besuch eines zweiten Pentagon-Beamten in Tunesien und anderen Nachbarstaaten Libyens biete eine »ähnliche Gelegenheit für Desinformation«.
Das Memorandum schlug vor, mit fingierten Funksignalen den Eindruck zu erwecken, US-Flugzeuge würden Gaddafis Todeslinie überfliegen; Marinefunksprüche könnten die Operation von Flugzeugträgerformationen ankündigen, ohne daß dann tatsächlich etwas geschehe.
»Lancierung von Meldungen in ausländischen Zeitungen. Artikel über folgende Themen sollten plaziert werden: Dissidenten im libyschen Militär; die Existenz einer Untergrundbewegung in der libyschen Ar-

mee; die Planung gemeinsamer Operationen gegen Libyen; Putschpläne der USA mit Hilfe libyscher Persönlichkeiten; sowjetische Vorbereitungen zu einem Staatsstreich. Schließlich sollte dem libyschen Geheimdienst eine Fotografie zugespielt werden, die ein Treffen libyscher Dissidenten mit sowjetischen Beamten in Paris, Bagdad usw. zeigt.«
»Täuschungsoperationen. Einsatz geheimer Funkverbindungen. Entdeckung von Waffenlagern. Einsatz von U-Booten und Flugzeugen, die Ausrüstungsgegenstände wie Schlauchboote nach Libyen einschmuggeln bzw. über Stränden abwerfen, um den Eindruck zu erwecken, ein Putsch sei geplant oder im Gange.«

Howard T. Teicher, der Direktor der politisch-militärischen Abteilung des Nationalen Sicherheitsrats, schlug in einem streng geheimen Memorandum vor, man solle die Franzosen so »beschämen«, daß ihnen gar nichts anderes übrigbleibe, als die libyschen Truppen aus dem Tschad hinauszuwerfen. Er regte an, die Regierung Mitterand zu umgehen, auf »Kanäle innerhalb des Militärs zu bauen und nicht auf die politischen, die im Frühjahr versagt haben ... vorausgesetzt, einige Generäle wünschen ausdrücklich, mit uns gegen Gaddafi zu kooperieren, könnten wir sie dabei unterstützen, den Vorschlag ihrer politischen Führung schmackhaft zu machen«.
Am 7. August trafen sich zehn Beamte im Situation Room, um die Papiere durchzuarbeiten und einen Plan zu entwerfen. Generalleutnant John H. Moellering, der persönliche Vertreter des Generalstabschefs, wollte nicht glauben, daß man solche Täuschungsmanöver ernsthaft in Erwägung zog. Angenommen, die Papiere gelangen an die Öffentlichkeit? fragte er.
»Können wir einander nicht trauen?« fragte ein anderer.
Tage später erhielt Casey von Poindexter ein streng geheimes Memorandum mit dem Kodewort VECTOR, das ihn auf die bevorstehende Sitzung der NSPG und des Präsidenten über Libyen vorbereiten sollte. Er las: »Gaddafis Aura der Unbesiegbarkeit ist zerstört, sein Ansehen schwer beschädigt, und sein Verbleib an der Macht erscheint prekär. ... unsere Aktionen sollten oppositionelle Kräfte im Innern zum Handeln ermutigen und Gaddafis Befürchtungen neue Nahrung geben. Er soll davon überzeugt sein, daß weitere US-Aktionen bevorstehen ... mehr direkte verdeckte Aktionen ... Ebenso werden offene Operationen des Verteidigungsministeriums vonnöten sein, um den Gerüchten

Glaubwürdigkeit zu verleihen, die USA beabsichtigten weitere militärische Aktionen ... die Gerüchte über eine militärische Aktion schüren ... unilaterale und gemeinsame (militärische) Übungen mit dem Ziel, die libysche Verteidigung zu täuschen, zu überlasten und in Panik zu versetzen ... Täuschungsoperationen ... Lancierte Berichte in ausländischen Nachrichtenmedien sollten die Aufmerksamkeit der Medien auf Auseinandersetzungen innerhalb libyscher Gruppen lenken, die sich bereits um Gaddafis Nachfolge streiten, ferner auf Spekulationen über Gaddafis Nachfolger, auf die generelle Misere in der libyschen Gesellschaft und auf ausländische Pläne für weitere Aktionen gegen Gaddafi.
... eine vielversprechende Gelegenheit, Libyen die Unterstützung des Terrorismus nachhaltig zu verleiden und zu Gaddafis Sturz beizutragen.«
Casey fand Gefallen daran.
Poindexter schickte auch ein Memorandum an den Präsidenten.
STRENG GEHEIM/BRISANT.
»Die meisten Analysen der Nachrichtendienste kommen zu dem Schluß, daß Gaddafi ungeachtet der neuen Spannungen, des Schocks über den Luftangriff vom 14. April, seiner Depressionen und seiner verminderten Leistungsfähigkeit Libyen noch immer sicher unter Kontrolle hat.
Möglichkeiten: Die Nachrichtendienste stimmen darin überein, daß eine US-Politik, die das libysche Regime weiterhin erfolgreich unter Druck setzt und isoliert, in der Lage ist, eine entscheidende stimulierende Wirkung auf Kräfte im Innern auszuüben, die endgültig einen Regierungswechsel erzwingen könnten.
Sie stimmen ferner darin überein, daß *jede* Alternative zu Gaddafi an der Führung besser wäre für die Interessen der USA und die Ordnung in der Welt.
In der Sitzung der NSPG wird Ihnen ein Plan der CIA und des State Department vorgelegt werden, in dem eine Reihe von genau aufeinander abgestimmten Aktivitäten – verdeckte, diplomatische, militärische und öffentliche – vorgeschlagen werden. Ein entscheidendes Moment der Strategie ist, daß echte Aktionen mit Scheinaktionen zu einem Programm der Desinformation kombiniert werden, mit dem Ziel, Gaddafi glauben zu machen, daß er innerhalb Libyens eine starke Opposition gegen sich habe, daß seine wichtigsten Getreuen nicht mehr loyal und daß die USA im Begriff seien, militärisch gegen ihn vorzugehen.
Kräfte innerhalb Libyens, die seinen Sturz anstreben, werden zu Aktionen ermutigt ... ihn zu demoralisieren und diejenigen anzuspornen, die ihn ablösen wollen.

Obwohl nach augenblicklicher Einschätzung des Nachrichtendienstes Gaddafi gegenwärtig keine Terrorakte unterstützt, kann er bald wieder in eine aktivere Rolle schlüpfen.«

Am 14. August 1986, um 11 Uhr, konferierte Reagan mit Shultz, Weinberger, Casey, Poindexter und Admiral William J. Crowe jr., dem Vorsitzenden der Joint Chiefs of Staff.
Poindexter geizte nicht mit Lob für das Pentagon. Der Luftangriff vom April sei eine eindrucksvolle technische Demonstration gewesen, er habe den Terrorismus in die Schranken gewiesen, Gaddafi im eigenen Hause geschwächt und das Image Amerikas in der Welt aufgewertet. Jetzt aber sei es an der Zeit, dies alles mit einem massiven Desinformationsprogramm zu untermauern, eine Ereigniskette zu erzeugen, die zu Gaddafis Sturz führe.
Admiral Crowe war sichtlich durcheinander und bat ums Wort. Ob ein solcher psychologischer »Vorbeiflug« ein zweckmäßiger Einsatz militärischer Mittel sei? Ob es denn effektiv sei, den Anschein zu erwecken, etwas Dramatisches sei im Schwange, ohne daß dann wirklich etwas geschehe? Ob dieser Plan nicht den Abschreckungseffekt des Angriffs vom 14. April schmälern und die USA erneut zum Papiertiger degradieren werde?
Aber das Räderwerk war bereits angelaufen. CIA und State Department standen in den Startlöchern für dieses vergleichsweise billige Unternehmen, und der Präsident war guten Muts. Da er sich an Gaddafis Vorliebe für protzige und ausgefallene Kleidung erinnerte, witzelte er: »Warum laden wir Gaddafi nicht nach San Francisco ein, wo er sich doch so gerne herausputzt?«
Shultz gab zurück: »Warum infizieren wir ihn nicht mit Aids?«
Die anderen lachten. Reagan nickte. Sie machten Politik.
Ein Teilnehmer sagte später: »Sie haben die verrücktesten Ideen unterschrieben.« Beinahe jede erdenkliche Art der Schikane wurde abgesegnet. Terroristische oder militärische Aktionen wurden nicht in Erwägung gezogen.
Am 16. August wurde dem Präsidenten eine zweiseitige NSDD zur Unterzeichnung vorgelegt. Sie wies ausdrücklich darauf hin, daß das Täuschungs- und Desinformationsprogramm unter der bereits existierenden Direktive zu Libyen durchgeführt werden könne. Die Ziele: »Gaddafi an terroristischen Handlungen zu hindern; einen Wechsel an

der politischen Spitze herbeizuführen; die Chancen der Sowjetunion, Einfluß zu gewinnen, möglichst gering zu halten.«
Reagan unterzeichnete. Das Papier wurde als streng geheim eingestuft, das Kodewort lautete VEIL, was soviel wie Schleier, Verhüllung bedeutet.
Neun Tage später brachte das *Wall Street Journal* den Aufmacher: DIE VEREINIGTEN STAATEN UND LIBYEN WIEDER AUF KOLLISIONSKURS. Weiter hieß es, Gaddafi plane neue Terroraktionen, und die Vereinigten Staaten arbeiteten an neuen Plänen für einen Luftangriff. Die Desinformation im Tschad wurde für bare Münze genommen. Am nächsten Tag stellte sich Poindexter öffentlich hinter den *Journal*-Artikel, und der Sprecher des Weißen Hauses, Larry Speaks, nannte ihn »amtlich«.
Andere Publikationsorgane, darunter die *Washington Post*, bissen gleichfalls auf die Desinformationspolitik an und veröffentlichten Artikel des Inhalts, eine neue Konfrontation zeichne sich ab. In den folgenden Wochen wurden Artikel von Regierungsvertretern teils bestätigt, teils versuchte man, sie zu dementieren.
Einige Libyen-Experten in der CIA und im Pentagon waren fassungslos. Die Regierung stocherte mit einem Stecken in Gaddafis Käfig herum und tat damit genau das, was ihn herausfordern mußte: Sie rückte ihn in den Blickpunkt des Weltgeschehens. Obwohl kein spezieller Plan existiert hatte, die Desinformation über Libyen auch in den US-Medien auszustreuen, hatte sie das Weiße Haus durchsickern lassen. Doch auch wenn das nicht der Fall gewesen wäre: Desinformationen dieser Art sprachen sich immer herum. Solche Schüsse gingen immer nach hinten los. Die Experten waren sprachlos darüber, daß das Weiße Haus versäumt hatte, die Konsequenzen zu bedenken.
Bald tauchten Berichte auf, Gaddafi plane neue Terroranschläge, die man vielleicht als seine Reaktion auf den geplanten Konfrontationskurs der USA betrachten müsse, über den soviel geschrieben werde. Ein Anschlag auf einen US-Stützpunkt konnte noch vereitelt werden, ohne daß etwas bekannt wurde, doch am 5. September 1986 schossen vier Männer in einer Maschine der Pan American auf dem Flughafen von Karatschi wild um sich. 21 Menschen starben. Ein Telefongespräch eines Arabers namens Salvan Taraki mit libyschem Paß wurde abgehört, als er mit dem libyschen Volksbüro in der pakistanischen Hauptstadt telefonierte und meldete, er sei im »Sonderauftrag« des libyschen Geheimdienstes unterwegs gewesen. Zusammen mit den vier Entführern wurde er später verhaftet und eingehend verhört.

Casey, der immer gern an Veteranentreffen teilnahm, hielt am 19. September 1986 bei einer OSS-Zusammenkunft im Mayflower Hotel in Washington eine Rede. »Liebe Kameraden und Übriggebliebene, danken wir Gott, daß wir alle hier zusammenkommen durften.« Die Reihen waren dünn besetzt, die Zuhörer alt. Auch Helms und Colby waren da. Sophia lauschte in der ersten Reihe gespannt der einstündigen Rede. Einmal gab sie Zeichen zum Podiumstisch, man solle ihren Mann bitten, näher beim Mikrofon zu sprechen. In Caseys Rede ging es um zwei zentrale Punkte: einmal um die Vision des OSS-Gründers General Donovan, »psychologische und irreguläre Kriegsführung könnte die Speerspitze des verdeckten Krieges sein«; dann um das »verheerendste« Problem der OSS im Zweiten Weltkrieg: den Stab im Weißen Haus. »Jeder, der Zugang zum Präsidenten hatte, konnte einen Freibrief für sich bekommen.«

Fünf Tage später sagte ich Casey, wir hätten einige streng geheime Memoranden mit den Kodewörtern VECTOR und VEIL über eine Desinformationskampagne gegen Gaddafi zu Gesicht bekommen. Er starrte mich grimmig an. »Ich weiß nicht, wovon Sie sprechen«, sagte er und wandte sich ab.

Am 2. Oktober brachten wir einen langen Artikel über die Memoranden: GADDAFI ZIEL EINES GEHEIMEN US-TÄUSCHUNGSPLANS; DESINFORMATIONEN EINER SORGFÄLTIG GEPLANTEN KAMPAGNE ERSCHEINEN IN US-MEDIEN ALS TATSACHEN.

Präsident Reagan und Poindexter empfingen an diesem Morgen um 11 Uhr im Weißen Haus eine Reihe von Kolumnisten, und der Präsident sagte: »Nun, ich bestreite, daß dieser Artikel der Wahrheit entspricht. Ich war sehr schockiert, als ich ihn heute morgen las. Gewiß, Memos wandern hin und her, über dies und jenes, auch darüber, was in dem Artikel steht, und wenn ich auch die Richtigkeit dieses Artikels insgesamt bestreite, so kann ich doch nicht leugnen, daß sich immer etwas finden läßt, was man aufbauschen kann.

Wir hätten bald einen Mr. Gaddafi, der sich jeden Abend vor dem Schlafengehen überlegt, was wir anstellen könnten.«

Der Präsident fügte hinzu, »Ich bin zu dem Schluß gekommen, daß Mr. Woodward selbst wahrscheinlich Deep Throat* ist.«

Am selben Abend nahm Shultz eine davon abweichende Position ein. »Offen gesagt, ein bißchen psychologische Kriegsführung gegen Gaddafi verursacht mir keine Kopfschmerzen«, sagte er zu Journalisten bei einer Pressebesprechung.

»Wäre ich ein normaler Bürger und würde lesen, daß meine Regierung versucht, jemanden zu verwirren, der Terrorakte begeht und Amerikaner ermordet, würde ich sagen: ›Mann, hoffentlich stimmt es auch.‹ Wenn wir schon die Chance haben, Gaddafi nervös zu machen, warum sollten wir es dann nicht tun?
Es gibt ein wunderbares Buch über den Zweiten Weltkrieg, das Sie lesen sollten. Sein Titel ist ein Zitat Winston Churchills, der sagte ›In Kriegszeiten ist die Wahrheit so kostbar, daß es eine Leibgarde aus Lügen braucht, um sie zu hüten‹.«*
Am nächsten Tag brachte die *New York Times* fünf Artikel über die Desinformationskampagne, allein drei davon auf der Titelseite. In allen wurde gefragt, wie es um die Glaubwürdigkeit der Regierung bestellt sei. North wollte sich einem Lügendetektor-Test unterziehen, um zu beweisen, daß er nichts über die Desinformationskampagne gegen Libyen hatte durchsickern lassen. Über Computer bat er Poindexter: »Bitte autorisieren Sie uns, wegen Woodwards Schweinerei Tests am Polygraphen durchzuführen. Sie, der Präsident, wir alle müssen herausbekommen, wer das getan hat.«
Am Samstag, dem 4. Oktober 1986, holte mich Poindexters Stellvertreter, Alton Keel, ins Weiße Haus, um mir darzulegen, man habe weder die Absicht noch verfolge man die Taktik, die amerikanischen Medien zu belügen; es gebe weder autorisierte Indiskretionen noch lancierte Artikel; die Verwendung des Worts »Mord« in einem Memorandum des State Departments sei ein »unglücklicher verbaler Mißgriff«, doch es sei gebraucht worden, weil Mord von anderer Seite in Libyen nicht ausgeschlossen werden könne.

Casey hatte in diesem Herbst unglaublichen Ärger mit dem Senatsausschuß, der seit über einem Jahr die diversen Spionagefälle untersuchte. Der Ausschuß hatte eine vernichtende Analyse zum »Jahr des Spions« vorgelegt. Casey besaß eine Kopie dieses streng geheimen Berichts, den der Ausschuß freigeben und der Öffentlichkeit zugänglich machen wollte. Der Ausschuß konzentrierte sich darin auf die vier wichtigsten Fälle. Bei diesen Fällen, so der Bericht, sei der US-Geheimdienst bereits vor Jahren auf mögliche Spionageaktivitäten hingewiesen worden. Davon abgesehen hätte allein schon das bizarre Verhalten derer, die schließlich als Spione überführt wurden, Ermittlungen auslösen müssen: Peltons Bankrott, als er noch in Diensten der NSA stand, sowie ein früheres Disziplinarverfahren aus seiner Zeit bei der Air Force hätten bereits genügen können, um seine Vorgesetzten zu alarmieren. Auch lagen Hinweise vor, daß er zu seinem Abschied von der NSA 1979 gezwungen worden war. Danach war er mehrere Male nach Wien gereist, und seine Anrufe in der sowjetischen Botschaft waren vom FBI abgehört worden. Doch am alarmierendsten war ein streng geheimer Bericht der Navy über die Entdeckung von IVY BELLS; seine Verfasser kamen zu dem Schluß, die Sowjets hätten das Aufzeichnungsgerät am Kabel 1981 nur mit Hilfe eines Spions entdecken können. Ein Glücks- oder Zufallstreffer wurde ausgeschlossen. Die Sowjets hätten genau gewußt, wo und was sie zu suchen hatten. Diesen Bericht und Hinweise auf Spionage habe man den Ausschüssen des Senats und des Repräsentantenhauses unterschlagen, offenbar deshalb, weil Navy und NSA Fragen aus dem Weg gehen wollten. Man habe befürchtet, der Kongreß könnte die Gelder für die äußerst riskanten Spionageunternehmen mit U-Booten sperren.

Ganz ähnlich sah der Ausschuß den Sachverhalt im Fall Howard. Wieder – in einem Kabel des Moskauer Stationschefs von 1984 – wurde der Verdacht geäußert, Informanten und Operationen seien von einem Spion verraten worden, und wieder wurde der Verdacht ignoriert, und das, obwohl Howards unträgbarer Lebenswandel sehr wohl bekannt war. Der Ausschuß hatte den Stationschef befragt, der erklärte, Moskau sei ein rauhes Pflaster. Bei allen Operationen, ob von Menschen oder mit technischen Geräten durchgeführt, stünden die Chancen eins zu eins. Man könne aber auch Pech haben und zehn Mal hintereinander eine Niete ziehen. Damals habe man öfter als sonst Schläge hinnehmen müssen, und die CIA-Leute hätten befürchtet, zu Persona non grata erklärt und wegen Spionage ausgewiesen zu werden. Mit verdeckten Operationen sei es gewesen, als lande man auf dem Spielfeld »Gehen Sie ins Gefängnis«, und Fehlschläge seien als berufliches Versagen und Schande empfunden worden. Erinnerungen an die Ausweisungen der vergangenen zehn Jahre seien wach geworden. Agenten, so der Stationschef, zögen es vor, mit dem Risiko der Enttarnung zu leben.

Jonathan Jay Pollard, ziviler Nachrichtenanalytiker beim Naval Investigative Service und Terrorismus-Experte, war 1985 verhaftet und angeklagt worden, für die Israelis spioniert und sie gleich kofferweise mit geheimen Dokumenten versorgt zu haben. Zufallsbekanntschaften (darunter auch einem höheren Angestellter der Behörde) gegenüber hatte

Pollard jahrelang behauptet, er arbeite für den Mossad, aber niemand hatte ihm geglaubt oder Fragen gestellt. Die Israelis waren über die hausinternen Publikationen des US-Nachrichtendienstes so gut im Bilde, daß sie Pollard Listen mit Geheimdienststudien vorlegten, von denen sie Unterlagen wollten. Pollard hatte den Israelis gegenüber behauptet, er habe fast unbeschränkten Zugang zu den diversen Computern der Navy. Dafür gab es zwar keine unumstößlichen Beweise, aber man mußte davon ausgehen, daß er wenigstens über die Navy-Computer, zu denen er Zugang gehabt hatte, alles verraten hatte.
Die Spionagetätigkeit der Navy-Angehörigen John Walker und Jerry A. Whitworth war, was den entstandenen Schaden anging, wahrscheinlich vergleichbar mit dem Fall Pelton. Chef-Funker Whitworth hatte von den Sowjets 300 000 Dollar für die Lieferung von 25 bis 50 Minoxfilmen kassiert. Zwischen 1976 und 1985 lieferte er zwei- bis viermal im Jahr. Einmal hatte sich Whitworth einen Rolls Royce gemietet. Jurtschenko hatte erklärt, für den KGB sei die Operation Walker/Whitworth der bedeutendste Treffer in der Geschichte des KGB gewesen. Die KGB-Offiziere, die die Operation geleitet hatten, erhielten Auszeichnungen. Einer wurde zum »Helden der Sowjetunion« ernannt, zwei andere erhielten den begehrten »Orden der Roten Fahne«. Nach Jurtschenkos Ansicht hatte die Operation Informationen geliefert, die sich in Kriegszeiten für die USA »verheerend« ausgewirkt und der sowjetischen Seite bei einem Konflikt kriegsentscheidende Vorteile verschafft hätten. Whitworth war als Registered Publications System Officer Kodespezialist auf dem atomar betriebenen Flugzeugträger USS Enterprise und als solcher zuständig für alle hochbrisanten verschlüsselten Dokumente, inklusive Wartungshandbücher, Schaltpläne und Unterlagen über den täglichen Wechsel der »Schlüssel« an den Chiffriermaschinen. Seine Spionagetätigkeit ermöglichte den Sowjets, über ein Jahr hinweg den Nachrichtenverkehr bei Operationen der Enterprise abzuhören. Die Sowjets dechiffrierten mehr als eine Million Meldungen und erhielten Einblick in die modernen Chiffriergeräte, die von anderen militärischen Geheimdiensten und Nachrichtendiensten verwendet wurden.
Schon in den 70er Jahren war Admiral Isaac C. Kidd, der Kommandeur der Atlantikflotte, über Bewegungen sowjetischer U-Boote alarmiert worden, die auf US-Übungen reagierten, als ob sie den Funkverkehr abhörten. Kidd ließ seinen Geheimdienstoffizier einen Bericht darüber schreiben. Das Fazit des Berichts: Es müsse eine undichte Stelle geben,

wahrscheinlich ein Fernmeldetechniker mit breitem Zugang zu verschlüsseltem Material. Die NSA prüfte den Bericht, verfolgte die Angelegenheit jedoch nicht weiter. Erst sieben Jahre später, im Jahr 1985, kam man Walker/Whitworth auf die Schliche, weil Walkers Frau dem FBI einen Tip gegeben hatte.

Der Ausschuß-Bericht widmete sich auch eingehend den Sicherheitsproblemen in der Moskauer Botschaft. Wanzen waren in Schreibmaschinen gefunden worden, und das neue Botschaftsgebäude war gespickt gewesen mit allen nur erdenklichen Abhörvorrichtungen. Die meisten Passagen über Moskau wurden allerdings gestrichen. Casey wollte es so. Die Sowjets sollten sich keine Vorstellung davon machen können, was die USA wußten. Nachdem praktisch alle Details in dem Bericht dem Rotstift zum Opfer gefallen waren, wurde der Rest für die Öffentlichkeit freigegeben.
Casey war darüber nicht glücklich. Er schrieb einen Brief an Senator Durenberger. Gewiß, der Bericht enthalte keine geheimen Details mehr, als Ganzes sei er aber nach wie vor geheim. Harte Worte gingen zwischen den beiden hin und her. Die Fälle Howard und Pelton wurden auf zwei kurze Sätze zusammengestrichen, deren Inhalt ohnehin schon offiziell war. Casey widersetzte sich noch immer. Er wollte nicht einsehen, warum diese Geschichten publik gemacht werden sollten. Durenberger sagte, man müsse dem Problem ins Auge sehen, und wenn Casey wolle, daß der Ausschuß sein Budget auch weiterhin genehmige, solle er sich nicht gegen die Veröffentlichung der freigegebenen Version sperren. Schließlich, im Oktober 1986, erschien das 156seitige Dokument mit dem Titel »Der Spionage-Herausforderung entgegentreten: Überblick über die US-Spionageabwehr und Sicherheitsprogramme«. Es behandelte brisante Themen nur ganz allgemein und brachte nichts Neues.

Casey war noch immer entschlossen, den Durchbruch im Iran zu schaffen. Das hieß nicht allein, mit Waffenverkäufen die Tür zu Khomeini aufzustoßen, den Sowjets das Feld nicht kampflos zu überlassen oder die Freilassung der amerikanischen Geiseln durchzusetzen. Es gab von langer Hand geplante Geheimoperationen der CIA, deren Ziel es war, Gegner Khomeinis zu unterstützen und dem Irak zu einem Sieg über den Iran zu verhelfen.
Seit 1982 unterstützte die CIA die wichtigste khomeinifeindliche Exilbe-

wegung, die in Paris ansässige Iranische Befreiungsfront (FLI), mit monatlich 100 000 Dollar. Casey rechnete zwar nie ernsthaft damit, daß der Gruppe ein Putsch glücken könnte, aber ihre Kontakte verschafften ihm wenigstens spärliche Informationen über die Verhältnisse im Iran. Mit weiteren zwanzig- bis dreißigtausend Dollar im Monat unterstützte man den Sender Radio Liberation, der von Ägypten aus vier Stunden täglich Programme in den Iran ausstrahlte, in denen Khomeini attackiert wurde.

Vor zwei Monaten, im August 1986, hatte die CIA eine direkte, streng geheime Leitung Washington–Bagdad eingerichtet, um die Iraker mit besseren und aktuelleren Informationen von US-Aufklärungssatelliten zu versorgen. Casey hatte eigens mit wichtigen irakischen Beamten konferiert, um sicherzustellen, daß die neuen Kontakte auch funktionierte, und um den Irak zu verstärkten Angriffen gegen den Iran zu ermutigen. Casey dachte besonders an industrielle Ziele. Mitte August flog der Irak einen überraschenden Bombenangriff gegen den iranischen Erdölterminal auf der Insel Sirri, von dem man bisher angenommen hatte, er sei sicher vor irakischen Überfällen aus der Luft.

Vor einem Monat, im September, hatte die CIA einen miniaturisierten Fernsehsender zur Verfügung gestellt. Auf der Frequenz des iranischen Fernsehens wurde eine elfminütige Sendung mit Reza Pahlewi, dem Sohn des letzten Schah, in den Iran ausgestrahlt. »Baby-Shah«, wie ihn seine Kritiker nennen, hatte darin erklärt: »Ich werde zurückkehren.«

Was die nachrichtendienstlichen Informationen anbelangte, die dem Iran bei den geheimen Waffen-Geiseln-Verhandlungen zugespielt wurden, erklärte sich Casey damit einverstanden, dem Iran ein wenig Desinformation unterzumischen. North schrieb in einem Memorandum an Poindexter, daß Caesy, Twetten und Cave »begriffen, daß die Informationen nicht exakt zu sein brauchen ... wir sind davon überzeugt, daß auch eine Mischung aus echten und falschen Informationen bei diesem Gespräch ihr Bedürfnis nach einem Vertrauensbeweis befriedigen wird...«

Casey war beeindruckt, daß es gelungen war, neue geheime Kontakte zum Iran herzustellen. Einer davon war der Neffe des iranischen Parlamentspräsidenten Rafsanjani, der andere war der Geheimdienstchef der Revolutionswächter in den Amtsräumen des Ministerpräsidenten. Als der Neffe Rafsanjanis in geheimer Mission Washington besuchte, um mit North zu konferieren, genehmigte Casey ein elektronisches »Überwachungspaket«, wie North es nannte, damit die Gespräche heimlich aufgezeichnet werden konnten.

»Die Gespräche verliefen äußerst zufriedenstellend«, meldete North über Computer an Poindexter. »Ich bin ehrlich davon überzeugt, daß RR dazu beitragen kann, den Golfkrieg zu beenden – wie Roosevelt den Russisch-Japanischen Krieg 1904. Wer ist dafür, daß RR den gleichen Preis bekommt...?«

25

Charlie Allen, CIA-Chefanalytiker des Iran-Projekts und NIO für Spionageabwehr, wurde immer besorgter, je mehr er die Operation aus dem Ruder laufen sah. Die Überwachung durch die NSA war so lückenlos, daß Ghorbanifar, die Israelis und andere Mittelsmänner kaum einen Schritt unternehmen konnten, ohne daß man Wind davon bekam. Allen bemerkte, daß der Preis, zu dem die Waffen an den Iran verkauft wurden, unglaublich in die Höhe geschnellt war. Doch mehrere Millionen Dollar fehlten oder waren nicht ausgewiesen: 3,5 Millionen, die von der ersten Lieferung 1985 übriggeblieben waren; 24 Millionen auf einem Schweizer Konto vom Dezember 1985; 3 Millionen Zinsen für die Zeitspanne von dreißig Tagen. Die Ausgaben für eine verdeckte Operation wurden normalerweise bis auf den letzten Cent kontrolliert. Trotzdem waren hier von den Gewinnen enorme Summen für Sonderausgaben abgeschöpft worden. Allen sah sich das abgefangene Nachrichtenmaterial an; es gab viele Klagen von den Iranern und von Leuten, die wie Kashoggi einen Teil des Geldes zugeschossen hatten. Dieselbe Clique – General Secord und sein Team – belieferte direkt sowohl die Contras als auch die Iraner. Allen suchte Gates auf.
»Ich mache mir Sorgen«, sagte er zum stellvertretenden Direktor der CIA. »Die Gläubiger verlangen ihr Geld. Wenn nichts unternommen wird, wird das publik. Vielleicht wurde das Geld an die Contras abgezweigt. Beweisen kann ich es nicht.«
Gates wollte nichts mehr davon hören. Schon gar nichts von Geldern an die Contras. Eine Beteiligung der CIA wäre illegal. Je weniger man wußte, desto besser.
Allen entgegnete, es sei kein Gerücht. Er stütze sich auf eine Analyse abgehörter Nachrichten.
Jetzt wurde auch Gates unruhig. Er schlug vor, Casey zu informieren. Doch die folgenden sechs Tage geschah nichts.

Erst am 7. Oktober 1986 unterrichtete Allen Casey von der Möglichkeit, daß Gelder an die Contras weitergeleitet worden waren. Casey sagte, er habe gerade mit seinem alten Freund und Klienten Roy Furmark gesprochen, einem New Yorker Geschäftsmann und Anwalt Kashoggis. Furmark gegenüber seien die Geldgeber, die Kashoggi bei seinem »Überbrückungs«-Darlehen von zehn Millionen Dollar geholfen hätten, äußerst ungehalten; sie fühlten sich betrogen, drohten mit einem Prozeß und wollten die Sache, wenn nötig, an die große Glocke hängen. Dann, so Casey, würde man die USA mit der Transaktion in Verbindung bringen.

Allen erklärte sich bereit, alle seine Bedenken in einem Memorandum niederzuschreiben.

Am 9. Oktober fuhr North nach Langley, um mit Casey und Gates zu Mittag zu essen. In dem abgeschirmten Sicherheitsraum im siebten Stock berichtete er von seinen jüngsten Gesprächen mit den neuen iranischen Kontaktmännern. Er war optimistisch wie immer. Man könne mindestens eine Geisel freibekommen. Bedauerlicherweise nicht die Leiche des Beiruter Stationschefs William Buckley. Die iranischen Kontaktmänner hätten behauptet, es existiere ein 400seitiges Verhörprotokoll mit Aussagen, die Buckley unter Folter gemacht habe. Vielleicht könne man eine Kopie bekommen.

Casey äußerte sich besorgt über die Sicherheit der Operation; ihr früherer Verbindungsmann Ghorbanifar sei offensichtlich sehr unzufrieden und stehe kurz davor auszupacken.

Gates sagte, möglich, daß er, Gates, zu viele Romane gelesen habe, aber die Tatsache, daß nur ein einziges Stück Papier über die Waffen-Geiseln-Operation existiere – die Iran-Direktive des Präsidenten vom 17. Januar –, und die Tatsache, daß es in John Poindexters Safe deponiert sei, mache ihn sehr nervös. Sollte dieser Beweis für die Autorisierung durch den Präsidenten verschwinden, könnten eine ganze Menge Leute, er, Casey und North eingeschlossen, eine Menge Schwierigkeiten bekommen.

Casey war derselben Ansicht. Er werde von Poindexter eine Kopie der Direktive verlangen. North sagte, er werde das beschleunigen.

Das Gespräch kam jetzt auf Mittelamerika. Vier Tage zuvor war in Nicaragua ein Flugzeug, das die Contras mit Nachschub versorgen sollte, abgeschossen und der Spediteur Eugene Hasenfus von den Sandinisten festgenommen worden. An diesem Morgen war er nun zu

einer Pressekonferenz erschienen und hatte gesagt, er glaube, sein Auftraggeber sei die CIA.
Gates fragte, ob irgendwelche CIA-Angehörige, Einrichtungen, Tochtergesellschaften oder sonst etwas direkt oder indirekt an der privaten Finanzierungs- und Versorgungsoperation für die Contras beteiligt seien.
»Total sauber«, antwortete North. Er habe schwer gearbeitet, um Iran und Nicaragua auseinanderzuhalten.
Gegen Ende des gemeinsamen Lunchs machte North eine Bemerkung über Bankkonten in der Schweiz und die Contras.
Er drückte sich nicht präzise aus, und weder Casey noch Gates hakten nach, aber nach dem Lunch suchte Gates erneut Casey auf. »Sind Sie daraus schlau geworden, worüber er gesprochen hat?«
Casey sagte nein.
Sollten wir der Sache nicht nachgehen? fragte Gates.
Casey winkte ab.
Zwei Stunden später fuhren Casey und Gates zum Capitol, um den Vorsitzenden und stellvertretenden Vorsitzenden der Kontrollausschüsse von Senat und Repräsentantenhaus zu versichern, daß die CIA weder mit Hasenfus noch mit irgendwelchen Waffenlieferungen etwas zu tun habe.
Gleich nach seiner Rückkehr ins Weiße Haus schickte North über Computer eine Nachricht an McFarlane: »Wir brauchen unbedingt einen Geldgeber und einen energischen Anwalt, der Hasenfus vor Gericht verteidigen kann ... in den nächsten Wochen kommt einiges auf uns zu ... Am Dienstag soll ein Schweizer Anwalt, der bei den Corporate Air Services in Diensten steht, in Managua eintreffen. Wir sollten aber die Vertretung dieses Falles nicht allein einem Mann übertragen, der aus verdeckten Mitteln bezahlt wird.« North sagte, er habe 100 000 Dollar bei einem Spender locker gemacht, um Hasenfus einen zweiten Anwalt zu besorgen. »Bin überzeugt, dies ist unbedingt notwendig, wenn wir die Dinge im Griff behalten wollen. Unglücklicherweise weiß RR, daß dieser Plan ins Auge gefaßt wurde.«

North sprach mit Casey. »Misten Sie aus, machen Sie Ordnung«, sagte der DCI. Und North begann mit einem gründlichen Hausputz. Alle Memoranden, die sich auf die Weiterleitung der Gewinne an die Contras bezogen, sollten in den Reißwolf. Casey sagte, irgend jemand müsse den

Hut nehmen. North sei aber wohl nicht wichtig genug, um ein glaubwürdiges Opfer abzugeben. Vielleicht sei Poindexter derjenige, der dran glauben müsse.

Am 14. Oktober legte Charlie Allen Casey ein siebenseitiges Memorandum vor, das drei Vorschläge enthielt. Erstens: Allen riet dringend dazu, im NSC umgehend eine Planungsgruppe einzusetzen und jemanden wie Kissinger oder Helms hinzuzuziehen. Sie sollte das Programm einer strengen, unvoreingenommenen Prüfung unterziehen und die geheime Initiative auf gezielte Fragen hin untersuchen: Was waren die eigentlichen Ziele, die Optionen, die Motive aller Beteiligten?

Zweitens: Die CIA und das Weiße Haus sollten sich für den Fall einer Enthüllung rüsten. Ghorbanifar sei drauf und dran, die Medien einzuschalten oder vor Gericht zu gehen; er sei ein enttäuschter Ex-Agent, der behaupten werde, die Vereinigten Staaten hätten mehrere Versprechen nicht eingelöst.

Drittens müsse man sich überlegen, wie man die Kanäle, die über Ghorbanifar liefen, planmäßig und ohne Aufsehen stillegen könnte. Auf Seite sechs schrieb Allen: »*Die Regierung der Vereinigten Staaten erwirtschaftete zusammen mit der Regierung Israels bei diesen Transaktionen beträchtliche Gewinne, von denen einige auf andere Projekte der Vereinigten Staaten und Israels umgelegt wurden.*«

Kaum hatte es Gates gelesen, stürzte er durch die Verbindungstür in Caseys Büro. Sehen Sie sich das an, rief er, und Casey las. Das sei Dynamit. Auch Casey war dieser Ansicht. Er rief Poindexter an, er müsse ihn sofort sprechen. Das Gespräch kam erst am nächsten Tag, dem 15. Oktober 1986, zustande. Casey und Gates fuhren in Caseys Büro im Old Executive Office Building, den Büro-Annex neben dem Weißen Haus. Der Nationale Sicherheitsberater hatte eine halbe Stunde für den DCI und seinen Stellvertreter eingeschoben. Casey legte Allens Memorandum vor.

»Schalten Sie sofort den Rechtsberater des Weißen Hauses ein«, riet ihm Casey. Die Sache gerate aus den Fugen, demnächst werde es Vorwürfe hageln: Unredlichkeit, schäbiges Verhalten und so weiter. Casey drängte ihn, den Präsidenten dazu zu bewegen, der amerikanischen Öffentlichkeit die ungeschminkten Fakten dieses Projektes zu enthüllen, bevor sie häppchenweise ans Licht kommen würden.

Poindexter wimmelte sie ab.

Casey und Gates fuhren nach Langley zurück und zitierten Allen zu sich.

Casey beauftragte ihn, mit Roy Furmark zu sprechen und alle Details für ein umfassendes Memorandum zusammenzutragen. Furmark hatte sich an diesem Tag erneut mit Casey in Verbindung gesetzt und betont, es sei unumgänglich, die finanziellen Forderungen seiner Klienten anzuerkennen.
Am nächsten Tag sprach Allen mit Furmark. In einem Memorandum gab er Casey Bericht. Darin hieß es, Furmark habe empfohlen, weitere Waffen in den Iran zu liefern, »um für die Iraner glaubwürdig zu bleiben ... und um Ghorbanifar mit Kapital auszustatten, damit er den Geldgebern teilweise ihr Geld zurückerstatten kann und neue Kredite bekommt für die Finanzierung weiterer Lieferungen«.
Furmark wolle das Unternehmen in Gang halten; möglicherweise könnte es zur Freilassung weiterer Geiseln führen. Außerdem habe ihm Ghorbanifar gesagt, North habe angedeutet, die zehn Millionen Dollar könnten von den hundert Millionen zurückgezahlt werden, die jetzt als Contra-Hilfe bewilligt worden seien.
Wir haben einen Riesenschlamassel am Hals, sagte Allen.
Am 22. Oktober fuhr Allen nach New York, wo er sich erneut mit Furmark traf. Furmark erzählte, Ghorbanifar habe behauptet, der größte Teil der 15 Millionen aus der Waffenlieferung Anfang Mai sei »an die Contras weitergeleitet worden«.
Am nächsten Morgen, dem 23. Oktober, um 9 Uhr, ging Allen mit dieser Mitteilung zum DCI. Casey gab ein Memorandum in Auftrag, in dem sich Ghorabanifars Behauptung widerspiegelte. Es sollte später von Poindexter unterzeichnet werden. Das Memorandum wurde aufgesetzt und in Caseys Fach der eingehenden Meldungen deponiert.

North verkaufte weiterhin Waffen. Über die neuen Kanäle, die Rafsanjanis Neffe aufgetan hatte, hatte der Iran sieben Millionen Dollar auf das Bankkonto in der Schweiz überwiesen. Für zwei Millionen wurden 500 TOW-Raketen gekauft, die Ende Oktober in den Iran geliefert wurden. Blieben fünf Millionen. North übermittelte Poindexter, die Vereinigten Staaten könnten »in den nächsten Tagen« fest mit der Freilassung von zwei Geiseln rechnen.
Am 2. November 1986 kam David Jacobsen frei. Am darauffolgenden Tag berichtete das libanesische Magazin *Al-Shiraa* von heimlichen Waffenlieferungen der Vereinigten Staaten an den Iran. Ferner meldete das Blatt, McFarlane hätte im Frühjahr in geheimer Mission Teheran be-

sucht. Shultz war gerade auf dem Weg nach Wien zu Abrüstungsgesprächen mit der Sowjetunion, als die Bombe platzte. Er kabelte an Poindexter, man solle jetzt an die Öffentlichkeit gehen und versuchen, alles zu erklären. Poindexter kabelte zurück, Bush, Weinberger und Casey seien geschlossen dagegen. Man müsse unbedingt »absolutes Stillschweigen« bewahren.

Als der Präsident sich am Freitag, den 7. November im Weißen Haus mit Jacobsen traf, erklärte er vor Reportern, der Artikel »entbehrt jeder Grundlage«.

Jacobsen, der 17 Monate lang festgehalten worden war, wurde böse, als man ihn fragte, wie es zu seiner Freilassung gekommen sei. Abwehrend hob er die Arme und fuhr die Reporter an: »In Gottes Namen, seien Sie doch bitte verantwortungsbewußt und lassen Sie das.«

Obwohl immer mehr ans Licht kam, meldete sich Furmark an diesem Tag erneut bei Allen. Seine Klienten würden nicht mehr lange stillhalten und öffentlich erklären, daß die Gelder aus dem Iran-Waffengeschäft an die Contras weitergeleitet worden seien.

Casey und Gates gingen zusammen zu Poindexter. Casey riet ihm, Peter J. Wallison, den Rechtsberater im Weißen Haus, auf die Sache anzusetzen.

»Ich traue Wallison nicht. Er wird seinen Mund nicht halten«, sagte Poindexter.

Casey suchte jetzt verzweifelt nach einer Möglichkeit, den drohenden Skandal abzubiegen. Zu allem Überfluß spitzte sich die Situation durch Uneinigkeit in der Führungsmannschaft zu. Persönliche Fehden innerhalb der Administration, die schon seit Jahren unter der Oberfläche geschwelt hatten, brachen jetzt offen aus. Shultz, der lange gegen die Iran-Pläne opponiert hatte und grollte, weil der Sicherheitsrat in dieser Sache initiativ geworden war, vertrat jetzt in aller Öffentlichkeit seine konträren Ansichten, und das Pentagon ließ Weinbergers Position durchsickern, Waffenverkäufe an den Iran seien »absurd«. Don Regan und Poindexter lieferten sich vor Reagan ein Wortgefecht über die Frage, ob eine öffentliche Erklärung abgegeben werden sollte. Reagan hielt es mit Poindexter, der glaubte, man könne noch weitere Geiseln freibekommen, vorausgesetzt, die Geheimhaltung bleibe gewahrt.

Am Montag, dem 10. November, begab sich Casey zu einer Besprechung mit Reagan, Bush, Shultz, Weinberger, Meese und Poindexter ins

Weiße Haus. Der Präsident vertrat die Ansicht, Gerüchte und Presseberichte gefährdeten das Unternehmen. Man verhandle doch nicht mit iranischen Terroristen, sondern mit gemäßigten Gruppen, und die Waffenlieferungen seien kein Lösegeld. Man müsse eine Grundsatzerklärung abgeben, ohne dabei Details und Besonderheiten der Operation zu enthüllen. Shultz erfuhr erst jetzt, daß der Präsident am 17. Januar eine Direktive für die Waffenlieferungen in den Iran unterzeichnet hatte. Allen Differenzen zum Trotz wurde eine Erklärung abgegeben, in der es hieß, alle Spitzenberater stünden »geschlossen« hinter dem Präsidenten; man verurteilte »spekulative Zeitungsartikel« und betonte, daß die Politik der US-Regierung, »Terroristen gegenüber keine Zugeständnisse zu machen, unangetastet bleibt«.
In den US-Nachrichtendiensten wurde derweil gemunkelt, es gebe einen Riesenärger wegen der Gewinne aus den Waffenverkäufen in den Iran. Am 12. November tauchten Ermittler des Senatsausschusses für den Nachrichtendienst bei der CIA auf. Sie wollten Geheimmaterial der NSA über das Iranprojekt einsehen. Casey blockte ab mit der Behauptung, das Projekt sei noch immer geheim.
Im Weißen Haus gelangte man jetzt zu der Einsicht, daß der Präsident an die Öffentlichkeit gehen müsse, um das Iranprojekt in bestmöglichem Licht darzustellen. Für den Abend des 13. November wurde eine Fernsehrede angesetzt. Zuvor wurden die Fraktionschefs des Kongresses und die Vorsitzenden der Geheimdienstausschüsse zu einem Gespräch mit Poindexter und Casey ins Weiße Haus geladen. Zu Beginn verlas der Sicherheitsberater die Direktive vom 17. Januar mit der Order an Casey, die Ausschüsse nicht von der Operation zu unterrichten. Die Fraktionschefs waren fassungslos und außer sich vor Wut.
Nach der Sitzung bot Casey Pat Leahy an, in seinem Wagen mitzufahren. Leahy wollte nach Georgetown, wo ihn seine Familie zum Essen erwartete, und nahm an. Seit über einem Jahr lagen die beiden im Clinch. Im Oktober 1985, unmittelbar nach der Entführung des Kreuzfahrtschiffes Achille Lauro, hatte Leahy im Fernsehen erklärt, der US-Nachrichtendienst habe gewußt, daß der ägyptische Präsident Mubarak gelogen habe. Leahy hatte gesagt: »Mubarak hat gestern in den Nachrichten zwar behauptet, die Entführer hätten Ägypten verlassen, doch wir wußten, daß es nicht stimmte. Unsere Informationen waren gut, sehr gut.« Damit hatte er allzu deutlich zu verstehen gegeben, daß Mubaraks Telefon angezapft war. Casey hatte dem Senator einen scharfen Brief geschrie-

ben, in dem er ihm Verletzung von Sicherheitsinteressen vorwarf und ihn praktisch des Verrats bezichtigte. In Wirklichkeit hatte Leahy nicht mehr gesagt als der Regierungssprecher schon vor ihm, doch Casey war der Ansicht gewesen, der Aussage eines stellvertretenden Vorsitzenden des Geheimdienstausschusses werde mehr Beachtung geschenkt.
Vor einer Woche nun hatte Leahy mit dreißig Prozentpunkten seine Wiederwahl gewonnen. Doch ganz und gar nicht mit Caseys Hilfe. Tage vor der Wahl war in *Reader's Digest* ein Artikel unter der Überschrift KONGRESS BEHINDERT CIA erschienen, in dem die Behauptung, Leahy habe Sicherheitsinteressen verletzt, in einer Weise wieder aufgegriffen wurde, die den Verdacht nahelegte, daß nur Casey dahinterstecken konnte.
»Ich weiß, daß Sie stocksauer sind«, sagte Casey, als sie beide hinten in seinem Wagen Platz nahmen.
Leahy antwortete, es sei unträgbar, daß der DCI sich in politische Vorgänge einmische und versuche, unliebsame Senatoren kaltzustellen. Aber jetzt, in dieser Iran-Sache, werde die Hölle los sein. Der Senatsausschuß werde eine genaue Untersuchung durchführen. Jetzt gebe es keine inoffiziellen, freundlichen Plauderstündchen mehr, sondern Vorladungen und Aussagen unter Eid. Daß man den Ausschuß nicht informiert und konsultiert habe, sei gegen jede Absprache und spreche allen gegebenen Versprechen und Beteuerungen Hohn.
Die Demokraten hatten bei der Wahl in der vergangenen Woche die Mehrheit im Senat gewonnen. Leahy kündigte an, er werde im Ausschuß bleiben und den Vorsitz übernehmen.
Sie sollten zusammenarbeiten, sagte Casey, als der Wagen Georgetown erreichte. Doch Leahy sprang hinaus. Casey hetzte hinter dem Senator her und packte ihn am Arm. Um sie herum lärmte der Feierabendverkehr, und Caseys Wagen, der mitten auf der Straße hielt, verursachte einen Verkehrsstau.
Wir haben dieselben Überzeugungen, sagte Casey, tätschelte Leahys Arm und deutete an, die CIA werde ihn für seine Arbeit im Ausschuß für eine Auszeichnung vorschlagen.
Eine Stunde später hielt der Präsident seine Fernsehrede. Er sagte, man habe kein »Lösegeld« für die Geiseln bezahlt, sondern man habe versucht, sich im Iran »Gehör und Einfluß« zu verschaffen. Die Waffen seien »Defensivwaffen«; er verglich die geheime Iran-Initiative mit Nixons und Kissingers Öffnung nach China im Jahr 1971.

»Wir haben keine – ich betone keine – Waffen oder sonst etwas gegen Geiseln getauscht und werden es auch in Zukunft nicht tun.«
Und er fügte hinzu, alles sei legal abgelaufen, »und die zuständigen Ausschüsse im Kongreß werden jetzt und in den nächsten Tagen umfassend informiert«.

Poindexter holte die Direktive vom 17. Januar aus seinem Safe, ließ eine Kopie anfertigen und schickte sie an den Senatsausschuß. Jetzt hatten sie es schwarz auf weiß. Für die Senatoren Durenberger und Leahy war es nach wie vor unfaßbar, daß der Präsident Casey angewiesen hatte, »den Kongreß von dieser Direktive nicht zu unterrichten«. Sie war zehn Monate alt. Casey selbst war relativ wenig vorzuwerfen. Er hatte nur Befehle befolgt, auch wenn die Senatoren davon überzeugt waren, daß er diese Politik und diese Instruktionen federführend mitgetragen hatte. Durenberger und Leahy waren schockiert über das Ausmaß der Verstöße: der Grundgedanke parlamentarischer Kontrolle war unterlaufen worden, die Uhr war um zehn Jahre oder mehr zurückgedreht worden. Der Präsident hatte damit schlicht gesagt, er könne den Kongreß nach Gutdünken ausklammern. Geradezu himmelschreiend war der Satz in der Direktive, die Unterrichtung könne wegen »extremer Geheimhaltungs- und Sicherheitsrisiken« unterbleiben.
Die Pagen im Teheraner Hilton, wo McFarlane und North vor sechs Monaten abgestiegen waren, wußten, daß etwas im Gange war. Ebenso führende Israelis, der saudische Kaufmann Kashoggi und der iranische Mittelsmann Ghorbanifar. Diese Leute waren offenbar vertrauenswürdig. Und die Senatoren der Vereinigten Staaten, die sonst in alle Geheimnisse des Nachrichtendienstes eingeweiht wurden, sollten es nicht sein? Gab es noch mehr, wovon sie nichts wußten?
Am Freitag, dem 14. November, kam Poindexter zum Lunch in die *Post*. Sein Besuch war Teil der neuen Initiative des Weißen Hauses. Er zog gelassen an seiner Pfeife und sagte, das Risiko dieser Operation sei vertretbar. Der Präsident sei nicht an Konventionen gebunden, was man in der Außenpolitik tun könne und was nicht.
Zwei Tage später hatte Poindexter in der Sendung *Meet the Press* der NBC einen seiner seltenen Fernsehauftritte. Während er auf den Beginn der Show wartete, befragte ich ihn über die zwanzig Jahre, die er als Marineoffizier gedient hatte. Besonders über die Zeit Mitte der 70er Jahre, als er einen Zerstörer kommandiert hatte.

»Als Marineoffizier«, antwortete er und holte dabei elegant seine Pfeife aus der Jackentasche, »als Marineoffizier hat man mehr Befugnisse, weil man auf See das Kommando hat. Man muß Entscheidungen treffen. In einer Notlage hat man da draußen niemanden. Man lernt, kühlen Kopf zu bewahren, ob das nun auf der Brücke ist oder hier. Das macht keinen Unterschied.«
Vor den Kameras sagte Poindexter, die Regierung wende sich »aufgrund all der Spekulationen und Indiskretionen« im Zusammenhang mit der Iran-Initiative an die Öffentlichkeit. Die Initiative sei »im wesentlichen eine Operation des Nachrichtendienstes«, und dementsprechend werde Casey, und nicht er, dem Kongreß die Fakten vorlegen.
Casey flog an diesem Tag nach Mittelamerika. Es konnte nicht schaden, außer Landes zu sein, wenn Aufklärung verlangt wurde. Außerdem wollte er in einer wichtigen Sache am Ball bleiben, und das war der Contra-Krieg. Er hatte seine Jagdlizenz wieder. Die 100 000 Dollar an Contra-Hilfe, die der Kongreß gebilligt hatte, waren seit einem Monat verfügbar, und jetzt wollte er sich ein Bild von den neuen Investitionen machen. Über siebzig der hundert Millionen konnte die CIA verfügen. Das war fast das Dreifache von dem, was der Kongreß in jedem vorausgegangenen Jahr genehmigt hatte.
Am Montag, dem 17. November, erhielt Casey einen Anruf von Gates, der ihn beschwor, zurückzukommen, um am Ende der Woche vor den Geheimdienstausschüssen auszusagen. Am folgenden Tag rief Poindexter Casey über eine Sicherheitsleitung an. Die CIA nahm das Gespräch wie eine Operationsmeldung auf Band auf.
»Ich habe mir Gedanken über die Anhörung am Freitag gemacht und denke, daß wir uns aufeinander abstimmen sollten«, sagte Poindexter. »Könnten Sie am Donnerstag zurückkommen, damit wir uns treffen können ... Meiner Ansicht nach wäre das von größtem Nutzen. So könnten wir am Freitag eine bestmögliche Darstellung geben und versuchen, möglichst viele Fragen offenzulassen.«
»Werden bei unserem Gespräch eine Menge Leute aus dem State Department und dem Pentagon dabeisein?« fragte Casey.
»Ich würde einige Zeit gerne unter vier Augen mit Ihnen reden«, antwortete Poindexter und fügte hinzu, Meese habe ihm seine Hilfe angetragen und wolle bei mindestens einer Sitzung dabeisein.
»Ah«, sagte Casey«, »dann, dann schlagen Sie eine beliebige Zeit vor, die Ihnen genehm ist, damit wir uns ungestört unterhalten können. Legen Sie den Termin fest, mir ist jeder recht.«

Die Beziehungen zwischen Casey und Shultz waren mittlerweile auf dem Tiefpunkt angelangt. Am vergangenen Sonntag hatte der Außenminister bei einem Fernsehauftritt kein Hehl daraus gemacht, daß er die Waffengeschäfte mit dem Iran ablehne. Er sagte, Poindexter sei die »eigentliche treibende Kraft« bei diesem Unternehmen. Gefragt, ob er autorisiert sei, in dieser Frage für die Regierung zu sprechen, antwortete er bestimmt mit »Nein«.
Shultz konnte Casey nicht mehr ausstehen. Nur zu offensichtlich hatte der DCI eine alternative Außenpolitik betrieben, nicht nur im Iran. Sein Einfluß war zu groß geworden. Zuerst hatte er seine Analytiker und andere CIA-Beamte als Informationslieferanten benutzt, um herauszufinden, was im Busch war, dann hatte er den CIA-Apparat für sich als politische Planungsbehörde mißbraucht, und schließlich hatte er die CIA mit Hilfe seiner Mitarbeiter und neuerdings auch mit Hilfe des Weißen Hauses in ein ausführendes politisches Organ umfunktioniert. Das beste Beispiel war, wie Casey im vorigen Jahr mit dem Graham-Fuller-Papier hausieren gegangen war. Trotz Ablehnung von State Department und Pentagon hatte er es im Weißen Haus an den Mann gebracht.
Shultz war ferner der Ansicht, daß Casey Abkommen über Rüstungsbegrenzungen all die Jahre wirkungsvoll sabotiert hatte. Der DCI bildete eine heimliche Allianz mit Richard Perle, dem Assistenten des Verteidigungsministers, der einen harten außenpolitischen Kurs verfocht. Rückblickend gewann Shultz immer mehr die Überzeugung, daß die Nachrichtendienste einen endlosen Nachrichtenstrom erzeugt hatten, der auf clevere Weise Rüstungskontrollbestrebungen hintertrieb. Reagan war in diesem Punkt anfällig, und darauf hatte Casey gesetzt, als er behauptete, Rüstungskontrolle sei nur ein weiteres Werkzeug für die Sowjets, deren Position in Verhandlungen seiner Ansicht nach auf zwei Überlegungen beruhe: Zuerst legten sie fest, welche neue Waffen sie bauen wollten, dann entschieden sie, daß die Waffen, die die Vereinigten Staaten bauen wollten, viel gefährlicher für sie waren. Die Sowjets trieben den Vergleich oft bis ins letzte Detail, bis zu den Heckrudern, die sie in sechs Jahren an ihre Raketen anbringen wollten. Natürlich war das aus sowjetischer Sicht nur logisch. Jedes Land, die Vereinigten Staaten nicht ausgenommen, stellte bei Verhandlungen ähnliche Vergleiche an. Nur: Caseys »Beweisführung« sollte lediglich demonstrieren, daß es die Sowjets nicht ernst meinten und Verhandlungen manipulierten.
Shultz war der Ansicht, Casey sei in erheblichem Maß für das Zögern des

Weißen Hauses auf dem Gebiet der Rüstungskontrolle mitverantwortlich. Vielleicht war der Posten des DCI zu wichtig geworden, und der Nachrichtendienst verfügte über zuviel Geld. Der DCI hatte bei den Entscheidungen über milliardenschwere Satellitenprojekte für die nächsten zehn Jahre mitzureden und setzte Prioritäten. Er kontrollierte den analytischen Prozeß und die Geheimdienststudien. Er kontrollierte verdeckte Aktionen und die Spionageabwehr. Ein Aktivist wie Casey machte aus dem Posten ein politisches Amt. Irgendwie hingen an diesem Posten zu viele Kompetenzen, und vielleicht sollte man sie splitten.

Casey war alt. Wahrscheinlich war es sein letzter Job. Er war wohlhabend und hatte wenig oder gar nichts zu verlieren. Durch die Art, wie er seine Ziele verfolgte, hatte er Argwohn erzeugt und Zweifel an der Objektivität der CIA geweckt, nicht nur im Kongreß, auch innerhalb der Administration. In gewissem Sinn, so dachte Shultz, habe Casey seine Integrität verloren. Er war der Schattenminister des State Department.

Am Abend des 18. November 1986 ging ich gegen 18 Uhr ins Weiße Haus zu einer Verabredung mit Poindexters Stellvertreter Al Keel. Er wollte mich davon abbringen, einen Artikel über die verdeckte Unterstützung von khomeinifeindlichen Exilanten zu veröffentlichen, eine Aktion, die parallel zu den Waffenverkäufen an Khomeinis Regierung durchgeführt wurde. Keel war erschöpft und überarbeitet. »Die Presse da draußen spielt wegen dieser Geschichte total verrückt«, klagte er hinter dem Schreibtisch in seinem Büro. »Wir sind irgendwie aus der Kurve geraten. Zehn Tage hinterher.«

Keel war ein jugendlich wirkender, bärtiger Mann und sprach mit innerer Überzeugung. Während er einen Bleistift über den Tisch rollte, sagte er, man habe keine andere Wahl, man müsse mit Waffen handeln, das sei nun einmal die wichtigste »Währung« im Nahen Osten. »Wir mußten unsere ehrlichen Absichten unter Beweis stellen. Aber wir trauten ihnen nicht, nicht den Iranern und nicht unseren Kontaktleuten, mit denen wir verhandelten. Und sie trauten uns nicht. Wir waren der Große Teufel. Wie soll man da Vertrauen herstellen? Mit Milchpulver? Oder mit Verbandsmaterial? Das bekommen sie im Laden an der Ecke. Man muß es mit Waffen versuchen.«

Er fuhr fort, ein Artikel hätte verheerende Folgen, wenn er auch nur andeutete, daß die Vereinigten Staaten nicht nur mit ihren Kontaktleuten zu gemäßigten Iranern, sondern auch mit Exilanten verhandelten,

die mit dem Schah-Regime in Verbindung gebracht würden. Er machte eine Pause und schaute auf. »Teheran könnte das auf keinen Fall ignorieren.«
Ich antwortete, die iranische Regierung beschuldige die CIA regelmäßig, Exilanten und Schah-Anhänger zu unterstützen. So höre man es aus ihrem Radio, so stehe es in ihren Zeitungen. Und die Exilanten wüßten, daß sie Geld von der CIA bekamen; sie hätten es Reportern in ihren Pariser Büros gestanden.
Er stimmte mir zu. Aber, so Keel, solche Artikel seien nur auf den hinteren Seiten, nicht auf der ersten Seite aufgetaucht, und es habe sich nur um versteckte Anspielungen gehandelt. »Aber wenn dieser Artikel erscheint, bedeutet das eine echte Gefahr. Leben werden auf dem Spiel stehen ... Unsere Verbindungen werden abreißen. Geben Sie mir mindestens vierundzwanzig Stunden, besser noch zweiundsiebzig Stunden, damit wir Verbindung zu unseren Kontaktleuten in Teheran, unseren Gemäßigten, aufnehmen können, um sie zu warnen, daß eine böse Geschichte auf sie zukommt. Ganz offen gesprochen: um ihnen zu sagen, sie sollen ihren Arsch in Sicherheit bringen.«
Wir in der *Post* gelangten zu der Ansicht, diese Behauptung sei nicht sehr glaubwürdig. Lageeinschätzungen aus dem Weißen Haus hatten nicht mehr viel Gewicht. Der Präsident hatte für den nächsten Tag eine Pressekonferenz festgesetzt. Wir waren argwöhnisch. Wahrscheinlich wollte das Weiße Haus keinen Artikel darüber, daß man Khomeini mit Waffen hofierte, während die CIA iranische Exilanten und Hintermänner des Baby-Schah finanzierte, die Khomeini stürzen wollten. Wir beschlossen, den Artikel zu bringen.
In dieser Nacht bastelten North, McFarlane und mehrere Mitarbeiter des Sicherheitsrats fieberhaft an einer Chronologie der Ereignisse, die den Präsidenten aus der Schußlinie bringen und seine Rolle verschleiern sollte, insbesondere seine frühe Genehmigung der israelischen Lieferungen 1985. Über Computer zitierte North seinen Assistenten, Oberstleutnant Robert Earl, zu sich ins Büro: »Holen Sie mir den Little-Nipper her und lassen sie uns herauskriegen, was zum Teufel hier los ist.«
In seiner Pressekonferenz verteidigte der Präsident das Iran-Projekt: »Ich denke nicht, daß wir einen Fehler gemacht haben ... Ich glaube nicht, daß es ein Fiasko oder irgendwie ein totaler Fehlschlag war.« Viermal verneinte er, israelische Lieferungen »nachträglich abgesegnet« zu haben, ebenso bestritt er die Beteiligung eines Drittlands. Doch

fünfundzwanzig Minuten nach der Pressekonferenz nahm Reagan eine nicht alltägliche Korrektur vor und sagte, er habe tatsächlich eine solche Lieferung durch ein anderes Land nachträglich abgesegnet.

Casey und Gates suchten am nächsten Tag das Weiße Haus auf, um einen Streit mit North beizulegen, der behauptete, nicht er sei es gewesen, der 1985 um Unterstützung der CIA für die israelische Lieferung nachgefragt habe. Poindexter und North räumten schließlich doch ein, daß es North gewesen war. An diesem Abend kam Casey noch einmal ins Weiße Haus. Diesmal, um seine Erklärung für die Ausschußanhörung am nächsten Tag wasserdicht zu machen. Er beriet sich mit Poindexter, Shultz und Meese. Bei seiner Vernehmung wollte Casey sagen, die CIA sei davon ausgegangen, daß es sich bei der israelischen Lieferung von 1985 um »Ölbohrgeräte« gehandelt habe und nicht um Waffen.

Noch an demselben Abend suchte Shultz den Präsidenten im Wohntrakt des Weißen Hauses auf. Das Gespräch zwischen dem Präsidenten und seinem Außenminister verlief in gespannter Atmosphäre. Shultz sagte, der DCI sei drauf und dran, den Geheimdienstausschuß zu belügen, man müsse etwas unternehmen. Statements würden abgegeben werden, die nicht einmal einer oberflächlichen Überprüfung standhalten würden. Shultz kochte. Nie hätte er gedacht, daß er jemals vor dem Präsidenten der Vereinigten Staaten einen solchen Ton anschlagen, ja daß er ihn fast beschimpfen würde. Reagan müsse sich damit abfinden, daß jeder, der einen Blick in die Akten werfe, das Waffen-Geiseln-Geschäft durchschauen werde.

Inzwischen saß Casey in Langley einer Sitzung mit zahlreichen CIA-Beamten vor, die möglicherweise wußten, was passiert war. Vorher hatte er sich mit North beraten. Sie hatten die Version, man habe die israelische Lieferung von 1985 für Ölbohrgeräte gehalten, verworfen. Jetzt sollte das Problem mit einem Versäumnis erklärt werden.

Am nächsten Morgen stand er früh auf und überarbeitete seine Aussage. Er veränderte und modifizierte sie dahingehend, daß sie sich mit den Fakten deckte, die bereits bekannt waren oder aller Erwartung nach nicht geheim bleiben würden. Um 9.30 Uhr erschien Casey zu der streng geheimen, geschlossenen Sitzung und stellte sich den fünfzehn Mitgliedern des Ausschusses des Repräsentantenhauses. Die Stimmung war alles andere als ausgelassen. Nachdem Casey seine zehnminütige Erklärung verlesen hatte, forderte ihn der Vorsitzende unumwunden auf, sich dazu zu äußern, ob er es für legal halte, die Meldung einer verdeckten Aktion gut zehn Monate aufzuschieben. Casey antwortete kühl: »Wir reden über ein verfassungsmäßig verbrieftes Privileg, das Präsidenten in Anspruch genommen haben.« Sorgfaltspflicht und Vorsicht hätten keine andere Wahl gelassen, sagte er, die Zeit sei reif gewesen, als die Iraner versuchten, ihren begrenzten Einfluß auf die Geiselnehmer im Libanon geltend zu machen. »In meinen Augen war es eine vertrauensbildende Maßnahme, und was wir taten, war ziemlich wenig, ganz gewiß aber stand es in einem angemessenen Verhältnis zu den großen Zielen, die wir zu verwirklichen suchten.« Die wenigen Waffen, die man geliefert habe, seien nicht der Rede wert.

»Entweder man geht solche Risiken ein, oder man legt die Hände in den Schoß und läßt den Dingen ihren Lauf. Ich für meine Person war dafür, mit Bedacht und gebührender Vorsicht ein Risiko einzugehen.

Ich müßte lügen, wollte ich jetzt behaupten, ich würde in der gleichen Situation das Risiko nicht noch einmal eingehen.«

Einige Republikaner griffen ein, verteidigten die Entscheidung des Präsidenten und behaupteten, der Ausschuß habe eine undichte Stelle. Dave McCurdy, der demokratische Abgeordnete aus Oklahoma, fragte: »Wer leitete die Operation, Mr. Casey?«

»Ich meine, wir waren alle beteiligt. Es war ein Team.«

»Und wer leitete das Team? Wer hatte das Sagen? Poindexter oder Casey?«

Casey antwortete: »Ich meine, es war der Präsident.«

Um 11 Uhr mußte Casey zum Ausschuß des Senats. Bevor er ging, sagte er, er werde dem Ausschuß des Repräsentantenhauses um 13.30 Uhr wieder zur Verfügung stehen.

Er ging in den abhörsicheren Konferenzraum des Senatsausschusses und nahm an einem langen Zeugentisch Platz, wo ein spezielles Mikrofon stand, das wie eine Gottesanbeterin in sein Gesicht ragte – eine Hilfe für die Senatoren, das berüchtigte Genuschel des Direktors zu entschlüsseln. Clair George saß neben ihm. Sechs Jahre lang hatte er sich gedrückt, geschwindelt, jetzt war der Moment der Abrechnung gekommen. Alle Mitglieder des Ausschusses saßen um einen hufeisenförmigen Tisch. Auch der Fraktionsführer der demokratischen Minderheit, Senator Robert C. Byrd, von Amts wegen Mitglied des Ausschusses, war anwesend.

»Entschuldigen Sie, Herr Vorsitzender«, meldete sich Byrd zu Wort, »steht der Zeuge unter Eid?«

Es war eine peinliche Situation. Durenberger antwortete, außer bei Anhörungen vor Ernennungen würde man die Zeugen nie vereidigen. Dies fördere eine Atmosphäre des »freien Gedankenaustauschs«. Es sei zwar nicht üblich, aber wenn einer der Senatoren darauf bestehe, daß der Zeuge vereidigt werde, könne man das natürlich tun. Keiner sagte einen Ton. Auch nicht Byrd.

Casey, der bis dahin geschwiegen hatte, verlas jetzt sein vorbereitetes Statement. Er versuchte, die Operation als routinemäßige verdeckte Aktion darzustellen. Weder erwähnte er, daß vor der CIA-Hilfe beim israelischen Waffentransfer 1985 keine Direktive vorgelegen hatte, noch die Existenz der Direktive, die Sporkin aufgesetzt und durch der der Präsident die Beteiligung der CIA am israelischen Transfer im nachhinein gebilligt hatte. Den iranischen Mittelsmann Ghorbanifar nannte er einen »Repräsentanten des Iran«, seinen Namen behielt er für sich.

Mehrere Senatoren wollten den Namen des »Repräsentanten« wissen und auch, in welcher Beziehung er zur CIA stand. Casey wich der Frage aus. Sie wurde dann George gestellt, der Ghorbanifar einen sehr gefährdeten Informanten nannte, dessen Namen besser nicht erwähnt werden sollte.

»War es nicht Ghorbanifar?« fragte ein Senator.

»Nun. Ja, Sir«, antwortete George«, »aber er müßte um sein Leben bangen, wenn das jemals bekannt würde.«

Ghorbanifars Durchfallquote bei den Tests am Lügendetektor blieb unerwähnt.

Gefragt, ob General Secord an den Waffenlieferungen in den Iran beteiligt gewesen sei, sagte Casey, er habe von den Berichten in der Presse gehört, und dabei wolle er es bewenden lassen. Dennoch wurde nachgehakt.

»Wir kennen Mr. Secords Aktivitäten, und wir billigen sie nicht«, sagte der DCI.

Als das Gespräch auf die Verhandlungen mit den Iranern kam, sprach Casey von einem »Beamten des Nationalen Sicherheitsrats«. Gefragt, wer es sei, antwortete der DCI: »Ich weiß es nicht genau« und gab die Frage an George weiter. Aber auch der DDO wußte es nicht genau. Er drehte sich um und gab die Frage an seinen Assistenten weiter, der hinter ihnen saß. Auch der Assistent konnte es nicht genau sagen.

Der Name von Oberstleutnant North fiel nicht.

Casey hatte seinen Bericht zurechtgeschneidert. Er schwenkte den Öl-

zweig, neue Fakten brachte er aber nicht. Auf die beunruhigenden Geldprobleme, die fehlenden zehn Millionen, kam er nicht zu sprechen, ebensowenig ging er darauf ein, daß ein Teil der Erlöse aus den Waffenverkäufen möglicherweise an die Contras geflossen war.
Um 13.50 Uhr saß Casey wieder vor dem Ausschuß des Repräsentantenhauses. Er glaube, es sei keine gute Idee gewesen, den Sicherheitsrat mit Operationen zu betrauen. Das »Mittelamerika-Geschäft« sei das erste dieser Art gewesen. Angesichts der Restriktionen, die der Kongreß der CIA für Nicaragua auferlegt habe, sei der Sicherheitsrat aktiv geworden, sagte Casey und gab damit zu, was die Administration bisher abgestritten hatte. »Der Nationale Sicherheitsrat spielte eine aktive, führende Rolle bei der privaten Beschaffung von Waffen für die Contras«, gab er unaufgefordert von sich. »Ich kenne nicht alle Details. Um Einzelheiten habe ich mich nicht gekümmert, weil mir die Hände gebunden waren und ich nichts tun konnte. Ich weiß, daß andere es getan haben.«
Als man ihn nach dem »namenlosen Ex-Patrioten« (Ghorbanifar) fragte, sagte Casey, der Mann sei nicht vertrauenswürdig, »ein fragwürdiges Subjekt«. In die Ecke gedrängt, erklärte Casey: »Bei dieser Art von Geschäft bekommen Sie keine reinen Unschuldsengel dazu, zu tun, was Sie von ihnen wollen. Es liegt in der Natur der Sache, daß man Leute mit zweifelhaftem Werdegang oder Leumund nimmt.«
»Dann geht es nur um die Frage, ein wie großer Gauner einer ist?« fragte ein Demokrat.
»Ja«, antwortete Casey. »Ich halte das für fair.«
Auf brenzlige Fragen antwortete Casey: »Es ist schwer, darauf eine präzise Antwort zu geben« oder: »Das hab ich jetzt gerade nicht im Kopf« oder: »Das übersteigt meine Gehaltsstufe.« Das war alles nicht gelogen, allerdings wurde er auch von keinem der Ausschußmitglieder bedrängt. Niemand hakte nach, wenn er den Fragen auswich. Dafür verwendeten die Volksvertreter viel Zeit auf Diskussionen untereinander. Im Protokoll findet man seitenlang nicht ein Wort von Casey. Schließlich erinnerte Casey daran, daß das Projekt zur Freilassung von drei Geiseln geführt habe.
Darauf Hamilton: »Ich glaube aber, daß Sie jetzt enorme Probleme haben werden, Ihre Terrorismus-Politik plausibel zu machen.«
Antwort von Casey: »Man muß kein großer Prophet sein, um das vorherzusagen.« Um 15.05 Uhr war er entlassen.
Justizminister Meese war an diesem Morgen beim Präsidenten. Niemand

kenne die ganze Geschichte, sagte Meese. Überall Widersprüche, Lükken, sich widersprechende Erinnerungen, zu vieles, was man nicht wisse. Sie alle würden dumm dastehen, sollte der Kongreß die Angelegenheit unter die Lupe nehmen. Der Präsident autorisierte den Justizminister, eine Untersuchung einzuleiten.
Meese kontaktierte Poindexter und bat ihn, alle relevanten Akten zusammenzustellen. Poindexter wiederum bat Navy Commander Paul Thompson, der nicht nur sein Adjutant war, sondern auch Jurist, die Direktiven für die verdeckten Aktionen aus dem Safe zu holen. Die erste Iran-Direktive, vom 5. Dezember 1985, definierte die Iran-Initiative eindeutig als Waffen-Geiseln-Geschäft. Und genau das bestritt Reagan.
»Damit werden sie einen Riesenspaß haben«, sagte Thompson, als er dem Admiral das Papier aushändigte.
Poindexter sah schwarze Gewitterwolken heraufziehen. Wie der einsame Kapitän auf der Brücke beschloß er, zu handeln. Er riß die Direktive in Stücke, drehte sich auf seinem Stuhl und warf die Fetzen in den Müllsack hinter seinem Schreibtisch. Die Säcke wurden verbrannt. Das war Teil der routinemäßigen Vernichtung aussortierten Geheimmaterials. Der Admiral fand noch weitere Computer-Nachrichten und unvollendete Dokumente – private, offene Mitteilungen, die nicht mehr gebraucht wurden. Er riß sie ebenfalls in Stücke und warf sie in den Sack.
Am Nachmittag rief Meese McFarlane zu Hause an. »Bud, der Präsident hat mich beauftragt, eine lückenlose Aufstellung der Ereignisse zu machen. Deshalb würde ich Sie gern sprechen.«
McFarlane traf am Nachmittag im Justizministerium ein und schilderte eine Stunde lang, woran er sich noch erinnerte.
Meese stellte Fragen, inwieweit der Präsident in die Sache verstrickt sei und welche Rolle andere Kabinettsmitglieder dabei gespielt hätten. Das dauerte noch einmal eine halbe Stunde. Als der Assistent von Meese den Raum verließ, machte Meese Anstalten, ihm zu folgen.
»Ed, warten Sie noch einen Augenblick«, sagte McFarlane. »Ich möchte noch über einen Punkt mit Ihnen sprechen. Wie Sie in den Morgenzeitungen gelesen haben, habe ich letzte Nacht eine Rede gehalten. Ich habe für alles die volle Verantwortung übernommen, soweit das möglich ist, und ich werde es auch weiterhin tun.«
»Ja, so stand es auch in den Zeitungen.«

»Aber Sie sollen wissen, daß der Präsident von Beginn an voll dahinterstand und nie irgendwelche Bedenken hatte, alles abzusegnen, was die Israelis hier tun wollten.«
»Das weiß ich«, sagte Meese, »und ich kann auch verstehen, warum. Und aus praktischen Gründen bin ich auch froh, daß Sie mir das gesagt haben, denn die rechtliche Position des Präsidenten ist um so besser, je früher er seine Entscheidung getroffen hat.« Selbst wenn Reagan nur eine »mündliche Direktive« oder eine »*geistige* Direktive« gegeben hätte statt einer schriftlichen, wie es üblich sei, so würde er sie alle vom Verdacht reinigen, denn der Präsident verfüge über die Macht, verdeckte Aktionen anzuordnen. »Bud, was immer Sie tun, versuchen Sie nicht, die Wahrheit zu beugen oder das zu tun, wovon Sie glauben, es sei für Sie oder den Präsidenten das Beste. Sagen Sie die reine Wahrheit und überlegen Sie nicht, was dem Präsidenten schaden oder nützen könnte.« Anschließend sprach Meese mit FBI-Direktor William Webster, der Meese für seine Ermittlungen die Hilfe des FBI antrug. Meese entgegnete, nichts deute auf kriminelle Handlungen hin. Außerdem könnte ihm die Hinzuziehung des FBI den Vorwurf eintragen, die Bundespolizei für politische Zwecke zu mißbrauchen.
Gegen 18.30 Uhr ging North in sein Büro. Er hatte sich mehr oder weniger mit dem Gedanken vertraut gemacht, vernichtet zu werden. Zusammen mit Fawn Hall, die seit vier Jahren als Sekretärin bei ihm arbeitete, entfernte er Dokumente, Memoranden und Notizen aus dem Safe und den Ordnern. North fühlte sich matt. Doch ruhig und entschlossen ging er zu Werk und häufte die Papiere auf einen großen Stapel. Alles mußte in den Reißwolf. Es dauerte eine Stunde. Dann bat er Fawn Hall, ihm bei der Änderung von vier Memoranden zu helfen. Einige kompromittierende Details müßten entfernt werden.

Samstag, der 22. November 1986, war ein warmer Tag. Einige Leute hatten ein arbeitsintensives Wochenende vor sich. Justizminister Meese und zwei seiner Assistenten begaben sich ins Weiße Haus. Meese sprach mit Shultz, anschließend mit Sporkin. Inzwischen machten sich seine Assistenten über die Akten her. In Norths Büro fanden sie ein undatiertes Memorandum ohne Adressaten: »*12 Millionen Dollar werden für die Beschaffung notwendiger Versorgungsgüter für die demokratischen Widerstandskämpfer in Nicaragua verwendet.*«
Später aß Meese mit seinen Assistenten im Old Ebbitt Grill, zwei Blocks

vom Weißen Haus entfernt. Sie berichteten von dem Memorandum, das sie in Norths Büro gefunden hatten. Meese stieß einen Fluch aus. Aber vielleicht hatte North in dem Memorandum nur einen Wunschtraum zu Papier gebracht.
Casey saß in seinem Büro im Old Executive Office Building und rief Poindexter an: »Wie wär's, wenn ich auf einen Sprung vorbeikäme und wir ein Sandwich zusammen essen würden?« Fast zwei Stunden lang aßen und unterhielten sich die beiden Männer, die am meisten wußten, unter vier Augen. Gegen Ende stieß North dazu. Unter anderem erörterten sie die neuen Kontakte im Iran. Der große Wurf war noch immer möglich, noch konnte man hoffen. Casey war immer der Meinung gewesen, die beste Taktik, auftauchende Probleme auszuräumen, sei ein sichtbarer Erfolg. Statt auf die zweifelhaften Dienste Ghorbanifars bauen zu müssen, hatten sie jetzt einen direkten Draht über Ali Hashemi Bahramani, einen Neffen des iranischen Parlamentspräsidenten Rafsanjani, sowie Samaii, den Geheimdienstchef der Revolutionswächter in den Amtsgebäuden des Ministerpräsidenten. Seit einiger Zeit benutzten Bahramani und Samaii für die Übermittlung von Nachrichten an North eine gesicherte Fernmeldeeinrichtung israelischer Herkunft. Aber seit einer Woche fühlte sich Bahramani bedroht. Vielleicht wurde er sogar überwacht. Botschaften wurden fortan von seinem Leibwächter weitergeleitet.
Der Lunch endete um 15.20 Uhr. Um 15.40 Uhr telefonierte North mit Meese, um einen Gesprächstermin für den nächsten Tag zu vereinbaren. Und um 15.46 rief Casey bei Justizminister Meese an. Er habe ihm etwas mitzuteilen. »Wie wär's, wenn ich heute abend auf dem Heimweg bei Ihnen vorbeikäme?« schlug Meese vor.
Casey fragte den Justizminister, ob er Scotch oder Bier haben wolle. Etwas anderes habe er nicht anzubieten. Meese trank nie Scotch und entschied sich deshalb für Bier. Caseys alter Freund Roy Furmark hatte sich bei ihm gemeldet. Er hatte Nachrichten von den Leuten, die das Geld für die Waffenkäufe vorgestreckt hatten. »Entweder Sie geben uns das Geld, das Sie uns schulden, oder wir werden Ihnen vor Gericht Schwierigkeiten machen.«
Die beiden Juristen witterten Erpressung. Aber Meese war der Meinung, die wirklich beunruhigenden Details seien nur ihm bekannt. Casey sagte nichts über Furmarks Verdacht, daß Geld an die Contras geflossen sein könnte, und der Justizminister verschwieg das undatierte North-

Memorandum, das sie vor einigen Stunden gefunden hatten und das die Vermutung nahelegte, daß Gelder umgeleitet worden waren.

Meese hatte am nächsten Morgen, einem Sonntag, schon früh einen Termin mit North ausgemacht, aber North bat um eine Verschiebung auf 14 Uhr. Er wolle mit seiner Familie zur Kirche gehen. North rief McFarlane an und verabredete sich mit ihm für 12.30 Uhr in dessen Büro im Old Executive Office Building. Die Unterredung dauerte fünfzehn Minuten. North sagte, er müsse Meese die Fakten über die Umleitung der Gelder aus den iranischen Waffenverkäufen an die Contras auf den Tisch legen. Wie McFarlane wisse, würde er, North, nie etwas tun, was nicht formell genehmigt sei. In diesem Fall sei es eine verbürgte Tatsache: es existiere ein Memorandum, das er für Poindexter geschrieben habe.

Um 14 Uhr traf Meese mit seinen beiden Assistenten ein.

North gab es zu. Ja, es seien Gelder abgezweigt worden. Man habe drei Konten in der Schweiz eröffnet und die Kontonummern an die Israelis weitergegeben. Das Geld sei auf diesen Konten deponiert worden. Ungefähr drei bis vier Millionen Dollar aus einem Waffenverkauf seien an die Contras geflossen. Bei jenen 12 Millionen, von denen in dem Memorandum die Rede sei, so North, handle es sich weder um amerikanisches noch um israelisches Geld. Die Sache sei ihm rechtmäßig erschienen.

»Haben Sie ein geheimes Memorandum gefunden?« fragte North.

»Sollten wir das?« fragte Meese zurück.

»Nein, ich dachte nur so.«

Casey schrieb derweil einen vertraulichen Brief an Reagan, in dem er vorschlug, Shultz zu entlassen. Im Rückgriff auf die Baseball-Terminologie hatte Shultz letzte Woche Poindexter einen »geborenen Schlagmann« genannt. Casey sagte, der Präsident brauche im State Department einen neuen »Fänger«.

Am Montag um 11 Uhr berichtete Meese dem Präsidenten und Don Regan, daß er die Umleitung von Geldern an die Contras aufgedeckt habe. Anschließend suchte er Poindexter in den Büros des Sicherheitsberaters auf. »Ich nehme an, Sie wußten von dem Memorandum, das wir in Ollies Büro fanden?« Poindexter gab zu, daß er davon wußte. Jetzt war ihm klar, daß er wahrscheinlich seinen Hut nehmen mußte.

Vor dem Lunch erhielt Poindexter eine Computer-Nachricht von North: »Es gibt doch diesen alten Spruch: Sie können mich nicht feuern, ich kündige ... Ich bin bereit, das Handtuch zu werfen, wann immer Sie oder der Präsident es wollen ... Wir hätten es fast geschafft ... Semper fidelis. Oliver North.«

»Danke, Ollie«, tippte Poindexter. »Ich habe heute zweimal mit Ed [Meese] darüber gesprochen. Er sucht noch immer nach einem Ausweg. Ich habe ihm gesagt, ich sei zum Rücktritt bereit, ich würde mich ganz nach ihm richten. Er ist einer der wenigen aus dem Umfeld des Präsidenten, dem ich trauen kann. Was würden Sie davon halten, wenn wir als Assistenten Bills zur CIA gingen, falls wir nicht gegangen werden? Dann könnten Sie höchst offiziell operieren. Sagen Sie darüber noch nichts zu Bill. Ich möchte erst Ihre Meinung dazu hören.«

Bei einem Fototermin im Weißen Haus wurde der Präsident gefragt, ob es nicht besser gewesen wäre, Fehler bei den Waffenlieferungen an den Iran einzuräumen. »Ich lüge nicht. Ich habe keinen Fehler gemacht.« Auf die bohrenden Fragen anderer sagte er: »Ich werde niemanden entlassen.«

Casey hatte Furmark bei sich in Langley und versuchte, etwas über die Gelder herauszubekommen, mit denen die Iran-Operation abgewickelt worden war. Er rief North an.

»Ich habe einen Mann hier, der sagt, Sie schulden ihm zehn Millionen Dollar.«

North antwortete, auf dem Konto in der Schweiz seien nur noch 30 000 Dollar. »Sagen Sie ihm, daß die Iraner und Israelis ihm das Geld schulden.«

Casey versuchte, Meese zu erreichen. Ohne Erfolg. Er versuchte es bei Don Regan und hinterließ die Nachricht, er müsse dringend mit dem Stabschef sprechen. Die Sache dulde keinen Aufschub. Regan versprach, in Langley vorbeizuschauen, wenn er zum Dinner nach Hause fahre. Casey hielt sich sehr bedeckt, als sie dann im siebten Stock zusammensaßen. Ohne eine Miene zu verziehen, fragte er, was los sei, was der Präsident vorhabe.

Regan platzte damit heraus: Man habe entdeckt, daß Gelder an die Contras umgeleitet worden seien.

»Und was gedenken Sie jetzt zu tun?« Casey schien gleichmütig, sein Gesicht verriet keinerlei Regung.

Er, Regan, sei schon immer der Ansicht gewesen, daß bei den Waffentransfers in den Iran nichts herausschaue. Und angesichts der vorliegen-

den Informationen über die Transaktion habe man entschieden, morgen an die Öffentlichkeit zu gehen.
»Sind Sie sich über die Folgen im klaren?« fragte Casey beißend und schilderte die Folgen einer solchen Enthüllung. »Sie werden die ganze Iran-Sache versauen, vielleicht müssen auch die Geiseln dran glauben.« Die Iraner würden platzen vor Wut. Immerhin habe man ihnen für die Waffen zuviel berechnet. Auch der Kongreß wäre außer sich, würde Amok laufen und wahrscheinlich die Contra-Gelder sperren.
»Mag ja sein«, räumte Regan ein. »Aber wie lange, zum Teufel, sollen wir die Sache denn noch aussitzen? Beschämend ist das in meinen Augen ... vielleicht sogar kriminell.«
»Ich hoffe, Ihnen ist klar, daß das einigen Staub aufwirbeln wird. Die Schlagzeilen werden voll davon sein.« Regan gab zu verstehen, die Entscheidung sei unwiderruflich. Es gebe kein Zurück mehr, man habe keine andere Wahl.

Casey kam spät zum Dinner in den Metropolitan Club, wo er mit Bernadette, seiner Tochter, und Edward Hymoff, einem OSS-Veteranen und Schriftsteller, der Caseys Biographie schreiben wollte, verabredet war. Casey hatte ihm in die Hand versprochen, die Türen zur CIA, zu wichtigen Persönlichkeiten der Administration und sogar zum Präsidenten für ihn aufzustoßen.
Als Casey im Club eintraf, warteten Hymoff, Bernadette und ihr Mann bereits. Hymoff war über die momentane Aufregung auf dem laufenden: »Die Scheiße ist ganz schön am Dampfen.«
»Wir werden schon damit fertig«, sagte Casey zuversichtlich und wandte sich dem Buchprojekt zu. Er hatte vor, bis zum Ende von Reagans zweiter Amtszeit auf dem Direktorenposten zu bleiben. Er wollte dafür sorgen, daß Hymoff die letzten sechs Monate 1988 bei der CIA verbringen konnte, um zu recherchieren. Bis dahin konnten sie sich den anderen Etappen seines Lebens widmen: Casey, dem OSS-Agenten, dem Finanzmann, dem Autor, dem SEC-Vorsitzenden. Er wollte das Projekt jetzt unbedingt in Angriff nehmen. Er hatte vor, die Weihnachtsfeiertage in seinem Haus in Palm Beach zu verbringen, und schlug Hymoff vor, ihn dort zu besuchen, um einige Interviews zu machen.
»Bill, was werden Sie tun, wenn Ihre Amtszeit vorüber ist?«
»Ich werde nicht in den Anwaltsberuf zurückkehren«, antwortete Casey, »sondern spekulieren.« Die Politik habe ihn wieder davon überzeugt,

daß ein kleines Privatunternehmen schneller und reibungsloser funktionieren könne. Er spiele auch mit dem Gedanken, eine Autobiographie zu schreiben.
»Daddy«, rief Bernadette, »du mußt ein Buch schreiben.«

Am nächsten Tag, Dienstag, dem 25. November 1986, morgens um 6.30 Uhr, rief Casey Meese an und bat ihn, auf dem Weg ins Büro bei ihm vorbeizukommen. Der Wagen des Justizministers hielt um 7 Uhr am Foxhall Crescents. Casey wollte wissen, was jetzt los sei.
Meese sagte ihm, Poindexter müsse gehen, man werde alles bekanntgeben.
Casey versprach, alle Memoranden zusammenzustellen und sie Meese zu schicken.
Meese erwischte Admiral Poindexter am Autotelefon und bat ihn zu sich ins Justizministerium. Als Poindexter eintraf, hatte ihm der Minister nur eine einzige Mitteilung zu machen: »Sie sollten heute zurücktreten.«
Ohne daß ihn jemand gefragt hätte, sagte Poindexter, er glaube nicht, daß North etwas Ungesetzliches getan habe.
In seinem Büro im Westflügel ließ sich Poindexter auf einem Tablett das Frühstück bringen. Er saß am Ende des Konferenztisches und sprach ruhig und gefaßt mit seinem Adjutanten, Commander Thompson. Er wolle noch heute um seine Wiederaufnahme in die Navy ersuchen. Er schien weder ängstlich, besorgt, noch irgendwie erregt. Thompson sagte später: »Von allen Leuten auf der Welt, die den Kopf für etwas hinhalten mußten, war der Admiral dafür wahrscheinlich am qualifiziertesten.«
Bald darauf tauchte Don Regan in Poindexters Büro auf. Er war auf hundertachtzig. »Was zum Teufel habt ihr hier eigentlich getrieben?«
Poindexter rückte seine Dreistärkenbrille zurecht, tupfte sich den Mund mit der Serviette ab und legte sie beiseite. »Nun«, sagte er, »ich glaube, ich hätte es mir genauer ansehen sollen, aber ich habe es nicht getan. Ich wußte, daß Ollie etwas im Schilde führte. Ich habe nicht nachgeprüft, was.«
»Warum nicht?« fragte Regan. »Zum Teufel noch mal. Sie sind Vize-Admiral. Was ist los mit Ihnen?«
»Dieser verdammte Typ O'Neill«, sagte Poindexter, »so wie der die Contras behandelt hat. Das hat mich angewidert.«
»Na ja, John. Wenn Sie nachher um 9.30 Uhr zum Präsidenten gehen, schauen Sie zu, daß Sie Ihr Entlassungsgesuch dabei haben.«

»Ich werde es dabei haben.«*
Draußen in Langley ließ Casey Charlie Allen zu sich kommen. Wo zum Teufel das Memorandum sei, das er wegen der möglichen Umleitung der Gelder vor einem Monat an Poindexter geschrieben habe? Sie fanden es, in Caseys Fach. Einem hysterischen Anfall nah, setzte Casey sofort einen streng geheimen Brief an den »lieben Ed« Meese auf, um ihm zu erklären, was passiert sei: Er und Gates hätten Poindexter mehrmals auf gewisse Behauptungen hingewiesen, hätten ihm Mitte Oktober ein Memorandum geschickt, aber das Papier, das ganz sachlich auf eine mögliche Umleitung von Geldern hinwies, habe aus unerklärlichen Gründen das Weiße Haus nicht erreicht.

An diesem Morgen bereitete der Präsident die Fraktionsführer des Kongresses vorsichtig darauf vor, daß Gelder umgeleitet worden waren. Sie wurden ins Weiße Haus gerufen, und der Präsident erklärte, Poindexter sei an der Sache »nicht beteiligt«, aber er habe von sich aus seinen Rücktritt eingereicht, ganz in der Tradition der Navy, bei der ein Kapitän für alles die Verantwortung trage, was in seinem Befehlsbereich passiere. Reagan verteidigte seinen Nationalen Sicherheitsrat, er habe »dem Land gute Dienste erwiesen«.

Ohne das System der Umleitung »nachträglich billigen zu wollen«, sagte der Präsident, »stand es doch nicht im Widerspruch zu unserer Politik«.

Auf einer Pressekonferenz um die Mittagszeit verlas der Präsident ein kurzes Statement. Dann übergab er das Wort an Meese, der erklärte, daß zwischen zehn und dreißig Millionen an die Contras geflossen seien. Erschüttert und grimmig beteuerte der Präsident, das habe er bis jetzt nicht gewußt. Er gab bekannt, daß Poindexter zurückgetreten sei. North habe man gefeuert.

Noch am selben Tag schmuggelte Fawn Hall einen Packen Dokumente aus Norths Büro, die sie unter den Kleidern und in den Stiefeln versteckt hatte. Sie brachte die Papiere zu North und sagte, zu ihrer Verteidigung könnte sie anführen: »Wir haben täglich Akten vernichtet.« Am Abend wurde das Büro von einem Beamten versiegelt.

Am nächsten Tag bekam ich Casey ans Telefon und fragte ihn, wie die Regierung auf das Waffengeschäft mit dem Iran gekommen sei.

»Die Israelis schlugen uns 1981 vor, wir sollten mit den Iranern zusammenarbeiten, um Kontakte zu den Militärs zu knüpfen«, sagte Casey. »Im Hinblick auf die Zukunft, die Zeit nach Khomeini, erschien uns das einleuchtend.«

Warum es Gewinne gegeben habe, die an die Contras weitergeleitet werden konnten?
»Der Iran war bereit, mehr zu bezahlen.« Casey deutete an, daß »illegale Machenschaften« höchstens von anderer Seite begangen worden seien. Von wem?
Er machte eine Pause. »Poindexter hat man gekriegt.«
Ob er von der Weiterleitung der Gelder an die Contras gewußt habe?
»Mir war von Gesetz wegen verboten, mich da einzumischen.« Er wiederholte, was Meese bei seiner Pressekonferenz gesagt hatte, daß nämlich niemand bei der CIA, auch nicht der Direktor, von der Sache gewußt habe.
Die Contras seien doch seine Schützlinge. Er müsse doch erfahren haben, daß sie zwischen zehn und dreißig Millionen bekommen hätten?
»Geschwätz«, schnauzte er mich an, »ich habe es gestern von Meese erfahren.«
Er habe wirklich nicht gewußt, was North trieb?
»Himmelherrgott – niemand will ins Gefängnis ... keiner von uns.« Er legte auf.

Einige Tage später wurde Frank Carlucci, Stanfield Turners früherer Stellvertreter, zum neuen Nationalen Sicherheitsberater ernannt; ein unabhängiger Staatsanwalt sollte die Kriminaluntersuchung in der Iran-Contra-Affäre durchführen; der Präsident ernannte eine dreiköpfige Kommission unter Vorsitz des früheren Senators John Tower, die gegen den Sicherheitsrat ermitteln sollte; und auch der Geheimdienstausschuß des Senats startete eine umfassende Untersuchung. Die einzigen Worte, die Poindexter mit Casey noch wechselte, waren die Frage, ob er ihm einen guten Anwalt empfehlen könne.
Am 3. Dezember, gegen 13 Uhr, rief ich Casey erneut an. Einige wichtige Leute aus der Administration und vom Kongreß behaupteten, Caseys Tage bei der CIA seien gezählt. Während wir plauderten, aß Casey seinen Lunch.
»Der Vorsitzende und sein Stellvertreter sagen, wir würden mit weißester Weste hier rauskommen«, sagte er, während er immer weiterkaute; gemeint waren die Senatoren Durenberger und Leahy. »Durch das Gesetz waren uns die Hände gebunden. Wir durften die Contras nicht unterstützen, und wir haben es nicht getan.«
Seiner Ansicht nach hatte die CIA in der Iran-Sache nur zwei kleine

Fehler gemacht. Der erste war, daß man das Weiße Haus im November 1985 bei der israelischen Waffenlieferung an den Iran unterstützte, bevor eine Direktive Reagans vorlag. Die Hilfe hatte darin bestanden, North weiterzuvermitteln, so daß ein »geschäftlicher Routineflug« zustande kam. »Das ist kein Fall für das Oberste Bundesgericht.«
Der zweite Fehler: ein »blöder« kleiner CIA-Beamter hatte die Waffenverkäufe an den Iran über dasselbe Bankkonto in der Schweiz laufen lassen, über das auch die gemeinsame, verdeckte Unterstützung der afghanischen Rebellen durch die USA und Saudi-Arabien abgewickelt wurde. Auf diese Weise, so Casey, seien das iranische Geld und die 500 Millionen für die Operation in Afghanistan vermischt worden.
»Aber das Geld ist ausgewiesen.«
Ob die ganze Sache nicht ein Gaunerstück der Iraner gewesen sei, um an US-Waffen heranzukommen?
»Unsinn – der Präsident sagte, macht ihnen den Hof, und wir taten's.«
Ich stellte ein weitere Frage.
»Gottverdammich, reizen Sie mich nicht. Ich weiß nicht, warum ich Ihre Anrufe überhaupt noch entgegennehme.«
Ich sagte, es gebe noch viele offene Fragen.
»Ich erwarte von Ihnen, daß Sie sich wie ein erwachsener, gesitteter Mensch aufführen.«
Nun, auch andere Leute, viele Leute würden behaupten, daß er mehr wisse, daß er in die Sache verwickelt sein müsse usw.
»Deswegen möchte ich Ihren Job nicht für alles Geld der Welt«, sagte der DCI, und seine Stimme klang klar und schneidend. »Sie werden immer nur ein ganz kleines Rädchen in der Geschichte bleiben.«

Die Rechtsabteilung der CIA, immer verzweifelt darum bemüht, die Aktivitäten des Nachrichtendienstes in gesetzlichen Bahnen zu halten, versuchte, präzise festzulegen, welche Kontakte von CIA-Beamten zu den Betreibern der privaten Luftbrücke und den Spendern in der Contra-Angelegenheit zulässig waren. Ein Jurist des Hauses legte Clair George am 5. Dezember 1986 ein Gutachten vor, in dem es hieß: »Kontakte zu den Spendern, auch wenn sie im Widerspruch zur Politik stehen, sind nicht gesetzwidrig.«

Jetzt, da Poindexter und North aus dem Rennen waren, hing es allein an Casey, von der auseinanderbröckelnden Iran-Initiative zu retten, was noch zu retten war. Für ein bevorstehendes Gespräch mit den neuen iranischen Kontaktleuten am Samstag, dem 13. Dezember, in Frankfurt, hatte Shultz vom Weißen Haus zweierlei erwirkt: In Zukunft sollte es keine Waffenlieferungen in den Iran mehr geben, und der CIA-Vertreter sollte sich bei den Gesprächen nicht in politische Fragen mischen. Casey rief Don Regan an. Regan sollte den Präsidenten zu einer Revidierung seiner Anweisung bewegen. Eine streng geheime Nachricht wurde nach Frankfurt geschickt, die das State Department sowie die CIA autorisierte, »politische und nachrichtendienstliche Fragen zu erörtern«.

Nach dem Gespräch im Frankfurter Park-Hotel erhielt Shultz über eine gesicherte Leitung einen Anruf vom Vertreter des State Department. Der Minister war verblüfft, als er den Bericht hörte. Er rief den Präsidenten an und sagte, er müsse sofort mit ihm reden. Der Präsident bestellte ihn für den nächsten Morgen ins Weiße Haus.

An diesem Sonntagmorgen im Weißen Haus sagte Shultz, das Frankfurter Gespräch zeige, wie sehr alles außer Kontrolle geraten sei. Poindexter, North, Casey und die CIA hätten über Punkte verhandelt, die keine Flexibilität mehr zuließen. Der Grund für Shultz' Erregung: Der iranische Vertreter hatte ein Neun-Punkte-Papier vorgelegt, das von North und der CIA zuvor als Verhandlungsgrundlage akzeptiert worden war, in dem es unter anderem hieß, die USA sollten auf die Freilassung von siebzehn Häftlingen hinwirken, die für schuldig befunden worden waren, 1983 mit einer Lastwagenbombe den Anschlag auf die US-Botschaft in Kuwait verübt zu haben. In dem langwierigen Kampf gegen den Terrorismus, so Shultz, hätten die Vereinigten Staaten Kuwait immer wieder lautstark den Rücken gestärkt, wenn man sich dort weigerte, die siebzehn Gefangenen freizulassen. Die Häftlinge seien Mitglieder der Al Dawa, einer radikalen fanatischen Gruppe moslemischer Fundamentalisten, die mit Terroristen in Verbindung stünden, die 1983 in Beirut 241 US-Soldaten getötet sowie andere terroristische Anschläge verübt hätten. Einige dieser Selbstmordkommandos seien eng liiert mit der libanesischen iranfreundlichen Splittergruppe Hizballah und ihrem Anführer Fadlallah. Kuwaits Standhaftigkeit, so Shultz, sei zum Symbol geworden für eine gemeinsame unerbittliche Front gegen den Terrorismus. Aus dieser Front sei die CIA in Deutschland ausgeschert, als sie diesen Punkt für verhandlungswürdig erklärte. Daran gewöhnt, ihre Operationen an Taktik und Zweckdienlichkeit auszurichten – und nicht an Konsequenz –, mache die CIA die Prinzipien und Doktrinen des

Präsidenten zur Zielscheibe des Gespötts und unterhöhle sein persönliches Gelöbnis, Terroristen könnten zwar fliehen, aber nirgendwo auf der Welt eine sichere Zuflucht finden. Die Haltung von CIA und Sicherheitsrat sei die Wurzel für den gegenwärtigen Schlamassel. Shultz sagte, er finde das ekelhaft.
Die Augen des Präsidenten blitzten, und sein Gesicht spannte sich. In diesem einen Gespräch hatte das Argument, das Shultz seit Mitte 1985 unzählige Male vorgebracht hatte, endlich seinen Abnehmer gefunden.
Als sich Casey am nächsten Morgen, Montag, dem 15. Dezember 1986, in seinem Büro in Langley gerade auf eine weitere Anhörung vor dem Senatsausschuß vorbereiten wollte, erlitt er einen Anfall. Sofort wurde ein Krankenwagen alarmiert, der Casey ins Georgetown Hospital brachte. Er hatte dort einen zweiten Anfall, aber er sprach und bewegte sich normal. Am Donnerstag um 7.40 Uhr wurde er in den OP gefahren, und ein dreiköpfiges Team operierte ihn bis um 13 Uhr. Die Chirurgen entfernten ihm einen bösartigen Weichteiltumor, ein sogenanntes Lymphom. Es wurde aus dem inneren Teil der linken Gehirnhälfte entfernt, dem Bereich, der die Bewegungen der rechten Körperseite koordinierte. Das Bulletin der Ärzte stimmte zuversichtlich: der 73jährige Casey werde seine normalen Aktivitäten wieder aufnehmen können.
Gates übernahm interimistisch den Posten des DCI. Einen Großteil des Monats Januar verbrachte er damit, dem Weißen Haus Paroli zu bieten, das einen Ersatz für Casey wollte, der ernsthaft krank war und praktisch nicht sprechen konnte. Gezwungen, eine Liste mit Namen vorzulegen, schlug Gates die früheren Senatoren John Tower, Paul Laxalt und Howard Baker vor. Gates hoffte, daß keiner von ihnen den Job bei der CIA annehmen und damit alles durcheinanderbringen würde.
Nach sechs Wochen besserte sich Caseys Zustand geradezu dramatisch, und am Mittwoch, dem 28. Januar 1987, bekam Gates die Erlaubnis, ihn im Krankenhaus zu besuchen.
Casey saß am Fenster. Er hatte schon vorher nicht viele Haare auf dem Kopf gehabt; deshalb war der Haarausfall, den die Chemotherapie verursacht hatte, kaum zu bemerken. Gates hatte eine Liste von Themen durchzugehen und fing an. Casey war bei klarem Verstand, gab kurze Kommentare ab oder brummte, als Gates die Liste herunterlas.
»Zeit für mich, auszusteigen«, sagte Casey schließlich und fuchtelte mit seiner Linken, »Zeit, Platz zu machen.«
Gates arrangierte für Don Regan und Ed Meese einen Besuchstermin am

nächsten Tag. Casey konnte nicht schreiben, deshalb unterschrieb Sophia sein Entlassungsgesuch. Er war sechs Jahre und einen Tag im Amt gewesen.

Ich nahm eine Liste zur Hand, auf der ich mir ungeklärte Fragen notiert hatte, schrieb einige aus früheren Jahren darunter und fuhr hinüber ins Georgetown Hospital. Zweimal hatte es gegen Ende des Monats ungewöhnlich heftig geschneit. Washington lag unter einer weißen Schneedecke, nur wenige Autos waren unterwegs. Ich wartete in der Lobby. Es dauerte nicht lange, bis ein Mann mit Walkie-Talkie und Ohrknopf, dem man den CIA-Wachmann von weitem ansah, an mir vorbeischlenderte. Er ging den Korridor hinunter, bog nach links in den neuen Gebäudetrakt ein und bestieg den Aufzug. Er hielt im sechsten Stock. Ich fuhr hinauf. In einem kleinen Raum saßen vier CIA-Beamte und sahen sich das Nachmittagsprogramm im Fernsehen an.
Casey lag auf Zimmer Nummer C6316, eingetragen unter dem Decknamen »Lacey«. Die Tür war verschlossen. Als ich mich ausgewiesen hatte, weigerte sich der Bewacher, mich hineinzulassen.
Jedes Mal, wenn ich Casey in den vergangenen Jahren interviewt hatte, schrieb ich meine Fragen auf gelbem Papier ins reine. Ich hatte all diese Aufzeichnungen aufbewahrt und besaß jetzt ein dickes Paket mit x-mal gefalteten, abgegriffenen Blättern. Einige Fragen – auf die mir Casey Antworten gegeben und die ich andernorts überprüft hatte – erregten meine Neugier jetzt noch stärker als früher. Stundenlang überlegte ich, welche Fragen ich ihm stellen sollte. Ich versuchte, sie auf einer Seite zusammenzufassen: »Wichtige offene Fragen an Casey.« Mehr denn je begriff ich jetzt, daß dieser Mann die Ziele der Reagan-Administration entscheidend mitbestimmt hatte. Entsprechend gewichtig war sein Anteil, daß sie in eine mißliche Lage geraten war. Caseys Überzeugungen, seine grimmige Loyalität und seine Besessenheit waren eine treibende Kraft bei der Contra-Operation, der Iran-Initiative und einer Reihe anderer geheimer Unternehmen und inoffizieller Kontakte gewesen. Kein anderer, nicht einmal der Präsident, hatte mehr beigesteuert. Caseys Lesart der Gesetze – minimale Befolgung von Vorschriften, Enthüllungen soweit wie möglich vermeiden – hatte die außenpolitischen Unternehmungen Reagans durchdrungen. Ehrgeizig strebte er nach dem Beweis, daß sein Land »diese Dinge« tun könne, wie er mir einmal anvertraute; gemeint waren verdeckte Aktionen, die unter wirklicher,

permanenter Geheimhaltung durchgeführt wurden. Das war ein Stück Nostalgie. Aber auch eine Demonstration von Willkür.
»Wir könnten siegen«, hatte er einmal sehnsüchtig zu einem seiner Top-Mitarbeiter gesagt. Als große Leistung rechnete er sich an, Mittelamerika davor bewahrt zu haben, kommunistisch zu werden, vergleichbar der Rettung Europas vor den Kommunisten durch die Amerikaner nach dem Zweiten Weltkrieg. Sophia sagte zu mir während eines Telefongesprächs: »Er ist ein geborener Patriot, Patriot mit Leib und Seele.« War er das? Ging es ihm darum? Um sein Land, koste es, was es wolle? Bald würde das Spiel aus sein. Ich wußte, daß ich mich nicht länger um ein Urteil drücken konnte. In den dreieinhalb Jahren, die ich ihn jetzt kannte, hatte ich tunlichst vermieden, Stellung zu beziehen. Das war leichter und sicherer für mich gewesen. Aus irgendeinem Grund hatten uns die Geheimnisse einander nähergebracht. Wenn auch jeder auf seine Art, so waren wir doch beide besessen von Geheimnissen. In seinem Spiel drehte sich alles um Geheimnisse. Worin bestanden sie eigentlich, die Geheimnisse? Worin bestand ihr Wert? Worin ihr Nutzen?
Vor einem Jahr hatte mir Casey erzählt, er habe meine Rezension von Le Carrés *Ein perfekter Spion* gelesen. Casey stimmte meiner Interpretation von Le Carrés Spionageverständnis – je perfekter die Täuschung, desto erfolgreicher die Spionage – voll zu. Ich hatte ihm dann meine Lieblingsstelle aus dem Buch vorgelesen: *Bei jeder Operation agiert man oberhalb der Gürtellinie und unterhalb der Gürtellinie. Oberhalb der Gürtellinie handelt man nach den Gesetzen, unterhalb der Gürtellinie erfüllt man seine Aufgabe.* Casey hörte einfach nur zu. Ein angespannter, fast schwermütiger Ausdruck lag dabei auf seinem Gesicht. Er konnte sehr unnahbar sein. Was dachte er? Ich fragte ihn. Keine Antwort. Ob er auch dieser Ansicht sei? Keine Reaktion.
Casey war für mich eine reizvolle Persönlichkeit gewesen, denn er hatte mir weitergeholfen und war keiner Konfrontation aus dem Weg gegangen. Sosehr er mich zuweilen anbrüllte, angriff oder mir sogar drohte, den Dialog und den Kontakt ließ er nie abreißen. Im Jahr 1985, als wir über die Bildung geheimer Einsatzkommandos für Präventivschläge gegen Terroristen berichtet hatten, sagte er zu mir: »Ihnen wird Blut an den Händen kleben, noch bevor diese Geschichte vorüber ist.« Ich fand später heraus, daß Casey das zu einer Zeit sagte, als er sich heimlich mit dem Geheimdienst der Saudis und ihrem Botschafter in Washington zusammengetan hatte, um den Mord an dem Chef-Terroristen Fadlallah vorzubereiten.

Statt Fadlallah hatte die Bombe mindestens achtzig Menschen getötet, vorwiegend Unschuldige.
Wie kam er damit zurecht? Ich stellte mir vor, und ich hoffte, daß ihn sein Gewissen plagte. Wie hätte es anders sein können? Casey war zu intelligent, um nicht zu erkennen, daß er und das Weiße Haus gegen die Spielregeln, wahrscheinlich auch gegen das Gesetz verstoßen hatten. Casey selbst war es, dem Blut an den Händen klebte.
Die Ermittlungen würden Fragen politischer Art aufwerfen. Wie hatten sich das Weiße Haus, die CIA, der Kongreß verhalten? Die politische Versuchung durch verdeckte Aktionen, die Macht, Kriege zu inszenieren, und der kolossale Schwindel vordergründig plausibler Dementis würde hinterfragt werden. Ich zog es vor, mich auf die Frage nach der individuellen Verantwortlichkeit, nach Caseys Verantwortlichkeit, zu beschränken. Was vorgefallen war und ans Licht kam, würde ihm nicht aus der Patsche helfen, sondern ihn womit eher zu rechnen war, noch tiefer hineinziehen.
Einen Moment lang hoffte ich, er würde sich an den eigenen Haaren aus dem Sumpf ziehen. Die einzige Möglichkeit wäre ein Geständnis irgendwelcher Art oder eine Entschuldigung gegenüber seinen Kollegen oder eine offene Revision seiner Position gewesen.
Unter die letzte Frage auf dem Zettel »Wichtige offene Fragen an Casey« schrieb ich: »Sehen Sie jetzt ein, daß es falsch war?«
Einige Tage später kehrte ich zu Caseys Krankenzimmer zurück. Die Tür war offen. Die Narben von der Gehirnoperation waren noch nicht verheilt. Ich fragte Casey, wie es ihm gehe.
Zuerst Hoffnung, dann Realismus in seinen Augen: »Okay ... besser ... nein.«
Ich griff nach seiner Hand, um ihn zu begrüßen. Er packte die meine und drückte sie. Für einen Moment erfüllten Friede und Wärme den Raum.
»Sind Sie damit fertig?« Er meinte mein Buch.
Ich antwortete, ich würde nie damit fertig werden, nie alles erfahren, es gebe so viele offene Fragen. Nie würde ich herausbekommen, was er alles getan habe.
Die linke Mundhälfte verzog sich zu einem Lächeln, er brummte etwas.
Was er alles angerichtet habe, sagte ich. Gegen die gesamte Administration werde ermittelt.
Er schien mir nicht zuzuhören. Ich wiederholte meinen Satz, und für einen Augenblick sah er stolz aus und hob den Kopf.

»Es tut weh«, sagte er. Ich dachte, er habe körperliche Schmerzen.
»Was tut weh, Sir?«
»Oh«, sagte er und hielt inne. Er schien sagen zu wollen, es tue ihm weh, daß es mit ihm aus sei, daß er nicht mehr in Aktion sei. Dachte ich. Plötzlich redete er lauter, war noch immer beim gleichen Thema, beim Schmerz. »Was Sie nicht wissen?«, sagte er.
Schließlich begriff ich, daß der Teil, von dem ich nichts wußte, viel größer war als der andere. Das Unbekannte habe die Macht, schien er sagen zu wollen, so zumindest verstand ich ihn. Er war sehr schwach. Er stand am Rande des Grabes, und er wußte es. Er sprach über den Tod.
»Für mich ist es vorbei«, sagte er. Nein, sagte ich.
Sie haben davon gewußt, nicht wahr? sagte ich. Die Umleitung der Gelder an die Contras mußte die erste Frage sein: Sie haben die ganze Zeit davon gewußt.
Jäh schaute er auf. Er starrte mich an, und schließlich nickte er.
Warum? fragte ich.
»Ich glaubte daran.«
Was?
»Ich glaubte daran.«
Dann schlief er ein. Ich konnte keine weitere Frage mehr anbringen.

Einige Wochen später holte ihn Sophia nach Hause. Doch schon bald war er wieder im Krankenhaus. Schließlich brachte sie ihn zum Sterben nach Mayknoll. Er bekam eine Lungenentzündung und wurde auf Long Island erneut eingeliefert. Dann, am Morgen des 6. Mai, einen Tag nachdem die öffentlichen Anhörungen zur Iran-Contra-Affäre begonnen hatten, starb Casey.

Anhang

Die verdeckten Aktionen der USA in Zentralamerika

4. März 1981 – Präsident Reagan unterzeichnet eine Direktive zur finanziellen Unterstützung gemäßigter Christdemokraten und Militärs in El Salvador.

1. Dezember 1981 – Präsident Reagan unterzeichnet eine Direktive, die den Contras zum ersten Mal militärische Hilfe zur Bekämpfung der sandinistischen Regierung in Nicaragua zur Verfügung stellt; 19 Millionen Dollar sollen für Ausbildung und Bewaffnung einer 500 Mann starken paramilitärischen Truppe ausgegeben werden, an der Argentinien beteiligt ist. Den nachrichtendienstlichen Kongreßausschüssen gegenüber wird die Direktive als Maßnahme dargestellt, Waffenlieferungen von Nicaragua an die linken Rebellen in El Salvador zu unterbinden.

10. März 1982 – Die Öffentlichkeit erfährt, daß Präsident Reagan die verdeckte Unterstützung der Contras genehmigt hat.

Dezember 1982 – Präsident Reagan setzt das erste Boland-Amendment in Kraft; das Amendment untersagt die Aufbringung von Mitteln »mit dem Ziel, die Regierung Nicaraguas zu stürzen«.

20. September 1983 – Auf Drängen der nachrichtendienstlichen Ausschüsse des Kongresses unterzeichnet Präsident Reagan eine zweite Direktive zur Operation in Nicaragua, in der erklärt wird, Ziel des verdeckten Programms sei, die sandinistische Regierung zu Verhandlungen zu veranlassen und sie durch Druck dazu zu bringen, die Unterstützung der Rebellen in El Salvador einzustellen. Der Kongreß genehmigt daraufhin 24 Millionen Dollar für das kommende Jahr.

April 1984 – Die direkte Beteiligung der CIA an der Verminung der nicaraguanischen Häfen wird in der Öffentlichkeit bekannt. Der Kongreß weigert sich, der Reagan-Administration weitere 21 Millionen Dollar zu bewilligen. Die geheime Unterstützung Saudi-Arabiens mit einer Million Dollar im Monat beginnt im Juli 1984.

Oktober 1984 – Der Kongreß streicht die Mittel an die Contras und untersagt bis Dezember 1985 jede Unterstützung, ganz gleich ob »direkt oder indirekt«. Die Saudis stellen unter Geheimhaltung weitere 15 bis 20 Millionen Dollar zur Verfügung.

Dezember 1985 – Der Kongreß hebt das Verbot teilweise wieder auf und gestattet eine Unterstützung der Contras in begrenztem Umfang, um zu verhindern, daß sie aufgerieben werden; der CIA wird erlaubt, die Contras nachrichtendienstlich zu beraten und ihnen die entsprechende Ausrüstung und Ausbildung zukommen zu lassen. Am 9. Januar unterzeichnet Präsident Reagan eine Direktive, die diese beschränkte Unterstützung in der Höhe von 13 Millionen Dollar bestätigt. Zusätzlich bewilligt der Kongreß 27 Millionen Dollar für »humanitäre« Hilfe an die Contras; damit sind Nahrungsmittel, Medikamente und Transportmittel gemeint. Das Außenministerium ist ermächtigt, Drittländer um zusätzliche »humanitäre« Hilfe zu ersuchen.

Oktober 1986 – Der Kongreß hebt das Verbot ganz auf und bewilligt 100 Millionen Dollar für die Contras.

Dank

Entgegenkommen und Geduld von Benjamin C. Bradlee, dem Chefredakteur der *Washington Post,* und Richard E. Snyders, Chef des Verlags Simon and Schuster, haben es mir ermöglicht, mich in der Doppelexistenz eines Journalisten und Buchautors zurechtzufinden. Ich glaube nicht, daß es Männer mit einem größeren Glauben an den Wert der unparteiischen Recherche und des gedruckten Wortes gibt. Für ihre Unterstützung und Freundschaft stehe ich bei beiden in tiefer Schuld. Begonnen habe ich die Arbeit an diesem Buch im Herbst 1984, zusammen mit Charles R. Babcock, meinem Kollegen von der *Post.* Zuerst hatten wir vor, daraus eine Artikelserie für die *Post* zu machen. Statt dessen veröffentlichen wir eine Reihe von Berichten über verdeckte Operationen. Ich möchte mich bei Chuck, einem Journalisten, der es mit seiner Arbeit so genau nimmt wie nur wenige, besonders herzlich für seine Mühe bedanken. Er zeichnet für dieses Buch nicht verantwortlich, aber er hat in selbstloser Weise Informationen, Vorschläge und Erkenntnisse mit mir geteilt.
Die *Post* hat mir jede erdenkliche Hilfe und Unterstützung zukommen lassen. Ganz besonders bedanke ich mich bei Leonard Downie jr., dem Chef vom Dienst, bei Robert G. Kaiser, dem stellvertretenden Chef vom Dienst für die Inlandsnachrichten, sowie dem für Sonderberichterstattung zuständigen Redakteur Steve Luxenberg – drei der fähigsten und engagiertesten Köpfe unserer Branche –, die tagelang über meinem Manuskript gesessen und mich beraten haben. Ich habe weiteren Kollegen von der *Post* zu danken: besonders Ferman Patterson für seine nie nachlassende Gelassenheit, seine Kompetenz und sein Geschick bei der Recherchearbeit; den Mitarbeitern des Archivs der *Post,* die oft Material auftreiben konnten, das wir schon für verloren oder unauffindbar gehalten hatten; dem Personal von der Telefonvermittlung, das Tausende von Anrufen entgegengenommen und gekonnt Wesentliches vom Unwesentlichen geschieden hat.
Für die langwierige und komplizierte juristische Überprüfung geht mein Dank insbesondere an John Bender und Eric Rayman von Simon and Schuster.
Bei Simon and Schuster gebührt mein Dank Joni Evans für fortwährende Unterstützung mit Rat und Tat. Dank auch an Henry Ferris und David Shipley für tausenderlei Dienste. Besondere Anerkennung und Dank gelten Vera Schneider. Die Lektorin Alice Mayhew, die bereits mein fünftes Buch bei Simon and

Schuster betreut, ist, wie die Besten ihres Metiers, eine Frau, der es um die Wahrheit geht. Was ihrem Anspruch nicht genügt, fällt erbarmungslos dem Rotstift zum Opfer. Alice Mayhew hat die geistige Spannkraft, das Rückgrat und die Kondition eines ganzen Lektorenteams. Es ist eine Freude, mit ihr zusammenzuarbeiten.

Ein Buch über den Nachrichtendienst entsteht nicht ohne Unterstützung durch andere Autoren. Dankbar verweise ich auf die vielen Bücher und Artikel aus Zeitungen und Zeitschriften, die ich für den allgemeinen Hintergrund oder Details meines Buches verwenden konnte; besonders sind zu nennen die Artikel, die in der *New York Times*, der *Los Angeles Times* und dem *Wall Street Journal* erschienen sind, die Agenturmeldungen der *Associated Press* sowie die Artikel meiner Kollegen bei der *Post* Patrick Tyler, Benjamin Weiser, George Lardner, Walter Pincus, Dan Morgan, Joe Pichirallo, Lou Cannon, David Hoffman, Don Oberdorfer, John Goshko, George Wilson, David Ignatius, Michael Getler, James Conaway und Rick Atkinson.

Bei Tali und Fe bedanke ich mich für moralische und andere wichtige Unterstützung. Ein kritischer und äußerst hilfreicher Leser war mein Freund, Kollege und Gesprächspartner Carl Bernstein.

Den größten Dank aber schulde ich jenen, die mir als Quellen für dieses Buch gedient haben. Viele waren zu tagelangen Gesprächen mit mir bereit und mußten wiederholte Nachfragen nach mehr Information, genaueren Erinnerungen, noch mehr Erklärungen und weiteren Materialien über sich ergehen lassen.

Aber auch Elsa Walsh für ihren täglichen Rat und ihre Liebe.

Anmerkungen

S.42: Harry Drucker bestätigte, daß beide Männer regelmäßige Kunden seien, bestritt aber, daß Hammer ein Arrangement getroffen habe, um den Platz neben Reagan zu bekommen.

S.91: Angesprochen auf einen alten Plagiatsprozeß, hatte Casey, obwohl er unter Eid stand, das Problem heruntergespielt und behauptet, er habe in keinem seiner Handbücher zu Steuerfragen das Material eines anderen verwendet. Ohne wirkliche Grundlage, aber mit Gottvertrauen hatte er sich selbst an den Rand des Abgrunds manövriert, als er behauptet hatte, der zuständige Richter sei der Ansicht gewesen, das Geschworenenurteil über 40 425 Dollar habe sich nicht auf Beweismaterial stützen können. Außerdem hatte Casey hinzugefügt, die Prozeßunterlagen seien auf Initiative des Richters hin versiegelt worden.
Die Prozeßunterlagen und der Richter des Plagiatsprozesses wurden herbeigeschafft. Die Anhörung wurde wieder aufgenommen. Casey mußte erneut erscheinen und in den sauren Apfel beißen. »Ich möchte meine Aussage berichtigen ... Meine Erinnerung deckte sich nicht mit der des damaligen Richters und wird nicht ganz durch die Prozeßunterlagen bestätigt.« Er gab zu, daß zweieinhalb Manuskriptseiten des Klägers fast wortwörtlich in sein Handbuch eingeflossen waren, ferner, daß der Richter das Geschworenenurteil als durch das Beweismaterial ausreichend gestützt betrachtet hatte und daß er selbst es gewesen war, der die Versiegelung der Prozeßunterlagen beantragt hatte (dem beglaubigten Gerichtsprotokoll zufolge hatte Casey gesagt: »Ich möchte, daß die gesamten Unterlagen versiegelt werden«).
Der Ausschuß, der Caseys Nominierung zum SEC-Vorsitzenden prüfte, brachte eine eidesstattliche Erklärung ans Licht. Casey hatte zu dem damaligen Anwalt des Klägers gesagt: »Verdammt, wenn Sie sich nicht wie ein Gentleman benehmen, werde ich Sie mit einem Tritt in den Arsch hier hinausbefördern ... Versuchen Sie das nicht noch einmal, sonst wird es in diesem Büro zu ganz anderen Handgreiflichkeiten kommen.« Der Anwalt sagte: »Ich möchte, daß das in die Gerichtsakten aufgenommen wird. Mr. Casey hat mich ins Gesicht geschlagen.« Vor dem Senatsausschuß wurde Casey gefragt, ob er den Anwalt wirklich ins Gesicht geschlagen habe. »Ich erinnere mich nicht«, sagte Casey. »Ich glaube nicht ... Seit der High School habe ich niemanden mehr geschlagen.«

Die Qualen dauerten noch bis zum 9. März 1971, um 19 Uhr. Verärgert und gedemütigt verließ Casey die Anhörung. Gnädigerweise passierte das vor den Auseinandersetzungen zwischen Nixon und dem Kongreß in der Watergate-Affäre, und die Senatoren übten Nachsicht. Der Ausschuß, und schließlich auch der gesamte Senat, billigten seine Nominierung.

S.97: Nach dem Hearing übersandte Casey einige Formulare. Unter anderem sollte Casey eine vertrauliche Einkommensoffenlegung abgeben. Casey nahm einen aktuellen Computerausdruck von seinem Vermögensverwalter und listete auf:
68 600 Aktienanteile bei Capital Cities Communications, die er in der 50er Jahren erworben hatte, als er bei der Gründung der Gesellschaft mitgewirkt hatte; der effektive Kaufpreis betrug damals 13 Cents pro Anteil. Im Lauf der Jahre war der Wert um das 500fache gestiegen – zweifellos die beste Investition, die er je getätigt hatte. Mittlerweile betrug der Marktwert 4,2 Millionen, genauer 4 253 200 Dollar.
24 800 Aktienanteile bei verschiedenen Öl-Gesellschaften usw. im Wert von 2 Millionen Dollar (2 253 200).
IBM-Aktien und Wertpapiere verschiedener anderer Gesellschaften der chemischen Industrie, des Bergbaus usw. im Wert von weiteren 1,3 Millionen.
Staatliche Kommunalanleihen im Wert von 208 000 Dollar.
Grundbesitz im Wert von 1,2 Millionen, einschließlich geschätzter 500 000 Dollar für Mayknoll auf Long Island, 500 000 für das Haus in Palm Beach und 200 000 für ein Appartement in Capitol Towers, Washington D.C.
Bankguthaben, Lebensversicherung und andere stille Teilhaberschaften beliefen sich auf weitere 700 000 Dollar.
Casey listete seine Einkommen der letzten fünf Jahre auf. Von 1976 bis 1980: 183 439; 221 470; 353 995; 252 775; 317 000 Dollar.
Die ausstehende Schuld von 55 000 Dollar abgerechnet, belief sich sein Gesamtvermögen auf 9 647 089 Dollar.
Gefragt, wie er mögliche Interessenkonflikte lösen wolle, schrieb er: »Durch Umschichtung meiner Vermögenswerte oder durch einen Treuhänder.« Allerdings nur, wenn notwendig. Als SEC-Vorsitzender war er diesen kostspieligen Weg schon einmal gegangen.

S.180: Die McNells machten sich aus dem Staub, angeblich mit etwa drei Millionen Dollar aus zwei kleinen Ölfirmen, die sie leiteten, und verbargen sich wahrscheinlich im Ausland. Hugel gewann später eine Verleumdungsklage gegen sie über 931 000 Dollar, weil die McNells nicht zum Prozeß erschienen.

S.197: In der darauffolgenden Woche ging *Newsweek* nur ganz wenig von der Anti-Gaddafi-Geschichte ab – »Angestellte des Weißen Hauses versuchten Casey zu helfen, indem sie bestritten, daß es jemals ein CIA-Komplott gegen Libyen gegeben habe.« In dem Nachrichtenmagazin wurde behauptet, daß mit Mitgliedern des Geheimdienstausschusses über verschiedene Anti-Gaddafi-Projekte gesprochen worden sei. Das Konkurrenzblatt *Time* berichtete, daß CIA-Informanten »Fehlinformationen an *Newsweek* weitergegeben« hätten. *Time* behauptete, man habe auch von dem angeblichen Plan erfahren, sei aber zu dem Schluß gekommen, daß die Information falsch sei, und fügte hinzu, daß »das Weiße Haus letzte Woche den *Newsweek*-Artikel entschieden dementiert« habe. Bei dem mysteriösen geheimen Plan, so *Time*, handle es sich um eine viel umfassendere Operation, die dazu diene, »die Interessen der USA im Nahen Osten und in Nordafrika zu stützen«.

S.205: Ein geheimes Memorandum mit dem Datum vom 17. August 1981 und der Überschrift »Libyen: Einsatz einer verdeckten Fluggesellschaft« besagte, daß die UAA »in Wirklichkeit durch den libyschen Geheimdienst finanziert« werde.

S.250: Ralston lehnte es ab, sich dazu zu äußern.

S.332: Carranzas Rolle als bezahlter Agent der CIA wurde von Philip Taubman in der *New York Times* vom 22. März 1984 enthüllt.

S.496: Das bürokratische Problem, das sich durch den Freedom of Information Act stellte, war für die CIA nahezu unüberwindlich. Fähige Beamte hatten die Akten zu überprüfen und sicherzustellen, daß jede Auslassung gerechtfertigt war und daß der kleinste Informationshappen, der freigegeben wurde, auch nicht die geringsten Hinweise auf eine Quelle oder eine Operation gab. Es war eine furchtbar aufwendige Aufgabe.
Das allerschlimmste jedoch war, daß die Suche eine Grundregel des Geheimdienstes völlig durcheinanderbrachte: die Aufbewahrung von Nachrichten in verschiedenen Files mit abgestuften Geheimhaltungskodes. Alles, was sich auf eine Anfrage bezog, wurde aus den getrennten Files herausgenommen und zusammengepackt. Es wurden sogar Kopien angefertigt. Mit der ganzen Überprüfung war mehr als eine Person beschäftigt. In einigen Fällen mußten bis zu 21 voneinander getrennte Registratursysteme der CIA durchforstet werden. Anfragen von Leuten, die Auskünfte fordern durften, überschwemmten die CIA. Eine New Yorker Anwaltskanzlei, die den iranischen Revolutionsführer Ayatollah Khomeini vertrat, machte vier Anfragen zu Informationen, die den verstorbenen

Schah betrafen. Und nach den Schätzungen McMahons kostete es 300 000 Dollar, um die Anfragen des CIA-Abtrünnigen Philip Agee abzuwickeln, der Listen von CIA-Agenten veröffentlicht hatte.

S.526: Ich habe ausführliche Notizen zu allen meinen Gesprächen mit Lauder gemacht, doch ich habe keine gefunden, die darauf hindeuten, daß er all dies gesagt hat, noch kann ich mich daran erinnern.

S.531: Gaddafis sogenannte »Union« mit Marokko vom 14. August 1984 stellte für CIA und NSA ein Problem dar. Doch in der NSDD 168 hieß es: Da die Regierung Reagan »König Hassans persönliches Versprechen« habe, daß »keine geheimen Aktivitäten gefährdet werden«, könne man »geregelte und freundschaftliche Arbeitsbeziehungen aufrechterhalten«. Entsprechend ordnete Reagan an: »Halten Sie die Zusammenarbeit mit Marokko auf nachrichtendienstlichem Gebiet unter ständiger Kontrolle und schränken Sie sie, wenn nötig, ein, um etwaigen Enthüllungen vorzubeugen ... Wenden Sie sich direkt an König Hassan, wenn militärisches Material, Methoden/Quellen des Nachrichtendienstes oder staatlicher Kontrolle unterliegende Technologie verraten wird oder die Gefahr eines solchen Verrates besteht.«

S.551: Goldwater bestätigte die Entdeckung zweier Abhörvorrichtungen in einem Interview mit dem Autor am 8. September 1986.

S.557: Reagan unterzeichnete die streng geheime Direktive am 9. Januar 1986.

S.584: »Nuclear War at Sea« von Desmond Ball, in *International Security*, Winter 1985–86.

S.589: Zwei Tage später kamen beide, Casey und FBI-Direktor Webster, in Bradlees Büro, um ihre Sorge über einen Artikel zu äußern, den Lou Cannon, Korrespondent im Weißen Haus, und ich für den nächsten Tag planten. In dem Artikel ging es um ein sandinistisches Dokument, das Casey in die Hände bekommen hatte. Es enthielt Pläne, wie Abgeordnete beeinflußt werden sollten. Casey bemühte sich zu der Zeit um 100 Millionen Dollar Contra-Hilfe durch den Kongreß, und die Sandinisten versuchten, dies zu verhindern. Nach Caseys und Websters Ansicht würde ein Zeitungsartikel die Quelle gefährden, aus der das Dokument stammte. Aber unsere Version des Dokuments verriet nichts über die Quelle, folglich erschien der Artikel.

S.599: Am 5. Juni bekannten die Geschworenen Pelton nach 13stündiger Beratung in zwei Anklagepunkten der Spionage für schuldig: Konspiration und Verrat geheimer nachrichtendienstlicher Informationen. Später wurde er zu dreimal »Lebenslänglich« und zusätzlich zehn Jahren Gefängnis verurteilt.

S.616: »Deep Throat« war der Deckname von Bob Woodwards wichtigstem Informanten bei seinen Ermittlungen in der Watergate-Affäre. [Anm.d.dt.Red.]

S.617: Das Buch *Bodyguard of Lies* von Anthony Cave Brown handelt von Operationen militärischer Geheimdienste und Versuchen, Hitler vor der Landung der Alliierten in der Normandie 1944 in die Irre zu führen. Casey hatte vorgeschlagen, Brown sollte auch die Biographie von General Donovan schreiben, und verschaffte ihm Zugang zu den Studien über Donovan und die OSS. Das Buch *The Last Hero* erschien im Jahr 1982.

S.677: Acht Monate später sagte Poindexter unter Eid aus, er habe Norths Plan, das Geld an die Contras umzuleiten, für eine gute Idee gehalten und gebilligt, jedoch den Präsidenten nie davon unterrichtet oder versucht, seine Zustimmung zu gewinnen. Seit 1981 habe sich an der Politik des Präsidenten zugunsten der Contras nichts geändert, gab Poindexter zu Protokoll. Die Umleitung der Gewinne aus den Waffenverkäufen an den Iran sei praktisch eine Unterstützung durch ein Drittland gewesen. Statt der Saudis hätten die Iraner das Geld gegeben, man könne es auch als einen privaten iranischen Beitrag betrachten. Auf diese Weise habe man die erklärte Politik des Präsidenten in die Tat umgesetzt. Poindexter behauptete, er habe sich für kompetent genug gehalten, die Transaktion zu genehmigen, er habe aber auch gewußt, daß diese Sache politisch brisant sei. Er habe es deshalb als seine Aufgabe verstanden, den Präsidenten aus der Verantwortung herauszuhalten. »In dieser Sache bleibt der Schwarze Peter bei mir hängen.« Weiter führte er aus, der Präsident hätte mit »absoluter Sicherheit« die Entscheidung gutgeheißen und sich gefreut, wenn er davon erfahren hätte. Aber sein Plan, den Präsidenten ganz herauszuhalten, habe das verboten. Nie habe er Reagan gegenüber das Projekt erwähnt, auch wenn er bei mehreren Gelegenheiten versucht gewesen sei, es zu tun. Norths Sekretärin Fawn Hall, der volle Immunität zugestanden wurde, gab zu Protokoll, das Memorandum, das die Assistenten von Meese auf seinem Schreibtisch entdeckt hätten, sei von Poindexter in einem Punkt revidiert worden. Nach ihrer Aussage handelte es sich um den Vorschlag, das Papier an den Präsidenten weiterzuleiten. North sagte aus, er habe im ganzen fünf Memoranden für Poindexter verfaßt, die sich auf die Umleitung der Gelder an die Contras bezogen und an den Präsidenten weitergeleitet werden sollten, aber er glaube, er habe sie im Reißwolf vernichtet. Poindexter sagte, er erinnere sich nicht an diese anderen Memoranden. Als die verschiedenen finanziellen Unterlagen ausgewertet wurden, stellten die Ermittler fest, daß nur etwa drei Millionen Dollar aus den Erlösen der Waffenverkäufe an den Iran die Contras letztendlich auch erreicht hatten und daß ein Überschuß von acht Millionen auf diversen Konten in der Schweiz verblieben war.